中华学人丛书

日常生活的历史学

中国社会史研究三探

◎常建华 著

北京师范大学出版集团
BEIJING NORMAL UNIVERSITY PUBLISHING GROUP
北京师范大学出版社

社会史研究的最新发展趋势(代序)

近年来，海内外的社会史研究在取得进展的同时，寻求着某种突破。有如下研究趋势值得我们关注。

一、社会史与全球史

如今经济全球化的趋势不可阻挡，对全球化历史溯源，我们看到15世纪以后由于海上交通的空前发展，地球上东西方及各大陆之间发生了前所未有的密切交往，逐步打破了世界各民族、国家和地区间的闭塞或半隔绝状态，世界渐渐连成一个整体。

全球化带给人们对于历史认识的新思考。德国社会史学家于尔根·科卡提出，至今最后一次的，现在最高涨的热潮是历史科学向跨民族的世界历史或全球史的开放。什么是“我们的历史”，这一观念由此改变了。民族维度并没有消失，跨民族的维度在我们的经历与期望中，在我们的自我理解中与行为空间中的分量加重了。他认为，首先，我们在社会史研究中也应该加深对空间的思考、将界限作为研究专题，把民族国家之间的划界当作史实问题来研究，而不是简单地预定为史实。其次，比较研究，即系统地寻找相同与相异之处，是历史学者超越民族史的最佳途径。最后，关于“西方与其他”的专题。于尔根·科卡强调对全球史研究的开放，能够给社会史研究带来新的机遇：它能迫使社会史学者，用对外部因素、广泛的交织、跨民族冲突与共生关系的关注，来补充他们在社会内部动力范畴内作出的习惯解释。①

---

① [德]于尔根·科卡：《全球化时代的社会史研究》，载《史学理论研究》，2007(1)。

美国学者彭慕兰探讨了全球史(世界史)与社会史的关系，他提出可以把社会史分成日常生活史(劳动、饮食、育儿、恋爱、退职、残疾等)、大规模社会组织史(如国家社会关系、阶级构成、种族关系)、社会运动史(或认为推动社会变化的历史)三个部分，“世界史应当从具有浓厚社会史成分的不断发展的研究计划中、从宏大的社会史思维中吸收很多东西”①。综合社会史研究成果建立与世界史的联系，对于彭慕兰提出的理论至关重要。

就中国史而言，明代社会的重大变迁出现在16世纪也不是偶然的，恰恰与中外贸易开展，中国商品大量出口，海外白银大量流入息息相关。明朝不断尝试赋役征收折银，从宪宗成化时代开始②到神宗万历实行一条鞭法制度化，明朝赋役征收折银化的过程与风俗变化的阶段符合。资料与研究表明，成化时期是明朝社会风尚趋变的时期，中经正德嘉靖之际的变化提速，至万历时期风尚奢华蔚为大观。白银货币化对社会经济结构变迁影响重大，将社会各阶层卷入市场之中，使得新的经济成分增长，社会各阶层的商业性行为显著。③ 明代社会风俗的明显变化与日常生活中白银的流通和使用有关，在一定程度上也是海外白银大量流入所造成的。然而白银在明清人们社会生活中的使用程度与作用究竟怎样，看来还需要进一步探讨。

赵世瑜教授对华北区域社会史研究有新的设想。他认为，无论是在世界史还是在东亚史上，16世纪都是一个重要的时代。正是在这时，明朝深为“北虏南倭”问题所困扰。学界以往对明代“北虏”问题的解释框架，基本上局限于传统的游牧民族与农耕民族冲突史及明蒙关系史。在与其相提并论的“南倭”问题得到新的解释并被置于一个更广

---

① [美]彭慕兰著，夏继果译：《社会史与世界史：从日常生活到变化模式》，见夏继果、[美]杰里·H.本特利主编：《全球史读本》，268页，北京，北京大学出版社，2010。

② 张瑞威：《一条鞭法的开端：论明宪宗一朝的货币政策》，载《明史研究》第10期，台北，“中国明代研究学会”，2007年12月。

③ 万明：《明代白银货币化与社会变迁》，见《中国社会历史评论》第5卷，北京，商务印书馆，2007。

阔的海洋贸易史框架后，对“北虏”问题的认识变化依然不大。事实上，在长城沿线发生的、以明朝和蒙古为主角的一系列事件，同样是全球史时代变化的组成部分。这使我们认识到，“内陆史视角”的观察与思考应成为传统的“海洋史视角”的重要补充。①

由上可见，我们在继承传统学术遗产的同时，结合经济“全球化”的概念，强化世界史意识，对于明清社会变迁应当有更深入的研究。

二、物质文化与日常生活的路径

台湾学术界有效开展了对于日常生活史与物质文化的探讨。台湾学者“重视生活情景背后的文化心态，设法从这一问题在时间中的发展看出文化性格的常与变，并且设法与该社会的整体结构取得联系”②。“中央研究院”“明清的社会与生活”主题计划所举办的“中国日常生活的论述与实践”国际学术研讨会，会议的分组题目可见研究趣味，包括：“明清士大夫的工作与娱乐安排”“日常生活的档案：类书大全、细小的问题”“文字与事物”“城市空间、国家、城市生活的旋律”。吴智和教授带领的明史研究小组探讨明代社会生活，文化生活、民间生活也是台湾生活史研究中使用的概念。

台湾日常生活史研究的代表作是胡晓真、王鸿泰编的《日常生活的论述与实践》(台湾允晨文化出版社，2011 年)。本书以生活为主题，包含“天子至庶民”“生活与规范”“生活与知识”“生活与文化”四个子题，代表四个不同层次或面向的生活史探索。消费生活取得的进展引人注目，巫仁恕教授的《品味奢华：晚明的消费社会与士大夫》(“中央研究院”、联经出版事业股份有限公司，2007 年)提出晚明时期已经形成“消费社会”。消费社会是奠基在都市化的基础上的，巫仁恕的最新著作《优游坊厢：明清江南城市的休闲消费与空间变迁》(“中央研究院”近代史研究所，2013 年)，以明代中叶至清中叶江南城市居民的休闲消费活动作为研究核心，尝试将“空间”的观念带入消费研究的领域，并

① 赵世瑜：《时代交替视野下的明代“北虏”问题》，载《清华大学学报》，2012(1)。

② 蒲慕州：《生活与文化》导言，5 页，北京，中国大百科全书出版社，2005。

且由城市空间出发，探讨明清城市内休闲消费活动如何改变了空间结构，进而分析现象背后所反映的社会关系与权力纠结。

物质文化与日常生活二者有一定的共生性，基于社会史与文化史的结合，其突破点概括起来就是从生活史推究背后的形成逻辑，并思考它的社会文化意义。如王鸿泰先生谈到物质文化消费与大众文化特别是生活关系的研究方法："从细节上去看，具体地观察各种不同的'物'，到底在什么范围内流传？经历过什么样的流通过程？如何进入个人的生活领域？对个人生活产生什么影响？再考察有哪些人？什么样的人？参与这个物的世界？同时，推论人与物的互动，可能构成什么样的社会文化与人际网络？"①日常生活史研究需要认识"物"，借鉴多学科知识与方法非常有必要。

中国大陆值得注意的著作有宋立中《闲雅与浮华：明清江南日常生活与消费文化》(中国社会科学出版社，2010年)、周榆华《晚明文人以文治生研究》(广东高等教育出版社，2011年)等。宋书所论明清江南居民节日、鲜花、时尚消费文化的表现形式与影响意义，以及游船、旅馆、娱乐服务业的经营形态，给人印象深刻；周书出自文学研究者之手，论述的对象主要指从事虚文的"词章家"一类，或者说在经济上，不靠制度保障而以文作为谋生工具、自求生路的人，揭示出诗文如何谋生，令我们看到了文人的日常生活。

日常生活中体现的诸色人等是活生生的，借助物质消费才可以进入日常的生活状态，物质文化与日常生活的探讨为社会史研究提供了新的路径。

三、历史人类学的研究取向

历史人类学与日常生活史不可分离。历史人类学研究民俗习惯的历史变迁，以揭示人的行为反映的特定历史时期的社会文化，而社会文化根植于生活。日常生活史是历史人类学的重要出发点，历史人类

---

① 王鸿泰：《从社会经济史转向社会文化史——台湾二十年来新史学的发展》，见唐力行主编：《江南社会历史评论》第4期，352页，北京，商务印书馆，2012。

学不是一种独特的研究对象，而是强调一种研究视角与方法。欧美学术界诸多重要流派在一定程度上强调立足于日常生活的历史人类学研究。2002年德国学者汉斯·梅迪克撰写的“历史人类学”词条指出：“对于‘历史人类学’的独特形象而言，一个重要的出发点是日常生活史与体验史。……‘历史人类学’的出发点认为，历史的生活方式与社会关系不能被理解为完美无缺的，而应该被理解为‘文化文本’与‘文化建构’。在理解‘历史人类学’时，人们必须在历史进程中研究历史的物质性。”①这是具有浓烈新文化史色彩的论述。

历史人类学也与地域社会史有不解之缘。明清社会史立足于地域与田野实践的历史人类学研究，已经处理到日常生活、地域社会与历史人类学的关系。陈春声教授谈到“走向历史现场”问题时，结合自己在韩江流域的梅州和潮州地区的研究实践，阐明历史人类学了解日常生活的重要性，强调在历史现场中“了解传统社会生活中种种复杂的关系”；在提倡“眼光向下”、强调重视普通人日常生活经验的时候，要把握百姓的“历史记忆”表达的常常是他们对现实生活的历史背景的解释；在“国家”与“民间”的长期互动中形成的国家的或精英的“话语”背后，百姓日常活动所反映出来的空间观念和地域认同意识，是在实际历史过程中不断变化的。②

历史人类学研究需要借助民间文献，而理解民间文献离不开对于民众日常生活的认识。郑振满教授指出民间文献与民众日常生活的关系，他说：“每一种民间文献可能都和特定的人群和特定的生活方式有关。如果不把民间文献放在具体的社会环境中，不了解各种民间文献的作者和使用范围，也不能真正理解民间文献的历史意义。要做到这一点，就必须做田野，就需要历史人类学了。”③就是说，历史人类学

---

① ［德］斯特凡·约尔丹主编，孟钟捷译：《历史科学基本概念辞典》，132～133页，北京，北京大学出版社，2012。

② 徐桂兰：《历史学与人类学的互动》，载《广西民族学院学报》，2001(6)。

③ 刘平、刘颖、［越］张玄芝整理：《区域研究·地方文献·学术路径——“地方文献与历史人类学研究论坛”纪要》，见《中国社会历史评论》第10卷，358～359页，天津，天津古籍出版社，2009。

通过田野调查与解读民间文献理解“人群”和“生活方式”。

可见，历史人类学重视地域、从生活出发的研究取向，是社会史研究十分需要的。

综上所述，我以为社会史研究的趋势，或许可以概括为以下三点：首先是社会空间的扩展，强调研究中把握好社会与村落、城市、区域乃至全球的关系；其次重视社会史与新文化史联袂，将感觉、日常生活、社会与文化的建构等纳入视野；最后强调跨学科的视野，这些年历史人类学、艺术社会史、医疗社会史、法制社会史取得了令人瞩目的成就，为社会史展示出美好的学术前途。

原刊《安徽师范大学学报(人文社会科学版)》2014 年第 1 期

目　录

第一章　新世纪的中国社会史研究

21世纪以来的中国社会史研究日益呈现出开放与多元的趋势，其中历史人类学与区域社会史结伴相行，植根于深厚的社会经济史，特色突出；社会生活的研究也悄然变化，向日常生活史转变，并呈现出社会文化史的特色；社会史面对生活，处理的主要是民间文献，社会史在文献处理、史料价值观上，变化也是明显的。民间文献、日常生活、历史人类学交叉渗透，这三个层面的理论与实践，推动着社会史学科建设。

2007—2016年的中国社会史研究，在断代性研究，婚姻家庭、家族宗族，社会分类与结构，城市、乡村与社区，民间信仰与宗教生活，礼俗与社会习尚，人口与社会保障七个方面取得大量的研究成果。社会史的跨学科属性日益突出，在生态环境史、水利社会史、医疗社会史方面表现得比较明显，法制社会史兴盛。社会史研究还往往以地域研究形式出现，涉及多个学术领域并显示出整体性。生活史借助物质文化史、民间文献的开发利用以及刑案资料的挖掘，得以扩展与深化。民生问题的研究越来越多，联系制度与生活的研究另辟蹊径，生活史展现出多样化的研究态势。城市生活、乡村生活概念的区分，促进了生活史研究的深化。民间信仰、社会习尚、社会慈善与保障往往成为认识人的日常生活的窗口。对于社会分类、社会关系的把握，除了礼法与经济因素外，学者更多将目光投向生活与文化的因素，使得对于社会结构的把握柔软化。

改革开放以来的中国社会史研究，至今已经四十余年。我曾讨论了1986年至2006年的社会史研究状况①，兹作续篇论述2007—2016年中国社会史研究的进展，分别就社会史理论探讨与学科建设以及社会史领域的具体研究成果加以综述，分为四大部分进行。受限于精力，本书呈现的学术研究仍以著作为主，数量巨大的有关论文，请读者参阅相关的断代史或专题学术综述。

第一节　开放与多元：中国社会史理论探讨与学科建设

通常认为，所谓社会史，就是指研究特定时期或整个历史时期特定地区的人与人之间、人与群体之间以及群体与群体之间的关系和行为模式，研究上述关系的演进及其所存续的外在环境的交换状态，进而揭示社会发展的内在轨迹。社会史既是专史，又是总体史。就中国古代社会史而言，人际关系、群际关系以及人与群之间的关系是其研究的三个基点，而且三个基点的展开都是遵循着从下而上和自内而外两个视角进行的。古代社会史研究视野中的人与群体，首先是作为自然人而非政治人的人，是社会中的人而非制度与政权中的人，其次才是被追加的种种身份与地位。社会史的研究以民间群体与民间自然人为起点，有自己明晰的区界与内涵，以及自己的研究方法和研究特色。②

一、历史人类学与区域社会史

由华南研究发展起来的历史人类学，被视为已经形成学术共同体，

---

① 常建华：《中国社会史十年》，载《历史研究》，1997(1)，该文侧重理论探讨，更多的具体研究成果介绍可以参考常建华《20世纪中国社会史研究》有关部分，该文初见于周积明、宋德金主编《中国社会史论》(湖北教育出版社，2000)，后收入常建华《社会生活的历史学——中国社会史研究新探》(北京师范大学出版社，2004)；常建华：《跨世纪的中国社会史研究》，见《中国社会历史评论》第8卷，天津，天津古籍出版社，2007。

② 马新、齐涛：《关于中国古代社会史研究中的几个问题》，载《文史哲》，2006(4)。

有刊物组织相关学者就此举行笔谈。① 这一学术流派的基本特征是强调从区域人群活动与相互关系把握社会，重视在田野调查中解读民间文献。他们的学术追求，或许可以用科大卫所著《明清社会和礼仪》(北京师范大学出版社，2016 年)所表达的作为作表：通过个案研究，对于统一的中国社会进行了详细的论证，重建了地方社会如何获取及认同自身特性的历史，以及地方社会如何接受并整合到一个大一统的文化的历史，展现了中国社会的独特性和复杂性。科先生主持的“中国社会的历史人类学研究”项目，吸收了香港与内地众多从事田野工作的学者。② 中山大学历史人类学研究中心组织的“历史・田野丛书”自 2006 年以来推出十余种，彰显出自己的研究特色③，也举办了不少学术研讨会④。刘志伟对如何理解一个区域，以南岭为例谈了自己的想法：

---

① 《开放时代》2016 年第 4 期，笔谈的文章有 9 篇：郑振满《华南学者的历史人类学：传承与互动》，陈春声《真正的学术群体应该“脱俗”》，张小军《学术：共同体的灵魂——以“华南学派”的历史人类学研究为例》，刘志伟《以学为本以人隶之：学术共同体之道》，张侃《学术共同体的法度尺寸与经验感受》，黄向春《“学术共同”抑或“范式”：我所理解的“华南研究”》，张应强《学术共同体与中国人类学“多元一体”知识生产格局之构建》，郑莉《在田野实践中学习：学术认同感与方向感》，李宗翰《对人文科学学术共同体的一点浅见》。

② 胡晓白：《中国社会的历史人类学第一阶段学术会议：回顾与展望》，载《田野与文献》，第 74 期，华南研究资料中心通讯，2014。

③ 第一辑 9 种，计有黄国信《区与界：清代湘粤赣界邻地区食盐专卖研究》，赵世瑜《小历史与大历史：区域社会史的理念、方法与实践》，黄志繁《“贼”“民”之间：12—18 世纪赣南地域社会》，张应强《木材之流动：清代清水江下游地区的市场、权力与社会》，连瑞枝《隐藏的祖先：妙香国的传说和社会》，黄海妍《在城市与乡村之间：清代以来广州合族祠研究》，温春来《从“异域”到“旧疆”：宋至清贵州西北部地区的制度、开发与认同》，郑锐达《移民、户籍与宗族：清代至民国期间江西袁州府地区研究》，郑振满《乡族与国家：多元视野中的闽台传统文化》；第二辑 4 种，计有陈贤波《土司政治与族群历史》，贺喜《亦神亦祖：广东西南地区的地方信仰与区域社会》，肖文评《白堠乡的故事——地域史脉络下的乡村社会建构》，谢湜《高乡与低乡——11—16 世纪江南区域历史地理研究》。

④ 如“明清帝国的建构与中国西南土著社会的建构”国际学术研讨会(广州，2010 年)，“流域历史与政治地理”学术研讨会(广州，2011 年)，“东亚人类学论坛——人类学与历史”(广州，2012 年)。

“从这样一种由跨区域的边界和人的流动去建立地区空间概念的历史人类学研究取向出发，南岭就自然可以成为一个作为研究单位的区域。”①他特别强调进行以人为主题的历史研究，区别于以国家为主体的历史学。②

关于如何理解历史人类学的主张与工作，华南研究学者以及了解他们工作的学者发表了一些文章。历史学者与人类学者的对话有助于双方彼此借鉴。③ 黄国信、温春来、吴滔较早针对学术界对于“历史人类学”的不同认识发声，他们强调历史人类学的区域观念以及历史人类学的研究方式，对近代区域社会史研究具有相当意义。“对于近代区域社会史学界，既强调时间与过程，也重视空间与结构，既讲究史料的分析考辨与校释，也注重‘参与体验’，从田野中直接获得研究材料，以及历史现场感，并强调分析各阶层、团体的不同历史表达的历史人类学，或许具有特别的意义。强调区域的历史建构过程，意味着研究者不能过分拘泥于僵化的时间或地理界限，而应以人为中心，以问题为中心，并超越所谓‘国家—地方’、‘普遍性知识—地方性知识’、‘大传统—小传统’之类的二元对立，在中国这样一个维持了数千年大一统体制的国家，这类界限其实是相当模糊的。”④

他们特别通过研究盐的实践，表达出理论追求与经验总结，主张中国盐史研究也要在当今历史学的发展脉络下，超越既往范式，引入社会史的视角，重视区域研究，将其放回所在的历史脉络之中，结合历史人类学“现场感”体验与民间文献结合的旨趣，考察制度运作与地域社会文化的结构过程，才能达到深化盐史研究，真正体现盐在历史

① 刘志伟：《天地所以隔外内——王朝体系下的南岭文化》，见吴滔、谢湜、于薇：《南岭历史地理研究》第一辑总序，广州，广东人民出版社，2016。

② 刘志伟、孙歌：《在历史中寻找中国——关于区域史研究认识论的对话》，15～21页，香港，大家良友书局，2014。

③ 郑振满、黄向春：《文化、历史与国家——历史学与人类学的对话》，见《中国社会历史评论》第五辑，北京，商务印书馆，2007。

④ 黄国信、温春来、吴滔：《历史人类学与近代区域社会史研究》，载《近代史研究》，2006(5)。

时期重要性的目的。① 他们认为，近 20 年来，作为方法论的区域社会史研究渗透到历史悠久的盐史研究领域，在区域社会史看来，区域是长时期的历史因素积淀下来的各种地方性观念与朝廷对这些观念的制度化过程互动，所形成的存在于人们心目中的多层次、多向度的指涉。区域社会史研究不是囿于某个行政区划或地理空间的地区历史研究，而是把人当成区域的主体，根据人的活动来展开的区域的整体性历史研究。区域社会史视角的盐史研究首先体现在一批将盐置于国家或地方历史的维度中，深刻揭示盐与财政、军事、经济、社会、文化以及地方历史进程的深层次关系的重要学术成果中；继而在一系列关于两淮、两浙、福建、广东以及云南、河东等地盐场的区域社会史研究成果里得到充分反映。这些研究成果为学术界理解盐、盐场，以及东南沿海、山西、云南地区乃至中国历史的总体历史变迁提供了参考。②

历史人类学与区域史研究也会遇到各种问题，学者就此进行了讨论。张小也指出：其一，在区域社会研究中应避免“通史区域化”和“区域史地方化”倾向，认识到区域是一种历史建构，是研究者用经验来加以解构的研究对象。其二，对于国家—社会分析框架的使用须视具体情况而定，一方面应该认识到研究中国传统社会从典章制度入手是必要的，另一方面也应该认识到其他分析框架的重要性。其三，历史学应该展示历史的全貌和内在脉络，恢复历史的现场感。但是当代历史学无法离开社会科学，因此历史学研究应注意引入那些具有实践性的理论框架和分析工具，这样才有利于学科内以及不同学科之间的对话。其四，民间文献的规模固然庞大，但是不应采取虚无主义的态度，有建设性的做法是找到恰当的方法。民间文献的搜集、整理和利用需要科学的方法，不应破坏其原来的系统，还应注意克服其局限性，解决

---

① 李晓龙、温春来：《中国盐史研究的理论视野和研究取向》，载《史学理论研究》，2013(2)。

② 黄国信：《单一问题抑或要素之一：区域社会史视角的盐史研究》，载《盐业史研究》，2014(3)。

其中史料的层累问题。① 赵世瑜对于史料问题提出自己的看法，他认为，追求新史料之风在社会史研究领域体现得尤为明显。究其原因，是区域社会史或历史人类学研究对民间文献的重视，即新的研究旨趣或新的研究取向导致了对以往利用较少的史料文类的关注。对于区域社会史的研究者来说，我们面临着对档案、碑刻、族谱、契约文书也许越来越熟悉了，但对正史中的《五行志》《礼志》或者地方志中的《星野》越来越没人懂了，甚至很多常识都变成了谜题。也许更可怕的是，我们手边的资料越积越多，用到下辈子写文章都够，但思想呢?② 关于区域史还有一些文章论述。③

对于“华南”概念与区域研究，桑兵有独到的看法。他指出，华南指称的晚出及其内涵外延的变动不居，提示区域研究应自觉分区概念的形成演化与历史进程相吻合，以免先入为主地削足适履。在谈到区域研究的本旨与流弊时，他认为各省之上的大区划分并非中国历来所固有，主要是近代由域外看中国产生的概念，大区概念的使用，大都不过为解决当下的问题图个方便或因陋就简，并未深究分区的当否以及意义。这样本无深意的分区，在 20 世纪 60 年代后期海外兴起的中国区域研究中有所发挥。区域研究的初衷，是鉴于中国幅员广大，差异显著，若是一概而论，难免有以偏概全的局限，或是流于支离破碎的状态；只有缩小空间的范围，才能超越大而无当的粗疏或见木不见林的偏蔽，切实求得整体的把握。值得注意的有下列各项：其一，用

---

① 张小也：《历史人类学：如何走得更远》，载《清华大学学报》，2010(1)。

② 赵世瑜：《旧史料与新解读——对区域社会史研究的再反思》，载《浙江社会科学》，2012(10)。

③ 徐国利：《关于区域史研究中的理论问题——区域史的定义及其区域的界定和选择》，载《学术月刊》，2007(3)；李金铮：《区域路径：近代中国乡村社会经济史研究方法论》，载《河北学刊》，2007(5)；黄向春：《区域社会文化史研究的视野与经验》，载《光明日报》，2009-12-08；戴一峰：《区域史研究的困惑：方法论与范畴论》，载《天津社会科学》，2010(1)；龙先琼：《试论区域史研究的空间和时间问题》，载《齐鲁学刊》，2011(1)；杨念群：《“整体”与“区域”关系之惑——关于中国社会史、文化史研究现状的若干思考》，载《近代史研究》，2012(4)。

现行的行政区划作为分区的依据凭借，上溯考察该区域的社会历史文化。其二，将所认定的区域内没有事实联系的现象想当然地视为同类并加以归纳。其三，缺乏整体观照，只就局部具体立论，所谓区域性特征，一旦放宽眼界，则或大同小异，或生搬硬造。其四，中国历史文化的统一性无论空间还是层面，都被严重分解。①

“地方”则是罗志田重视的。他指出，针对大一统下形成的“郡县空虚”，从南宋开始，士人开启了以“礼下庶人”的方式构建下层民间社会的持续努力。这一持续千年的尝试，寓正德于厚生，侧重的是“地方”，强调的是“民间”，提示了从“非国家”视角观察历史的必要和可能。州县的范围，既是人人生活的基本空间(实体的和想象的)，也是士绅、职役、家族和地方官互动的场域。“国家”与“民间”、体制与乡俗调和(negotiating)于其间，代表国家者常不行使其功能，而行使国家功能者常不代表国家。在或隐或现的“国家”身影下，逐步形成一种“借士大夫之势以立国”的取向。在乡之士不仅要化民成俗，还要凝聚社会。“道”与乡土的衔接，使“地方”具有更多自足的意义，减轻了上层政治变动的影响。②

赣闽粤毗邻地区族群问题的“客家研究新视野丛书”值得关注，其从不同角度体现出历史人类学与区域社会研究的特色。这套书由中国社会科学出版社 2015 年推出，其中温春香著《文化表述与族群认同：新文化史视野下的赣闽粤毗邻区族群研究》以宋元以来闽粤赣毗邻区的族群为对象，以文化表述为切入点，考察宋元以来文人们对闽粤赣的记载，发现宋元到明朝中期，文人们尽管对不同族类有所记载，但最多的是关注区域性的动乱，而发展到明代中后期，表述出现转变，开始较多地关注这一地区的族群性差异，并将这种差异渐渐明晰。引起这种表述转变的，是与明代闽粤赣毗邻区的大规模动乱及明中后期以

① 桑兵：《“华南”概念的生成演化与区域研究的检讨》，载《学术研究》，2015(7)。

② 罗志田：《地方的近世史：“郡县空虚”时代的礼下庶人与乡里社会》，载《近代史研究》，2015(5)。

来的社会重组有关，这种由方志主导的言说其实首源于各姓族谱，而族谱编撰的背后则是一整套文化的逻辑及汉人意识在起作用。邹春生著《文化传播与族群整合：宋明时期赣闽粤边区的儒学实践与客家族群的形成》考察了9—18世纪中原王朝政权和儒家主流文化对赣闽粤边区的渗透和传播的历史轨迹，揭示了赣闽粤边区的社会变迁与客家族群文化形成的内在逻辑；阐述了国家权力在赣闽粤边区的社会变迁和客家族群文化形成过程中所起的作用；并引用文化学的理论，对客家族群的汉民族属性作了学理上的分析。靳阳春著《宋元时期汀州区域开发与客家民系形成》探讨了汀州的设立及人口变迁、交通变迁、经济变迁、社会变迁、客家民系的形成和发展。黄志繁、肖文评、周伟华著《明清赣闽粤边界毗邻区生态、族群与"客家文化"：晚清客家族群认同建构的历史背景》认为，晚清"客家文化"之所以会被建构为"中原正统文化"，明中期以来赣闽粤边界地区普遍经历的"正统化"是重要原因，晚清时期"客家人"面对的"族谱"、祠堂、"口碑"等文化资源其实是明中期以来赣闽粤边界地区"正统化"的结果。

华北区域社会史研究的面貌发生着变化。赵世瑜著《小历史与大历史：区域社会史的理念、方法与实践》(生活·读书·新知三联书店，2006年)，对于区域史研究有不少心得体会。赵世瑜主编《大河上下：10世纪以来的北方城乡与民众生活》(山西人民出版社，2010年)系中山大学历史人类学研究中心课题的结项成果。该书通过大量田野调查，用收集到的众多史料及数据，围绕10世纪以来北方城乡与民众生活的原生状态进行多角度的探究和展示。该书分为移民、身份与生活，寺庙与基层社会组织，宗族建构，村落与乡村关系认同四部分。赵世瑜对华北区域社会史研究有新的设想。他认为，无论是在世界史还是在东亚史上，16世纪都是一个重要的时代。正是在这时，明朝深为"北虏南倭"问题所困扰。学界以往对明代"北虏"问题的解释框架，基本上局限于传统的游牧民族与农耕民族冲突史及明蒙关系史。在与其相提并论的"南倭"问题得到新的解释并被置于一个更广阔的海洋贸易史框架后，对"北虏"问题的认识变化依然不大。事实上，在长城沿线发生的，以明朝和蒙古为主角的一系列事件，同样是全球史时代变化的组成部分。“内陆史视角”的观察与思考应成为传统的“海洋史视角”的重要补充。① 他还从区域社会史的角度观察明清易代时期在不同地区、不同时段，往往表现为“不清不明”，即不断出现反复而未立即确立某一正统的状态，而这种状态又与该区域历史发展的长期特点有关。② 他也尝试反思清代内亚研究以及华南研究所见之清朝国家认同建构的多元性。③ 赵世瑜提出了对北方区域社会史研究的看法，对山西进行了专门研究。④

行龙讲述了对于中国区域社会研究“走向田野与社会”的认识。⑤ 行龙著《走向田野与社会》(生活·读书·新知三联书店，2007 年)是以近代山西社会的水灾、水案，集体化和晋商等专题为中心的区域社会史研究，注重在田野调查中搜集史料、解读史料，展现出历史学对地方社会变迁的关怀。2012 年 5 月，北京大学出版社推出山西大学中国社会史中心编辑的“田野·社会丛书”四种，即胡英泽著《流动的土地——明清以来黄河小北干流区域社会研究》、张俊峰著《水利社会的类型：明清以来洪洞水利与乡村社会变迁》、郝平著《丁戊奇荒——光绪初年山西灾荒与救济研究》、韩晓莉著《被改造的民间戏曲——以 20 世纪山西秧歌小戏为中心的社会史考察》。该中心还编有社会史的论文

① 赵世瑜：《时代交替视野下的明代“北虏”问题》，载《清华大学学报》，2012(1)。

② 赵世瑜：《“不清不明”与“无明不清”——明清易代的区域社会史解释》，载《学术月刊》，2010(7)。

③ 赵世瑜：《从移民传说到地域认同：明清国家的形成》，载《华东师范大学学报》，2015(4)。

④ 赵世瑜：《如何深化中国北方的区域社会史研究——〈长城内外：社会史视野下的制度、族群与区域开发〉绪论》，载《河北广播电视大学学报》，2015(4)；李卫民：《社会史与山西研究的反思——赵世瑜教授访谈录》，载《晋阳学刊》，2009(4)；赵世瑜：《圣姑庙：金元明变迁中的“异教”命运与山西社会的多样性》，载《清华大学学报》，2009(4)；赵世瑜：《村民与镇民：明清山西泽州的聚落与认同》，载《清史研究》，2009(3)。

⑤ 行龙：《走向田野与社会：区域社会史研究的追求与实践》，载《山西大学学报》，2012(3)。

辑刊《社会史研究》。①

南开大学中国社会史研究中心连续举办华北区域社会史研讨会，以求把握华北区域社会发展的动力机制与区域特色。2008年12月12日至15日，举办了“民间文献与华北社会史”学术研讨会。2009年8月20日至23日，举办了“断裂与连续：金元以来的华北社会文化”国际学术研讨会。② 该中心的研究侧重于华北乡村社会经济、商品流通、宗族问题，出版专著多种，近年发表了一些有代表性的论文。③

其实，江南区域社会史在稳步前行，研究也有特色。近年来上海的复旦大学、华东师大、上海交大、上海社科院、上海师大纷纷强调江南研究，南京的南大，苏州的苏大、科技大，杭州的浙大，金华的浙师大等单位也在从事江南研究。复旦大学历史系从2008年起每两年举办一次关于江南史的国际学术研讨会，至2016年已经举办六届，由复旦大学出版社出版了多种会议论文集，有《江南与中外文化交流》(2009年)、《明清以来江南城市发展与文化交流》(2011年)、《变化中的明清江南社会与文化》(2016年)。上海师大中国近代社会研究中心于1997年起每年举办一届江南社会史国际学术前沿论坛，至2016年已经举办10届，并于2009年创刊唐力行主编的《江南社会历史评论》，

---

① 前两辑由北京大学出版社出版，即《中国社会史研究的理论与方法》(2011年)，《山西水利社会史》(2012年)；后两辑改由商务印书馆出版，第三辑2013年出版，第四辑2016年出版，每辑栏目分为专题论文、学术评论、资料选编，收录文章约10篇。

② 常建华：《“民间文献与华北社会史”学术研讨会综述》，载《中国史研究动态》，2009(5)；常建华：《“断裂与连续：金元以来的华北社会文化”国际学术研讨会综述》，载《民俗研究》，2009(3)。

③ 张思：《从近世走向近代：华北的农耕结合与村落共同体》，载《民俗研究》，2010(1)；许檀：《清代山西归化城的商业》，载《中国经济史研究》，2010(1)；常建华：《明清山西碑刻里的乡约》，载《中国史研究》，2010(3)；王先明：《试析富农阶层的社会流动——以20世纪三四十年代的华北乡村为中心》，载《近代史研究》，2012(4)；李金铮：《延续与渐变：近代冀中定县农业生产及其动力》，载《历史研究》，2015(3)；李金铮：《矫枉不可过正：从冀中定县看近代华北平原租佃关系的复杂本相》，载《近代史研究》，2011(6)。

由商务印书馆发行，至 2016 年已经出版八辑。该刊是区域社会研究的综合性学术刊物，辟有理论探索、学术评论、江南经济、江南文化、江南社会等栏目。办刊宗旨一是重视理论的创新，尤其是本土化社会史理论的建立；二是重视新资料的挖掘，包括档案、碑刻、口碑、实物资料等；三是提倡社会史的新视野，如在超越地域社会疆界的广阔视野中进行区域间的比较研究、在长时段的视野中研究中短时段的历史事件与人物、在地方社会与国家互动的整体史视野中审视地域社会的变迁等；四是倡导历史评论，在学术批评中推进学术的发展。唐力行等著《苏州与徽州——16—20 世纪两地互动与社会变迁的比较研究》(商务印书馆，2007 年)强调从区域史研究走向区域比较研究。长期研究江南地域社会的朱小田认为，人类学的独特思路可以导向地域文化研究的纵深发展。地域文化史应加强动态生活的呈现，毅然告别传统的脱离生活结构的习俗史，迈向生活领域；人类学的整体视野提醒人们特别关注地域社会内部各种不同类型的社群世界，向笼统的"中国社会"或"地域社会"概念提出挑战；人类学赋予社会结构中的任何劳动者以一席之地，要求地域文化观察重视作为民间文化持有者的普通百姓；人类学中习见的口头艺术形式，常常以文献与口头两种形态存留下来，成为地域文化研究的独特素材。①

此外，华中、西南、西北、东北的区域社会史研究都取得了明显进展，我会另外介绍具体的研究成果。区域史也存在着各区域研究不平衡的现象。②

空间对于历史学具有独特价值。鲁西奇《中国历史的空间结构》(广西师范大学出版社，2014 年)运用"空间"的观念与方法，思考"空间"对于中国历史发展的意义，分析中国历史发展的进程及其空间结构。全书分为区域多样性、核心与边缘、城市与村庄三大部分，分别讨论

---

① 小田：《地域文化史研究的人类学路径——倾向于江南的案例》，载《清华大学学报》，2010(1)。

② 吴琦：《社会史研究中的区域失衡现象》，载《江西师范大学学报》，2010(5)。

了中国历史与文化的区域多样性、中国历史发展的五条区域性道路、中国历史上的三大经济地带及其变动、王朝的“核心区”及其变动、内地的边缘、边缘的核心、权力与城市空间、乡村聚落形态的演变及其区域差异等主题，多角度、多层次回答“统一、多元中的中华帝国是如何可能的”这一宏大命题。

跨区域的社会史研究如何进行？吴欣认为：“若将运河研究放置在‘区域与跨区域研究中的生活方式与社会发展’的框架之下，运河区域社会研究历史意义或更为可鉴……民间文献和‘生活方式’视域下的社会史研究，既是运河研究同时也是区域社会史研究的希望所在。”①

值得注意的是，在经济全球化的今天，社会史的区域研究也把视野投向国外的华人活动及国内与国际的联系性上。郑振满通过考察闽南华侨的跨国生存状态、侨乡社会权势的转移及侨乡社会文化的传承，探讨近代闽南侨乡的国际化与地方化进程。所谓国际化，是指闽南侨乡的社会经济中心不断外移，海外华侨成为闽南侨乡的地方精英，海外世界与闽南侨乡的联系日益密切。所谓地方化，是指闽南侨乡的政治权力中心不断下移，侨乡建设与地方公共事务受到了空前的重视，本地社会文化传统得到了更新和延续。他认为深入研究这一历史过程，对于探讨经济全球化时代地方传统的发展前景，具有理论意义和学术价值。② 郑莉探讨跨国界的文化网络，通过对马来西亚芙蓉坡兴化人的个案研究，探讨同乡同业传统在海外华人社会中的传承与运作机制。③ 刘永华发现，自 19 世纪中叶开始，随着上海、宁波等口岸开埠通商，国际茶市对中国茶叶生产与销售的影响日益深入。在市场利好的刺激下，徽州婺源产茶区的一家农户通过增加茶叶生产与制作的劳动力投入，提高家庭的现金收入。同时，这家农户还因应家庭规模的变

① 吴欣：《从“制度”到“生活”：运河研究的新维度》，载《光明日报》，2016-08-10。

② 郑振满：《国际化与地方化：近代闽南侨乡的社会文化变迁》，载《近代史研究》，2010(2)。

③ 郑莉：《东南亚华人的同乡同业传统——以马来西亚芙蓉坡兴化人为例》，载《开放时代》，2014(1)。

动，投入大量劳力开垦土地，扩大粮食种植面积，从而缓解口粮不足问题。①

二、日常生活史与文化史

历史人类学重要的出发点是日常生活史，强调的是一种研究视角与方法，而不是一种独特的研究对象。因此，我们应当扩展对于历史人类学的理解，虽然历史人类学重视田野调查，但绝不限制于此。如诸多艺术社会史的研究就体现出历史人类学的特色，物质文化的研究与日常生活、历史人类学的探讨不可分割。②

虽然社会生活史自20世纪20年代末到40年代进入中国学者的视野，但是50—70年代中国大陆的生活史的研究成果却极少。社会生活史作为独立的研究领域，基本上是在最近二十多年取得突出成绩。近年来，熊月之主编“上海城市社会生活史丛书”，由上海辞书出版社2008年推出，2011年出齐，计有25种：熊月之《异质文化交织下的上海都市生活》，张笑川《近代上海闸北居民社会生活》，唐艳香、褚晓琦《近代上海饭店与菜场》，汤水清《上海粮食计划供应与市民生活(1953—1956)》，葛涛《唱片与近代上海社会生活》，侯艳兴《上海女性自杀问题研究(1927—1937)》，阮清华《上海游民改造研究(1949—1958)》，白华山《上海政商互动研究(1927—1937)》，陈同《近代社会变迁中的上海律师》，王敏《上海报人社会生活(1872—1949)》，施扣柱《青春飞扬：近代上海学生生活》，陈祖恩《上海日侨社会生活史(1868—1945)》，汪之成《近代上海俄国侨民生活》，王健《上海犹太人社会生活史》，金大陆《非常与正常：上海“文革”时期的社会生活》，马学强、张秀莉《出入于中西之间：近代上海买办社会生活》，叶中强《上海社会与文人生活(1843—1945)》，马军《舞厅·市政：上海百年娱乐生活的一页》，江文君《近代上海职员生活史》，瞿骏《辛亥前后上海城

---

① 刘永华：《小农家庭、土地开发与国际茶市(1838—1901)——晚清徽州婺源程家的个案分析》，载《近代史研究》，2015(4)。

② 常建华：《历史人类学应从日常生活史出发》，载《青海民族研究》，2013(4)。

市公共空间研究》，张生《上海居，大不易：近代上海房荒研究》，宋钻友《同乡组织与上海都市生活的适应》，宋钻友等《上海工人生活研究(1843—1949)》，葛涛、石冬旭《具像的历史——照相与清末民初上海社会生活》等。一般认为，社会生活史研究是社会史研究的一个重要组成部分，其重点是研究群体的社会生活以及社会生活领域的各种群体性现象。① 李长莉指出，自20世纪80年代中期以来30年间，中国近代生活史研究从兴起到发展，并于近年受到更多关注而成为一个热门领域，主要研究对象为风俗习尚、社会群体生活、城市生活与“公共空间”、消费生活、文化娱乐生活、生活史综合研究等，更多关注社会变动与生活变化之互动，更多注意生活与政治、经济、社会、文化等诸因素的相互关联和互动关系。不过，中国近代生活史研究的缺陷在于理论分析与理论创新不足。② 也有人认为，“随着新时期的到来，历史学发展大的趋势是从政治经济史向社会生活、生态环境、生命史的转移，这不仅是史学研究本身的转移，还是当代文明和社会已经从欲望、本能、名利等转向生活、生命等本质的再认识上。角度的转换，意味着历史观的更新和研究方法的转变，一种新社会生活史观逐渐形成”③。我觉得，社会生活史是以人的生活为核心联结社会各部分的历史，生活史研究的最大价值，应当是建立以人为中心的历史学。生活史立足于民众的日常活动，镶嵌于社会组织、物质生活、岁时节日、生命周期、聚落形态中。注意社会分层，了解不同社会群体的生活也必不可少。生活史的研究带来视角与方法的变化，可以从习以为常发现历史，从日常生活来看国家，挑战传统史料认识，从生活方式的转变可以

---

① 项义华：《社会生活史研究的学术传统与学科定位》，载《浙江学刊》，2011(6)。

② 李长莉：《中国近代生活史研究30年——热点与走向》，载《河北学刊》，2016(1)。

③ 杨卫民：《新时期社会生活史研究述略——以中国近代社会生活史为中心》，载《焦作师范高等专科学校学报》，2012(1)。

考察民族关系与进行不同文明的比较，阐述社会变迁。① 在清理了社会生活史的学术史之后，我得出如上的看法，因此，提出社会生活史研究应当向日常生活史转变，这是中国社会史研究的再出发。②

新的社会生活史或者说日常生活史研究，很重要的一点是要借鉴"新文化史"或者说社会文化史。俞金尧指出，起源于新史学的社会史学，以书写人民大众的历史为其区别于其他历史研究的身份特征。新文化史研究历史上的大众文化，因而具有社会史学的属性。战后兴起的新社会史秉承了年鉴学派的总体史追求，它倾向于从经济基础和社会结构寻找社会变迁的终极原因，以建立宏大的历史叙事。然而，新社会史经济社会决定论的弊病，引发了社会史学的"文化/语言转向"，从而催生了新文化史。但是，新文化史强调文化、符号、话语的首要性，最终走向文化/语言决定论的另一个极端。对新文化史激进倾向的强烈不满，使得西方史学界 20 世纪 90 年代中期之后出现了"超越文化转向"的趋势，这种趋势体现在学者们越发重视实践的作用，社会史学正在进行一种可称为"实践的历史"的新探索。③ 李长莉认为，中国"社会文化史"研究出现微观史与深度描述、建构理论与概念分析工具、以记述叙事为主要表现形式等趋向。④ 梁景和强调，研究社会文化史既不能脱离大众文化，亦不能忽视精英文化，同时要注意研究社会文化与国家意志的关系问题，以及社会运动所蕴含的社会文化意义。⑤ 我认为日常生活应当成为文化史、社会史、历史人类学研究的基础，尽管在这方面中国社会文化史研究已经取得一定成绩，但应更加明确与

---

① 常建华：《中国社会生活史上生活的意义》，载《历史教学（高教版）》，2012(2)。

② 常建华：《从社会生活到日常生活——中国社会史研究再出发》，载《人民日报》，2011-03-31。

③ 俞金尧：《书写人民大众的历史：社会史学的研究传统及其范式转换》，载《中国社会科学》，2011(3)。

④ 李长莉：《交叉视角与史学范式——中国"社会文化史"的反思与展望》，载《学术月刊》，2010(4)。

⑤ 梁景和：《关于社会文化史的几个问题》，载《山西师大学报》，2010(1)。

自觉地把日常生活作为社会文化史研究的基本内容。① 有学者评价“新文化史”的引入，认为“比较而言，以往的以社会形态史为背景的中国史研究重视制度和经济，而以人类文化史为背景的‘新文化史’重视人的活动，强调观念与心态。在当代，这二者结合的历史研究，或许更符合现实需要”②。在新文化史的观照下，学者们对于史料的解读发生了变化，在新文化史家看来，史料与其说是历史事实的载体，不如说是有意义的文本；他们特别重视史料的语境分析，主张在具体的历史情境中深度解读史料；在运用史料展开历史叙事时，往往会在对相关史料深入探析的基础上，采用合理的演绎、推测甚或假设等手段来让叙事变得完整而更具意义。③

日常生活史在欧美等地已经成为一个重要的学术研究领域，特别是作为方法论产生了重要的学术意义。日常生活史著作的出现，从诺贝特·埃利亚斯所著《文明的进程》到菲利浦·阿利埃斯与乔治·杜比主编的《私人生活史》，都贯穿着西方历史演进“道德私人化”的基本思想，如今的日常生活史已与物质文化、社会性别、科技、医疗、身体、艺术诸史相融合，研究采用多种视角，成为跨学科的学问。欧美日常生活史学家尖锐批评社会科学史学“见物不见人”的特点，特别强调个人的作用。面对海外日常生活史研究产生的一批优秀学术成果，晚起的中国日常生活史应当将中外日常生活史的比较研究作为自觉的行为。表面来看，似乎是西方公私分立，中国公私相混，中国历史上公与私的生活以及二者的关系与西方究竟有何不同，值得深入研究。④

如果将“日常生活”作为分析性概念，那么我们对于文献史料的认识也会发生变化。我觉得徽州文书最大的学术价值是提供了民间社会

---

① 常建华：《日常生活与社会文化史——“新文化史”观照下的中国社会文化史研究》，载《史学理论研究》，2012(2)。

② 耿雪、曾江：《“新文化史”给我国史学研究带来了什么?》，载《中国社会科学报》，2013-08-30。

③ 余新忠：《新文化史视野下如何解读史料?》，载《历史研究》，2014(6)。

④ 常建华：《他山之石：国外和台湾地区日常生活史研究的启示》，载《安徽大学学报》，2015(1)。

日常生活史研究的资料。对于徽州文书总体价值如此判断，需要对“日常生活”有更深入的认识，从而借助更有内涵、更清晰的概念分析工具，作为方法论完成史学研究范式的转换，实现徽州文书学术价值的最大化。①

近年来，南开大学中国社会史研究中心将日常生活史作为重点研究领域，2011 年起连续五年举行了“中国日常生活史的多样性”“日常生活史视野下的生命与健康”“中国史上的日常生活与地方社会”“中国史上的日常生活与民生问题”“中国史上的日常生活与物质文化”这些推动日常生活史研究的学术研讨会②。我利用乾嘉时期的刑科题本的口供探讨清中叶不同地区的日常生活③，同人也有新研究的尝试④，我

① 常建华：《徽州文书的日常生活史价值》，载《安徽史学》，2015(6)。

② 部分会议论文收入《中国社会历史评论》第 13 卷、14 卷、15 卷、16 卷、17 卷，天津，天津古籍出版社，2012 年、2013 年、2014 年、2015 年、2016 年。有关会议综述，请参看张传勇：《从习以为常发现历史：“中国日常生活史的多样性”国际学术研讨会综述》，载《民俗研究》，2012(2)；许三春：《“日常生活史视野下中国的生命与健康”国际学术研讨会纪要》，载《中华医史杂志》，2012(5)；张瑞：《日常生活史视野下中国生命与健康国际学术研讨会综述》，载《中国史研究动态》，2013(2)；张传勇：《置日常生活于社会空间——“中国史上的日常生活与地方社会”学术研讨会综述》，见《中国社会历史评论》第 15 卷，天津，天津古籍出版社，2014；王静：《深入日常生活研究　推动学术共同体形成——“中国史上的日常生活与民生问题”会议述评》，载《城市史研究》，2015(1)；张陆卅：《“中国史上的日常生活与物质文化”学术研讨会综述》，载《东岳论丛》，2016(1)；陈思言：《“中国史上的日常生活与物质文化”学术研讨会综述》，见《中国社会历史评论》第 17 卷下，天津，天津古籍出版社，2016。

③ 常建华：《清中叶山西的日常生活——以 118 件嘉庆朝刑科题本为基本资料》，载《史学集刊》，2016(4)；《生命・生计・生态：清代中叶江西的日常生活——以 108 件嘉庆朝刑科题本为基本资料》，载《上海师范大学学报》，2016(5)。

④ 闫爱民：《汉代夫妇合葬习俗与“夫妇有别”观念》，载《天津师范大学学报》，2015(5)；《“吕后祓”与西汉皇室三月上巳求子之俗》，载《天津师范大学学报》，2015(5)；夏炎：《魏晋南北朝燃料供应与日常生活》，载《东岳论丛》，2013(2)；《唐代薪炭消费与日常生活》，载《天津师范大学学报》，2013(4)；李金铮：《小历史与大历史的对话：王笛〈茶馆〉之方法论》，载《近代史研究》，2015(3)。

们也做了一些基础性的工作①。

值得注意的是，日常生活史研究作为方法论应当重视“制度与生活”的视角。这一视角是由社会学学者李友梅提出的：对于1978年以来中国社会变迁的考察路径有多种多样，其中“国家—社会”视角受到了较多青睐。概而言之，“国家—社会”视角具有几个基本特点：第一，主要基于西方公民社会理论构建而成，其中的“社会”主要是指政治学意义上的；第二，强调国家与社会之间二元的权力对应和相互约束关系；第三，其价值取向是塑造具有高度自主性的社会，建立民主政治制度。依照这个视角，我国40多年来的改革开放普遍被视为国家逐步“释放”社会、社会不断自我发育成长的过程。但“国家与社会”的分析框架与社会生活实践始终存在无法摆脱的张力：首先，这一分析框架根植于西方的经验而非中国的生活实践，无法真实呈现后者的丰富内涵；其次，这一分析框架注重在宏观层面阐释力量格局转换，难以切入中观与微观社会实践，难以观察到扎根于日常生活中的观念、行为所具有的丰富内涵；最后，这一范式在一定程度上忽略了国家层面的各种管理制度设计同人们的日常生活之间的相互渗透和相互建构关系。有鉴于此，我们可以尝试构建“制度—生活”的分析框架，以“自主性”为观察对象，更有效地呈现和解读1978年以来中国社会生活的变迁过程。这里的“制度”，是指以国家为主体的直接的和间接的社会管理制度，其与社会性、观念性制度相互交织，共同形成作用于社会生活的“制度丛”；“生活”则局限于人们日常的非正式科层化的社会生活领域，区别于高度工具理性的经济、政治和文化活动；“自主性”指镶嵌在生活之中、运作生活和改变生活的个体和群体的理性化——不是纯粹工具理性，而是多元化的和混合的理性——的自我选择、自我设计、自

① 常建华：《明代日常生活研究的回顾与展望》，载《史学集刊》，2014(3)；李金铮：《众生相：民国日常生活史研究》，载《安徽史学》，2015(3)；孙立群、常博纯：《魏晋南北朝日常生活史研究回顾》，载《许昌学院学报》，2015(6)；王善军：《辽宋西夏金元日常生活史研究概述》，见《中国社会历史评论》第17卷下，天津，天津古籍出版社，2016。

我组织和自我调控的行动。“制度—生活”的分析框架并不背离“国家—社会”范式的价值取向，也不否定社会力量制约国家权力的企图，但具有自身的独特解释力量。第一，它力图在具体的社会背景下解读制度与生活之间的既相互渗透、相互建构又相互矛盾的动态关系；第二，它努力分析在一个强国家、弱社会的力量格局下，以及一个权利意识尚未发育的环境中，制度与生活之间的力量关系以及二者是如何相互改变的；第三，它尝试在制度与生活的互动关系中分析社会力量和权利意识的发育和成长过程，以及在这一过程中制度与生活之间关系的转变逻辑。① 这一想法，我觉得也适用于与社会史研究。

社会史学者也在研究实践中敏锐抓住了制度与生活的关系。刘永华指出，明代实行的匠户世袭制度，对民众社会生活产生了深刻的影响。其一，这一制度为民众社会关系的建构提供了动力和契机。其二，这一制度拓宽了民众的空间活动范围。② 杜丽红著《制度与日常生活：近代北京的公共卫生》（中国社会科学出版社，2015 年）从制度的角度研究近代北京的公共卫生，不仅描述了制度在组织和规则层面的变迁过程，更试图阐释制度如何影响日常生活的过程，旨在探讨 20 世纪初北京公共卫生制度演变及社会化过程的基本脉络与问题，即公共卫生制度如何诞生，如何变迁，如何在国家与社会互动中成为日常生活规则。③

个人生活史的研究也受到重视。日记与年谱无疑是个人生活史最直接有效的文献，值得注意的还有笔记，常建华依据龚炜《巢林笔谈》

---

① 李友梅：《制度与生活视野下的中国社会变迁》，载《解放日报》，2008-12-18。李友梅又同黄晓春、张虎祥等合著《从弥散到秩序：“制度与生活”视野下的中国社会变迁（1921—2011）》，北京，中国大百科全书出版社，2011。按：肖瑛《从“国家与社会”到“制度与生活”：中国社会变迁研究的视角转化》（《中国社会科学》2014 年第 9 期）进一步论证了“制度与生活”的理论。

② 刘永华：《明代匠籍制度下匠户的户籍与应役实态——兼论王朝制度与民众生活的关系》，载《厦门大学学报》，2014(2)。

③ 参见杜丽红：《知识、权力与日常生活——近代北京饮水卫生制度与观念嬗变》，载《华中师范大学学报》，2010(4)。

探讨清朝统治稳定后士人的政治态度与日常生活，兼论笔记的生活史资料价值。吴中士人龚炜生活在清康熙后期到乾隆中叶，他对于清朝统治高度认同，从龚炜的个人生活史了解了他的政治立场、人生经历、生活态度、家庭生活以及家族关系，看到他的性情爱好、文化品位、治学情况，特别是绝意科举的人生转折，一个鲜活的士人呈现在我们的面前，这是利用其他资料很难做到的。范莉莉以笔记《五杂组》(也作《五杂俎》)为主要依据探讨谢肇淛的日常生活状况，是从微观层面检视晚明宦游士人生活的一次尝试。① 还有学者利用档案研究当代中国的个人生活史。戴建兵等认为，囿于中西方的国家与社会之间关系不同，当代中国个人生活史研究与西方私人生活史研究存在着较大差异，并且还是一块待开拓的处女地。从资料上看，人事制度是当代中国一项重要的管理制度，个人档案具有内容丰富、真实等优点，成为个人生活史研究的基本史料。当代中国个人生活史研究开辟了史学研究新领域，以全新的微观角度反映了普通民众的日常社会生活，拓展了中国社会史研究范围，可使人们更好地认识当代中国缓慢而深刻的社会变迁。② 金光耀、戴建兵编《个人生活史(1949—1978)》(上海大学出版社，2016年)注重微观历史和细节还原，聚焦一个个普通民众的生活实态，就人论事、就事说理，真实地反映出普通人的处世哲学和人生历程，以发现被宏观历史忽略或无法收纳的底层“无言的群体”，厘清被意识形态化和“革命阶段化”所遮蔽的中国社会真实的发展过程。全书收录具体研究的文章16篇。还有民族学学者对一位从越南嫁到中国的苗族妇女的生活经历进行考察，探讨其系列行动的生存理性。③

---

① 常建华：《盛清吴中士人生活的写照——清人笔记龚炜〈巢林笔谈〉的生活史资料价值》，见《中国社会历史评论》第11卷，天津，天津古籍出版社，2010；范莉莉：《晚明宦游士人的生活世界——兼论谢肇淛〈五杂组〉的生活史研究价值》，见《中国社会历史评论》第13卷，天津，天津古籍出版社，2012。

② 戴建兵、张志永：《个人生活史：当代中国史研究的重要增长点》，载《河北学刊》，2015(1)。

③ 郑宇、曾静：《社会变迁与生存理性：一位苗族妇女的个人生活史》，载《民族研究》，2015(3)。

日常生活史的研究，也有一些综合性的探讨。我编了《中国日常生活史读本》(北京大学出版社，2016 年)，收录论文 18 篇，依内容分为五编，即生育与生命周期、日常交往、消费与逸乐、性别与生活、城乡日常生活，尽可能反映出日常生活的基本问题，既有人的生产与生命历程、社会交往、物质消费，也涵盖日常生活的空间场所。这其中还兼顾了民间信仰与思想观念的内容，兼顾了论文的研究时段以及不同阶层与社会身份的生活。断代性的生活史研究虽然不太强调区分社会生活、日常生活，但也足资参考。宋镇豪《商代社会生活与礼俗》(中国社会科学出版社，2010 年)论述商朝礼制与社会生活礼俗的运作，以及有关商代社会行为观念整合规范的机制。该书全面考察城邑生活与族居形态、建筑营造礼仪、宫室宅落建制、居住作息习俗、家族亲属关系和社会风尚，包括商代的衣食住行、农业信仰礼俗、人生俗尚、婚制婚俗、生育观念、养老教子、卫生保健与医疗俗信，以及社会礼仪及礼器名物制度、服饰车马制度、文化娱乐、丧葬制度、甲骨占卜等。黄正建著《走进日常：唐代社会生活考论》(中西书局，2016 年)探讨了唐代的衣食住与日常生活。师永涛著《唐代的乡愁：一部万花筒式的唐朝生活史》(安徽文艺出版社，2014 年)试图通过浩瀚史料中被漏下的碎片，诸如夜宴、城市、胡人、庄园、女子、少年、寺庙的日常细节，来呈现一个时代的存在。宋立中著《闲雅与浮华：明清江南日常生活与消费文化》(中国社会科学出版社，2010 年)主要涉及明清江南日常生活与消费文化，分别从婚姻礼俗与社会变迁、消费服务与消费文化、休闲生活与雅俗冲突三个方面，探讨了学界较少关注的明清时期婚礼消费、节日消费、娱乐消费、时尚消费、妇女游风、鲜花鉴赏、休闲文化，以及传统服务业，如游船业、旅馆业、娱乐业等内容。李长莉等著《中国近代社会生活史》(中国社会科学出版社，2015 年)记述自明末、晚清至 1949 年间，伴随中国社会的近代化变动，人们的衣食住行、社会生活、风俗习尚、文化娱乐等诸方面的变迁轨迹，既考察近代百余年间社会生活的总体变迁轨迹，又重点考察各个时段突出的社会生活现象，并加以文化分析，揭示中国社会近代转型过程中，近代社会生活变迁的社会文化意义。李健胜《清代—民国西宁社会生活史》(人民出版社，2012 年)论述了清代至民国时期西宁地区的衣食住行、婚丧礼俗、教育文娱、节庆宗教、医疗卫生等，呈现了西宁地区各民族社会生活的多元性。颜浩著《民国元年：历史与文学中的日常生活》(陕西人民出版社，2012 年)发掘小说中的历史素材，从百姓民生及日常生活来反映清末民初社会，讲述了很多日常生活的具体场景，比如怎么娱乐，怎么穿衣，等等。罗小茗著《制造“国民”：1950—1970 年代的日常生活与文艺实践》(上海书店出版社，2011 年)主要内容：亚洲在发出自己的声音，中韩两国青年新锐学者首次思想碰撞，重返“冷战”体制现场，探寻“在地”思想资源，建构亚洲自身的思想学术脉络。顾希佳、何王芳、袁瑾著《杭州社会生活史》(中国社会科学出版社，2011 年)描写出杭州各时期小人物衣食住行、风土民俗、人生礼仪、宗教信仰等各历史场景，多视角展示了杭州人几千年的生活状态。

日常生活的研究也有一些较新的尝试。余新忠认为，若能融通社会文化史和日常生活史研究，从社会文化史和日常生活史的双重角度出发来探究中国历史上的生命与健康，对于未来中国医疗史的研究来说，应不失为一条可行的路径。① 徽州社会史有从社会生活到日常生活的转向。② 对于民国时期城市史、知识分子群体的研究也关注日常生活。③ 特别是日常生活与特有的时间观联系在一起，所谓农事节律，就是一年之中农作物从播种到管理、收获的一系列工作程序。一年之中，受自然节律的影响，农业生产活动从种植到收获也会表现出一定

① 余新忠：《回到人间　聚焦健康——新世纪中国医疗史研究刍议》，载《历史教学(下半月刊)》，2012(11)。

② 卞利：《从社会生活到日常生活——徽州社会史研究的新转向》，载《安徽大学学报》，2016(1)，徽州社会史专栏的主持语。

③ 胡悦晗：《“回收”：日常生活视角下的空间秩序、生活经验与城市想象》，载《史学理论研究》，2011(1)；《朋友、同事与家人：家庭生活与社会关系网络的建构——以民国时期上海知识分子为例(1927～1937)》，载《开放时代》，2012(11)；《民国时期城市知识群体的生活想象与身份认同——以〈生活周刊〉为例的分析(一九二五至一九三三)》，载《社会科学论坛》，2014(6)；《漫步、出游与旅行：日常生活中的空间位移——以民国时期上海知识群体为例(1927—1937)》，见《中国社会历史评论》第 16 卷上，天津，天津古籍出版社，2015。

的节律性特征，与此相适应，乡村社会生活也会表现出一定的节奏性。农业生产活动有涨有落，于是乡村社会生活诸活动也必会随之起落，各种活动也就会巧妙配合而又有序地分布于时间与空间之中。这种时间生活的结构性安排，不仅深刻影响了传统中国民众之时间观念与时间体系，而且对整个中国传统文化产生了深远影响。近代以后，随着现代大工业的发展，这一时间生活模式也在逐步发生改变。王加华著《被结构的时间：农事节律与传统中国乡村民众年度时间生活——以江南地区为中心的研究》(上海古籍出版社，2015 年)对此作了深入的研究和探讨。陈辉《过日子：农民的生活伦理——关中黄炎村日常生活叙事》(社会科学文献出版社，2016 年)发现陕西关中农村依然保持着较强的家庭观念，依然实践着一套以“过日子”为核心的生活伦理。该书通过描写日常生活琐事，呈现农民“过日子”的原则、策略和方法。

现实生活中网络改变了人们的日常生活。吴兴民著《秩序、冲突与转变：黑客群体的日常生活实践研究》(知识产权出版社，2010 年)运用社会学的相关理论与方法，通过与黑客访谈、加入黑客 QQ 群、分析研究黑客论坛等方式，从构成黑客日常生活世界的“技术、学习、共享、自由、奉献、法律”这六个规范秩序出发，分析了黑客群体的日常生活实践，揭示了其日常规范秩序的冲突及转变。唐魁玉著《网络化的后果：日常生活与生产实践的变迁》(社会科学文献出版社，2011 年)从信息网络技术给人类日常生活与生产实践所带来的影响两个维度入手，进行深度的网络社会后果分析，主要关涉到：网络传播与生活方式的现代性，网络环境下的家庭生活、权力生活与消费生活、媒介化生活与新型幸福观，虚拟世界的身心问题，网络交流语境中的聊天与恋爱行为，网络技术与文化摩擦，复杂性与数字化和谐社会的建构、虚拟社区的在线和谐，以及信息产业的自生能力的发展和虚拟企业的社会互动机制等。

首都师范大学历史学院中国近现代社会文化史研究中心重视社会生活史研究。中心主任梁景和认为，中国现当代社会文化学是研究中国现当代社会生活与其内在观念形态之间相互关系及其形成新知识体系的学科，是典型的交叉学科。所谓社会生活是指人们在以生产为前提而形成的各种人际关系的基础上，为了维系生命和不断改善生存质量而进行的一切活动的总和。社会生活有广义与狭义之分。狭义的社会生活也包括相当丰富的内容，同时亦存在其最基本的内容，诸如衣食住行、婚丧嫁娶、两性伦理、生老病死，等等。① 基于此，梁景和主编了《社会生活探索》系列出版物②，该书分为总论卷、婚恋卷、家庭卷、女性卷、性伦卷、综合卷等。同时，梁景和主编《中国社会文化史的理论与实践》③，对中国1988年至2009年以来社会文化史理论方法的探索、重要著作的书序和书评以及重要学术会议和成果的评述等内容进行编辑和整理，对读者了解这20余年中国社会文化史的发展历程有重要的参考价值。后又出版《中国社会文化史的理论与实践续编》④。梁景和还组织青年学者对社会文化史理论与方法作研讨，其主旨就是梳理社会文化史的缘起、挑战与机遇，厘清社会文化史的多维综合交叉的特质、特有的意义与价值，以及可供借鉴的理论与方法，多层面多角度论述社会文化史书写的可能性，提升社会文化史研究的社会服务功能，并主编《社会文化史理论与方法——首届全国青年学者学术研讨会论文集》（社会科学文献出版社，2014年）。梁景和也关注新文化史，不仅组织研讨会，还主编了《西方新文化史与中国社会文化史的理论与实践——首届学术研讨会论文集》（社会科学文献出版社，2014年）。

梁景和还主编或出版了其他系列出版物，如主编《中国现当代社会

---

① 梁景和：《社会生活：社会文化史研究的一个重要概念》，载《河北学刊》，2009(3)。

② 梁景和主编：《社会生活探索》，2009年、2010年、2012年、2013年、2014年、2015年出版了6辑，除了第二辑由社会科学文献出版社出版外，其余都是由首都师范大学出版社出版的。

③ 梁景和主编：《中国社会文化史的理论与实践》，北京，社会科学文献出版社，2010。

④ 梁景和主编：《中国社会文化史的理论与实践续编》，北京，社会科学文献出版社，2015。

文化访谈录》①，主编“中国近现代社会文化史论丛”，出版了杨才林著《民国社会教育研究》(社会科学文献出版社，2011 年)、黄东著《塑造顺民——华北日伪的“国家认同”建构》(社会科学文献出版社，2013 年)、梁景和等著《现代中国社会文化嬗变研究：以婚姻家庭妇女性伦娱乐为中心(1919—1949)》(社会科学文献出版社，2013 年)。他还主持首都师范大学历史学院中国近现代社会文化史研究中心组织的系列学术讲座和沙龙活动并编辑出版《社会・文化与历史的思想交汇》系列出版物。② 梁景和多次组织召开了“中国近现代社会文化史国际学术研讨会”，出版了会议论文集。③ “婚姻・家庭・性别”是该中心重点研究内容，梁景和教授主编的《婚姻・家庭・性别研究》已经出版 5 辑。④

社会文化史领域也产生了一些颇有新意的成果。刘永华主编《中国社会文化史读本》(北京大学出版社，2011 年)指出：社会文化史强调的是，在具体的研究实践中将社会史分析和文化史诠释结合在一起。在分析社会现象时，不能忽视相关人群对这些现象的理解或这些现象之于当事人的意义，唯有如此，社会史分析才不致死板、僵硬；在诠释文化现象时，不能忽视这些现象背后的社会关系和权力关系，唯有

① 首都师大出版社发行，第一辑于 2010 年出版，王俊斌、王胜、王宇英访谈，分三卷，包括土改、农业合作化卷，医疗卫生制度卷，“文革”的家庭文化卷等。第二辑于 2012 年出版，是由王胜博士历时一年对十位“文革”前农村大学生所做的个人生活史访谈而成。第三辑于 2013 年出版，是由李慧波博士对近百位工人、农民、干部、行政技术人员、教师、学生、军人、医生等各行业普通人在中华人民共和国 17 年(1949—1966)间婚姻家庭生活进行的访谈。第四辑于 2014 年出版，主要涉及中华人民共和国成立至 20 世纪 80 年代这 40 年间有关婚姻、家庭、女性、性伦、娱乐等日常的基本生活。

② 梁景和主编《社会・文化与历史的思想交汇》，已出版 1～3 辑，分别于 2011 年、2013 年、2015 年由社会科学文献出版社出版。

③ 梁景和主编：《首届中国近现代社会文化史国际学术研讨会论文集》，北京，社会科学文献出版社，2012；《第二届中国近现代社会文化史国际学术研讨会论文集》，北京，社会科学文献出版社，2013；《第三届中国近现代社会文化史国际学术研讨会论文集》，北京，社会科学文献出版社，2015。

④ 梁景和主编《婚姻・家庭・性别研究》1～5 辑，社会科学文献出版社 2012 年出版 1～2 辑，2013 年出版第 3 辑，2014 年出版第 4 辑，2016 年出版第5 辑。

如此，文化史诠释才不致空泛、玄虚。该书涵盖社会文化史研究的5个主要问题领域：(1)国家认同，(2)神明信仰，(3)宗教仪式，(4)历史记忆，(5)感知、空间及其他。该书通过21篇精彩个案研究，引导读者进入中国历史的深层脉络。再如湛晓白著《时间的社会文化史——近代中国时间制度与观念变迁研究》(社会科学文献出版社，2013年)，以“近代时间”在中国的兴起为研究对象，自觉把时间制度与观念的演变置于晚清民国社会近代化整体变迁的过程中去考察，较为清晰地梳理了以公历、星期制、标准时、时刻分秒计时制等为主要内容的近代时间体制在中国传播和建立的历程，以及近代时间为历法所赋值，为节庆礼仪所演绎，为政治文化所形塑的种种丰富的历史形态，并努力解读了其中所蕴含的政治和文化意义，同时还深度揭示和剖析了清中叶之后时间观念的多层次转变及其内涵。

三、民间文献与社会史史料

有关社会史的文献处理与史料认识，冯尔康先生提出过社会史史料学，郑振满强调民间文献学，重视新史料的发现。① 历史人类学研究需要借助民间文献，而理解民间文献离不开对于民众日常生活的认识。有关民间文献的讨论不断，涉及20世纪民间文献搜集整理方法的演进历程、徽州民间历史文献整理方法、妇女史研究资料的价值与利用等问题。②

2006年4月17日，在哈佛燕京图书馆会议室，哈佛大学东亚语言与文明系教授包弼德(Peter Bol)与来自中国的哈佛燕京学社访问学者刘平，组织了一场历史学与人类学的对话，萧凤霞、韩明士、丁荷生、宋怡明、郑振满、梁洪生、孙卫国、王明珂、顾坤惠、林玮嫔10位学者参加了讨论，郑振满谈道：“20世纪以来，我感觉历史学有两

---

① 郑莉、梁勇：《新史料与新史学——郑振满教授访谈》，载《学术月刊》，2012(4)。

② 吴欣：《民间文献：妇女史研究资料的价值与利用》，载《妇女研究论丛》，2012(4)；王蕾、申斌：《徽州民间历史文献整理方法研究——以中山大学图书馆馆藏为例》，载《图书馆论坛》，2014(4)；杨培娜、申斌：《走向民间历史文献学——20世纪民间文献搜集整理方法的演进历程》，载《中山大学学报》，2014(5)。

次大变化，第一次是在 20 世纪前期，历史学开始和其他学科结合，开始从研究少数人转到研究老百姓。要研究老百姓，历史学原来的工具已经不够用了，要向其他学科学习，这就是社会科学化；资料也不够用了，要找跟老百姓有关的新资料，这就是民间文献。第二次就是 80 年代以后的后现代思潮，对理解资料有很大影响。我们要去问资料到底有什么意思，而不是写了什么就是什么，认得字不一定懂得读资料、做研究。这就要回到资料形成的环境中去，向当地老百姓请教。这两个问题，即对民间文献的兴趣和对资料的重新理解，催生了历史人类学。所以我理解的历史人类学很简单，就是民间文献加田野调查。在这条路上我们是走了很长时间的。”①郑振满还谈到民间文献与民众日常生活的关系，他说：“每一种民间文献可能都和特定的人群和特定的生活方式有关。如果不把民间文献放在具体的社会环境中，不了解各种民间文献的作者和使用范围，也不能真正理解民间文献的历史意义。要做到这一点，就必须做田野，就需要历史人类学了。”②就是说，历史人类学通过田野调查与解读民间文献理解“人群”和“生活方式”。

厦门大学设立民间历史文献研究中心，自 2009 年起，每年举办一届“民间历史文献论坛”，至 2015 年已经举办七届。③ 郑振满主编《民间历史文献论丛》由社会科学文献出版社出版，2013 年推出第 1 辑饶伟新编《族谱研究》。在以往的研究中，族谱主要是作为史料使用。至于族谱文本本身的编纂、生产、使用和流传，以及与社会文化史之关系等重要问题，则甚少受到学界重视。该书围绕以上问题展开，尝试

---

① 刘平、刘颖、[越]张玄芝整理：《历史学与人类学的对话》，载《文史哲》，2007(5)。

② 刘平、刘颖、[越]张玄芝整理：《区域研究·地方文献·学术路径——“地方文献与历史人类学研究论坛”纪要》，见《中国社会历史评论》第 10 卷，天津，天津古籍出版社，2010。

③ 相关报道有郑莉、梁勇：《第四届民间历史文献论坛简述》，载《光明日报》，2013-02-20；汪润、郑莉：《“第五届民间历史文献论坛”综述》，载《中国史研究动态》，2014(5)；第七届论坛报道见武勇：《分疏用好民间历史文献》，载《中国社会科学报》，2015-11-25。

从族谱的编修与生产、族谱与时代变迁、族谱与宗族建构、族谱与地方权力结构四方面探讨族谱研究的新视野与新的解读方法，并在总体上展现出今后族谱研究一个值得关注的新动向。2014年推出第2辑郑振满编《碑铭研究》，集中展示了中外学界近年来碑铭研究的最新成果，全书分为碑铭的制作与流传、碑铭与地域社会、碑铭与社会经济、碑铭与社会文化、碑铭与宗族组织5部分。2016年又出版了第3辑刘永华编《仪式文献研究》，内容分为宋代法术与近代道教、道坛传承与系谱重构、仪式文本与道坛科仪、儒家的宗教性。

梁洪生等著《地方历史文献与区域社会研究》(中国社会科学出版社，2010年)所收论文多从微观入手，微观切入与宏观把握有机统一；注重实证研究与田野调查，偏好方志、文书、谱牒等地方史料，挚爱“小叙事”，以小见大，视角独特，资料翔实；写作态度端正，大多一丝不苟，丝丝入扣，条分缕析；更可贵的是，部分作者不乏清醒而冷峻地“鉴往事，知来者”的史家情怀。

社会史文献的研究，有诸多门类。契约文书是重头戏①，乜小红著《中国中古契券关系研究》(中华书局，2013年)充分利用敦煌、新疆及黑水城出土的大量各类契券(包括少数民族文字)，结合传世文献及前人研究成果，对借贷、买卖、租佃、雇佣、收养、社邑、婚姻、奴婢等方面的契券关系，分门别类进行了全面系统的研究，注重揭示各种契券关系的历史演变，探讨其内在变化规律。陈敬涛著《敦煌吐鲁番契约文书中的群体及其观念行为探微》(中国政法大学出版社，2013年)内容是：契约中的当事人——以田宅契约为例，契约中的保人——以主、保关系为视角，契约中的思维和行为方式，契约中的习俗和观念之演变——以“沽各半”套语为研究对象，从古印度到中土：《百喻

① 《安徽史学》2015年第6期发表一组“民间文书的整理、研究与利用”笔谈，计有常建华《徽州文书的日常生活史价值》、周晓光《徽州文书的归户整理与宗族史研究》、徐国利《关于民间文书“归户性”整理的理论初探》、刘伯山《民间文书档案整理的“三尊重”原则》、张应强《民间文献与田野调查：“清水江文书”整理研究的问题与方法论》。

经》中的“债”字内涵。20世纪90年代以来，《俄藏黑水城文献》《英藏黑水城文献》《中国藏西夏文献》《中国藏黑水城汉文文献》《斯坦因第三次中亚考古所获汉文文献(非佛经部分)》《法藏敦煌西夏文文献》《俄藏敦煌文献》等大型文献的出版，为全面深入研究西夏与黑水城文献奠定了坚实的基础。杜建录、史金波著《西夏社会文书研究》(上海古籍出版社，2010年)分为西夏社会文书研究、释文两个部分。刘道胜著《明清徽州宗族文书研究》(安徽人民出版社，2008年)以明清徽州宗族文书为中心，采用文书档案与文献记载相结合、微观分析与宏观考察相结合的方法，解读文书的形式，阐释文书的内涵，对徽州宗教文书作出分类考察，进而揭示明清徽州宗族的各种社会关系。阿风著《明清徽州诉讼文书研究》(上海古籍出版社，2016年)论述了徽州与徽州文书，徽州诉讼文书的分类(分别以存在形态、以诉讼过程为中心)，诉讼程序，徽州人的诉讼书证观念，徽州的诉讼费用研究——以讼费合同文约为中心，明代中期的山林诉讼——以成化年间《祁门县告争东山刷过文卷抄白》为中心，宗族墓地、祠庙诉讼，宗族争仆诉讼——以《不平鸣稿》为中心。值得提到的是域外文献，王振忠著《袖中东海一编开：域外文献与清代社会史研究论稿》(复旦大学出版社，2015年)重点发掘朝鲜燕行录、琉球官话课本、日本唐通事史料以及近代西方传教士书写的方言文献，以社会史研究的方法将各类史料熔于一炉，在全球史的视野下瞻瞩中外、盱衡古今，希望借此推动中外交流史由政治史、贸易史以及广义的文化史向社会史的拓展。

社会史史料的研究利用方面，有人对当代社会史资料建设问题提出看法①，还有人对当代中国民间文献史料的搜集整理与利用状况做了回溯②。

社会史文献、史料的整理出版颇有成绩。契约文书的出版方面，

---

① 郑清坡：《中国当代社会史资料建设的现状与反思》，载《历史教学(下半月刊)》，2014(4)。

② 邓群刚：《当代中国民间文献史料的搜集、整理与利用现状综述》，载《中共党史研究》，2011(9)。

张传玺主编《中国历代契约粹编》(3 册，北京大学出版社，2014 年)收录了从原始无文字契约到中华人民共和国土地改革时期的民间契约 2500 余件，包括买卖、雇佣、典当、分家、继嗣、赠送等多种社会经济活动，此外还收录了历代民间模拟契约形式的“买地券”多件，从多方面反映了中国传统基层社会的经济形态、法律关系和文化面貌。陈支平主编《福建民间文书》(广西师范大学出版社，2007 年)辑录来自厦门、泉州、闽北地区、寿宁县及其他十县的各类民间文书近三千件，所属时间自明万历年间迄 20 世纪 50 年代。所包含文书之品种除大量的买卖、租佃等契约外，更有数量较多、时间集中且归户性很强的警察捐收据及工业捐税收据等，是该地区捐税史及工商业发达史的研究不可多得的珍贵史料。除了上述通代或断代契约文书汇编之外，还有按照区域编辑的文献汇编，清水江文书是贵州清水江流域苗族侗族明末清初以来直至 20 世纪 50 年代的一种民间文献，主要包括山林经营和木材贸易方面的民间契约和交易记录。张应强、王宗勋主编《清水江文书》由广西师大出版社推出，分别于 2007 年、2009 年、2011 年出版三辑。[①] 曹树基、潘星辉、阙龙兴等编《石仓契约》(第一、二辑)，分别于 2011 年 1 月、2012 年 8 月由浙江大学出版社出版。浙江省松阳县石仓村，因其保留了完整的明清土地契约、民间文书，以及从万历以来的大量明清古建筑，从而在学术界与建筑界产生了重大影响。石仓的土地契约可能是一个集中的村落群中保存契约文书最为齐备，数量最多、种类最多且记载最为清晰的村庄。张建民主编《湖北天门熊氏契约文书》(湖北人民出版社，2014 年)，则属于家族性的文书整理汇编。

徽州文书出版最多。刘伯山编著的《徽州文书》自 2005 年由广西师

---

① 关于“清水江文书”的史学意义，可参看赵世瑜：《清水江文书在重建中国历史叙述上的意义》，载《原生态民族文化学刊》，2015(4)。利用“清水江文书”的社会史研究不断出现，如吴才茂：《从契约文书看清代以来清水江下游苗、侗族妇女的权利地位》，载《西南大学学报》，2013(4)；《契约文书所见清代清水江下游苗侗民族的社会生活》，载《安徽史学》，2013(6)。

范大学出版社推出第1辑，又分别于2006年、2009年、2011年、2015年出版了第2～5辑，每辑共10卷(册)，收录的民间私人所藏归户性文书，是这套文书的特色，并附有诸多针对归户文书所进行田野调查的实态照片。黄山学院编辑的《中国徽州文书(民国编)》(清华大学出版社，2010年)全10册，包括：徽州人在徽州境内形成的文书，非徽州籍人在徽州境内形成的文书，徽州人在徽州境外形成的文书。李琳琦主编《安徽师范大学馆藏千年徽州契约文书集萃》(安徽师范大学出版社，2014年)是对安徽师范大学图书馆馆藏徽州契约文书进行整理、汇编而成，共分装成10册。该书主要包括元代至清代徽州民间的档案、契约、文书等数千件。黄志繁、邵鸿、彭志军编《清至民国婺源县村落契约文书辑录》(商务印书馆，2014年)18册，以保持历史文献的原始状态和更丰富的信息为原则处理清至民国婺源县村落文献资料，希望能为后来研究者提供一套具有较高史料价值的文书辑录。全书收集清至民国民间文书3600多份(套)，9000余张，以契约为主；另外，纳税凭证、状词和账本也有一定数量，其余文献则五花八门，充分体现了乡村社会生活的复杂性。文献种类有供词、招告、托书、合墨、包书、包封、戏文、托字、杂单、手绘地图、分单、证明、售货清单、保证书、符、当会契、修屋清单、聘礼、礼单、药引、婚约、婚前财产公证、拼批等。从这些不同类型的文书中，不难看出传统乡村社会生活的丰富性。吴秉坤著《清至民国徽州民间借贷利率资料汇编及研究》(上海交通大学出版社，2015年)，从黄山学院所藏的徽州文书中整理出记录有当时市场借贷利率数据的借贷文书，按照时间、地点、抵押物、利率、借贷额、借贷方等字段，将基本数据汇总为徽州民间借贷利率数据表，并挑选一部分契约文书原件作为附录影印出版。

宗族文献的整理硕果累累。上海图书馆编纂《中国家谱资料选编》(上海古籍出版社，2013年)分为家族源流卷(全二册)、家规族约卷(全二册)、礼仪风俗卷(全二册)、教育卷、经济卷、序跋卷(全二册)、凡例卷、诗文卷(全三册)、传记卷、图录卷、漳州移民卷(全二册)，共计11卷，18册，1930万字。该书所辑资料以上海图书馆的2万余种藏谱为基础，再重点选辑国家图书馆等单位所藏之谱。凡辑入的资料都直接来自原始家谱，保证了资料的原始性和独有性；选辑还兼顾家谱的地域性与姓氏差异，力求入选资料的多样性。冯尔康主编《清代宗族史料选辑》(3 册，天津古籍出版社，2014 年)汇集了有清一代宗族史的基本史料，关照到不同地区的宗族活动情形，取材包括各种类型的图书文献，有清代的政书、史书、文集、方志、笔记、档案以及大量视觉史料，主要是民间的族谱(家谱、家乘、宗谱)。卞利主编《明清徽州族规家法选编》(黄山书社，2014 年)从现存公私藏 2500 多种徽州族谱中收集与分类整理辑录，以明清时期(1368—1911)有关徽州族规家法为主，酌情收录了民国元年至十年(1912—1921)部分徽州族谱中的族规家法。

碑刻集不断出现。许檀编《清代河南山东等省商人会馆碑刻资料选辑》(天津古籍出版社，2013 年)收录了清代河南、山东、直隶、山西等省的商人会馆的碑刻资料，抄录整理了近 160 通碑的碑文，内容涉及会馆创建的背景及创建会馆时买卖地契的过程、捐款的明细、开支的明细等内容，是研究中国近代城镇结构和市场发展的第一手资料。萧用桁编著《石上春秋：泰和古碑存》(江西人民出版社，2013 年)对江西泰和县境所存的从宋到清、民国的碑刻进行征集、整理、拓印成图，并对碑文进行析出，详加编排而成；收录碑刻 215 块、拓片 239 张。冼剑民、陈鸿钧编《广州碑刻集》(广东高等教育出版社，2006 年)内容分类如下：(1)府署学宫类，(2)寺观庙宇类，(3)墓志铭类，(4)宗祠社学类，(5)书院类、会馆类，(6)楼台园林类，(7)公共工程类，(8)禁示规约类，(9)摩崖石刻类，(10)其他类碑刻，(11)中山大学碑刻。

档案方面，杜家骥主编《清嘉庆朝刑科题本社会史料辑刊》(天津古籍出版社，2008 年)共 3 册，300 万字，属于大型资料集。该书根据内容进行分类，如家族家庭关系类、良贱关系类、流民类、民族类等。每类之下编入该类内容档案，每件档案作案情摘要、所包含重要价值内容的诸总结词，如地保报案、工价、地价、作物种植、合伙贸易、典当、银钱比价、增租夺佃、找价、寡妇再嫁、过继、家产分析、服属等级、寓居、习俗等，以此作为出版物的目录，以便利各专题研究者的查找利用。

南开大学中国社会史研究中心与北京采薇阁书店合作，出版“南开大学中国社会史研究中心资料丛刊”，由凤凰出版社发行，2013年以来已有多种问世。计有《中国珍稀家谱丛刊·明代家谱》分32册影印出版，《稀见姓氏家谱》第1辑46册、第2辑50册影印出版。《民国旅游指南汇刊》56册，《近代同学录汇编》35册。2014年又推出民国时期山东福顺兴木头铺账册《产业史资料　福顺兴账册》17册。2015年推出大型资料集《中国近代铁路史资料选辑》(104册)，该大型资料汇编为教育部人文社科重点研究基地重大项目“现代交通体系与近代华北区域社会变动研究：1881—1937”的阶段性成果，主编是项目主持人江沛教授。

四、社会史学科建设

学科建设有益于开展教学科研。改革开放以来，中国社会史研究是最有学术活力的领域之一，在学术界产生了广泛而深刻的影响，为了进一步开展研究，清理以往的研究成果是十分必要的。冯尔康教授主持的《中国社会史研究概述》(天津教育出版社，1988年)一书，清理了1911年—1986年6月的研究成果，常建华、郭玉峰、孙立群、闵杰编著的《新时期中国社会史研究概述》(天津古籍出版社，2009年)则为续作，反映1986年7月至2000年12月中国社会史的研究成果。全书分综述、索引两编。上编综述，首先综述社会史理论讨论，然后依照不同时代分四部分概述了自先秦至近代社会史的研究状况；下编索引，分书目索引和论文索引，论文索引既有通论性论文索引，又有断代性论文索引。此书是研究中国社会史基本的工具书与教学参考书。常建华主编《中国社会史经典精读》(高等教育出版社，2014年)，为所选24篇论文配有“导读”以及延伸阅读目录，是一部适合研究生与青年教师阅读的教研参考书，选出24篇论著，基本上依照不同的历史时段分组，各段大致依据论著发表先后排列；注意从几个重要的社会史方面照顾到历史的连续性，如宏观社会结构、宗族家庭亲属、社区与城乡问题、宗教与民间信仰、礼俗习尚、绅士，以及女性研究、人口研究。池子华、吴建华主编《中国社会史教程》(安徽人民出版社，2009年)，上编“社会史理论”系统地阐述了社会史的理论知识，包括社会史的学科体系，社会史的“邻里”关系，社会史的资料及研究意义、方法，社会史理论研究现状及其未来走向；下编“社会史专题”包括中国早期社会组织与婚姻家庭，秦汉基层社会控制，科举制下进士的社会结构和社会功能，明清社会转型概论，明清士绅的文化权力，庙会与社会生活，铁路与近代社会生活，流民问题与社会控制，慈善事业：社会稳定机制的一个侧面。① 姜明、吴才茂、杨春君编著《区域社会史概论》(西南交通大学出版社，2015 年)力图展现学术界区域社会史研究方面的新成果和理论框架，并着重以贵州清水江地区为例，通过对该地区现有的历史契约、碑刻、族谱等的研究，展示了区域社会史研究的思路与方法。该书上编为“理论与方法”，中编为“民间历史文献”，下编为“作为区域的清水江地区”。

长期从事社会史研究的学者，将有关学科建设的论文结集出版。冯尔康《中国社会史研究》(天津人民出版社，2010 年)记录了冯先生新时期探索中国社会史研究的步履，该书选辑明代以前的社会史文论，成为作者已有清代社会史、中国宗族史之外的中国古代社会史论文集。论文集的编排按文章内容性质区分为 5 类，依次为社会史理论、社会结构与农民、文化心态史、社会史史料学、社会史与历史研究法，最后缀以附录三篇。常建华《观念、史料与视野——中国社会史研究再探》(北京大学出版社，2013 年)是作者继《社会生活的历史学——中国社会史研究初探》之后又一本探讨中国社会史的文集。该书除序言之外，分为 7 组论文，即回顾与前瞻，岁时、禳除与心态变迁，风俗与社会，社会史资料价值，碑刻与乡约，族谱学研究综述，宗族研究综述。全书收录文章 26 篇。王先明著《走向社会的历史学》(河南大学出版社，2010 年)针对长期以来学术界有关社会史研究的基本理论、学科意义、研究对象和范畴、争论热点等进行了辨析与深入讨论。全书共分 11 章，分别为：“史学危机与社会史的兴起”“复兴的社会史：历史承继与时代创新”“马克思主义与社会史研究”“唯物史观与社会史研

① 代华：《系统的学科建构 浓郁的江南特色——〈中国社会史教程〉述评》，见《中国社会历史评论》第 11 卷，天津，天津古籍出版社，2010。

究”“社会史的研究对象与范围”“社会史体系构建问题”“社会史学：学科的历史定位”“社会史的理论范畴”“社会历史动力问题再思考”“关于区域社会史”“跨学科走向与社会史的新拓展”，另附有“当代国际史学的新朝向：20 世纪下半叶的西方社会史概述”。行龙著《从社会史到区域社会史》(人民出版社，2008 年)收入有关社会史理论与方法问题的文章，分人口问题、学科构建、视角转换、山西社会 4 组文章，反映了作者从人口问题切入中国社会史研究，再从社会史到区域社会史研究的学术历程。此外，李世瑜著《社会历史学文集》(天津古籍出版社，2007 年)收集了作者百余篇论文，主要介绍了作者的治学道路，社会历史学之理论与实践讲稿，1947、1948 年万全、宣化庙宇普查之方法论等，内容包括论文、为他人著述所撰序跋、天津方言岛的研究、民俗学研究、民间秘密宗教研究等。

一些社会史的研究机构也推出了集体成果。《新世纪南开社会史文集》(天津人民出版社，2010 年)为南开大学中国社会史研究中心成立后专职研究人员的论文集，该书首选在海外发表的论文，收录论文 17 篇，附录中国社会史研究中心大事记(1999—2009)。张国刚、余新忠主编《新近海外中国社会史论文选译》(天津古籍出版社，2010 年)，反映了海外的相关成果。李治安主编“基层社会与国家权力研究丛书”，由天津古籍出版社 2009 年起推出，计有张玉兴《唐代县官与地方社会研究》(2009 年)、夏炎《唐代州级官府与地域社会》(2010 年)、周鑫《乡国之士与天下之士：宋末元初江西抚州儒士研究》(2014 年)、苏力《元代地方精英与基层社会：以江南地区为中心》(2009 年)、张沛之《元代色目人家族及其文化倾向研究》(2009 年)、杨印民《帝国尚饮：元代酒业与社会》(2009 年)、张国旺《元代榷盐与社会》(2009 年)、肖立军《明代省镇营兵制与地方秩序》(2010 年)、张思《侯家营：一个华北村庄的现代历程》(2010 年)9 种。定宜庄、汪润主编《口述史读本》(北京大学出版社，2011 年)精选国内外有关文章近 20 篇，旨在尽可能系统和全面地向读者展现口述历史这一学科的发展过程、基本理论和学术规范。有鉴于口述史学实践性强的特点，该书特别注意收集国内国外题材与风格各异的口述史经典研究范例，以及研究者的经验体会，展现口述史实践中诸多关键环节的操作过程、注意事项，以期为初涉口述历史的读者了解口述史学科和从事口述史实践，提供某些有意义的借鉴。

常建华主编《中国社会文化史丛书》遴选台湾学者的部分论著，以明清时期为主，反映了此一时期社会史的研究现状。这一时期的资料远较之前丰富，开展社会史研究较早，成果丰富，更能展示出社会史研究的不同侧面。丛书由北京大学出版社 2010 年 7 月起发行，已出版于志嘉著《卫所、军户与军役——以明清江西地区为中心的研究》、赖惠敏著《清代的皇权与世家》、陈玉女著《明代的佛教与社会》、巫仁恕著《激变良民：传统中国城市群众集体行动之分析》等。

2007—2016 年，中国社会史学会举行了 5 届年会，年会的主题也反映了学会与主办单位的学术关注点。第 12 届年会由中山大学举办，主题为“政治变动与日常生活”。第 13 届年会由聊城大学主办，以“区域、跨区域与文化整合”为主题。第 14 届年会由山西大学主办，主题是“改革开放以来的中国社会史研究”。第 15 届年会由江西师范大学主办，将“生命、生计与生态”作为主题。第 16 届年会由武汉大学、三峡大学举办，主题是“中国历史上的国计民生”①。其中第 13 届年会的论文集《“区域、跨区域与文化整合”社会史国际学术研讨会论文集》(天津人民出版社，2012 年)由王云、马亮宽主编出版。此前举行的第 11 届年会论文集，即卞利、胡中生主编《民间文献与地域中国研究》(黄山书社，2010 年)也已出版。

此外，利用社会史年会的间歇期单数年，自 2005 年至 2015 年，中国社会科学院近代史研究所社会史研究中心牵头其他单位举办“中国近代社会史国际学术研讨会”，已经成功举办 6 届。2005 年在青岛举办的“首届中国近代社会史国际学术研讨会”，以“近代中国的城市·乡

---

① 第 12～14 届年会已发表的综述文章如下：罗艳春：《中国社会史学会第十二届年会综述》，载《中国社会历史评论》，2010(1)；王云、李德楠：《“区域、跨区域与文化整合”国际学术研讨会暨中国社会史学会第十三届年会综述》，载《中国史研究动态》，2011(2)；张瑜、郭宇：《改革开放以来的中国社会史研究——第十四届中国社会史学会年会会议综述》，载《历史教学(高校版)》，2012(11)。

村·民间文化”为主题；2007 年在乌鲁木齐举行的第 2 届研讨会讨论“晚清以降的经济与社会”；2009 年在贵阳举行的第 3 届研讨会以“近代中国的社会流动、社会控制与文化传播”为主题；2011 年在苏州举办的第 4 届研讨会讨论“近代中国的社会保障与区域社会”；2013 年在襄阳举办的第 5 届研讨会讨论“社会文化与近代中国社会转型”；2015 年在保定举办的第 6 届研讨会讨论“华北城乡与近代区域社会”。① 还连续编辑出版了 7 辑“中国近代社会史研究集刊”。②

第二节　综合·家族·群体：社会史的断代与社会结构研究

社会史研究在诸多领域取得研究进展③，我们将分断代性研究，婚姻家庭、家族宗族，社会分类与结构三大方面予以介绍，侧重于社

---

① 历届讨论会报道综述如下：孙欣：《近代中国的城市·乡村·民间文化——首届中国近代社会史国际学术研讨会综述》，载《东方论坛》，2005(4)；朱浒：《晚清以降的经济与社会——第二届中国近代社会史国际学术研讨会综述》，载《近代史研究》，2008(1)；毕苑：《第三届中国近代社会史国际学术研讨会综述》，载《近代史研究》，2012(2)；黄鸿山、朱从兵：《“近代中国的社会保障与区域社会”——第四届中国近代社会史国际学术研讨会综述》，载《近代史研究》，2012(2)；本刊记者：《第五届中国近代社会史国际学术研讨会在湖北襄阳举行》，载《理论月刊》，2013(10)；肖红松、杨豪：《“华北城乡与近代区域社会”暨第六届中国近代社会史国际学术研讨会综述》，载《历史教学》，2016(5)。

② 《中国近代社会史研究集刊》1 至 6 辑由社会科学文献出版社出版，李长莉、左玉河编第一辑《近代中国的城市与乡村》(2006 年)，李长莉、左玉河编第二辑《近代中国社会与民间文化》(2007 年)，郑启东、史建云编第三辑《晚清以降的经济与社会》(2008 年)，欧阳恩良编第四辑《近代中国社会流动与社会控制》(2010 年)，唐仕春编第五辑《近代中国社会与文化流变》(2010 年)，王卫平、赵晓阳编第六辑《近代中国的社会保障与区域社会》(2013 年)，郭莹、唐仕春编第七辑《社会文化与近代中国社会转型》改由中国社会科学出版社 2016 年出版。

③ 如贺晓燕：《2015 年中国古代社会史研究综述》，载《唐山学院学报》，2016(4)；常建华：《史料与视角：2015 年中国古代社会史研究扫描》，载《河北学刊》，2016(5)。

会结构的视野。

一、断代性研究

(一)先秦时期

朱彦民的《商族的起源、迁徙与发展》(商务印书馆，2007年)从起源、迁徙、发展三个方面对商民族早期历史作了系统而细致的研究，论证了商人起源于今京津唐沿渤海湾三角地带的观点，勾画出商族迁徙路线，阐述了商族社会形态的演变。王震中《商族起源与先商社会变迁》(中国社会科学出版社，2010年)考订商族的发祥、起源和先商时期的迁徙问题，探析先商文化以及灭夏之前商族社会形态的演变。王宇信、徐义华《商代国家与社会》(中国社会科学出版社，2011年)阐述商代社会性质、商王朝国体与政权结构形式、分封制与内外服制相兼的国家政治体制、社会等级分层、族氏家族组织机制，详细考察商代社会不同身份者的阶级属性和阶级矛盾，论述商王朝公共事务管理的具体运作、职官体系、刑狱法律等。晁福林《夏商西周社会史》(北京师范大学出版社，2010年)试图以新的角度来研究和探讨夏商西周时期的舒缓的历史变迁和社会的巨大运转，认为夏、商两代的社会性质应当是氏族封建制的社会，而西周则是宗法封建制社会，到了东周时期，宗法封建制逐渐解体。晁福林《春秋战国的社会变迁》(商务印书馆，2011年)讨论了春秋战国时期社会政治历史的演变、社会经济的发展、社会生活的进步、社会性质的演变、社会结构与社会制度的变动、社会文化的发展等内容。黄现璠著《中国历史没有奴隶社会——兼论世界古代奴及其社会形态》(广西师范大学出版社，2015年)构思于20世纪50年代，完成于1981年12月。全书共分四编16章，从考究中外"奴"词及其相关文字入手，辨析这些古文字的词义和文化内涵，为探讨奴隶社会存在与否的问题铺陈翔实有力的历史依据；继而针对史学界普遍坚持的"中国存在奴隶社会"一说，探究"奴婢制""奴隶制""农奴制"的具体含义，进而展开对古代社会形态的讨论，分析先秦古代社会以及部分世界古代社会的社会性质。最终证实自己的两点结论：一是中国历史没有奴隶社会；二是世界各国古代历史绝大多数都没有经过奴隶社会，而是从原始社会直接进入封建社会。

（二）秦汉时期

王子今著《秦汉社会史论考》（商务印书馆，2006 年），收录 23 篇论文，涉及秦汉时期的儿童少年、人口问题、社会福利、风尚礼俗、墓葬问题、饮食生活等，记录作者 1982 年以来研究社会史的步履。这本文集中相当一部分是利用出土文物资料，特别是利用简牍资料与传世文献相结合的研究收获。杨振红《出土简牍与秦汉社会》（广西师范大学出版社，2009 年）利用新出简牍材料，与传世文献相结合，对秦汉史研究中长期争论不决、关系秦汉社会结构与性质的三个重大问题——秦汉法律体系、战国秦汉土地制度、月令与秦汉政治关系进行了深入探讨。该书“续编”《出土简牍与秦汉社会（续编）》（广西师范大学出版社，2015 年）探讨了战国至魏晋时期官僚政治社会构造和赋役制度、货币经济等问题。刘尊志著《徐州汉墓与汉代社会研究》（科学出版社，2011 年）对徐州汉墓进行了考古学的基础研究，建立了年代序列；对徐州汉墓所反映的政治、经济、思想、物质生活面貌等社会内容及徐州汉墓的修建、汉画像石墓的发展过程，夫妻合葬墓、陪葬墓与陪葬坑及车马陪葬等相关问题进行了探讨；并对汉代徐州地域文化的内容和特点进行归纳总结，阐述了其在统一汉文化形成、发展过程中的作用。

（三）中古时期

有多种论文集问世，有的侧重于地域社会，《近观中古史——侯旭东自选集》（中西书局，2015 年）是关于秦汉至魏晋南北朝时期地域社会研究的论文合集。共收十余篇有关论文，既有对传世史料的重新解读，也有大量利用新出土文献者。王凤翔著《中古变革与地域社会论稿》（中国社会科学出版社，2015 年）审视了中古变革期的政治、经济、社会、军事诸领域，主要探讨了制度、机构、职官、人物、思想，及士人、伶人、养子等群体的衍变；对中古变革引发的地域社会的变动也有关注；对政区、文化、群体、经济诸地理问题也进行了探究。有的偏重生活与秩序关系，孟宪实、荣新江、李肖主编《秩序与生活：中古时期的吐鲁番社会》（中国人民大学出版社，2010 年）利用新出的吐鲁番文献，研究中世纪的吐鲁番社会——社会秩序与社会生活，关涉到国家制度、宗教与管理、户籍、婚姻和民众生活等社会面貌与历史变迁。刘后滨主编《日常秩序中的汉唐政治与社会》(社会科学文献出版社，2012年)共收文章17篇，反映了编者从日常秩序中探寻中国古代政治与社会的变迁轨迹，体现了政治史与社会史的结合与接近的追求，内容分为五部分：空间与地域、文书与政务、礼仪与风俗、宗教与信仰、经济与生活。此外，李鸿宾主编《中古墓志胡汉问题研究》(宁夏人民出版社，2013年)界定了“胡人”“汉人”，依托就是中原农耕地区和北方草原地区的经济和生态等自然条件制约下人类群体生活习俗形成的差别，以及据此而确立的思想和意识的特殊定型化的状态。全书分为魏晋南北朝、隋唐、唐以后3篇。

林文勋《唐宋社会变革论纲》(人民出版社，2011年)试图以中国古代“富民社会”体系为理论基石，对唐宋社会变革问题作一个宏观层面的探讨。全书的理论核心是中国古代“富民社会”体系，中心内容则是分析和揭示商品经济与唐宋社会变革间的内在联系。

(四)辽宋西夏时期①

王善军著《阳都集》(中国社会科学出版社，2012年)为多年来有关辽宋史及中国社会史研究的一部文集。所收录的文章，按内容划分为辽史研究、宋史研究及相关问题、综述及书评、对业师漆侠先生的史学理论和史学成就的介绍及纪念。他还编有《宋代社会史论集》(吉林大学出版社，2014年)，编选若干代表性论文。史金波著《西夏社会》(上、下册，上海人民出版社，2007年)是我国第一部全面研究西夏社会的大型专著，全面阐述西夏的自然环境和历史发展，探讨西夏的民族构成，着重研究西夏经济生活中的农业、畜牧业、狩猎业、手工业、商业，上层建筑中的职官、法律、军队，社会文化中的语言文字、教育科技、文学艺术，社会风俗中的衣、食、住、行、丧、嫁娶等，最后总结了西夏社会性质和特点，多方面、多层次地展现出鲜为人知的西夏多元复合文化社会的整体面貌，是我国西夏学研究的总结性成果。

① 参见王善军：《宋代社会史研究的历程》，载《深圳大学学报》，2014(5)。

（五）明清时期

明代中后期社会变化显著，研究者多从社会转型的视角予以探讨。张显清著《明代后期社会转型研究》（中国社会科学出版社，2008 年）从农业、手工业、商业、金融、城镇等社会经济关系的新变化，城乡社会阶级关系的演变，社会风俗的变化，政治斗争的新形态与统治阶级危机的加深，早期启蒙思潮的涌现，文学艺术的革新与市民文学的兴盛，传统科技的总结创新与西方科技文化的传入，以及社会转型遇到的阻力和挫折等诸多方面，对明代后期社会转型作了全面系统深入的探讨。张显清《明代社会研究》（中国社会科学出版社，2015 年）收录文章 20 篇，涉及明代社会的经济、政治、思想文化以及晚期社会转型等领域，从诸多侧面展示了明代社会的发展状况及其历史特征。赵轶峰著《明代的变迁》（上海三联书店，2008 年）收录了作者自 20 世纪 80 年代中期以来有关明史的研究性论文 19 篇，探讨了国家制度、晚明知识分子与社会结构、下层社会生活、货币制度与国家财政、明清之际的历史趋势诸问题。陈宝良著《明代社会转型与文化变迁》（重庆大学出版社，2014 年）主要探讨的问题，一是纵观明代社会与文化的整体，其本身存在着一个官方控制从严密到松懈的动态变迁过程；二是考察明代社会史的重大转向，主要是社会流动的加速以及朝政的宽大与舆论空间的扩大；三是考察明代文化的“活力”与“多样性”；四是综合阐述明代社会与文化史变迁的时代特征，变迁所反映出来的新动向，以及变迁和中国社会与文化的现代化之间的内在联系。

为祝贺著名社会史家冯尔康教授八秩寿庆，门下学生编辑而成《传统中国社会与明清时代》（天津人民出版社，2013 年），收录明清特别是清时期法治与社会、宗族家庭等方面的论文。郭松义先生所著文集《清代政治与社会》（中国社会科学出版社，2015 年）讨论到等级结构、道德文化、思想信仰，都与社会总体环境有关。张研著《清代社会经济史研究》（北京师范大学出版社，2010 年）选编了作者 2001—2009 年撰写的主要学术论文。第一部分经济史 6 篇论文，其中 4 篇是关于经济发展三要素——人口、土地、财经的研究和思考；一篇是对于在对立统一、共生互补的中国式“二元经济”格局中，沟通“二元”、连接“传统”“近代”的商人——商帮的考察；最后一篇就学术界对中国式“二元经济”的理论探讨进行了梳理。第二部分社会史 10 篇论文，前 4 篇是对国家政权县、知县的考察和研究；后 4 篇从家庭、宗族、乡族考察了中国特色的基层社会结构；最后两篇，一篇论述了双重统治格局及其演变，一篇考察了进入上层政权的基层社会精英。第三部分只有两篇文章，主要表明作者对中国史研究的看法。作者在清代社会经济史领域，最终构筑了自己的诠释体系，这便是“双重统治”与“二元经济”。

（六）近现代时期

有学者总结了近年来中国近代史的学术研究概况①，关于拓展中国近代社会史的研究，学者认为需要从内涵提升与外缘扩展双向互动入手。② 多种专书问世，蔡少卿著《中国近代社会史研究》（生活·读书·新知三联书店，2014 年）收录了作者数十年来关于秘密结社和中国近代社会史的研究成果。作者对天地会、哥老会、青洪帮等组织进行了考察和梳理，揭示了近代秘密会党的社会根源、结构功能和历史演变脉络。邵雍著《中国近代社会史》（合肥工业大学出版社，2008 年）就 1840—1949 年的中国社会情况作全面的介绍，包括社会结构、社会组织、社会生活（衣食住行、婚丧喜事）、人生历程（出生、婚嫁、求学、就业）、社会问题等，重点阐释了近代以来外敌入侵、战争频繁、军阀割据和外国租界的存在给社会带来的巨大影响，讨论了各社会阶级、阶层、组织生存的历史条件、成员构成以及各自分布的地域，并从社会结构运行的整体性来考察各社会组织之间的关系。湖北人民出版社 2008 年推出的两部论文集讨论近现代社会变迁，朱英著《近代中国经济发展与社会变迁》主要收录了《近代中国商业发展与消费习俗变迁》《期待中国近代乡村经济史研究向纵深拓展》《乡村视野下的近代中

① 李长莉、唐仕春、李俊领：《中国近代社会史研究扫描：2013》，载《河北学刊》，2014(3)；唐仕春：《中国近代社会史研究扫描：2014》，载《河北学刊》，2015(5)；李俊领：《热点与走向：2015 年中国近代社会史研究扫描》，载《河北学刊》，2016(5)。

② 王先明：《内涵提升与外缘扩展双向互动：拓展中国近代社会史研究再思考》，载《河北学刊》，2015(1)。

国社会变迁》等30余篇文章。严昌洪著《辛亥革命与20世纪中国社会》主要收录了《20世纪辛亥革命研究鸟瞰》《世纪的觉醒——上世纪之交中国人对20世纪的认知》《“国民”之发现——1903年上海国民公会再认识》《1903年“沈荩案”及其影响》《1905年的五大臣出洋》等20余篇论文。朱汉国等《20世纪的中国——走向现代化的历程(社会生活卷1900—1949)》(人民出版社，2010年)论述了民国时期的社会生活。何友良著《苏区制度、社会和民众研究》(社会科学文献出版社，2012年)全面考察中国苏维埃制度及其规制下的苏区社会的来龙去脉，重点研究苏维埃制度、苏区社会、革命与社会中的民众三个基本问题及其相互关系，从更为具体直观的基层社会和民众状态诠释苏维埃革命的历史，解读苏区基层政权、社会组织、各阶级阶层民众、制度与政策绩效等问题，从苏维埃制度的兴替得失、价值影响上探究中国革命这一阶段的主体实践、实际内容和历史定位。

中华人民共和国社会史研究近年来得到重视。① 有学者对其学术视野、问题意识、框架结构加以讨论。②《社会科学》2013年第6期刊出一组关于开展当代中国社会史研究的文章。③ 张静如主编《中国当代社会史》(5卷本，湖南人民出版社，2015年)分别从经济、政治、教育科技文化、外交、人口婚姻家庭、阶级阶层、物质生活方式、社会意识等方面描述了1949年至2008年间中国社会的基本情况。朱汉国等《20世纪的中国——走向现代化的历程(社会生活卷1949—2000)》(人

---

① 朱佳木：《努力构建中国当代社会史学科》，载《当代中国史研究》，2011(6)；李文、徐轶杰、姚力：《2010—2012年中华人民共和国社会史研究述评》，载《教学与研究》，2013(12)。

② 李文：《国史中的社会史：内容和框架结构》，载《中国地方志》，2011(1)；姚力：《中国当代社会史研究的学术视野与问题意识》，载《中共党史研究》，2011(1)；丁芮、李文：《学科建设与专题研究互推共进：2015年中国当代社会史研究扫描》，载《河北学刊》，2016(5)。

③ 计有行龙《从社会史角度研究中国当代史》，张济顺《当代中国社会史研究如何进行》，江沛《以社会史的视野推动中国当代史研究》，吴重庆《中国当代史与底层社会研究》。

民出版社，2010年)论述了20世纪下半叶的社会生活。李文主编《中华人民共和国社会史(1949—2012)》(当代中国出版社，2016年)以民生为主线，探讨了社会结构、社会管理、民生保障和社会事业、社会生活、社会心态等。还有学者专门研究改革开放以来的社会变化，李强主编《中国社会变迁30年(1978—2008)》(社会科学文献出版社，2008年)从人群、整体社会的原则，探讨了社会结构变化、农村社会、城市社会、单位体制、技术与社会、社会政策。李友梅等《中国社会生活的变迁》(中国大百科全书出版社，2008年)则突出历史进程的理性回顾，改革实践的原理分析，重大政策的梳理归纳，经验模式的特征评析，理论创新的学科总结。此外，陆学艺主编了《当代中国社会结构》《当代中国社会建设》(社会科学文献出版社，2010年、2013年)，重点调查研究当代中国社会结构变动，分析构成社会建设的民生事业、社会事业、收入分配、城乡社区、社会组织、社会管理、社会规范、社会体制、社会结构、社会建设的历程十个方面问题。李文著《当代中国社会》(五洲传播出版社，2014年)从"小社会"的角度来介绍中国的社会结构、社会建设和社会治理、社会生活和社会思潮等。在当代乡村史研究的过程中，学界不断探索解读中国乡村社会发展的科学理论，并逐渐形成了多种乡村史研究的理论视角，主要有传统和现代理论框架、"国家与社会"理论框架、日常生活史视角、基层社会研究视角、社会延续和历史长时段的视角、整体史观视角等。① 在"集体化"研究方面，行龙、马维强、常利兵著《阅档读史——北方农村的集体化时代》(北京大学出版社，2011年)以时间为序，事件为类，取自基层农村的档案史料为主干，档案不足而需贯通者，补充以当时报载新闻或文件，并配以少量说明性文字。全书分为5章，即互助组、初级社、高级社、人民公社(上、下)，并附录《山西大学中国社会史研究中心"集体化时代农村基层档案"述略》一文。行龙还出版了《回望集体化：山西农村社会研究》(商务印书馆，2014年)，以典型材料反映山西农

① 李飞龙：《当代中国乡村社会史研究理论述评》，载《山西师大学报》，2012(1)。

村在集体化时代基层社会变迁的历史。

二、婚姻家庭、家族宗族

中国家庭史研究取得重要进展。通史有张国刚主编5卷本《中国家庭史》(广东人民出版社，2007年)，约200万字，是南开大学中国社会史研究中心首批重大项目之一，上起原始社会，下迄民国时期，对中国家庭起源、发展和演变的历程进行了全面系统的考察，涉及不同时期的家庭制度、形态、结构、婚姻、生育、丧葬、生计安排等多方面的内容。

断代家庭研究，代表性的著作有陈爽著《出土墓志所见中古谱牒研究》(学林出版社，2015年)，从六朝墓志中辑录到二百余件原始谱牒，每件少则数十字，多则数百字，世系记录完整，婚姻、历官总字数多达数万字，内容涉及魏晋南北朝家庭结构、性别比例、婚姻状况、嫡庶之别等中古社会史的重要内容，从而拓展了中古社会史研究的学术视野。张国刚著《唐代家庭与社会》(中华书局，2014年)探讨了唐代家庭形态的复合型特征、分家析产、家庭与家族关系、农村家庭生计、夫妻关系、妇女生活、男女婚嫁年龄、佛教戒律与家庭伦理、宗教生活、佛教信仰、婚姻礼俗与礼法文化等问题。邢铁著《唐宋分家制度》(商务印书馆，2010年)涉及各种不同状况的家庭，是按照用什么人来传继家庭门户划分的，因为传继家庭门户首先需要有人作“后代”；作为传继家庭门户的“后代”的人有三种，家庭也可以相应地归纳为三类：有亲生儿子继产承户的家庭、需要女儿继产承户的家庭和需要立嗣养子继产承户的家庭。该书就按这三类家庭依次分为上中下三篇，具体考察了各类家庭的分家过程和相关家庭之间的关系。明代家庭史研究也颇有进展。① 吕宽庆著《清代立嗣继承制度研究》(河南人民出版社，2008年)，通过对立嗣继承宗祧现象的描述和分析，试图揭示清代人们理念层面的信仰及其变化路径。赵园的《家人父子——由人伦探访明清之际士大夫的生活世界》(北京大学出版社，2015年)从人伦和家庭关系入手，解剖士大夫们的日常生活。王跃生的《中国当代家庭结构变

① 范喜茹：《近三十年明代家庭史研究述评》，载《青海民族研究》，2013(2)。

动分析：立足于社会变革时代的农村》(中国社会科学出版社，2009年)分析中国当代农村家庭在社会变革和转型过程中所发生的变动，通过剖析有代表性的家庭类型揭示家庭结构与家庭功能的关系，从人口迁移流动行为增多、出生人口大幅下降、人口老龄化程度逐渐提高等视角探讨家庭变动的原因和未来趋向。

婚姻方面，先秦婚姻研究有专门综述。① 孙玉荣著《唐代社会变革时期的婚姻》(浙江大学出版社，2016年)从婚姻原则、礼仪与习俗、女性婚姻地位、婚姻家庭关系、婚姻观念等方面揭示唐代婚姻的特点，探讨唐代婚姻变化与唐代社会变革的关系。徐雁平编著《清代文学世家姻亲谱系》(凤凰出版社，2010年)主要以清人传记资料为基础，揭示有清一代知名人士的嫁娶关系，对姻亲关系的选录，全书留意显现家族在文学领域共时性的交流和历时性的传承。全书上编"家族部分"汇合了一家族内多重姻亲关系，下编"单线部分"收录未能以家族含义汇合的姻亲关系，每条姻亲关系皆注明文献出处，便于学者核查并进一步研究。李慧波主编《北京市婚姻文化嬗变研究(1949—1966)》(社会科学文献出版社，2014年)探讨了晚清、民国时期北京的婚姻状况，新式婚姻制度的建立，择偶的社会模式，婚姻的确立方式，个人、家庭和国家利益冲突下的婚礼仪式，婚姻的变异，评价及启示。

宗族史成果丰硕。通论性著作方面，冯尔康教授著《中国宗族制度与谱牒编纂》(天津古籍出版社，2011年)是冯教授长期研究中国宗族制度与谱牒学的论文集。全书分为自序，绪论，宗族形态与社会，族谱及其学术价值，宗族文化观念，宗族史与家庭史、姓氏文化，附录几部分，收录的论文中，其中有4篇发表在中国台湾、香港，以及日本的刊物上。冯尔康等著《中国宗族史》(上海人民出版社，2009年)为《中国宗族社会》(浙江人民出版社，1994年)增订本，较旧书进一步完善。阎爱民著《凑聚之道：古代的家族与社会群体》(天津古籍出版社，2012年)收录论文15篇。

---

① 张淑一：《近二十年的先秦婚姻史研究》，载《华南师范大学学报》，2009(3)。

钱杭推出宗族史系列著作。所著《中国宗族史研究入门》(复旦大学出版社，2009 年)是国内第一本专门针对硕士研究生编写的学术入门指导书，主要介绍了宗族的结构、宗族的规模、宗族的谱牒、宗族的祠堂、丧服制度、宗族史研究参考书目等内容。《宗族的世系学研究》(复旦大学出版社，2011 年)旨在对中国宗族史的发展流变给出世系学诠释，并初步构建一个具有操作意义的结构框架。全书 8 章，系统展现了世系学视野下"族"类集聚的宗族组织化过程和"宗"系确认的宗族体系化过程，并赋予宗族史研究以新的变量和面貌。《宗族的传统建构与现代转型》(上海人民出版社，2011 年)以多学科、全方位、动态与静态结合的方式研究和认识宗族，认为中国宗族研究应该具有"典型学"的意识，即集中研究不同时代、不同地区、不同文化背景中的各类宗族的结构和功能特征，应该从探讨宗族的功能特征转向分析宗族的系谱性结构特质，强调采取文化人类学的"主位方式"即把被研究者移到主位，把当事人的描述和分析的恰当性作为判断的标准用主位方式进行研究，研究者用人们必须懂得的范畴和规则知识，能像当事人那样思考和行动。

中古士族历来是受关注的群体。① 唐燮军《六朝吴兴沈氏及其宗族文化探究》(中国社会科学出版社，2008 年)内容包括：吴兴沈氏的族源歧异与谱系考释，宗人行迹考，汉晋之际的沉浮，士族化及其相关问题，萧沈对抗与刘宋后期政治，南朝士族吴兴沈氏的没落及其后续动向，论沈约治学重点的转移及其原因和文化意义，沈约《宋书》平议，沈炯生平及其诗文三题，沈炯事迹诗文系年，六朝吴兴沈氏宗人著述考释，吴兴沈氏宗族文化的传承与变易。范兆飞著《中古太原士族群体研究》(中华书局，2014 年)选取"士族群体"为考察视角，探讨公元 3—9 世纪太原士族群体作为有机社会阶层的形成、发展、壮大、崩溃、复兴直至彻底消亡的历史过程。该书充分利用传世文献和出土石刻，以太原士族群体升降沉浮的历时性特征为切入点，在家族史、地域史

① 卢朝：《近十五年魏晋南北朝士族研究综述》，载《昭通师范高等专科学校学报》，2009(2)。

和政治史三个维度内拓展深化，揭示了中国中古时期太原士族群体的变迁过程和单体家族的兴衰及其影响因素，有别于学界通行的士族个案研究和宏观的士族阶层研究。

常建华以两种书作为承担教育部人文社会科学重点研究基地项目“宋以后宗族形态的演进与社会变迁”的结项成果。《宋以后宗族的形成及地域比较》(人民出版社，2013 年)探讨了明清时期的华北宗族，作者选择山西省洪洞县为个案，加以探讨。并对安徽徽州宗族进一步研究，以便同洪洞宗族比较，增进对于南北方宗族异同的理解。清代延续了明代中后期迅速发展的态势，普及社会，国家同时加强了对于宗族的控制，作者重点研究了闽台族正制度，提出了对清代宗族保甲乡约化的看法；对宋元时代的祭祖、修谱问题也进行了有重点的论述。《宋以后的宗族形态与社会变迁》(天津人民出版社，2013 年)选择不同地域特别是研究薄弱的华北地区的宗族为研究对象，注意观察宗族与地域社会的关系，阐明宗族形态的特征；从长时段的历时性考察宗族形态的形成发展过程，并将这个过程置于整个社会变迁中分析，从而深化对于宋至民国时期以宗族为中心的社会结构变动的认识。此书的结论是，宋以后华北地区也经历了建构新宗族形态的历史过程，大致上与华南宗族经历的历史过程相同。

跨代的宗族研究值得注意。周扬波《从士族到绅族——唐以后吴兴沈氏宗族的变迁》(浙江大学出版社，2009 年)长时段论述了吴兴沈氏从唐五代士族的解体，到宋元绅族的建立，再到明清成熟的绅族演变的状况。科大卫著《皇帝和祖宗——华南的国家与宗族》(江苏人民出版社，2009 年)所要回答和解决的问题是，朝廷的法典条文，民间的礼仪习俗，二者如何交织在一起，指导着“华南”这个有意识的、历时数百年的地域建构进程。该书显示，历代王朝都致力于华南的政治整合，要培养出敬畏官府、纳粮当差、安分守己的良民。随着王朝在华南的军事征讨、行政规划，一套关于权力的文化语言也渗透华南。这套语言有两个互相发明的关键词：“皇帝”“宗族”。它们渗透到一切礼节、身份、地位、财产权、商业习惯、社会流动、社区构建之中。华南与王朝中央之间的正统纽带，不仅建立于里甲与祀典之上，也建立在“宗族”这套语言之上。钟翀著《北江盆地——宗族、聚落的形态与发生史研究》（商务印书馆，2011年）选取了我国东南宗族发达的浙东北江盆地，充分利用该地丰富的族谱史料，探讨千年以来该地宗族的历史；梳理了数百个宗族的空间形态与发生学系谱，并以北江盆地的研究结论为模型，探索“近世型宗族”的源流与发展脉络，重建“近世型宗族”的发展发育历程，为“近世型宗族”演化史研究提供了比较明确、细致的时间标尺，也为“近世型宗族”的区域差异及特质等探索积累了研究素材。章毅著《理学、士绅和宗族：宋明时期徽州的文化与社会》（香港中文大学出版社，2013年）在南宋至明代中期的长时段内，以徽州为代表区域，深入研究了理学在地方社会的传播、士商群体的形成以及宗族组织的出现，三者之间相生相成的历史。作者认为，明代徽州宗族社会的出现，根植于12—15世纪宋明时代的历史进程之中，深受王朝政治和地缘环境的影响，是理学价值观深入传播之下，士绅和商人等主导人群共同塑造的结果。该书采用了整体史和社会科学的新视角，致力于重新梳理地方历史的发展脉络，探析社会结构的变迁过程。在研究方法方面，该书则强调对方志、文集、谱牒等官私文献的综合利用，尤其注重在旧史料中开掘新内容，对人物传记和微观史实多有细致的考辨，兼具汉学研究的特色。

断代性研究方面，辽宋元时期的研究成果都有，王善军著《世家大族与辽代社会》（人民出版社，2008年）分别论述了契丹、奚人、渤海以及以韩、刘、马、赵为代表的汉人世家大族，探讨了世家大族的经济势力及其代表的经济关系，仕宦与政治地位，教育与文化成就，社会生活，社会地位的维护与衰败，历史地位。姚红著《宋代东莱吕氏家族及其文献考论》（中国社会科学出版社，2010年）力图对宋代东莱吕氏家族的政治活动和文献著述做系统梳理和总结，描述其源流，从家族文化层面予以解释；指出在“唐宋变革”说之外，还存在一种家族生存发展的新范式。葛付柳著《宋代墨庄刘氏家族论》（光明日报出版社，2009年）探讨了墨庄刘氏宋前家族之演变、家族总论、刘敞及其学侣、刘敞学术述论、刘攽等。张沛之著《元代色目人家族及其文化倾向研究》（天津古籍出版社，2009年）采取个案切入与类型分析相结合的方法，对元代因征戍、任官、经商等逐渐留居汉地的土土哈、阿沙不花、唐兀昔里氏、汪古马氏等色目人家族进行深入细致的研究，并在此基础上综合考察其汉化、蒙古化、伊斯兰化等文化变异倾向，探讨此文化变异给元代基层社会带来的多方面影响，包括在元朝地方政治和社会活动中扮演较为特殊的角色，给社会增添了新的民族文化因素和互动交流的契机等。

明清时期宗族的研究多以区域性宗族研究呈现。① 北方有朱亚非《明清山东仕宦家族与家族文化》(山东人民出版社，2009 年)，对山东临朐冯氏、诸城刘氏、无棣吴氏、日照丁氏、龙口丁氏、临沂庄氏这六个具代表性的仕宦家族进行个案研究，探究这些家族的地区分布、跨越年代、谱系源流、代表人物、科第事功、家族特征、家族文化等，不仅厘清了许多仕宦家族的发展脉络，而且深入探讨了这些大家族之所以长盛不衰的原因及其历史影响。华中有徐斌著《明清鄂东宗族与地方社会》(武汉大学出版社，2010 年)，通过考察在宗族组织形成与发展过程中的户籍、赋役等政策的影响，以及祖先崇拜与神祇崇拜之间的关系等方面，力图破解"江西瓦屑坝"的移民传说，从而深入地反映出明清时期鄂东基层社会的全貌。江南的世族、望族引人注目，吴仁安著《明清江南著姓望族史》(上海人民出版社，2009 年)探讨了明清江南时期著姓望族的兴起、发展、鼎盛及衰落的历史，以及对明清时期江南政治、经济、文化的影响。全书分为明清时期的江南及其所属主要府州厅县著名家族概况、明清时期江南著姓望族考录这两编。徐茂明著《明清以来苏州文化世族与社会变迁》(中国社会科学出版社，2011 年)通过对文氏、王氏、叶氏、彭氏、潘氏等家族的深入挖掘，系统分析了家族迁徙与区域社会之间的文化互动，以及家族通过婚姻、科场、仕途、结社等途径累积的社会文化资本是如何影响着苏州社会风尚的走向，扮演着"邦之桢干，里之仪型"的社会角色。在国家与地方的利益博弈中，文化世族的角色同样不容忽视。近代西学东渐，苏州文化

① 参见常建华：《近年来明清宗族研究综述》，载《安徽史学》，2016(1)。该文介绍了 2009—2014 年的情况。

世族也站在了时代潮流的前列，顺利地完成了由科举教育向现代教育的转向，由科举世家蜕变为现代的科学世家。苏州文化世族之价值，不仅在于其取得的各项文化成就，更重要的是其内含的维持家族长盛不衰的各具特色的家族精神。杨惠玲《明清江南望族和昆曲艺术》(厦门大学出版社，2016 年)探讨了望族的演出活动、蓄乐活动、昆曲创作与文献刊藏、曲学活动、昆曲在望族文化建设中的作用。赵华富著《徽州宗族论集》(人民出版社，2011 年)、《徽州宗族调查研究》(人民出版社，2014 年)两种论文集，依据自己多年来对徽州宗族问题的调查与研究，较全面地阐述了徽州宗族的形成、宗族组织、宗族活动及族规家法等，论述了宗族的基本特征及其影响，论证了徽州宗族的来源及其文化特质。该书采用个案研究方法，收集了许多珍贵的调查资料，尤其是对胡姓宗族的调查与分析更是颇具典型性。对浙江宗族的研究有钱茂伟著《明代的科举家族：以宁波杨氏为中心的考察》(中华书局，2014 年)，梳理了宁波杨氏家族在明代的发展历程，及其家族维系、家族成员的学术与诗文创作等，重点谈宁波镜川杨氏科举家族的嬗变历程及其学术贡献。关于广东宗族的研究有石坚平著《创造祖荫：广州沥滘村两个宗族的故事》(广东人民出版社，2013 年)，讲述的沥滘村的故事是在珠江三角洲乡村历史叙事的基本结构中展开，从当地人在现实生活中所应对的政治经济关系着手，通过考察几百年间沥滘村不同群体的历史活动，对这种历史叙事模式进行了诠释和解构。黄挺著《十六世纪以来潮汕的宗族与社会》(暨南大学出版社，2015 年)将所发表的潮汕宗族与乡村传统文化研究的论文结集，探讨潮汕宗族社会的形成、发展及其对现代社会的影响。全书主要分为 4 章：16 世纪潮州宗族的文化建构，清代宗族与地方社会，文化、观念与近现代宗族发展，海外移民与宗族文化。此外，崔来廷《明清甲科世家研究》(知识产权出版社，2013 年)以科举考试进士科出身的甲科世家为研究对象，分析其形成的社会历史文化政治因素，并揭示甲科世家形成的社会深层原因。

近现代宗族研究，主要有程维荣《中国近代宗族制度》(学林出版社，2008 年)，主要介绍了近代宗族制度的渊源与社会环境、近代宗族与婚姻家庭制度、近代族谱与族规、近代少数民族宗族制度、晚清至民国宗族社会的变化、国民党时期宗族制度的延续与变革、革命根据地宗族制度的瓦解等内容。马学强著《江南席家——中国一个经商大族的变迁》(商务印书馆，2007年)指出，席家也是近代中国显赫的买办家族，曾出任十多家外资银行的买办、申报馆买办。这个著名的经商大族，在财富增长的同时，从文习艺者也代不乏人。历史悠久的“扫叶山房”是席家开设的一家书坊，持续了数个世纪，名扬大江南北。该书论述了洞庭席氏的人际网络与社会关系、生活世界的变化等问题。邱巍著《吴兴钱家：近代学术文化家族的断裂与传承》(浙江大学出版社，2009年)探讨了“钱氏家族概况与家族认同”，“钱振伦、钱振常兄弟的人际网络与知识结构”，“钱恂的生平、知识体系与思想”，“单士厘：闺秀传统与近代知识女性”，“钱玄同：激烈反传统背后的诸问题”，“钱稻孙：生平、学术和思想”，“钱三强：在科学家传记之外”。杜靖著《九族与乡土——一个汉人世界里的喷泉社会》(知识产权出版社，2012年)以山东费县闵村及周围乡土社会为田野考察地点，历经十年，对传统九族制进行了现代民族志检验。作者认为，以往宗族的或姻亲的任一单一研究视角均难以达成对汉人亲属制度及其实践的洞察和了解，必须回到以九族制为中心和重点的汉人亲属制度研究路径上来。为此，作者建立了以九族制为核心的统合宗族与姻亲双重分析视角的汉人亲属研究框架，希望突破国际人类学界长期以来流行的继嗣体系与交换体系相分离的研究格局，推动世界人类学亲属制度研究向前迈进。另外，作者还把九族亲属制度放置在地域社会中来理解，提出了喷泉社会或九族连环社会解说模式，并期许这一理论模式与宗族社会、市场层级社会、祭祀圈和信仰圈社会等诸模式具有同等重要的认知汉人社会运转的学术价值和地位。

还有学者探讨了当代宗族与村民自治、地方治理的关系。朱炳祥著《村民自治与宗族关系研究》(武汉大学出版社，2007年)是摩哈苴彝族村、周城白族村、平峰汉族村、捞车土家族村、福建省惠安县崇武镇大蚱村(亦为汉族村)五个村庄的个案分析，论述了村治与宗族关系的历史检视，宗族的民族形态与现代国家政权建设，村民自治与宗族政治，村民自治与宗族经济，村民自治与宗族文化，弗里德曼悖论的终结与人类学的中国经验。肖唐镖主编《农村宗族与地方治理报告：跨学科的研究与对话》(学林出版社，2010 年)则是一本论文集。

宗祠在宗族中占有重要地位，专著有数种。黄海妍著《在城市与乡村之间：清代以来广州合族祠研究》(生活·读书·新知三联书店，2008 年)讨论了自明清之际到 20 世纪中期广州城中合族祠的演变过程，认为在这个过程中可以看到社会变迁、国家制度的更替、意识形态的变化以及城乡关系的发展对合族祠这种社会组织所产生的影响。在国家观念和地域认同的建构过程中，合族祠所使用的语言及其表现形式也随着社会的复杂变迁、士大夫认知的改变而不断发生变化。冯江《祖先之翼——明清广州府的开垦、聚族而居与宗族祠堂的衍变》(中国建筑工业出版社，2010 年)在地域建筑史学研究中引入了历史人类学方法，将对聚落和宗祠的研究置于更广阔的动态历史语境之中，梳理了广州府祠堂发展和演变的历程，阐释了地理环境、社会变迁、聚落格局与宗祠之间的关联，揭示了重要的历史事件、人物和文献对宗祠及村落形态的影响。邵建东著《浙中地区传统宗祠研究》(浙江大学出版社，2011 年)主要围绕浙中金华地区传统宗祠的历史演变与现状，分析宗祠的类型、地域特征、社会活动、管理、社会影响和建筑文化等方面情况，探讨宗祠、宗族、村落的内在关系及其演变，总结宗祠发展变化对农村社会发展的影响。滕雪慧《瓜瓞绵延山海间——临海传统宗祠研究》(文物出版社，2015 年)细致梳理了临海现有宗祠遗存，从建筑文化与社会文化史的双重视角，对临海传统宗祠进行研究和阐释，力求深入探究宗祠的建筑风格、特征与内涵，复原其宗祠所反映的宗族社会全景。冯尔康教授的《中国古代的宗族与祠堂》初版于 1996 年，2013 年商务印书馆出版了该书的增订版，增加了 3 万多字，插图添加到 50 幅，论述更加完善。

利用宗族文献的专门研究，成果有宗韵著《明代家族上行流动研究——以 1595 篇谱牒序跋所涉家族为案例》(华东师范大学出版社，2009 年)，以四库系列丛书中的明人谱牒序跋为基本史料，对明代家族上行流动的相关问题进行研究。在对一些具体问题的阐释过程中，作者还较多使用定量分析的方法对所搜集的谱牒序跋进行统计分析，并在此基础上对一些问题提出自己的解释。冯剑辉著《徽州家谱宗族史叙事冲突研究》(合肥工业大学出版社，2014 年)以徽州家谱中的宗族史叙事为研究对象，着力于从宏观上把握徽州宗族早期历史的建构过程及其特点，从这一建构过程进一步展开分析包括徽州家谱在内的中国家谱文化的重要特征。书中重点考察徽州家谱中宗族历史叙事中的冲突，着重于程氏、汪氏、胡氏和黄氏四大宗族，同时关注一些著名的历史人物如程颢和程颐兄弟、胡方平和胡一桂父子的族属问题，并对徽州相当部分的宗族历史叙事都存在的“黄墩叙事”现象进行探讨。何明星《著述与宗族——清人文集编刻方式的社会学考察》(中华书局，2007 年)借助张舜徽先生对 600 部清人文集研究的成果，通过对清人文集的编刻方式的统计分析，以及与宗族的象征——族谱的编刊活动的比较，从社会学的视角探讨清人编刻图书的文化活动在宗族传承、科举教育和学术研究中发挥的轴心作用，揭示传统著述、编刊与宗族是一种相互适应的文化生态关系。1860 年之后的印刷技术变革打破了这种生态关系，对著述、出版以及社会各层面的影响迄今尚存。

此外，与婚姻、家庭、宗族有紧密关系的还有姓氏研究。陈絜《商周姓氏制度研究》(商务印书馆，2007 年)探讨了商周时期的姓氏制度、封建等级社会下的姓氏制度——从西周到春秋时期、封建等级社会的解体与新型姓氏制度的形成三大问题。

三、社会分类与结构

综合性研究方面，成果有吴琦的《明清社会群体研究》(中国社会科学出版社，2009 年)，紧紧抓住社会群体这一核心概念，从群体特征与群体互动的角度，分析明清不同群体，及其在国家与社会中的作用与影响，在理论和方法上有积极的尝试。全书收录了 10 篇长文，大致分为三个部分。前四篇为皇帝和朝廷要员的群体研究，中间三篇为士人群体研究，后三篇探讨群体互动以及群体与社会发展、时局变动的关系。《清代人物三十题》(岳麓书社，2012 年)为冯尔康先生数十年来所撰论述清代人物文章的合集，书中论述清代人物分为四类：一是皇帝，有康熙帝、雍正帝、乾隆帝、道光帝、咸丰帝；二是名臣，有施琅、徐元梦、田文镜、鄂尔泰、阮元；三是文人，有傅山、黄宗羲、曹雪芹、黄印、许思湄、朱次琦、吴汝纶、章太炎；四是女性，有袁氏三妹等。冯先生在该书《自序》中指出："人的历史的研究，首先要弄清个人、群体与社会与历史的关系问题，而后才能进一步明了史书中人物传记的社会作用。"作者擅长从历史人物看时代、看社会，书中的论述体现了这样的特色。

妇女史与社会性别研究成果突出。陈高华、童芍素主编《中国妇女通史》(杭州出版社，2010 年)以时代为序，分为 10 卷，约 500 万字，各卷作者如下：王子今、张经著先秦卷，彭卫著秦汉卷，张承宗、陈群著魏晋南北朝卷，高世瑜著隋唐五代卷，方建新、徐吉军著宋代卷，张国庆、韩志远、史金波著辽金西夏卷，陈高华著元代卷，陈宝良著明代卷，郭松义著清代卷，郑永福、吕美颐著民国卷。

通论性的妇女研究著作有，邓小南、王政、游鉴明主编《中国妇女史读本》(北京大学出版社，2011 年)，推荐的 19 篇论文，分别从妇女地位、性别与身体、书写妇女、妇女形象建构、媒体与性别、恋爱与婚姻六个方面，对中国历史上各个时期的妇女史进行了独特而深入的研究，试图为中国妇女史提供新的研究方向。李志生著《中国古代妇女史研究入门》(北京大学出版社，2014 年)从当前古代妇女史研究的理论框架、主要材料、研究现状出发，对古代妇女史研究中经济地位、法律身份、后妃、女教书等关键问题，妇女身体史和以文本解读妇女历史等前沿领域，进行系统全面讲解，概述了中国古代妇女史研究的现状与方法。蒲慕州主编《礼法与信仰：中国古代女性研究论考》[商务印书馆(香港)有限公司，2013 年]是一部以"女史"为专题的学术论文集，收录内地及香港多所大学的学者论文 14 篇，全书围绕中国古代女性与社会(包括法律、宗教等方面)的关系立论，内容涵盖了由周(公元前 1046 年)至宋(1279 年)这两千多年间，中国女性之社会地位、社会活动以及信仰活动的各个方面。该论文集设定了两个有关女性的研究方向：一是法律，是有关外在的处境；二是宗教信仰，是有关内在的感受。这种研究突破了传统观念，是对研究的对象和议题的重新思考。焦杰著《性别视角下的〈易〉、〈礼〉、〈诗〉妇女观研究》(中国社会科学出版社，2011 年)在对传统笺注融会贯通的基础上，广泛联系礼制、民俗、价值观念、思维模式、审美倾向等项大胆解释，还专谈《易》《礼》《诗》中的妇女观。

断代性女性研究方面，汉代女性研究持续发展①，彭卫对汉代女性的研究有新意，他认为，汉代女性工作的领域相当宽泛，没有被限制在“男耕女织”或“男耕女爨”的范围内，以“内”与“外”来区分汉代两性工作的不同是不确切的；由于汉代女性被排斥在公共管理领域之外，女性工作界域的广泛并不意味着女性拥有与男性相近的权利和地位；普通人家妇女的劳作是家庭经济收入的重要来源，如果一个女性成为家庭经济的主要支撑者，她可能在家中拥有更大的发言权；商业活动对汉代女性地位有着怎样的影响还比较模糊；由王制改为帝制，这种从先秦到秦汉国家体制的转变，并没有对汉代女性在社会和家庭中的位置造成大的影响。② 他还探讨了汉代女性的身体形态和疾病状况。③陈长虹《汉魏六朝列女图像研究》(科学出版社，2016 年)对早期列女图像的产生、题材范围、图像范式、功能、各地列女图像的地域性和共性等问题进行了探讨，归纳出中国古代女性题材绘画的几个重要母题，并探讨了它们在历史上的演变。张菁著《唐代女性形象研究》(甘肃人民出版社，2007 年)提出，唐代妇女形象就其社会角色和社会阶层而言，可以划分为许多类型，有皇族、贵族、官僚、农妇、商妇、侠女、征妇、女尼、女道士、妓妾等，其中还包括大量以女性形象出现的精灵鬼怪。作者以唐代的诗歌小说和墓志为主要线索，选择几个具有代表意义的类别形象进行分析。铁爱花著《宋代士人阶层女性研究》(人民出版社，2011 年)明确界定“宋代士人阶层女性”的概念，从秩序、规范与女性的实际生活入手，按照从社会到家庭、到个人三个层面的逻辑顺序进行组织，广泛考察宋代国家、士人社会、地方乡里以及士人家庭等对女性的规范，系统研究宋代士人阶层女性的生活实然，并从多

---

① 姚琪艳：《汉代女性研究综述》，载《中国史研究动态》，2015(1)。

② 彭卫：《汉代女性的工作》，载《史学月刊》，2009(7)。

③ 彭卫：《汉代女性的身体形态与疾病》，载《浙江学刊》，2009(6)。

角度、多层面透视宋代社会秩序、规范与士人阶层女性生活之间的关系。阿风著《明清时代妇女的地位与权利——以明清契约文书、诉讼档案为中心》(社会科学文献出版社，2009 年)以徽州文书、淡新档案等明清地方文书档案资料为中心，从法律规定与文书档案两个层面分析中国家庭的法律构造，探讨妇女的地位与权利。陈超著《明代女性碑传文与品官命妇研究——以"四库"明人文集为中心的考察》(光明日报出版社，2013 年)利用"四库"明人文集中的女性碑传文，探讨了明代女性群体品官命妇。品官命妇是明代有政治身份的女性，作者厘清了明代品官命妇制度的来龙去脉，结合社会性别、社会等级、家庭伦理和宗法制度等多重侧面，全面考察品官命妇的社会角色、家庭生活以及她们的精神世界，突破以往研究中"男尊女卑"的单一形象，在多重视角下呈现品官命妇复杂、多样的生活面貌。张杰《熟悉的陌生人——明清江南社会才女群体现象的社会学研究》(中国社会科学出版社，2015 年)从社会学的"陌生人"视角出发，探讨明清才女群体的兴起、存在与被容忍和其特定的社会空间建构的联系。谢雍君《〈牡丹亭〉与明清女性情感教育》(中华书局，2015 年)论析了《牡丹亭》所描述的经典阅读和自然感发两种情爱发生方式，感梦身亡和"发乎情止乎礼义"两种情爱实现方式，及其对明清女性可能产生的情感教育作用，从而揭示了明清戏曲中女性情感教育的实施方式、文化内涵、功能特征、基本特色和社会意义。赵崔莉《被遮蔽的现代性——明清女性的社会生活与情感体验》(知识产权出版社，2015 年)从明清女性的生活、情感和体验出发，对明清女性的经济活动、文化才情、休闲娱乐、行旅生涯、宗教信仰、公益慈善、法律诉讼、参政议政以及社会属性等进行考察，塑造出明清女性不断创造、勇敢追求、具有独特审美和愉悦体验的群体形象，打造出鲜活生动而又不乏闲情逸致、妙趣天成的明清社会生活场景。李汇群《闺阁与画舫：清代嘉庆道光间的江南文人和女性研究》(中国传媒大学出版社，2009 年)重点考察清代嘉道年间江南文人与女性的交游唱和以及相应的文学创作。王雪萍著《16—18 世纪婢女生存状态研究》(黑龙江大学出版社，2008 年)认为，婢女是中国古代社会的一个特殊女性群体。16—18 世纪，婢女显现出一系列值得关注的特征。其身份、地位以及独特的社会角色和生存策略都构成这个时代女性和社会史中的重要课题。该书对16—18世纪婢女生存状态进行较为系统化的分析。张秀丽《民国北京婢女问题研究》(北京师范大学出版社，2016年)以城市化为视角，利用北京市档案馆的档案资料，剖析北京婢女的构成、买卖、日常生活、情感与婚姻、救助与安置、解放运动以及政府禁婢法令等问题，探讨社会转型和城市剧烈变动对婢女褪去传统色彩、向现代转型的影响。

贵族身份特殊，是封建社会中的特权阶层。蔡锋著《春秋时期贵族社会生活研究》(中国社会科学出版社，2004年)通过对先秦典籍、古文字、田野考古资料的综合分析，探讨了先秦春秋时期富有代表意义的贵族阶层亦即卿大夫士的生活。何兆泉《两宋宗室研究——以制度考察为中心》(上海古籍出版社，2016年)考察了宋代宗室的管理机构、联名呈报、谱牒编修、法律特权，以及宗室教育、选举、入仕、文化等问题，针对宗室的人口、进士及重要任官情况等作出计量统计分析，揭示宋代宗室事务的特殊性及其广泛的影响。李玉君《金代宗室研究》(科学出版社，2016年)探讨了金代宗室管理机构、教育科举、政治贡献、社会地位、婚姻关系、文化成就，有利于全面地认识金代社会，以一个新的视角去看待金朝的兴衰史。符海朝《元代汉人世侯群体研究》(河北大学出版社，2007年)探讨了汉人世侯群体与北方儒士关系，蒙(元)政权对汉人世侯群体的控制机制，汉人世侯的夷夏观等问题。雷炳炎著《明代宗藩犯罪问题研究》(中华书局，2014年)叙述了明宗室分封的由来、王府的规制、宗室分封的规模，介绍了明宗室事务管理的相关机构，讨论了明宗藩地位的变化、政策调整与宗藩改革等问题；对种种宗藩犯罪作了翔实的分析、论述；考察了明廷对罪宗的科刑、处置情况，注意议罪方式、定罚程序的细微变化及惩戒的前后差异；探讨了罪宗庶人的安置和善后管理问题，围绕贬废罪宗的生养死葬、婚嫁、袭封爵等问题分别进行了考证和论述；探寻了明宗藩犯罪的历史根源，剖析了藩府事务处理各环节种种弊窦与宗藩犯罪的关系，对明宗藩犯罪的人员构成和地理分布做了适当分析，对宗藩犯罪的社会影响亦给予了应有关注。

关于官员与社会的探讨，有薛志清《秦汉社会流动研究——以官员为中心》(中国社会科学出版社，2016 年)，重点剖析秦汉时代由民到官的主流渠道——接受教育，辅助渠道——婚姻以及官员层内部的升迁和黜免因素；结合刘邦布衣集团成员社会流动前后身份的变化，更为微观地考察秦汉时代社会流动的实现途径。此外，探讨官员与社会的还有惠翔宇、辛艳《汉代少吏与社会研究》(四川大学出版社，2015 年)一书。

文人士子的生活与群体性受到关注。魏晋之际士大夫受人关注①，有关唐代的两部著作颇具新意，刘琴丽著《唐代举子科考生活研究》(社会科学文献出版社，2010 年)对唐代举子的日常生活诸面相进行了专题性研究，探讨了唐代举子的经济生活、科考旅寓、家庭关系、精神生活以及社会交往五个方面的内容，并将举子群体的科考生活置于唐代社会、经济、文化、习俗等发展变化的大视角下探讨。彭梅芳著《中唐文人日常生活与创作关系研究》(人民出版社，2011 年)从中唐文人日常生活的角度，考察处于现实生活中的文人的生活心态、审美情趣以及在这些心态和情趣影响下的文学创作特点；结合中唐思想文化转型、文人贴近世俗生活并开始有意识地将琐碎的日常生活纳入文学表现领域的背景，揭示文人在“文化精英”身份掩盖下的、作为普通人的一面，从而力求客观、辩证地探究文人日常生活、日常观念和文学观念、文学创作演进之间的相互关系。在梳理相关史料以及对中唐日常生活题材文学作品进行考察的基础上，该书从文人的衣食住行等日常物质生活、琴棋书画等日常文化生活、日常工作及日常交往等日常生活基本层面中抽取部分与文学联系较为紧密的方面进行阐述，力求以点带面，以小见大地探讨文人日常生活的定型、打破与重建给文学创作带来的影响。

宋代士人风气、结社②、交游问题均有新著。周扬波《宋代士绅结

① 张继刚：《近八十年来魏晋之际士大夫研究综述》，载《中国史研究动态》，2015(4)。

② 参见董春林：《宋代会社研究综述》，载《西华大学学报》，2010(6)。

社研究》(中华书局，2008年)提出中国古代最为基本的人际关系基于“业、社、乡、宗”四种因素，就结社问题专门讨论。郭学信著《北宋士风演变的历史考察》(中国社会科学出版社，2012年)对北宋初期、中期和晚期三个阶段的士风变化作了阐释，探讨北宋士风演变的轨迹和原因，论析每个阶段士风所凸显出来的内涵、特征及其影响。梁建国著《朝堂之外：北宋东京士人交游》(中国社会科学出版社，2016年)，围绕地方士人融入东京社会这一主线，选择拜谒、走访、宴饮、雅集、送别五种有代表性的交游，并联系这些活动所依存的朝廷制度、社会习俗等历史背景，分析各种人际关系的生成与维系。该书研究角度是从宏大叙事到日常取向的转变，重点关注士人群体在朝堂之外的那些以往不被重视的生活内容，以期对士人的生存状态以及士人社会的诸多现象获得新认识。

元明之际的士大夫研究亦有新著。① 展龙《元明之际士大夫政治生态研究》(人民出版社，2013年)厘清士大夫在元明之际政治生态的多姿表现、一般品性及其所具有的精神特质和道德追求；结合元明之际的社会时局，逐层考察士大夫个体与士大夫群体政治生态的变化趋势及意义所在；明晰士大夫在历史变革时期政治地位的变化、与政治权力之间的复杂关系及其文化功能与政治功能等重要问题。

明代文人的研究也与文学意识结合。周榆华著《晚明文人以文治生研究》(广东高等教育出版社，2010年)从以文治生的角度出发，对明代中后期的布衣文人的生存状况、诗文创作特点及在文学发展史上的意义与地位进行了细致探讨。该书采用群体研究与个案研究结合的办法，既把握以文治生的这一类文人共有的特点，又通过细而微的分析，了解单个文人的谋生行为、心理及诗文风格。万木春《味水轩里的闲居者：万历末年嘉兴的书画世界》(中国美术学院出版社，2008年)以《味水轩日记》为主要文献史料，还原明末年间浙江嘉兴地区文人书画鉴藏历史概况。李若晴著《玉堂遗音：明初翰苑绘画的修辞策略》(中国美术

① 参见展龙：《元明之际的士大夫研究综述》，载《中国史研究动态》，2010(4)。

学院出版社，2012年）将绘画置于历史情境中进行解读，并以作品为线索，勾勒出一幅15世纪上半叶明代宫廷的文化图景。作者认为只有把绘画史的研究重点从审美与技术的层面扩展到社会文化中进行整体考察，才有可能充分认识其起承转合的演变过程。这一做法或有别于历来明代宫廷绘画研究以画家和画派为单一考察点的叙述模式。李娜著《〈湖山胜概〉与晚明文人艺术趣味研究》（中国美术学院出版社，2013年）就晚明杭州人陈昌锡出版的宣传杭州风景的书籍《湖山胜概》系统考证，深入研究了明晚期文人士大夫的精神文化生活，主要侧重于文人心态。

讲学教书是士人的重要活动。陈时龙著《明代中晚期讲学运动(1526—1626)》（复旦大学出版社，2007年）主要探讨了明代中晚期从王阳明讲学至东林学派的讲学之间约一百年的讲学发展历程，以及讲学与政治、学术、社会道德等问题之间的关系。士人往往依靠塾师谋生，刘晓东著《明代的塾师与基层社会》（商务印书馆，2010年）通过对明代私塾教育的发展与塾师社会构成的演变、塾师的生计状况、塾师的职业生活与职业观念、塾师的社会活动等问题的梳理，更主要从“社会人”而非简单的“教育者”的角度，探讨了塾师在明代基层社会中的生存状况及多元化的社会角色与功能，并进一步揭示了“治教融合”传统对中国近世士人群体生存与发展的内在影响。蒋纯焦著《一个阶层的消失——晚清以降塾师研究》（上海书店出版社，2007年）以观照晚清以降之塾师的变迁为视角，将这个阶层随中国社会发生转型而经历的历史过程，区分为晚清、民国、中华人民共和国三个各有特征的阶段。

明清时期士人与地方社会的关系也是讨论的课题。衷海燕著《儒学传承与社会实践——明清吉安府士绅研究》（世界图书出版公司，2012年）分别论述了士绅阶层与世家大族、地方教育与“江右王门”、儒学传承与江右书院、教化乡里的理念实践、士绅阶层与家族组织、士绅阶层与地域社会等问题。作者指出吉安士绅对宋以后儒学发展的贡献，集中地表现为“江右王门学派”对程朱理学的突破与发展，推动了“儒学传承的地方化趋势”。在社会实践领域，吉安地区逐渐形成了以士绅阶层为主导的社会控制体系，促使儒学价值观日益渗入民间日常生活，促成了“区域社会文化变迁的儒学化趋势”。徐林《明代中晚期江南士人社会交往研究》(上海古籍出版社，2006 年)分为 5 章，即处于悖论中的中晚明士人、声景比附燕集唱酬、明中晚期士人社会交往的下移、焚香煮茗共谈空寂、明中晚期士人社会交往与文化。① 冯玉荣著《明末清初松江士人与地方社会》(中国社会科学出版社，2011 年)探讨王朝更替、政权变动，以及在不同的政权体系下，士人在地方社会所扮演的角色，对地方的社会功能。主要内容包括：明中后期松江社会的变迁即士人群体意识与“松江社会”的构建、以明伦堂为中心考察地方社会秩序中的“国家”在场、以几社为中心考察士人民间的社集、以海塘修筑为基点考察地方事务中的士人表达、以府志为中心考察社会变动与地方史。王文荣《明清江南文人结社考述》(凤凰出版社，2015 年)挖掘新资料，探寻当时文人结社的真实风貌，找寻地域社群与文学活动之间的内在联系。张烨《明清时期山东地区基层士人研究》(上海人民出版社，2015 年)探讨明清时期山东地区大批壅滞基层的士人群体的言谈举止，各种教育、教化活动，以及对儒家文化内容、载体、传播媒介世俗化进程的推进等问题。此外，杨东方《明清士人的世俗生活——以话本小说资料为中心》(中国书籍出版社，2013 年)探讨士人的科举生活、治生生活、婚姻生活。

关注明清之际士大夫的研究，还有赵园著《制度・言论・心态——〈明清之际士大夫研究〉续编》(北京大学出版社，2006 年)，分明清之际文化现象研究和明清之际士人话题研究两部分，内容涉及谈兵、游走与播迁、师道与师门、君主、文质、井田、封建等。黄建军著《康熙与清初文坛》(中华书局，2011 年)分为“康熙与清初文人”“康熙与清初文学”上下两编。上编考量在康熙文艺政策之下的文人生存状态，突出翰林院及人文最盛的江南在清初文学中的结构意义；下编从文论、文体及文集编纂等方面勘察清初文学与康熙的关系。作者认为康熙正是以其独具的政治优势影响了其时的文人心态，左右着当时的文学生态，

① 关于晚明士人的研究，参见李竞艳：《20 世纪以来晚明士人群体研究综述》，载《史学月刊》，2011(2)。

决定了清代文学的整体走向。此外，陆蓓容著《宋荦和他的朋友们——康熙年间上层文人的收藏、交游与形象》(中国美术学院出版社，2016年)探讨康熙年间上层文人的艺术品收藏问题，给人以清新的感觉。

清代进士群体受到重视。李润强著《清代进士群体与学术文化》(中国社会科学出版社，2007 年)以 2600 多名清代进士为研究对象，从他们所处的政治文化背景入手，分析清代汉、满进士产生的时代环境，对他们的经历进行跟踪研究，重点论述他们的教化职能与康乾鼎盛期学术思想之间的多元化关系。诸如清代进士群体与康乾帝儒学观的形成、与康乾理学的繁荣、与乾嘉考据学的盛行、与传统教育的转型、与清代学术文风的流变、与民间宗教风俗的互动等方面，反映了清代进士群体、清代科举制度与清代大文化背景之间的深层关系。多洛肯著《清代浙江进士群体研究》(中国社会科学出版社，2010 年)从历史传统的深刻影响、清代文教事业的兴盛与科举、清代浙江进士的盛况、清代浙江进士与学术发展等方面着手，用比较、统计、制作图表等方法，进行梳理与归纳；结合社会经济史、教育史、文化史等多学科进行分析研究，考察了清代浙江进士群体，以及与此相关的科举制度、学术发展史等问题。

近代绅士一直是热门研究课题。王先明著《变动时代的乡绅——乡绅与乡村社会结构变迁(1901—1945)》(人民出版社，2009 年)论述了 11 个问题，对于民国以来的乡制变革作了较系统的考察。李平亮著《卷入大变局——晚清至民国时期南昌的士绅与地方政治》(经济日报出版社，2009 年)讲述了一段清末民初南昌地方社会的转型故事，对社会转型时期的内在机制进行了颇有见地的分析，试图在政治制度和社会文化两个层面的相互关系和影响中揭示南昌的近代化过程。刘玉梅著《近代教师群体研究——以直隶为考察中心》(人民出版社，2016 年)对清末民初教师群体的形成、发展、职业化过程、群体性特征，以及作为一个新兴职业群体，处在怎样的社会地位，扮演着怎样的社会角色，在中国近代教育乃至整个社会转型过程中起过怎样的历史作用等方面进行了论述。

农民的研究不容忽视。侯旭东指出：秦汉时期北方虽以农耕为主，但因气候温润，野生动植物丰饶，作为古老的谋生方式，渔采狩猎投入少，产出快，山林湖泽附近的民众均可一定程度上仰此或兼此为生。渔采狩猎与从商一道成为田作之外民众的其他谋生手段。战国以降，官方开始确立以农立国的策略，针对民众不乐农耕、轻易迁徙，立法律与政策措施驱之务农，并将其束缚在土地上，作为一个群体的农民与定居农耕社会在此背景下逐步形成。① 鲁西奇《何草不黄——〈汉书〉断章解义》（广西师范大学出版社，2015 年）第五部分是农民专题“编户齐民：汉代农民的生活与社会”，论述了编户齐民、五口之家、乡村等问题。宋代农民的生活状况受到关注。② 郭松义著《民命所系：清代的农业和农民》（中国农业出版社，2010 年）是一本专题性文集。作者指出：“我之所以将此类论文编辑成集，是因为农业和农民，不但关系着当时社会的稳定和朝代的兴衰，即使在现代同样十分重要。而我所关注的农业、农民主要指清代，与近代时代相近。那时发生的事和遇到的矛盾，有的到今天仍可寻见源头，甚至有借鉴意义。其次，在我从事的研究生涯里，农业一直占有重要的位置。我的研究成果，除著作外，已发表的百余篇论文中，有关农业、农民的达 30 余篇、60 余万字，占了将近三分之一。此次，我选录 24 篇，约 40 万字，恰好是一本中等部头的书。”张明著《民国时期皖南永佃制实证研究》（人民出版社，2012 年）从皖南永佃制形成及发展原因、皖南永佃田的比重及分布、皖南永佃制与公田关系、皖南永佃田的租佃与经营、永佃制性质五个方面对民国时期皖南永佃制作了较为全面的研究。作者主要以安徽长江以南十多个县的永佃土地档案、一千多份以前未发现的土地契约、租佃鱼鳞册及土地清册为核心史料写成。作者从社会结构、社会变迁角度分析永佃制的形成原因，对公田特别是族田与永佃制的关系进行深入研究，在永佃田比重及分布、永佃经营研究的基础上对永佃

① 侯旭东：《渔采狩猎与秦汉民众生计——兼论耕织为本传统的形成与农民的普遍化》，载《历史研究》，2010(5)。

② 陈宇：《近 10 年来宋代农民生活状况研究综述》，载《黑龙江史志》，2013(4)。

制的性质重新进行论证，并回应了学术界“民国时期永佃制衰落”的观点。李淑娟著《日本殖民统治与东北农民生活(1931—1945 年)》(社会科学文献出版社，2014 年)借助丰富的史料，从东北农民生活入手，揭示东北沦陷时期日本殖民统治的实质；揭示了九一八事变后，日本统治东北期间制造的一切暴行、对农民土地的大量占有、对粮食等农产品的掠夺、对劳工的强制征用、鸦片毒化政策的实施、日本“移民开拓团”的建立、苛捐杂税的实施等，给广大农民带来深重灾难，使农民贫困达到极点，加速了农村的破产进程。

有关山东商人的研究出版了较大型的著作。朱正昌主编、谭景玉等著《齐鲁商贾传统》(齐鲁书社，2014 年)分为先秦秦汉、魏晋隋唐宋元、明清、近代四卷。

明清以来的商人具有多样性。陈支平著《民间文书与明清东南族商研究》(中华书局，2009 年)以民间文书为研究资料，以明清时期我国东南沿海地区的族商为研究对象，剖析了他们的资产构成、经营管理、财产分割状况，兼及他们的乡土观念、思想信仰、社会参与等，多角度展现了族商的基本特征。范金民指出，自明中叶起，地域性商帮崛起于各地，开始了中国商业历史上的商帮时代。① 李刚、李薇著《明清陕晋徽三大商帮比较研究》(中国社会科学出版社，2014 年)分析了明清时期陕晋徽三帮的商业竞争过程和由此而凸显的三大商帮区域文化特色，表现了明清中国商业丰富多彩的历史画卷和以陕晋徽为主要代表的中国商帮的历史发展过程，并对陕、晋、徽三大商帮的经营特点和文化构架进行了分析。张守广著《宁波帮志·历史卷》(中国社会科学出版社，2009 年)对宁波帮兴起的背景、宁波帮的形成和转型以及当代海内外宁波帮的状况进行了系统的分析和考察。冀春贤、王凤山著《明清地域商帮兴衰及借鉴研究——基于浙江三地商帮的比较》(郑州大学出版社，2015 年)以明清时期浙江地域内比较有代表性的海商宁波帮、陆商龙游帮、湖商湖州帮为研究对象，分析了商帮兴起的内外原

① 范金民：《明代地域商帮的兴起》，载《中国经济史研究》，2006(3)。

因及历史必然性，从历史渊源、文化底蕴、地理条件、经营理念、经商路径、经营方式和特点、管理制度、社会影响、商政关系等方面对三地商帮进行了比较研究。曹琳著《明代商人商业经营研究》(中国社会科学出版社，2013 年)对于前人研究中曾略有涉及的某些方面，就明代状况进行了更完整、深入的探讨，如商业经营中的原则与策略、广告宣传、士商关系及商人与一般大众的关系处理；更多的则是对前人研究中极少涉及甚至完全没有涉及的方面加以初次探讨，如商业经营地点的选择和开拓商品市场的策略、商人本身良好形象的树立、商人之间关系的处理、商人对经营条件的改造与协调，以及发展水平不平衡的表现，等等。郭松义著《清代赋役、商贸及其他》(天津古籍出版社，2011 年)，其中论文涉及近世商业观念的转变、清代北京的山西商人、清代人口流动与边疆开发、晋商和汾酒、商号佣人为讨偿货物欠款事例等。《千山夕阳：王振忠论明清社会与文化》(广西师范大学出版社，2009 年)通过对历史片段的缀和，尽最大可能复原了我们寻常难见的明清徽商面貌和民间社会图景。王裕明著《明清徽州典商研究》(人民出版社，2012 年)以徽州典商文书研究为出发点，全面探讨徽州典商诸问题。在此基础上，把握明清典当业和明清社会，重点认识徽商典铺的经营实态以及明清社会的变迁过程。谢秀丽、韩瑞军《清代前期民间商业信用问题研究》(人民出版社，2012 年)对清代前期商人、生产者和消费者三大群体相互之间及各类群体内部的商业信用关系，牙行与商业信用的关系，商业信用期限及货款的清偿，商业信用风险的类型及防范，商业信用票据，广州对外贸易中的商业信用和中西商业信用比较等问题，进行了全面、深入和系统的探讨与研究，总结了清代前期民间商业信用的特点与作用。陈亚平著《寻求规则与秩序：18—19 世纪重庆商人组织的研究》(科学出版社，2014 年)以清代巴县衙门档案为基本史料，考察 18—19 世纪重庆城市发展过程中的商人和商人社会组织，从清代重庆商人组织运行实践解释清代城市民间社会的结构性变迁，解释传统城市基层社会的建构过程，从重庆商人组织在城市社会生活与商业发展中扮演的角色，分析其社会功能以及他们对城市社会秩序的影响。明清时期会社研究比较受重视。①

徽商与文学艺术的关系近来受到重视，且被赋予一定程度的正面评价。张长虹著《品鉴与经营——明末清初徽商艺术赞助研究》(北京大学出版社，2010 年)利用丰富的明清史资料，将徽商的艺术赞助行为定性为徽商所开拓的经营行业之一。该书以明末清初徽商艺术赞助活动为考察要点，在徽商赞助与明清艺术史发展这一问题上，梳理出一条明显的线索，同时对于徽商藏品的出路作了初步交代。与徽商集团的兴衰相伴始终，明清时期的艺术品投资和收藏活动一直都与其有着直接的联系，表明该现象并不像以往所认为的是"附庸风雅"。同时，我们还可以借此视角考察明末清初社会变迁的整体趋势。明光著《清代扬州盐商的诗酒风流》(社会科学文献出版社，2014 年)研究清代扬州盐商的诗文、戏剧活动；梳理其文学艺术活动的基本面貌和对地方文事活动的贡献，探究盐商作家文学创作的内在动机，重新认识、评价盐商文人群体的精神追求及其创作的社会价值、盐商作家的文化品格；探究商人群体与文人阶层的互动影响，揭示造就地域文化繁荣的特点、机制等。其中重点研究清初的盐商诗人孙枝蔚、雍乾和乾隆时期的盐商诗人马曰管和马曰璐兄弟、乾隆时期以布衣交天子的盐商文学活动家江春等人的文学活动经历。

关于近代商人的探讨，著作有朱英《商民运动研究(1924—1930)》(北京大学出版社，2011 年)，探讨 20 世纪 20 年代大革命背景下的商民运动，从国民党与民众运动的大背景考察商民运动发端的原因，并分析商民运动在初期滞后于工人、农民、学生运动的缘由。该书选取广东、湖南、湖北、上海四个地区，论述商民运动的起步、扩展、兴盛、余波以及结束的各个不同历史阶段；还论述了商民运动期间商民协会与商会的关系，以及店员总会、商民协会、商会三者之间的复杂关系，商民运动时期的劳资关系，国民党相关政策的变化与影响。张玮著《市场·商人组织·产业发展：以上海绸缎业为例 1900—1930》(人民出版社，2011 年)认为近代中国市场具有二元性特征，传统产业

① 参见史五一：《明清会社研究综述》，载《安徽史学》，2008(2)。

的分工特征是场外分工发达于场内分工，基于这两个特点而形成商人网络的关系系统——以差序格局为基础的私人关系网络、以稀缺资源为基础的组织关系网络——作用于产业近代化。王静《近代旅津山东商人研究》(天津社会科学出版社，2012 年)对山东商人进入天津的诸种背景因素、其在天津经营活动、在天津这个“异质空间”里面临的矛盾与冲突、对地方公共事务的参与等诸多方面进行了考察。陈加林著《百年徽商与社会变迁——以苏州汪氏家族为例》(上海人民出版社，2014 年)论述了明清以来苏州汪氏世系源流、商业活动、家族文化与社会网络，及近代社会政治变迁、社会变革与苏州汪氏家族的近代转向。张芳霖《市场环境与制度变迁——以清末至民国南昌商人与商会组织为视角》(人民出版社，2013 年)研究晚清至民国的商人与商会组织，同时也通过考察商人与商会组织的市场经济活动，来探讨中国近代市场环境与制度变迁的内在机制。

马敏研究近代商会，认为晚清商会组织系统与其他城市民间社团组织的集体互动、协作效应，导致了某种更复杂的社会机体自组织过程的发生，其结果是形成了一个伴随公共领域扩张而形成的城市民间社团巨型网络，即“在野市政权力网络”。其实际内涵是，城市行政权力部分由官方下移民间，形成国家权力机关之外的社会权力体系。尽管它仍受封建官府的监督与控驭，但已具有相对的独立性和自治权，是一种正在形成中的、职能尚不完善的“地方性民间自治社会”，也就是与近代早期西方类似的“市民社会”的雏形。① 马敏主编有《中国近代商会通史》(4 卷，社会科学文献出版社，2015 年)，以商会与近代中国社会变迁中的重大问题为中心，探讨了商会制度的演进、商会与政府关系、商会的政治参与、商会与市场经济体制的建立、商会与国家形态间的复杂关系等种种问题，对商会存在的社会与法理基础、商会的组织与运作原则及商会与经济市场化、政治民主化之间的关系等问题深入研究，探讨了商会与近代中国市民社会发展的关系。此外，近代

---

① 马敏：《晚清商会与中国式市民社会雏形的形成》，载《南国学术》，2016(1)。

工商同业公会的研究成果众多。①

还有一些值得注意的研究。林文勋著《中国古代"富民"阶层研究》(云南大学出版社，2008年)认为"富民"阶层是在唐宋以来中国社会变迁中崛起的一个新的社会阶层，推动了唐宋以来中国社会的发展与变迁。"富民"阶层是重新解构唐宋以来中国社会发展与变迁的一把关键性钥匙，该书将"富民"阶层置于唐宋以来中国社会整体发展的背景下，探讨唐代至清王朝这一历史阶段"富民"阶层的基本状况、"富民"阶层与基层控制、"富民"阶层与国家的关系、"富民"阶层与经济社会的发展，从不同的角度和方面透视这一阶层的成长壮大、社会活动，以及它对中国社会的影响。林文勋、张锦鹏主编《中国古代农商富民社会研究》(人民出版社，2016年)收集了18篇论文和4篇专题报道，论述了"农商社会""帝制农商社会""富民社会"的基本理论框架和问题诠释，唐宋时代国家与民众的新型关系及其成长土壤，唐宋"富民"阶层兴起后社会经济关系所发生的变化及其社会调适，明清时期商人群体成长的宏观与微观环境及社会影响。② 鲁西奇《何草不黄——〈汉书〉断章解义》(广西师范大学出版社，2015年)第四部分是"义气仁心：侠客与儒生的世界"。据学者研究，秦汉的军功爵制下"士大夫"多指士、大夫级爵群体，他们是当时基层社会编户民的主体，也是帝国征派赋役的对象。随着秦汉"爵秩体制"的发展，分赐官、民爵，促使官僚贵族化、吏民同质化。因爵制的变化，尤其是民爵日益轻滥，"士大夫"爵制的意义渐趋消亡。同时，因秩制的发展，秩级分化导致官、吏呈现分途之势，吏员群体内又分化为吏与役两个层次，"役"逐渐成为帝国控制小吏和编户民的主要手段。"吏"与"民"因役而同质化，"吏民"逐渐成为编户民的代名词。③ 张金奎《明代卫所军户研究》(线装书局，2007

---

① 参见魏文享：《回归行业与市场——近代工商同业公会研究的新进展》，载《中国经济史研究》，2013(4)。

② 有关宋代富民的研究，可参见康武刚：《宋代富民阶层研究综述》，载《中国史研究动态》，2015(4)。

③ 凌文超：《秦汉魏晋编户民社会身份的变迁——从"士大夫"到"吏民"》，载《文史哲》，2015(2)。

年)考察了明代军户的来源、形成、饷粮、组织管理、职业选择、后勤保障等问题。胡铁球《明清歇家研究》(上海古籍出版社，2015 年)通过歇家这个中介组织来看明清社会运动，考察与之相关的制度变革细节，以及这些细节引起的社会结构变动。"歇家"介入了明清社会的各个领域，曾是乡民与政府对话的桥梁，是政府管理社会最为倚重的力量，因此通过考察"歇家"职能的延伸和变革，能够从细节方面把握明清时期上层制度变革与下层社会组织结构变迁的关系及过程。周泓著《群团与圈层——杨柳青：绅商与绅神的社会》(上海人民出版社，2008 年)提出，绅的类型主导乡治类型，绅商类型引导市镇类型：商绅是乡绅的时空转型延续，但不似乡绅、士绅与传统耕读伦理和仕僚政治之高度同构。通过考察绅商大院和社群信仰的民间建构，该书认为其为官方建构地方的基础因素，并构成汉人社会的群层格局。王日根著《中国会馆史》(东方出版中心，2007 年)把会馆置于中国传统社会政治、经济、文化变迁的大环境中，全面考察了会馆发展演进过程及兴盛的背景，分析会馆的社会功能和文化内涵，进而全方位、多层次地阐述和论证了会馆的历史地位。李永芳《近代中国农会研究》(社会科学文献出版社，2008 年)对近代中国各个时期不同类型的农会，从成立背景、发展过程、组织结构、主要活动、性质与特点等方面进行了考察。徐小群著《民国时期的国家与社会：自由职业团体在上海的兴起，1912—1937》(新星出版社，2007 年)追述中国现代史上一个被以往的史学家所忽略的社会群体——自由职业者——在 20 世纪初期上海的诞生和发展。通过探讨律师、医生、会计师、新闻记者、大学教授这样的自由职业群体及其组织，和他们得以发展其职业和社会功能的经济、社会、政治、文化环境，揭示了民国时期社会阶级形成的新模式，和职业化作为现代化之产物在此过程中的作用。

第三节　城乡·信仰·习尚：社会空间与社会生活研究

我们继续介绍城市、乡村与社区，民间信仰与宗教生活，礼俗与社会习尚，人口与社会保障四个方面的研究成果。

一、城市、乡村与社区

改革开放以后，中国城市史研究异军突起，研究成果相当繁盛。①近年来城市史研究稳步发展。

通论古代城市的著作，特别集中于城市空间问题。李孝聪著《中国城市的历史空间》(北京大学出版社，2015 年)收入有关历史城市地理领域的论文 14 篇，内容涉及区域城市选址的规律、交通与城市的关系、城市空间形态与功能结构的形成和演化、中外城市形态的比较等方面。鲁西奇著《城墙内外：古代汉水流域城市的形态与空间结构》(中华书局，2011 年)全面考述了汉魏六朝、唐宋以及元明清时期汉水流域治所城市(及部分非治所聚落)的建城过程、城郭规模与形态、城郭内外之空间结构与功能分划；就汉魏六朝时期从散居向聚居的演变以及城居与村居的对立，唐宋时期特别是唐代地方城市中里坊制之实施情形及其实质，明清时期治所城市城墙内外街区的功能分划及其原因等问题展开讨论。比较城市史研究也是重要的方法，井上徹、杨振红编《中日学者论中国古代城市社会》(三秦出版社，2007 年)收录论文 17 篇。

先秦两汉时期城市研究著作有，王震中《商代都邑》(中国社会科学出版社，2010 年)分析商朝城邑的空间关系及城邑体系的分层结构形态与都邑文明，进行理论上的阐述。陈博著《从中心到边疆——汉帝国城市与城市体系的考古学研究》(科学出版社，2016 年)以汉代城市遗址为基础，复原汉帝国的城市与城市体系，并对其特点进行系统考察；

① 熊月之、张生：《中国城市史研究综述(1986—2006)》，载《史林》，2008(1)。

研究关注汉帝国的中心区以及南、北边疆地区，比较不同地区城市与城市体系的共性特点与区域性特征。

中古时期城市研究著作有，王静著《中古都城建城传说与政治文化》(社会科学文献出版社，2013年)，认为中国古代都城的选址、规划以及具体建制，除了结合王朝实际的政治需求之外，还要通过布局、象征来体现其神圣与正当性，成为王朝政治文化的具象。于是，帝国统治者与都城的规划、施行者，通过“仰观天文，俯察地理”，巧妙利用谶纬、神话，甚至天文等元素，在天下政治秩序以及宇宙体系中同时建构帝都的中心位置，并终成“天子之居”。在这个过程中，他们既要植根于传统，又需要为王朝命运量身定制。这一切多蕴含在中古帝都的建城伊始，成为它们拥有都城地位的基因。2015年出版的《唐研究》第二十一卷，为“唐代长安及其节庆研究专号”。宁欣著《唐宋都城社会结构研究——对城市经济与社会的关注》(商务印书馆，2009年)探讨了地域空间的变化，如平面空间、立体空间等，并着眼于这些地域空间变化与城市经济社会之间的互动，即地域空间的变化是如何反映社会空间的变化，以及社会空间的变化如何促进地域空间的变化；探讨人流、商流、物流的内涵与外延的变化与位移以及它们之间错综复杂的关系。

宋代城市研究比较多样化。包伟民著《宋代城市研究》(中华书局，2014年)探讨了宋代的城市规模、类型和特征，城市管理制度、市场、税制、市政建设、人口和文化等问题。袁琳著《宋代城市形态和官署建筑制度研究》(中国建筑工业出版社，2013年)对一些前人的研究进行评判，并在对现有实物、文献资料进行整理、分析的基础上提出了一些新的见解。刘方著《盛世繁华：宋代江南城市文化的繁荣与变迁》(浙江大学出版社，2011年)从宋代城市革命这一视角，研究宋代江南城市文化繁荣的诸多领域的特质及其成因，探索江南都市文化支撑和影响下形成的新的城市文化生产机制、文化实践与文化消费活动，以及城市文学生产所再创造出的都市文化的想象。林正秋著《南宋临安文化》(杭州出版社，2010年)介绍了南宋都城临安的各类文化情况及其成就，全书分朝廷的文化机关——秘书省、南宋朝廷的图书馆、朝廷的天文、医药机构、国子监与三学、朝廷的修史机构、朝廷的架阁档案、朝廷乐舞机构、临安籍的科技文化名家、临安的餐饮文化、临安的西湖与游乐、临安的文化娱乐、临安的体育与杂技、临安的道教、临安的佛寺、临安的祠庙、临安地方文献等篇章。

宋以后跨代的城市研究，成果有复旦大学文史研究院编《都市繁华——一千五百年来的东亚城市生活史》(中华书局，2010 年)，综合考古、文献、图像等资料，复原城市生活，展现城市交往、游乐，回顾城市生活细节。韩光辉《宋辽金元建制城市研究》(北京大学出版社，2011 年)指出，宋辽金元是我国城市迅速变革的时期，重要表现之一在于城市管理制度的重大调整。城市由此前的京县或附郭县管理转变为宋代的都厢，辽代的警巡院，金元时代的警巡院、录事司、司候司专门机构管理，城市拥有明确的行政界限、市域范围和职能完善的城市行政管理机构，管理城市的这些行政机构与管理城外郊区的京县及附郭县已明显分离开来，显示了社会的进步，推动了城市的发展和演变。

明清江南城市繁荣，文化发展，引人注目。刘天振著《明清江南城市商业出版与文化传播》(中国社会科学出版社，2011 年)主要采用个案研究的方法，选取明清江南城市出版业开创的三种大众读物——戏曲选本、杂志雏形及商业用书作为考察中心，来透视当时该地商业出版繁荣发展的状貌。唐力行主编《明清以来苏州城市社会研究》(上下册，上海书店出版社，2013 年)从 13 个不同的层面研究苏州不同层次人群的生活状态及精神追求。内容包括：苏州壅业，苏州邮递业，苏州典当业，苏州脚夫，苏州绣娘，苏州女教师，苏州观前街区，苏州留园义庄，苏州的灾荒救济，苏州洪氏状元家族，苏州吴趋汪氏家族，苏州常熟虞山诗社，苏州民间信仰。

清代八旗制度给城市带来新的问题。刘小萌著《清代北京旗人社会》(中国社会科学出版社，2008 年)分为 10 章，包括绪论、旗人社会的形成、旗房与旗地、旗人与民人、形形色色的旗人、旗人的世家、旗人的文化与习俗、晚清旗人社会、旗人社会的瓦解、文献研究等。作者认为清朝统治中国，以八旗制度统领旗人(主体是满人)，以州县制度管理民人(主体是汉人)，形成旗民分治的两元结构。顺治元年(1644)清朝定都北京(京师)，以内城安置旗人，以外城居住民人，是旗民分治两元结构在空间关系上的集中体现。此后 270 余年中，旗人始终是内城的基本居民，并形成与外城民人社会并存的旗人社会。邱源媛著《找寻京郊旗人社会——口述与文献双重视角下的城市边缘群体》(北京出版社，2014 年)通过将口述访谈、田野调查和文献考证相结合，在多重视角下，考察了京郊地区旗人社会及旗人后裔的生活状况。刘凤云《北京与江户——17—18 世纪的城市空间》(中国人民大学出版社，2012 年)选择了“清代”和“城市”为时空两大坐标，从城市空间的分布与结构，包括城市空间的建筑组合视角进行了探索，研究的内容有城墙池濠、坊巷社区、官衙、民居、市廛、寺观、茶馆、会馆、园林等，侧重研究了城市中的政治与商业；讨论了政治体制对城市特别是都城的重要影响，以及在政治体制影响下中日各自的城市特点；论证了城市空间状态中的人居与造物多是由政府通过行政规划来完成的；另外还论述了在商业空间的形成及移动过程中起作用的因素等；并将问题转向城市空间中的人群，即商人与町人、官僚与武士，此外还有旗人，分别找寻他们在城市化过程中所遇到的问题，并予以论述，从社会史的角度对城市中最主要的两大居民群体进行了观察。定宜庄著《老北京人的口述历史》(上下册，中国社会科学出版社，2009 年)，通过老北京人的口述，反映晚清以来北京人的生活变迁和生命历史，进而追溯近百年来的北京城市生活史。全书体现了口述历史民间性和个人性的特点，在编排上根据北京城环形结构的特点，分成内城篇、外城篇、郊区篇三部分，通过生活在北京不同区域的人们的口述，反映不同区域北京人的生活状态，并进而形成一部多姿多彩的北京城市生活变迁史。朱永杰著《清代驻防城时空结构研究》(人民出版社，2010 年)主要对驻防城的概念内涵、等级序列和军事实力、时空结构、形制状况、设施和分布、内部结构、典型个案进行论述，着重探讨驻防城的宏观时空发展结构和形制、设施及内部结构。

此外，王肇磊著《传统与现代：清代湖北城市发展与社会变迁研究》(中国社会科学出版社，2014 年)以城市学理论为基础，从城市发展与社会变迁的角度，对清代湖北城市进行综合研究，探讨湖北城市发展过程中的动力、城市人口、经济、交通、文化、规模、城市类型与形态、规模结构及其功能演变、城市管理、城市生活、风俗与社会变迁、城市发展水平等方面的问题，再现清代湖北城市发展与社会变迁的历史过程，揭示清代湖北作为中国内陆区域具有代表性的省份，其城市发展所具有浓厚的双重属性，即传统性和现代性。

近代城市变化较大。姜进、李德英主编《近代中国城市与大众文化》(新星出版社，2008 年)试图从都市大众文化角度来重新建构中国近现代史。忻平主编《历史记忆与近代城市社会生活》(上海大学出版社，2013 年)论述了近代城市社会生活史的诸多方向和层面。王笛《走进中国城市内部——从社会的最底层看历史》(清华大学出版社，2013 年)论述了微观历史的方法，大众文化的理论，城市研究的实践。李长莉在肯定近代城市生活史研究成绩的同时也指出存在的细碎化、平面化缺陷。任吉东则就城乡问题发表了看法。①

探讨上海城市史的著作较多，熊月之主编《都市空间、社群与市民生活》(上海社会科学院出版社，2008 年)从空间、职业、阶层，以及国别、民族维度展开，关注广义的社会生活，包括人们的居住、饮食、衣饰、交通、娱乐、交往、婚姻、家庭、风俗、习惯、工作环境、工作特点、收入、消费等方面，兼及其政治生活、精神生活。该书以研究近代上海为主，兼及古代、当代上海。开展城市社会生活研究，为的是从更加日常、更加具象、更加细致、更加深入的层面，揭示上海城市的文化个性，特别是其异质文化交织的特质。邵雍著《社会史视野下的近代上海》(学林出版社，2013 年)涉及传媒、帮会、禁毒、禁彩、市民生活、慈善事业等学术专题，概括地展现了近代上海社会史的风云历程。洪煜著《近代上海小报与市民文化研究(1897～1937)》(上海书店出版社，2007 年)系统梳理了 1897 年至 1937 年间，上海小报的历

---

① 李长莉：《中国近代城市生活史研究热点与缺陷》，载《武汉大学学报(人文科学版)》，2017(1)；任吉东：《近代城市史研究中的城乡问题探微》，载《武汉大学学报(人文科学版)》，2017(1)。

史由来、生存环境、小报特殊的产权经营发行销售状态、从事该报业的文人群体特征、小报的各类品位及其所反映是非曲直的社会文化内涵等。忻平《城市化与近代上海社会生活》(广西师范大学出版社，2011年)从社会史、社会生活史与城市社会生活史层面探讨了上海。徐松如《都市文化视野下的旅沪徽州人(1843—1953年)》(上海人民出版社，2015年)系统地梳理百余年间徽州人移居上海的历程、规模、组织形态、经营活动、社会交往、身份认同以及与家乡之间的关系等内容，认为徽州人适应和融入上海本地社会的过程也就是徽州文化传播的过程。

探讨其他近代单体城市的研究也为数不少，李少兵、齐小林、蔡蕾薇著《北京的洋市民：欧美人士与民国北京》(北京师范大学出版社，2016年)从社会文化史的角度探讨民国时期北京欧美侨民的日常工作与生活，以及他们与这座城市各方面的丰富互动，旨在还原民国北京中外居民、社会文化的丰富原貌，探索近代以来北京城市变迁的“市民社会”要素。李惠民著《近代石家庄城市化研究(1901—1949)》(中华书局，2010年)考析近代石家庄交通功能、经济功能、军事功能、政治功能的形成、发展及其影响，并揭示石家庄城市人口数量增长和空间扩展的阶段性特点，剖析城市社会问题及各种弊端。刘志琴《近代保定城市功能变革研究(1840—1927)》(人民出版社，2015年)重点从直隶总督署的修建、莲池书院的创立、保定练兵与近代军事院校的兴建三个方面分析和探究了保定城在中国近现代历史上所凸显出的政治功能、文化教养功能和军事功能以及这几种功能的叠加、互动与转换。支军著《开埠后烟台城市空间演变研究》(齐鲁书社，2011年)重点论述了烟台开埠后城市空间形态的演变、城市产业结构的演变、城市社会空间的演变、区域—城市格局的演变。赵良宇著《环境·经济·社会——近代徐州城市社会变迁研究(1882—1948)》(中国社会科学出版社，2015年)探讨了近代徐州城市的社会变迁及其规律，通过分析徐州城市与苏南城市之间的差距，揭示近代徐州城市发展的独特规律及落后于江南城市的原因所在。陈晓鸣著《中心与边缘——九江近代转型的双重变奏(1858～1938)》(经济日报出版社，2009年)将九江与其所处的江西腹地和长江流域作为一个整体进行了多方位的考察，深入探讨了九江社会的传统功能与近代角色的转换，论证了九江以内外贸易为纽带、与江西内腹地区以及长江贸易中心城市之间互补互动的双向关系，剖析了九江从中心到边缘的变换历程，并以九江城市为基点，从经济转型、城市发展、城市社会变迁等方面对九江近代社会的转型进行梳理，揭示了九江近代转型不完整性这一基本特征，进而探讨了九江在中国城市近代转型中所具有的类型学意义。彭志军著《火殇：苏州民办消防事业研究(1913—1954年)》(上海人民出版社，2014年)内容包括传统时代苏州的火政，近代苏州消防事业的发展，消防与社会之互动等。杭州的日常生活史也有探讨。①

乡村史的研究稳步推进。② 高贤栋《南北朝乡村社会组织研究》(山东大学出版社，2008年)内容包括：南北朝乡村行政组织、十六国时期的乡里坞壁、从“聚”到“村”的演变、南北朝乡村中的宗族、南北朝乡村宗族的组织结构、北朝乡村宗族的组织功能、南北朝乡村家庭的组织功能等。重要的论文有侯旭东《汉魏六朝的自然聚落——兼论“邨”、“村”关系与“村”的通称化》③，论述了汉代的自然聚落、六朝时期南方的自然聚落、“邨”与“村”及“村”的通称化。唐宋时期乡村的研究皆有专著，刘兴云著《唐代中州乡村社会》(甘肃人民出版社，2007年)着眼于唐代中州乡村民众的社会与生活状态，作者在别人研究的基础上利用正史、笔记小说、类书、唐诗的记载，并根据考古、石刻等资料来阐释唐代中州乡村社会状况。全书共分四个部分：大族、官吏与中州乡村社会，唐代中州乡村经济，唐代中州乡村社会保障，唐代中州民众信仰与习俗。谭景玉著《宋代乡村组织研究》(山东大学出版社，2010年)将落脚点放在宋代乡村社会控制的实现上，探讨宋代各种乡村组织在乡村社会控制中的地位和作用。近世以来农村经济的考

---

① 郭东阳、刘文祥：《近代化背景下的晚清杭州市民日常生活——以〈杭俗遗风〉为中心的考察》，载《地方文化研究》，2015(3)。

② 朱钰：《近十年乡村社会史研究述论》，载《浙江社会科学》，2011(2)。

③ 此文收入《近观中古史：侯旭东自选集》，上海，中西书局，2015。

察著作也有，葛金芳著《中国近世农村经济制度史论》(商务印书馆，2013 年)以制度演进和社会变迁的互动关系为视角，着重考察中唐至明清中国农村的土地制度和赋役制度的演进轨迹及其对社会变迁的诸般影响。高寿仙著《明代农业经济与农村社会》(黄山书社，2006 年)论述了明代的耕地面积与人口数额问题，农业发展与环境变迁问题，土地形态与生产关系问题，地方精英与乡村控制问题，对明清社会经济史领域一些影响广泛的理论模式和学术观点进行了介绍和评论。劳格文、科大卫编《中国乡村与墟镇神圣空间的建构》(社会科学文献出版社，2014 年)为研讨会的论文选集，内容涉及山东、山西、江西、安徽、广东、广西和湖南，文章所展示的不同地区的礼仪空间，有着极大的相似性，即当地宗族都有一套说辞，作为它们控制当地神龛和庙宇的理由；虽然不是每篇文章都描述宗教仪式，但从中可以看出，乡村都有交给仪式专家承办的宗教仪式；佛寺在礼仪空间内扮演重要角色，与祖先祠堂和庙宇呈三分天下之势。

乡村控制历来为学者重视，乡村史研究离不开制度探讨，① 清代乡村研究多涉及此问题。段自成著《清代北方官办乡约研究》(中国社会科学出版社，2009 年)考察了清代北方官办乡约的行政组织化过程及其规律和经验教训。全书通过对清代北方官办乡约推广过程和原因的探讨，梳理出清代北方官办乡约发展的脉络；通过对清代北方官办乡约组织形式的研究，找出清代北方官办乡约组织形式的变化与其职能嬗变之间的关系；通过对清代北方官办乡约职能的研究，探讨清代乡约职能的嬗变以及这种变化与社会变迁之间的关系；通过研究清代北方官办乡约的行政组织化对乡约与官府间关系的影响，进一步探讨清代北方官办乡约行政组织化的方式；通过对清代北方官办乡约与地方社会关系的研究，展现行政组织化的乡约与当时北方主要的基层社会组织和地方强势阶层之间复杂的权力互动过程。蔡东洲等著《清代南部县衙档案研究》(中华书局，2012 年)利用四川北部的南部县衙门所藏

---

① 罗艳春、周鑫：《走进乡村的制度史研究——刘志伟教授访谈录》，见《中国社会历史评论》第 14 卷，390～415 页，天津，天津古籍出版社，2013。

档案，对一个清代县级政府的管理活动进行个案研究，涉及县衙设置、基层组织、文教机构和民间婚姻等专题，对清代基层管理的运作研究有一定启发。张研著《清代县级政权控制乡村的具体考察》(大象出版社，2011 年)使用官员日记进行考察，内容包括清代地方行政及广东实况，清代知县与“一人政府”，广宁知县杜凤治的候选、上任与“交代”，杜凤治日记中的“盗案”“户婚”“田土”案及其他词讼等。

近现代乡村史成果丰富，各大区域都有研究专著。

华北区域相关研究著作有，李怀印著《华北村治——晚清和民国时期的国家与乡村》(中华书局，2008 年)，分为两大部分：第一部分考察了村社服务和田赋征收方面的一些内生性制度的实际运行情况；第二部分探讨 1900 年后由于实施全国性的行政制度及现代化措施而在乡村中发生的变化，目的是据此评估“现代国家建设”(state-making)在地方村社中的实效。任吉东著《多元性与一体化：近代华北乡村社会治理》(天津社会科学院出版社，2007 年)包括“传统乡村组织结构与政治特征”“近代地方社会变迁与制度演变”“行政一体化的乡村‘建设’行动：以获鹿为典型”等五章内容。王先明主编的“20 世纪前期中国乡村社会变迁丛书”，2009 年由人民出版社出版，该丛书共 5 册，包括王先明著《变动时代的乡绅——乡绅与乡村社会结构变迁(1901—1945)》、郝锦花著《新旧学制更易与乡村社会变迁》、李伟中著《20 世纪 30 年代的县政建设实验研究》、渠桂萍著《华北民众视野下的乡村社会分层(1900—1949)》和罗朝晖著《富农与新富农——20 世纪前期华北乡村变迁的一个侧影》。内容多是关于华北的。李金铮著《传统与变迁：近代华北乡村的经济与社会》(人民出版社，2014 年)分为中国近代乡村社会经济史研究方法论、20 世纪上半期中国农村调查、从冀中定县看近代华北乡村社会经济、中共革命与华北乡村社会，共 4 编 17 章。近现代的乡村社会史研究中，民众的视角受到重视。①

西北地区(涉及山西、河南)相关研究著作有，史海泉《土地改革与乡村变迁——以西北边疆为视角》(中国政法大学出版社，2014 年)以

① 渠桂萍：《中国乡村社会史研究的民众视角》，载《光明日报》，2012-01-19。

制度变迁理论和系统论为分析工具，探讨了新疆少数民族地区土地改革实施的条件、过程、作用及特点，分析新疆土改对社会稳定、经济发展、政权巩固以及社会文化结构所产生的深刻影响。黄正林著《近代中国农村经济史研究》(科学出版社，2016 年)侧重于近代黄河流域农村(包括甘宁青三省与河南)乡村经济与社会的探讨。岳谦厚、张玮著《20 世纪三四十年代的晋陕农村社会——以张闻天晋陕农村调查资料为中心的研究》(中国社会科学出版社，2010 年)立足于新发现的以及已出版的张闻天晋陕农村调查资料，以中国中西部地区晋西北兴县 14 村(调查时属于既未经过土地革命又无大地主的普通小农经济村庄)、陕北神府县直属乡 8 村(调查时属于已经过土地革命且无地主阶级的经济“均化型”村庄)及米脂县杨家沟村(调查时属于未经过土地改革而仍保存着大地主经济的典型村庄)为中心研究区域或研究骨架，以地方或地域为研究方式，以社会科学理论为基础，阐述了 20 世纪三四十年代晋陕农村在“黄土、革命与日本入侵”场景下的基本面貌及其发生演变的历史。

东北区域相关研究著作有，王广义著《近代中国东北乡村社会研究(1840—1931)》(光明日报出版社，2010 年)从村落入手，以乡村为视角来考察当时东北农村的政治控制，农民的社会生活，农业的经济发展，揭示其近代化历程的演变，进一步展现了近代东北地区乡村的社会变迁。

华东区域相关研究著作有，罗衍军著《革命与秩序——以山东省郓城县乡村社会为中心(1939—1956)》(中国社会科学出版社，2013 年)以远离大城市、经济相对落后的山东省郓城县为中心，以革命政权与乡村民众的互动为考察视角，以档案资料与访谈资料相结合，分析中国共产党在乡村革命运动中对原来趋于动荡的乡村社会秩序的整合与重塑，考察抗日动员、土地革命、集体化等革命性运作对基层社会的影响。

华中区域相关研究著作有，万振凡著《弹性结构与传统乡村社会变迁——以 1927～1937 年江西农村革命与改良冲击为例》(经济日报出版社，2009 年)从革命、改良与传统乡村社会弹性结构互动的视角，系统地探讨1927—1937年江西传统乡村社会变迁规律，总结其经验教训。

以个别村落为个案的研究，近年来迅速增加。这样的研究受到了人类学家的影响，周大鸣著《凤凰村的变迁——〈华南的乡村生活〉追踪研究》(社会科学文献出版社，2006年)主要调查分析了近年来凤凰村人口变动的情况，如人口的结构、人口的流动等；对凤凰村的婚姻状况和家庭结构及变动进行了分析，尤其是对家庭的动态性、对老人赡养方式的变动进行了分析；以过密性农村兼业经济发展为主线，分析了凤凰村经济的结构、人口的职业状况，以及男女就业的差异；描述了凤凰村的民俗、信仰的状况与变化，试图以凤凰村为个案探讨我国农村民俗信仰复兴的原因；讨论了凤凰村宗族制度从衰落到复兴的过程；追溯从1949年后到现在的历次政治斗争和运动对凤凰村民的影响；并从宗族、信仰的角度分析了村落社区的整合过程，从而回应了葛学溥以来华南汉人社会研究的一些关键问题。华南村落的历史研究，则有肖文评著《白堠乡的故事：地域史脉络下的乡村社会建构》(生活·读书·新知三联书店，2011年)，以一个村落为切入点，在长期田野调查和大量使用民间族谱、文集、碑刻、传说等资料的基础上，探讨明清时期乡村社会历史变迁的动力和机制，试图以“总体史”的形象，在地域社会历史发展脉络下，展示粤东地区韩江上游一个乡村聚落从明中叶到清中叶约400年间从“贼巢”到“邹鲁乡”的社会变迁与建构过程，揭示国家、地方精英与乡村社会形成和变迁的互动关系，以加深对中国传统乡村社会形成和发展的认识和理解，重新思考客家社会文化形成与变迁的具体过程。江南村落的历史研究有，萧楼著《夏村社会：中国“江南”农村的日常生活和社会结构(1976—2006)》(生活·读书·新知三联书店，2010年)通过对江南“夏村”精致的民族志描写，提出了“差序场”的分析框架，为我们深刻认识当代中国东部沿海地区村庄社会的特质提供了不可多得的案例。作者以“差序场”为核心，在村庄人格系统、文化系统和社会系统三位一体的层面，以行动和结构互动为特征，以村庄日常生活的意义构建为内容，形成了与汉学人类学传统经典理论的对话，将前人的研究向前推进了一步。华中地区的村落历史研究有，吴雪梅著《回归边缘：清代一个土家族乡村社会秩序的重构》(中国社会科学出版社，2009 年)，试图通过景阳河乡村社区在清代 200 多年的社会文化变迁，以国家、地方性知识、边缘性为变量，考察国家、民间权威和族群三个主体是如何在特定的社会场域中完成地方秩序建构的。通过国家与乡村社会之间复杂关系的一个侧面，探讨其在民族边缘地区乡村的社会治理中，是如何互动并处于动态的变化过程之中，同时针对民族地区边缘化的深层原因，表达地域化的理解和历史性的阐释。华北地区的村落历史研究有，张思等著《侯家营：一个华北村庄的现代历程》(天津古籍出版社，2010)秉持“请农民讲述他们自己的现代史”的研究理念，力求摈弃仅根据领袖言论和政府文件，以及单凭预设理论模型来书写现代中国历史的模式，积极尝试发掘和使用出自底层农民之手的村落档案文献资料，尝试在田野中寻找农民自己的感受、体验和经历，用以重新书写现当代中国的历史。该书以侯家营村所独具的、体系完整且连贯百年的村庄文献史料为基础，交织以一段段鲜活生动的真实故事，从村庄政治进程、经济与社会变迁、人口与社会交往、乡村社会保障、村庄日常生活等多种视角，展现了一个普通华北村庄所经历的现代历程。此外，还有一些专题性的村落考察，黄德海著《变迁——一个中国古村落的商业兴衰史》(人民出版社，2006 年)考察了陕西省渭北高原上的韩城党家村的商业神话。作者从经济学的角度，并结合文化、地理等因素对此问题进行了深入的分析，揭露出了其商业兴衰背后的深层次原因。姚周辉、何华沐等著《宗族村落文化的范本——温州永嘉岩头金氏宗族村落文化研究》(杭州出版社，2011 年)内容涵括岩头金氏宗族村落的历史沿革、村落布局、村落水利工程、耕读文化、商贸文化、宗族组织文化、带有区域共性及金氏宗族特色的民俗文化等各种文化事项及其发展与演变过程，并在此基础上分析岩头金氏宗族村落文化发展与演变的特点和传承动力。李梦星著《庐陵宗族与古村》(江西人民出版社，2012 年)论述的内容是：自然环境和人文历史，人口迁徙与村落的形成，择居风水和建宅习俗，宗族形态与族规村风，耕读传家与商儒并重，建筑特色与装饰艺术，神灵信仰和崇拜，名人故里和历史文化名村，乡村活着的历史。

徽州村落研究有突破性进展，唐力行《延续与断裂——徽州乡村的超稳定结构与社会变迁》(商务印书馆，2015 年)综合考察了近代徽州社会稳定的内在和外在原因，探讨了徽州内部结构的稳定表征和发展机制，并通过对徽州几个村落的具体研究，揭示近代徽州乡村自治的规律和特点。王振忠著《明清以来徽州村落社会史研究——以新发现的民间珍稀文献为中心》(上海人民出版社，2011 年)系利用近十数年来通过田野调查在民间收集到的珍稀文献，撰写的系列论文汇集而成，为徽州村落文书与村落社会史研究的专题论文集。作者力图透过村落文书所展示的基层社会之不同侧面，着眼于徽州社会文化史，特别是民众日常生活的研究。法国汉学家劳格文(John Lagerwey)与王振忠教授合作主编"徽州传统社会丛书"①，由复旦大学出版社于 2011—2014 年出版，旨在以田野调查所获之口碑资料和地方文献，客观描述 1949 年以前徽州的传统经济、民俗与宗教，为人们提供一个地区较为完整的社会生活实录。其他学者也有探讨徽州乡村日常生活的。② 此外，邱枫著《宁波古村落史研究》(浙江大学出版社，2011 年)论述了宁波古村落的历史地理研究、物质形态特征、宗族演化、风俗及其演化、近现代演变。

其他研究有，吴滔《清代江南市镇与农村关系的空间透视——以苏州地区为中心》(上海古籍出版社，2010 年)结合社会经济史和历史地理学的研究视角，力图突破从西方经验出发的"城乡二分法"及"城市化理论"的预设，对以往学界关注得不够的一些课题如市镇起源和镇管村机制的形成等进行了深入细致的探索，从环境交通、赋役区划、民间信仰、主佃关系诸角度较全面地审视了清代江南市镇与农村的关系。

---

① 计有 5 部书：吴正芳著《徽州传统村落社会——白杨源》，卜永坚、毕新丁编《婺源的宗族、经济与民俗》(上下册)，许骥著《徽州传统村落社会——许村》，柯林权著《徽州传统村落社会——溪村》，王振忠编《歙县的宗族、经济与民俗》。

② 陈杰：《校园内外——师生日记所见民国时期徽州乡村的日常生活》，见《徽学》第 9 卷，合肥，合肥工业大学出版社，2015。

彭南生《半工业化——近代中国乡村手工业的发展与社会变迁》(中华书局，2007 年)探讨了中国近代若干地区、若干行业中乡村手工业兴起和发展的实际进程，将近代乡村手工业放到早期工业化的过程中加以考察。张佩国《林权、坟山与庙产》(中国社会科学出版社，2014 年)在研究乡村“土改”、合作化和宅基地纠纷时，通过解读有关历史档案、法律卷宗，试图发现 20 世纪后半期中国乡村社会变迁过程中地方性秩序的历史实践逻辑；在地方社会的时空脉络中，解释林权的历史形成机制，进而凸显其背后的民间法秩序的实践逻辑。张佩国《公产、福利与国家》(广西师范大学出版社，2015 年)对明清以来中国乡村社会的公产与福利实践进行个案研究，以阐明国家转型的历史实践逻辑；将政治经济分析和文化阐释结合起来，对公产的制度发明进行整体解释，并视乡村福利为一个历史的文化实践过程。曹树基、刘师古《传统中国地权结构及其演变》(上海交通大学出版社，2014 年)探讨了传统中国社会农村地权关系、结构及其在近现代转型过程中呈现的变化和特征，尤其是对 20 世纪 50 年代初的土地改革运动进行了实证的剖析和反思。

综论近现代城市、乡村的研究成果有，彭南生《传承与变动：近代转型时期的城乡经济与社会》(湖北人民出版社，2008 年)围绕着近代乡村与城市经济社会领域里的传承与变动，选取 20 篇论文，分为上、中、下三个部分，分别对近代农民的生产与生活、工业化进程中的传统工业、商人团体及其活动等方面进行实证研究，诠释了传承与变动在经济社会生活中是如何展开的，呈现了近代城乡经济社会领域里传统与现代之间的复杂关系。赵晓阳、周东华、刘忠明主编《中西交汇中的近代中国都市和乡村》(社会科学文献出版社，2015 年)，收录 22 篇论文。王先明主编的 10 卷本“二十世纪之中国——乡村与城市社会的历史变迁”丛书由山西人民出版社 2013 年出版，展现了 20 世纪中国从农业社会向工业社会、从传统生活向现代生活转变的历史轨迹。内容涉及华北牙商、天津城市贫民、华北乡村建设工作者等多个社会群体，覆盖北京、天津、江苏、山西等地区，诸书由王先明指导学生在博士论文基础上修改完成。①

二、民间信仰与宗教生活

关于民间信仰研究，综合性的研究成果有复旦大学文史研究院编《“民间”何在　谁之“信仰”》（中华书局，2009 年），收录 12 篇论文，探讨民间信仰的研究方法、资料、理论等问题。

更多的研究是断代性的。先秦两汉时期相关研究著作有，具隆会著《甲骨文与殷商时代神灵崇拜研究》（中国社会科学出版社，2013 年）主要内容包括：殷商时代神灵崇拜研究简单回顾，选题和研究动机，人类社会宗教起源及演变，殷商时代神灵崇拜观念形成及神灵崇拜，甲骨文所见的祭祀，甲骨文所见的神灵在社会上的作用，晚商时期社会机制对西周社会的影响等。何飞燕著《出土文字资料所见先秦秦汉祖先神崇拜的演变》（科学出版社，2013 年）利用先秦秦汉有关祖先神崇拜的出土文字资料，辅以传世文献，来考察先秦、秦汉时期祖先神崇拜的不同时期的特点及其发展演变。练春海著《器物图像与汉代信仰》（生活・读书・新知三联书店，2014 年）通过对汉代的器物，如熏炉、钱树、树灯、阳遂、铜镜、玉璧、武器、铜鼎等及其图像的讨论，从图像的背后了解汉代人们的信仰根源，理解那些文献失载的当时人们的精神生活的深层内涵。王子今《秦汉社会意识研究》（商务印书馆，2012 年）阐述了秦汉时期的社会意识，不仅有精英文化层次的，而且对民间信仰也做了研究。

唐宋金元时期相关研究著作有，余欣著《神道人心——唐宋之际敦煌民生宗教社会史研究》（中华书局，2006 年）着眼于唐宋之际敦煌的

① 计有安宝《离乡不离土：20 世纪前期华北不在地主与乡村变迁》、柳敏《融入与疏离：乡下人的城市境遇——以青岛为中心（1927—1937）》、张彦台《蜕变与重生：民国华北牙商的历史演进》、任金帅《聚同道于乡野：华北乡村建设工作者群体研究（1926—1937）》、付燕鸿《窝棚中的生命：近代天津城市贫民阶层研究（1860—1937）》、张启耀《民生维艰：田赋负担与乡村社会变迁——以二十世纪前期的山西为范围》、朱军献《因革之变：中原区域中心城市的近代变迁》、丁芮《管理北京：北洋政府时期京师警察厅研究》、杨东《乡村的民意：陕甘宁边区的基层参议员研究》、杨红运《复而不兴：战前江苏省保甲制度研究（1927—1937）》。

宗教社会史，提出“民生宗教”的概念，深入研究了敦煌的神灵谱系，并从居住和出行两个方面探讨了各类宗教神灵对敦煌民众日常生活的精神影响。余欣还著有《中古异相：写本时代的学术、信仰与社会》（上海古籍出版社，2011 年），旨在以西陲出土写本为基础探讨中国中古时代的“学与术”和信仰、社会之间的关系，选择的切入点为构成中国文化本源的两个互摄的“异相”：方术与博物之学。韩瑜著《唐代小说与唐代民间信仰》（中国社会科学出版社，2013 年）以收录唐代小说的大型类书《太平广记》为重要资料来源，扣住唐代民间信仰中鬼、怪、神三种角色在唐小说中的呈现状况，对民间信仰要素与唐小说发展繁荣之间的彼此关联作了进一步梳理。唐代“鬼故事”借鬼魂信仰之外壳，着重表现了青年人不被时代接受的爱情，唐代精怪信仰故事延续魏晋以来精怪故事模式，将富有谐趣精神的一面加以发扬；唐小说中反映神灵信仰的小说呈现新貌：一是神灵权力在世俗信仰世界地位不断下降，一是神灵的人性化色彩逐渐加深。皮庆生著《宋代民众祠神信仰研究》（上海古籍出版社，2008 年）以张王、祠赛社会、祈雨、祠神信仰传播、正祀与淫祀五个个案为例，将宋代民众祠神信仰置于唐宋社会变革的背景下，全面考察了祠神活动存在、演变的真实状况，及其复杂的社会、政治与文化背景。在史料分析的基础上，该书检讨并纠正了前人的若干观点，如正祀、淫祀二元对立，商人是祠神信仰传播的主要力量、社首与会首混淆等。范立舟《白莲教与宋元下层社会》（中国社会科学出版社，2013 年）对白莲教的源流、教义及在宋元时期的发展情况作了全面的论述，尤其注重论述其与下层社会的种种关系，注重白莲教成为民间反叛运动组织工具的过程的阐论，注重宋元时期的白莲教与当时其他民间宗教如弥勒信仰和摩尼教之关系的剖析，厘清白莲教在宋元时期的情形。

对宋至清长时段信仰的考察有，王元林著《国家正祀与地方民间信仰互动研究——宋以后海洋神灵的地域分布与社会空间》（中国社会科学出版社，2016 年）力图利用民间信仰长期积淀的社会文化内涵，揭示沿海不同地域的“社会空间”，展现国家与沿海地方海洋神灵的互动关系，有助于研究国家层面与区域文化的关系，检讨沿海区域文化的互动关系。朱海滨著《祭祀政策与民间信仰变迁——近世浙江民间信仰研究》(复旦大学出版社，2008年)论述了宋代以后中央王朝通过制定祭祀政策对各地民间信仰现象进行干预、指导，以及分布于地域社会中的民间信仰如何去“适应”王朝的祭祀政策，社会集团如何参与、主导其变化。具体讨论了关羽信仰的传播及普及，周雄信仰的发生及变貌，胡则信仰的产生与扩大，地方神信仰与区域。宋燕鹏《南部太行山区祠神信仰研究：618—1368》(中国社会科学出版社，2015年)是有关唐宋金元时期华北区域祠神信仰的学术专著，通过对成汤、二仙和崔府君三个祠神信仰个案的考察，可以获得一些一般性认识：信仰的兴起往往依靠巫觋的力量；信仰的传播需要很多因素，其中最主要的是灵验的频度和程度；每座祠庙多为一定范围内的村落所共同信奉，构成了祠庙信仰分布的日常模式；各地的信仰组织和模式并不完全一致，但都为本地长期传承；以地方耆老和士人为主的群体，开始对地方文化资源有意进行整合，由此进一步巩固了地方心理认同，“同乡”关系网络在祠庙发展过程中有重要作用。祠庙的每一次重修，都是地方社会凝聚心理认同的有效手段。通过祠庙重修，我们能够看到宋元以来华北区域的地方社会逐渐成形的过程。

明清时期相关研究著作有，刘彦彦著《明代大众信仰与〈三遂平妖传〉研究》(中国社会科学出版社，2015年)围绕着宗教文化视野对小说文本进行阐释和分析，不仅揭示了明代“三教合一”民间社会信仰对小说创作的影响，同时对于当时白莲教民间运动在小说中的折射也进行了文史互证的分析和论证，有助于认识明代宗教生态于文学创作以及对民间社会的影响。王健著《利害相关：明清以来江南苏松地区民间信仰研究》(上海人民出版社，2010年)包括学术史的回顾与讨论、民间神灵的初步分类、民间信仰活动的展开与日常生活、围绕土地庙的庙界及其活动等内容。贺喜著《亦神亦祖：粤西南信仰构建的社会史》(生活·读书·新知三联书店，2011年)从超越地方史的着眼点，来研究粤西南一带呈现的亦神亦祖的祭祀现象，认为神与祖先的形象与拜祭模式，关乎在大一统的礼仪与文化推广的过程中，不同时期的地方社会如何利用国家的礼仪来塑造国家形象与表达自身认同。这个问题既牵涉明清时期国家礼仪、地方行政、经济环境的演变，也深受文字运用、科仪专家参与、建筑物形制变化等因素的影响。陶明选著《明清以来徽州信仰与民众日常生活研究》(光明日报出版社，2014 年)内容是：张王、太子及相关诸神——徽州文书所见民间诸神信仰，内神、外神与宗族的态度——民间信仰的宗族化，信仰的组织与组织的信仰——会社所反映的信仰习俗，演戏娱神与信仰活动——以目连戏为考察中心，民间信仰的建筑与文化——信仰的社会载体。王守恩著《诸神与众生：清代、民国山西太谷的民间信仰与乡村社会》(中国社会科学出版社，2009 年)考察民间神灵信仰的概况和特点，与制度化宗教的关系，这种信仰中官方与民众的关系，在家庭、宗族、村落中的地位，在村落内外的冲突与整合中扮演的角色及其对民众生活所起的作用，与社会变迁的复杂互动，以明了乡村社会普通民众的内心世界和生活状态、村落社区的运作机制和运行状况，以及这两者之间的内在联系，并在此基础上对民间信仰与乡村社会的复杂关系得出自己的基本结论。姚春敏著《清代华北乡村庙宇与社会组织》(人民出版社，2013 年)选择山西泽州为标本，以散落于泽州各个村落、散见于方志文集等各种史料中的 5000 余通碑刻为基本历史素材，对山西泽州乡村庙宇在时间空间上的分布、山西泽州乡村庙宇中的“社庙”(包括形成原因、认定标准、发展源流、主神选择、功能特色等)、山西泽州乡村依托“社庙”的乡村社会组织“社”(包括社界、构成、功能、活动方式、与官府及他社关系等)进行了系统考察。张月琴著《仪式、秩序与边地记忆——民间信仰与清代以来堡寨社会研究》(科学出版社，2013 年)以仪式、秩序与边地记忆为题，力图展现长城的秩序需求，对清至民国大同堡寨聚落的民间信仰进行了考察。该书基本阐明了清代至民国时期大同北部堡寨聚落的民间信仰状况、特征，剖析民间信仰仪式，探讨仪式在堡寨秩序构建过程中的作用。范丽珠、欧大年(Daniel L. Overmyer)《中国北方农村社会的民间信仰》(上海人民出版社，2013 年)对华北民间信仰的历史脉络进行了梳理，该书既从宗教学理论的角度对民间信仰的意义、价值展开了思考，更以人类学田野调查的方法对中国北方农村社会民间信仰的存在、功能进行了调研。全书分为研究方法、传统和现代三篇。魏乐博、范丽珠著《江南地区的宗教与公共生活》(上海人民出版社，2015年)涉及安徽、江苏、浙江等地民众公共生活领域，发现南部江苏和部分浙江地区居士佛教的兴盛，并促进了当地的公益慈善活动的开展。研究发现，在日益融入经济全球化时代的中国社会，传统文化的复兴并非整个地回到过去，而是在民众公共生活中成为应对社会变迁与各种困扰的重要形式。此外，还有刘家军、沈金来主编《城隍信仰研究——安溪城隍庙》(中国社会科学出版社，2013年)。有学者认为，民间信仰的研究中缺乏对于信仰区域的整体观照及其空间分异现象的深入剖析。①

朝山进香是民间信仰的重要表达方式②，有两部著作对此专门探讨。梅莉《明清时期武当山朝山进香研究》(华中师范大学出版社，2007年)论述武当山进香的历史过程、武当山朝山道路的变迁、不同时期香客来源的社会构成、武当山朝山进香与明清时期真武信仰状况之间的关系、香客的空间分布形态以及武当山香会的结构与活动、政府对朝山进香的管理。叶涛《泰山香社研究》(上海古籍出版社，2009年)探讨了泰山信仰的基本特征、泰山神祇的人格化进程、香社团体的形成等问题。

朱小田对民间信仰与日常生活关系的探讨值得注意。他认为，与精英思想的文本呈现不同，民众观念依日常生活而得以存续。在近代浙江上虞，曹家堡周边乡民呈现孝义观念的"曹娥文化"颇具典型性，借此可以揭示民众观念的日常存续机理。从存活方式看，民众观念在口传和仪式等社会互动过程中自然呈现；以思想资源言，民众观念主要以渗透于日常生活中的上层意识形态为取资对象，而这种意识形态常常被转换为民众时常接触、能够理解和接受的日常版本；就社会基

① 郑维宽：《从历史地理学的视角看当前民间信仰研究的误区》，载《广西社会科学》，2012(1)。

② 有关宋代的研究如刘云军：《两宋时期民众东岳信仰考察——以日常进香与朝献为中心》，见《中国10—13世纪历史发展国际学术研讨会暨中国宋史研究会第十四届年会宋史研究论文集》，武汉，湖北人民出版社，2011；刘云军：《两宋时期泰山香社探研》，见《宋史研究论丛》第13辑，保定，河北大学出版社，2012。

础论，类如孝义的民众观念颇为契合底层民众构建地方生活秩序的逻辑。社会互动、日常版本和地方生活过程的有机结合，构成近代以降民众观念存续的独特机理，体现了传统中国民众观念存续的一般性状，为民众观念史研究昭示了别样路径。①

各时期宗教的综合研究著作有，常玉芝、宋镇豪《商代宗教祭祀》（中国社会科学出版社，2010 年）考察商代图腾残遗信仰，系统探研上帝及帝廷诸神、自然神、祖先神的三大宗教分野，神灵崇拜的代变，神灵权能和神性，祀所设置，人殉人祭；对甲骨文中的祭仪名类进行全面梳理；阐述王室周祭祀谱，有关祭仪和庙制；剖析宗教祭祀活动的性质，深入研究商代宗教信仰层面诸如社会凝聚力、情感寄托、宗教功能等社会学方面的意义。陈金华、孙英刚编《神圣空间：中古宗教中的空间因素》（复旦大学出版社，2014 年）介绍了中国中古时代，宗教信仰兴起，外来的佛教、摩尼教、景教、琐罗亚斯德教等传入中国，本土的道教信仰勃兴，儒家学说也带有强烈的天人感应的宗教色彩。各种宗教文明的交融以及对政治、思想和日常生活的渗透，极大改变和丰富了历史画面。时间和空间是人类感知自我存在的基础，宗教信仰的兴起也因此重塑了中古时代人们的空间观念，与此同时，宗教信仰也在空间中展开，重塑了中古时代的历史面貌。在这一时期，中国的城市空间结构发生了巨大的变化。尤其是佛教在城市空间中的展开，使原先等级森严的城市空间，产生了两个显著的变化：第一是公共空间的扩大，第二是宗教神圣空间的出现。王岗、李天纲编《中国近世地方社会中的宗教与国家》（复旦大学出版社，2014 年）共收 15 篇论文，分为三个专题：近世国家与江南地方宗教、地方道教与国家、地方宗教与文化。韩朝建《寺院与官府——明清五台山的行政系统与地方社会》（人民出版社，2016 年）通过梳理五台山区域不同行政系统在地方社会的运作和展演过程，探讨地方行政系统与五台山地区社会建构之间的关系。丁希勤著《古代徽州宗教信仰研究》（安徽师范大学出版社，

---

① 小田：《论民众观念的日常存续——基于近代“曹娥文化”的扩展分析》，载《历史研究》，2013(4)。

2013年)系统地介绍了徽州古代一府六县的宗教信仰状况，包括儒教、道教、佛教、民间信仰以及古代徽州宗教信仰与徽州社会发展，阐述了徽州境内的所有寺庙、道观的起源、发展、演变，介绍了徽州境内的历代著名僧人和道士的事迹。夏春涛著《天国的陨落——太平天国宗教再研究》(中国人民大学出版社，2006年)探讨了太平天国宗教的名称，上帝教与基督教、与儒家传统思想文化、与中国民间宗教的关系；从上帝教的天父天兄下凡等教义入手，剖析了天京事变、太平天国败亡等的原因；梳理了李秀成、幼天王洪天贵福等被俘后的表现；辨正了流行的太平天国实现了妇女平等以及近来出现的太平天国邪教说。

佛教研究著作有，王雪梅《弥勒信仰研究》(上海古籍出版社，2016年)系统探讨了弥勒信仰的形成、发展与演变。① 徐清祥著《门阀信仰：东晋士族与佛教》(中国社会科学出版社，2010年)以三国两晋尤其是东晋时期中国哲学的发展为线索，探讨了门阀制度及其信仰对外来文化的吸收以及对中国思想的影响。圣凯著《晋唐弥陀净土的思想与信仰》(中国社会科学出版社，2009年)探讨汉地早期的弥陀净土信仰，有助于进一步理解中国佛教的净土宗，以及净土信仰中国化的历程。贾发义著《净土信仰与中古社会》(中国社会科学出版社，2012年)主要讨论弥陀净土信仰在中古时期的传播、发展过程及其与中古社会的互动关系。古代先民大同世界、桃花源等隐净土思想是中印文化沟通与交流的媒介。净土信仰体系经东汉至隋唐最终形成，具有明显的地域和信仰特点。弥陀净土信仰在中古社会的传播与普及过程，同时也是净土信仰中国化的过程。弥陀净土信仰对中古社会的孝文化、丧葬文化产生了深远的影响。季爱民《隋唐长安佛教社会史》(中华书局，2016年)以个案的形式分析佛教对于都城政治与社会生活的意义，在此基础上考察佛教与社会关系的变迁过程，讨论了佛教在长安社会秩序形成与转变中的意义，展现了盛唐以降传统信仰方式与理性信仰对于居民生活的不同影响。张海峰著《唐代法律与佛教》(上海人民出版社，2014年)立足唐代讨论佛教与法律之间的互动关系。佛教的慈悲平等观念与

---

①　参见王雪梅：《弥勒信仰研究综述》，载《世界宗教文化》，2010(3)。

法律的公平正义理念有共通之处。佛法在于劝人为善，强调慈悲平等；法律旨在禁人为恶，体现公平正义，两者极具相似性。佛教在宏观、微观两个层面都影响到唐代的立法、司法和守法。同时，唐代统治者利用法律规范佛教的有序发展。法律尊重佛教自身特点，给予理解和支持，取消了僧徒跪拜君王、僧徒同俗推勘的规定。张明悟著《辽金经幢研究》(中国科学技术出版社，2013 年)讲述了经幢是佛教密宗进入中国后的独特产物，一般由石刻而成，个别有铁铸，多为八角和六角，圆柱形和圆鼓形罕见，上面刻以佛顶尊胜陀罗尼为主的各种密宗陀罗尼。经幢的建置自唐朝开始普及一直延续到明清。唐代是竖立经幢的高峰期，而在异域的辽金更是风靡。张培锋著《宋代士大夫佛学与文学礼佛文丛》(宗教文化出版社，2007 年)论述了宋代士大夫佛学的政治背景、社会背景、思想背景，佛教对宋代士大夫影响个案研究，宋代士大夫佛学诗文与著述。邵育欣著《宋代妇女的佛教信仰与生活空间》(中国社会科学出版社，2015 年)结合宋代佛教信仰的时代特色与宋代家庭生活状况和相关秩序理念，站在女性的立场，以“生活空间”作为观察视角，分析宋代佛教女信徒在现实生活中的活动空间及想象与思维的精神空间，进而探讨佛教信仰对妇女物质、精神生活带来的影响。何孝荣著《明代北京佛教寺院修建研究》(上下册，南开大学出版社，2007 年)论述了西晋至元代北京佛教寺院的修建，明代北京城的营建以及政治、经济、文化的发展，重点在分时期详述有明一代北京佛教寺院修建的具体演变，深入分析帝王、后妃、宦官、僧人、士庶人等的佛教政策、信仰等在其中的影响，总结了明代北京佛教寺院修建的特点和启示等。段玉明编《佛教与民俗》(宗教文化出版社，2014 年)旨在研究佛教观念怎样向民间知识渗透，佛教文化怎样化成中国的风俗习惯等系列主题，力所能及地弥补中国佛教史研究的疏缺。①

---

① 《中国社会历史评论》第 16 卷上(2015 年)发表一组佛教与社会的论文，计有：尤李《论安史之乱和会昌灭佛对唐幽州佛教的影响——以〈大唐云居寺故寺主律大德神道碑铭并序〉为中心》，陈文庆《唐代福建佛教的几点观察——刘轲〈福州东山圣泉法华院记〉佚文释证》，明成满《民国佛教的医药慈善研究》。

道教研究著作有，吴真著《为神性加注：唐宋叶法善崇拜的造成史》(中国社会科学出版社，2012年)以唐代宫廷道士叶法善为例，讨论唐宋时期叶法善肉身成神的造神史。著名道士作为社会公共资源，成为箭垛式的圣者符号，被各种社会力量所利用，不断被加注新的神性，其中有中央朝廷的政治加注、传奇小说的文学加注、道团道经的托名加注、地方道观的在地化加注、叶氏宗族的祖先崇拜等。作者指出了各种加注的社会特质，而且更进一步论及各个加注的传播力量的强弱。该书不只是关于一个道士的个案研究，更是一种牵涉“唐宋变革”的极为宏观的社会史研究。赵芃《山东道教史》(中国社会科学出版社，2015年)梳理了早期道教(方仙道、黄老道)组织和早期道教著作(《太平经》)在山东地区的传播，分析了这些早期道教派别与后来的义理化道教教团的渊源关系，系统论证了山东是中国道教发源地之一的观点；考察了先秦时期山东道教的文化渊源，秦汉时期山东道教的形成，魏晋南北朝时期山东道教的演变，隋唐宋时期山东道教的兴盛与繁荣，金元时期山东道教的鼎盛，尤其对金元时期北方三大道教教派(全真道、真大道、太一道)在山东的交织发展作了较为清晰的描述；还系统记述了儒、道、释在山东的融合与发展，使中国长期存在的“三教会通”历史现象得以形象地展示于区域道教史之中。有学者指出，道教对清代满族精英产生明显影响。①

天主教研究著作有，周萍萍著《十七、十八世纪天主教在江南的传播》(社会科学文献出版社，2007年)对天主教在江南区域的传播分时段考察，分析了平民信徒和女性信徒这两个互有交叉却又不相统属的奉教群体，以求更全面地了解明清时期天主教在华传播及影响。张先清著《官府宗族与天主教：17—19世纪福安乡村教会的历史叙事》(中华书局，2009年)将天主教的传播问题置于明清以来地方社会历史发展的脉络中加以考察，结合人类学的田野调查及历史学的文献分析，力图重建17—19世纪天主教在闽东福安的传播历史；从区域社会文化

① 梅莉：《清代中晚期满族精英日常生活与道教——以顾太清、奕绘夫妇为中心》，载《江汉论坛》，2016(6)。

史的角度，系统深入地探讨了地方官府、宗族与乡村教会发展三者之间的关系。

民间宗教研究著作有，刘雄峰著《明清民间宗教思想研究——以神灵观为中心》(巴蜀书社，2011年)从现代宗教学的角度，以神灵观为中心，结合明清民间宗教各教派的主要经卷宝卷以及其他相关材料，进行认真解读和仔细分析，分别从神灵谱系、神话理论、救赎观念、伦理思想四个部分依次展开，研究考察了明清时期民间宗教的宗教思想的形成、发展和演变的历史轨迹，对明清民间宗教的神灵思想进行了宗教意义上的全新的探索。华智亚著《龙牌会：一个冀中南村落中的民间宗教》(上海人民出版社，2013年)考察了中国河北地区重新兴起的民间宗教——龙牌会，即龙信仰，详细调查和分析了这一教会的各种仪式、活动、信仰观念和文化遗存，试图找到这一宗教与国家、知识分子和不同利益相关者的规律性关系。

三、礼俗与社会习尚

风气习尚以及民俗、礼俗与社会史关系密切，这些方面出版了一些通论性著作。① 钟敬文主编《中国民俗史》(人民出版社，2008年)主要内容包括：中国民俗史与民俗学史、物质生产民俗、物质生活民俗、氏族、宗族与人生礼俗、民俗信仰、民间工艺等。全书分为六册：先秦卷，晁福林著；汉魏卷，钟敬文主编；隋唐卷，韩养民等著；宋辽金元卷，游彪等著；明清卷，萧放等著；民国卷，万建中等著。吴丽娱主编《礼与中国古代社会》(中国社会科学出版社，2016年)以礼制为主体，内容涵盖自先秦至明清，力求展现各时代的礼仪风貌及特色，对礼本身的发展脉络提出具体和概观性的认识；并注重从礼仪活动、礼仪实践中理解中国社会，通过动态的礼制史来反映礼与社会的互动关系。张宏慧《魏晋南北朝社会生活习俗研究》(郑州大学出版社，2016年)从衣冠服饰、商业活动、教育文化、婚姻丧葬、社会保障、慈善公

① 关于社会风气研究与社会史研究的关系，请参看常建华：《旧领域与新视野：从风俗论看明清社会史研究》，见《中国社会历史评论》第12卷，天津，天津古籍出版社，2011。

益等方面，论述了魏晋南北朝时期人们的生活状况、生活态度及价值观念的发展变化。梁景和探讨了近代俗文化，他的《近代中国陋俗文化嬗变研究》(首都师范大学出版社，2009 年)认为，所谓陋俗文化是指特定时期内体现于风俗惯制上的并为传统人伦文化所认同的文化糟粕。该书从婚姻、家庭、女性、性伦的视角论述了相关问题。梁景和《五四时期社会文化嬗变研究》(人民出版社，2010 年版)共分 12 个专题，大体上可归为婚姻、家庭、女性和性伦四大板块。

(一)礼俗方面

以礼俗为题的研究较多，多涉及礼制实践与习俗的关系。先秦两汉时期相关研究著作有，吕静著《春秋时期盟誓研究——神灵崇拜下的社会秩序再构建》(上海古籍出版社，2007 年)从探讨盟誓的概念入手，全面梳理有关春秋时期盟誓的各种文献以及考古材料，渐次研究盟誓中宗教性与政治性的各种复杂关系以及其中所反映的社会变动，对早期盟誓的起源、形态，对春秋盟誓的仪式、载书等也有细致的研究。王子今著《秦汉称谓研究》(中国社会科学出版社，2014 年)论述了称谓与等级秩序、职业身份、家庭结构、民族关系、行政控制、社会风习的关系。李俊芳著《汉代皇帝施政礼仪研究》(中华书局，2014 年)探讨了“礼崩乐坏”及其影响，汉代皇帝即位礼仪、册命礼仪、与即位礼仪和册命礼仪相关的问题、朝礼、其他施政礼仪、汉代负责皇帝施政礼仪有效实施的官员、施政礼仪的功能。刘尊志著《汉代诸侯王墓研究》(社会科学文献出版社，2012 年)对两汉诸侯王墓的墓葬分布，合葬形式与相对位置，墓葬形制与陪葬品，墓外建筑及相关问题，汉代诸侯王墓体现的丧葬制度及其特征等进行全面细致的研究，尤其是对以往学界研究相对薄弱的东汉诸侯王墓，分析了其基本内容、丧葬制度及特征、发展演变与衰落过程等。特别是作者在东汉诸侯王墓资料的系统梳理的基础上，把两汉诸侯王墓放在一起进行综合比较研究。此外陵墓地面建筑是重要的礼制性设施，因而帝王陵园制度同样也是陵寝制度研究的重点。

中古时期相关研究著作有，吴丽娱著《终极之典——中古丧葬制度研究》(上下册，中华书局，2012 年)探讨了唐宋皇帝丧葬礼、皇帝丧葬的组织构造与凶仪慰哀、唐朝的丧葬礼令与唐五代丧葬法式、官员丧葬礼令中的问题研究、唐宋赠官制度溯论等方面的问题。朱溢著《事邦国之神祇——唐至北宋吉礼变迁研究》(上海古籍出版社，2014 年)深入把握吉礼制度的内在逻辑，从大祀、中祀、小祀的纵向结构和祀天神、祭地祇、享人鬼、释奠先圣先师的横向结构出发，主要通过三祀制度、郊祀礼仪、太庙祭祀、释奠礼仪等方面的内容，来检讨唐至北宋吉礼的变迁，并且探究其在中国礼制史上的位置及对后世的影响。从中亦可看到吉礼制度与政治秩序、权力观念、思想学说、宗教信仰之间的复杂关系。国家祭祀是以国家名义、由皇帝或政府官员主持的公共祭拜活动，这种祭拜活动既体现一定的宗教含义，又昭示祭祀者政治、社会信念和价值的常经，同时又服务于国家共同体的现实目的。

关于明代礼俗的探讨有，张佳著《新天下之化——明初礼俗改革研究》(复旦大学出版社，2014 年)阐明从衣冠服饰、婚嫁丧祭，到日常生活中的礼仪细节，明初礼俗改革涉及的范围甚为广泛。当政者试图在“用夏变夷”的旗号下，通过重新划分“胡汉”文化界限的方式，来建立士大夫对新政权的认同。明初礼俗改革不仅塑造了明代前期社会生活的基本面貌，而且其所恢复和构建起来的基本价值观念和社会规范，还奠定了有明一代社会文化的基调和底色。李媛著《明代国家祭祀制度研究》(中国社会科学出版社，2011 年)从整体上把握明代国家祭祀体系，系统梳理和考察了明代国家祭祀体系的制度设置、机构管理、仪式规范、组成要素、信仰内涵及其现世功用等相关问题，全面展现了明代国家祭祀体系的总体结构和运行面貌，并从政治文化的视角系统解读明代国家祭祀体系的精神内涵，分析这一体系的信仰意识、价值意识和政治用意等，指出构成祭祀体系的诸多侧面和要素相互关联的整体意义。赵克生著《明代国家礼制与社会生活》(中华书局，2012 年)从“礼仪——政治史、社会史”的基本研究思路出发，把礼制放在具体的政治、社会环境中，分别从宫廷、官僚阶层、地方社会三个不同层面，动态考察礼制的运作和变动，建立起礼制与政治生活、社会生活之间的联系。

（二）时尚生活

时尚生活方面，一些学者从美学、伦理学、美术学的视野综合论述审美风尚、道德生活、时尚文化的通史著作，都涉及日常生活。杨孝鸿主编《中国时尚文化史》（山东画报出版社，2011 年）分先秦至隋唐、宋元明、清民国 3 卷。唐凯麟主编《中华民族道德生活史》（东方出版中心，2014 年）以民族道德传统的形成、发展、演变和弘扬为基本线索，按不同的历史时期考察中华民族的道德生活历史。目前已经出版先秦卷、秦汉卷、宋元卷、明清卷、现代卷共计 5 卷。许明主编《华夏审美风尚史》（11 卷，北京师范大学出版社，2016 年）展示了中华民族审美精神的诞生、发展历史，把美作为人类的审美活动进行全方位的历史描述。

此外，还有论述不同时代文娱习尚的。秦汉休闲生活的研究有长足的进展。① 谢珊珊著《休闲文化与唐宋词》（暨南大学出版社，2011 年）首先从理论上厘清了“休闲”的价值及意义，并从历史与文化角度考察了唐宋尤其是宋代“休闲”以及休闲文学的由来与发展。作者从唐宋时社会物质条件的丰富、城市集群的形成、市民阶层的出现、商业文化的形成以及商业价值观的被认同、官员俸禄的丰厚等方面进行了剖析，揭示了休闲形成的物质基础。作者还论述了唐宋以来官员“休沐”制度的完善，认为词最初就是应酒色而诞生的，也可以说佐欢助兴是词创作与传播的最初目的。王立著《欢娱的巅峰——唐代教坊考》（新星出版社，2015 年）对唐代乐艺机构的建制进行了系统梳理，考察了内教坊、梨园、仗内教坊等机构的发展过程；探讨了宫廷女乐、内园小儿等乐艺人员的归属；对长期流传的一些错误观念进行了辨析；还介绍了分布于各藩镇的官伎及长安市井伎的形成与发展，揭示出唐艺辉煌的制度原因，阐明了大唐宫廷对于唐代文艺的深刻影响。赵瑶丹著《两宋谣谚与社会研究》（中国社会科学出版社，2015 年）论述了两宋谣谚的形式、社会背景、社会内容，两宋谣谚的传播、在空间上的传播

---

① 宁江英：《近四十年秦汉时期休闲生活研究述评》，载《中国史研究动态》，2015(3)。

与分布及在国家事务中的接受与控制。戴健著《明代后期吴越城市娱乐文化与市民文学》(社会科学文献出版社，2012年)内容包括吴越城市特征概述、吴越城市娱乐文化的构成、城市娱乐场所、市民文学的娱乐传播、“新人文思潮”与吴越市民文人的文学活动、市民文学的世俗性、市民文学的通俗性等。明代后期，吴越城市中戏剧演出、评话、唱曲、百戏杂艺等场上表演和剧本、小说、蒙书、小品文等休闲阅读等都非常兴盛。该书通过对当时吴越地区城市娱乐文化的生存状态、传播途径、主要特点等的考察，梳理了其与市民文学创作与传播的关系。彭恒礼著《元宵演剧习俗研究》(广东高等教育出版社，2011年)以中国农村元宵期间普遍存在的原生态演剧为主要考察对象；探讨元宵演剧形态时，以民间演剧为主，宫廷演剧为次。

学者关注到戏曲与社会的关系。朱琳著《昆曲与江南社会生活》(广西师范大学出版社，2007年)以江南昆曲受众为立足点，结合昆曲艺术特色，分析了他们喜好昆曲以及参与昆曲活动的原因和心理动机；阐述了昆曲在江南社会生活中所发挥的功能及其对江南社会生活的影响等。刘召明《晚明苏州剧坛研究》(齐鲁书社，2007年)介绍了苏州职业戏班、家乐戏班、民俗演剧的兴盛。段建宏著《戏台与社会：明清山西戏台研究》(中国社会科学出版社，2009年)分析明清时期山西戏台的特色及其形成原因，解析古戏台的社会功能，并进一步探讨戏台所蕴含的国家与社会的关系以及民间信仰对戏台的影响。郑维维著《社会史视角下的汉剧(1912—1949)》(人民出版社，2015年)以湖北地方“大戏”汉剧在民国时期(1912—1949)的生存状态、组织运行，以及与其相关的人们的日常生活为研究内容，关注处于社会下层民众(该书中即汉剧艺人、票友、普通观剧民众等)的活动以及他们的喜怒哀乐，力求接近真实的与汉剧相关民众的社会生活，并对他们的社会生活作出文化的解读，试图找出隐藏于表面之下的规则、常规、习俗和原则。

曲艺也与社会关系密切。女弹词是从事苏州弹词演出的女艺人，女弹词作为江南女性在社会历史变迁过程中习得的一种性别身份，其产生、演变和职业生涯折射出晚清以来江南地区性别观念以及性别关系的变化。周巍著《弦边婴宛：晚清以来江南女弹词研究》(商务印书馆，2014 年)通过考察“技艺”与“性别”之间的互动关系，围绕传统行会组织、社会群体以及不同政权对女弹词观感的差异与变化，揭示出“女弹词论述”文本中蕴含的丰富多彩的性别符码和权力关系，从而为苏州评弹研究增加性别史、社会文化史的新维度。子弟书是清代中期以后兴起于旗人社会的一种艺术形式，随着清王朝的衰亡而衰亡。郭晓婷著《子弟书与清代旗人社会研究》(中国社会科学出版社，2013 年)从清代旗人社会的角度对子弟书进行系统研究。作者从八旗子弟的生活方式入手探讨子弟书生成的文化生活之源，从子弟书中看旗人的社会状况、娱乐生活、市井百态、家庭生活、人物形象，再从题材来源的角度探讨子弟书对汉族艺术的吸收，子弟书的语言艺术与八旗子弟的文化修养。

关于岁时节日出版了几部有深度的专著。刘晓峰《东亚的时间——岁时文化的比较研究》(中华书局，2007 年)立足于比较文化的立场对中国古代岁时文化作综合研究。张勃《唐代节日研究》(中国社会科学出版社，2013 年)引入节日生活微观研究方法，选取几位唐人为个案，对他们在节日生活中的行动及其影响进行深入考察。张勃《明代岁时民俗文献研究》(商务印书馆，2011 年)主要运用比较、文本分析等方法，对明代岁时民俗文献中的岁时记、地方志中的岁时民俗记述进行专门研究。

(三)物质生活

物质生活方面，学者对不同时期的消费进行了探讨。赵兰香、朱奎泽《汉代河西屯戍吏卒衣食住行研究》(中国社会科学出版社，2015 年)研究了汉代河西屯戍吏卒的衣食住行，展现了汉代河西屯戍吏卒的基本风貌和生活条件，也揭示了汉代后勤保障方面的管理制度。张雁南著《唐代消费经济研究》(齐鲁书社，2009 年)内容有唐代基本消费概况、消费结构变化趋势分析、社会群体消费支出与消费行为分析、社会阶层消费水平差异及其根源、消费观念的变化与消费方式的变革、节俭消费方式的倡导及实践、上层社会休闲消费行为分析、消费经济历史地位与作用等。何辉著《宋代消费史：消费与一个王朝的盛衰》(中华书局，2010 年)考察了宋朝三百二十年间的消费状况与王朝盛衰的关系。作者考证了一些重要史实，对社会消费与国势盛衰的关系提出了看法。陈宝良探讨明代消费与生活质量的关系，指出：明代中期以后开始出现了一股追逐奢侈品的风气，且人们在休闲娱乐消费与宗教性消费方面的支出日渐增大。明朝人在满足日常生活需求的同时，追求基于更高生活水平之上的生活质量。他还认为，明人生活质量的高下，生存状态的安逸与窘困，除了取决于财富占有的多寡等外在的物质条件之外，又与人们内在的心理感受密切相关。①黄敬斌《民生与家计：清初至民国时期江南居民的消费》(复旦大学出版社，2009 年)借助于现代经济学理论与统计学方法重现了清初至民国年间江南地区居民的日常消费状况，从衣、食、住、行等满足人类生存所需的最基本的消费类别入手，运用大量的调查数据，考察了两百多年间江南居民的基本生活状态，探究此两百多年间江南地区的区域经济和江南居民的生活水平。

生活质量关系到人的身高。彭卫指出：秦汉时期黄河流域和以北地区成年男性的中等身高为 166～168 厘米，成年女性的中等身高为 150～152 厘米；长江流域和以南地区成年男性的中等身高大约为 161 厘米，成年女性的中等身高大约为 150 厘米。秦汉人的身高可能因经济状况和社会地位的不同而有差异，家境较为富裕或社会地位较高的群体，一般来说其平均身高可能要高于家境较为贫寒或社会地位较低的群体。在成年人的确认中，年龄是最重要的因素，身高意义有限。尽管秦汉社会重视人的体貌，但身高与爵位的获得以及官吏选拔之间并不存在制度上的特定联系。商周时期人群的中常身高较之新石器时代的居民可能降低了 2 厘米以上，秦汉时期居民的中常身高则有所回升，这种情形可能与产业结构以及由此导致的食物获取内容的改变有关。②

---

① 陈宝良：《明代的物价波动与消费支出——兼及明朝人的生活质量》，载《浙江学刊》，2016(2)；陈宝良：《明朝人的生活质量及其相关问题探析》，载《福建论坛》，2016(5)。

② 彭卫：《秦汉人身高考察》，载《文史哲》，2015(6)。

关于近代烟毒社会问题的应对方面，有刘文楠著《近代中国的不吸纸烟运动研究》(社会科学文献出版社，2015 年)重构了晚清到民国时期三次不吸纸烟运动的来龙去脉，详述了这三次运动的言论、组织和开展过程，并以此为线索将政治动员、国民教育、日常生活规训、卫生观念的演进、烟草业经济发展、政府税收管理、中央地方关系、民族主义思潮等方面有机地结合在一起，最后着眼于近代中国精英和政府对民众日常生活的定义和塑造。肖红松著《中共政权治理烟毒问题研究——以 1937—1949 年华北乡村为中心》(人民出版社，2013 年)以 1937—1949 年中共在华北抗日根据地、解放区治理烟毒活动为考察对象，缕析该地区烟毒基本形态、社会根源，以及中共治理烟毒的理念、举措、效果；继而透过治理烟毒活动分析中共革命政权与乡村社会如何互动、如何影响革命进程的基本问题。

具体消费而言，服饰方面，吴欣著《中国消失的服饰》(山东画报出版社，2010 年)梳理服饰文化发展的脉络，从最初的蔽体御寒，到后来成为身份地位的象征，再到现在作为潮流时尚的风向标，服饰在我们日常生活中的意义和作用早已远远超出了其产生之初的范畴。饮食方面，彭卫利用地下出土材料结合文献对汉代食饮状况的深入研究值得关注。他讨论了大豆黄卷、豆脯、茄子、狗腰马腹、饼食、糁与饺子、寒粥、素食、浆、乳，等等。① 刘朴兵著《唐宋饮食文化比较研究》(中国社会科学出版社，2010 年)以中原地区为考察中心，对唐宋两代的食品、饮品、饮食业、饮食习俗、饮食文化交流、饮食思想等进行了系统的比较研究，发现唐宋饮食文化有着许多显著的差异。唐代饮食文化具有鲜明的“胡化”色彩，而宋代饮食文化的“胡化”色彩则大大减弱。唐代饮食文化显得豪迈粗犷，宋代饮食文化则显得细腻精致。唐代饮食文化的贵族化色彩显著，宋代饮食文化的平民化色彩突出。唐代饮食文化的发展基本上局限于自然经济的范畴，而宋代饮食文化中的商品经济因素则显著增多。唐宋饮食文化表现出来的这些差异与唐宋社会的差异基本上是一致的。唐宋两代的饮食文化也有不少

---

① 彭卫：《汉代食饮杂考》，载《史学月刊》，2008(1)。

相同或相似的内容，表现出中国饮食文化自身发展的连续性。沈冬梅著《茶与宋代社会生活》(中国社会科学出版社，2015 年)对宋代茶艺如采茶习俗、生产过程、保藏方法、点茶程序、分茶和斗茶技艺、茶具形制和系列等做了历史比较；对宋代贡茶和赐茶的政治意蕴、茶与中外文化交流、宋人茶观念、宋代茶书、茶与宋代诗词书画等都进行了考析。赵国栋著《茶叶与西藏：文化、历史与社会》(西藏人民出版社，2015 年)通过大量的文史资料及实地调查，尝试对茶叶与西藏的关系进行系统的梳理与分析。周正庆著《中国糖业的发展与社会生活研究——16 世纪中叶至 20 世纪 30 年代》(上海古籍出版社，2006 年)论述了 16 世纪中叶至 20 世纪 30 年代饴糖、蜜糖、甜菜糖的生产及社会功用，蔗糖业生产的发展，蔗糖的国内外销售，糖在饮食和医疗中的应用及影响，食糖对民俗的影响，糖文化性——以华东和广东为例。伊永文《1368—1840 中国饮食生活：日常生活的饮食》(清华大学出版社，2014 年)由日常生活的饮食、成熟佳肴的文明两部分组成。“成熟佳肴的文明”主要讲明清的饮食文化和生活方式。居住方面，朱力《中国明代住宅室内设计思想研究》(中国建筑工业出版社，2008 年)认为明代居室生活有艺术化倾向。明代居用方面青花瓷普及，肖丰《器型、纹饰与晚明社会生活——以景德镇瓷器为中心的考察》(华中师大出版社，2010 年)认为物质文化生活上出现器用的瓷质化现象。① 曹炜著《开埠后的上海住宅》(中国建筑工业出版社，2004 年)将近代上海住宅分为里弄住宅、独立住宅、多层集合住宅三类，在对大量现存住宅的现场测绘和历史背景调查基础上，详尽分析了它们的平面设计以及外观造型随时代发展而产生的变化，由此揭示居住在上海的近代中国人是如何逐步接受西洋建筑文化，并在保留中国传统生活习惯的同时，形成了上海近代建筑的独特风格。出行方面，旅游史研究成果突出。陈建勤著《明清旅游活动研究》(中国社会科学出版社，2008 年)从旅游史角度，运用历史学、地理学等相关理论和方法，全景式地研究了旅

---

① 请参阅孙雅頔：《〈器型、纹饰与晚明社会生活——以景德镇瓷器为中心的考察〉读后》，见《中国社会历史评论》第 15 卷。

游活动发生发展之轨迹，尤其从大量游记散文等文学作品中挖掘史料，对探索利用文学作品的史料价值、拓展社会生活史研究的史料来源颇有启发。魏向东著《晚明旅游地理研究》(天津古籍出版社，2011 年)探讨了晚明旅游的兴盛，旅游者及其地理分布，旅游时间地理研究，旅游行为地理研究，旅游地分布与旅游重心区，旅游客流研究。张建融著《杭州旅游史》(中国社会科学出版社，2011 年)通过描绘隋代以前、隋唐时期、吴越国、北宋、南宋、元、明、清和中华人民共和国成立以来不同历史时期杭州作为旅游胜地的发展与繁荣，展开一幅杭州旅游业发展的大画卷。江沛认为，人类生活空间的大小，决定着其能否跨越地理空间及自然条件约束进行生活、生产、文化等诸种交流。此种空间与条件约束着人类获得各种生活资源的能力，影响着其视野的拓展、知识的丰富性甚至想象力的丰富程度，这也是约束人类相识相知、构建人类共同体的关键所在。而拓展空间的关键所在，一是借助于交通工具“压缩”空间距离展开交流，二是借助于通信手段进行信息交流。近代以来，铁路、轮船、电信邮政等新式交通工具的兴起，对于中国社会的发展转型乃至对外交流的开展，都具有重大的推动意义。①

四、人口与社会保障

(一)人口问题

通论性论述有，王跃生《制度与人口——以中国历史和现实为基础的分析》(2 册，中国社会科学出版社，2015 年)集中探讨制度与人口数量、分布、结构和秩序的关系，考察制度对人口行为的制约、调整和引导作用，分析制度与人口行为的因果关系，认识制度对人口行为的积极作用和消极后果。主要涉及五种类型的制度：一是影响人口数量变动的制度，包括婚姻制度、生育制度和人口压力应对制度；二是与人口承载单位相关的制度，有家系传承制度、家庭形态制度；三是与人口空间分布有关的制度，主要是人口迁移制度；四是与人口结构有

---

① 江沛：《关于开展中国近代交通史研究的若干思考》，载《史学月刊》，2016(8)。

关的制度，包括性别制度、老年人口制度；五是与人口管理有关的制度，主要为户籍制度和人口统计制度。在分析每类制度时，努力对不同制度形式在历史时期和当代社会的状态、演变加以梳理，同时对该制度的实施效果进行研究。高寿仙《北京人口史》（中国人民大学出版社，2014 年）重点论述了人口数量的消长变化，整理出一套更加接近实际的人口数据，并在资料允许的条件下，介绍了人口的迁移流动、自然变动、自然构成、社会构成、家庭与婚姻等方面的情况，阐述了北京地区各个历史时期人口起伏变动的复杂轨迹，总结了造成人口起伏变动的各种因素，从长时段的角度把握北京人口发展变化的规律和趋势。李健胜、郭凤霞《国家、移民与地方社会：河湟汉族研究》（人民出版社，2015 年）利用国家与社会关系的理论分析框架，结合"内地化"的分析工具，对汉族移民与河湟地区的人文生态变迁、汉族移民人口发展概况、王朝国家视野下的汉族移民、汉族移民的衣食住行、婚丧礼俗等问题展开讨论，以揭示这一特殊的移民群体在历史上的存在形态及其对开发边疆所做出的贡献。

人口史特别是移民社会的研究集中于清代以来。薛理禹《清代人丁研究》（社会科学文献出版社，2014 年）基本厘清清代人丁编审与丁银征收在立法层面的制度演变，探讨地方官府于执法层面对该项法规的实施，以及不同社会阶层的民众从守法层面对该项制度的响应等问题，指出清代"人丁"既不等同于成年男子，也不能笼统概括为"赋税单位"，其含义必须结合具体的语言环境与时代背景加以判断。郭松义著《清代社会环境和人口行为》（天津古籍出版社，2012 年）主要探讨清代人口迁徙方面的问题、人口行为（包括婚姻、家庭、生育和死亡）的问题，其中对妇女逃亡及死亡、自杀的讨论，目前学术界少有触及。吴一焕著《海路·移民·遗民社会——以明清之际中朝交往为中心》（天津古籍出版社，2007 年）探讨了明末清初辽东半岛、朝鲜半岛、山东半岛间的中朝（韩）海上交往和在朝鲜形成的明遗民的社会活动。贾建飞《清乾嘉道时期新疆的内地移民社会》（社会科学文献出版社，2013 年）论述乾嘉道时期清朝之新疆经营理念、清朝对内地人口向新疆进行流动的认识和管理政策、内地人口在新疆的社会经济活动和犯罪活动，以及内地文化在新疆的发展等问题。陈世松《大迁徙："湖广填四川"历史解读》(四川人民出版社，2010 年)分原乡、迁移、创业三篇，结语就移民社会加以论述。龚义龙《社会整合视角下的清代巴蜀移民群体研究》(重庆出版社，2011 年)探讨了清代迁移巴蜀的移民在资源获取、继替、流转方面的问题，揭示巴蜀移民社会整合的路径、困难与特点。梁勇著《移民、国家与地方权势——以清代巴县为例》(中华书局，2014 年)梳理了清代巴县移民社会的形成及移民构建历史记忆的努力，巴县移民社会的基层治理，涉及保甲制度、啯噜、客长、团正、学董、八省会馆等，探讨了民间社会与国家政权在基层治理上的互动情况。陈良学《明清大移民与川陕开发》(陕西人民出版社，2015 年)联系陕南秦巴山区人口源流及经济文化构成之要素，探讨明清两代大移民与川陕开发的关系。高红霞著《上海福建人研究》(上海人民出版社，2008 年)探讨了上海福建同乡团体的乡缘特点，肯定了上海福建人推进这座城市商业化都市化；内容分别为福建人迁沪动因与生存、埠际贸易体系中的上海闽商、同乡团体与同业组织、上海福建人个案研究。高红霞还著有《移民群体与上海社会》(上海人民出版社，2012 年)。

江西袁州府特别是万载县的移民问题受人关注。郑锐达著《移民、户籍与宗族——清代至民国期间江西袁州府地区研究》(生活·读书·新知三联书店，2009 年)以一个清代移民地区——江西袁州府作为研究对象，致力于探讨里(图)甲组织对地方社会的意义及其动态发展。全书主要探讨了袁州府外来移民之特点及移民进入时之社会背景，清初袁州府图甲组织及外来移民入籍状况，清初至中叶袁州府的棚民、棚籍、客籍等内容。谢宏维著《和而不同——清代及民国时期江西万载县的移民、土著与国家》(经济日报出版社，2009 年)讲述了万载县是如何在争斗不息中构建起相对安定的地方社会的，从清代到民国时期，按时间顺序，从地方社会的历史发展脉络出发，把土、客矛盾所引发的一系列冲突事件纳入地方社会的发展脉络和权力关系中，以揭示在国家的影响下土客关系演变的机制与逻辑。

近代中国北方诸省人口闯关东，东北移民问题是中国近代人口史、社会史研究领域中的重大问题。[①] 清朝后期，国际国内矛盾日益尖锐，统治者迫于形势在东北地区开始放禁招垦。这一过程在民国年间达到高潮，“伪满洲国”时期又有所变化。近代东北地区的移民与国内其他地区的移民相比，其内容又不大一样，有一定的特殊性。这一地区不仅有关内“闯关东”的人们，而且还有许多国家抱着各种目的而来的国际移民。众多的移民构成了近代东北社会的人口主体，使我国东北地区迅速发展成为一个移民社会。马平安著《近代东北移民研究》(齐鲁书社，2009 年)讨论了上述问题。范立君著《近代关内移民与中国东北社会变迁(1860～1931)》(人民出版社，2007 年)着重论述了关内移民发展演变及其与东北社会变迁的关系，对清初、九一八事变后东北移民的情况亦涉及不少，全面、系统研究近代东北关内移民史。赵英兰著《清代东北人口社会研究》(社会科学文献出版社，2011 年)以清代东北人口为切入点，广泛发掘、运用东北区域特有的、翔实的文献资料，全面、系统地论述了清代东北人口与环境、管理、数量、移流、结构、族群、素质、婚姻、家庭、家族及人口与城镇化等问题，展示了清代东北区域人口社会的全貌。

(二)救济、慈善、福利

1. 灾害与社会救济、社会保障

王文涛著《秦汉社会保障研究——以灾害救助为中心的考察》(中华书局，2007 年)分别研究了社会救助、民间互助、特殊福利、军人优抚、灾情监测、预报评估及社会保障思想等问题。作者运用大量的历史资料及简牍、汉碑，把历史学的考证方法和自然科学的统计方法有机结合起来，对秦汉时期自然灾害的频次和时空分布作了分类考察。孙高杰著《1902—1937 年北京的妇女救济——以官方善业为研究中心》(厦门大学出版社，2014 年)通过考察清末民初北京妇女救济的发展历程，主要探讨以下几个问题：清末民初，北京官办妇女救济机构的理

---

① 杨皓苏：《近十年来关于近代东北关内移民问题研究综述》，载《边疆经济与文化》，2015(1)。

念和实践的具体状况，在面临政治、经济等条件变化时妇女救济事业如何开展，效果如何；影响妇女救济活动有效实施的推动力量和限制因素有哪些；妇女救济工作的开展对不幸妇女的影响何在，从而探讨在妇女解放的背景下，下层妇女的真实生活图景；妇女救济事业的变迁体现怎样的变化趋势，政府和社会的作用居于何种地位，双方关系如何，在此基础上探讨救济事业应采取怎样的开展方式。

2. 慈善与福利

通史性的论述有王子今等著《中国社会福利史》(武汉大学出版社，2013 年)，从国家政策、社会组织和文化思想等方面全面系统地考察了中国社会福利史的发展状况及历史特点，有助于认识现今中国社会福利状况的文化源流和社会条件，改进和发展现代化进程中的中国社会福利事业。周秋光、曾桂林著《中国慈善简史》(人民出版社，2006 年)，不仅勾勒了慈善、慈善事业与慈善史研究的基本问题与基本研究方法，还考察了中国传统文化中的慈善思想观念和社会变迁的关系，论述了先秦以来的慈善、慈善事业的兴起与发展、衰落与再次崛起等问题。周秋光等著《中国近代慈善事业研究》(3 册，天津古籍出版社，2013 年)主要研究慈善事业在中国近代社会的变迁、演变及其产生的影响、作用，分慈善思想、慈善人物、慈善组织、慈善法制、宗教慈善、区域慈善六编四十章展开专题研究。近代北京、天津、宁波的慈善事业突出，任云兰著《近代天津的慈善与社会救济》(天津人民出版社，2007 年)以慈善救济这一公共领域中国家与社会的互动关系为视角，从慈善救济产生的思想渊源、历史背景、灾荒赈济、官方救济事业、民间慈善事业的沿革和运作，以及各个社团和组织的慈善救济等方面，探讨了近代天津城市的慈善和社会救济事业。王娟著《近代北京慈善事业研究》(人民出版社，2010 年)把近代北京地区的慈善事业放在我国慈善发展史的大背景下，从慈善事业的思想和实践，慈善活动的救助对象、救助主体以及组织机制等重要方面，探讨了北京地区慈善事业的总体状况及其由传统向现代的转型过程，分析了产生这一转型过程的社会环境、具体表现与基本特征，并且力求与同一时期江南地区和西方近代慈善事业作横向比较，尽可能地揭示近代北京慈善事业的地区特色。孙善根《民国时期宁波慈善事业研究(1912—1936)》(人民出版社，2007 年)论述了宁波慈善事业的发展历史传统，民国时期的慈善团体、慈善活动，以及慈善事业与社会变迁、政治变动等的关系等，对清代状况多所涉及。

3. 教育公益

宾兴是清代的教育公益基金，其基本职能是为本地科举考生提供考费资助。宾兴名称肇始于《周礼》，初现于明，而清代中后期尤为盛行。宾兴尤以长江、珠江流域为盛。科举宾兴使清代教育资产出现了儒学、书院、宾兴鼎足而三的格局，促进了各地科举教育的发展。废科举后宾兴多成为新式教育的经费来源。毛晓阳著《清代科举宾兴史》(华中师范大学出版社，2014 年)是国内外宾兴研究的首部专著，揭示出捐资助考是中国古代教育公益的特色。毛晓阳著《清代宾兴公益基金组织管理制度研究》(人民出版社，2014 年)立足于地方文献的全面整理，选取社会公益的研究视角，探讨清代各级政府和民间社会围绕宾兴而具有的组织管理、制度安排，并力图挖掘蕴藏其中的民族传统公益精神，通过将清代宾兴与当今国内外教育公益基金进行对比，试图对接百年来被近代化强行斩断的民族文化中的社会公益思想传统。

有关教育的还有其他视角的研究。顾月琴《日常生活变迁中的教育：明清时期杂字研究》(光明日报出版社，2013 年)探讨了明清时期生活所用杂字在民间盛行的原因，杂字与其他蒙学教材相比的不同特点，杂字在国内外的流播情况。邢照华著《黄埔军校生活史(1924—1927)》(商务印书馆，2014 年)内容包括黄埔军校校园生活、校战地生活、参与的地方公众生活、引领的民国风尚。此外，李彬著《中国新闻社会史》(清华大学出版社，2009 年)叙述了中国“新闻”的历史演进过程。

第四节　生态·医疗·区域：社会史的跨学科与整体研究

社会史的跨学科属性日益突出，在生态环境史、水利社会史、医疗社会史领域表现得比较明显，法学与社会也关联密切，特别是随着简牍出土与清代、民国档案的大量整理，法制社会史兴盛，社会史研究还往往以地域研究形式出现，涉及多种学术领域并显示出整体性。

一、生态环境、水利社会

关于环境史，王利华认为，中国环境史学是一门正在蓬勃兴起的新史学，已经取得了丰富的成果，但学科理论方法尚未形成体系，大量学术空白有待填补，对许多基本问题的认识仍然存在偏差。环境史研究者需要努力加强理论探讨，厘清思想观念，通过深入系统的研究为社会提供正确的思想、知识，在生态文明建设中发挥应有的作用。① 王子今指出，20 世纪的生态史学取得了空前的进步，但是许多认识仍然是初步的。在 21 世纪新的史学格局中，生态史学将逐渐占有重要的地位，理论和方法的创新，将为生态史学的发展创造条件。新世纪中国生态史学可以预期的发展，将有益于史学的总体性进步，也可以为人类在新的生态形势下生态意识和生态对策的科学化，开掘有益的文化资源，准备必要的文化条件。他以秦汉史为例，说明生态史取得的进展。②

生态环境史的成果不断涌现。通论与综合研究方面，王利华著《徘徊在人与自然之间——中国生态环境史探索》(天津古籍出版社，2012 年)对生态环境史作了学术回顾，廓清学术概念和框架，阐释了相关理论建构问题，综述了生态环境史学术研究的史学意义、现状与展望，

---

① 王利华：《中国环境史学的发展前景和当前任务》，载《人民日报》，2012-10-11。

② 王子今：《中国生态史学的进步及其意义——以秦汉生态史研究为中心的考察》，载《历史研究》，2003(1)。

探讨了中国古代水环境、农业、牧业、渔业、内河航运业、物种资源、水利建设与地理变迁、人与自然生态环境关系等专题。王利华主编《中国历史上的环境与社会》(生活·读书·新知三联书店,2007年)包括环境史研究的理论与方法,经济活动与环境变迁,水利·国家·社会·民生,灾害、疾病与生态环境,山林薮泽·野生动物五组论文。高凯著《地理环境与中国古代社会变迁三论》(天津古籍出版社,2006年)从土壤中微量元素和传染病的角度,探索有关我国古代社会婚姻制度、人口繁衍和文明进程与地理环境间的一些关系问题。该书主要探讨了地理环境下的土壤微量元素与中国古代社会变迁的关系问题,具体涉及三个问题:一是地理环境下的土壤中微量元素与匈奴、鲜卑的"收继婚"问题,二是土壤中微量元素与中国古代黄淮海平原文明进程的关系,三是地理环境与孙吴时期临湘侯国的疾病和人口问题。张建民、鲁西奇主编《历史时期长江中游地区人类活动与环境变迁专题研究》(武汉大学出版社,2011年)论述的问题有:"了解之同情"与人地关系演变研究,长江流域环境史研究的回顾与展望,历史时期长江中游地区人地关系的演变及其特点,长江中游地区距今10000—1800年间气候状况研究,一千年来长江流域的水旱灾害与气候变化,"散居与聚居:汉宋间长江中游地区的乡村聚落形态及其演变","寨堡:社会动荡中的环境与选择——以明清川陕楚交边山区为中心","明清时期江汉平原的围垸:从'水利工程'到'水利共同体'","明清时期赣南地区乡村聚落的宗族化与军事化——以乡村围寨为中心",土地革命前夕赣南乡村的聚落形态与社区关系,"都市环境史:18世纪汉口地区的黑山开发和风水论"。曹树基、李玉尚著《鼠疫:战争与和平——中国的环境与社会变迁(1230~1960年)》(山东画报出版社,2006年),分别从鼠疫史的方法论、鼠疫流行模式(战争与和平时期)、环境变迁与国家医学等角度,探讨了中国的鼠疫流行历史,就鼠疫流行与中国环境变迁之间的关系作出解释。王建革《江南环境史研究》(科学出版社,2016年)不仅探讨吴江陆淤与吴淞江流域的水旱变化,嘉湖生境的形成,而且就水生植物的生态与景观变化,生境认知与生态文明作了探讨,将人文风格、审美等问题引入环境史研究。

断代研究方面，王子今著《秦汉时期生态环境研究》（北京大学出版社，2007 年）从气候、水资源、野生动物分布、植被、人为因素等几个方面讨论了秦汉时期生态环境条件的基本形势，也从思想史和观念史的角度阐述了秦汉人的生态环境观、生态环境与秦汉社会历史的关系，分析了秦汉时期生态环境的若干个案，如秦定都咸阳的生态地理因素、秦史的灾异记录、秦汉长城与生态史、汉代“海溢”之灾以及两汉南方的“瘴气之害”等。明清以来的研究最为丰富，邹逸麟教授主编“500 年来环境变迁与社会应对丛书”（上海人民出版社，2008 年）5 种，即陈业新著《明至民国时期皖北地区灾害环境与社会应对研究》、冯贤亮著《太湖平原的环境刻画与城乡变迁（1368—1912）》、尹玲玲著《明清两湖平原的环境变迁与社会应对》、杨伟兵著《云贵高原的土地利用与生态变迁》、谢丽著《清代至民国时期农业开发对塔里木盆地南缘生态环境的影响》。张建民著《明清长江流域山区资源开发与环境演变——以秦岭—大巴山区为中心》（武汉大学出版社，2007 年）采用“流移”这一既能恰当概括流动人口现象，也能体现“流动”这一堪称明清时期秦巴山区社会乃至经济主要特征的概念，来统称外地进入秦巴山区的人口，认为山区的自然环境、资源禀赋、元明之际的战乱、明朝的封禁、全国性人口剧增及清朝开垦山头地角小块土地免科令等诸多因素共同造就了明清时期的秦岭—大巴山区“流民渊薮”的性格。王建革著《传统社会末期华北的生态与社会》（生活·读书·新知三联书店，2009 年）是作者在“满铁”资料为主的乡村调查资料基础上，收集大量方志材料，进行实地考察，历时十年，才写下了这部专著。该书使华北平原从清代到民国时期的农业技术、生态环境以及乡村社会诸方面的研究达到了一个相当高的水平。王建革著《水乡生态与江南社会（9—20 世纪）》（北京大学出版社，2013 年）以宋代以来传统吴淞江流域的生态环境为中心，描述环境与人文的关系，对古代吴淞江流域的河道和水环境的景观与人文的关系，这一地区鱼米之乡的环境形成及其发展，古人在传统知识体系下对环境的认知与社会反映等问题都做了系列的探讨，涉及乡村社会、水利社会等问题。慈鸿飞著《西部农业开发与生态中外比较》（商务印书馆，2007 年）主要分为三个部分：百年来中国西部农业开发的实际状况，农业资源开发与生态的关系，在西部开发中应选取的最佳产权制度。

水利与社会形成热点研究。有学者 2008 年评论说："目前在中国大陆，从水利社会研究的区域分布来看，北方特别是山陕地区是当前的热门区域，而江南地区、长江中游及两湖等地区也积累了不少成果，相对而言，华南地区的水利社会史虽起步较早，但缺乏后续研究，在水利社会史研究取得丰硕的成果之时，显得有些落寞了。人们对西北、西南地区的水利建设十分关注，有了许多研究，但还没有出现社会史的转向。而在东北地区，虽然有着相对丰富的水资源，然而无论是一般性水利史研究，还是水利社会史，均不活跃。"①水利社会史出现一批具有深度思考和理论色彩的论文②，2007 年《历史人类学学刊》第 5 卷第 1 期刊登"水利专号"，发表 5 篇反映不同地区与风格的论文③。研究南北方水利社会史的专著，讨论浙江的有两部：钱杭著《库域型水利社会研究——萧山湘湖水利集团的兴与衰》(上海人民出版社，2009 年)全面研究江南地区"水库型"水利社会史上的重要制度、人物和事

① 张爱华：《"进村找庙"之外：水利社会史研究的勃兴》，载《史林》，2008(5)。另请参阅廖艳彬：《20 年来国内明清水利社会史研究回顾》，载《华北水利水电学院学报》，2008(1)；晏雪平：《二十世纪八十年代以来中国水利史研究综述》，载《农业考古》，2009(1)；张俊峰：《明清中国水利社会史研究的理论视野》，载《史学理论研究》，2012(2)。

② 邓小南：《追求用水秩序的努力——从前近代洪洞的水资源管理看"民间"与"官方"》，见《暨南史学》第 3 辑，广州，暨南大学出版社，2004；赵世瑜：《分水之争：公共资源与乡土社会的权力和象征》，载《中国社会科学》，2005(2)；钞晓鸿：《灌溉、环境与水利共同体——基于清代关中中部的分析》，载《中国社会科学》，2006(4)；钱杭：《共同体理论视野下的湘湖水利集团——兼论"库域型"水利社会》，载《中国社会科学》，2008(2)。

③ 分别是：钱杭《利、害博弈与历史恩怨——萧山湘湖社会史的变迁轨迹》，钞晓鸿《争夺水权、寻求证据：清至民国时期关中水利文献的传承与编造》，杨国安《塘堰与灌溉：明清时期鄂南乡村的水利组织与民间秩序——以崇阳县〈华陂堰簿〉为中心的考察》，周荣《本地利益与全局话语——晚清、民国天门县历编水利案牍解读》，邓永飞《近代洞庭湖区的湖田围垦与水利纠纷——以沅江白水浃闸堤案为例》。

件，努力再现传统农耕模式里这种库域型水利社会各层面的构建及解体过程，分析各类冲突发生的原因和后果，探索中国传统社会中与此类型相近的各利益集团所存在的根本缺陷。冯贤亮著《近世浙西的环境水利与社会》(中国社会科学出版社，2010 年)从浙西杭嘉湖地区历史发展的背景出发，对高乡与低乡的地方民生、水旱等灾害的破坏性影响、人工改造与生存环境之变化、日常生活及其景观建构、水利兴复与地域社会的关系等内容，做了比较系统全面的考察。论述山陕地区水利的也有两部专著：胡英泽著《流动的土地——明清以来黄河小北干流区域社会研究》(北京大学出版社，2012 年)研究“三十年河东，三十年河西”环境下黄河滩田这类“流动的土地”，关注生态环境与区域社会之间、国家与地方之间的相互关系。张俊峰著《水利社会的类型——明清以来洪洞水利与乡村社会变迁》(北京大学出版社，2012 年)提出要从类型学视角出发开展中国水利社会史研究，是因为在洪洞水利社会类型的实证研究中，可以很清晰地发现水利的有无、发展水平、发达程度，与区域社会的整体发展格局和历史变迁之间确实存在着内在的关联性。此外，李泉主编《“运河与区域社会研究”国际学术研讨会论文集》(中国社会科学出版社，2015 年)收录论文 50 篇，内容涉及运河学及其文化内涵、运河与国家漕运、运河交通与水利、运河区域的民间信仰、运河城市与社会文化等方面。

自然灾害的应对研究有，曹树基主编《田祖有神——明清以来的自然灾害及其社会应对机制》(上海交通大学出版社，2007 年)分四部分：第一部分“文化与生态”，包括：Ⅰ旱作村落雨神崇拜的地方叙事——陕西蒲城尧山圣母信仰个案，Ⅱ中小流域的人地关系与环境变迁——清代云南瀰苴河流域水患考述，Ⅲ旱涝、水利化与云贵高原农业环境(1659—1960 年)。第二部分“灾荒与应对”，包括：Ⅳ民国时期河南水旱灾害及其社会应对，Ⅴ清代江西水灾及社会应对，Ⅵ明代北方灾荒性移民研究。第三部分“生态政治学”，包括：Ⅶ1928～1930 年西北大旱灾及其社会应对——以关中地区为中心，“Ⅷ赈饥与政区：明清嘉定宝山基层行政之运作”，“Ⅸ田祖有神：治虫与政治强制式的现代化——以浙江省为例”，“Ⅹ人鼠大战：1950 年代的内蒙古草原——以哲里木盟为中心”，Ⅺ雪灾防御与内蒙古社会的变迁(1930～1980年)。第四部分“微生物与社会变迁”，包括：Ⅻ鸦片战争中英军的传染病流行——以舟山为中心，ⅩⅢ上海城区霍乱病史研究——以“地方病”与“外来病”的认识为中心，ⅩⅣ关于广东鼠疫自然疫源地的再思考。周致元著《明代荒政文献研究》(安徽大学出版社，2007年)探讨了明代的救荒思想、备荒制度建设与设想以及救荒制度建设。赵玉田著《环境与民生——明代灾区社会研究》(社会科学文献出版社，2016年)解析明代“灾区化”“三荒现象”“灾害型社会”等历史问题，明确提出“灾害型社会”作为小农社会“死去活来”间隙的特殊社会状态，是一种极端的社会自然化现象，借以探究明代灾区社会与明代社会变迁的关系，试图全面、细致地勾勒明代环境、民生与灾区社会三者互动的图景。徐泓编著《清代台湾自然灾害史料新编》(福建人民出版社，2007年)介绍了清代台湾地震史料、清代台湾霜雪冰雹史料、清代台湾旱灾史料、清代洪灾与风灾史料。吴媛媛著《明清徽州灾害与社会应对》(安徽大学出版社，2014年)探讨了明清时期徽州地区的灾害实态、社会的灾害应对及其相关的问题。书中系统梳理了明清以来的徽州地区水灾、旱灾、火灾、虎患等诸种灾害的发生情况，又从粮食应对、仓储备荒、水利设施、灾害与城乡生活和个案研究五大方面进行了探讨。郝平、高建国主编《多学科视野下的华北灾荒与社会变迁研究》(北岳文艺出版社，2010年)基于对灾害史学科的整体观照提出研究课题，将灾害引起的社会问题及影响作为主要关注点，对中国近代历史上的旱灾与救济问题作了探讨，涉及水灾、蝗灾、疫病等多个领域。郝平《大地震与明清山西乡村社会变迁》(人民出版社，2014年)论述了明清时期山西地震概况，嘉靖三十四年华县大地震，康熙三十四年临汾大地震，嘉庆二十年平陆强地震，大地震的经济社会影响，大地震后的反思。欧阳恩良主编《天灾·人祸·善行：喀斯特环境下民国贵州经济社会发展诸问题研究》(中国社会科学出版社，2011年)重点探讨喀斯特环境下的文化形态，及其与自然灾害、民众运动的内在联系，探索贵州经济社会发展的制约因素及其解决的途径。李文海、夏明方主编《天有凶年：清代灾荒与中国社会》(生活·读书·新知三联书店，2007年)是一部清代灾荒问题研究的文集。马俊亚著《被牺牲的“局部”：淮北社会生态变迁研究(1680—1949)》(北京大学出版社，2011 年)分析了治水、漕运和盐务等政策对淮北的地理、河道、水文、物产、民性及经济结构与社会结构等的塑造乃至扭曲作用，认为淮北地区之所以从唐宋时代的鱼米之乡演变为穷乡瘠壤，主要是封建中央政府以“顾全大局”的名义而有意牺牲这一“局部利益”的结果。

环境史与医疗史有关系。余新忠认为，由于疾病和医疗，特别是其中的传染病与环境间显而易见的密切关系，故而目前有关环境史的论述，往往都会将此囊括在内。不过医疗史作为一个独立的研究领域，并不能简单归于环境史之中，两者之间既自成一体又紧密关联。环境史不仅仅是一种新的研究领域，也是一种新的视角、新的意识，一种时时处处将生态纳入考量的生态意识。故医疗史与环境史的关联，不单是研究对象的部分交集，还有理念和视角上的相通。虽然近年来随着医疗文化史的研究日渐兴盛，其与环境史的交集渐趋减弱，但是环境因子并没有在疾病、医疗的文化范畴中消失，生态意识的适用性，也不曾因为研究的旨趣转向文化而减弱。故而，倡言在医疗史研究中引入和贯彻生态意识，不仅有利于我们发现关乎人类疾病、健康和医疗的文化内容的环境因子，更真切地体认到历史的复杂性，而且也可以让我们更好地理解历史上的种种医疗观念和行为。① 他又说，环境史的研究固然是希望增益人类的生态学意识，但同时也需要文化地来理解这样一种潮流和现象。②

医疗社会史研究有，余新忠、杜丽红主编《医疗、社会与文化读本》(北京大学出版社，2011 年)不仅还原和描绘医疗史实演变的具体过程，更要挖掘这些现象背后的社会关系、权力关系，及其特定的文化含义。内容包括观念与方法，重点关注西方医学史研究在从社会史

---

① 余新忠：《医疗史研究中的生态视角刍议》，载《人文杂志》，2013(10)，摘要。

② 余新忠：《浅议生态史研究中的文化维度：基于疾病与健康议题的思考》，载《史学理论研究》，2014(1)。

向文化史转型时面临的理论问题；医疗史与现代性，集中呈现了近代中国医学史研究中不可回避的中西问题；问题与视野，收入尝试用新方法加以解决的一些范例之作。诸文均将医疗史的课题置于社会历史的背景下，体现了医疗史研究的新趋向。路彩霞著《清末京津公共卫生机制演进研究(1900—1911)》(湖北人民出版社，2010 年)从制度、人、观念等多个层次，将制度、社会与文化分析有机结合，呈现出清末京津公共卫生机制的演进情况。该书打破制度史、社会史、文化史的界限对事物的整体性把握，使我们从一个地域公共卫生机制的变化中看到晚清中国社会的变迁，寻找到现代中国公共卫生事业的起点。朱慧颖著《天津公共卫生建设研究(1900—1937)》(天津古籍出版社，2010 年)观照天津近代公共卫生的卫生行政、防疫机制、医药业管理、环境卫生和卫生教育等，不仅呈现公共卫生实践，还探察了公共卫生与社会变迁的关系，并注意卫生现代化对民众日常生活和一些传统行业或职业的影响。余新忠著《清代卫生防疫机制及其近代演变》(北京师范大学出版社，2016 年)探讨了近代“卫生”概念的登场，清代卫生观念的演变——以疫病应对观念为中心，清代的卫生规制及其近代演进，清代城市水环境问题探析，清代的粪秽处置及其近代变迁，清代的清洁观念与行为及其近代演变，晚清检疫制度的引建及其权力关系，晚清的卫生防疫与近代身体的形成。马金生《发现医病纠纷——民国医讼凸显的社会文化史研究》(社会科学文献出版社，2016 年)借助对医生、病人、社会与国家间互动关系的探讨与呈现，揭示国人生命、法制与权利观念在现代国家形成过程中逐渐转型的历史轨迹，及其与相应制度架构之间的关联性。范铁权著《近代科学社团与中国的公共卫生事业》(人民出版社，2013 年)选取 1886—1937 年这一时间段展开，对近代中国的科学社团特别是医药卫生类社团作历时性考察，对各团体的卫生宣传作共时性解析，就科学社团在推进近代中国公共卫生体系建设中的努力作细致阐述，揭示中国公共卫生观念的变迁轨迹。蔡勤禹、王永君主编《山东红十字会百年史》(中国海洋大学出版社，2012 年)探讨了 1911 年山东中西医院中医学堂的师生在济南筹划创立的山东红十字会，红十字会成为山东公益事业一支重要力量，活跃在山东乃至全国最需要救助的地方。①

二、法制社会史

综合性的研究有，张仁善《法律社会史的视野》(法律出版社，2007年)系统地提出了法律社会史学科的理论体系，从法律社会史的视野考察了中国历史上法律精英、司法主体、社会生活、社会结构以及社会心态和法律形成与发展的互动轨迹，揭示了社会变迁过程中法律的社会功能以及影响法律功能发挥的诸多因素。张仁善《礼·法·社会——清代法律转型与社会变迁(修订版)》(商务印书馆，2013年)用历史学、法学、社会学方法，围绕礼法合一的法律体系在清代的转型，探讨礼法转型与社会变迁的关系。

日常生活史的法学研究引人注目。郭东旭等著《宋代民间法律生活研究》(人民出版社，2012年)主要考察了宋代民众生活的社会环境和法律环境、民众法律地位和法定权利的变化、民间讼学之兴与好讼之风、民间财产纷争的各种表现形态、官府诫争息讼措施及民众在司法活动中的实际境遇等方面的问题。《老乞大》和《朴通事》两书，是朝鲜李朝时期(1392—1910)的汉语教材，它们对蒙元时期庶民百姓的日常生活作出了忠实全面的描述。《老乞大》与《朴通事》成书于元代末期，又经过明清两朝的不断修订和批注，成为权威的汉语教材，流传广泛，影响深远，可以借此探究蒙元时期的社会文化生活与日常法律生活。《老乞大》描写的“马匹交易”契约，包含了传统中国独具特色的信用、自由、平等的契约观念，以及契约结构和要素的法律功能。而《朴通事》则描述了庶民百姓的日常生活(婚姻、借贷、人口买卖、房屋租赁)与社会秩序的形成机制，即用契约方式来组织日常生活的各个领域，从而折射出契约实践对于建构与维护社会秩序的基本功能。徐忠明著《〈老乞大〉与〈朴通事〉：蒙元时期庶民的日常法律生活》(上海三联书店，2012年)探讨了商业运作与契约实践，日常生活与契约秩序，社会秩序与犯罪控制等问题。尤陈俊著《法律知识的文字传播——明清日

---

① 还可参阅路彩霞：《近十余年大陆晚清民国医疗卫生史研究综述》，陈锋主编：《中国经济与社会史评论·2010年卷》，北京，中国社会科学出版社，2010。

用类书与社会日常生活》(上海人民出版社，2013 年)在广泛收集和阅读明清时期的 40 余种现存日用类书的基础上，围绕其中所包含的法律知识内容进行了专门的研究，讨论了明清日用类书中的法律知识构成及其特点，还结合了社会文化史、社会经济史、书籍史等领域的国内外相关研究，展示了法律知识在普罗大众日常生活中所扮演的角色，并且运用法律社会学的研究方法，探讨了明清时期的法律知识流传与社会变迁之间的内在关系。①

民事诉讼的法律直接处理社会问题，有关研究较为集中。蒋波《简牍与秦汉民法研究》(中国社会科学出版社，2015 年)从民法权利的主客体关系、民法与秦汉社会、民事经济刑、民事诉讼制度及秦汉民法的历史演进等方面，对秦汉民法整体进行了梳理。张文江《秦汉家、户法律制度研究——以家户法律构造为视角》(人民日报出版社，2016 年)也是探讨秦汉民法的著作。张小也著《官、民与法：明清国家与基层社会》(中华书局，2007 年)认为，明清时期民事审判的种种特点深刻地反映了社会结构及其变迁，通过民事审判研究可以重构明清时期国家统治基层社会的方式以及两者之间的互动关系。吴欣著《清代民事诉讼与法律秩序》(中华书局，2007 年)通过分析清代的农民、士绅、商人、僧人、道士、妇女、“中人”等民事诉讼主体，探讨了制约基层社会稳定和发展的因素。作者力图突破以王朝为中心的研究模式，以清代社会各阶层的人为中心，从他们的差异性、主动性入手，阐发我国传统社会法律规则的特点，以及法律与社会结构、秩序的关系。②卞利著《国家与社会的冲突和整合——论明清民事法律规范的调整与农村基层社会的稳定》(中国政法大学出版社，2008 年)主要讨论了明清农村社会经济生活的变化，民事立法和农村基层社会的稳定，户籍法

---

① 该文在方法论上引起讨论，请参阅赵晶：《“新法律史”这般发生——评尤陈俊著〈法律知识的文字传播——明清日用类书与社会日常生活〉》，见《中国社会历史评论》第 16 卷上，天津，天津古籍出版社，2015。

② 有关中人的研究，王帅一《明清时代的“中人”与契约秩序》(载《政法论坛》2016 年第 2 期)强调通过中人以及缔约相对方构成的人际关系网络，探讨形成中人功能的内在机制与文化因素。

的调整与农村社会的稳定，田宅交易法的调整及其农村基层社会的稳定(上、下)，土地租佃关系的立法调整与农村社会稳定，典当和借贷法律规范的调整与农村基层社会的稳定，关于婚姻、家庭和财产继承等方面法律规范的调整与乡村基层社会的稳定，民事诉讼法的调整与农村基层社会的稳定，对“健讼”和讼师的立法调整，以及明清徽州的民事纠纷与民事诉讼典型个案剖析，从明清徽州的乡规民约看国家法与民间习惯法之间的冲突与整合典型个案剖析。赵晓耕主编《身份与契约：中国传统民事法律形态》(中国人民大学出版社，2012 年)从文化根基与传统民法、传统民事法律形态两个角度介绍了中国传统民事法律形态。第一部分文化根基与传统民法总体上概括论述了中国古代传统文化对当时民法体系的影响，包括小农经济、“义”“利”道德思想以及政治体制与法律体系。第二部分则具体介绍了传统民事法律形态，主要为家族、婚姻、继承、财产权、户的民事主体性、土地权利、永佃制、合伙制度、担保制度以及契约制度。

婚姻、家庭关系与家庭问题的研究，集中在秦汉、清两个时段。贾丽英《秦汉家庭法研究：以出土简牍为中心》(中国社会科学出版社，2015 年)利用新出资料讨论了夫妻、父子、主奴法律关系这些中国古代社会通见的基本内容，也考察了秦汉律令中“同居”的概念和法律效力等具有时代色彩的法律规定，对以往研究注意不足的出嫁女与本家关系也进行研究。贾丽英著《秦汉家族犯罪研究》(人民出版社，2010 年)对秦汉家族犯罪进行了剖析：以 124 个族刑案为基础考证了秦汉时期的族刑；从法史角度辨析了三族、五族、七族、九族等概念；梳理了以家族为主体的犯罪；研究妨害家族关系犯罪，系统分析了不孝罪的起源、内容、背景、变迁等问题；总结了秦汉政府对家族犯罪的控制措施，以考古发掘为依据，探讨了家族集体性惩罚，认为不是由古代统治者的野蛮和残暴所致，而是因为其为古代小政府控制大国土的有效手段。清代的研究更多，钱泳宏著《清代“家庭暴力”研究——夫妻相犯的法律》(商务印书馆，2015 年)基于法律实证分析思路，运用比较、社会性别分析、分类统计与图表等方法，较系统地运用《大清律例》与刑部档案资料，采用清律的表达方式，梳理夫犯妻与妻犯夫两条线，对清代的夫妻关系、夫妻相犯的方式、社会各方面反应进行量化描述，勾勒还原清代夫妻相犯的原貌，通过剖析规制夫妻相犯律例的特征，考察清代的性别意识对法律的影响以及对妇女生活的影响后，得出律例的夫尊妻卑特征是造成清代夫妻相犯具有不同方式，以及夫犯妻不能被遏制的法律原因；律例看似惩处较轻的“和奸”之文形同虚设，而“捉奸杀奸”的重惩奸罪规定又导致了“和奸”之妻“因奸杀夫”案件的频发。吴正茂著《清代妇女改嫁法律问题研究》(中国政法大学出版社，2015 年)探讨了改嫁主婚权问题，不同情境下的妇女改嫁，许婚改嫁，由改嫁引起的人身和财产问题。杨晓辉著《清朝中期妇女犯罪问题研究》(中国政法大学出版社，2009 年)探讨了清朝中期妇女的婚姻家庭生活与地位，清朝关于妇女犯罪的法律规定，清朝中期妇女犯罪类型及个案分析，清朝中期妇女犯罪的特点及原因分析，从清朝中期妇女犯罪看当时的妇女、法律与社会。

商人、商业与法治的关系研究有，范金民等著《明清商事纠纷与商业诉讼》(南京大学出版社，2007 年)探讨了商业经营纠纷与诉讼，商会产生后的商事纠纷与商业诉讼，商人控诉地方官府应值当行等无偿索取，商帮与商帮的商业竞争与纠纷，商帮与社会各阶层的矛盾纠葛。王亚军著《明清徽商的诉讼研究》(安徽大学出版社，2013 年)将徽商置于“重农抑商”和“无讼”的传统法律文化下，以法学的研究方法来审视明清时期徽商的各类诉讼活动，论证分析徽商在缺乏国家法律制度的有效保护下，主动依附封建政治势力，锻造出徽商“好讼”性格，却带来不可避免的弊害，迫使徽商最终沦为封建性商帮，最终走向衰败的悲剧性命运。最后通过中西比较的研究方法，从宏观方面来分析徽商的诉讼与欧洲中世纪商人的诉讼之间的差异，以证明注定徽商和西方中世纪商人不同命运的法律根源。张渝著《清代中期重庆的商业规则与秩序：以巴县档案为中心的研究》(中国政法大学出版社，2010 年)探讨了清代中期重庆这个特定区域的行会习惯法的发展及其变迁、地方政府于民间商业社会构建行会习惯法的种种努力等问题，以期能够揭示该地域社会特定历史时期行会习惯法的一些特质。李学兰著《中国商人团体习惯法研究》(中国社会科学出版社，2010 年)以明清时期盛行于江南地区的会馆、公所以及近代以来的商会、公会为例，总结了商人团体习惯法及其变迁，论述了商人团体的组织形态与社会环境的关系、商人团体习惯法及其与社会纠纷处理之间的关系、商人团体和商人团体习惯法的演变，以及商人组织及其习惯法的功能等。王红梅著《商会与中国法制近代化》(南京师范大学出版社，2011 年)以商会与中国法制近代化为研究课题，选择商会这一群体为研究对象，从微观角度研究法制近代化过程中社会成员的法律意识、法制理念和法治参与程度的变化过程，通过研究商会与中国法制近代化的互动过程，探究法制近代化过程中国家和社会之间的关系。付海晏著《中国近代法律社会史研究》(华中师范大学出版社，2010 年)主要涉及近代商事纠纷、庙产纷争以及鄂东民事法律秩序。

学者还从各个角度讨论法制与社会的关系问题。李雪梅著《法制“镂之金石”传统与明清碑禁体系》(中华书局，2015 年)对古代“碑以载政”的特色作了初步梳理，对解读“刻石纪法”的行政执法功能及对社会的影响具有重要价值。文霞《秦汉奴婢的法律地位》(社会科学文献出版社，2016 年)从简牍资料出发，系统探讨了秦汉奴婢的名称、来源、户口情况、放免及法律地位等问题，同时也对秦汉徒隶、奴隶、户人、室人等具体问题提出了自己的看法。李可著《宗教社会纠纷解决机制——唐和宋的专题研究》(法律出版社，2010 年)以宗教社会组织的纠纷解决机制为切入点，探讨唐宋时期民间社会的基本自治属性问题。徐忠明著《众声喧哗：明清法律文化的复调叙事》(清华大学出版社，2007 年)力求用多元复杂的史料来彰显和刻画明清时期法律文化的多样性与复杂性，在庶民和精英的关系结构中进行互动的解释。该书继续拓展明清时期司法文化研究的资料范围，如关于谚语、笑话、竹枝词和地方志的专题讨论。这些资料不仅反映了庶民百姓的法律意识、法律心态和法律诉求，也渗透了精英阶层的某些想法。该书尝试利用传记资料来检讨明清时期的司法实践，提示司法运作与司法裁判中被档案所遮蔽的若干“隐秘”问题。徐忠明《情感、循吏与明清时期司法实践》(上海三联书店，2009 年)借鉴最近数十年来在欧美学术界逐步发展兴盛起来的新文化社会史关于“表达”(representation)的研究方法，通过对上述史料的解读，试图挖掘明清时期司法裁判的“表达与实践”的精神结构，并在此基础上概括与提升明清时期司法模式的类型特征。周蓓著《清代基层社会聚众案件研究》（大象出版社，2013 年）对清代基层社会的聚众冲突作宏观的、基础性的梳理，并结合案件特点将其分为三大类，从案件中选取具有典型性的类型进行分析，运用宏观与微观相结合的手段考察清代基层社会聚众案件的基本形态。同时，围绕清代官府针对聚众案件的预防、治理和控制机制，探寻清代儒法交融的统治结构，为研究清代基层社会控制体系的具体实践提供了一个新的视角。吴佩林《清代县域民事纠纷与法律秩序考察》（中华书局，2013 年）主要内容包括：三十年来的清代法律史研究、概念、基本资料与研究路径、基层社会的秩序规范、南部县的历史与社会、国家对宗族组织的管理、宗族组织的内部管理等。赵晓华著《救灾法律与清代社会》（社会科学文献出版社，2011 年）论述了清代救灾立法的内容及特点，清代救灾行政体系及其运作，清代的赈捐制度，清代的因灾恤刑制度，清代的因灾禁酒制度，清代救灾期间的耕牛管理制度，清代灾荒中的妇女买卖及法律救治。赵晓华主编《近代法律与社会转型》（经济科学出版社，2014 年）从法学、历史学、哲学、文学等多学科的视野出发，集中探讨从历史学角度研究法律史的意义、法律史研究的未来走向、中西法律史比较研究、清至近代法律制度及司法实践的具体问题等，以期增进史学界和法学界在法律史研究领域的对话和交流，深化对于中国近代社会转型的认识与反思，进一步拓宽法律史的研究路径。中国政法大学法律古籍整理研究所编《清代民国司法档案与北京地区法制》（中国政法大学出版社，2014 年）内容包括顺天府的设立及其在京畿司法管辖中的地位与职能；清末民国死刑制度变迁：普通刑事法与特别刑事法之间的死刑实践；清代北京地方职官受赃罪的特点及惩防，法律与风俗：从北平地方法院重婚案件审判档案，等等。胡翔宇《清代法律的常规化：族群与等级》（社会科学文献出版社，2016 年）揭示出清代法律在演变过程中逐步减少基于等级和族群的差异，即法律的常规化。旗人换刑特权是清廷废除满洲刑罚体制以适应汉人法律的产物，清代法律在变化中不断削弱这种特权。清廷对皇族和皇族妇女犯奸案件的审判证明，皇族、平民和贱民在性行为规范上的道德责任以及法律责任逐步走向同一。晚清不同等级和不同族群的妇女犯奸后，在拟罪和执行刑罚上几乎没有区别。清代刑部严格区分刑事与民事案件，在审理民事案件时强调法律体现的民事原则，而非涉案者的等级或族群背景。梁聪《清代清水江下游村寨社会的契约规范与秩序》(人民出版社，2008 年)从实际生活出发，运用人类学素描的手法，勾画了一幅 18、19 世纪中国南方山地少数民族法律生活的图景，展示了苗族基层社会法律秩序的基本构成，揭示了构成法律秩序的要素以及各要素之间彼此配合、互相促进的生动的良性互动机制。

三、着眼于区域整体的社会史

一些学者着眼于地方社会的探讨。林永强著《汉代地方社会治安研究》(社会科学文献出版社，2012 年)针对汉代基层官吏的社会治安职能、地方某些交通管理设施的社会治安功能、地方社会治安法规、区域社会治安状况、民俗对社会治安的影响、民间舆论、民间社会参与社会治安等一系列内容作了一定的探索，认为汉代地方社会治安管理是一种既体现国家依法管理地方社会秩序的原则，同时又深受汉代地域、民俗、民间某些因素影响的社会管理模式。赵世瑜主编《长城内外：社会史视野下的制度、族群与区域开发》(北京大学出版社，2016 年)收录 12 篇论文，通过对地方社会的历史重构，重新审视相关传世文献以及它们对发生在这里的重大历史事件、制度、人物的看法，试图以此对明清时期长城两侧的族群关系及地方社会的建构提出新的问题。吴琦主编《明清地方力量与地方社会》(中国社会科学出版社，2009 年)集中展现其率领的研究群体对此问题长期深入研究的最新成果，涵盖明清地方社会秩序、地方公共事务、地方社会文化等，透过地方力量与地方社会的互动，揭示国家与社会的关系。

(一)华北区域

李治安等著《元代华北地区研究——兼论汉人的华夷观念》(南开大学出版社，2008 年)汇集了元史学者的 20 篇专论，内容涵盖元代“腹里”的行政地位、投下分封、区域经济、社会文化等诸多领域，以及山西、胶州等的特色考察，并探讨了元代汉人的华夷正统观念及演进变化。山西的论述较多，安介生著《历史地理与山西地方史新探》(山西人民出版社，2008年)内容集中在历史地理与山西地方史两大方面。杜正贞著《村社传统与明清士绅：山西泽州乡土社会的制度变迁》(上海辞书出版社，2007年)，绪论回顾了作为神祇、组织和制度的“社”的学术史，接着论述了宋金元时期的地方信仰与村社系统，国家和地方历史变迁中的村社——以“七社十八村”为例，明清泽州的士绅社会，市镇中的“社”与士绅的村社理想，士绅家族形态与村社，作为乡土制度的明清村社，“社”与社会：地方历史传统与制度变迁。殷俊玲著《晋商与晋中社会》(人民出版社，2006年)以清代及民初晋中社会为考察中心，探讨晋商与晋中地方社会生活之种种情状，揭示晋商与晋中社会的关联与互动，具体论述了人口、婚姻、家族、生意、市场、日常生活、休闲生活、晋商与晋中文化、晋商与公共领域、晋商的衰落等问题。乔新华《为什么是洪洞：大槐树下的文化传统与地方认同》(人民出版社，2010年)主要论述了洪洞的人文传统，金元至明中叶族群互动中的儒士与洪洞经济文化的繁荣，明中叶至清初的士绅与地方认同，清中叶至民国初的洪洞士绅与大槐树认同，士绅、晋南文化传统与大槐树认同关系的分析。段建宏著《明清晋东南基层社会组织与社会控制》(中国社会科学出版社，2016年)，以晋东南区域为研究中心，首先介绍了里甲、保甲、里老、乡约、宗族、社等基层社会组织，分析了它们之间的关系及其互动；其次论述了基层社会组织在区域社会中的控制方式，主要包括以学校为主体的社会教化、以慈善机构为主体的社会救济、以家庭为主体的尊老养老；再次将民间信仰纳入社会控制的范畴，论述了在国家与地方社会力量的相互角力中，双方充分发挥民间信仰的功能，整合民间信仰的各种资源，强化了对地方社会的控制；最后探讨了地方社会力量在乡村规约、社会危机、地方公共事务中表现出来的积极作用。齐光著《大清帝国时期蒙古的政治与社会——以阿拉善和硕特部研究为中心》(复旦大学出版社，2013年)利用满、汉、蒙、藏多种语言文字史料，以卫拉特蒙古的一支阿拉善和硕特部为切入点，通过揭示该部在清朝时期的活动，同时又以阿拉善和硕特部为中心，考察了清朝时期外藩蒙古扎萨克旗内部的社会行政组织的存在形式及其具体运营，以及扎萨克王爷的部众支配手段，以此较详细、系统地论述了清朝时期外藩蒙古的政治与社会的具体面貌。河南近代社会史研究主要集中在人口、灾荒、民间信仰与秘密社会、社会阶层、妇女婚姻与家庭等方面，存在研究内容分布不均衡、理论方法有待改进等问题。①

（二）西北区域

田澍、何玉红主编《西北边疆社会研究》（中国社会科学出版社，2009 年）内容包括古代西北疆域研究若干问题的思考、西北民族与边疆治理、西北边防与边政建设、西北地方行政与社会控制、西北生态与环境变迁等。邓慧君著《甘肃近代社会史》（甘肃人民出版社，2007 年）叙述甘肃这一地理范围内的基本社会存在状况，廓清其在特殊时期的演变轨迹，对甘肃近代社会进行了全面的叙述、了解和分析。此外，陈于柱著《区域社会史视野下的敦煌禄命书研究》（民族出版社，2012 年），内容有敦煌禄命书的分类与定名，敦煌禄命书考释，卜筮求祟召医和药等，还对资料加以校录。

东北区域的研究较多，不过我们分散在移民等部分介绍了。

（三）华中区域

鲁西奇著《人群·聚落·地域社会：中古南方史地初探》（厦门大学出版社，2012 年）从居住人群的来源与划分、乡村聚落形态与城市里坊制的实施及实态、行政区域的设立与划分、乡里制度的推行与地域社会的实际控制形态等方面，探讨中古时代南方地区特别是长江中游地区人群与社会的变动。廖寅著《宋代两湖地区民间强势力量与地域秩序》（人民出版社，2011 年）分上篇“民间强势力量及其社会网络”与下篇“民间强势力量与地域秩序”，在厘清两湖地区民间强势力量生存形态的基础上，比较湖南与湖北的差异，以及两湖地区与东南发达地区的差异，进而揭示唐宋变革的区域差异和社会转型的某些规律。王美英著《明清长江中游地区的风俗与社会变迁》（武汉大学出版社，2007

---

① 苏全有、乔洋敏：《近代河南社会史研究的回顾与反思》，载《河南科技学院学报》，2013(9)。

年)，论述的内容有日常生活习俗(服饰、饮食、居住与出行)，婚姻习俗，丧葬习俗。该书纵向考察历史时期长江中游地区的风俗变迁，横向考察明清时期长江中游地区风俗的共同特征及区域差异，论述明清时期长江中游地区的社会变迁对风俗的影响。附录论述明清时期长江中游地区少数民族的风俗。张建民《明清长江中游农村社会经济研究》(商务印书馆，2010 年)收录 18 篇论文，涉及人口、宗藩、水利、寨堡等多种社会经济问题。罗运胜《明清时期沅水流域经济开发与社会变迁》(社科文献出版社，2016 年)以明清时期湘黔交界的雪峰山和武陵山区之间的沅水流域为研究区域，以经济开发为主要研究对象，重点考察流域内的农业开发、工商业发展以及相关的社会变迁。李晓方《县志编纂与地方社会——明清〈瑞金县志〉研究》(中国社会科学出版社，2015 年)考察县志编纂源流与作者构成、县志编纂与地方宗族、县志编纂与地方文化意识、县志的阅读与利用，探讨县志编纂与中国传统社会结构的内在联系。

(四)江南区域

综合性的论述有范金民、胡阿祥主编《江南地域文化的历史演进文集》(生活·读书·新知三联书店，2013 年)，从地域文化、地域经济和地域社会等角度全面考察江南地区。时段上涵盖了史前考古时代直到今天，空间上俯瞰了江南的城镇和乡村。牟发松、陈江主编《历史时期江南的经济、文化与信仰》(华东师范大学出版社，2014 年)通过个案、专题研究，对历史上江南的经济、文化及民众信仰生活进行长时段的追踪考察和总体把握。王家范主编《明清江南史研究三十年(1978—2008)》(上海古籍出版社，2010 年)为三十余位学者畅论这三十年来的明清江南史研究的文集。马俊亚著《区域社会发展与社会冲突比较研究：以江南淮北为中心(1680—1949)》(南京大学出版社，2014 年)对江南和淮北进行对比，以找出社会发展和社会衰退的决定性因素及其本质。侧重于历史地理的研究，谢湜著《高乡与低乡：11—16 世纪江南区域历史地理研究》(生活·读书·新知三联书店，2015 年)，以宋元时期太湖以东区域历史为例，尝试对“地域开发政区增设”模型作出更丰富的阐释。吴滔、佐藤仁史著《嘉定县事：14 至 20 世纪初江南地域社会史研究》(广东人民出版社，2014 年)是一部中日学者长期合作的学术成果，贯穿全书最重要的一条主线是赋役财政制度的变迁，另外一条主线是探讨明清时期江南地区市场的发育机制，以此为基础，尝试对南翔、安亭等市镇的空间历史进程进行初步的复原。强调生活史的研究，小田的《江南场景：社会史的跨学科对话》(上海人民出版社，2007 年)以社会史范式演绎出令人耳目一新的区域历史场景。新兴的社会史追求历史的整体性。在整体性范式下，社群世界中普通民众的日常生活及其民间文化受到研究者的特别青睐，并以此形成与传统史学明显不同的特色，或许也标志着我国社会史研究的趋向。以地方行政为重点的考察，冯贤亮著《明清江南的州县行政与地方社会研究》(上海古籍出版社，2015 年)以明清时期江南地区的州县行政与社会关系为切入点，通过一系列个案研究和对行政官员的大量实践活动的考析，说明当时的州县政府作为国家行政权威下延的终点和地方意志表达的起点，对于维持地方社会安定、经济运作等方面的重大问题，是如何进行操作的。明清时期与近现代历史相衔接，其王朝统治、地方行政的制度设计与调整，对后世中国政治与社会有重要影响。该书所涉及的州县衙署建设、地方利益分割、府县秩序、地方治安与思想教化、刑事操作、民变控制、吏治问题等，既呈现出与明清时期典章制度设计之间的距离，也为现代中国基层社会的管理与官治理论提供了重要的历史借鉴。值得注意的是，刘志伟就江南区域史的超越问题，从全球史的视野发表了见解。①

徽州在历史上也曾属于江南。《唐力行徽学研究论稿》(商务印书馆，2014 年)在整体史观引领下，从徽商研究入手，运用历史地理和历史人口学、文化人类学、计量史学等多学科综合的新方法，透过具体的微观研究分析宏观的社会结构。全书分为徽州商人、徽州宗族、徽州社会、徽州文化四辑。邹怡著《明清以来的徽州茶业与地方社会：1368—1949》(复旦大学出版社，2012 年)，就自然环境究竟如何影响

① 刘志伟：《超越江南一隅："江南核心性"与全球史视野》，载《探索与争鸣》，2016(4)。

特定区域内的产业形态和社会面貌，通过以明清及民国时期徽州茶业为中心的若干专题研究，对该影响机制进行了实证考察。徽州地区茶叶炒制的工艺流程、茶业机构的分布特点和茶业都市的兴衰历程，均可置于当地的山水结构、风俗习惯等自然、人文环境中加以解释，进一步追问风俗习惯等人文现象的决定因子；同时，我们也将看到更多发端于自然基底的链式反应。此外，该书也对海外学界的徽州研究成果作了迄今最为详尽的一份综述。李甜《明清宁国府区域格局与社会变迁》(复旦大学出版社，2016 年)从地理、商业、人群、认同等层面系统阐述明清时期该府的人文分化与社会变迁，探讨区域格局的形成历程以及其中的徽州因素，既拓展徽学研究的外延，丰富对皖南宗族史、商业史和区域历史地理的认知，又推动徽州与江南的地域比较研究。

与江南相近的表述是东南。吴松弟、连晓鸣、洪振宇主编《走入历史的深处》(上海人民出版社，2011 年)是"中国东南地域文化国际学术研讨会"论文集，主要内容分别为社会经济、建筑、宗族、信仰与地方社会的专题论述。崔磊《明清皖江流域文化消费与社会生活》(合肥工业大学出版社，2015 年)从明清皖江流域文化资源、文化服务、文化场域、文化创制、文化消费管理等方面，尽可能还原明清皖江流域的文化消费与社会生活的真实图景。

(五)闽粤的华南区域

郑振满著《乡族与国家——多元视野中的闽台传统社会》(生活·读书·新知三联书店，2009 年)收录了作者探讨闽台传统社会的 16 篇论文，大致可以分为乡族组织与共有经济、家庭结构与宗族组织、民间信仰与仪式传统、地方行政与社会转型四个专题。这些论文的共同主题，在于通过考察明清时代的乡族组织与地方政治，探讨中国传统社会结构的转型。杨齐福著《近代福建社会史论》(社会科学文献出版社，2011 年)着重探讨基督教会对近代福建社会发展的历史作用及近代福建社会之变迁，如近代福建私塾的改良、近代福建鼠疫的防治、民国时期福建社会救济、民国时期惠安女之集体自杀、1948 年福州水灾等，揭示近代福建社会变化之特点，进而探寻近代福建社会变迁之规律。游海华著《重构与整合——1934～1937 年赣南闽西社会重建研究》

(经济日报出版社，2008 年)从现代化转型和社会发展观层面考察了1934—1937 年间赣闽边区的社会重建与整合。刘大可著《田野中的地域社会与文化》(民族出版社，2006 年)采用人类学、历史学、社会学科际整合的方法，从横向展示某一社会的结构、当地人民的社会生活和社会运行的动力，同时又从这个横向的社会结构反映社会的发展过程和历史的变迁。上海古籍出版社 2006 年出版“暨南史学丛书”，有两种广东研究的著作：李龙潜《明清广东社会经济研究》，内容涉及经济作物种植、农田水利事业、实物地租制的租佃关系、土地契约文书、墟市兴盛、对外贸易、三十六行、“迁海”过程、人口膨胀原因、潮州人、香港南北行等；刘正刚《广东会馆论稿》论述了北京、上海、江苏、广东、广西、四川等省区以及海外的广东会馆，附录《清代以来广东文化在内地的传播》一文。何文平《变乱中的地方权势：清末民初广东的盗匪问题与社会秩序》(广西师范大学出版社，2011 年)从盗匪的规模、活动方式、群体状况等方面，考察清末民初广东的盗匪现象；着重分析晚清广东地方政权应对盗匪问题所处于的“困境”状态，揭示清朝的衰微；考察盗匪问题与清末民初广东革命运动的关系，分析了政权的更替对社会控制的影响；探讨盗匪问题背景下，民国初期广东地方社会武力化的两种主要途径及其后果，反映地方社会应对盗匪问题的实际效果与社会影响。

(六)西南区域

王东杰著《国中的“异乡”——近代四川的文化、社会与地方认同》(北京师范大学出版社，2016 年)通过对晚清民国四川社会与文化史上几个片段的勾勒，试图对中国近代的地方、国家和认同进行更深入的思考，尤其希望凸显“全国地方性”和“地方民族主义”这两项相辅相成的文化现象的重要性。[①] 欧阳恩良著《西南袍哥与辛亥革命》(中国致公出版社，2011 年)立足区域史研究视角，以清末民初为历史背景，以资产阶级各派别与西南袍哥的相互关系为中心，从自然、人文环境入手，追溯西南袍哥的历史渊源，解剖西南袍哥的内部组织，阐述西南

---

① 参见谭徐锋：《“四川人”是怎样炼成的》，载《经济观察报》，2016-10-30。

袍哥为推翻清王朝统治、建立民国做出的贡献；并揭示辛亥光复后，西南各省袍哥因其固有缺陷，如何成为反动势力与革命派争权夺利的工具。管彦波著《中国西南民族社会生活史》(中国社会科学出版社，2014 年)探讨了民族社会生活史的学科属性、研究内容、研究对象，以及民族社会生活史与其他学科的相互关系等一系列理论问题，分别以衣食住行等社会生活的重要内容为切入点，论述了西南历史上各种不同的民族共同体的经济生活与文化生活的内在规律和外在现象。周智生著《商人与近代中国西南边疆社会——以丽江等滇西北地区为例》(民族出版社，2015 年)将商人研究与民族社会发展史研究二者结合起来，展现近代滇西北这个少数民族聚居区在近代商品经济大潮中的变迁景象。

结　语

几年前我曾笔谈社会史研究的最新发展趋势，我认为，近些年来，海内外的社会史研究在取得进展的同时，寻求着某种突破。有如下研究趋势值得我们关注，即社会史与全球史、物质文化与日常生活的路径、历史人类学的研究取向。笔者以为社会史研究的趋势，或许可以概括为以下三点：首先是社会空间的扩展，强调研究中把握好社会与村落、城市、区域乃至全球化的关系；其次重视社会史与新文化史联袂，将感觉、日常生活、社会与文化的建构等纳入视野；最后强调跨学科的视野，这些年历史人类学、艺术社会史、医疗社会史、法制社会史取得了令人瞩目的成就，为社会史展示出美好的学术前途。① 现在我仍持这些看法。

不过，我以为值得推广的还有从“三生”的视角开展中国社会史研究。2014 年举行的第十五届中国社会史学会年会，主题是“中国历史上的生命、生计与生态”，融合生命史学、环境史学、日常生活史学于

---

① 常建华：《社会史研究的最新发展趋势》，载《安徽师范大学学报》，2014(1)。

一体，构成“三生”的问题意识。关于生命史学，余新忠认为，“生命史学”的核心是要在历史研究中引入生命意识，让其回到人间，聚焦健康。也就是说，我们探究的是历史上有血有肉、有理有情的生命，不仅要关注以人为中心的物质、制度和环境等外在性事物，同时更要关注个人与群体的生命认知、体验与表达。① 王利华认为，环境史研究除了系统地考察自然环境的历史面貌外，尤应注重生命支持系统的历史、生命护卫系统的历史、生态认知系统的历史、生态—社会组织的历史。② 生态环境与人的结合，构成人与自然的关系，历史学重点考察人的活动，这种活动是以生计为主的，即人的生命的生产与再生产的日常活动，属于民生活动。“三生”视角的基本逻辑在此，或许可以赋予中国社会史研究以新的学术追求。

21 世纪以来中国社会史研究仍以区域史研究最为集中，空间成为透视社会的基本视角，将社会经济、社会文化、社会生活纳入其中。相对以往的区域史研究，变化较大的是更加重视人的活动、日常生活以及生态环境，从生活切入地方社会的研究取向增多。比较而言，华北区域研究较多关注国家与社会的关系；江南区域研究比较多样化，社会经济与城乡问题成果较多；华中区域研究较多的是生态史方面的；华南区域研究则较多社会经济与历史人类学色彩；东北区域多探讨移民社会，而西北、西南区域则重视民族关系与民族问题。

环境史学迅速发展，相关的生态社会研究成果增长，灾荒社会史、水利社会史取得较多的成果，最具突破的是医疗社会史的研究。这些领域的研究面临的最大问题，似乎是如何彰显对于人的活动的研究。

随着大量出土文献、档案文献的问世，法制社会史研究异军突起，成果丰富。近年来法制史与生活史开始结合，开辟了新的研究领域。

生活史借助物质文化史、民间文献的开发利用以及刑案资料的挖掘，得以扩展与深化。社会各层次的生活都有更加细化的研究，特别是普通人的生活更加受到关注，民生问题的研究越来越多，联系制度

① 余新忠：《生命史学：医疗史研究的趋向》，载《人民日报》，2015-06-03。

② 王利华：《浅议中国环境史学建构》，载《历史研究》，2010(1)。

与生活的研究另辟蹊径，生活史展现出多样化的研究态势。城市生活、乡村生活概念的区分，促进了生活史研究的深化。民间信仰、社会习尚、社会慈善与保障往往成为认识人的日常生活的窗口，甚或其本身就是日常生活的一部分。

对于社会分类、社会关系的把握，除了礼法与经济因素外，研究者更多将目光投向生活与文化的因素，使得对于社会结构的把握柔软化，贵族、官员、文人的研究获得社会文化研究新的动力，艺术社会史在这方面的研究成果给人耳目一新的感觉。家庭、宗族作为中国文化的载体，被重新认知。

第二章　日常生活史研究的视野

20 世纪 20 年代末到 40 年代，社会生活史开始进入中国学者的视野。50—70 年代的中国大陆，生活史的研究成果寥寥无几。社会生活史作为独立的研究领域，基本上是最近 20 多年的事情。社会生活史成绩突出，但是近来学者并不满意目前的研究状况，力求有所突破。社会生活史是以人的生活为核心联结社会各部分的历史，生活史研究的最大价值，应当是建立以人为中心的历史学。生活史立足于民众的日常活动，镶嵌于社会组织、物质生活、岁时节日、生命周期、聚落形态中。注意社会分层，了解不同社会群体的生活也是研究中必不可少的方面。生活史的研究带来视角与方法的变化，可以从习以为常的生活中发现历史，从日常生活来看国家，挑战传统史料认识，可以从生活方式的转变方面考察民族关系与进行不同文明比较，阐述社会变迁。

文化史、社会史、历史人类学均关心人的生活，生活史在相当大的程度上也是以社会文化史的面目出现的。日常生活在文化史、社会史、历史人类学领域得到的重视程度不同，表述的方法不一，然而都是这些领域不可或缺的部分，日常生活应当成为文化史、社会史、历史人类学研究的基础。中国社会文化史研究在生活史方面已经取得一定成绩，但应更加明确与自觉地把日常生活史作为社会文化史研究的基础。

历史人类学研究民俗习惯的历史变迁，以揭示人的行为反映的特定历史时期的社会文化，而社会文化根植于生活。日常生活史是历史人类学的重要出发点，历史人类学不是一种独特的研究对象而是强调一种研究视角与方法。欧美学术界诸多重要流派在一定程度上强调立足于日常生活的历史人类学研究。中国的历史人类学研究，特别是明清时期立足于地域与田野实践的历史人类学，已经处理到日常生活与历史人类学的关系。鉴于从日常生活的视角理解历史人类学的专门论述罕见，有必要强调历史人类学研究应以日常生活史为出发点。

日常生活史在欧美等地已经成为一个独立的学术研究领域，也可以视为社会史或文化史的重要组成部分，更是作为方法论产生了重要的学术意义。日常生活史的出现，从诺贝特·埃利亚斯所著《文明的进程》到菲利浦·阿利埃斯与乔治·杜比主编的《私人生活史》，都贯穿着西方历史演进"道德私人化"的基本思想。如今的日常生活史，已与物质文化、社会性别、科技、医疗、身体、艺术诸史相融合，研究采用多种视角，成为跨学科的学问。欧美日常生活史学家尖锐批评社会科学史学"见物不见人"的特点，特别强调个人的作用。面对海外日常生活史研究产生的一批优秀学术成果，晚起的中国日常生活史应当将中外日常生活史的比较研究作为自觉的行为。表面来看，似乎是西方公私分立，中国公私相混，中国历史上公与私的生活以及二者的关系与西方究竟有何不同，值得深入研究。

第一节　中国社会生活史上生活的意义

在中国历史的研究里，生活史作为独立的研究领域，基本上是最近20多年的事情。一般来说，生活史的概念多使用"社会生活"一词，或倾向于将社会史与生活史糅合在一起，实为社会史；或强调生活史有别于社会史，接近"日常生活史"①的概念。由于"社会生活"一词的含义较为模糊，伸缩性很大，在研究实践中，人们对于该词内涵与外延的认识不一，也未必有清晰的此疆彼界之分。

为了把握中国社会生活史上生活的意义，我们首先从学术史的角度论述中国社会生活史研究的发展过程，其次探讨生活史内容对于中

① 关于西方新兴的日常生活史学派，可参见刘新成：《日常生活史与西欧中世纪日常生活》，载《史学理论研究》，2004(1)。

国史研究的价值，最后谈生活史研究的方法论意义。

一、中国社会生活史研究的兴起

中国现代史学产生于20世纪，清末民初正处于史学变革之际，梁启超1902年发表了著名论文《新史学》，批评中国之旧史知有朝廷而不知有国家，二十四史实为二十四姓之家谱，知有陈迹而不知有群体，号召掀起“史界革命”。他将历史研究的对象从朝廷移向人民群众，移向社会。

20世纪20年代末到40年代，生活的研究进入学者的视野。从风俗的角度关心民众生活的学者瞿宣颖(字兑之)，1928年在燕京大学历史学系开设“历代风俗制度”一课，讲述“平民生活状况”，内容包括职业、衣食住、社会组织、思想习惯等①。同年瞿宣颖刊行了《汉代风俗制度史前编》这部史料集，“序例”中批评旧史学“忽以人民日用之常”，试图改变这种情况。有的学者出版了研究生活的著作，如陈东原《中国妇女生活史》(商务印书馆，1928年)依时代系统论述了女子婚姻、家庭、社会诸方面的生活，倡导改善妇女生活。郭沫若、傅安华、全汉升分别发表了探讨先秦社会生活、唐代社会生活、宋代夜生活②的论文，这些论文受到马克思主义的影响，如傅安华将阶级分析与日常生活结合起来，论述唐代剥削阶级、被剥削阶级男子与妇女的生活③。吕思勉40年代出版的先秦、秦汉、两晋南北朝的断代史中，设有人民生计、人民生活等专章，论述社会生活。事实上，这一时期标榜“生活”研究的学者属于凤毛麟角，且多以风俗、礼俗的研究出现，更多的

---

① 参见瞿兑之：《历代风俗研究导言》，载《燕大月刊》，第3卷，第1、2期，1928。

② 郭沫若：《〈周易〉时代的社会生活》，载《东方杂志》，第25卷，第21、22号，1928；傅安华：《唐代社会生活一斑》，载《文化建设》，1937(2)(收入《傅安华史学论文集》，黄山书社，2010)；全汉升：《宋代都市的夜生活》，载《食货》，第1卷，第1期，1934。又全汉升、傅安华系陶希圣的学生，属于“食货学派”。

③ 傅安华先在《华北日报·史学周刊》发表《唐代的两种女性生活》(1935年11月1日、28日)、《唐代男性生活之一斑》(1936年3月19日、26日)，两文后合并为《唐代社会生活一斑》于1937年发表。

学者兴趣在“社会”方面。学术热点集中在“中国社会史大论战”上，关注中国社会性质和历史分期的探讨，属于社会形态史、社会发展史，尝试运用马克思主义理论建立社会史学。

50—70 年代的中国大陆，奉行马克思主义历史理论，同时史学被政治化，主要讨论社会形态发展史。个别史家论述了生活史，如以实物资料和文献资料相结合研究秦汉史的著名学者陈直，关注普通人的日常生活；谢国祯 70 年代根据两汉典籍石刻画像，探讨汉代社会的生活面貌。① 韩国磐分析了唐代农民家庭的收入与支出并判断了生活状况。② 吴晗在五六十年代发表了一些有关古人日常生活方面的普及性短文。③ 比起历史研究的重心“五朵金花”，即汉民族的形成、中国历史分期、封建土地所有制、农民战争和资本主义萌芽，生活史的研究成果极少。

随着 1976 年“文化大革命”结束以及 1978 年年底以后的思想解放，史学界开始反思 50 年代以来特别是“文化大革命”时期的历史研究。首先是重新思考阶级问题，学者意识到，对封建社会的认识，不仅要知道地主与农民之间的生产关系、农民反抗地主的斗争，而且要对地主、农民及其他社会集团内部结构及生活状况有一个全面的了解。1985 年 5 月，《历史研究》杂志社和南开大学历史系、天津师大历史系、中国世界中世纪史研究会在天津召开了“中外封建社会劳动者生产生活状况比较研究讨论会”，将“生活状况”纳入研究视野。田居俭为会议论文集所作序言提出，从以往的中国通史研究格局中解脱出来，从流行半个世纪的经济、政治、文化三足鼎立的史著框架中解脱出来，应从事各式各样的专史和专题研究，比如在中国古代史研究方面，可以撰写一

---

① 陈直：《汉代人民的日常生活》，载《西北大学学报》，1957(4)；陈直：《汉代戍卒的日常生活》，见《两汉经济史料论丛》，西安，陕西人民出版社，1958；谢国祯：《两汉社会生活概述》，西安，陕西人民出版社，1985。

② 韩国磐：《唐天宝时农民生活之一瞥》，载《厦门大学学报》，1963(4)。

③ 如《谈烟草》《古人的服装及其他》《宋元以来老百姓的称呼》《古人的坐、跪、拜》《从幡头说起》等，收入《吴晗史学论著选集》第 3 卷，北京，人民出版社，1988。

部尽收衣食住行、冠婚丧祭、饮射朝聘等风俗礼仪于笔端的《中国古代社会生活史》，也可以分别撰写中国古代衣冠、饮食、房舍、舟车、婚姻、家庭、丧葬、祭祀、朝聘、庆典等若干专题史。“因为生活方式是构成社会具体而重要的因素，它的演变，综合地体现着生产力、生产关系以及各种社会关系的变化；研究生活方式，有助于史学研究向纵深发展。”①在肯定马克思主义史学“抽象”层次的宏观社会形态史研究成绩的基础上，倡导开展“具体”层次的生活方式的研究。

人们对以往的研究模式也进行了全面反思。20世纪30年代以来中国的马克思主义的社会史研究社会发展的一般构成，即社会经济形态，根据生产方式决定社会性质，带有强烈的宏观社会史和通史的特点。马克思指出：“人们在自己生活的社会生产中发生一定的、必然的、不以他们的意志为转移的关系，即同他们的物质生产力的一定发展阶段相适合的生产关系。这些生产关系的总和构成社会的经济结构，即有法律的和政治的上层建筑竖立其上并有一定的社会意识形式与之相适应的现实基础。物质生活的生产方式制约着整个社会生活、政治生活和精神生活的过程。……大体说来，亚细亚的、古希腊罗马的、封建的和现代资产阶级的生产方式可以看做是社会经济形态演进的几个时代。”②生产方式是物质生活的生产方式，即生产力以及与之相适应的生产关系，生产方式发展史反映的是经济的社会形态。马克思所说的“物质生活的生产方式制约着整个社会生活、政治生活和精神生活的过程”给人们留下了尚需解释的余地：一是人的生活可以是包括物质生活、社会生活、政治生活、精神生活的广义的社会生活，也可以是与物质生活、政治生活、精神生活并列的狭义“社会生活”；二是与生产方式并存的应该还有生活方式，它由于社会生活有广义、狭义之分

① 南开大学历史系等编：《中外封建社会劳动者状况比较研究论文集》，天津，南开大学出版社，1989；又，该文以《略论中国史学研究方法的变迁》为题，首发于《历史研究》1986年第2期。

② 马克思：《〈政治经济学批判〉序言》，见《马克思恩格斯选集》第2卷，2～3页，北京，人民出版社，2012。

而同样可分别为广义的生活方式和狭义的生活方式。生产方式制约着生活方式。然而马克思主义理论中，并没有对具体“社会生活”和生活方式的系统论述。虽然恩格斯晚年概括出“两种生产”理论，认为历史中的决定因素是“直接生活的生产与再生产”，生产包括“生活资料即食物、衣服、住房以及为此所必需的工具的生产”与“人自身的生产，即种的繁衍”①。不过恩格斯并未建构起“人类自身的生产”的理论模式，倒是后来的格奥尔格·卢卡奇等“新马克思”者在其著作中发展出“日常生活”的概念。② 如此说来，马克思主义社会理论主要表现在广义的宏观社会史方面，所建构的宏观社会历史的理论模式，是一种“骨架”的社会史，它还需要补充作为“血肉”的狭义社会生活、生活方式的内容，建立新的社会史。③

从事哲学研究的王玉波将生活方式理论引入了史学研究，他重提历史学家吕思勉对社会生活的重视，呼吁人们开展生活方式演变史的研究，指出由于中国社会史研究曾一度被社会发展史代替，应首先要为社会史正名，认为社会史是以人的社会生活的历史演变过程和规律为基本内容的，就是生活方式演进史。④ 冯尔康著文倡导“有血有肉”的社会史研究⑤，1986 年 10 月由南开大学历史系、《历史研究》编辑部、天津人民出版社发起，在天津举行了首届中国社会史研讨会，把

---

① 恩格斯：《家庭、私有制和国家的起源》，见《马克思恩格斯选集》第 4 卷，13 页，北京，人民出版社，2012。

② ［匈］阿格妮丝·赫勒著，衣俊卿译：《日常生活》(*Everyday Life*)，重庆，重庆出版社，1990；王玉波：《要重视生活方式演变史的研究——读吕思勉史著有感》，载《光明日报》，1984-05-02；王玉波：《为社会史正名》，载《光明日报》，1986-09-10。

③ 常建华：《中国社会史研究十年》第一部分，载《历史研究》，1997(1)。

④ 王玉波：《要重视生活方式演变史的研究——读吕思勉史著有感》，载《光明日报》，1984-05-02；王玉波：《为社会史正名》，载《光明日报》，1986-09-10。

⑤ 冯尔康：《开展社会史的研究》，载《百科知识》，1986(1)；冯尔康：《开展社会史研究》，载《历史研究》，1987(1)。

研究的视角指向人民大众的生活，把历史的内容还给历史。① 彭卫论述了开展社会生活史研究的方法。② 1987 年中国社会科学院历史所承担国家社科基金项目“中国古代社会生活史”，并进行社会生活史理论探讨。③ 我从生活史的角度论述了衣着、饮食、居住、娱乐生活、死亡、生活方式与民族关系等问题。④ 黄正建则指出社会史研究有两个明显特征，即非政治史与日常生活史，强调要考虑日常生活的社会性，并将它和社会整体结构的变化联系起来。⑤

一批社会生活史著作先后问世。断代性的如宋德金《金代的社会生活》(陕西人民出版社，1988 年)论述了各阶级、阶层的社会地位及生活，饮食与衣着，住所与交通工具，婚丧礼俗，宗教信仰，学校教育与伦理道德，文娱与体育，岁时风俗及其他。冯尔康、常建华的《清人社会生活》(天津人民出版社，1990 年)一书，内容包括清代社会等级、公开社团与秘密宗教及结社、宗族、家庭、衣食住行、婚姻丧祭、娱乐、人口与社会救济以及少数民族社会生活等。中国社会科学院历史研究所承担的国家社科项目“中国古代社会生活史”断代史丛书，共有夏商、西周、春秋战国、秦汉、魏晋南北朝、隋唐、宋辽金、元、明、清十卷，已由中国社会科学出版社陆续出版六卷，即宋镇豪的《夏商社会生活史》(1994 年)、朱大渭等的《魏晋南北朝社会生活史》(1998 年)、李斌城等的《隋唐五代社会生活史》(1998 年)、朱瑞熙等的《辽宋西夏金社会生活史》(1998 年)、史卫民的《元代社会生活史》(1996 年)、陈宝良的《明代社会生活史》(2004 年)，学术水准较高。近现代的社会生

---

① 肖驷：《首届中国社会史研讨会综述》，载《光明日报》，1986-12-07；宋德金：《开拓研究领域　促进史学繁荣——中国社会史研讨会述评》，载《历史研究》，1987(1)；本刊评论员：《把历史的内容还给历史》，载《历史研究》，1987(1)。

② 彭卫：《略论社会生活史的研究方法》，载《云南社会科学》，1987(3)。

③ 浦斯：《中国古代社会生活史讨论会简记》，载《中国史研究动态》，1987(12)。

④ 常建华：《漫谈中国社会生活史的几个问题》，载《历史教学》，1991(8)。

⑤ 黄正建：《社会史中的日常生活研究》，载《社会史研究通讯》，1996(1)。

活史也有所探讨。① 专题性的社会生活史也有，商务印书馆国际有限公司出版的“中国古代社会生活丛书”，设计为5批共计50种，1995年以来已出版40种，为普及性的著作。还有对僧尼、士人社会生活的研究等。② 江南的社会生活史探讨较多。③

复兴的中国社会史研究把探讨社会生活作为重心，应该说是适应了世界历史学发展的学术潮流。台湾地区学者比较中国大陆复兴的社会史与法国心态史的学术追求后就指出：“历史研究由‘骨骼’进而增益‘血肉’，应是二十世纪历史学到最后四分之一世纪的普遍要求。”④他们提出的“新社会史”研究人民生活、礼俗、信仰和心态，概括起来即“生活礼俗”。台湾日常生活史得到了有效的开展。⑤ 蒲慕州主编的《生活与文化》收录有代表性的15篇论文，集中展示了台湾学者在作为史学研究新方向的生活史领域的研究成果，台湾学者“重视生活情景背后的文化心态，设法从这一问题在时间中的发展看出文化性格的常与变，并且设法与该社会的整体结构取得联系”⑥。作为“中央研究院”“明清的社会与生活”主题计划的一部分，该计划与美国哥伦比亚大学东亚系于2002年10月25日至27日在纽约合办“中国日常生活的论述与实践”国际学术研讨会，会议的分组题目可见研究趣味，包括：“明清士大夫的工作与娱乐安排”“日常生活的档案一：类书大全”“日常生活的

① 如薛君度、刘志琴主编：《近代中国社会生活与观念变迁》，北京，中国社会科学出版社，2001；李长莉：《中国人的生活方式：从传统到近代》，成都，四川人民出版社，2008；严昌洪：《20世纪中国社会生活变迁史》，北京，人民出版社，2007。

② 郝春文：《唐后期五代宋初敦煌僧尼的社会生活》，北京，中国社会科学出版社，1998；赵毅、刘晓东：《晚明基层士人社会生活谫论》，长春，吉林人民出版社，2006。

③ 钱杭、承载：《十七世纪江南社会生活》，杭州，浙江人民出版社，1996；陈江：《明中后期的江南社会与社会生活》，上海，上海社会科学院出版社，2006。

④ 杜正胜：《什么是新社会史》，载《新史学》(台北)，第3卷，第4期，1992。

⑤ 邱澎生：《物质文化与日常生活的辩证》，载《新史学》，第17卷，第4期，2006。

⑥ 蒲慕州：《生活与文化》导言，5页，北京，中国大百科全书出版社，2005。

档案二：细小的问题”“文字与事物”“城市空间、国家、城市生活的旋律”。明代生活史的成果较为集中①，文化生活、民间生活也是台湾生活史研究中使用的概念。②

中国社会生活史往往作为社会史的基本内容。冯尔康认为，社会史“是研究历史上社会结构与日常社会生活的运动体系，它以社会群体、社会组织、社会等级、阶级、社区、人口的社会构成，以及上述成分所形成的社会结构及其变动，构成社会结构的人群的日常生活行为及其观念为研究范畴，揭示其在历史上的发展变化及在历史进程中的作用和地位；它是历史学的一门专门史，并将其研究置于整体史范围之内，处理好两者的关系，以便促进历史学全面系统地说明历史进程和发展规律；它与社会学、文化人类学等学科有交叉的研究内容，具有多学科研究的性质与方法”，并指出群体生活联结了社会结构和日常生活，通领全部研究内容。③ 这个社会史概念大致上是将社会结构加上社会生活，而社会生活的主要内容是“构成社会结构的人群的日常生活行为及其观念”。

王玉波探讨了生活方式的范畴的内涵及研究它的价值所在，指出作为社会史研究对象的生活方式，是一个综合性的科学范畴，既包括浅层次需要的含有较多本能性、感性、经验性、自发性的日常生活活动方式如衣食住行等，也包括人的如尊重与自由、发展、自我价值实现等内在深层次的需要。为满足这些需要，人在社会生活、职业活动、政治生活、文化生活领域进行高层次的活动。正是这些深层次的需要和高层次的生活活动，更能体现人的本质，人的理性和社会性、文化

---

① 如吴智和教授带领的明史研究小组探讨明代社会生活，他著有《明清时代饮茶生活》(博远出版有限公司，1990)、《明人饮茶生活文化》(1996)之外；还有其他学者的著作，如朱倩如《明人的家居生活》(2003)；张嘉昕《明人的旅游生活》(2004)；詹怡娜《明代的旅馆事业》(2004)；林利隆《明人的舟游生活》(2005)。

② 王尔敏：《明清时代庶民文化生活》，长沙，岳麓书社，2002；吴惠芳：《万宝全书：明清时期的民间生活实录》，台北，政治大学历史学系，2001；吴惠芳：《明清以来民间生活知识的建构与传递》，台北，学生书局，2007。

③ 冯尔康：《社会史研究的探索精神与开放的研究领域》，见周积明、宋德金主编：《中国社会史论》，87页，武汉，湖北教育出版社，2000。

性。作为社会史研究对象的不是日常用语中的那种生活方式，而是属于综合性的科学范畴的生活方式。生活方式主体有个人、群体、(全)社会三个层次。“归根结底，是否把生活方式作为社会史的主要研究对象，是关系到社会史应否以社会主体的人为中心的问题。……如果认为社会史应以社会主体的人为中心，那么，理所当然地要把历史上的人即我们的前人是怎样活着的人，也就是他们的生活方式作为主要的研究对象。”①

另一哲学学者衣俊卿则认为日常消费、交往、观念活动构成日常生活世界，属于经济基础与上层建筑构成的人类发达形态的社会结构的“潜基础结构”，对日常生活的研究有助于形成关于人类社会的总体图样。他并为日常生活下了一个较为完整的定义：“日常生活是以个人的家庭、天然共同体等直接环境为基本寓所，旨在维持个体生存和再生产的日常消费活动、日常交往活动和日常观念活动的总称，它是一个以重复性思维和重复性实践为基本存在方式，凭借传统、习惯、经验以及血缘和天然情感等文化因素而加以维系的自在的类本质对象化领域。”②

比较而言，中国社会科学院历史研究所主持的“中国古代社会生活史”丛书，不太强调社会结构，内容偏重于生活部分。以宋镇豪《夏商社会生活史》为例，全书共设八章：第一章，环境、居宅、邑聚；第二章，人口；第三章，婚姻；第四章，交通；第五章，饮食；第六章，服饰；第七章，医疗保健；第八章，宗教信仰。该书“绪论”指出，总体框架的脉络关系表现为四大系列，首章为夏商社会氛围总观，第二至四章属夏商社会构成运作范畴，第五至六章是夏商物质生活形态和生活方式表象，第七至八章为夏商社会精神生活面面观，内聚积极和消极的社会调节功能。其他卷的框架与该卷略同。

以上述社会生活史为标志的生活史研究，取得的成果众多，但是近来学者并不满意目前的研究状况，呼吁加强生活史的研究，力求有

---

① 王玉波：《中国传统生活方式》，见周积明、宋德金主编：《中国社会史论》，358页。

② 衣俊卿：《现代化与日常生活批判——人自身现代化的文化透视》，20、32～33页，哈尔滨，黑龙江教育出版社，1994。

所突破。① 黄正建认为："日常生活史的研究并没有形成规模或形成学派，甚至没有引起人们的足够重视。虽然我们也有关于衣食住行的研究，但它们都是孤立的、个别的、零散的。学者们分别从政治、经济、民族、宗教、文化、风俗、文物、科技、历史地理等各种角度来研究它们，却恰恰很少将它们作为'日常生活'来研究。这些研究又大多以'物'为中心，其中没有'人'的'生活'痕迹。总之，中国的史学工作者还没有有意识地、自觉地从'日常生活史'的角度去研究衣食住行、婚丧嫁娶等现象。"②他还指出了日常生活史研究有三个特点：一是生活的"日常性"，即重视重复进行的"日常"的活动；二是一定要以"人"为中心，不能以"物"为中心；三是"综合性"，由于日常生活是一种综合性的日常活动，单研究某一种个别活动不能反映当时人的完整生活，因此对日常生活的研究一定要在单项研究的基础上进行综合研究。并具体指出唐代社会生活史研究的不足之处："近年来随着中国古代社会史研究的勃兴，对唐代历史中'社会生活'领域的研究也兴盛起来。但是目前这种研究往往比较笼统，不分时代前后、不分阶层高下、不作定量分析，所以常常使人感觉缺乏具体性。"③他试图就唐代某一时期某一阶层中的某个个人的日常生活作些探讨，将这一时期的日常生活状况具体化，为唐代社会生活史研究的深化提供参考。④ 事实上，黄正建的说法也大致符合其他断代的"社会生活"研究状况。因此，深入

---

① 如卢汉超：《历史研究中的民众生活史研究问题》，见张仲礼等主编：《中国近代城市发展与社会经济》，上海，上海社会科学院出版社，1999；雷颐：《"日常生活"与历史研究》，载《史学理论研究》，2000(3)；朱和双、李金莲：《探寻逝去的生活方式——历史人类学散论》，载《广西民族研究》，2003(4)；刘新成：《日常生活史：一个新的研究领域》，载《光明日报》，2006-02-24；常利兵：《日常生活研究的理论与方法——对一种社会史研究的再思考》，载《山西大学学报》，2009(2)；胡悦晗、谢永栋：《中国日常生活史研究述评》，载《史林》，2010(5)。

② 黄正建：《关于唐代日常生活史研究现状的思考》，载《中国社会科学院院报》，2004-09-14。

③ 黄正建：《韩愈日常生活研究——唐贞元长庆间文人型官员日常生活研究之一》，见《唐研究》第四卷，北京，北京大学出版社，1998。

④ 类似的论文还有林晓洁：《唐代西州官吏日常生活的时与空》，载《西域研究》，2008(1)。

的活的日常生活研究仍然是人们所期待的。“日常生活史研究的发展还是说明，即使是针对同一主题，也可以写出有各种不同的历史。”①在我看来，中国社会史研究需要从社会生活向日常生活转变，建立日常生活与历史变动的联系，挖掘日常生活领域的非日常生活因素，把握传统农业文明中的商业文明因素。②

二、建立以人为中心的历史学

在我看来，社会生活史就是以人的生活为核心联结社会各部分的历史。生活史研究的最大价值，应当是建立以人为中心的历史学。生活史立足于民众的日常活动，从生活方式上把握民众，民众生活镶嵌于社会组织、物质生活、岁时节日、生命周期、聚落形态中才能体现出来，并揭示民众生活与政权的关系以及历史变动带来的影响；注意社会分层，了解不同社会群体的生活也必不可少，重要的是阶级阶层、等级身份通过日常生活体现出来，这是生活史的特色，从而有别于探讨社会关系、社会结构为主的社会史。从上述立场出发，生活史在推进历史研究方面，有助于我们对社会生活产生新的理解。

在中国古代，甚至是近代农业社会，人们生活的主要场所是家庭，或者说家族。家也是人生命的起点，人生礼仪得以完成，传统时代家庭是生活单位，也是生产单位，家的研究是生活史的基础。有关中国家庭史的研究基本上是近二三十年的事情，最近出版了较多的作品。③ 但

---

① [澳大利亚]安东篱(Antonia Finnane)：《太平天国运动前夕扬州城的日常生活》，见复旦大学文史研究院编：《都市繁华——一千五百年来的东亚城市生活史》，394页，北京，中华书局，2010。

② 常建华：《从社会生活到日常生活——中国社会史研究的再出发》，载《人民日报》，2011-03-31。

③ 代表性的研究成果有谢维扬《周代家庭形态》，北京，中国社会科学出版社，1990；傅建成：《社会的缩影——民国时期华北农村家庭研究》，西安，西北大学出版社，1993；杨际平、郭锋、张和平：《五—十世纪敦煌的家庭与家族关系》，长沙，岳麓书社，1997；张研、毛立平：《19世纪中期中国家庭的社会经济透视》，北京，中国人民大学出版社，2003；张国刚主编：《家庭史研究的新视野》，北京，生活·读书·新知三联书店，2004；张国刚主编：《中国家庭史》，广州，广东人民出版社，2007；柳立言：《宋代的家庭和法律》，上海，上海古籍出版社，2008；陈弱水：《唐代的妇女文化与家庭生活》，桂林，广西师范大学出版社，2009。

是受资料的局限，同时也是认识问题，中国家庭研究较为关注有关家庭的礼法规定，较多套用社会学的模式分析家庭的结构规模，人们也注意到家庭在管理与伦理层面与国家的一致性，即所谓中国家国同构①，较少关注人的家庭生活，因此家庭史的著述往往看不到人的活动，干瘪而抽象。不过家庭研究中最有成就的是婚姻生活的讨论②，由于清朝刑部刑科题本婚姻奸情类案件的大量存世，郭松义、王跃生讨论了作为社会机制的婚姻问题，揭示了清人婚姻家庭鲜为人知的薄弱环节，如性行为与性生活。③ 婚礼是不容忽视的问题，引起了讨论。④ 与婚姻家庭联系展开的妇女生活史也有一定程度的研究⑤；妇女的生活空间与劳动的研究提出了新问题⑥；女性的宗教活动较为突

---

① 王玉波：《中国家长制家庭制度史》，天津，天津社会科学院出版社，1989，王玉波：《中国古代的家》，北京，商务印书馆国际有限公司，1995；岳庆平：《中国的家与国》，长春，吉林文史出版社，1990。

② 如彭卫：《汉代婚姻形态》，西安，三秦出版社，1988；张邦炜：《宋代婚姻家族史论》，北京，人民出版社，2003。

③ 郭松义：《伦理与生活——清代的婚姻关系》，北京，商务印书馆，2000；王跃生：《十八世纪中国婚姻家庭研究》，北京，法律出版社，2000；王跃生：《清代中期婚姻冲突透析》，北京，社会科学文献出版社，2003。

④ 毛立平：《清代嫁妆研究》，北京，中国人民大学出版社，2007；毛立平：《“财”与“德”的纠葛——近年美国学界关于中国妇女嫁妆研究的焦点与趋向》，见《中国社会历史评论》第10卷；张伟然、李世红：《社会史如何贴近社会——读〈清代嫁妆研究〉》，见《中国社会历史评论》第10卷。

⑤ 如冯尔康：《清代的婚姻制度与妇女的社会地位述论》，见《清史研究集》第五辑，北京，光明日报出版社，1985；高世瑜：《唐代妇女》，西安，三秦出版社，1988；邓小南：《唐宋女性与社会》，上海，上海辞书出版社，2003；杜芳琴、王政：《中国历史中的妇女与性别》，天津，天津人民出版社，2004；李贞德、梁其姿：《妇女与社会》，北京，中国大百科全书出版社，2005。

⑥ 高彦颐：《“空间”与“家”——论明末清初妇女的生活空间》，载《近代中国妇女史研究》，1995(3)；李伯重：《从“夫妇并作”到“男耕女织”——明清江南农家妇女劳动问题探讨之一》，载《中国经济史研究》，1996(3)；李伯重：《“男耕女织”到“半边天”——明清江南农家妇女劳动问题探讨之二》，载《中国经济史研究》，1997(3)。

出，女性对于地域文化也会有影响①；美国学者对中国女性史的研究有不少妇女生活的内容②。

传统中国家庭与五服的亲属结构联系在一起，传统中国的理想家庭不是现代的核心家庭，学者比较喜欢使用家族一词研究中国家庭，以便保持对于家族认识的伸缩性。以家族为题的研究最近也出版了不少重要成果。③ 在家庭之上还有宗族，宗族对于族人有何影响？宗族与家庭的关系如何？在众多的宗族研究中，此类问题探讨的并不多，涉及较多的救济活动与族规家训对族人生活方式的规定，如果从族人、家庭在族中的活动的角度讨论问题，可能会深入认识族人的生活。④ 古代中

---

① 张伟然：《唐宋时期峡江女性的形象及日常生活》，载《中国文化研究》，1998(2)；赵世瑜：《明清以来妇女的宗教活动、闲暇生活与女性亚文化》，见《狂欢与日常——明清以来的庙会与民间社会》，北京，生活·读书·新知三联书店，2002。

② [美]伊沛霞(Patricia Ebrey)著、胡志宏译：《内闱——宋代的婚姻和妇女生活》(*The Inner Quarters: Marriage and the Lives of Chinese Women in the Sung China*)，南京，江苏人民出版社，2004；[美]高彦颐著，李志生译：《闺塾师——明末清初江南的才女文化》，南京，江苏人民出版社，2005；[美]曼素恩(Mann Susan)著，定宜庄、颜宜葳译：《缀珍录——十八世纪及其前后的中国妇女》(*Precious Records: Women in China's Long Eighteenth Century*)，南京，江苏人民出版社，2005；[美]白馥兰(Francesa Bray)著，江湄、邓京力译：《技术与性别——晚期帝制中国的权力经纬》(*Technology and Gender: Fabrics of Power in Late Imperial China*)，南京，江苏人民出版社，2006。

③ 朱凤瀚：《商周家族形态研究》(增订本)，天津，天津古籍出版社，2004；李卿：《秦汉魏晋南北朝时期家族、宗族关系研究》，上海，上海人民出版社，2005；阎爱民：《汉晋家族研究》，上海，上海人民出版社，2005；王力平：《中古杜氏家族的变迁》，北京，商务印书馆，2006；陶晋生：《北宋士族(家族·婚姻·生活)》，"中研院"史语所，1991；黄宽重：《宋代的家族与社会》，台北，东大图书股份有限公司，2006；陈支平：《近500年来福建的家族社会与文化》，上海，生活·读书·新知三联书店上海分店，1991；郑振满：《明清福建家族组织与社会变迁》，长沙，湖南教育出版社，1992；张杰：《清代科举家族》，北京，社会科学文献出版社，2003。

④ 参见常建华所写有关综述：《二十世纪的中国宗族研究》，载《历史研究》，1999(5)；《近十年宋辽金元宗族研究综述》，载《安徽史学》，2011(1)；《近十年明清宗族研究综述》，载《安徽史学》，2010(1)；《近十年晚清民国以来宗族研究综述》，载《安徽史学》，2009(3)。

国人的社会化是以家庭为主实现的，家庭、宗族是实施教育的重要场所。宋以后属于先秦时代贵族社会的祭祖礼仪，借助士人的诠释与实践，形成新的规范在士人之间传播，儒家式祖先祭礼影响到民众的日常生活。①

生活史的研究者都把衣食住行作为核心内容，从物质文化、礼俗表现或者消费的角度加以叙述，但是多注重形式、样态，较少将衣食住行作为家庭消费研究，较少分不同群体探讨。其实古人的物质消费生活主要是通过家庭进行的。清代家庭史的研究中，冯尔康、张研等注意到家庭消费问题。② 等级、阶层的区分也是生活方式不同造成的，从等级、阶层探讨消费行为也是生活史的重要途径。黄正建讨论了唐代官员宴会在日常生活中所具有的社会功能。巫仁恕讨论明清时期士大夫、女性的消费文化，甚至认为明代江南是消费社会。③ 宋立中分别从婚姻礼俗与社会变迁、消费服务与消费文化、休闲生活与雅俗冲突等三个方面，探讨了学界较少关注的明清时期婚礼消费、节日消费、娱乐消费、时尚消费、妇女游风、鲜花鉴赏、休闲文化，以及传统服务业，如游船业、旅馆业、娱乐业等内容。④ 蒋建国则探讨近代广州的消费文化和社会与变迁，论及物价、收入与消费水平，洋货消费文化，饮食消费文化，社会文化性消费，鸦片、赌博以及色情消费。⑤

---

① 何淑宜：《香火：江南士人与元明时期祭祖传统的建构》，台北，稻香出版社，2009。

② 冯尔康、常建华：《清人社会生活》，天津，天津人民出版社，1990；张研、毛立平：《19世纪中期中国家庭的社会经济透视》，北京，中国人民大学出版社，2003。

③ 巫仁恕：《明清消费文化研究的新取径与新问题》，载《新史学》，第17卷，第4期，2006；巫仁恕：《奢侈的女人：明清时期江南妇女的消费文化》，台北，三民书局，2005；巫仁恕：《品味奢华：晚明的消费社会与士大夫》，台北，“中央研究院”、联经出版事业股份有限公司，2007；巫仁恕、狄雅斯：《游道——明清旅游文化》，台北，三民书店，2010。

④ 宋立中：《闲雅与浮华：明清江南日常生活与消费文化》，北京，中国社会科学出版社，2010。

⑤ 蒋建国：《广州消费文化与社会变迁(1800—1911)》，广州，广东人民出版社，2006。

消费经济方面，张雁南分析了唐人衣食住的基本消费、消费结构变化趋势、社会群体消费支出与消费行为、社会阶层消费水平差异及其根源、消费观念的变化与消费方式的变革等问题。① 黄敬斌借助经济学理论与统计学方法重现了清代民国年间江南地区居民的日常消费状况，从衣、食、住、行等消费类别入手，探究当时江南居民的生活水平。②衣食住行的变化与岁时节日联系在一起，人们注意到将二者结合起来。③

生活贯穿于人生的儿童、青少年、中年、老年各个阶段，生命史是生活史重要的体现。姚平探讨妇女的生命历程，以唐代规范性观念对妇女生活进行界定，从妇女与唐代社会、政治、经济关系出发，对唐代妇女生活中的三个主要方面——婚姻组合、夫妇关系及为人之母进行系统研究。作者主要利用唐代墓志为主的石刻材料，考察唐代女性一生不同阶段的生活，采取计量方式，统计夫妇双方去世年龄的比例、合葬情形等，以及冥婚和不婚女性的情形；还利用墓志铭的书写格式，考察并讨论了唐代女性在一生中不同阶段的形象。④ 生育作为家庭的基本功能，也是人口行为，有关研究较为活跃。⑤

欧洲的儿童史研究取得了大量成果，有关中国儿童史的研究成果则数量不多，但是，熊秉真开创性地探讨了中国儿童史，特别是育婴、医疗、教育等方面的生活文化。她运用大量传统幼科典籍，辅以传记

---

① 张雁南：《唐代消费经济研究》，济南，齐鲁书社，2009。

② 黄敬斌：《民生与家计：清初至民国时期江南居民的消费》，上海，复旦大学出版社，2009。

③ 魏华仙：《北宋东京节日消费》，载《中国社会经济史研究》，2005(1)。

④ 姚平：《唐代妇女的生命历程》，上海，上海古籍出版社，2004。

⑤ 李中清、郭松义、定宜庄编：《婚姻家庭与人口行为》，北京，北京大学出版社，2000；李中清、王丰：《人类的四分之一：马尔萨斯的神话与中国的现实》，北京，生活·读书·新知三联书店，2000；定宜庄、郭松义、李中清、康文林：《辽东移民中的旗人社会——历史文献、人口统计与田野调查》，上海，上海社会科学院出版社，2004；冯尔康：《皇家的生育和生育观念散论》，见《中国社会历史评论》第4卷，北京，商务印书馆，2002；刘静贞：《不举子：宋人的生育问题》，台北，稻乡出版社，1998。

材料，讨论中国育婴史，论述扶幼专业的源起、区域特质，呈现了中国家庭在新生儿之照顾、乳哺婴儿、婴幼儿生理、其成长与发育现象等各方面情形。作者还利用幼科医籍数据，分析困扰近世中国儿童的主要疾病，并从疾病的演变中分析幼龄人口群健康变化大势，同时展现了中国历史上的身体经验、物质文化与生态环境。特别是作者探索以往不被人关注的幼童的生活，尤其是传统中国对于儿童的态度和具体的实行，解读训蒙读物、各类传记，论述了蒙学的发展、演变，主流与异端的互动等。① 简牍等资料留下了汉代儿童的资料，两汉未成年人中以“小男”“小女”标志的身份，或主动或被动地初步参与了社会生产和其他社会活动。他们的年龄在 14 岁以下，身份包括“使男”“使女”和“未使男”“未使女”。“使”字，可以理解为具有了基本劳作能力。“小男”较“小女”享受更高的社会待遇。不少儿童因生计艰难被迫承担繁重的劳作，有的儿童是在暴力胁迫下作为人质体验生死劫难的，还存在“为人所略卖”的情形，王莽时代对此惩治。汉代儿童的游艺生活也引起注意。② 中国古代青少年、中年的人生礼仪③不突出，留下来的资料稀少，这方面的研究罕见。

老年史有一定程度的开展。台北的《历史月刊》发表专题“历史上怎样看待老人”，提倡老年史研究。④ 传统中国社会崇尚老年，留下来的

---

① 熊秉真：《幼幼：传统中国的襁褓之道》，台北，联经出版事业股份有限公司，1995；熊秉真：《安恙：近世中国儿童的疾病与健康》，台北，联经出版事业股份有限公司，1999；熊秉真：《童年忆往：中国孩子的历史》，台北，麦田出版公司，2000。

② 王子今：《两汉社会的“小男”“小女”》，载《清华大学学报》，2008(1)；王子今、周苏平：《汉代儿童的游艺生活》，载《中国史研究》，1999(3)。

③ 郭振华：《中国古代人生礼俗文化》，西安，陕西人民教育出版社，1998。

④ 1997 年第 6 期(总 113 期)，发表下列文章：常建华《中国古代对老年的界定》，常建华《中国古代礼遇老年的制度》，萧驷《中国古代的老人与乡村治理》，阎爱民《中国古代老人的怡乐会社》，冯尔康《清代官绅的晚年生活》，杜家骥《清康熙、乾隆二帝的敬老庆典》。

相关文献众多，老年史的研究也以尊老、养老为多①，涉及老人的家庭赡养及社会救济等问题，自然离不开对于中国历代养老制度的探讨。② 邱仲麟就明代老年问题发表了系列论文，探讨了明太祖赏赐耆老民爵考、耆年冠带的寿官、乡饮酒礼以及老年祝寿等。③ 年寿也有人研究，属于历史人口学问题。④ 随着中国社会老龄化的趋势，老年史越来越受到重视。

与老年史密切相关的是死亡与葬礼问题。关于中国古代死后的世界观，蒲慕州指出，从战国末期开始，中国人对于死后世界的面貌有了比较具体的想法，也有了具体表达这种想法的墓葬方式。经过战国时代的大变动，中国的社会迈向一个新的阶段，墓葬制度的演变反映出，远在佛教进入中国之前，中国人对于人死之后的归宿已经有了相当成熟的想法。他举出了东汉十余则有关薄葬的遗嘱，触及中国死亡

---

① 如谢元鲁、王定璋：《中国古代敬老养老风俗》，西安，陕西人民出版社，1994；郭政凯：《周代养老制度的特点》，载《中国史研究》，1988(3)；邵台新：《汉代的养老制度——以〈王杖十简〉与〈王杖诏书令册〉为中心的讨论》，见《逯耀东教授退休纪念史学论文集》，台北，东大图书公司，1998；刘翠溶：《清代老年人口与养老制度初探》，见郝延平、魏秀梅：《近世中国之传统与蜕变：刘广京院士七十五岁祝寿论文集》，台北，"中央研究院"近代史研究所，1998；赵全鹏：《清代养老制度》，西安，西安出版社，2003。

② 王跃生：《中国人口的盛衰与对策》第六章"老年人口政策"，北京，社会科学文献出版社，1995；王兴亚：《明代行政管理制度》，郑州，中州古籍出版社，1999，明代官员的致仕制度、里老制度、老年人政策等章。

③ 邱仲麟：《明太祖赐耆老民爵考》，载《淡江史学》，2000(11)；《诞日称觞——明清社会的庆寿文化》，载《新史学》，第11卷，第3期，2000；《耆年冠带——关于明代"寿官"的考察》，载《台大历史学报》，2000(26)；《敬老适所以贱老——明代乡饮酒礼的变迁及其与地方社会的互动》，载《"中央研究院"历史语言研究所集刊》，第76本，第1分，2005。

④ 李燕捷：《唐人年寿研究》，台北，文津出版社，1994；刘翠溶：《明清时期家族人口与社会经济变迁》，"中央研究院"经济研究所，1992(经济探讨丛书第15种)；葛剑雄主编：《中国人口史》(六卷本)，上海，复旦大学出版社，2002；吴建华：《明清江南人口社会史研究》，北京，群言出版社，2005。

文化。卢建荣继续讨论从北魏末到北宋这段六百年的历史，依据石刻墓志史料记载的士大夫特别是妇女、社会下层史料，从文化史的角度探讨死亡问题。① 论述丧葬习俗的论著较多。② 人们对生命的认识关系着对于身体的认识以及保健与疾病医疗观念。③ 陈高华、徐吉军主编《中国风俗通史》注重卫生保健与养老风俗的论述。

传统中国是农业社会，农村是人们的主要生活舞台，农民依靠农业劳动维生。综合性讨论乡村社会的研究较多，唐宋以前限于资料，论述多是全国性的，且比较多的是论述国家的乡里制度，也有专门讨论唐代中州乡村社会的。④ 值得一提的是辽宁省辽阳市北郊三道壕村、河南省内黄县南部梁庄镇三杨庄两处汉代村落遗址的发现，保留了庭院房屋原貌，有助于复原当时的社会和家庭状况、生产实态。村社常有结会活动，综合性地体现出民众的文化与经济活动以及社会联系。⑤ 明清时期资料丰富，可以在特定地域如府州以及县进行深入探讨。安徽徽州农村的乡绅、商人、宗族、文化以及佃仆制，山西泽州村社以

① 蒲慕州：《墓葬与生死》，台北，联经出版事业股份有限公司，1993；卢建荣：《北魏唐宋死亡文化史》，台北，麦田出版公司，2006。

② 徐吉军：《中国丧葬史》，南昌，江西高校出版社，1998；李如森：《汉代丧葬礼俗》，沈阳，沈阳出版社，2003；张邦炜：《宋代政治文化史论》，北京，人民出版社，2005（“文化”部分有一组关于丧葬问题的论文）；何淑宜：《明代士绅与通俗文化的关系——以丧葬礼俗为例的考察》，台北，台湾师范大学历史研究所专刊，2000。

③ 参见余新忠：《中国疾病、医疗史探索的过去、现实与可能》，载《历史研究》，2003(4)。

④ 如马新、刘志义：《两汉乡村社会史》，济南，齐鲁书社，1997；高贤栋：《南北朝乡村社会组织研究》，济南，山东大学出版社，2008；齐涛：《魏晋南朝隋唐乡村社会研究》，济南，山东人民出版社，1995；李浩：《唐代乡村组织研究》，山东大学博士论文，2003；谷更有：《唐宋国家与乡村社会》，北京，中国社会科学出版社，2006；谭景玉：《宋代乡村组织研究》，济南，山东大学出版社，2010；刘兴云：《唐代中州乡村社会》，兰州，甘肃人民出版社，2007。

⑤ 陈宝良：《中国的社与会》，杭州，浙江人民出版社，1996；宁可、郝春文：《敦煌社邑文书辑校》，南京，江苏古籍出版社，1997。

及与之密切相关的地方信仰、士绅社会、村社理想、家族形态等得到了探讨。① 侯旭东研究了北朝村落与村民，新意较多。② 杨果利用诗歌论述了江汉平原农村日常生活。③ 乡村研究应当运用聚落地理的知识，日本学者滨岛敦俊从社与聚落角度认识乡村，颇具新意。④ 有学者试图建立村落社区史，论述了江西抚州地区乐安县流坑村五代以来的历史、风俗民情，福建溪村的家族组织与社会过程，福建省西部山区的一个客家古村落培田，徽州绩溪古村落的生活与宗族记忆，婺源山村 1949 年前后僻远山乡的社会生活、特定历史情境中民众的内心体验、人的人生梦想，徽州村落史已经着眼于民众的日常生活。⑤ 近现

① 叶显恩：《明清徽州农村社会与佃仆制》，合肥，安徽人民出版社，1983；杜正贞：《村社传统与明清绅士：山西泽州乡土社会的制度变迁》，上海，上海辞书出版社，2007。

② 专题有：从田园诗到历史——村落研究反思，北朝的村落，汉魏六朝父系意识的成长与“宗族”，北朝“三长制”，北朝乡里制与村民的空间认同，北朝的“市”：制度、行为与观念，北朝并州乐平郡石艾县安鹿交村的个案研究，造像记所见北朝民众的国家观念与国家认同，北朝朝廷视野中的“民众”等，见侯旭东：《北朝村民的生活世界——朝廷、州县与村里》，北京，商务印书馆，2005。

③ 杨果：《宋诗所见江汉平原农村日常生活》，见《宋辽金史论稿》，北京，商务印书馆，2010。

④ [日]滨岛敦俊著，朱海滨译：《明清江南农村社会与民间信仰》，129～166 页，厦门，厦门大学出版社，2008。

⑤ 周銮书主编：《千古一村：流坑历史文化的考察》，南昌，江西人民出版社，1997；王铭铭：《溪村家族——社区史、仪式与地方政治》，贵阳，贵州人民出版社，2004；郑振满、张侃、刘永华等：《培田》，北京，生活·读书·新知三联书店，2005；唐力行：《重构乡村基层社会生活的实态——一个值得深入考察的徽州古村落宅坦》，载《中国农史》，2002(4)；唐力行：《“千丁之族，未尝散处”：动乱与徽州宗族记忆系统的重建——以徽州绩溪县宅坦村为个案的研究》，载《史林》，2007(2)；王振忠：《水岚村纪事 1949》，北京，生活·读书·新知三联书店，2005；王振忠：《明清以来徽州村落社会史研究——以新发现的民间珍稀文献为中心》，上海，上海人民出版社，2011。

代中国社会变化很大，不少学者论述乡村社会及其变迁。① 农民的研究有所创新，从农民变迁的角度探讨中国历史的发展周期，各个时期的农民状况、农民的社会经济行为、政治关系和组织形式、农民意识的变迁均有研究。② 方行论述了中国古代地主经济、商品经济与农民经济，特别研究了清代的小农经济、江南农村经济发展、佃农的中农化等问题，还较为系统地研究了清代农民经济运行和发展，诸如农民的经营独立性、农民的生产模式及其再生产、农产品和家庭手工业品的商品生产与流通以及农民的消费等问题。③ 农业和农民与当时社会的稳定和朝代的兴衰相关，郭松义就农业和农民的相关问题进行了深

---

① 从翰香主编：《近代冀鲁豫乡村》，北京，中国社会科学出版社，1995；乔志强主编：《近代华北农村社会变迁研究》，北京，人民出版社，1998；王先明、郭卫民主编：《乡村社会文化与权力结构的变迁》，北京，人民出版社，2002；李金铮：《借贷关系与乡村变动——民国时期华北乡村借贷之研究》，保定，河北大学出版社，2000；张佩国：《地权分配·农家经济·村落社区——1900—1945年的山东农村》，济南，齐鲁书社，2000；郑起东：《转型期的华北农村社会》，上海，上海书店出版社，2004；张乐天：《告别理想——人民公社制度研究》，上海，东方出版中心，1998。王先明主编的“20世纪前期中国乡村社会变迁丛书”由人民出版社2009年出版，该丛书包括王先明《变动时代的乡绅——乡绅与乡村社会结构变迁(1901—1945)》、郝锦花《新旧学制更易与乡村社会变迁》、李伟中《20世纪30年代的县政建设实验研究》、渠桂萍《华北民众视野下的乡村社会分层(1900—1949)》和罗朝晖《富农与新富农——20世纪前期华北乡村变迁的一个侧影》5部。还有王广义：《近代中国东北乡村社会研究：1840—1931》，北京，光明日报出版社，2010；岳谦厚、张玮：《20世纪三四十年代的晋陕农村社会》，北京，中国社会科学出版社，2010。

② 孙达人：《中国农民变迁论》，北京，中央编译出版社，1996；冯尔康、常建华主编：《中国历史上的农民》，台北，馨园文教基金会，1998；秦晖、苏文：《田园诗与狂想曲：关中模式与前近代社会的再认识》，北京，中央编译出版社，1996；张鸣：《乡土心路80年：中国近代化过程中农民意识的变迁》，上海，上海三联书店，1997。

③ 方行：《中国封建经济论稿》，北京，商务印书馆，2004；方行、经君健、魏金玉：《中国经济通史》(清代经济卷)，北京，中国社会科学出版社，2007。

入研究。[①] 还有一些专门论述清代地主阶级的研究。[②] 民间的戏曲欣赏活动受到乡族势力的支配，与其说是娱乐，还不如说通过娱乐来强化和维系农村的社会组织。[③] 以往有关农民的研究，比较侧重农业生产、生产关系，对于劳动的认识还需要加强，对于农民的文化生活、仪式习尚还研究不够，还需要将农民置身于特有的生态环境中加以认识。[④] 20世纪40年代，日本"满铁"调查人员曾在河北省昌黎县侯家营村进行过知名的"惯行调查"。2001年以来，张思教授率学生多次进入该村从事调查，收获丰富的文献与田野资料。他们秉持"请农民讲述他们自己的现代史"的研究理念，从村庄日常生活等多种视角，展现了该村所经历的现代历程。[⑤] 目前，随着中国对于农业、农村、农民"三农"问题的重视，预测有关乡村生活的研究也会增多。

法国著名汉学家谢和耐(Jacques Gernet)描述了南宋临安的日常生活，他的著作也为我们提供了一个城市生活史的典范性框架：首先介绍城市，将选择都城杭州、人口过剩及房荒、火灾及消防、交通与供应、城市生活的乐趣收入眼底；接着论述社会，包括变迁中的社会、上流社会、商人、城区的普通百姓、农民；再下来是论述衣、食、住，并有关于个人卫生的内容；然后探讨生命周期，涉及家庭环境、出生、

① 郭松义：《民命所系：清代的农业和农民》，北京，中国农业出版社，2010。

② 南开大学历史系中国古代史教研室编：《中国古代地主阶级研究论集》，天津，南开大学出版社，1984；历史研究编辑部编：《中国封建地主阶级研究》，北京，中国社会科学出版社，1988；稻田清一：《清末江南一乡村地主生活空间的范围与结构》，载《中国历史地理论丛》，1996(2)；洪璞：《乡居·镇居·城居——清末民国江南地主日常活动社会和空间范围的变迁》，载《中国历地理论丛》，2002(4)。

③ [日]田仲一成著，钱杭等译：《中国的宗族与戏剧》，上海，上海古籍出版社，1992。

④ 冯贤亮：《近世浙西的环境、水利与社会》，北京，中国社会科学出版社，2010。

⑤ 张思等：《侯家营：一个华北村庄的现代历程》，天津，天津古籍出版社，2010。

抚养与教育、婚姻与妇女之地位、疾病、亡故等；还讨论了四时节令与天地万象，具体内容是节令与历算、节庆、宗教；最后的消闲时光部分，包括城市生活的影响、娱乐、艺术和文学。①

改革开放以来，中国社会转型，迅速城市化，老的城市也充满活力，城市史研究应运而生，著名城市都在纂修自己的历史。大型的城市史如《北京通史》《上海通史》等都有城市生活的内容。专门的城市生活史有由唐、宋、元、明、清各卷构成的“中国古代城市生活长卷丛书”。② 还有学者论述了古代城市生活的起源和发展，闲逸、安适、享乐的城市生活特征，城市日常生活与习俗，城市的阴暗面；有学者探讨了辽金、元、明、清以及近代北京城区居民生活的演变，内容包括北京城区社会结构、人口、民族、家庭、居民的物质与精神生活，讨论了寺庙与城市生活，19 世纪以来北京的民间文化与上层文化。③ 汉、六朝、唐、宋、明清时期的城市研究较多涉及生活部分。④ 有学者考察节日游乐社会环境主要因素的历史变迁、社会功能及历史意义，

---

① [法]谢和耐著，刘东译：《蒙元入侵前夜的中国日常生活》(*Daily Life in China on the Eve of the Mongal Invasion*)，南京，江苏人民出版社，1995。

② 丛书由湖南出版社自 1993 年起陆续推出，由黄新亚、李春棠、史卫民、陈宝良、赵世瑜分撰。

③ 吴刚：《中国古代的城市生活》，北京，商务印书馆国际有限公司，1997；北京社会科学院历史所编：《北京城市生活史》，北京，开明书店，1997；[美]韩书瑞(Susan Naquin)：《北京：寺庙与城市生活》(*Peking: Temples and City Life, 1400—1900*)，加州，加州大学出版社，2000；[德]罗梅君(Mechthild Leutner)著，王燕生等译：《北京的生育婚姻和丧葬》，北京，中华书局，2001。

④ 周长山：《汉代城市研究》，北京，人民出版社，2001；张继海：《汉代城市社会》，北京，社会科学文献出版社，2006；刘淑芬：《六朝的城市与社会》，台北，台湾学生书局，1992；程存洁：《唐代城市史研究初篇》，北京，中华书局，2002；宁欣：《唐宋都城社会结构研究——对城市经济与社会的关注》，北京，商务印书馆，2009；周宝珠：《宋代东京研究》，开封，河南大学出版社，1992；王卫平：《明清时期江南城市史研究：以苏州为中心》，北京，人民出版社，1999；刘凤云：《明清城市空间的文化探析》，北京，中央民族大学出版社，2001；吴金成：《明清时期的江南社会——以城市的发展为中心》，见《中国江南社会与中韩文化交流》，杭州，杭州出版社，1997。

揭示出唐宋都城变革在日常生活领域中的某些表现及特征。① 明清城市生活的研究受到文化史研究的影响较大，台湾“中研院”主题计划“明清的社会与生活”，由历史学者、艺术史家和文学史研究者组成团队，以中国近世的城市、日常生活和明清江南为题，探讨的课题包括：逸乐作为一种价值、宗教与士人生活、士庶文化的再检讨、城市生活的再见、商人的文化与生活、微观/微物的历史以及传统与现代等。课题对明清及民国初年的衣、食、住、行、娱乐、商旅、节庆、欲望、品位、文物、街道、建筑等物质文化进行探讨，加深了人们对16世纪初叶之后因商品经济勃兴而造成的社会风气及物质生活的改变的认识。② 城市生活中，士大夫利用文学进行社会交往，有学者从前近代中国城市知识分子社会形态的角度来论述袁枚及其交游网络，着重研究处在前近代城市空间网络中的知识分子如何应用各种文化策略，以适应城市空间这个充满激烈竞争的社会。③ 清前期的扬州，繁华一时，学者或以地方文化为主题，或以徽州盐商之兴衰及影响为线索，论及扬州的城市生活。④ 明清时期徽州商人、山西商人活跃，城市生活中常能见到他们的身影。⑤ 城市的工商业者有设立行会的传统，由于科举考

---

① 成荫：《日常生活视野下的唐宋都城变革：以节日游乐社会环境为中心》，载《中国经济史研究》，2009(3)。

② 王鸿泰：《流动与互动——由明清间城市生活的特性探测公众场域的开展》，台北，台湾大学历史学研究所，1998；李孝悌主编：《中国的城市生活》，台北，联经出版事业股份有限公司，2005；李孝悌：《昨日到城市：近世中国的逸乐与宗教》，台北，联经出版事业股份有限公司，2008。

③ 王标：《城市知识分子的社会形态》，上海，上海三联书店，2008。

④ [美]梅尔清(Tobie Meyer-Fong)著，朱修春译：《清初扬州文化》(*Building Culture in Early Qing Yangzhou*)，上海，复旦大学出版社，2005；[澳大利亚]安东篱(Antonia Finnane)著，李霞译，李恭忠校：《说扬州：1550—1850年的一座中国城市》(*Speaking of Yangzhou: A Chinese City, 1550—1850*)，北京，中华书局，2007。

⑤ 张海鹏、张海瀛主编：《中国十大商帮》，合肥，黄山书社，1993；张海鹏、王廷元主编：《徽商研究》，合肥，安徽人民出版社，1995；王振忠：《明清徽商与淮扬社会变迁》，北京，生活·读书·新知三联书店，1996；张正明：《晋商兴衰史》，太原，山西古籍出版社，2001；黄鉴晖：《明清山西商人研究》，太原，山西经济出版社，2002。

试与经商的需要，宋以后特别是明清时期的城市中普遍出现会馆之类的组织，共同成为城市生活的重要内容。① 2009年3月，复旦大学举行了专门的“城市生活”研讨会，并出版了论文集。② 明末清初的城市群众集体行动，即所谓“民变”频发，有学者对明清城市民变的历史背景、领导人与参与者、行动模式及城市民变的各种不同类型进行了深入分析。③

近代城市生活发生较大变化，研究的成果不少，多以单个城市研究为主。上海城市生活研究最为活跃，组织了“上海城市社会生活史笔谈”。熊月之认为，“随着全球城市化程度的提高，作为集经济、政治、社会、文化、信息中心于一体的城市，在人类社会生活中的地位，比以往任何时候都更为突出和重要，城市史的研究，也越来越受到学术界的重视。其中，城市社会生活史已是国际史学界备受重视的研究重点之一”。李长莉强调社会生活就是普通人的日常生活。钱杭认为，上海城市社会生活史可以分为上海城市、社会生活、历史（演变或变迁）三个关键词。④ 上海城市生活研究有探讨城市意识、生活现代化的成果、生活伦理变化等方面⑤，特别是李欧梵与卢汉超的研究，都把重点放置于对每日生活和消费意向的关注，然而李欧梵的上海是时尚的“东方的巴黎”，卢汉超的上海则是社会下层的谋生地，判然有别，引

① 全汉升：《中国行会制度史》，上海，新生命书局，1934；王日根：《乡土之链：明清会馆与社会变迁》，天津，天津人民出版社，1996。

② 复旦大学文史研究院编：《都市繁华——一千五百年来的东亚城市生活史》，北京，中华书局，2010。

③ 巫仁恕：《激变良民——传统中国城市群众集体行动之分析》，北京，北京大学出版社，2011。

④ 《史林》2002年第4期发表：熊月之《稀世富矿：上海城市社会生活史研究的价值》，李长莉《上海社会生活史的典型意义》，钱杭《“上海城市社会生活史”的三个关键词》。

⑤ 乐正：《近代上海人社会心态（1860—1918）》，上海，上海人民出版社，1991；忻平：《从上海发现历史：现代化进程中的上海人及其社会生活（1927—1937）》，上海，上海人民出版社，1996；李长莉：《晚清上海社会的变迁——生活与伦理的近代化》，天津，天津人民出版社，2002。

起讨论。[①] 熊月之主编了“上海城市社会生活史丛书”，内容丰富多彩，陆续推出25种。[②] 如天津，学者研究了外国租借区社会在民国时期高速发展成为北方经济中心都市的过程，衣、食、住、行、就业、交往、消闲、时尚的情况与行为方式，天津的文化核心与城市特性。[③] 有学者论述了石家庄城市人口数量增长和空间扩展的阶段性特点，剖析了城市社会问题及各种弊端。[④] 汉口与成都城市的研究很有特色，美国学者罗威廉论述汉口城市形成与资本主义发展的关系，将欧洲城市与中国城市进行比较，认为马克斯·韦伯所谓中国“没有形成一个成熟的城市共同体”的论断是一个误解，论述了汉口市贸易、金融体现的商业中心与以行会为核心的城市社会组织。王笛研究了成都城市下层民众的日常生活与街头文化。城市大众文化引起学者的关注。[⑤]

值得注意的是，连玲玲对上海城市生活研究有精彩评论。她探讨“日常生活”概念对于研究中国近代史的有效性，对于近代中国的日常生活，提出谁的日常生活、边缘人物的主体性、日常生活中的“认同”、再探传统与现代化的关系等问题，并发出两个疑问：我们能否掌握足

① 卢汉超：《霓虹灯外——20世纪初日常生活中的上海》，上海，上海古籍出版社，2004；李欧梵：《上海摩登：一种新都市文化在中国1930—1945》(修订版)，上海，上海三联书店，2008；参照《中国学术》第2辑(商务印书馆，2000年)发表的葛以嘉所撰书评——《李欧梵：〈上海的摩登：1930—1945，一种新都市文化在中国的兴起〉与卢汉超：〈霓虹光圈之外：二十世纪初上海的日常生活〉》。

② 关于此套丛书信息可参看第一章第13页。

③ 尚克强、刘海岩主编：《天津租界社会研究》，天津，天津人民出版社，1996；周俊旗主编：《民国天津社会生活史》，天津，天津社会科学院出版社，2004。

④ 李惠民：《近代石家庄城市化研究(1901—1949)》，北京，中华书局，2010。

⑤ [美]罗威廉著，江溶、鲁西奇译：《汉口：一个中国城市的商业和社会(1796—1889)》，北京，中国人民大学出版社，2005；王笛著，李德英等译：《街头文化——成都公共空间、下层民众与地方政治，1870—1930》，北京，中国人民大学出版社，2006；姜进、李德英主编：《近代中国城市与大众文化》，北京，新星出版社，2008。

够的史料，撰写“由下而上”的日常生活史？日常生活史学是否适合用来研究中国社会？连玲玲的提问值得人们思考。①

生活史中民间信仰与宗教生活占有重要地位。民间信仰其实就是民众的思想，民众一般知识、思想与信仰是精英与经典思想的基础。汉代以前民间信仰发展的大势，有人外力量的性质、感应式的宇宙观等方面的特点。官方、知识分子、民间表现出的古代宗教现象有所不同，汉代信仰生活可见与自然秩序有关之岁时信仰活动，与生命循环生子、婚姻、疾病与医疗、丧葬有关之信仰活动，与食衣住行日常生活有关之信仰活动，地方性之习俗和信仰，怪祥和符兆之观念相关，反映了民众的生活世界。两汉时期人们的精神世界，包括对宇宙运行、社会秩序、仙境、来生、迷信和巫占的依赖与批评，形成了人们对自然、社会、神祇、理性的主要取向。②“术数方技”体现了民众思想。考古发现此类民俗在战国秦汉时期流行，涉及占卜、炼丹、行气、导引、房中、巫、方士、宗教与信仰等问题。根据敦煌占卜文书，唐五代社会流行占卜。③有学者以小说笔记材料为主，探讨唐宋民间信仰的中心、基础与宗教，还有学者探讨唐宋变革之下南宋的民间信仰，认为“灵”是民间信仰的特色。④宋代民众祠神信仰涉及张王、祠赛社会、祈雨、祠神信仰传播、正祀与淫祀，学者进行了考辨。朱海滨关注宋以后正统意识形态向民间社会的渗透与地域社会中的民间信仰的适应，具体研究的是浙江地区关羽信仰的传播及普及、周雄信仰的发

① 连玲玲：《典范抑或危机——“日常生活”在中国近代史研究的应用及其问题》，载《新史学》，第17卷，第4期，2006。

② 葛兆光：《七世纪前中国的知识、思想与信仰世界——中国思想史》，上海，复旦大学出版社，1998；蒲慕州：《追寻一己之福——中国古代的信仰世界》，上海，上海古籍出版社，2007；[英]鲁惟一：《汉代的信仰、神话和理性》，北京，北京大学出版社，2007。

③ 李零：《中国方术考》以及《中国方术续考》，北京，东方出版社，2000；黄正建：《敦煌占卜文书与唐五代占卜研究》，北京，学苑出版社，2001。

④ 贾二强：《唐宋民间信仰》，福州，福建人民出版社，2002；[美]韩森：《变迁之神——南宋时期的民间信仰》，杭州，浙江人民出版社，1999。

生及其变貌、胡则信仰的产生与扩大、地方神信仰与区域。滨岛敦俊深入探讨明清江南三角洲地域农村居民产生社会共同性的契机之一的共同祭祀问题，论述诸神的来历，由鬼向神的转变——产生总管信仰的契机和结构，明朝的祭祀政策与乡村社会，商业化和城市化——宗教结构的变动等问题，指出16世纪中期以来江南三角洲的经济变革使得农民的生活空间逐渐扩大到市镇，三角洲的商业化深刻影响了信仰的内容与祭祀结构。王健探讨了明清苏松地区民间信仰活动。① 除了上述江南地区之外，福建的民间信仰研究也比较突出。② 综论中国民间信仰的论文集还应提到两部：美国学者以大众宗教为中心，讨论儒、释、道主流宗教之外的草根信仰，通过对下层民众宗教的研究，复原普通民众往昔生活的丰富图景，具体考察了白莲教、天后(妈祖)、关帝、碧霞神君、五通神等的崇拜。中国学者则探讨了民间信仰与社会空间的关系，力图把民间信仰作为理解乡村社会结构、地域支配关系和普通百姓生活的一种途径，特别是通过这种研究加深对民间信仰所表达的“社会空间”之所以存在的历史过程的了解，揭示在这些过程中所蕴含和积淀的社会文化内涵。两本著作主要讨论的问题有：国家意识与国家认同，社会风俗与民众心态，神祇崇拜与地方社会的变迁，乡村庙宇与家族组织，社区组织与村际关系。③ 特别是庙会在很大程

---

① 皮庆生：《宋代民众祠神信仰研究》，上海，上海古籍出版社，2008；朱海滨：《祭祀政策与民间信仰变迁：近世浙江民间信仰研究》，上海，复旦大学出版社，2008；[日]滨岛敦俊：《明清江南农村社会与民间信仰》，厦门，厦门大学出版社，2008；王健：《利害相关：明清以来江南苏松地区民间信仰研究》，上海，上海人民出版社，2010。

② 徐晓望：《福建民间信仰源流》，福州，福建教育出版社，1993；林国平、彭文宇：《福建民间信仰》，福州，福建人民出版社，1993。

③ [美]韦思谛(Stephen C. Averill)编，陈仲丹译：《中国大众宗教》(*Chinese Popular Religion*)，南京，江苏人民出版社，2006；郑振满、陈春声：《民间信仰与社会空间》，福州，福建人民出版社，2003。

度上是民间信仰的体现，反映了民众的日常生活。① 民间信仰基于日常生活展开②，日常生活就像历史的潜流淙淙流淌，大历史的巨变也割不断它，海外华侨传承的文化特别保存在信仰方面，如福建兴化人“日常生活中恒久不变的传统，无论是下南洋还是回故里，都要到庙里烧香拜拜，祈求神庇”③。

佛道二教对于民间信仰影响深远。余欣提出了“民生宗教”的概念，深入研究了敦煌的神灵谱系，并从居住和出行两个方面进一步探讨了各类宗教神灵对敦煌民众日常生活的精神影响。佛教方面，侯旭东研究了5、6世纪佛教流行于北方社会的历史背景、造像记所见民众信仰、民众佛教修持方式的特点与佛教信仰的社会影响。中古时期寺院与僧徒的生活也引人注目。卜正民认为，16和17世纪士绅数量的增长超过了官僚机构的需求，许多人被阻挡在仕途之外，由于慈善事业可以在国家掌控的领域之外昭示精英的公共地位，明代佛教信徒和儒学士人热心地方寺院事务及其捐助活动。陈玉女讨论了明代佛教与民众的日常生活，关注“佛教根植于明代社会大众的内心形象，及信众们透过什么样的管道来接触、认识佛教，以及信众对于佛教的依赖与需求等，均是促使明代佛教从事内在改变以适应外在环境需求的重要推进力”(前言)。作者探讨了明代瑜伽教僧的专职化及其经忏活动，对于理解明代佛教的世俗化以及民众日常生活中的佛教具有重要意义；就明代堕胎、产亡、溺婴的社会因应，从四幅佛教堕胎产亡水陆画加以探讨；明代妇女信佛的社会禁制与自主空间的讨论，探讨明太祖的妇女奉佛不得入寺烧香、不得与僧尼往来政策何以导致事与愿违的历史现象产生。佛教医学与民众的关系也是作者关心的问题，特从明代佛

---

① 赵世瑜：《狂欢与日常——明清以来的庙会与民间社会》，北京，生活·读书·新知三联书店，2002；小田：《在神圣与凡俗之间——江南庙会论考》，上海，上海人民出版社，2002。

② 王健：《明清江南民间信仰活动的展开与日常生活：以苏松为例》，载《社会科学》，2010(2)。

③ 郑莉：《跨越国界的文化网络——新加坡兴化人的庙宇与仪式传统》，厦门大学博士论文，2009。

教医学与僧尼疾病、明代妇女的疾病治疗与佛教依赖两个视角进行了研究。[①] 道教方面，韩明士探讨了中国民间诸神是否为现实官僚的投影。作者以宋、元时期源于江西抚州华盖山的三仙信仰、道教天心派为例，认为中国人眼中的神祇有两种模式——官僚模式与个人模式，也就是“道”与“庶道”。信众固然会将神祇当作官员，但更常见的是以个人化方式向神祇祈求、许愿。神祇是官僚还是个人化的保护者，取决于信奉者、陈述者在何种语境，以及出于何种目的。[②]

与佛道等宗教以及民间信仰关系密切的还有民间宗教。历史上的中国民间宗教，因经常受到官府禁止，处于秘密状态，往往被称为秘密宗教。宋以后特别是明清时期是民间宗教活跃的时期，儒释道三教合一，民间教派纷呈，依据档案、宝卷等民间文献，加上调查，对此一时期民间宗教的研究相当深入，不仅清理了民间宗教的源流、各个流派，还对八卦教、弘阳教、三一教进行了深入研究，注意到民间宗教与乡土社会的关系。[③] 民间宗教的信仰者多为下层群众，有相当部分是妇女，分布于城乡。清代的白莲教可以分为诵经派与冥思派，前

---

① 余欣：《神道人心——唐宋之际敦煌民生宗教社会史研究》，北京，中华书局，2006；侯旭东：《五、六世纪北方民众佛教信仰》，北京，中国社会科学出版社，1998；刘淑芬：《中古的佛教与社会》，上海，上海古籍出版社，2008；[加]卜正民（Timothy Brook）著，张华译：《为权力祈祷：佛教与晚明中国士绅社会的形成》（*Praying For Power：Buddhism and the Formation of Gentry Society in Late-Ming China*），南京，江苏人民出版社，2005；陈玉女：《明代的佛教与社会》，北京，北京大学出版社，2011。

② [美]韩明士（Robert Hymes）著，皮庆生译：《道与庶道：宋代以来的道教、民间信仰和神灵模式》（*Way and Byway：Taoism，Local Religion，and Models of Divinity in Sung and Modern China*），南京，江苏人民出版社，2007。

③ 喻松青：《明清白莲教研究》，成都，四川人民出版社，1987；马西沙、韩秉方：《中国民间宗教史》，上海，上海人民出版社，1992；[美]欧大年（Daniel L. Overmyer）著，刘心勇等译：《中国民间宗教教派研究》，上海，上海古籍出版社，1993；马西沙：《清代八卦教》，北京，中国人民大学出版社，1989；林国平：《林兆恩与三一教》，福州，福建人民出版社，1992；宋军：《清代弘阳教研究》，北京，社会科学文献出版社，2002；梁景之：《清代民间宗教与乡土社会》，北京，社会科学文献出版社，2004。

者多在城市，尤其多在北京和长江中下游的繁华大城市中活动，这一类型的派别喜欢以聚会集体诵经的方式活动；后者大多是很少或者没有文化的乡民，绝大多数住在华北农村，冥思打坐是其宗教活动的主要内容。① 许多朝代的政府对于民间宗教采取限制甚至禁止的政策，由此可观察到民众生活与政治的关系。

除了民间宗教这种“教门”，还有“会党”这种民间结社，属于“秘密会社”。② 会党具有互助的性质，也有一定的政治意识，清代至民国时期最为活跃，代表性的组织是天地会。“会党”与“教门”也有融合、转化的情形。会党的成员以下层民众特别是游民为主，与人口增长的压力有关，活跃在城市。“会党”往往控制地方社会，民众的生活卷入当中，也会发生反政府的活动。

三、生活史研究带来的新视角

生活史的研究，由于确立了历史活动的主体为民众，带来研究视角与方法的变化。

首先，从习以为常中发现历史。日常生活世界各种不断重复的活动，多为“群体无意识”，这属于心态史的范畴。年鉴学派认为，在家庭史、爱情史、配偶史、对儿童的态度史、群体社交史以及死亡史等一系列新开拓的研究领域中，人们看不到动乱、突变，“证实了心态史所研究的是非常长的时段中一系列隐秘的演进，这些演进是无意识的，因为生活于其中的人们并没有意识到这些演进”③。心态史关心人们对

---

① 韩书瑞：《中华帝国后期白莲教的传播》，见[美]韦思谛编，陈仲丹译：《中国大众宗教》，27、32页。

② 蔡少卿：《中国近代会党史研究》，北京，中华书局，1987；戴玄之：《中国秘密宗教与秘密会社》，台北，“商务印书馆”，1990；酒井忠夫：《中国民众と秘密結社》，东京，吉川弘文馆，1992；秦宝琦：《中国地下社会》，北京，学苑出版社，1993；周育民、邵雍：《中国帮会史》，上海，上海人民出版社，1993；庄吉发：《清代秘密会党史研究》，台北，文史哲出版社，1994；谭松林主编，秦宝琦等著：《中国秘密社会》，福州，福建人民出版社，2002。

③ 米歇尔·伏维尔：《历史学和长时段》，见[法]J·勒高夫等主编：《新史学》，144页，上海，上海译文出版社，1989。

待事物的态度，阐发人们对生命、年龄、疾病、死亡等现实的态度，对于认识日常生活很有用处。心态史的研究与历史人类学的关系彼此难分，历史人类学研究各种习惯，而习惯都是心态的。历史人类学可以揭示人的行为反映的特定历史时期的社会文化，引入心态史与历史人类学的研究理念与方法，就可以从习以为常的琐事中发现历史。就研究实践来说，如彭卫论述汉代人精神世界的二重结构、汉代自杀现象、汉代复仇风尚、汉代体貌观念及其政治文化意义、汉代行为语言、汉代交际语言类型及其文化含义、汉代“大丈夫”语汇等，有所尝试①。再如民间传说、神鬼观念以及反映的宇宙观是认识民众心态的重要途径，如钟馗捉鬼故事即是如此：“虚耗”观念基于中国古代对宇宙本原及秩序的思考产生，“大虚”被认为是世界的本体，冥冥空虚中有一种超自然的力量主宰着人们的命运。古人在对虚空的探索中，将虚宿天象作为人间社会祸福的主宰。汉晋时代人们已将这种力量抽象成“虚耗”这一词语。自古以来逐疫驱鬼的傩活动至唐代发生一些变化，终葵(即钟馗)治群厉的信仰在唐代兴盛，原先作为驱鬼用的棍棒被人格化，成为驱鬼者。特别是唐玄宗夜梦钟馗捉鬼并食之，经唐朝政府大力宣传，使钟馗信仰广为传播，作为钟馗对立物的群厉、小鬼，也被具象化为虚耗鬼。由于虚耗具有使人空虚、亏损、消耗的特性，从唐宋开始流行种种禳除虚耗的习俗。厉鬼于虚宿出现天空阴气流行的秋冬季活动，古代逐疫驱鬼也在此时开始，腊祭时进入高潮，唐宋以来从冬至到元宵期间举行禳除虚耗活动。② 又如山西洪洞大槐树移民传说在明清以来的华北各地流传甚广，并大量载之家谱、墓志和地方志。以往多把它作为明洪武、永乐时期大移民的史实，并将洪洞视为政府大规模强制移民的中转站。新的研究则认为有关洪洞大槐树迁民的传说

---

① 彭卫：《汉代社会风尚研究》，西安，三秦出版社，1998。

② 常建华：《“虚耗”鬼的由来与禳除习俗——中国岁时节日体现的民众心态》，见郑振满、陈春声主编：《民间信仰与社会空间》，福州，福建人民出版社，2003。

故事是族群认同的产物。① 明清时期西方传教士来华，观察中国人对于传教士言行的看法，比较中西方的思维方式与伦理世界，从中可以认识中国人信仰的特点。②

在中国，社会史的兴起与历史人类学有不解之缘，一些学者努力实践历史人类学。换位思考、从习俗进入社会、重视民众观念、文献研究结合田野调查进入了社会史研究，历史人类学应运而生。仪式分析有助于认识城市生活，泉州城市史研究体现了这样的特色。③ 乡村生活史中习俗的解析很重要，同样离不开对仪式的解析，不断有学者进行这方面的尝试。④

其次，从日常生活来看国家。生活史以人为中心，自然关注大众文化，注重基层社会，强调自下而上地看历史。社会生活史重视普通群众的日常活动，不仅关注民众的经济生活，而且关心大众文化，即普通民众的人生态度和价值观。加强对基层社会的研究，提倡研究“来自下层的历史”，并不排斥政治与国家，但是研究方法是从此出发，将民众的活动与国家、法制等联系起来。基层社会与国家具有相对性，基层社会的组织规则与社会网络是生活展示的舞台，体现风俗习惯与大众心态，以及连接国家权力，国家和政治在从下看历史中得到了新的体现。中国社会史学会于 2008 年 11 月在广东珠海举行的第 12 届年会，以“政治变动与日常生活”作为研讨会主题，意在防止将日常生活的研究与政治割裂开来。基层社会主要由普通人的生活构成，历史的形成与基层社会生态环境(包括文化)关系密切，由此，自然而然地引

---

① 赵世瑜：《祖先记忆、家园象征与族群历史》，载《历史研究》，2006(1)。

② [法]谢和耐著，耿升译：《中国和基督教》(*Chineet Christianisme*)，上海，上海古籍出版社，1991。

③ 王铭铭：《逝去的繁荣：一座老城的历史人类学考察》，杭州，浙江人民出版社，1999。

④ 张佩国：《近代江南乡村地权的历史人类学研究》，上海，上海人民出版社，2002；张思：《近代华北村落共同体的变迁——农耕结合习惯的历史人类学考察》，北京，商务印书馆，2005；陈进国：《信仰、仪式与乡土社会：风水的历史人类学探索》，北京，中国社会科学出版社，2005。

入地域研究的概念。地域研究把人的活动放在特定的地域场景中认识，重视社区，其立意仍是探讨基层社会、关心普通群众，这成为生活史必要的研究框架。

再次，对于生活的重视挑战传统史料的认识。社会史家冯尔康指出："新概念、新方向、新领域是打开社会史史料宝藏的钥匙。"①对于生活史来说，也应作如是观。日常生活史研究使史家别具只眼，对待史料不同于以往研究政治史、制度史的学者，反映在民众日常活动的账簿、契据、文书、日记以及私人来往的书信等进入视野。如蒋竹山利用晚明的《祁彪佳日记》，通过祁彪佳与江南医生互动的个案，探讨祁氏家族的医疗活动。② 以契约文书为例，由于存世数量较大，反映的生活面向较多，出版的史料汇编较多，以往利用契约文书偏重于土地买卖，目前侧重于日常生活。明清契约文书中的妇女、婚姻问题得到了探讨，特别是日用文书对于全面了解民众日常生活非常有用。③王振忠利用反映清前期安徽徽州婺源村落社会生活的日用类书《目录十六条》等史料，具体揭示日用类书在村落日常生活中实际运用的情境，以期了解一般民众日常生活的规范、价值信仰以及集体心态。④ 人物传记是记载人物活动的基本资料，中国正史的体裁为纪传体，保留了

① 冯尔康：《中国社会史概论》，134页，北京，高等教育出版社，2004。

② 蒋竹山：《晚明江南祁彪佳家族的日常生活史——以医病关系为例的讨论》，见孙逊、杨剑龙主编：《都市、帝国与先知》，上海，上海三联书店，2006。

③ 陈瑛珣：《明清契约文书中的妇女经济活动》，台北，台明事业文化有限公司，2001；陈瑛珣：《灶头锅尾：清代以来民间妇女生活史料的发掘与运用》，台北，立诚书局，2009；胡中生：《明清徽州下层社会的非常态婚姻及其特点》，载《安徽史学》，2001(3)；胡中生：《明清徽州的人口买卖与婚配》，载《安徽史学》，2003(2)。

④ 王振忠：《清代前期徽州民间的日常生活——以婺源民间日用类书目录十六条为例》，见陈峰主编：《明清以来长江流域社会发展史论》，武汉，武汉大学出版社，2006；王振忠：《一个徽州山村社会的生活世界——新近发现的"歙县里东山罗氏文书"研究》，见《中国社会历史评论》第2卷，天津，天津古籍出版社，2000；王振忠、陶明选：《晚清徽州民间社会生活管窥——〈新旧碎锦杂录〉抄本两种整理札记》，载《安徽史学》，2006(5)。

大量的人物传记，但主要是贵族官员的，而文集中的墓志传记文数量多于正史，特别是还有大量出土墓志，保留大量普通人特别是女性的传记，反映了多方面日常生活细节，利用墓志开展日常生活史研究大有作为，利用唐宋墓志的生活史研究引人注目。① 档案特别是诉讼法制类档案保留了大量民间资料，反映了下层社会的面貌，认真解析口供是重要的研究途径。② 诗歌、戏曲、小说等文学作品特别是竹枝词、民间传说、写实漫画反映当时人的生活、观念等，有大量日常生活细节描写，有助于社会生活史的研究。③ 笔记对于研究日常生活史也具有主要价值。④ 此外，物质文化也是生活史资料的重要来源，日常生活的器物以及图像资料，是人们的活动与观念的产物。生活史研究综合使用资料，文献、实物、图像相结合，重构古代日常生活的现场。⑤

最后，从生活方式的转变可以考察民族关系，进行不同文明比较，阐述社会变迁。中国是一个统一的多民族国家，民族作为历史上经过长期发展而形成的稳定共同体，其重要标志之一就是生活方式的共同性，民族融合的实质是生活方式的融合。从其他民族对汉族生活方式

---

① 卢建荣：《墓志史料与日常生活史》，载《古今论衡》(台北)，第 3 期，1999；卢建荣：《从在室女墓志看唐宋性别意识的演变》，载《台湾师大历史学报》，第 25 期，1997；陈弱水：《试探唐代妇女与本家的关系》，载《"中央研究院"历史语言研究所集刊》，第 68 本，第 1 分，1997；刘静贞：《北宋前期墓志书写活动初探》，载《东吴历史学报》，第 11 期，2004。

② 刘铮云：《口供中的故事》，载《古今论衡》，第 3 期，1999；刘铮云：《史语所所藏内阁大库档案中的疾病与医疗史料》，载《古今论衡》，第 4 期，2000；冯尔康：《2004 萧公权学术讲座——乾嘉之际下层社会面貌：以嘉庆朝刑科题本档案史料为例》，台湾纯智文教基金会赞助，中正大学历史系主办，2004；周祖文、金敏：《清代刑科题本中的小农家庭经济：以 527 件服制命案为中心的考察》，载《中国社会经济史研究》，2008(1)。

③ 黄正建：《从小说游仙窟看唐人的衣食住》，《唐文化研究论文集》，上海，上海人民出版社，1994；小田：《江南场景：社会史的跨学科对话》第二部分，上海，上海人民出版社，2007。

④ 石焕霞：《关于乡闱的记忆、叙述与想象——以清代士人笔记为中心的考察》，载《福建师范大学学报》，2008(4)。

⑤ 扬之水：《古诗文名物新证》，北京，紫禁城出版社，2004。

的影响来说，饮食方面，汉代流行的“胡饼”，唐代盛行的抓饭、烧饼，都是其他民族传入的；服饰方面，战国时中原各国的服饰宽袍大袖，不利作战，少数民族的中山、林胡、楼烦等都善于骑马射箭，衣服简便可体，赵国的武灵王便实行“胡服骑射”，中原汉族人民的服饰受到少数民族的影响。明朝汉族男子满头留发，把它挽起来，叫作“束发”，衣服宽袍大袖。清兵入关后，要求汉族人按照满族人的习俗“剃发”“易衣冠”，即男子把脑顶前半部分剃光，后半部分唯剃去底部之发，将留下的头发梳成辫子，衣服是窄袖圆领。清朝的这个变更汉族传统服饰的规定，引起汉族强烈的反抗。不过最后汉族还是接受了满族的发式和服饰。满族女服中的旗袍，由于符合女性体型的特征，反而受到汉族的欢迎，以至于成为中国女性的代表性服装。家居方面，汉族最初的室内居住方式是席地生活，下层人民在室内铺的草席上坐卧、饮食；贵族之家除席外，还有木制的床和塌，榻是坐具，床和榻都非常低矮。魏晋时期，少数民族不断内迁，他们的风俗习惯也影响了汉族。两晋时，洛阳贵族官僚争用胡床、方凳等北方游牧民族的家具，这些家具一般比较高。隋唐时期，床、桌、凳、扶手椅、靠背椅等家具，已普及百姓。到了宋代，室内普遍使用桌椅，完全改变了席地而坐的习惯。再就汉族对其他民族生活方式的影响而言，有些少数民族受汉族文化影响，在生活方式方面有所改变。如北魏鲜卑族受汉族影响，学习农耕，改变游牧生活，逐步定居下来。孝文帝时期为了接受汉族文化，主动迁都接近汉族地区的洛阳，还下令鲜卑贵族采用汉姓，改穿汉服，学习汉话，提倡同汉族通婚。内迁的鲜卑族逐渐与汉族和其他民族融合。古代北方少数民族对汉族的战争，即使少数民族是胜利者，大批迁到汉族居住地进行统治后，随着时间的流逝，他们吸收汉族生活的方式，也与汉族融为一体。如进入黄河流域的契丹、女真等民族，经过长期与汉族共同生活，已和汉族没有什么差别。

中国历史分期的社会史内容，应当包括生活方式的转变。历史上几个大的历史变动时期，如春秋战国之际、唐宋之际、明代中后期，尤其是近代开埠以后，均发生了程度不同的生活方式变化，包括游牧文明与农业文明、农业文明与海洋文明的冲突影响，上述生活方式变化与民族关系的论述已经有所涉及，在此再举出节日生活的变化的事例：立春风俗在唐代特别是宋以后发生变化，正好和中唐以及唐宋之际社会发生重大变化的看法一致。汉以来天人相应与顺天施政的观念，在盛唐之后逐渐减弱，唐代读时令的礼仪自天宝年间久已废弛。由于迎气礼中相关禁忌的消除(如武官参加迎春礼)，唐代宫廷的立春也不再为庄严肃穆的气氛所笼罩，表现出热烈的节庆色调。唐代的迎春和鞭春礼仪已经具有群众性节庆的性质，具有公众集会的规模。宋代由于出春牛和鞭春牛不处于同一地点，春牛的运送则形成了迎春队伍游行的礼俗。立春的形态发生了变化，喜庆的节日气氛越来越浓，并且已经成为具有广泛群众基础的官民同庆的节日礼俗活动。至明代迎春礼俗的群众规模更大，并举行丰富多彩的游艺活动。①

资本主义的出现无疑是人类社会的巨大变迁。法国年鉴学派的第二代学者费尔南·布罗代尔探讨15—18世纪西欧资本主义兴起，首先从日常生活的结构开始，将之作为“物质文明”或“物质生活”。他认为日常生活无非是些琐事，将其纳入历史的范围有何用处呢？“历史事件是一次性的，或自以为是独一无二的；杂事则反复发生，经多次反复而取得一般性，甚至变成结构。它侵入社会的每个层次，在世代相传的生存方式和行为方式上刻下印记……我们发掘琐闻轶事和游记，便能显露社会的面目。社会各层次的衣、食、住方式决不是无关紧要的。”②即从日常生活最基层入手，考察资本主义的产生。布罗代尔并未局限于此，接着探讨市场经济和资本主义，反映出年鉴学派对于总体历史的追求。中国资本主义萌芽的研究用力甚多，需要处理自然经济与商品经济的关系，中国传统社会自然经济占统治地位，战国以后商品经济发展，经君健认为自然经济占统治(或主要)地位是西欧中世

---

① 常建华：《简涛〈立春风俗考〉》，见《中国社会历史评论》第2卷，天津，天津古籍出版社，2000。

② [法]费尔南·布罗代尔(Fernand Braudel)著，顾良、施康强译：《15至18世纪的物质文明、经济和资本主义》(*Civilization and Capitalism 15th-18th Century*)第一卷，27页，北京，生活·读书·新知三联书店，1992。

纪早期以庄园制为主要内容的领主经济的主要特点，至于以地主制经济为主要内容的中国封建制度，则与商品经济有本质的联系，从总体上说来不存在自然经济占统治(或主要)地位的特点。① 特别是16世纪的明代，中国社会风气变化较大，突出表现在生活性消费、文人闲居生活与鉴藏关系密切，居室生活的艺术化倾向，物质文化生活上器用的瓷质化方面。② 生活研究有助于对于重大社会变迁的揭示。当代中国正在迅速现代化，经历着社会转型，该如何对待传统生活方式这一问题，引起了人们对于日常生活的关注，日常生活历史的研究自然也是必要的。

事实上，中国地域广阔，生态类型多样化；中国民族众多，民族生活多样化；中国历史悠久，历史的断裂与连续深刻影响了各地方文化。这些时空人为因素综合造成中国日常生活的多样性。对于中国日常生活史的研究，也需要多样的方法。如"一日史"即研究日常生活史的方法之一。朱小田指出："历史由诸多维度共同刻画，主体(人物)、时间、空间、行为(事件)是几个基本维度。事实上，每一维度都体现为一种谱系，比如时段的长短便构成时间谱系。特定的时代、不同的考察者常常偏向某一历史维度谱系中的一端，而忽略另一端。茅盾以《中国的一日》留下的'一日史'，实际意味着一种历史的时间维度极端，随之，其他历史维度发生了相应变化：人物维度由社会精英变成了平民百姓，由庞杂的个体行为构成无数的社会角色；事件维度由重大社会现象变成了日常生活，由重复的琐事敷演为碌碌的生活影像；空间维度由抽象的全盘世界变成了具象的生活共同体，通过芸芸众生的人

① 经君健：《试论地主制经济与商品经济的本质联系》，载《中国经济史研究》，1987(2)。

② 常建华：《论明代社会生活性消费风俗的变迁》，载《南开学报》，1994(4)；万木春：《味水轩里的闲居者：万历末年嘉兴的书画世界》，杭州，中国美术学院出版社，2008；朱力：《中国明代住宅室内设计思想研究》，96～128页，北京，中国建筑工业出版社，2008；肖丰：《器型、纹饰与晚明社会生活》，武汉，华中师范大学出版社，2010。

际关系呈示出鲜活的历史情境。”①时间周期是日常生活的一种载体，一日、季节、年度在文化人类学中都是探讨生活方式的途径。

总而言之，生活史研究可以深化并推进历史学。历史学的前进在于所建构的历史接近历史的真实，需要多侧面的深入研究，增进对总体历史的认识，生活史研究是达到这种目的不可或缺的一环，比起几千年的政治史学、“英雄史学”，生活史还很年轻。马克思的名言说：“现代历史著述方面的一切真正进步，都是当历史学家从政治形式的外表深入到社会生活的深处时才取得的。”②这正是生活对于社会生活史乃至历史学最重要的意义。

第二节　日常生活史与社会文化史
——“新文化史”观照下的中国社会文化史研究

中国改革开放以来，有关文化史、社会史以及社会文化史的讨论持续不断，近年来受西方新文化史③的影响，有关社会文化史的讨论趋向热门。然而社会文化史的论述中，对于日常生活史与社会文化史关系的讨论尚不充分，也比较缺乏“新文化史”的视角。因此我想结合对相关学术史的观察，试就日常生活史与社会文化史的关系谈点感想，以就教于专家。

一、西方新文化史中的日常生活

毫无疑问，西方新文化史是西方文化史的学术历程中的一部分。对于西方文化史的述评已有不少，著名史学家彼得·伯克《什么是文化史》2004年首次面世，2008年出版第二版，增加了后记《21世纪的文

---

① 小田：《“一日史”的意义——论历史维度谱系与整体史》，载《河北学刊》，2010(6)。

② 《马克思恩格斯全集》第12卷，450页，北京，人民出版社，1962。

③ 参见李霞、杨豫：《走向开放的综合——新文化史学探析》，载《国外社会科学》，2001(5)；周兵：《西方新文化史的兴起与走向》，载《河北学刊》，2004(6)。

化史学》，是目前最具权威也可能是最新的评论西方文化史的著作。①我想首先从这本书看看日常生活在文化史研究中的位置。

根据彼得·伯克的梳理，文化史的研究历程可以分为四个阶段："经典"阶段，始于20世纪30年代的"艺术的社会史"阶段，20世纪60年代的大众文化史的发现阶段，以及"新文化史"阶段。

1800—1950年这一时期属于文化史的"经典"时代，此时的文化史家们关注的是经典作品——艺术、文学、哲学、科学等学科中杰出作品的"典范"——的历史。文化史学家特别关注不同艺术类别之间的关联。那个时代最伟大的文化史学家有雅各·布克哈特和约翰·赫伊津哈，布克哈特在其最有名的著作《意大利文艺复兴时期的文化》中，描述了他所说的意大利文艺复兴时期艺术、文学、哲学乃至政治生活中的个人主义、竞争意识、自我意识和现代性。赫伊津哈在《中世纪之秋》中讨论了诸如骑士风度那样的生活理想，也讨论了衰落感之类的主题，还有象征主义在中世纪晚期的艺术和思想中的地位，以及诸如对死亡的恐惧等这样一些情绪。该书把形式或行为规范放在中心位置上。不过，赫伊津哈曾经写道："如果我们看不到生活在其中的人，怎么能形成对那个时代的想法呢？假如只能给出一些概括的描述，我们只不过造就了一片荒漠并把它叫作历史而已。"②强调了人的生活对于文化的重要性。

在"艺术的社会史"阶段，经历了从社会学到艺术史的演进。德国社会学家马克斯·韦伯的名著《新教伦理与资本主义精神》(1904)为经济变化作出文化的解释。其后，另一位德国社会学家诺贝特·埃里亚斯《文明的进程》(1936)研究了餐桌礼仪的历史，以便揭示西欧宫廷内自我控制或情绪控制的渐次发展过程。德国式的文化史研究中，阿比·瓦尔堡关注古典传统及其漫长的转变过程，探讨了文化的或概念的图式或公式，如表达特定感情的手势。德国的上述研究影响了美国、

① [英]彼得·伯克著，蔡玉辉译，杨豫校：《什么是文化史》，北京，北京大学出版社，2009。

② [英]彼得·伯克：《什么是文化史》，10页。

英国的文化史研究。就学术传统而言，美国的“观念史”研究传统比文化史更强。30年代因躲避希特勒的迫害流亡到英国的匈牙利社会学家，是一批关注文化与社会的马克思主义者，影响了英国的文化史研究。

“大众文化”的概念来源于18世纪后期的德国，当时中产阶级知识分子开始发现民谣、民间故事、舞蹈、礼仪、艺术品和手制工艺品。古典学者、民俗学者、人类学者一直关注大众文化的历史，到了20世纪60年代，一批职业历史学家转向对大众文化史的研究。之所以这时大众文化史兴起，在于学者不满意过去的文化史把普通民众排除在外，政治史、经济史也把文化排除在外。对于大众文化的研究，这一时期诞生了爱德华·汤普森的《英国工人阶级的形成》(1963)这部影响深远的著作，该书探讨了大众文化对阶级形成的意义。“大众文化”的概念也引起争议，焦点是是否包含精英文化，如何统合二者对于文化史研究十分重要。倒是人类学的文化概念具有更大包容性与伸缩性。“人类学关注日常生活，关注劳动分工相对不发达的社会，从而推动了‘文化’一词的广义用法。”①正是这种人类学的“文化”概念，使得文化史学家以两个孪生式的运动“历史人类学”“新文化史”开创了属于自己的时代。

“从20世纪60年代到90年代，文化史的实践出现了一个最明显的特征，那就是朝人类学研究方法转向。”②因此，彼得·伯克还指出：“在过去的三十多年里，历史学家对‘文化’一词的使用逐渐发生了转变。这个词以前是用来指称上层文化，但现在把日常文化也包含在内，包括习俗、价值观和生活方式。换句话说，历史学家越来越接近人类学家对文化的看法。”③在人类学家看来，“一种文化离我们越远，我们就越容易将它的日常生活当作研究对象来对待”④。借鉴人类学的历史学家因而也就会将目光投向“日常生活”，借鉴人类学家广义的文化概

① ［英］彼得·伯克：《什么是文化史》，33页。
② ［英］彼得·伯克：《什么是文化史》，34页。
③ ［英］彼得·伯克：《什么是文化史》，37页。
④ ［英］彼得·伯克：《什么是文化史》，41页。

念，探索日常生活的社会史家也会关注艺术和文学的符号学研究。历史人类学者特别关注人类学家的一些著作，如马塞尔·莫斯的礼物研究、爱德华·埃文斯-普里查得的巫术研究、玛丽·道格拉斯的纯洁研究、克利福德·吉尔兹的巴厘岛斗鸡研究、克劳德·列维-斯特劳斯的结构主义研究。把社会生活作为戏剧化表演分析，在具有历史人类学色彩的文化史研究中占据重要地位。历史学与人类学的碰撞，也促成了“微观史学”的兴起，在意大利尤为突出。20世纪70年代诞生了两部微观史学的代表作，埃马纽埃尔·勒华拉杜里的《蒙塔尤》(1975)、卡洛·金兹伯格的《奶酪与蛆虫》(1976)，《蒙塔尤》在社区研究的框架下，揭示了物质文化和心态，《奶酪与蛆虫》讨论了社会下层的世界观。微观史学在方法论上，着眼于分析社区与外部世界的关系。

“新文化史”一词的使用开始于20世纪80年代，新文化史之“新”在于其为了将“文化”“区别于思想史，主张把研究重点放在心态、预设或情感上，而不是放在观念或者思想体系上”①。同时，也用其来区别于社会史。有四位学者对新文化史的实践贡献了重要理论，即米哈伊尔·巴赫金的《拉伯雷和他的世界》(1965)提出的“狂欢节化”，诺贝特·埃里亚斯《文明的进程》(1939)的论文明，米歇尔·福柯《规训与惩罚》(1975)的论体制，皮埃尔·布尔迪厄关于“场域”的概念、实践的理论、文化再生产的思想和“区隔”的观念。“实践”是新文化史的口号之一，“实践”理论来自布尔迪厄，关涉他的“惯习”概念。“他认为列维-斯特劳斯等结构主义者的著作中提出的有关文化规则的思想太僵化死板，因此他从某种图式框架内的持续性即兴行为的角度去考察日常生活中的实践，而这种图式是被某种文化反复灌输于头脑和身体之内的。”②语言史、宗教实践、旅游史、收藏史都是实践历史学的领域，而科学史朝着日常生活实践方向的转变更加明显，最受欢迎的实践史学则是阅读史。“表象”是新文化史的核心概念之一，图像和文本被认为就是对社会现实的反映或模仿，与此相关的记忆史盛行。一些文化

① [英]彼得·伯克：《什么是文化史》，57～58页。

② [英]彼得·伯克：《什么是文化史》，66页。

史家在 20 世纪 80 年代和 90 年代转向物质文化研究，探讨食衣住的符号性而不仅仅是消费的历史。新文化史日益繁荣的是身体史，它是从医疗社会史中发展出来的，但文学艺术与社会学、人类学家的加入拓宽了视野。将“表象”视为现实的“建构”或“生产”的理论，也是新文化史的重要内容，这样阶级、性别、共同体、君主制、个人的身份被作为建构的产物处理，前面提到的将社会生活作戏剧类比发生了转向使用表演与场合的分析，来反对僵化、固定的观念。

据彼得·伯克所说，进入 20 世纪 90 年代后，“新文化史”开始渐入颓势，遭受多方面的批评，文化转向面临着超越。他指出了三种趋势：一是复兴传统的文化史，二是新文化史扩大到以前被忽视的政治、暴力与情感等更大的领域，三是反对用建构的方法对社会和文化加以归纳。

彼得·伯克《什么是文化史》的后记还介绍了 21 世纪的文化史学，概括起来就是文化史的某些领域已经引起了人们的极大兴趣，其中包括身体、民族认同以及观念的文化史。

借助彼得·伯克《什么是文化史》的研究，我们概述了包括“新文化史”在内的西方文化史的发展脉络。我们会发现文化史与社会史交织在一起，特别是当大众文化研究兴起后，作为大众的社会与文化合流，而历史人类学、新文化史都是以作为社会构成的人为依托的，所以“新文化史”包括社会与文化，相当大的程度上也可以社会文化史代替。早在 1999 年彼得·伯克访问我国华东师范大学历史系，演讲题目是《西方新社会文化史》，指出“新文化史”或“社会文化史”的兴起，常被视为更广义的“文化转向”的一部分，即将“新文化史”与“社会文化史”等同①，或者干脆称之为“新社会文化史”②。

---

① ［英］彼得·伯克著，刘华译，李宏图校：《西方新社会文化史》，载《历史教学问题》，2000(4)。又，彼得·伯克在南京大学历史系就欧洲新文化史学的发展作了专题讲座。讲座结束后，进行了讨论，涉及的内容主要集中于新史学运动之后欧洲新文化史发展的新趋势，讨论的内容可参见杨豫、李霞、舒小昀：《新文化史学的兴起——与剑桥大学彼得·伯克教授座谈侧记》，载《史学理论研究》，2000(1)。

② 李宏图：《当代西方新社会文化史述论》，载《世界历史》，2004(1)。

不仅如此，日常生活也贯穿于文化史的学术关怀之中。早在文化史的“经典”时代，赫伊津哈就提醒人们对于文化要关注“生活在其中的人”。“在德国和荷兰，新文化史被嫁接在布克哈特和赫伊津哈的传统之上，更为重视所谓的‘日常生活史’。”①特别是大众文化的研究深受人类学的影响，而人类学关注日常生活，新文化史是从历史人类学中发展起来的，至于新文化史的“实践理论”很大程度上是指日常生活的实践。新文化史在向更多的领域扩大，在战争等政治与军事史的传统主题方面，“却是从普通民众日常生活的角度来加以研究”②。因此，日常生活史始终是文化史展示理论与实践的舞台，日常生活史与新文化史、社会文化史有着千丝万缕的关系，甚至可以说日常生活史是新文化史、社会文化史的组成部分。

如果说只引用彼得·伯克对新文化史的论述显得单一的话，那么我们再补充另一位著名文化史家罗伯特·达恩顿的看法：“最令人激动、最有创意的历史研究应该挖掘出事件背后我们的前人所经历和体验的人类生存的状况。这类研究有过不同的名字：心态史、社会思想史、历史人类学，或文化史(这是我的偏好)。不管什么标签儿，目的是一个，即理解生活的意义：不是去徒劳地寻找对这一伟大哲学之谜的终极答案，而是从前人的日常生活和思想观念中去探求和了解对此问题的回答。”③姜进解释说，新文化史注重于细致描述具体人群的具体生活，“无论是貌似平静的日常生活，还是轰动一时的重大事件，新文化史研究的焦点都是当地参与其中的人群对自己诉求的特殊方式，相信生活在过去的男男女女正是以自己特殊的生存战略和对自由解放的向往开辟了人类生活方式的无限可能性”④。日常生活之于新文化史的重要性，显而易见。

---

① [英]彼得·伯克：《什么是文化史》，36页。

② [英]彼得·伯克：《什么是文化史》，125页。

③ [美]罗伯特·达恩顿著，萧知纬译：《拉莫莱特之吻：有关文化史的思考》，6～7页，上海，华东师范大学出版社，2011。

④ 《新文化史经典译丛·理论经典》总序，见[美]林·亨特：《新文化史》，6页，上海，华东师范大学出版社，2011。

新文化史、社会文化史研究离不开日常生活史的探讨，反之，日常生活史需要借鉴新文化史、社会文化史的理论方法。

二、中国文化史与社会史的对接

文化史与社会史都是20世纪出现于中国现代史学界的，均受中国历史发展的制约，经历了较大的波折，呈现出发展的阶段性特点，大致经历了民国年间兴起、中华人民共和国前三十年停滞与后三十年复兴三个时期，各时期有各自阶段性的变化。清末民初，受海外人文与社会科学特别是史学研究的影响，在梁启超、李大钊等学者的推动下，20世纪二三十年代，文化史、社会史兴起，从历史上的社会、文化出发思考中国的特性与发展前途，出版了一批学术著作。从抗日战争到解放战争，中国文化史、社会史的学术研究陷入了十余年困难境地，学术论著出版数量锐减，但也有个别水平较高的专著问世。

中华人民共和国成立初期，文化史研究作为与政治、经济史研究鼎足而立的领域而存在。然而随着学界对土地制度问题、农民战争问题，以及与此相联系的古史分期的问题、汉民族形成问题、资本主义生产关系萌芽问题，展开了热烈的争鸣，形成50年代史学界盛开的“五朵金花”，从50年代后期起，综合性的文化史研究淡出学术界，罕见从整体上探究中国文化发展过程或全局问题的论文。社会史则继承“中国社会史大论战”的传统，以社会经济史为标志的社会形态研究保留下来，“五朵金花”的探讨中依稀可见社会史的身影。然而，反映民众生活的研究难见踪迹。

“文化大革命”结束后，伴随着思想解放，中国文化史、社会史的研究得以复兴，其特色是作为学科建设出现的。1978年冬、1979年春，复旦大学历史系、中国社会科学院近代史研究所相继设立中国思想文化史研究室、近代文化史研究室，标志着改革开放新时期中国文化史研究的重建。此后，有关中国文化史研究的会议相继召开，文章不断出现，至1984年达到高潮，有关中国文化的讨论成为学术热点，时称“文化热”。受到“文化”讨论的启发，“社会”也引起关注。1986年10月，南开大学历史系、《历史研究》编辑部与天津人民出版社联合举办了“首届中国社会史研讨会”，成为新时期中国社会史研究复兴的标志。此后，则出现了文化史与社会史的对接乃至合流的现象，引致了所谓“社会文化史”的出现。

尽管文化史是一个难以确定的界域，但一般认为“文化是一个整体，一个烙上人类实践活动的特殊印记的整体。因此，所谓文化史，便是综合考察这个整体的发展过程的历史。……我们把文化定义为观念形态，在承认当作观念形态的文化是一定社会的政治和经济的反映的同时，又承认它给予影响和作用于一定社会的政治和经济”①。同样，社会也是人类实践活动的一个整体，作为观念形态的文化也是属于一定社会的。文化与社会处于亲缘与共生的状态，彼此难以割舍。

文化史兴起之初，便与社会史结下了不解之缘。1985 年李侃、田居俭先生向第十六届国际历史科学大会提交的《近五年(1980—1984)中国历史学概述》中写道：“文化史研究的兴起，是中国史学界近几年出现的又一个新气象。1949 年以后，中国史学界的兴趣从过去的考订个别史实和叙述王朝兴亡以及政治事件转向社会经济的研究，这在对历史作唯物主义的理解方面取得了可喜的成绩。但是相对而言，历史学中的文化领域却没有受到应有的注意，这种现象，近年来开始有了变化。首先是一些古代区域性的文化受到了史学界的重视……而另一些长期致力于断代史和社会史研究的学者们，也开始注意研究各个历史时期的文化生活和文化成就。”②也就是说，文化史研究的出现，一定程度上是要为社会经济的研究寻求突破，社会史研究的学者开始注意历史上的文化生活和文化成就，而“文化生活和文化成就”是文化史研究的重心。事实上，“文化成就”的研究一直未断，而“文化生活”则是新事物，进入生活领域后，文化史与社会史相遇了。

强调文化史与社会史的结合，在中国社会科学院近史所近代文化史研究室表现突出。该室刘志琴指出，社会史的复兴，是以文化史为

---

① 朱维铮：《中国文化史的过去和现在》，载《复旦学报》，1985(5)。

② 中国史学会编：《第十六届国际历史科学大会中国学者论文集》，415 页，北京，中华书局，1985。

前导，或者说文化史的发展必须在社会史领域内深入。① 她认为社会史和文化史是共生共荣的关系，社会史肩负重要的文化使命："社会史从一诞生，就与社会学、民俗学同根相连，互有补充。可以说回溯社会生活和民俗的历史，也就是进入社会史的领域。……文化史热的发展必将召唤社会史的复兴，从社会史领域探索民族文化心理的形成、发展和改造，这是观念变革最能动的深层结构，也是文化史研究进一步深化的总趋势。"②在她看来，揭示伦理价值深入生活表现出民族性，需要文化史与社会史研究联手才能完成："伦理价值通过物质生活和精神生活的双重作用积淀到民族文化心理的最深层，成为群体无意识的自发意识，这样的文化才真正具有在各种波澜曲折中得到稳定传承的内在机制。这就是中国文化的个性。"③文化史与社会史的对接，有赖于日常生活这一领域，刘志琴认为："精英文化的价值观念渗入世俗生活，从而使世俗生活理性化，这就是世俗理性。……世俗理性造成中国社会文化的显著特点是，伦理观念和文化意识渗入日常生活的各个领域。"④日常生活研究的重要性显而易见。她还强调生活包括衣食住行和休闲在内，是人类赖以生存与发展的基本形式，呼吁学术界"发现生活"。⑤

文化史与社会史的结合，在中国社科院近代文化史研究室的李长莉笔下，表述为社会文化史。李长莉认为，社会文化史是人与人之间、人与社会之间的生活方式及其观念的历史；从探讨人类社会生活来说，它与社会史的研究对象是重合的，均探讨社会组织、制度、教育、法律、风俗习惯、文化传播方式、娱乐消闲方式等内容。社会史与社会

---

① 史薇(刘志琴笔名)：《复兴社会史三议》，载《天津社会科学》，1988(1)。

② 刘志琴：《社会史的复兴与史学变革——兼论社会史和文化史的共生共荣》，载《史学理论》，1988(3)。

③ 刘志琴：《从社会史领域考察中国文化的历史个性》，载《传统文化与现代化》，1993(5)。

④ 刘志琴：《社会文化史的视野》，见周积明、宋德金主编：《中国社会史论》，104页，武汉，湖北教育出版社，2000。

⑤ 刘志琴：《发现生活》，见薛君度、刘志琴主编：《近代中国社会生活与观念变迁》，序，北京，中国社会科学出版社，2001。

文化史也有区别，前者更注重社会结构和运动的客观性，而后者则主要研究历史上人们的社会生活方式与思想观念之间的相互关系，关注的是隐蔽在人们社会行为后面的精神因素。① 她还补充说，关注社会与观念的互动、民众生活与观念的互动是社会文化史的重要取径。②近代文化史研究室联合《社会学研究》编辑部于1992年举行“社会文化史研讨会”，推进社会文化史的研究。③

在刘志琴、李长莉的社会文化史研究之中，生活史占据了重要位置。近代文化史研究室集体编写了《近代中国社会文化变迁录》，刘志琴在该书序言《青史有待垦天荒——试论社会文化史研究的崛起》中指出：“社会文化史是以大众文化、生活方式和社会风尚的变迁为研究对象。”④该书论述的正是这些内容。刘志琴的主要研究领域是晚明社会文化，探讨了商业资本对晚明社会的影响、城市风尚、城市民变与士大夫、公私观念、百姓日用之学、饮食思想与文化思潮等重要问题。⑤李长莉的代表性研究成果有《晚清上海社会的变迁——生活与伦理的近代化》(天津人民出版社，2002年)，认为中国社会近代化的主要标志是民众生活方式和伦理观念的近代化。该书从近代上海民众生活的微观层面探讨近代化的宏观社会变迁，在伦理观念的层面将社会与文化紧密结合。刘志琴为该书作序，名为《观念源于生活》，概括了她们研究社会文化史的意蕴。李长莉的另一部著作《中国人的生活方式：从传统到近代》(四川人民出版社，2008年)，则探讨了清末民初中国人生活方式演变的历史轨迹。由上可知，社会文化史研究者，将生活史作为重要学术领域，对于“生活”的表达用语固然不统一，有“社会生活”

---

① 李长莉：《社会文化史：历史研究新角度》，见赵清主编：《社会问题的历史考察》，成都，成都出版社，1992。

② 李长莉：《社会文化史的兴起》，载《天津师范大学学报》，2003(4)。

③ 李长莉：《社会文化史：一门新生学科》，载《社会学研究》，1993(1)。

④ 刘志琴主编：《近代中国社会文化变迁录》(三卷本，李长莉、闵杰、罗检秋分撰)，序，杭州，浙江人民出版社，1998。

⑤ 刘志琴：《晚明史论——重新认识末世衰变》，南昌，江西高校出版社，2004。

“生活方式”“日常生活”等，内容则是相通的。近年来倡导社会文化史研究的梁景和，把“社会生活”作为这一领域的重要概念。①

其实，改革开放之后的中国社会史研究，将生活史作为关注点。冯尔康指出，社会史“研究历史上社会结构与日常社会生活的运动体系，它以社会群体、社会组织、社会等级、阶级、社区、人口的社会构成，以及上述成分所形成的社会结构及其变动，构成社会结构的人群的日常生活行为及其观念为研究范畴，揭示其在历史上的发展变化及在历史进程中的作用和地位”②。社会结构和日常生活被作为社会史研究的基本内容。关于当代中国社会史研究的特征，我认为体现在以下三方面：社会生活研究——还历史以血肉，社会文化研究——揭示社会精神面貌，区域社会研究——置社会史于地理空间。③ 其中社会生活研究偏重于社会，社会文化研究则重于文化，这两方面是相通的，基础是对生活方式的认识。尽管我国的社会史学界关注到社会生活、社会文化，新文化史的主张依然是有价值的，如同欧美一样，“社会史也不再满足于描述下层人民生活的客观状况，而是要了解文化体系是如何塑造了民众的身份认同、情感和日常生活的”④。中国的社会生活史研究应当把握生活的意义。⑤

应当指出，思想文化在文化史研究中占有重要地位。思想与社会的互动，是文化史与社会史学者关心的问题。著名历史学家侯外庐、钱穆早就强调思想史与社会史的互动关系，余英时的实践尤为突出，他们的理论背景与研究手法有很大不同。新时期在思想史与社会史结合问题上，一些学者借用“话语分析”“知识论”等方法，进行了突破性的尝试，如杨念群《儒学地域化的近代形态——三大知识群体互动的比

① 梁景和：《社会生活：社会文化史研究中的一个重要概念》，载《河北学刊》，2009(3)。

② 冯尔康：《中国社会史概论》，10 页，北京，高等教育出版社，2004。

③ 常建华：《中国社会史研究十年》，载《历史研究》，1997(1)。

④ 《新文化史经典译丛·理论经典》总序，见《新文化史》，8 页。

⑤ 常建华：《中国社会生活史上生活的意义》，载《历史教学（大学版）》，2011(1)。

较研究》(生活·读书·新知三联书店，1997年)、葛兆光《七世纪前中国的知识、思想与信仰世界》(复旦大学出版社，1998年)、赵园《明清之际士大夫研究》(北京大学出版社，1999年)等。南开大学中国社会史研究中心于2001年举行了主题为“思想与社会”的学术年会，刘泽华、庞朴、萧延中、杨念群提交了专门的理论文章，强调打通思想史与社会史的重要性和提倡新的研究方法。① 在刘志琴看来，处理思想与社会的关系，需要从生活领域拓展中国思想史的新资源。② 也有学者强调文化史的独特性，将文化史与社会史的加以区分。③ 还有学者认为对于中国社会文化史应当全面把握。④

三、中国社会史与历史人类学

社会学是改革开放以后最先恢复的社会科学，社会学的研究对象与社会史接近，重建的社会学也是促使社会史研究复兴的一个因素。中国社会史的倡导者都注意到社会学对于社会史的借鉴意义，甚至不少人认为社会史就是社会学在历史学的运用，把社会史等同于历史社会学。也有一些学者主张社会史慎重全面接受社会学，或认为“社会史研究不在于套用社会学的理论模式，而在于从中国社会历史事实和过程中总结出与理论的契合点，以建立起中国社会史理论体系”⑤。或指出：“除了社会学的概念和方法之外，社会史拒绝接受其他，于是社会史成了社会学建构其理论体系的资料库及其概念、方法的实验场。这

---

① 刘泽华：《开展思想与社会互动和整体研究》，载《历史教学》，2001(8)；庞朴：《思想与社会的互动》，载《历史教学》，2001(8)；萧延中：《贯通“思想史”与“社会史”的意义》，载《天津社会科学》，2001(4)；杨念群：《从“资治”到“反思”：中国社会史研究的新转向》，载《天津社会科学》，2001(4)；张分田、王利华：《“思想与社会”研讨会综述》，载《历史研究》，2001(5)。

② 刘志琴：《思想与社会：从生活领域拓展中国思想史的新资源》，载《江海学刊》，2003(2)。

③ 黄兴涛：《文化史研究的省思》，载《史学史研究》，2007(3)。

④ 李长莉：《交叉视角与史学范式——中国“社会文化史”的反思与展望》，载《学术月刊》，2010(4)；梁景和：《关于社会文化史的几个问题》，载《山西师大学报》，2010(1)。

⑤ 常建华：《中国社会史研究十年》，载《历史研究》，1997(1)。

样的前景，想起来就让人不寒而栗。”①

新时期中国社会史研究以社会生活为主，人类学对于社会史研究的意义不断彰显。由于社会学理论只是一般原理，而社会历史复杂多变，新时期的社会史又重在探讨民众日常生活，揭示其文化特点，这样社会学就显得有些力不从心。而最适合该类研究的方法，则是社会人类学或文化人类学，可以之诠释人们生活及行为中的仪式和符号。当中国社会史研究开展十年之际，我提出，如果说倡导社会史之初，因为借鉴社会学有利于建立社会史大的研究框架和圈占学术领地，而对其有所强调的话，那么随着研究的深入，更应该多借鉴以社会人类学或文化人类学为主的多学科研究方法。如此，借鉴社会人类学或文化人类学的社会史研究，成为另一种特色的社会文化史，会更加关注历史上的日常生活与社会关系网络。

新时期揭示社会精神面貌、认识社会特质的社会文化研究，也必然要以集体现象的无意识本质为研究课题，探讨人类社会生活中形成的静态文化结构，涉及文化人类学。关于历史学与人类学的关系，著名人类学家列维・斯特劳斯指出：“二者均以社会生活为研究的主题，以对人类更深刻的了解为共同的目标，在方法上除了各种研究技巧比率有所差异外，大致上也是相同的。”②因此，社会生活是历史特别是社会史与人类学共同关心的研究主题，历史学与人类学可以合作，形成历史人类学。庄孔韶从国际学术界的研究趋向介绍历史人类学：“人类学和历史学之间曾有不可逾越的界限，至少到本世纪中叶仍如此。但实际上，这两个学科在理论、方法论，或研究主题上并非各自截然独立。……现在，‘人类学转向’成了新叙述史的形式之一。其主要特点是促使历史研究关注人类学意义上的文化事项。这是指历史研究从传统上关注特定政治人物的思想和行动之政治史，转而关心那些普通

---

① 赵世瑜：《再论社会史的概念问题》，载《历史研究》，1999(2)。

② [法]李维・史陀(列维・斯特劳斯)：《史学与人类学》，载《食货(复刊)》，第12卷，第12期。

人的态度与信仰。”①

社会文化研究的兴起，若从中国历史学研究重心的角度考察，也可以视为从社会经济史向社会文化史的转移。即由过分重视经济变为经济、文化并重，而在新时期，社会文化史在一定程度上代表着学术潮流。这种转移在我国社会经济史研究的重镇厦门大学、中山大学表现得比较明显，从社会经济史的研究，逐渐转向社会文化史的研究。这些学校有人类学研究的传统，一些学者借鉴人类学研究华南社会史，形成了历史人类学的学术风格。②

2001年7月，成立不久的中山大学历史人类学研究中心举办了“历史人类学的理论与实践学术研讨会”，倡导开展历史人类学研究，与会的国内学者首次就历史人类学发表见解。人类学学者张小军指出，20世纪80年代以来，当时在香港中文大学的科大卫、陈其南，耶鲁大学的肖凤霞，以及中山大学的刘志伟、陈春声，厦门大学的郑振满和香港科技大学的蔡志祥等一批历史学家和人类学家合作，通过对珠江三角洲、香港、潮汕地区和闽南的历史人类学研究，对明清地方历史进行了批评性的反思，并且在研究方法上形成了“华南学派”的“文化过程”，它兼顾了对平民史、日常生活史和当地人想法的关注，对过往的精英史、事件史和国家的历史权力话语进行批评，形成了中国历史人类学的开端。③ 在他眼里，华南研究中的历史人类学兼顾了平民史、日常生活史。

陈春声结合自己在韩江流域的梅州和潮州地区的研究实践，以《走向历史现场》为题，阐明历史人类学对社会史研究的价值：

> (1)在历史现场中发现理解历史文献的能力。置身于历史人物

---

① 庄孔韶：《历史人类学的原则》，载《中国都市人类学通讯》，2000(3)。

② 可参阅常建华：《新时期中国社会史理论争鸣及其演进》，见《社会生活的历史学——中国社会史研究新探》，108～111页。

③ 张小军：《历史的人类学化和人类学的历史化——兼论被史学“抢注”的历史人类学》，载《历史人类学学刊》(香港)，第1卷，第1期，2003。

活动和历史事件发生的具体的自然和人文场景之中，切身感受地方的风俗民情，了解传统社会生活中种种复杂的关系，自然而然地加深了对历史记载的理解。

(2)过去如何被现在创造出来：理解百姓的“历史记忆”。在提倡“眼光向下”、强调重视普通人日常生活经验的时候，研究者必须保持一种自觉，即他们在“口述资料”中发现的历史不会比官修的史书更接近“事实真相”，百姓的“历史记忆”表达的常常是他们对现实生活的历史背景的解释，而不是历史事实本身。

(3)过去的建构如何用于解释现在：关于“地方性知识”的解释。结合实地调查，从不同地区移民、拓殖、身份与族群关系等方面重新审视具体地域中“地方性知识”与“区域文化”被创造与传播的机制，就会发现，许多所谓“地方性知识”都是在用对过去的建构来解释现在的地域政治与社会文化关系。

(4)有关地域社会建构的理论思考。在“国家”与“民间”的长期互动中形成的国家的或精英的“话语”背后，百姓日常活动所反映出来的空间观念和地域认同意识，是在实际历史过程中不断变化的，从不局限于行政区划的、网络状的“区域”视角出发，我们有可能重视解释中国的区域社会历史。①

在这意蕴丰富的归纳中，我们感受到“传统社会生活”“普通人日常生活经验”“百姓日常活动”对于历史人类学研究的重要性。关于华南的历史人类学实践的概括，刘志伟根据自己在与人类学者合作过程中的学科对话经验，强调人类学家注意到社会和文化结构的形成本身是一个历史过程，历史学家就不得不重新反省对“过程”的结构作历史阐释的角度和方法。②

---

① 徐桂兰：《历史学与人类学的互动——历史人类学的理论与实践学术研讨会综述》，载《广西民族学院学报》，2001(6)。

② 刘志伟：《地域社会与文化的结构过程——珠江三角洲研究的历史学与人类学对话》，载《历史研究》，2003(1)。

厦门大学是实践历史人类学的另一个学术单位。历史学者郑振满是开展历史人类学的先行者，人类学学者黄向春曾就历史人类学的有关问题访问他，郑振满认为："由于学术旨趣的不同，历史学家和人类学家对历史人类学可以有不同的理解。就历史学而言，历史人类学的特征应该是'从民俗研究历史'。这就是说，我们研究历史首先要从民俗入手，考察不同时期、不同地区的民众的思维习惯和行为习惯，然后把各种民俗现象和宏观历史进程联系起来，揭示民俗所具有的历史意义。在方法论方面，历史人类学应该同时运用历史学和人类学的理论和方法。这是因为，历史学擅长对于历史文献的解读和对于历史过程的分析，而人类学擅长对于民俗现象的考察和对于社会文化的分析，只有把二者结合起来，才有可能做到'从民俗研究历史'。从人类学的角度看，也许可以把历史人类学理解为'从历史研究民俗'，这似乎是一种相反的研究取向，但在方法论层面，二者又是相通的，也就是说二者都必须同时面对历史和民俗现象，都必须同时运用历史学和人类学的理论和方法。"①黄向春更从人类学的角度谈民俗与历史学的人类学化，指出其对于史学转型的深刻意义。② 我理解的所谓"从民俗研究历史"，很大程度上就是从日常生活入手研究历史。

历史人类学重视民间文献的利用。郑振满主张要从文献的生产过程、流传过程、使用过程去看文化的传承。他认为："民间文献的形成过程，实际上也是民间文化和精英文化互动的过程。因为民间文献的作者主要是下层知识分子，他们也就成为民间文化和精英文化互动的桥梁。问题是他们的知识结构究竟包含哪些因素？他们如何理解精英文化和国家制度？这些就是我们感兴趣的问题。我们要通过解读民间文献，探讨儒教、佛教、道教等正统意识形态对民间文化的影响，探

① 郑振满、黄向春：《文化、历史与国家》，见《中国社会历史评论》第5卷，488～489页。

② 黄向春：《民俗与历史学的人类学化》，载《民俗研究》，2002(1)。

讨特定时代、特定地区、特定人群的文化传承机制。”①关于民间文献的社会属性，郑振满指出：“每一种民间文献可能都和特定的人群和特定的生活方式有关。如果不把民间文献放在具体的社会环境中，不了解各种民间文献的作者和使用范围，也不能真正理解民间文献的历史意义。要做到这一点，就必须做田野，就需要历史人类学了。”②换言之，历史人类学通过田野调查与解读民间文献理解“人群”和“生活方式”。同时，他主张将地域社会文化史研究与大历史联系起来：“我们做生活史、文化史、心态史，如果不能跟主流的历史命题联系起来，如果不能跟历史学所关注的那些重大问题挂上钩的话，那就变得可有可无，别人可以不理睬你。”③

厦门大学的历史学与人类学研究的对话是多方面的，对于闽南文化的研究成绩显著。④ 历史人类学也以社会文化史表现出来，厦大的刘永华主编《中国社会文化史读本》(北京大学出版社，2011 年)，编者的内容提要解释社会文化史说：“社会文化史强调的是，在具体的研究实践中将社会史分析和文化史诠释结合在一起。在分析社会现象时，不能忽视相关人群对这些现象的理解或这些现象之于当事人的意义，唯有如此，社会史分析才不致死板、僵硬；在诠释文化现象时，不能忽视这些现象背后的社会关系和权力关系，唯有如此，文化史诠释才不致空泛、玄虚。”该书涵盖社会文化史研究的五个主要问题领域：(1)国家认同，(2)神明信仰，(3)宗教仪式，(4)历史记忆，(5)感知、空间及其他。通过个案研究，引导读者进入中国历史的深层脉络。该书的作者不乏中外历史人类学的重要学者。社会文化史如此，离不开对

① 刘平、刘颖、[越]张玄芝整理：《区域研究 · 地方文献 · 学术路径——“地方文献与历史人类学研究论坛”纪要》，见《中国社会历史评论》第 10 卷，358 页。

② 刘平、刘颖、[越]张玄芝整理：《区域研究 · 地方文献 · 学术路径——“地方文献与历史人类学研究论坛”纪要》，见《中国社会历史评论》第 10 卷，358 页。

③ 郑振满、黄向春：《文化、历史与国家》，见《中国社会历史评论》第 5 卷，489 页。

④ 蓝达居：《闽南文化的人类学研究》，载《闽都文化研究》，2004(1)。

于日常生活的基础性认识。

人类学者王铭铭也为中国历史人类学的开展做了有益的探索。他从社区、家族、乡村、城市、民族等角度，尝试了历史人类学研究。① 王铭铭谈了自己的历史人类学研究之路，他说：博士后期间所研究的村庄，有书面记载的历史大约早在明初就开始了；人类学研究者进入田野地点，描述它的生产、生活方式，都主要关注它当下日常生活的横切面，对它的历史作出的反映，极其微弱。可在他留学英国的阶段里，这种忽视历史的"方法"，还被当成是"规范"。他不满意人类学无视历史，也不满意人类学的基本方法民族志。他说村庄民族志缺乏对整个社会及社会与社会之间关联性的把握，更缺乏对"上下关系"(最重要的是行政等级关系、国家与地方之间关系)的重视，而这些关系也有一套文化逻辑值得人类学家研究。他研究闽台三村，发现两村是明代朱元璋时候由军户创造的。这段历史对村民的生活和历史记忆影响巨大，不能反映它，又怎能说是在真实地反映村庄生活。中国的村庄都不是孤立存在的，如果村子之间不能互通有无的话，村子内部的基本生活都成问题。追究民间宗教的历史性，促使他想提出一种历史人类学。王铭铭有自己的学术追求，他也谈了对华南学者历史人类学研究的看法。他说：

> 我早期的研究，主要在东南沿海进行，研究内容与"华南学派"颇相通，晚近涉及西部，王明珂先生的著作，就成了必读书。对于这两派中国历史人类学，我都不全然赞同。比如，我以为，"华南学派"的经济史味道太浓，有前辈遗留下来的决定论嫌疑；而王明珂的研究，除了也有"资源竞争"这一说显示出来的物质主

---

① 王铭铭：《社区的历程——溪村汉人家族的个案研究》，天津，天津人民出版，1997；王铭铭：《村落视野中的文化与权力》，北京，生活·读书·新知三联书店，1998；王铭铭：《逝去的繁荣：一座老城的历史人类学考察》，杭州，浙江人民出版社，1999；王铭铭：《走在乡土上——历史人类学札记》，北京，中国人民大学出版社，2006。

义趋向之外，其对于古民族史与口述史的对照研究，实在缺乏美国汉学家们所谓的“帝制晚期”这个重要环节。另外，我以为，汉人社区研究与少数民族研究若能得到更好的结合，对于我们的历史观之形成，将起到关键作用，而上述两派在这方面的努力不多。于是，我的历史人类学研究，越来越与我在硕士研究生阶段学习的民族史联系在一起。为了拓展社区研究的视野，我想到“天下”概念，接着特别关注民族史的研究成果。我有信心说，正是在民族史这个领域，中国学术有了一个基于中国历史的独到经验创建理论的机会。①

王铭铭不仅关注民族史，也关注现实，他说：“与其他学问一样，历史人类学须寻找趋近现实的路径，而同时考察被研究者生活方式、观念形态及其遭到的挑战(既可能来自内部，也可能来自外部)，是趋近现实的好路径。”②研究人的生活被作为历史人类学面向现实的途径。他认为历史人类学这门学问的首要使命，是指出对于历史，不同的时代，不同的文化，有不同的感受。他特别指出，要创建一个富有启发性的历史人类学，时下更多的讨论集中于大历史与小历史的关系及“表象”与“现实”的关系。其实这些概念，都属于分析概念，而非描述概念，是研究者的创造。而以上所谈的历史感和价值观问题，则等待着人类学家的“田野发现”。他愿以此为出发点，向另一种历史人类学迈进。

在中国历史人类学的研究上，如何对待地方社会文化，或许存在着科大卫模式与丁荷生模式。香港中文大学历史系讲座教授科大卫认为，地方社会主动且积极地参与王朝国家的建构，研究中国的地区历史，就是研究地方如何整合成为王朝国家的一部分。加拿大麦吉尔大学东亚研究中心讲座教授丁荷生与郑振满教授合著《莆田平原的仪式联盟》第一卷(莱顿，2010 年)，胡川安对丁荷生执笔的部分“神的回归”

---

① 王铭铭：《我所了解的历史人类学》，载《西北民族研究》，2007(2)。

② 王铭铭：《我所了解的历史人类学》，载《西北民族研究》，2007(2)。

做了评论。丁荷生从仪式、宗教与民间宗教开始，作为理解地方文化的视角。胡川安认为，科大卫的思考方式虽然是自下而上的，但仍然将地方置于王朝国家的一部分来思考，仍以当代民族国家的思考投射至研究的对象，地方的主体性无法彰显；而丁荷生“从文化和经济各种不同的生活面向理解在不同的历史时期，不同地方的人群如何理解、认识与选择自身的生活方式，这样的历史将会更能够认识人类生活的轨迹。上述生活轨迹往往不会透过文献本身显露出来，除了一般的传统文献、地方志和档案外，地方史的研究者还必须透过田野调查和搜集资料的过程，进一步理解实际的生活空间，通过当代的 GIS 科技，研究者利用文化地理学的研究方法，理解人群在地方社会当中如何活动，将生活的不同面向放进研究资料与方法当中，更加丰富地理解历史”①。这样的讨论应当引起注意。

以人类学路径探讨地域文化，朱小田的体会值得分享。他认为人类学的独特思路可以导向地域文化研究的纵深发展：一是地域文化史应加强动态生活的呈现，毅然告别传统的脱离生活结构的习俗史，迈向生活领域；二是人类学的整体视野提醒人们特别关注地域社会内部各种不同类型的社群世界，向笼统的“中国社会”或“地域社会”概念提出挑战；三是人类学赋予社会结构中的任何劳动者以一席之地，要求地域文化观察重视作为民间文化持有者的普通百姓；四是人类学中习见的口头艺术形式，常常以文献与口头两种形态存留下来，成为地域文化研究的独特素材。②

十年前，我指出社会史研究异军突起，注重日常生活，挖掘社会生活的文化意义，立足地域考察历史，构成新社会史的特征。新社会史的兴起与历史人类学产生不解之缘，一些历史学者和人类学者努力

① 胡川安：“Kenneth Dean and Zhenman Zheng，‘*Rituad Alliances of the Putian Plain*，*Volum One*：*Historical Introduction to the Return of the Gods*’”，载《历史人类学学刊》，第 9 卷，第 1 期，2011。

② 小田：《地域文化史研究的人类学路径——倾向于江南的案例》，载《清华大学学报》，2010(1)。

实践历史人类学。由于探讨早期历史与考古学、神话学、民族学有密切的关系，也由于近世历史资料丰富、历史遗存众多、便于田野调查，中国的历史人类学研究具有先秦两汉与明清时期两头热的特点。先秦两汉历史人类学的实践偏重于心态史和社会组织与形态，明清时期则立足于社区与田野实践历史人类学，信仰研究受到重视。华南地域社会史学者倡导历史人类学研究，无论在理论还是实践方面对历史人类学的创建贡献良多。① 华南历史人类学研究成果即“历史·田野丛书”，已出书12种，展示了社会史文献研究与田野调查结合的魅力。如今的历史人类学也面对新文化史提出的要求，正如罗伯特·达恩顿所说：“历史学与人类学的结合使两个领域都获益匪浅，因为它们的共同目标都是要对某种文化做出解释。”②

四、结语：日常生活史应当成为中国社会文化史研究的基础

综上所述，文化史、社会史、历史人类学均关心生活史，生活史在相当大的程度上也是以社会文化史的面目出现的。对于生活史的理解，学者各有侧重，使用的概念不一，有日常生活、社会生活、生活方式等，我国学者以使用“社会生活”一词最为普遍。

关于生活史的理论，马克思主义的“社会经济形态演进”理论，用生产方式发展史模式构建宏观社会历史。马克思指出：“物质生活的生产方式制约着整个社会生活、政治生活和精神生活的过程。”③对于这一论断有广义与狭义的理解，同时产生了“生活方式”与“社会生活”两种提法：人的生活可以指包括物质生活、社会生活、政治生活、精神生活的广义的社会生活，也可以指与物质生活、政治生活、精神生活并列的狭义的社会生活；与生产方式并存的应该还有生活方式，生产方式制约着生活方式。然而马克思主义理论中，并没有对具体“社会生

① 常建华：《历史人类学的理论与在中国的实践》，见冯天瑜主编：《人文论丛(2002年卷)》，武汉，武汉出版社，2003。

② ［美］罗伯特·达恩顿著，萧知纬译：《拉莫莱特之吻：有关文化史的思考》，192页，上海，华东师范大学出版社，2011。

③ 马克思：《〈政治经济学批判〉序言》，见《马克思恩格斯选集》第2卷，2页。

活”和生活方式的系统论述。虽然恩格斯晚年概括出“两种生产”理论，认为历史中的决定因素是“直接生活的生产与再生产”，生产包括“生活资料即食物、衣服、住房以及为此所必需的工具的生产”与“人自身的生产，即种的繁衍”①，“人类自身的生产”是非常接近“日常生活”的概念，但并未建构起理论范式。

后来的匈牙利哲学家格奥尔格·卢卡奇、法国学者昂利·列菲伏尔等学者发展出较为清晰的“日常生活”概念，至阿格妮丝·赫勒著《日常生活》，把“日常生活”界定为“那些同时使社会再生产成为可能的个体再生产要素的集合”②，更加完善。我国学者衣俊卿尝试建立了日常生活的理论范式，他为日常生活下了一个较为完整的定义：“日常生活是以个人的家庭、天然共同体等直接环境为基本寓所，旨在维持个体生存和再生产的日常消费活动、日常交往活动和日常观念活动的总称，它是一个以重复性思维和重复性实践为基本存在方式，凭借传统、习惯、经验以及血缘和天然情感等文化因素而加以维系的自在的类本质对象化领域。”③衣俊卿认为日常消费、交往、观念活动构成日常生活世界，属于经济基础与上层建筑构成的人类发达形态的社会结构的“潜基础结构”，对日常生活的研究有助于形成关于人类社会的总体图样。

因此，我认为我国生活史的研究应当从“社会生活”向“日常生活”转变，研究方法上则应注意建立日常生活与历史变动的联系，挖掘日常生活领域的非日常生活因素，把握传统农业文明中的商业文明因素。④ 也有学者将日常生活史作为一个新的研究领域，指出日常生活史的若干研究特色：研究对象微观化，“目光向下”；研究内容包罗万

---

① 恩格斯：《家庭、私有制和国家的起源》，见《马克思恩格斯选集》第4卷，13页。

② ［匈］阿格妮丝·赫勒：《日常生活》，3页。

③ 衣俊卿：《现代化与日常生活批判——人自身现代化的文化透视》，32～33页。

④ 常建华：《从社会生活到日常生活——中国社会史研究再出发》，载《人民日报》，2011-03-31。

象，重建全面史；“他者”立场。①

日常生活史也应当借鉴“新文化史”与历史人类学。西方文化史研究的进程中产生了两个孪生式的运动“历史人类学”和“新文化史”，为文化史研究注入活力，其学术影响延续至今。英国历史学家劳伦斯·斯通早在1987年注意到西方历史学最惊人的改变之一，就是对于感觉、情绪、行为模式、价值以及心理状态突然增大的兴趣。叙述重新受到重视的首要原因就是人类学取代社会学及经济学，成为社会科学中最具影响力的学科。② 中国社会文化史研究借鉴人类学的理论与方法，在生活与文化的研究层面并未有效展开，心态史研究没有太多的进展，社会文化史研究在这些方面未能充分彰显价值，其原因与“新文化”理论吸收不足、学术理念转换迟钝有关。“新文化史”的学术性格，主要在于下探民隐的尝试与由下而上的历史。与社会史学相同的是都注目于下层社会，但不同的是，社会史侧重人的行动，是具体可见事物，新文化史则强调人的行动背后的文化逻辑或文化密码。③ 因此，现在的中国社会文化史研究或许到了需要突破自身的时候，即引入“新文化史”的理念，进一步调整研究策略，将文化作为能动的因素，把个人作为历史的主体，探讨他们在日常生活或长时段里对历史进程的影响。

社会文化史应当把日常生活史作为研究的基础。日常生活在文化史、社会史、历史人类学那里得到的重视程度不同，表述的方法不一，然而日常生活的研究都是这些领域不可或缺的部分，“一般生活以日常生活为基础，并且至少部分地反映于日常生活之中”④。日常生活史研究应当成为文化史、社会史、历史人类学研究的基础，也就是日常生活史研究应当成为社会文化史研究的基础。中国社会文化史研究在日常生活史方面已经取得一定成绩，但在西方新文化史观照下反思中国

---

① 刘新成：《日常生活史：一个新的研究领域》，载《光明日报》，2006-02-24。

② ［英］劳伦斯·斯通：《历史叙述的复兴：对一种新的老历史的反省》，见蒋竹山主编：《新史学》第四辑《新文化史》，郑州，大象出版社，2005。

③ 卢建荣：《新文化史的学术性格及其在台湾的发展》，见蒋竹山主编：《新史学》第四辑《新文化史》。

④ ［匈］阿格妮丝·赫勒：《日常生活》，287页。

社会文化史研究，应把日常生活史作为社会文化史研究的基础，是我得到的一点粗浅体会。

第三节　历史人类学应从日常生活史出发

历史人类学在当今的中国已经广为传播，不乏论述者。然而专门从日常生活的视角理解历史人类学的专门论述似乎罕见，笔者试为之，以就教于时贤。

一、历史人类学主张以日常生活史为基础

社会—文化人类学将社群及其生活作为主要研究对象，如果要区分社会人类学、文化人类学的话，一般而言，文化人类学径直以研究日常生活为主，而宣称研究人际关系网络的社会人类学，是将社会建立在生活基础之上的。举例来说，英国人类学家埃文斯-普里查德的经典著作《努尔人——对尼罗河畔一个人群的生活方式和政治制度的描述》，其主题是政治制度，作者明确指出："如果不把环境因素和生活方式考虑进来，就不能理解这种政治制度。"将研究目标设定为："描述努尔人的生活并揭示他们的社会结构的某些原则。"①难能可贵的是，1961年埃文斯-普里查德指出："要求人类学家以历史学家为师，原因是历史学家在分析研究历史文献方面较有经验，能把握时间和变化。"②如此将人类学田野调查同分析历史文献相结合，把握所探讨问题的时间和变化，就把人类学与历史学结合起来了。

何谓历史人类学？1978年法国学者安德烈·比尔吉埃尔《历史人类学》一文指出："历史人类学并不具有特殊的领域，它相当于一种研究方式，这就是始终将作为考察对象的演进和对这种演进的反应联系起来，和由这种演进产生或改变的人类行为联系起来。""为了让过去称

---

① [英]埃文斯-普里查德著，褚建芳、阎书昌、赵旭东译：《努尔人——对尼罗河畔一个人群的生活方式和政治制度的描述》，3、9页，北京，华夏出版社，2002。

② [法]J·勒高夫等编：《新史学》，7页。

作‘道德习俗史’的这一领域重新焕发青春，我们可以将历史人类学叫做一门研究各种习惯的历史学，这些习惯包括：生理习惯、行为习惯、饮食习惯、感情习惯、心态习惯。……人类学的特性在于研究那些能用来确定一个社会和一种文化的现象；用一句眼下时兴的术语来说，这些现象无关宏旨，而是被社会所说明，也就是说通过社会来理解和心领神会的。”“人类学在这里也从文化生活的底层征服了史学，这些底层也就是最无关紧要的、最松散的表达：如群众信仰、浸润于日常生活之中或联结于宗教生活的仪式、少数人的或私下的文化等，简言之即民俗。”①他认为历史人类学研究民俗习惯的历史变迁，以揭示人的行为反映的特定历史时期的社会文化，而社会文化根植于生活。

1979 年问世的瑞典学者奥维·洛夫格伦(Orvar Löfgren)、乔纳森·弗雷克曼(Jonas Frykman)所著《美好生活——中产阶级的生活史》一书，在绪论中揭示出当时欧洲对于日常生活史的重视，也是历史人类学的研究特色：“不管它们叫心态史、文明进程研究、文化社会学，还是历史人类学，这些研究方法都旨在关注日常生活史中的文化、思想，用历史的方法挑战今天习以为常的观念。”②即历史人类学旨在关注日常生活史中的文化、思想。

20 世纪 70 年代末，法国年鉴学派的第三代领导人勒高夫，在其《新史学》中倡导历史人类学研究。1993 年他来到中国，倡议建立历史人类学。他说人类学“研究方向对我们十分重要，因为我们得以更好地理解人们日常生活的历史，一切人的历史，而不单纯是理解社会上层的历史。然而人类学主要是从功能主义和结构主义两个学派内部发展起来的。可是，功能主义和结构主义并不重视时间，也不考虑历史。所以，有意成为人类学家的史学家应当创立一门历史人类学”③。勒高

---

① 参见[法]J·勒高夫等编：《新史学》，238，239～240，256～257 页。

② [瑞典]奥维·洛夫格伦、乔纳森·弗雷克曼著，赵丙祥、罗杨等译：《美好生活——中产阶级的生活史》，2 页，北京，北京大学出版社，2011。

③ [法]雅克·勒高夫：《〈年鉴〉运动及西方史学的回归》，载《史学理论研究》，1999(1)。

夫把理解人们日常生活的历史，作为历史人类学的重要追求。1993 年创刊的专业杂志《历史人类学：文化—社会—日常生活》，反映的就是这种对于历史人类学与日常生活关系的理解。

美国文化史家罗伯特·达恩顿也指出历史人类学在于揭示生活的意义："最令人激动、最有创意的历史研究，应该通过个别事件挖掘出前人的人生体验和当时的生存状况。这类研究有过不同的名称：心态史、社会思想史、历史人类学或文化史(这是我的偏好)。不管用什么标签，目的是一个，即理解生活的意义。对'生活的意义'这样伟大哲学命题，要想找到它的终极答案是徒劳的。但我们不妨从前人的日常生活和思想观念中去探求和了解前人是怎么处理这个问题的。"①

较新的表述是 2002 年德国学者汉斯·梅迪克撰写的"历史人类学"词条，指出："对于'历史人类学'的独特形象而言，一个重要的出发点是日常生活史与体验史。……'历史人类学'的出发点认为，历史的生活方式与社会关系不能被理解为完美无缺的，而应该被理解为'文化文本'与'文化建构'。在理解'历史人类学'时，人们必须在历史进程中研究历史的物质性。"②

行文至此，也有必要看一看国际学术界对于"日常生活史"的理解。德国学者阿尔斯·吕特克撰写的"日常生活史"词条指出，"'日常生活史'这一概念指的是一种观点，而不是一种独特的研究对象"，常见的说法是"小人物的历史"与"下层历史"，而他则认为：对于日常生活性的强调应被理解为对于批评的批评，日常生活史是一种以行动为导向的视角，日常生活史已经成为大量研究项目与描述作品的一种维度，发现"横亘"在社会与统治背景下的日常生活性。③

尽管最新的历史人类学作为人学涉及多学科，研究范围很广，瑞

① [美]罗伯特·达恩顿著，萧知纬译：《拉莫莱特之吻：有关文化史的思考》，总序 6 页，上海，华东师范大学出版社，2011。

② [德]斯特凡·约尔丹主编：《历史科学基本概念辞典》，132～133 页，北京，北京大学出版社，2012。

③ [德]斯特凡·约尔丹主编：《历史科学基本概念辞典》，1～3 页。

士学者雅各布·坦纳还是归纳其基本问题有三个：一是涉及人类图像的演变，涉及以人为中心的自我描述的讨论和传媒条件的演变；二是关乎人们用以组织和调节自己社会共生的社会实践和符号形式；三则问及人类本性的历史性。雅各布·坦纳并且指出："不论从何种视角出发进行阐释或解释，在过去的几十年里，历史人类学的代表人物，都把日常史、习惯史以及人类生活方式再生史和变化史当成了历史研究的对象。"①日常生活史在历史人类学当中的重要性是毋庸置疑的。

我们注意到，阿尔斯·吕特克的日常生活史与前述安德烈·比尔吉埃尔的历史人类学，均强调二者不是一种独特的研究对象，而是一种研究视角与方法。

二、西方具有日常生活史特色的历史人类学研究

法国具有历史人类学的学术传统。安德烈·比尔吉埃尔在《历史人类学》中还指出，勒格朗·多西著有《法国私人生活史》(1782 年)，并准备研究一种法国人道德习俗的社会史。因此，"实际上，我们自年鉴派形成以来所看到的并不是历史人类学的问世而是它的复兴"②。

法国著名人类学家列维-斯特劳斯 1949 年发表《历史学与人类学》一文，揭示了历史学与人类学的关系。作者认为："这两个学科之间的根本区别不是主题、目的或方法的不同。它们具有同一个主题，即社会生活；同一个目的，即更好地了解人，以及，事实上，同一种方法，其中不同的仅仅是各种研究技术所占的比重而已。它们的主要区别是在于对两种互为补充的观察方法的选择不同：历史学是从社会生活的有意识的表达方面来组织其资料的，而人类学则通过考察它们的无意识的基础来进行研究。……虽然人类学家的分析主要是应用于社会生活的无意识成分，但如果以为历史学家从来没有意识到它们，那就大错特错了。历史学家毫无疑问首先是希望从那些使社会现象具体化的事件以及个人对这些现象进行思考和经历它们的方式上来解释这些现

---

① [瑞士]雅各布·坦纳著，白锡堃译：《历史人类学导论》，11、172 页，北京，北京大学出版社，2008。

② [法]J·勒高夫等编：《新史学》，230 页。

象。但是在掌握和解释那些在人们看来似乎是他们的表述和行为的结果(或他们之中一部分人的表述和行为的结果)的东西的过程中，历史学家很明白，并且越来越明白，他们必须求助于无意识的详尽说明的全副手段。我们不再满足于以再度合理性说明和再解释为线索编排历代王朝与战争的政治史了。”①此即明确指出，历史学家研究社会生活需要借助于人类学。历史学与人类学均以社会生活为研究主题，以对人类的深刻了解为共同目标，可以交叉渗透构成历史人类学。

年鉴学派的第二代学者费尔南・布罗代尔《物质生活和资本主义》研究的主题是前工业社会中世界的居住条件、服饰、饮食等，“写了一本历史人类学的著作。布罗代尔并不满足于只列举日常生活的一系列事物，而是主要指出经济平衡机制和交换的流通怎样塑造和改变着人类自然生活和社会生活的演进轨迹，指出人们的行为怎样集中于口味，重复性的行为以及为什么某种食品从一个大陆传到另一个大陆，或从一个社会阶级传到另一个社会阶级，会改变人们的习惯等等”②。

雅克・勒高夫等第三代学者倡导打破学科界限的新史学，光大了历史人类学。1971 年勒高夫出版《为了另一个中世纪：西方人的时间、劳动和文化》一书，声称要“对西方世界前工业社会的历史人类学的构成作出贡献”。1980 年法国史学评论家保罗・利科认为该书有人类学的三个特点：第一是“另一个中世纪”意味着中世纪与我们有区别。第二，这也是一种对主题有所选择的人类学：时间和劳动，劳动和价值体系，雅文化与俗文化，注重日常生活。第三，这是一种注重无法撰写自身历史的普通人的人类学。③

在英国，E. P. 汤普森以《英国工人阶级的形成》扬名。1976 年他在印度历史大会演讲《民俗学、人类学与社会史》，指出历史学需要借

① 此文由谢维扬、俞宣孟译，见《结构人类学》，22、28～29 页，上海，上海译文出版社，1995。

② [法]J・勒高夫等编：《新史学》，239 页。

③ [法]保罗・利科：《法国史学对史学理论的贡献》，86～88 页，上海，上海社会科学院出版社，1992。

鉴人类学，但不是盲目和丧失历史学特点的。他说自己过去十年在研究 18 世纪英国社会史时，碰到过寻找和了解通俗文化及仪式问题，而这些问题又普遍被认为更接近社会人类学，而不是经济史。他指出 70 年代历史学家对于研究仪式的兴趣："仪式不仅渗透到家庭生活，而且还渗透到社会政治生活中。最近几年，历史学家一直用新的方法考察长期以来一直比较相像的生活各个方面：乡村和城市仪式与节日表；社交生活中的娱乐场所；工业革命前后劳动与闲暇节奏的变化；社团中青少年地位的改变；很少被看作经济纽带而是被看作社会纽带的消息、聊天、谣言聚集中心的市场和集市；群众反抗形式的象征意义等。"①可见历史人类学需要处理大量仪式生活问题。

20 世纪 70 年代末形成于意大利的"微观史学"，显示出历史人类学的特点。其代表人物卡洛·金兹伯格的《奶酪与蛆虫》，关注 16 世纪意大利东北部一个叫"梅诺其奥"的磨坊主的宇宙观和思想，进入生活世界。

前引瑞典学者《美好生活——中产阶级的生活史》一书，通过丰富的民俗材料，描述了 1880 年至 1910 年间瑞典中产阶级的生活图景：他们在努力营造自身的文化和生活方式的同时，也认为自己的文化形式是最文明、最先进的，并应被推广给普罗大众，中产阶级自身的文化和价值观成功地渗透到现代日常生活的每一个角落。

1989 年美国学者杰弗·埃利介绍西德社会史发展的新方向。他认为过去 10 年西德史学领域中最重要的新发展当数日常生活史的起步。日常生活史的研究者采用人类学认识方法，马克斯·普朗克历史研究所成为历史学与人类学交叉问题研究的国际性中心，西德的日常生活史研究受到人类学的影响很大。阿尔夫·吕德克是日常生活史的创始人之一，他强调"日常生活史意味着用一种不同的方法提出有关社会进程与结构的重大问题；日常生活史并非忽视政治问题，而是更彻底地

① 蔡少卿主编：《再现过去：社会史的理论视野》，191 页，杭州，浙江人民出版社，1988。

提出公开的与私下的、人身的与政治的问题”①。

美国的两位人类学家影响到历史研究。克利福德·格尔兹提出的“深描”的文化解释方法，对历史学家来说，提供了揭示日常生活表面现象所代表的深层文化象征的途径。萨林斯认为，人类学家称为结构的东西是具有历史性质的客体。② 20 世纪 70—80 年代，格尔兹和“以一种更强烈的历史成分而由马歇尔·萨林斯代表的文化人类学，越来越成为新的日常生活史的历史研究的一个样板”③。

总之，西方史学界到了 20 世纪 70 年代，转向微观史，与他们受到人类学家的影响有关。80 年代初，美国学者伊格尔斯指出：“目前，几乎所有的历史都是社会史，但现在其社会科学基础是放在诸如人类学和符号学这类探索集体意识、价值和意义，并将人视为历史局势中的积极因素的学科之上，而不是放在地理学、经济学或人口统计学这些对人类自由加上了外部限制的科学之上。”④英国学者彼得·伯克认为：“一般说来，微观史家志存高远，虽不敢称从一粒尘埃看整个世界，但也必声称从局部数据中得出一般性结论。对金兹伯格而言，梅诺其奥这个磨坊主就是一个传统的、口传民间文化的代言人；而勒鲁瓦-拉杜里则通过他所谓的‘大海中的一滴水’，即有关蒙塔尤的专题研究展现了中世纪村庄的全貌。……有理由表明使用社会显微镜是可取的。单个样本可以微缩地代表一种状态，即历史学家或人类学家(根据其他理由)业已知晓的某种流行状态，这一事实促使他们选取这些典型并加以研究。在有些案例中，微观史研究使用计量方法；历史人口学

---

① [美]杰弗·埃利著，王丽芝编译：《劳工史、社会史、日常生活史：日常经历、文化与政治——西德社会史发展的新方向?》，见《史学理论丛书》编辑部编：《八十年代的西方史学》，141 页，北京，中国社会科学出版社，1990。

② 陈启能：《〈年鉴〉杂志的更名和史学研究的新趋向》，载《史学理论研究》，2000(2)。

③ [美]伊格尔斯：《二十世纪的历史科学——国际背景评述》(续四)，载《史学理论研究》，1996(1)。

④ [美]伊格尔斯：《欧洲史学新方向》，206～207 页，北京，华夏出版社，1989。

家时常对单个家庭进行个案研究，或利用电脑模拟某种家庭体制中某个人的生活。”①勒华拉杜里的《蒙塔尤》使用宗教裁判所审问异端村民的记录，试图揭示“构成和表现 14 世纪初蒙塔尤社区生活的各种参数”，即“社区的生活本身”。②

三、中国历史人类学实践中的日常生活史

中国的现代人类学研究中，日常生活居于重要位置。汉族社会人类学研究开创者之一的林耀华先生，持有社会结构的能动性和功能平衡的观点，也认为国学当中从文本到文本的古今持续性研究，为中国新生的社会学/人类学积累了珍贵的文献遗产。林耀华早期的研究，既有依据文献的拜祖讨论，更有进行田野调查的福建宗族探索。林先生回忆创作《金翼》时说道：“我在田野工作程序中运用了很多人类学理论，仔细剖析了芬洲和东林两家的日常活动，他们的人际关系程序，试图告诉读者地方人民生活的图景。”③他还总结研究实际生活的方法，先考察每人每日的常规，“这些材料才算是社会结构里的真正内容，详细记载了个人日常生活之后又应渐渐推张个人生活和家庭、家族、氏族或整个社会的关系，再而找出团体与团体的生活关系”④。我们由此可以推断，林耀华的汉人社会研究，是从日常生活出发的。

中国社会史的探讨中，具有历史人类学特色的是华南研究。尤其是自 20 世纪 80 年代以来，闽粤区域史研究的重镇中山大学、厦门大学的历史学者在研究社会经济史时，结合田野调查，使其研究发生了人类学的转向。这种研究风格在扩散，如在徽州与江南、华北的区域

---

① ［英］彼得·伯克：《历史学与社会理论》，49 页，上海，上海人民出版社，2001。

② ［法］埃马纽埃尔·勒华拉杜里著，许明龙、马胜利译：《蒙塔尤——1294—1324 年奥克西坦尼的一个山村》，中文版前言 2 页，前言 12 页，北京，商务印书馆，1997。

③ 林耀华著，张海洋、王晔整理：《社会人类学讲义》，第五讲“汉人乡村社会研究”，378 页，厦门，鹭江出版社，2003。

④ 林耀华著，张海洋、王晔整理：《社会人类学讲义》，第一讲“理论与方法”，60 页。

社会史研究中就已显露出来。

郑振满与海外人类学家合作，研究福建特别是莆田地域的社会史。他认为历史学者的历史人类学研究，就是从民俗研究历史。民俗说到底就是人情世故，就是做人的规矩。民俗存在于日常生活中、社会大众的行为规范中；民俗是有继承性的，是相对稳定的，所以通过研究民俗有可能了解民众的历史，研究更深层次的历史，研究历史的深层结构。历史学家的看家本领就是解读历代留下来的历史文献，这些典籍究竟有什么意义，我们回到日常生活才明白。看它们对当时的百姓究竟有什么意义，有没有影响到百姓的经济活动、社会关系、政治生活和各种各样的仪式行为。历史人类学就是要尽可能把历史学关注的那些最基本的问题与民俗（地方性知识、日常生活的规则）联系起来，透过这种联系去解读它的意义。① 郑振满走向民间与田野，经常观看仪式、访谈、采风，通过对分家、祭祖、婚姻与收养、民间信仰与社区组织的研究，从民间日常生活习俗入手，揭示了民俗背后社会机制与社会历史的变迁。② 他又说："由于学术旨趣的不同，历史学家和人类学家对历史人类学可以有不同的理解。就历史学而言，历史人类学的特征应该是'从民俗研究历史'。这就是说，我们研究历史首先要从民俗入手，考察不同时期、不同地区的民众的思维习惯和行为习惯，然后把各种民俗现象和宏观历史进程联系起来，揭示民俗所具有的历

---

① 郑振满：《从民俗研究历史——我对历史人类学的理解》，《潮声：厦门大学人文讲演录》，合肥，黄山书社，2003；后收入郑振满：《明清福建家族组织与社会变迁》附录三，北京，中国人民大学出版社，2009。

② 请参考郑振满以下论文：《清至民国闽北六件"分关"的研究》，载《中国社会经济史研究》，1984(4)；《宋以后福建的祭祖习俗与宗族组织》，载《厦门大学学报》，1987年增刊；《闽台道教与民间诸神崇拜》（与丁荷生合作），载《民族学研究集刊》，第73期，1992；《吴真人信仰的历史考察》，见《吴真人研究》，厦门，鹭江出版社，1992；《神庙祭典与社区发展模式》，载《史林》，1995(1)；《明清福建里社组织的演变》，见郑振满、陈春声主编：《民间信仰与社会空间》，福州，福建人民出版社，2003。其中后面的四篇论文，收入郑振满：《乡族与国家——多元视野中的闽台传统社会》卷三"民间信仰与仪式传统"，173～253页，北京，生活·读书·新知三联书店，2009。

史意义。”[①]郑振满《明清福建家族组织与社会变迁》(湖南教育出版社，1992年)一书，深入宗族的日常生活史，研究祖先崇拜下的祭祀信仰、家庭的再生产成为宗族研究的基础，成功地揭示了宗族文化建构的历史过程与结构性特征。这种历史人类学从日常生活到社会结构的研究手法，也反映在刘志伟身上，他强调人类学家注意到社会和文化结构的形成本身是一个历史过程，我们历史学家就不得不重新反省对“过程”的结构作历史阐释的角度和方法。[②]

中国风俗史特别是明清社会风气的研究，取得了引人注目的成绩，从风俗论走向社会史。[③] 然而，还有一个有待加强的研究取向，即从历史人类学的视角看待风俗，将风俗史研究转化为日常生活史的探讨，可以为风俗史、社会史的研究带来新的活力。

历史人类学研究离不开民间文献，而理解民间文献离不开对于民众日常生活的认识。郑振满指出民间文献与民众日常生活的关系，他说：“每一种民间文献可能都和特定的人群和特定的生活方式有关。如果不把民间文献放在具体的社会环境中，不了解各种民间文献的作者和使用范围，也不能真正理解民间文献的历史意义。要做到这一点，就必须做田野，就需要历史人类学了。”[④]就是说，历史人类学通过田野调查与解读民间文献理解“人群”和“生活方式”。程美宝、蔡志祥也有类似的表达：“人类学的研究方法直接影响着历史学家对历史文献的界定和解读。……许多历史学家往往只重视甚至迷信文字资料，而无视资料产生的过程，更忽视了人们在日常生活中，自觉或不自觉地创

---

① 郑振满、黄向春：《文化、历史与国家》，见《中国社会历史评论》第5卷，488～489页。

② 刘志伟：《地域社会与文化的结构过程——珠江三角洲研究的历史学与人类学对话》，载《历史研究》，2003(1)。

③ 常建华：《旧领域与新视野：从风俗论看明清社会史研究》，见《中国社会历史评论》第12卷，447～477页。

④ 刘平、刘颖、[越]张玄芝整理：《区域研究·地方文献·学术路径——“地方文献与历史人类学研究论坛”纪要》，见《中国社会历史评论》第10卷，358页。

造出来的资料。这些资料，如婚帖、讣告、账簿、人缘簿、分单、乡村告示、符纸等，很多是暂时的，很快被销毁；或是束之高阁，只作为家庭、乡党、伙友缅怀过去或计算将来的参考。与此同时，地方社会的历史，不少是口耳相传，或在乡民的生活空间和生活方式中产生或呈现的。因此，单靠帝皇将相或官宦士绅制造出来的史料，不足以让我们了解地方社会的组织和结构，也不能让我们明白国家如何进入民间，乡民如何理解国家。历史学家必须走出森严的档案库，一方面在田野中探索和体验乡民的历史，一方面把当代的、眨眼即逝的、非文字的资料转为有用的、可长期参考的资料。在这方面，人类学家发展出来的方法和理论，足资让走向民间的历史学家参考。”①

陈春声谈到“走向历史现场”问题时，结合自己在韩江流域的梅州和潮州地区的研究实践，阐明历史人类学了解日常生活的重要性，强调在历史现场中“了解传统社会生活中种种复杂的关系”；在提倡“眼光向下”、强调重视普通人日常生活经验的时候，要把握百姓的“历史记忆”表达的常常是他们对现实生活的历史背景的解释；在“国家”与“民间”的长期互动中形成的国家的或精英的“话语”背后，百姓日常活动所反映出来的空间观念和地域认同意识，是在实际历史过程中不断变化的。②

在华北区域社会史研究中，赵世瑜承担的课题为“10世纪以来华北村社、移民与宗族的历史人类学研究”，副标题为“10世纪以来的北方城乡与民众生活”③。这项历史人类学研究，从民众生活进入华北村社、移民与宗族的主旨鲜明。

长期利用民间文书研究徽州的学者王振忠，近年来注意排日账资料。他认为：日常生活史的研究需要发掘新的文献史料，而排日账（工夫账）以其翔实的记录，为此项研究提供了极为丰富的史料来源。排日

---

① 程美宝、蔡志祥：《华南研究：历史学与人类学的实践》，载《华南研究资料中心通讯》第22期，2001年1月15日。

② 徐桂兰：《历史学与人类学的互动——历史人类学的理论与实践学术研讨会综述》，载《广西民族学院学报》，2001(6)。

③ 赵世瑜主编：《大河上下：10世纪以来的北方城乡与民众生活》，8页，太原，山西人民出版社，2010。

账的记录者并非局限于下层民众，除了以往所知的农民之外，具有较高文化素养的私塾先生，同样也有撰写排日账的习惯。徽州当地日常生活中银钱的借贷往来，土地买卖中田地税赋之推收过割，以及婚丧礼俗等活动中的诸多社交应酬等，都促使彼此之间的银钱结算显得极为频繁，这应是现存排日账在徽州所见独多的原因所在。如何以文本为基本线索展开实地调查，借助田野考察所获的感性认识，加深对民间历史文献的理解，进一步认识传统中国农村社会，可能是今后需要着力开展的一项研究。① 这实际上也是从日常生活史出发，利用民间文献探讨历史人类学问题。

四、结语

历史人类学重要的出发点是日常生活史，强调的是一种研究视角与方法，而不是一种独特的研究对象。因此，我们应当扩展对于历史人类学的理解，虽然历史人类学重视田野调查，但绝不限制于此。如诸多艺术社会史的研究就体现出历史人类学的特色，牛津大学艺术史系讲座教授柯律格研究明代书画家文徵明，在送礼活动中寻找文徵明作品的根源，指出："日常生活中早已存在着一套言语与姿态的陈规，以界定种种收受的时机与场合。"②他将文本作为物品，注意其在流传中的物质性残留，如题跋或藏印等，特别是借鉴人类学家莫斯等的早期礼物研究，也关注 20 世纪 90 年代杨美惠、阎云翔、任柯安讨论中国礼物的研究成果，思考的问题是"文徵明、与他有关的人以及在他们之间流转的物品如何一同在一连串特定的社会脉络中运作其能动性"③；研究了各种场域下的社会关系，进入文徵明及其作品创作、流传的生活状态。重视艺术实践与日常生活中交往与应酬的关系，也体

① 王振忠：《排日账所见清末徽州农村的日常生活——以婺源〈龙源欧阳起瑛家用账簿〉抄本为中心》，见《中国社会历史评论》第 13 卷，107 页。

② ［英］柯律格著，刘宇珍等译：《雅债：文徵明的社交性艺术》，引言，Ⅹ页，北京，生活·读书·新知三联书店，2012。

③ ［英］柯律格：《雅债：文徵明的社交性艺术》，引言，ⅩⅧ页。

现在艺术史家白谦慎对傅山的研究当中。① 物质文化的研究与日常生活、历史人类学的探讨不可分割。

在西方学术界，无论是法国的年鉴学派，还是意大利的“微观史学”，从英国马克思学派的社会史，到德国的日常生活史研究，乃至美国人类学、文化史的历史人类学主张，都在一定程度上强调立足于日常生活的历史人类学研究。

有人担心日常生活史容易使历史研究导向琐碎化，失去与国家以及大历史的紧密联系性。其实生活史是构筑总体史不可少的，或许某种意义上来说失去国家而获得了世界，这正是当下全球史所追求的。美国著名学者彭慕兰(Kenneth Pomeranz)指出：“对于‘总体史’——在相当程度上是一种日常生活史——的追求。……把目光转向各种社会史主题似乎是很自然的，因为在这些主题的研究中，国家的概念用途不大。……日常生活的其他方面也许更不容易衡量，但是它们也是全球史的重要内容，这要归功于年鉴学派的影响，同样也归功于诺伯特·埃利亚斯和米歇尔·福柯的影响。……早在大众消费市场——更不必说全球传播媒介了——形成前，那些惯常认为地方气息很浓的私人生活史，都有着重要的世界史维度。”②日常生活史对于总体史、全球史有如此的重要性，因此历史人类学以日常生活史为出发点，不会偏离历史学的发展方向。

20世纪80年代以来，中国史学发生了较大的变化。社会史研究异军突起，注重日常生活，挖掘社会生活的文化意义，立足地域考察历史，构成新社会史的特征。日常生活史也是近来国际社会史研究所重视的，“许多研究描绘了日常生活的构成和变迁，从父母与子女的关

---

① 白谦慎：《傅山的交往和应酬：艺术社会史的一项个案研究》，上海，上海书画出版社，2003；白谦慎：《日常生活中的书法：以傅山为例》，见胡晓真、王鸿泰主编：《日常生活的论述与实践》，519～585页，台北，允晨文化实业有限公司，2011。

② [美]彭慕兰：《社会史与世界史：从日常生活到变化模式》，见夏继果、[美]杰里·H. 本特利主编：《全球史读本》，268、270、272、274页。

系到与动物的关系，从食物习俗到娱乐、节庆和宴饮方式”①。新社会史的兴起与历史人类学产生不解之缘，一些历史学者和人类学者努力实践历史人类学。由于近世历史资料丰富，历史遗存众多，便于田野调查，中国的历史人类学研究表现出明清时期较热的特点。明清时期则立足于地域与田野实践历史人类学，已经处理到日常生活与历史人类学的关系。然而有意识地进一步强调日常生活对于历史人类学的重要性，或者说历史人类学研究应以日常生活史为出发点，似乎仍有必要。

第四节　国外与中国台湾地区日常生活史研究的启示

改革开放以来的中国，社会生活史研究悄然兴起，成为社会史研究繁荣的标志之一，近年来生活史的研究更加强调使用“日常生活”的概念，有着追求新境的努力。② 不可否认，生活史，特别是日常生活史，欧美有着更长时间的学术发展史，在理论方法与实践方面已着先鞭，中国台湾学者的探索也成绩斐然，我们有必要梳理国外及中国台湾地区日常生活史研究的学术脉络，了解其学术成果，把握其研究要义，以为借鉴。

一、欧美日常生活史研究的理论与实践

关于西方的日常生活史研究，1997 年美国学者伊格尔斯(G. G. Iggers)在《二十世纪的历史科学》一书第二部分第 4 点论及“日常生活、微观史和历史人类学——历史社会科学的内在结构”，阐发了历史学演

① [英]杰拉德·德兰迪、恩斯·伊辛主编，李霞、李恭忠译：《历史社会学手册》，663 页，北京，中国人民大学出版社，2009。

② 参见常建华：《从社会生活到日常生活》，载《人民日报》，2011-03-31；常建华：《日常生活与社会文化史——“新文化史”观照下的中国社会文化史研究》，载《史学理论研究》，2012(1)；常建华：《中国社会生活史上生活的意义》，载《历史教学(高教版)》，2012(2)；常建华：《历史人类学应从日常生活史出发》，载《青海民族研究》，2013(4)。

变过程中日常生活史研究的兴起。[①] 中国学者刘新成2004年的论文，探讨了西方新兴的日常生活史学派产生的背景、日常生活史学的特点，并评介了西欧中世纪日常生活史研究的代表人物及其著作。[②] 笔者在他们的基础上，结合其他学者的研究以及自己的理解，试做补充与阐发。

讨论给予日常生活史以深刻影响的人时必须提到1897年出生于德国的诺贝特·埃利亚斯(Norbert Elias)，1933年他因希特勒上台逃离德国，两年后流亡英国，1937年出版《文明的进程：文明的社会起源和心理起源的研究》。[③] 该书探讨社会结构和个人结构长期变化的问题，关注其在日常生活中的变化，提出了有关社会进程和发展的长期社会变化的理论，他认为："中世纪人们的行为方式与他们的整个生活方式和整个生存结构之间有着密切关系，就像我们的行为方式和我们的社会准则与我们的生活方式和我们的社会结构紧密相连一样。"[④]提出"宫廷礼仪""礼貌"和"文明"标志着社会发展的三个阶段[⑤]。他敏锐地观察到，人的行为逐渐地被分为在公开场合中允许和不允许的两种形式，文明社会迫使人的行为发生分裂以及在人际交往中必须对情感进行控制和限制，导致这种分裂的萌芽存在于任何一种社交生活形式中，"这种分裂所达到的程度和它所具有的形式反映一定的社会发展阶

---

① [美]伊格尔斯：《二十世纪的历史科学——国际背景评述》(续四)，载《史学理论研究》，1996(1)。

② 刘新成：《日常生活史与西欧中世纪日常生活》，载《史学理论研究》，2004(1)。

③ [德]诺贝特·埃利亚斯著，王佩莉译：《文明的进程：文明的社会起源和心理起源的研究·第一卷：西方国家世俗上层行为的变化》，北京，生活·读书·新知三联书店，1998；[德]诺贝特·埃利亚斯著，袁志英译：《文明的进程：文明的社会起源和心理起源的研究·第二卷：社会变迁 文明论纲》，北京，生活·读书·新知三联书店，1999。

④ [德]诺贝特·埃利亚斯：《文明的进程：文明的社会起源和心理起源的研究·第一卷：西方国家世俗上层行为的变化》，141页。

⑤ [德]诺贝特·埃利亚斯：《文明的进程：文明的社会起源和心理起源的研究·第一卷：西方国家世俗上层行为的变化》，186页。

段，也就是说反映文明的进程”①。“人们在日常生活中的自我抑制和在正常的社交生活中‘互相顾及’便会不断发展。”②译者袁志英在总结国际学术界对该书的评价中指出：“埃利亚斯通过《文明的进程》成了日常生活史研究的开拓者之一，绝大多数德国的日常生活史学者都尊他为这方面的权威。”③

一般认为，20 世纪 70 年代中期，日常生活史研究在德国兴起。1989 年美国学者杰弗·埃利介绍了当时西德社会史发展的新方向。他认为之前 10 年西德史学领域中最重要的新发展当数日常生活史研究的起步。日常生活史的研究者采用人类学认识方法，马克斯·普朗克历史研究所成为历史学与人类学交叉问题研究的国际性中心，西德的日常生活史研究受到人类学的影响很大。阿尔夫·吕德克是日常生活史的创始人之一，他强调，“日常生活史意味着用一种不同的方法提出有关社会进程与结构的重大问题；日常生活史并非忽视政治问题，而是更彻底地提出公开的与私下的、人身的与政治的问题”④。2002 年，他为日常生活史下的定义是：“‘日常生活史’这一概念指的是一种观点，而不是一种独特的研究对象”；常见的说法是“小人物的历史”与“下层历史”，而他则强调四点：对于日常生活性的强调应被理解为对于批评的批评，日常生活史是一种以行动为导向的视角，日常生活史已经成为大量研究项目与描述作品的一种维度，发现“横亘”在社会与统治背景下的日常生活性。⑤

---

① ［德］诺贝特·埃利亚斯：《文明的进程：文明的社会起源和心理起源的研究·第一卷：西方国家世俗上层行为的变化》，294 页。

② ［德］诺贝特·埃利亚斯：《文明的进程：文明的社会起源和心理起源的研究·第一卷：西方国家世俗上层行为的变化》，309 页。

③ ［德］诺贝特·埃利亚斯：《文明的进程：文明的社会起源和心理起源的研究·第二卷：社会变迁　文明论纲》，411 页。

④ ［美］杰弗·埃利著，王丽芝编译：《劳工史、社会史、日常生活史：日常经历、文化与政治——西德社会史发展的新方向?》，见《史学理论丛书》编辑部编：《八十年代的西方史学》，141 页，北京，中国社会科学出版社，1990。

⑤ ［德］斯特凡·约尔丹主编，孟钟捷译：《历史科学基本概念辞典》，1～3 页，北京，北京大学出版社，2012。

德国著名社会史学家于尔根·科卡就经济全球化下的社会史研究发表看法，他回顾说：20世纪60—70年代曾经有过对我来说具有决定性意义的社会史的迅速崛起。社会史在今天仍然很强大，但是已经有了很大的变化，并且远不像以前那样吸引人(与特别)。在80年代，日常生活史向渐成经典的社会史挑战。许多年里，人人都在谈论日常生活史。今天很少有人提及此概念，尽管它留下的不仅仅是某些痕迹。然后是90年代迅速崛起的文化史，其中有的是随着语言学转折潮流而起，有的是受后现代精神的影响，又有的是以一个未来的包揽一切的垄断学派的姿态出现的。但是，现在它也苍白失色了，人们长久讨论的社会史与文化史之间的对立也不那么重要了。他提出至今最后一次的，现在最高涨的热潮是历史科学向跨民族的世界历史或全球史的开放。① 于尔根·科卡揭示了德国以及欧美历史学社会史、日常生活史、文化史、全球史依次兴起的阶段性。就日常生活史而言，其辉煌时期是20世纪80年代，挑战经典的社会史研究。

我们还是列举两种德国学者所著的日常生活史著作，来加深对他们学术的理解。德国汉堡大学历史学教授汉斯-维尔纳·格茨(Hans-Werner Geortz)著有《欧洲中世纪生活》(1986年德文初版)，作者在中文版序中指出：从20世纪60年代起，对社会史问题的研究进一步完善了制度史，从而引发了一个根本性的革新，80年代以后这种革新表现得更为明显：从这时起，历史成为一个多层面的研究领域。“人的日常生活史，是上个世纪80年代以后开辟的一个较新的研究领域。日常生活史相当于这样一类历史科学，它对所有社会阶层人的生活，包括他们的‘私人领域’都感兴趣，不仅是想要了解谁、什么对历史起了作用，而且还想知道历史是如何对人施加影响的，以及他是如何接受它的。”②该

---

① [德]于尔根·科卡著，景德祥译：《全球化时代的社会史研究》，载《史学理论研究》，2007(1)。

② [德]汉斯-维尔纳·格茨著，王亚平译：《欧洲中世纪生活》，1～2页，北京，东方出版社，2004。对该书的介绍，参看译者王亚平：《欧洲中世纪生活读后》，载《世界历史研究》，2003(5)。

书分为6章，分别探讨了中世纪日常生活的条件、家庭、修道院和修道士生活、领主制中的农民生活、骑士和宫廷生活、城市和市民，各章主要阐述的是日常生活的条件，即当时的机构、所属的生活空间、这个环境中生活的人、日常生活的过程四项内容，形成了该书的叙述结构，概述了机制、生活空间、生活于其中的人和他们之间的关系。

可视为《欧洲中世纪生活》之续的是德国萨尔兰德大学教授里夏德·范迪尔门(Richard van Dülmen)所著三卷本《欧洲近代生活》(1989年德文初版，2003年、2004年、2005年中文版)，从文化的角度概述16—18世纪欧洲人的日常生活。“家与人”卷从生命周期的视角，阐述城乡居民在居住范围内的生活：出生和童年、爱情和婚姻、年老和死亡。“村庄与城市”卷阐述村庄和城市的生活世界、社交与节日、等级与名誉、公共秩序与社会冲突。“宗教、巫术、启蒙运动”卷研究宗教改革运动、巫术、迷信和18世纪启蒙运动的精神转型过程，探索其如何影响人们的生活。作者的中文版序也指出：从20世纪80年代末期以来，文化史越来越重视探讨日常生活和人类学。

此外，诺伯特·辛德勒的《近代早期德国的造反、社区与习俗》(1992年德文版，2002年剑桥大学出版社英译本)，收入了作者20世纪80年代发表的论文6篇。论文主题涉及从领主的惯习到绰号的逻辑，从嘉年华的秩序颠倒到怪异的拖犁习俗，从黑夜的喧闹到乞丐的辛酸经历，描绘出16—17世纪德国民间文化的几个侧面。①

法国具有悠久的探讨生活史的传统。勒格朗·奥西在1782年出版的第一本《法国私人生活史》(共三卷)，谈论的全是与食物及饭桌有关的习俗。“私人生活”在法国的生活史研究中作为重要概念也影响深远。②

不过带给法国史学以及世界史学深远影响的当数20世纪20年代兴起的年鉴学派，他们强调历史学借鉴社会科学，重视历史人类学的

① 刘永华：《在旧民俗中发现日常生活史——辛德勒〈近代早期德国的造反、社区与习俗〉评介》，见《人文国际》第5辑，厦门，厦门大学出版社，2012。

② [法]菲利浦·阿利埃斯、乔治·杜比主编，杨家勤等译：《私人生活史》第3册，233页，哈尔滨，北方文艺出版社，2009。

研究风范，显示出研究生活史的特色与魅力。第二次世界大战后的六七十年代，法国的几部著作为日常生活史领域做出开拓性的贡献。

我们会首先提到菲利浦·阿利埃斯的《儿童的世纪：旧制度下的儿童和家庭生活》，该书1962年初版，1973年再版，增加了菲利浦·阿利埃斯所写序言，阿利埃斯说他探讨了两大论题，一是认为中世纪人们缺乏儿童观念，古老的传统社会看不到儿童，甚至看不到青少年。中世纪小孩极易夭折，父母也不会过分悲伤；小孩断奶之前，大人也并不过分看重；儿童会说话、会走路之后，就被当成“小大人”，穿着和成人一样的衣服，与他们一起做游戏(包括赌博)、讲脏话，在“劳动”和“工作”的过程中成长。中世纪没有明确的“家庭”观，房屋并不舒适，也不私密；即便是贵族家的小孩，断奶之后，就送去其他人家做侍从、学规矩，对于家庭，也没有过多的依赖和留恋。儿童混入成人中间，穿着与大人相仿的衣服，与其一起劳动、竞争、社交、玩耍。第二个论题则展示儿童与家庭在工业化社会所占据的新地位，从中世纪末期以来，父母逐渐开始鼓励小孩与成人分离，以儿童及对儿童的保护和教育为中心的新的家庭观发展起来了。将童年时期视为一个最特殊的人生阶段，这个观念自此扎根于现代西方思想之中，并席卷了整个现代世界，成为无可动摇的价值观。阿利埃斯谈到他的研究思路，涉及历史与当下的关系，他认为：“我们必须从我们熟知的当代人的行为出发，构建原始模式，然后用这一假设模式与过去的材料进行比较，借助过去的材料构建出新模式，再重新回到现在，修正我们出发点上形成的原始模式。”①该书正是建立在对于今昔儿童和家庭生活的深入观察之上的，通过考察四个世纪的绘画和日记，以及游戏、礼仪、学校及其课程的演变来追溯儿童的历史②，也被视为西方家庭史的第一本著作，对家庭史研究具有催化作用。

---

① [法]菲力浦·阿利埃斯著，沈坚、朱晓罕译：《儿童的世纪：旧制度下的儿童和家庭生活》，20页，北京，北京大学出版社，2013。

② 参见俞金尧：《西方儿童史研究四十年》，见《中国学术》第8辑，北京，商务印书馆，2001。

菲利浦·阿利埃斯是20世纪70年代法国死亡观念史研究的开拓者，他著有《从中世纪到今天的西方死亡史漫谈》、《人在死亡面前》、《人在死亡面前的画面》(巴黎，瑟伊出版社，1975、1977、1983年)等书。死亡研究属于法国日常生活史的重要组成部分。如达尼埃尔·亚历山大-比东著《中世纪有关死亡的生活(13～16世纪)》，他也是中世纪儿童研究专家，在书中论述了设想死亡、大转变、葬礼、在基督教领地上、死亡职业、丧事中的艺术家和工匠、生活在墓地里、冥间的日常生活等问题。作者提出："自启蒙运动兴起的那个世纪以来，我们一直在拒绝死亡……在中世纪，死人们是活人社会不可分割的一部分，他们像外骨骼一般支持着活人们。这是人类史上最后几个活人与他们死去的亲友们在其中相依为命，共同生活的时代之一。"①可见欧洲历史上人们对待死亡的态度发生过阶段性的较大变化。

1975年出版的《蒙塔尤——1294—1324年奥克西坦尼的一个山村》一书，系法国著名史学家埃马纽埃尔·勒华拉杜里所著，作者利用宗教裁判所法官到法国南部牧民小山村蒙塔尤审问异端村民的记录，以现代史学、人类学和社会学方法，阐释该山村居民日常生活、个人隐私以及种种矛盾、冲突等，再现了六百多年前该村落居民的生活、思想、习俗的全貌和14世纪法国的特点，试图揭示"构成和表现14世纪初蒙塔尤社区生活的各种参数"，即"社区的生活本身"②。

费尔南·布罗代尔所著三卷本《15至18世纪的物质文明、经济和资本主义》诞生于1979年，其中第一卷《日常生活的结构》，分别描述15—18世纪世界范围内的人口、粮食、食品与饮料、居住与衣着、能源与冶金、技术革命、货币、城市。该书探讨西欧资本主义兴起，首先从日常生活的结构开始，将之作为"物质文明"或"物质生活"。他认为日常生活虽然是些琐事，将其纳入历史的范围也是有用处的："历史

---

① ［法］达尼埃尔·亚历山大-比东著，陈劼译：《中世纪有关死亡的生活(13～16世纪)》，235页，济南，山东画报出版社，2005。

② ［法］埃马纽埃尔·勒华拉杜里著，许明龙、马胜利译：《蒙塔尤——1294—1324年奥克西坦尼的一个山村》，中文版前言第2页，前言第12页。

事件是一次性的，或自以为是独一无二的；杂事则反复发生，经多次反复而取得一般性，甚至变成结构。它侵入社会的每个层次，在世代相传的生存方式和行为方式上刻下印记……我们发掘琐闻轶事和游记，便能显露社会的面目。社会各层次的衣、食、住方式决不是无关紧要的。”①即从日常生活最基层入手，考察资本主义的产生。作者接着探讨市场经济和资本主义，反映出年鉴学派对于总体历史的追求。

引人注目的是，菲利浦·阿利埃斯与另一位法国著名史学家乔治·杜比主编的五卷本《私人生活史》，邀约法国、美国、英国、德国等国的72位著名史学家参与，作为国际合作项目的最终成果，于1985年出版，被誉为“革命性的成果”。该书从微观历史的角度，依历史年代，全面书写个人的私密生活史——围墙中男人的权力与女人的权力、老人的权力与青年的权力、主人的权力与仆从的权力，小到家庭争吵，大到王室血案；涉及人类生活的各个基本方面，小到诸如住宅、卧室和床榻，大到诸如家庭生活、家居环境、交友空间、宗教信仰以及生育、教育、死亡等，是现今一部权威的人类私人生活史。

乔治·杜比在《私人生活史》序中指出：“私人生活领域。这是一个免除干扰的，自省的、隐逸的领地。在这里，每个人都可以扔掉他在公共空间冒险时必备的武器和防范工具，可以放松，可以随意，可以身着‘宽松的便服’，脱去在外面确保安全的那层招摇的硬壳。这个地方很随意，不拘礼节。这也是个秘密场所。人们拥有的最为珍贵的东西，被置放在最贴身的私人生活领地，只属于自己，与他人毫无关系，禁止泄露、炫耀，因为这与荣耀所要求的在公众场合的所谓面子格格不入。”②显然，“私人生活”的意义是一种相对于趋向于民众的“公共生活”阐发的。他认为，自中世纪以来，“渐渐地，对于男人，首先是对城镇里的男人而言，私人空间分成了三个不同的部分：家，女人们的

① [法]费尔南·布罗代尔著，顾良、施康强译：《15至18世纪的物质文明、经济和资本主义》第一卷，27页，北京，生活·读书·新知三联书店，1992。

② [法]菲利浦·阿利埃斯、乔治·杜比主编，李群等译：《私人生活史》第1册，6～7页，哈尔滨，北方文艺出版社，2009。

生活限于其中；私人的工作场所，如车间、店铺、办公室和工厂；私人聚会和休闲场所，如咖啡馆或俱乐部”①。

法国学者罗贝尔·福西耶(Robert Fossier)对于欧洲中世纪的研究成就卓著，这里再介绍他的两种著作。《这些中世纪的人：中世纪的日常生活》一书分为两大部分：第一部分从裸体的人、生命的各个阶段、自然、动物探讨了人和世界，第二部分从人和他人、认知、灵魂讨论了人类自身。结合生态探讨普通人的日常生活，是该书的最大特色。书底推介语说得好：“它仅仅为我们讲述中世纪老百姓的故事，他们的盘中餐，他们女邻居的家常话题，他们那双被劣质的鞋所磨损的双脚，还有他们心里无所不在、无所不能的上帝。……以历史学家特有的视角透视中世纪的日常生活、中世纪的平常人生老病死的故事。”②《中世纪劳动史》一书也分为两大部分：第一部分劳动，论述了劳动的含义，劳动的类型，劳动手段；第二部分劳动者，研究的是关于人，伐木者与农民，矿工与水手，作坊、手工场里的人与市场里的人，军人与文人。作者从“劳动”一词入手，到“体力劳动”，再到“服务”，逐步展开论述，涉及劳动工具、劳动规章制度、法律条款等一系列与劳动相关的因素。从中世纪初的以游手好闲为“神圣”，到后来的以懒惰为耻，剖析了劳动演变的历史。作者重视劳动的背景自然环境，认为植被“代表环境，代表人类群体生活的日常环境”。中世纪是“森林世纪”，“中世纪的森林与现代的森林不一样，它不是一个休闲的场所，而是一个日常生活的场所”③。劳动，特别是农业劳动即生活，这是该书留给笔者强烈的印象。

此外，法国人热纳维埃夫·多古尔(Genevieve D'Haucourt)著《中世纪的生活》(冯棠译，商务印书馆，1998年)属于普及性读物，分三

---

① [法]菲利浦·阿利埃斯、乔治·杜比主编：《私人生活史》第1册，7页。

② [法]罗贝尔·福西耶著，周嫄译：《这些中世纪的人：中世纪的日常生活》，上海，上海社会科学院出版社，2011。

③ [法]罗贝尔·福西耶著，陈青瑶译：《中世纪劳动史》，68、136页，上海，上海人民出版社，2007。

章论述了物质生活(环境、住房、家具、衣着、膳食),时间节奏(一天、一年),人生节奏(出生、教育、婚姻、疾病与死亡)。

法国的日常生活史研究领域出版繁盛,阿谢特出版社出版大型丛书。中国学者许均教授主编"日常生活译丛",计划选择 30 种翻译,分别由山东画报出版社、上海人民出版社推出。山东画报出版社于 2005 年推出 12 种①,上海人民出版社于 2007、2008 年推出 9 种②,列入书单的还有 9 种。许均在译丛总序《写在前面的话》中谈到策划出版该译丛的初衷:

> 在我们看来,以往我们所阅读的西方历史,确实如乔治·杜比所说,大都是"公共舞台"的历史,也如葛兆光先生所说,是经过层层修饰过的难见历史原貌底色的历史。而深入"私人生活空间",着眼于对"日常生活"的观察、想象和感觉的史料和文献非常少见。通过对这套丛书的译介,我们至少多了一份可能性,可以或多或少地看到被"大写的历史"或遮蔽,或过滤,或忽略,或排斥的"小写的历史"的某些真实侧面。

法、德之外,其他欧洲国家也开展了日常生活史的研究。在意大利,日常生活史往往以微观史学出现,如卡洛·金兹伯格的名著《奶酪与蛆虫》(1976),借助大量的教会审判材料,讲述 16 世纪意大利北部

---

① 《超现实主义者的生活(1917—1932)》《浪漫主义者的生活(1820—1848)》《毕加索时代的蒙马特高地(1900—1910)》《职业足球运动员的生活(1930—1995)》《伦勃朗时代的荷兰》《凡尔赛宫的生活(17—18 世纪)》《太阳王和他的时代》《魏玛共和国时期的德国(1919—1933)》《中世纪有关死亡的生活(13—16 世纪)》《公元 1000 年的欧洲》《金字塔时代的埃及》《莫里哀时代演员的生活》。

② 《中世纪劳动史》《拿破仑时代法国人的生活》《文艺复兴时期卢瓦尔河谷的城堡》《十九世纪乌托邦共同体的生活》《伊丽莎白二世时期白金汉宫的生活》《巴尔扎克〈人间喜剧〉中的生活》《希特勒时代的柏林》《第一次世界大战时期士兵的日常生活(1914—1918)》《古希腊众神的生活》。

小镇蒙特瑞阿勒的一个小人物的生平，讨论了社会下层的世界观。[①] 在英国，牛津万圣学院的罗宾·布里吉斯是当今研究欧洲近代早期宗教、流行文化和巫术问题的知名专家，他的《与巫为邻：欧洲巫术的社会和文化语境》以对欧洲近代早期社会，尤其是对巫术问题和民众心理、日常生活状态的深刻阐释著称，自 1996 年问世即成为该领域典范之作。[②] 在瑞典，1979 年问世的奥维·洛夫格伦、乔纳森·弗雷克曼著《美好生活——中产阶级的生活史》一书，以中产阶级的生活方式为观察对象，透过丰富鲜活的民俗材料，描述了 1880—1910 年的瑞典中产阶级的生活图景：他们尝试摆脱“暴发户”的嘴脸，并希望与农民、没落贵族以及无产者划清界限；在努力营造自身的文化和生活方式的同时，他们也认为自己的文化形式是最文明、最先进的，并应被推广给普罗大众。正是在对“美好生活”的包装与塑造中，中产阶级自身的文化和价值观也成功地渗透到现代日常生活的每一个琐碎庸常的角落。作者在绪论中揭示出当时欧洲对于日常生活史的重视：“不管它们叫心态史、文明进程研究、文化社会学，还是历史人类学，这些研究方法都旨在关注日常生活史中的文化、思想，用历史的方法挑战今天习以为常的观念。”[③]日常生活史中的文化、思想成为跨学科的新学术潮流。在俄罗斯，1999 年问世的 Б. Н. 米罗诺夫著《帝俄时代生活史：历史人类学研究(1700—1917 年)》是世界史学界第一部俄国历史人体测量学著作，首次以人类学人体测量数据为基础，分析了 220 年间俄罗斯生活水平的变化，使用农业生产、税款、赋役、收入、价格和工资、饮食和人口、农民和工人的预算以及国民收入的统计数据来验证帝俄人民的福利状况；认为这是俄罗斯人民和政府在改善国家生活方面共

---

① 卡洛·金兹伯格还著有《夜间的战斗——16、17 世纪的巫术和农业崇拜》，上海，上海人民出版社，2005。

② 孙义飞：《心理—日常生活史研究的杰作——评〈与巫为邻：欧洲巫术的社会和文化语境〉》，载《史学理论研究》，2007(1)。

③ [瑞典]奥维·洛夫格伦、乔纳森·弗雷克曼著，赵丙祥、罗杨等译：《美好生活——中产阶级的生活史》，2 页，北京，北京大学出版社，2011。

同努力的结果，可以作为衡量现代化是否成功的重要指标。①

此外，美国华盛顿大学日本研究学者和历史学教授苏珊·B. 韩利(Susan B. Hanley)著有《近世日本的日常生活——暗藏的物质文化宝藏》。该书内容分八章，即德川时代日本人的身体健康水平，住房和家装，资源有效型文化，健康的生活方式，城市卫生与身体健康，人口模式与幸福生活，平稳过渡——从德川时代到明治时代，从比较的视角看身体健康；探讨了日本德川幕府时代人们的生活，其生活水准，衡量日本的经济、民生水平的标准等问题。作者通过房屋建筑、室内装修、餐饮、服饰乃至洗澡状况，即当时日本人的健康状况和物质文化的考察，来评价他们的生活水平。作者用身体健康水平的概念取代“生活标准”的概念，认为“考察消费能让我们同时对生活标准和身体健康水平都作出更好的估计”②。作者还认为日本的家庭模式与欧洲而不是中国更相似，日本的家族系统和中国迥然不同。顺便指出的是，日本学术界从 20 世纪 70 年代起对于“生活学”颇有探讨。③

总之，近来国际社会史研究重视日常生活史，“许多研究描绘了日常生活的构成和变迁，从父母与子女的关系到与动物的关系，从食物习俗到娱乐、节庆和宴饮方式”④。

二、国外和中国台湾地区日常生活史的研究

较早开展中国日常生活史研究的是法国学者。马伯乐(Henri Maspero)，法国著名的汉学家，利用 20 世纪初在我国西北发现的汉简结合其他文献资料，于 1932 年在法国出版《关于汉代的某些物品》

---

① [俄]Б. Н. 米罗诺夫著，张广翔、许金秋、钟建平译：《帝俄时代生活史：历史人类学研究(1700—1917 年)》(全 2 册)，北京，商务印书馆，2014。

② [美]苏珊·B. 韩利著，张键译：《近世日本的日常生活——暗藏的物质文化宝藏》，5 页，北京，生活·读书·新知三联书店，2010。

③ 黄现璠撰，甘文杰整理：《试论“中国生活学”的构建》，载《广西社会科学》，2007(3)。

④ [英]杰拉德·德兰迪、恩斯·伊辛主编：《历史社会学手册》，663 页。

《汉代中国人的私生活》两书①。谢和耐 1959 年出版《蒙元入侵前夜的中国日常生活》一书，是法国出版有关各个国家日常生活丛书的一种，该书又有 1962 年美国纽约出版的英文版。作者探讨南宋末年(1227—1279)都城杭州地区下层社会民众的日常生活，包括城市，社会，衣、食、住，生命周期，四时节令与天地万象，消闲时光等问题，开创性地构建了一个日常生活史研究的框架。作者在导言中阐发出大胆的思想，认为："在中国早已开始了近代化时期，是蒙古人的入侵阻断了此一迅速进步的进程。此一时期的显著标志是城市中心和商业活动的突出发展。"②

英国学者鲁惟一(Michael Loewe)，也从考古材料特别是汉简入手研究汉代社会和文化，关注汉代的日常生活，1968 年于伦敦出版了英文著作《早期中华帝国汉的日常生活》，该书分 15 章，论述了历史和地理情境、帝王与政府、官员、社会身份与职业、政府权力、军队、艺术与写作实践、文学与知识分子、宗教与神秘力量、首都长安、城市生活、交易与交流、乡村人民与工作、工匠、工作与技术，涵盖汉朝生活重要的方面，侧重于帝制中国特有的政治、经济、文化和社会结构研究。

美国学者查尔斯·本(C. Benn)于 2002 年出版了英文著作《中国的黄金时代：唐朝的日常生活》，这是作者为夏威夷大学的课程"古代中国人的日常生活"编写的，即属于教材。该书分 19 章，论述了唐朝简史、社会阶级、城市与生活、房屋和庭院、服饰与卫生、食物与宴会、休闲娱乐、交通运输、犯罪与刑法、医学与健康、生命循环、死亡与来世等。

澳大利亚墨尔本大学教授安东篱(Antonia Finnane)指出，对于历史上的日常生活这样一个话题的讨论，可以说已经带动了一个理论研

---

① 转引自周天游、孙福喜：《二十世纪的中国秦汉史研究》，载《历史研究》，2003(2)。

② 参见《蒙元入侵前夜的中国日常生活》，5 页。又，该书另有马德程译：《南宋社会生活史》，台北，"中国文化大学"出版部，1982。

究领域的形成，同时也产生了一系列著作。但是，关于中国这方面问题的英文著作却并不多见。除了以上举出的著作外，还有一些历史学者把日常生活作为一种背景或框架来开展一些更为具体的研究，比如韩森关于宋代契约的研究、韩书瑞关于北京寺庙的研究以及冯客关于民国时期日用品的研究，等等。“总的说来，西方学界关于中国的‘日常生活’的研究，还是存在种种问题，比如定位不清、界限模糊、概念陈旧等。”①

韩森的《传统中国日常生活中的协商：中古契约研究》1995年由耶鲁大学出版，展现了中古时代社会变革的某些侧面：老百姓互相协商并订立契约，是为“现世契约”；老百姓与神鬼之间的协商与契约（买地券），是为“冥世契约”，即“幽契”或“阴契”。官府对待老百姓所使用之现世契约的态度与政策前后历有变化，反映了所谓朝廷“政法”与民间“私契”从对立、并存到契合的演变过程；而冥世契约则不仅反映出老百姓对死后世界的看法，也折射出冥府、鬼律与阳世官府、官法之间的对应关系。② 我们也应注意韩森1990年的著作《变迁之神：南宋时期的民间信仰》，该书着眼于民众与生活，在作者看来，“多数不识字的百姓与士人阶层求助于神祇，却是出于日常生活之需：病痛、子嗣、饥荒、蝗灾、洪水、旱暵，以及外族入侵等等。……本书既是关于12、13世纪中国的民间宗教，又是关于当时普通民众对他们周围世事变迁的理解的一个研究”③。韩书瑞《北京寺庙与城市生活》由美国加州大学出版社于2000年出版，该书“通过研究创造了共同文化的宗教场

① ［澳］安东篱：《太平天国运动前夕扬州城的日常生活》，见复旦大学文史研究院编：《都市繁华——一千五百年来的东亚城市生活史》，393页，北京，中华书局，2010。

② ［美］韩森：《传统中国日常生活中的协商：中古契约研究》，南京，江苏人民出版社，2008。

③ ［美］韩森著，包伟民译：《变迁之神：南宋时期的民间信仰》，英文版前言，12页，杭州，浙江人民出版社，1999。

所以及社团活动，使我们更多地了解中国人的生活”①。

此外，还有欧美学者的著作涉及中国古代生活，值得介绍。如美国学者太史文(Stephen F. Teiser)1988年出版的《幽灵的节日：中国中世纪的信仰与生活》，探讨了鬼节前史、中国中世纪鬼节史片段、神话背景、作为巫的目连、鬼节的宇宙观、佛教与家庭等问题，说明中国社会生活形式与印度佛教传统之间的互动，揭示了鬼节的象征、仪式和神话遍播中古华夏大地的过程。② 再如法国学者童丕(Eric Trombert)1995年出版的《敦煌的借贷：中国中古时代的物质生活与社会》一书，探讨古代社会人们日常生活中经常性的借贷问题，主要论述粮食借贷、织物借贷以及借贷条件的演变，被认为是“不仅得以重视了这个时代的经济，而且展示了日常生活的一个重要方面”③。童丕是沿着谢和耐《中国五——十世纪的寺院经济》所开辟的道路继续前进的学者。还可以提到1999年出版的普及性读物《古中国生活》，作者是英国人哈里斯，该书介绍了中国形形色色的臣民、婚姻与家庭、从女子到妇人、盥洗与妆容、娱乐、着装、吃喝、性事、医疗、丧葬、行路，从玉器、陶瓷、丝绸、漆具、马蹬、药草、茶叶、筷子等具体物象入手，沉浸在缘此而延伸开来的日常生活场景，重新凸显民间生活细节，使读者重构历史经验。④

从日常生活考察中国的妇女与性别史，是美国20世纪末生活史研究的重要特色。1993年伊沛霞出版英文版《内闱——宋代的婚姻与妇

---

① [美]韩书瑞著，朱修春译：《北京寺庙与城市生活》上册，XXXIII页，台北，稻乡出版社，2014。

② [美]太史文著，侯旭东译：《幽灵的节日：中国中世纪的信仰与生活》，杭州，浙江人民出版社，1999。

③ [法]童丕著，余欣、陈建伟译：《敦煌的借贷：中国中古时代的物质生活与社会》，3页，北京，中华书局，2003。

④ [英]哈里斯著，乔晓静、乔和鸣译：《古中国生活》，太原，希望出版社，2007。又，哈里斯还写有《古希腊生活》《古罗马生活》和《古埃及生活》等，这些书与英国人大卫·尼克尔的《中世纪生活》列入希望出版社的“人类生活图卷”，2007年推出。

女生活》，广泛考察婚姻塑造妇女生活的方式，认为：宋代妇女生活的语境既包括权力的结构，也包括帮她们给自己定位于这些权力结构之内的观念和符号。当我们开始假定宋代妇女生活的世界像今天一样复杂、流动、谜一般地充满矛盾时，她们的生活就显得有趣、可信了。在法律和经济对一个女人在婚内和婚外行为规定的限度以内，女人创建了自己的生活。① 可以说，伊沛霞敏锐地重新发现了宋代妇女的生活。翌年，香港旅美学者高彦颐《闺塾师——明末清初江南的才女文化》出版，综合理想化理念、生活实践、女性的视角，从生活实践看到明末清初的妇女："在日常的生活中，她们大多数都于名义上遵从着这些格言(指三从四德)，在法律和社会习俗的管束下，过着以家庭为中心的生活。尽管妇女不能改写框定她们生活的这些规则，但在占统治地位的社会性别体系内，她们却极有创造地开辟了一个生存空间，这是给她们意义、安慰和尊严的空间。"②具体来说，如女性的"家内宗教"表现出仪式和宗教情怀，"它们嵌入闺阁的日常生活中，并构成了女性世界观和自我认识的重要组成部分。这些妇女在家内对虔诚的追寻和在每日生活中的绝不懈怠，都是晚明中国世俗佛教运动发达的组成部分"③。1997 年戴维斯加州大学历史系教授曼素恩《缀珍录——十八世纪及其前后的中国妇女》论述了 18 世纪及其前后(1683—1839)江南地区妇女的人生历程、写作、娱乐、工作、宗教活动，指出社会性别关系对于当时经济、政治、社会和文化变革产生的深刻影响，强调妇女史与社会性别关系在史学研究中不可忽略的价值。高彦颐的研究表明，明末清初性别关系因那个时代独一无二的城市印刷文化而具有一种显著的特性，而曼素恩则认为："随着清军入关和文化环境的转

① [美]伊沛霞著，胡志宏译：《内闱——宋代的婚姻与妇女生活》，自序、导言，南京，江苏人民出版社，2004。

② [美]高彦颐著，李志生译：《闺塾师——明末清初江南的才女文化》，9 页，南京，江苏人民出版社，2005。高彦颐还撰文论述了妇女的生活空间：《"空间"与"家"——论明末清初妇女的生活空间》，载《近代中国妇女史研究》，1995(3)。

③ [美]高彦颐：《闺塾师——明末清初江南的才女文化》，211 页。

变，满洲统治的结果导致盛清时代的社会性别再次发生了变化。传统的复兴再定义了正妻在伦理关系中的地位，并使歌妓边缘化。清朝的政治家又通过他们对家庭经济中妇女工作的关怀扩大了这种效应。”①

日常生活中的科技、医疗与身体等视角，也可以进入社会性别研究。美国学者费侠莉1997年出版的《繁盛之阴——中国医学史中的性(960—1665)》从医学妇科入手探讨女性生活，在日常生活中把握医学，指出：“医学也揭示出它本身作为一种社会实践，并不受医生精英的支配，疾病的治疗也可以是一种家庭技能，也可以是文人的业余学问，甚至可以是一种低贱的手艺或者是一种仪式化的宗教活动。……在明代后期精英文化的特殊历史背景下，中医学体现在渗透权力的社会关系所形成的宇宙观和日常生活中，应用于人体内部功能主要通过符号和语言为公众所知的社会里。”认为：“历史学家必须相信他们分析的文本只是过去的生活不完整的痕迹。”“疾病病原学的解释——无论致病环境的‘气’、行为举止、情绪，还是体力劳动的消耗——都是关注日常生活。”②同年，美国学者白馥兰出版《技术与性别——晚期帝制中国的权力经纬》一书，“导言”的副标题为“日常生活的结构：科技、妇女和文化史”，将科技、妇女和文化史在日常生活中打通的决心显而易见，开宗明义，引用杰克·西门斯《科技史》所说：“我认为这是相当明确的：要理解不同于我们时代的人们的生活和日常行为，对于为其服务的科技的考量是不可或缺的，因为它们本身在很多方面形塑了生活的真正结构。”③作者认为传统社会的日常物品这些有关过去时代的象征符号，破解的关键是身体性的，“身体的感受将把我们带回到它们所属

① [美]曼素恩著，定宜庄、颜宜葳译：《缀珍录——十八世纪及其前后的中国妇女》，279页，南京，江苏人民出版社，2005。又可参看张德安：《以两性的视角看历史——读曼素恩〈缀珍录：十八世纪及其前后的中国妇女〉》，见《中国社会历史评论》第12卷。

② [美]费侠莉著，甄橙主译，吴朝霞主校：《繁盛之阴——中国医学史中的性(960—1665)》，3、12、275页，南京，江苏人民出版社，2006。

③ [美]白馥兰著，江湄、邓京力译：《技术与性别——晚期帝制中国的权力经纬》，1页，南京，江苏人民出版社，2006。

于的那个世界——构成普通民众生活的劳作、制造和消费的日常生活世界”①。该书具体探讨了建筑、妇女的工作、母亲身份的意义等问题。

从文化消费、艺术社会史的视角，关注物质文化与日常生活的关系，也是欧美学界的特色之一。美国学者高居翰(James Cahill)1994年出版《画家生涯：传统中国画家的生活与工作》一书，主要论述了画家的生计、画家画室、画家之手，详于对画家生计的探讨，具体考察了获取一幅画作的方式——委托和书信，中间人和代理人，市场和画室；买画付款的方式——现金支付与价格，礼物、服务和恩惠，盛情款待寓居画家；幕府、画院、女性画家。该书使人们进入文人艺术家的生活领域。② 英国学者柯律格(Craig Clunas)2004年的著作《雅债：文徵明的社交性艺术》，探讨书画的礼物性质与社会交往，就文徵明的社交艺术深入研究，对于讨论文人的生存方式与艺术品的社会意义、生活意义，提供了一个研究范式。他注意书画作品制作时机与场合，在送礼的活动中找到之所以产生的根源。认为“日常生活中早已存在着一套言语与姿态的陈规，以界定种种收受的时机与场合。……将艺术作品视为需要解释的物品，而社交网络则成为至少可以提供部分解释的脉络及背景”③。旅美中国学者、波士顿大学教授白谦慎，以经历了明清易代之痛的遗民傅山为例，探讨了日常生活中的书法，具体来说就是：从傅山在晚明的生活考察建立文化声望，从傅山和戴廷栻考察

---

① [美]白馥兰：《技术与性别——晚期帝制中国的权力经纬》，1页。

② [美]高居翰著，杨贤宗等译：《画家生涯：传统中国画家的生活与工作》，北京，生活·读书·新知三联书店，2012。

③ [英]柯律格：《雅债：文徵明的社交性艺术》，Ⅹ、ⅩⅦ页。又，柯律格：《长物：早期现代中国的物质文化与社会状况》。柯律格是研究物质文化消费的重要学者，他关于明代士大夫艺术品趣味、时尚与“雅”“俗”社会阶层区隔意义的探讨，为人们探讨日常生活与物质文化的关系树立了楷模。柯律格著，黄晓鹃译：《明代的图像与视觉性》(北京大学出版社，2011年)认为：“要认真对待‘视觉文化’这一还在发展完善中的理论范式，研究该视觉文化的一部分，即明代社会生活中各类图像的总合，同时也研究明代社会中的‘观看’及其视觉文化。”(第11页)。

维持生计的努力，傅山书法的不同用途，傅山的交往圈，应酬的策略，应酬和社会精英之间的互动。①

如同欧洲史学界，美国的中国近现代史研究也发生了“文化”转向，“历史学家并不满足于停留于在结构层次上看普通人的历史：他们希望能够理解普通人生活的文化意义”②。城市社会文化备受关注，将城市与日常生活史联系起来，一些优秀的研究小中见大，“在关注普通人的生活和价值创造的同时不忘记他们所生存于其中的世界和塑造了他们的生活的大的历史变迁”③，如叶文心(Wen-hsin Yeh)著《时钟与院落：上海中国银行的权威结构分析》，探索从日出而作日落而息的农业社会的时间感到现代社会得以时钟为准绳的整齐划一的生活与管理方式的转变，“却没有囿于对时钟和实践的文化和实践的文化象征意义的分析上，而是进入了现代中国政治文化与社会组织的根本问题”④。再如葛以嘉(Joshua Goldstein)的《从茶园到剧场：作为社会文本的20世纪早期中国戏园》，在茶园和剧场这个微缩的世界里，其空间安排和对观众行为的期待，都表现出“从帝国转型到民族国家这个基本政治结构上的变化，以及随之而来的20世纪指导日常社会与政治实践的根本原则的变化”⑤。美国约翰斯·霍普金斯大学历史系梅尔清的新著《浩劫之后：太平天国战争与19世纪中国》从日常生活史角度研究太平天国战争，凸显了个人、社区、情感、体验、身体、记忆、意义等一系列与日常

---

① [美]白谦慎：《白谦慎书法论文选》，北京，荣宝斋出版社，2010，收录了一组“日常生活中的书法”论文。又，这些论著主要收录在此前出版的两部专书中，一部是《傅山的交往和应酬：艺术社会史的一项个案研究》，上海，上海书画出版社，2003；另一部是《傅山的世界：十七世纪中国书法的嬗变》，哈佛大学出版社2003年英文版，生活·读书·新知三联书店2006年中文版。

② 董玥主编：《走出区域研究——西方中国近代史论集粹》，6页，北京，社会科学文献出版社，2013。

③ 董玥主编：《走出区域研究——西方中国近代史论集粹》，21页。

④ 董玥主编：《走出区域研究——西方中国近代史论集粹》，22页，叶文心论文收入该书第265～290页。

⑤ 董玥主编：《走出区域研究——西方中国近代史论集粹》，23页，葛以嘉论文收入该书第291～328页。

生活紧密关联的主题。①

两位旅美中国学者研究近现代中国日常生活史的专著达到了很高的学术水准。佐治亚理工大学历史系教授卢汉超《霓虹灯外——20世纪初日常生活中的上海》(加州大学出版社，1999年)②，论述了近代上海的社会状况，包括到上海去、人力车世界、逃离棚户区、小市民之家、石库门后等内容。美国的权威历史学刊物《美国历史评论》称之为“二十世纪初中国最伟大的城市内日常生活的一份巨细无遗、具有启蒙性的、令人读之津津有味的报告”。得克萨斯A&M大学历史系教授王笛的《茶馆——成都的公共生活和微观世界，1900～1950》(斯坦福大学出版社，2008年)③，内容主要分为三部分：从闲茶、娱乐(戏曲与观众)、群体(阶级与性别)讨论茶馆与社会，从经营(小本生意的管理和竞争)、公会(周旋在行业与国家之间)、堂倌(艰难环境中的挣扎生存)论述茶馆与经济，从讲茶(超越国家的控制)、混乱(日常生活的冲突)、秩序(公共空间的政治)探讨茶馆与政治。目的在于揭示国家是怎样逐步深入和干涉人们的日常生活的。《美国历史评论》评价该书：“这是王笛教授继《街头文化》(斯坦福大学出版社，2003年)之后的又一力作。作者把焦点放在晚清和民国时期的茶馆，指出茶馆作为市民日常生活的不可缺少的部分，在中国西南四川省首府是最为流行的大众消费场所，并产生了独特的商业和消费文化，以及充满斗争的公共领域。他利用大量的档案资料，以哈贝马斯的理论视野，将茶馆与全球的类似场所如咖啡厅、啤酒馆、酒馆等进行对照考察，实践了多学科和比较研究的路径。”

进入21世纪，中国台湾地区以“中研院”明清史研究为主的学者，

---

① 张笑川：《日常生活史视野下的太平天国战争研究——评梅尔清〈浩劫之后：太平天国战争与19世纪中国〉》，载《清史研究》，2014(1)。

② [美]卢汉超著，段炼等译：《霓虹灯外——20世纪初日常生活中的上海》，上海，上海古籍出版社，2004。参见負喜红：《“怀旧”之美：卢汉超的上海日常生活史研究》，载《兰州学刊》，2013(3)。

③ [美]王笛著译：《茶馆——成都的公共生活和微观世界，1900～1950)》，北京，社会科学文献出版社，2010。

将“日常生活”作为重点研究对象。2001 年 1 月正式开始执行王汎森与李孝悌主持的三年期“中研院”主题研究计划“明清的社会与生活”。该计划陆续举办“中国的城市生活——十四至二十世纪”“中国日常生活的论述与实践”“过眼繁华——明清江南的生活与文化”三次国际研讨会。作为主题计划“明清的社会与生活”的成果之一，2005 年由台北联经出版事业股份有限公司推出李孝悌主编《中国的城市生活》，收录 13 篇文章，分别从历史、艺术史、文学史的角度，对明清及民国初年的衣、食、住、行、娱乐、商旅、节庆、欲望、品位、文物、街道、建筑等物质文化进行了广泛的、实证性的研究，使读者对 16 世纪初叶之后因商品经济勃兴而造成的社会风气及物质生活的改变有了更丰富、更细微的了解。

2005 年年底，《“中央研究院”近代史研究所集刊》第 50 期也推出“明清社会与生活”专号，所收 5 篇论文涉及明代士人的习诗情缘与人生选择、天然冰与明清北京的社会生活、乾隆朝苏州城市图像、清代士大夫的旅游活动等。2006 年 1 月，李孝悌主持新的三年期“中研院”主题计划“明清城市文化与生活”，内容包括明清江南城市中的“时尚、豪宅、情色、节庆、寺院、感官之娱、城市文学”，以及城市居民的“认同政治”与“工作习惯”变迁九个子计划；同年 10 月，举办“由帝制晚期到近代初期——江南的城市生活”国际研讨会。2007 年 12 月举办了“进入中国城市：社会史与文化史的视野”国际学术研讨会。上述两项计划一定程度上受到新文化史、日常生活史的启发。① 新世纪台湾地区的日常生活史研究，与物质文化研究的关联较为密切，邱澎生主张发挥二者的“辩证”效果，即“一方面讨论各项对象及其相关社会现象的物质文化演变内容，借以增进对日常生活结构演变与意义建构的理

① 李孝悌：《明清的社会生活与城市文化》，载《史学月刊》，2006(5)；李孝悌：《明清文化史研究的一些新课题》，见许纪霖、刘擎编：《丽娃河畔论思想Ⅱ——华东师范大学思与文讲座演讲录续编》，上海，华东师范大学出版社，2006。

解；另一方面则同时努力‘发挥同理心’并带着批判性的现实关怀去探究日常生活的古今之变，进而凸显物质世界变动背后所黏着贴附的‘新的生活方式与社会秩序’”①。

上述研究的代表性的成果是胡晓真、王鸿泰编《日常生活的论述与实践》(台北，允晨文化出版社，2011 年)。该书收入 12 篇论文，以生活为主题，包含天子至庶民、生活与规范、生活与知识、生活与文化四个子题，代表四个不同层次或面向的生活史探索。

台湾学者主编的两本以“生活与文化”为主题的论文集，反映出其研究旨趣。中国大百科全书出版社于 2005 年 5 月底 6 月初推出“台湾学者中国史研究论丛”，第十分册《生活与文化》由蒲慕州主编。该书收录的 15 篇论文，涉及时代从周至明清，论题包括服饰、饮食、车驾制度、博戏、椅子与佛教流传的关系、元宵习俗、酒楼与茶馆、庆寿文化等，展示了作为史学研究新方向的生活史成果。台湾学者“重视生活情景背后的文化心态，设法从这一问题在时间中的发展看出文化性格的常与变，并且设法与该社会的整体结构取得联系”②。

邱仲麟主编《中国史新论：生活与文化分册》，由联经出版事业股份有限公司 2013 年 7 月出版。所收九篇论文分别涉及中国古代平民生活(食物、居住、衣着、岁时行事及生命仪礼)、汉唐饮食与生态环境、中古道教科仪的宗教化、汉唐间的京城社会与士大夫文化、元代书院与士人文化、明清的士人生活与文人文化、明清的城市空间与城市化研究、明清的广告文化与城市消费风尚、晚明以来的西洋镜与视觉感官的开发。台湾的明清日常生活史研究，在城市生活史、消费文化、旅游活动等方面表现突出。代表性的研究专著，以巫仁恕对于江南消费问题的探讨引人注目。巫仁恕《品味奢华：晚明的消费社会与士大夫》提出明代江南消费社会说，还就研究消费文化的方法、女性的消费

---

① 邱澎生：《物质文化与日常生活的辩证》，载《新史学》第 17 卷第 4 期，2006。

② 蒲慕州：《生活与文化》导言，5 页，北京，中国大百科全书出版社，2005。

文化进行了探讨。[1] 巫仁恕的新作《优游坊厢：明清江南城市的休闲消费与空间变迁》（“中央研究院”近代史研究所，2013 年），以明代中叶至清中叶江南城市居民的休闲消费活动作为研究核心，尝试将“空间”的观念带入消费研究的领域，并且由城市空间出发，探讨明清城市内休闲消费活动如何改变了空间结构，进而分析现象背后所反映的社会关系与权力纠结。

此外，其他历史时期有关日常生活的研究也渐趋兴盛，且有专书出版。如刘祥光《宋代日常生活里的卜算与鬼怪》（政治大学出版社，2013 年）论述了宋代算命文化的转折、风水文化的发展，风水释义，卜算书籍的流通，水陆法会、黄箓斋与送亡仪式的竞争，女鬼、情欲与男性的身体等问题，认为卜算是宋代上至皇帝任命官员，下至一心想发财的百姓与埋首啃书的读书人，都要借助的“全民运动”。吕芳上主编《蒋介石的日常生活》（政治大学出版社，2012 年），文集作者多依据《蒋介石日记》探讨蒋介石日常生活中的诸多方面内容。

三、国外和中国台湾学者日常生活史研究的启示

综上所述，日常生活史在欧美等地已经成为一个独立的学术研究领域，也可以视为社会史或文化史的重要组成部分，更是作为方法论产生了重要的学术意义。纵观西方社会史学，早期的社会史研究重视结构问题，追求宏大叙事，日常生活史的出现，既是为了使社会结构更加丰满，或者作为社会结构的基础与制约力量受到重视[2]，又是向独立学术领域的开拓，强调微观史学、借鉴社会—文化的人类学。诚如美国学者伊格尔斯所指出的：

---

① 巫仁恕：《明清消费文化研究的新取径与新问题》，载《新史学》第 17 卷第 4 期，2006；巫仁恕：《奢侈的女人：明清时期江南妇女的消费文化》，台北，三民书局，2005。书评有汪荣祖：《晚明消费革命之迷：巫仁恕〈品味奢华：晚明的消费社会与士大夫〉》，载《“中央研究院”近代史研究所集刊》第 58 期，2007；王雨濛：《晚明消费文化研究之新思路——评巫仁恕著〈品味奢华〉》，见《中国社会历史评论》第 13 卷。

② 关于此点，我认为布罗代尔对于日常生活史的认识表现得比较明显。

> 随着对于把历史作为是一种统一的、从一个社会—政治中心出发的进程这种观点的批判，历史研究和历史编纂学所赖以为基础的有关科学概念就受到了质疑。应该有另一种科学登场，它可以重建经验的质量方面的科学，以之代替把它的调查对象作为是客体并以抽象的理论在进行工作的那种科学。一种这样的科学就要求放弃“把自己的方法与逻辑强加之于研究对象”的理论。替代这一点的是它应该试图去重建“生活的非正式逻辑”①。

基于这种转变而出现的日常生活史，具有自己的哲学基础，类似于“生活世界”的概念。针对人们大多把“生活世界”理解为直接存在于我们周围或者我们直接生活在其中的客观的日常生活世界，户晓辉认为这不仅隐含着对胡塞尔(Edmund Husserl)“生活世界”概念的误解，更在很大程度上遮蔽了这一概念给当代民间文学或民俗学研究可能带来的重要革新作用。他在胡塞尔的意义上把“生活世界”理解为非现成的、非物的、纯粹主[直]观的意义世界，认为民俗学真正唯一的研究对象正是这一生活世界。② 20世纪西方哲学盛行“日常生活的批判”，日常生活史的兴起或许与之有着千丝万缕的关系。③ 伊格尔斯认为，个人生活的研究如童年、两性关系、家庭、业余时间、死亡得到了重视，这在法国年鉴学派史学那里表现明显，《蒙塔尤》一书，“就是对这种从宏观历史到微观历史和从结构到经验与生活方式过渡的一个例子”④。伊格尔斯也指出，从《文明的进程》到《私人生活史》，都贯穿着西方历史

① [美]伊格尔斯：《二十世纪的历史科学——国际背景评述》(续四)，载《史学理论研究》，1996(1)。

② 户晓辉：《民俗与生活世界》，载《文化遗产》，2008(1)；参看高丙中：《民俗文化与民俗生活》，北京，中国社会科学出版社，1994。

③ 刘怀玉：《列斐伏尔与20世纪西方的几种日常生活批判倾向》，载《求是学刊》，2003(5)。关于“日常生活”理论的发展过程与流派，参见[英]本·海默尔著，王志宏译：《日常生活与文化理论》，北京，商务印书馆，2008。

④ [美]伊格尔斯：《二十世纪的历史科学——国际背景评述》(续四)，载《史学理论研究》，1996(1)。

演进“道德私人化”的基本思想。

由此可知，私人生活史与大历史的进程密切相关，可以上升至总体史。美国学者彭慕兰指出：“对于‘总体史’——在相当程度上是一种日常生活史——的追求。……把目光转向各种社会史主题似乎是很自然的，因为在这些主题的研究中，国家的概念用途不大。……日常生活的其他方面也许更不容易衡量，但是它们也是全球史的重要内容，这要归功于年鉴学派的影响，同样也归功于诺伯特·埃利亚斯和米歇尔·福柯的影响。……早在大众消费市场——更不必说全球传播媒介了——形成前，那些惯常认为地方气息很浓的私人生活史，都有着重要的世界史维度。”①日常生活史不仅解释微观世界，也与宏观世界联系在一起。

如同前述德国史学家于尔根·科卡(Jürgen Kocka)所说，西方20世纪90年代迅速崛起的文化史，取代日常生活史成为新的史学潮流。事实上，所谓新文化史相当程度上是以日常生活史为基础的，更准确地说，新文化史是从日常生活史生长出来的，并非对立而生。而日常生活史引起我国历史学界较大关注，则是近年来的事情，比西方的新文化史还要晚。当前，我国学术界正流行新文化史、日常生活史，就日常生活史的研究而言，融合、借鉴新文化史恰逢其时，可以产生直接进入学术前沿的学术潮流。如今的日常生活史，已与物质文化、社会性别、科技、医疗、身体、艺术诸史相融合，研究采用多种视角，成为跨学科的学问，而不仅是一般民俗事项层面上理解的所谓衣食住行问题。

欧美日常生活史学家尖锐批评社会科学史学“见物不见人”的特点，特别强调个人的作用。“日常生活史学家把历史沿革视为具体的个人或人群的行动结果，他们关注的重点不是整个社会的基本价值取向，而是每个人，每个群体的价值观以及这些人们公开或掩盖、实施或抑制

---

① [美]彭慕兰：《社会史与世界史：从日常生活到变化模式》，见夏继果、[美]杰里·H. 本特利主编《全球史读本》，268、270、272、274页，北京，北京大学出版社，2010。

其愿望的方式，最终说明社会压力与刺激怎样转化为人们的意图、需求焦虑与渴望，人们在改造世界的同时是怎样接受和利用这个世界的。”①他们还认为家庭成员、邻里乡亲、同事伙伴等“个人”，对于人的行为具有更为巨大和直接的影响，因此人际交往远比“结构”更能说明社会发展的动力。在历史上，只有个体的人与人之间的交往和相互影响才是唯一的真实。日常生活史学家认为自己建构的社会模型比社会史学家所建的更加均衡而丰满，日常生活史代表着“新主观主义”。②

面对海外日常生活史研究产生的一批优秀学术成果，晚起的中国日常生活史应当将中外日常生活史的比较研究作为自觉的行为。中国历史发展自成体系，自然与欧洲历史有共同性，不出人类社会历史的同一性发展，但是又具有自身的独特性，只有比较才能发现其中的同一性与独特性。中国历史自秦开始就是高度统一的帝国体制，宋以后新儒家的礼仪教化实践，改变着人们的日常生活，那么中国的“文明进程”中，是否也存在着“道德私人化”的变化？如果存在，又与欧洲的有何差异？欧洲的“私人生活”是与“公共生活”相对的，西方的“公共领域”的发展变化，带来近代社会的产生。表面来看，似乎是西方公私分立，中国公私相混，中国历史上公与私的生活以及二者的关系与西方究竟有何不同，看来真值得深入研究。

最后我向那些将德语、法语以及英语等语种有关日常生活史的优秀著作译为中文的学者致敬！正是你们的辛勤劳动，为我们打开了了解海外学术界旖旎风光的窗口，学术研究没有独好，只有更好。他山之石，可以攻玉，怀着开放心态，借鉴海外优秀学术成果，为我所用，创造出新的日常生活史研究，应当成为我们努力的目标。

---

① 刘新成：《日常生活史与西欧中世纪日常生活》，载《史学理论研究》，2004(1)。

② 刘新成：《日常生活史与西欧中世纪日常生活》，载《史学理论研究》，2004(1)。

第五节 徽州文书的日常生活史价值

徽州文书的存世量很可观，据学者统计有三四十万件，甚至认为达到百万件之多。作为我国存世量最大的地方性文书，徽学研究的重要特色就是要利用、解读徽州文书。

徽州文书中有一部分是社会机构或组织制作的，绝大部分则属于私人日常事务中留下的文字记载，虽具有程式化特点，但是反映的是生活的日常性。因此，概言之，徽州文书属于民间文书，其最大特点是具有民间性，“即其来源的民间性和其内容反映的是社会民众的日常生活和行为”①。基于对徽州文书特点这样的认识，我觉得徽州文书最大的学术价值是提供了民间社会日常生活史研究的资料。对于徽州文书总体价值如此判断，需要对“日常生活”有更深入的认识，从而借助更有内涵、更清晰的概念分析工具作为方法论，实现史学研究范式的转换，发挥徽州文书学术价值的最大化。

一、引入日常生活的概念全面认识徽州文书

以往利用徽州文书的徽学研究成果也有不少日常生活的内容，但是往往从民俗、乡例去认识，很狭义地归结为衣食住行。也有学者专门探讨了徽州日常生活，但数量较少，有必要更自觉地使用“日常生活”的概念利用徽州文书。

关于“日常生活”的理解，首先来自哲学的思考。经典性的看法为匈牙利学者赫勒所著《日常生活》中的观点：实践自觉是人类活动的本质，日常生活即为人类的“类本质活动”自在性，给定性是人类日常生活的特点，而在不断重复的日常生活思维与实践中，人们不仅实现着自身的个体再生产，同时也实现着整个社会的再生产，“可以把日常生活界定为那些同时使社会再生产成为可能的个体再生产要素的集合”②。在此基础上，我国有学者认为日常消费、交往、观念活动构成

---

① 徐国利：《当代中国的徽州文书研究》，载《史学月刊》，2005(2)。

② ［匈］阿格妮丝·赫勒：《日常生活》，11、15页。

日常生活世界，属于经济基础与上层建筑构成的人类发达形态的社会结构的“潜基础结构”，对日常生活的研究有助于形成关于人类社会的总体图样。并为日常生活下了一个较为完整的定义：“日常生活是以个人的家庭、天然共同体等直接环境为基本寓所，旨在维持个体生存和再生产的日常消费活动、日常交往活动和日常观念活动的总称，它是一个以重复性思维和重复性实践为基本存在方式，凭借传统、习惯、经验以及血缘和天然情感等文化因素而加以维系的自在的类本质对象化领域。”①

海外的日常生活史学者认为，在现实的生活中，个人与“结构”“制度”之类“庞然大物”相距甚远，而家庭成员、邻里乡亲甚至谈话伙伴却会对人的行为产生巨大影响，就这个意义而言，人际交往远比“结构”更能说明社会发展的动力。“日常生活史学者研究的重点不是整个社会的基本价值取向，而是每个人、每个群体的价值观以及这些人们公开或掩盖、实施或抑制其愿望的方式，最终说明社会压力与刺激怎样转化为人们的意图、需求、焦虑与渴望，人们在改造世界的同时是怎样接受和利用外在世界的。”②

国内的学者也对日常生活史研究的现状不满意，黄正建认为：“虽然我们也有关于衣食住行的研究，但它们都是孤立的、个别的、零散的。学者们分别从政治、经济、民族、宗教、文化、风俗、文物、科技、历史、地理等各种角度来研究它们，却恰恰很少将它们作为‘日常生活’来研究。这些研究又大多以‘物’为中心，其中没有‘人’的‘生活’痕迹。”③他还指出了日常生活史研究有三个特点：一是生活的“日常性”，即重视重复进行的“日常”的活动；二是一定要以“人”为中心，不能以“物”为中心；三是“综合性”，由于日常生活是一种综合性的日常

① 衣俊卿：《现代化与日常生活批判——人自身现代化的文化透视》，20、32～33页。

② 刘新成：《日常生活史：一个新的研究领域》，载《光明日报》，2006-02-24。

③ 黄正建：《关于唐代日常生活史研究现状的思考》，载《中国社会科学院院报》，2004-09-14。

活动，单研究某一种个别活动不能反映当时人的完整生活，因此对日常生活的研究一定要在单项研究的基础上进行综合研究。其实黄先生的说法也大致符合徽州社会生活的研究状况。

确实，我们应开阔视野，从发展的眼光看待日常生活。美国学者罗威廉谈到美国清史研究，指出其中“重要的工作是对环境、物质和可视性的强调。越来越多的论著研究历史上人类与生态环境、自然资源禀赋、建筑环境之间的互动。我们对物质和可视文化的兴趣越来越大。食物和吃饭的方式也已经被当作历史事实来阐述。在迅速成长的关于中国出版史的子领域中，很多充满洞见的研究表明，在帝制中国晚期，出版文化的出现没有代替口传文化，而是与之形成互动。通过这些研究以及其他研究，世俗的日常生活也成为清史研究的主题”①。可见作为“清史研究的主题”的“世俗的日常生活”，包括了人类与生态环境、物质和视觉文化、食物和吃饭的方式、出版文化等丰富的内容，我们看到了“文化史革命”的深刻影响。

我列举两部海外的日常生活史著作，以便了解其研究构架。德国学者汉斯-维尔纳·格茨著有《欧洲中世纪生活》(1986 年德文初版)，作者在中文版序中指出，人的日常生活史，“它对所有社会阶层人的生活，包括他们的‘私人领域’都感兴趣，不仅是想要了解谁、什么对历史起了作用，而且还想知道历史是如何对人施加影响的，以及他是如何接受它的”②。该书分为 6 章，分别探讨了中世纪日常生活的条件、家庭、修道院和修道士生活、领主制中的农民生活、骑士和宫廷生活、城市和市民，各章主要阐述的是日常生活的条件，即当时的机构、所属的生活空间、这个环境中生活的人、日常生活的过程等四项内容，形成了该书的叙述结构，概述了机制、生活空间、生活于其中的人和他们之间的关系。该书较好处理了制度与生活的关系。法国学者罗贝尔·福西耶所著《这些中世纪的人：中世纪的日常生活》一书分为两大部分：第一部分从裸体的人、生命的各个阶段、自然、动物探讨了人

---

① [法]罗威廉著，林展译：《在美国书写清史》，载《清史研究》，2015(2)。

② [德]汉斯-维尔纳·格茨著，王亚平译：《欧洲中世纪生活》，1～2 页。

和世界，第二部分从人和他人、认知、灵魂讨论了人类自身。结合生态探讨普通人的日常生活，是该书的最大特色。①

徽州文书能否反映上述类似的日常生活史呢？

二、以往利用徽州文书的生活史研究

徽州文书中有大量有关田地买卖租赁的契约，从中可以探讨租佃关系。以往佃仆制受到重视，有大量研究成果，然而多是从土地关系的角度研究。章有义先生指出，主仆关系和应役义务的形成，大都不是以租佃关系即土地关系为前提的，沦于奴仆地位是由于“如寄住庄屋、借山葬坟、入赘婢女(包括庄仆寡妇)、借债以及家仆分爨分居，等等，无非是生活领域的债务关系”②，可见从生活领域观察问题的重要性。周绍泉先生注意到佃仆家庭的生活状况，他利用胡姓农民家族从成化到崇祯年间的 36 张契约文书，探讨了胡姓家族的世系、沦为佃仆的过程以及该家族的经济状况。③ 这项研究已经进入日常生活的领域。

分家文书是探讨家族史的重要资料，涉及经济活动尤多。王振忠教授通过分析清代前期一份徽州农民的分家书，指出清代的徽州是一个纷繁复杂，即使是面对面办事也需要大量文字的社会。在民间，兄弟之间的分家可谓锱铢必较，即使是很小的财物，产权都需要明细的规定，一旦发生转让，均须以契约的形式加以确认，这显然与徽州社会作为商贾之乡浓厚的契约意识有关。在徽州，契约意识与商业发展形成了一种微妙的互动。徽州之所以成为著名的商贾之乡，并非偶然的巧合。④

信札对于了解人际关系十分有效，商人的信札呈现了他们的生活。

---

① ［法］罗贝尔·福西耶著，周嫄译：《这些中世纪的人：中世纪的日常生活》，上海，上海社会科学院出版社，2011。

② 章有义：《清代徽州庄仆制度管窥——休宁吴葆和堂庄仆条规剖析》，见《明清徽州土地关系研究》，122 页，北京，中国社会科学出版社，1984。

③ 周绍泉：《明后期祁门胡姓农民家族生活状况剖析》，《东方学报》第 67 册，日本京都，1995。

④ 王振忠：《清代一个徽州小农家庭的生活状况——对〈天字号阄书〉的考察》，载《上海师范大学学报》，2006(1)。

陈智超先生所著《明代徽州方氏亲友手札七百通考释》(安徽大学出版社，2001 年)出版后，学者对此有效利用，产生了一些研究成果。许敏从明代后期商贾文人化(这里指商贾及其子弟，努力学习并塑造自己的文人文化品格与行为，如作诗、结社、文游及从事其他文化活动)的层面，讨论商人与文人关系，增进对当时商人以及商贾队伍的变化与晚明商业、社会文化等的关系的认识。① 张长虹《品鉴与经营：明末清初徽商艺术赞助研究》(北京大学出版社，2010 年)一书，主要通过徽商方氏亲友信札说明徽商的艺术品赞助、收藏与经营交易活动，充分肯定了徽商在艺术赞助领域的独特历史贡献，较早完整而鲜明地指出“明末清初徽商在艺术品领域的投资，是徽商经营的主要项目之一”等重要论说，纠正了以往“徽商的收藏活动仅仅是‘附庸风雅’而已”的看法。②

徽州商人名闻天下，以往的研究多从商业资本看商人，对于徽商生活的关注较少。王振忠强调徽州文书对于研究徽商的重要性，他说，徽州文书是徽州民众在日常生活、商业活动和其他社会活动中形成的原始档案，徽州人在盐业、典当、钱庄、布业、木业、制墨、榨油和粮食业等各个方面，都留下了为数可观的商业文书，可以研究徽商的经营文化。他利用信函资料论述了上海徽帮商人学徒的生活，涉及婚姻选择以及婚事的消费等。③

徽州文书中有称为“婚书”的卖身文书④，以往多从人口买卖与主仆经济关系角度讨论，其实可以反映社会下层的婚姻状况，弥补婚姻

---

① 许敏：《试析明代后期江南商贾及其子弟的文人化现象——从方用彬谈起》，载《中国史研究》，2005(3)。

② 张雨：《明清徽商研究的深化与细化——读〈品鉴与经营：明末清初徽商艺术赞助研究〉》，见《中国社会历史评论》第 15 卷。

③ 王振忠：《徽州文书：商人与社会》，载《文汇报》，2011-01-22；王振忠、朱红：《从婺源虹关文书看晚清上海徽帮学徒的社会生活》，载《安徽师范大学学报》，2013(2)。

④ 阿风：《卖身“婚书”考》，见《明史研究论丛》第 7 辑，北京，紫禁城出版社，2007。

史研究偏重士大夫与社会上层的情形。有学者通过对徽州婚书、入赘文书和明代歙南吴氏族谱的量化统计和分析，得出在这些非正常的婚姻中有着广泛的身份下降和再婚尤其是女性再婚的特点。还指出，卖身者在承担服役义务的同时也被给予了婚配的预期，这样就有了婚配的可能。通过多种多样的灵活性的两性结合，被卖者获得了婚配。这种卖身和婚配反映了明清时期的徽州社会存在着生存压力，以及因性别失衡和婚龄女性缺乏所引起的性别紧张。通过这种卖身和婚配，在一定程度上缓解了生存压力和性别紧张。①

民间信仰是日常生活的重要组成部分。明清以来，徽州民间有前往九华山和齐云山朝山进香习俗，俗称“朝九华”和“上齐云”，并融为一体的“华云进香”活动。王振忠对此进行研究，从民众的信仰生活、僧俗关系以及村落会组织的运作考察，为探讨地方社会与民众日常生活提供了一个独特的观察视角。他认为：“具体而微的徽州民间文献，可以从史料的角度‘较近距离’地窥见民众日常生活的诸多侧面，考察一地社会经济、文化、民间信仰之间的相互联系，从而展示出更为丰富多彩的日常生活图景。”②科仪书、会社簿等徽州文书也是探讨民众信仰生活的资料。陶明选所著《明清以来徽州信仰与民众日常生活研究》(光明日报出版社，2014 年)利用丰富的徽州文书等资料，细致考辨了徽州张王、太子及相关诸神的源流，分析宗族对待内神与外神的态度，还从会社、戏剧和建筑等角度透视徽州民间信仰。

日用类书分门别类记载日常生活的常识，是探讨日常生活绝佳的史料。王振忠教授以为，遗存民间的村落日用类书稿本或抄本，才是真正反映某一区域民间日常生活的第一手资料，可以更为接近民间社会生活的实态。他主要利用《目录十六条》这本以村落为中心抄录、编

---

① 胡中生：《明清徽州下层社会的非常态婚姻及其特点》，载《安徽史学》，2001(3)；胡中生：《卖身婚书与明清徽州下层社会的婚配和人口问题》，见《明清人口婚姻家族史论》，1～20 页，天津，天津古籍出版社，2002；胡中生：《明清徽州的人口买卖与婚配》，载《安徽史学》，2003(2)。

② 王振忠：《华云进香：民间信仰、朝山习俗与明清以来徽州的日常生活》，载《地方文化研究》，2013(2)。

辑而成的村落日用类书，结合其他相关的文献史料，对日用类书在村落日常生活中实际运用的情境作具体的揭示，以期了解一般民众日常生活的规范、价值信仰以及集体心态①，有力地呈现出清前期徽州民间的日常生活。

排日账是一种近似日记的文献，近年来引起学者的关注，已经取得一些研究成果。黄志繁、邵鸿认为排日账大多是私塾学生所写，是一种日记性文字，内容多是逐日记载家庭主要成员(多为男性)的活动。写排日账在清末民初的婺源县非常普遍，从对5本排日账的分析中可以看出各家庭家长的身份，家庭主要劳动力的活动时间分配，小农家庭经济构成百分比，家庭生产活动概况及家庭主要成员外出活动天数等，有助于真切了解当时徽州小农的生活状况。王振忠指出，徽州日常生活中银钱的借贷往来，土地买卖中田地税赋之推收过割，以及婚丧礼俗等活动中的诸多社交应酬等，都促使彼此之间的银钱结算显得极为频繁，这应是现存排日账在徽州所见独多的原因所在。他利用婺源冷水亭村《龙源欧阳起瑛家用账簿》抄本，结合实地考察，勾勒了20世纪初徽州农村的日常生活。刘永华利用的也是婺源的排日账，探讨了传统社会经济格局下徽州农户的生活空间特征，随着乡村经济商业化程度的提高，农户的生活空间发生的变化。② 可见排日账主要发现于清代婺源，借此文献可以探讨农户以生计模式为主的日常行事以及晚清的生活变迁。账本等民间文书结合田野调查对于认识村落的日常生活是有效的。③

① 王振忠：《清代前期徽州民间的日常生活——以婺源日用类书〈目录十六条〉为例》，见《明清以来徽州村落社会史研究——以新发现的民间珍稀文献为中心》，51～109页。

② 黄志繁、邵鸿：《晚清至民国徽州小农的生产与生活——对5本婺源县排日账的分析》，载《近代史研究》，2008(2)；王振忠：《排日账所见清末徽州农村的日常生活——以婺源〈龙源欧阳起瑛家用账簿〉抄本为中心》，见《中国社会历史评论》第13卷，107～127页；刘永华：《从“排日账”看晚清徽州乡民的活动空间》，载《历史研究》，2014(5)。

③ ［法］劳格文撰，王振忠译：《传统徽州村落社会的日常生活》，载《民间文化论坛》，2013(3)。

利用徽州文书研究日常生活史，虽然取得一定的成绩，但是在大量的徽州社会经济史研究中还是属于少数。特别是自觉开展日常生活史研究也还是近些年来的事情，主要反映在日用类书与排日账的研究方面。我们还需要倡导日常生活史的研究，徽州文书在这方面的利用可能走多远呢？

三、徽州文书日常生活史研究的未来性

徽州文书特别是契约、合同的大量存在，一定程度上可以反映徽州是“契约社会”。显然这是与西方近代契约精神下的社会不同的，如何把握却也绝非易事。唐宋变革的探讨对于认识中古与近世社会变迁十分有益，从生活层面观察社会关系成为必要。美国学者韩森的《传统中国日常生活中的协商：中古契约研究》利用了民间契约，内容分为官府勉强承认私契、官府承认契约、官府征收契税时期、蒙古统治时期及其以后的契约、买地券、阴间的法司、阴阳两界的法司等部分，抓住中国古代老百姓日常生活中的“协商与契约”这一中心主题，揭示了官府、百姓、鬼神三者之间错综复杂的关系，以及这三者相互协商、讨价还价并在这种角力中共存的社会过程，展现了中古时代社会变革的某些侧面。这项研究呈现的是我们很少看到的“生活世界”。民间借贷的流行，也反映了社会关系，法国学者童丕的《敦煌的借贷：中国中古时代的物质生活与社会》一书，探讨古代社会人们日常生活中经常性的借贷问题，主要论述粮食借贷、织物借贷以及借贷条件的演变，被认为是“不仅得以重视了这个时代的经济，而且展示了日常生活的一个重要方面”①。这些著作很值得借鉴，有助于重新利用民间文书。②

我们应当改变徽州文书的整理、利用方式，探讨新的研究路径。注意保持生活单位的完整性，是利用徽州文书的必要条件。以往徽州文书往往被打乱、拆散，研究中难以建立有效的联系性，难以读通、读懂。因此，如能保证文书的家族、村落的完整性，才可以进行“整体研究”，有限呈现出生活内容。王振忠发现、利用“歙县里东山罗氏文

① ［法］童丕：《敦煌的借贷：中国中古时代的物质生活与社会》，3页。

② 常建华：《他山之石》，载《安徽大学学报》，2015(1)。

书”以求揭示山村社会的生活世界，就是一个很好的事例。[1] 特别是刘伯山主编的五辑《徽州文书》(广西师范大学出版社分别于 2005、2006、2009、2011、2015 年推出)，强调文书的归户性，《编辑体例》说：“凡知道其收集和发现时间、过程，皆以发现批次为单位，注明寻获记。归户文书不作分类，以户为单位编排。”第一辑收录的 16 个家族文书，记录了这些家族的各种活动，对其进行综合探讨，就会深化家族史的研究，也会加深对徽州社会、经济、文化的理解。如《黟县一都榆村邱氏文书》共有 300 多份，最早的是明天启四年的，迟的是民国后期，举凡买卖租典契约、合同公约、收借条、分书遗嘱、账单账册等等皆有，内容丰富，许多文书是连续有关联的，便于研究。第二辑也以这种归户家族文书为主。第三辑的文书很多样化，可以进行多种研究，如收录民国十八年二月王福祥立流水《日就月将》，其实属于排日账类文书。光绪三十年九月立婺源李氏《清明簿》、清道光年间休宁西乡家庭节庆礼食记事册，是研究节日与饮食的文献。还有 4 种书信资料：清末民初旅武汉徽商书信摘抄、清末民初黟县卢氏家书汇抄、民国癸丑年祁门《摘信便考》、民国三十六年元旦黟县吴良鉴书信类抄。民间文学类资料不少，有民歌、曲本、筷戏。还有 3 种结婚时撒账歌文书。此外，还有方言、字汇、药方等资料，真是琳琅满目。第五辑首次大量收入关于新安医学方面的典籍文书，继续收入了三册乡村都图字号。在文书收集整理的同时，主编刘伯山先生还进行了田野调查，将所获得的口碑资料与文献资料进行多重互补与印证。五辑《徽州文书》所载文书数量繁多，种类丰富，为徽学研究提供了可靠的资料。已有周致元先生利用第二辑收录的黟县十都宏村万氏文书中《流水日志》，从一个徽商家庭在光绪二十年前后数年间的日常生活支出详细记录，探讨消费问题，得知日常消费品中大量使用机器生产品。[2] 在新的文书发现利用方面，王振忠先生已着先鞭，所著《明清徽州社会文化史探微——新

---

① 王振忠：《一个徽州山村社会的生活世界——新近发现的“歙县里东山罗氏文书”研究》，见《中国社会历史评论》第 2 卷，114～122 页。

② 周致元：《一份“流水日志”中所见的近代徽州社会》，载《合肥学院学报》，2011(4)。

发现的16—20世纪民间档案文书研究》(上海社会科学院出版社，2002年)，将徽州文书研究从以往狭义的契约文书转向全方位民间文书的探讨，值得借鉴。

徽州文书种类繁多，学者尝试了多种分类，如何利用已有的分类认识又不为分类所限，或许是研究者应当思考的问题。改革开放以来，我国的徽州文书研究进入新的发展阶段，学者已经尝试从新的视野把握契约文书。如安徽博物馆的刘和惠先生就指出，明清徽州民间契约“内容相当广泛，不仅提供了土地制度、租佃关系等经济领域方面的资料，还有社会行为、观念规范和风俗习惯等方面的内容，关系社会史、文化史，以及民俗史。确是一个值得进一步发掘的史料宝藏”①。他从社会史的角度将明代徽州农村社会契约归纳为9类：(1)遗产授受；(2)地缘关系；(3)共业关系；(4)主佃纠纷；(5)侵权与赔偿；(6)宗法关系；(7)里甲赔累与勒索；(8)文会；(9)身份改变。较早进行徽州文书分类的还有周绍泉先生，他将徽州文书分为8类：(1)土地文书；(2)赋役文书；(3)商业文书；(4)宗族文书；(5)科举、官吏铨选和教育文书；(6)社会文书；(7)阶级关系和阶级斗争文书；(8)官府案卷、档册、公文。② 专门进行分类工作的是王钰欣等编《徽州文书类目》(黄山书社，2000年)，将徽州文书分为9类：(1)土地关系与财产关系文书；(2)赋役文书；(3)商业文书；(4)宗族文书；(5)官府文书；(6)教育与科举文书；(7)会社文书；(8)社会关系文书；(9)其他。《徽州文书类目》的分类如除去“其他”不好归类的部分，也是8类，周、王二先生依据的主要是中国社会科学院历史研究所的徽州文书，分类也很相似。更加简便接近生活史的是后来俞乃华的分类，他将徽州文书分为6类：(1)反映土地财产关系的各类契约、合同；(2)反映赋役情况的鱼鳞图册、土地归户册、收租簿及各种赋税凭证；(3)反映商业经济活动的信件、账簿、税照、会书等；(4)反映社会活动的各类官文、诉讼、教育等文书；(5)反映宗族社会实态的家乘、族规、祭祀、阄书；

---

① 刘和惠：《明代徽州农村社会契约初探》，载《安徽史学》，1989(2)。

② 周绍泉：《徽州文书的分类》，载《徽州社会科学》，1992(2)。

(6)反映民间生活和民俗风情的文字记录。① 如果再将这前2类归并为土地赋役农业类，可成为5类。

这5类徽州文书，可以从新的日常生活的视野看待。如可以从“三农”的角度特别是农民、农村的角度利用文书，将农业理解为农民的生活并关注农民的生活空间。商业文书，也应作为商人生活的产物看待。当然也不应当将农商割裂开来看问题，探讨二者的关系也很重要。诉讼、教育在徽州社会活动中也很重要，徽州文化发达离不开教育；诉讼文书的大量存在，说明需要进一步认识徽州人的法生活史。宗族研究方兴未艾，学者多从社会制度与宗族建设角度探讨，还需要研究宗族生活史。至于民间生活和民俗风情，更需要从日常性来看问题。

事实上，我们应当从日常生活的视野重新认识徽州文书的分类与价值，探索新的研究路径。如文书是在人们生产、生活中形成的，离不开时间性，特别是许多会社更是围绕神诞等时间节点进行，引入“社会时间”的概念进入生活领域，将是有效的。这方面，时空社会学的理论方法值得借鉴。

日常生活的研究题目往往较小，属于微观研究。英国史学家帕特里克·乔伊斯教授认为，“小”主题“日常生活”的关注，是新社会史的一种主流发展。如身体史论著是从另一种视角体现大主题。“为了理解一些大的过程，有时你必须去研究日常生活的各个方面。……然而，在大和小之间存在着许多联系，但这里关键是你从‘小’入手是为了寻求‘大’的问题或主题的运作方式。”②并认为意大利的“微观史学”以某种方式对琐碎生活细节的关注，可以说是见微知著。

总而言之，讨论徽州文书的日常生活史价值，重要的是转变研究理念，重新看待文献。这就是要将探讨、利用文书本身的文献利用，

① 俞乃华：《徽州文书整理探析》，见安徽省徽学学会编：《徽学丛刊》第1辑，189页，合肥，黄山书社，2003。

② ［英］帕特里克·乔伊斯：《从现代到后现代：当代西方历史学的新进展》，见李宏图选编：《表象的叙述——新社会文化史》，102页，上海，上海三联书店，2003。

转变为探讨制作、利用文书并受文书影响的人的历史研究，实现研究对象从物到人的转变，从而活化徽州文书的研究利用，这是徽州文书研究理念的根本转变。面对文书这一文献形式，还应从书籍史、印刷史、阅读史甚至收藏史的角度观察思考，或许可以发现新的研究天地。与此配合，需要引进社会文化史、历史人类学的学术观念与研究方式，结合徽州生态的认识，进入生命、生计与生态的“三生”一体研究，相信如此会使徽州文书焕发出新的价值光芒。

第三章　明代宗族与日常生活变迁

本章主要论述浙江浦江义门郑氏、广东佛山南海霍氏以及山西洪洞晋氏等宗族制定族规家训对族人日常生活的改造，从中透视明代的社会变迁。

累世同居的浙江浦江义门郑氏，受到过宋元明三朝旌表，该族的《郑氏规范》也流传后世，义门郑氏对中国社会产生了深远的影响。郑氏累世同居超出五代，实际上成为宗族，具有独特的形态。共财与同居相辅相成，是义门存在的两个必要条件。义门郑氏的宗族制度完备，私塾族学也很著名。《郑氏规范》形成于元代，又受到明初社会的一些影响，其指导思想来源于宋儒改造社会的理想，也参考了著名义门的家法。《郑氏规范》作为早期宗族性的规范，起到了承上启下的作用，开宋以后宗族制定族规进行宗族建设之先河，改变了宗族的日常生活。

霍韬官至礼部尚书，以嘉靖年间"议大礼"中支持世宗而闻名，霍韬的宗族与地方文化建设引人注目，其所作《霍渭厓家训》(简称《家训》)流传于世。该家训反映出一个受到儒家思想渗透的基层社会家族，在经济上升期，特别是出现高官引起朝野重视的家族，如何保持不败，如何从经济富有家族转变为文化家族，或者说做望族的努力过程。霍韬怀着"作个好样子与乡邦视效"的理想，为佛山宗族建设提供了一种模式。16世纪以后的明代，正处于"社会转型"过程中，商品经济发展，儒学普及，人们的生活发生了很大的变化，霍韬《家训》回应了转变的经济、社会与文化。

晚明山西洪洞县的风俗发生了较大变化，从日常生活的角度观察，在衣食住行的消费生活、日常生活的休闲娱乐、人际关系的交往、生命礼仪上均有体现，生活变化的特点，一是经济消费的奢靡，二是社会身份的模糊混淆。地方官借助乡约移风易俗，地方绅士与宗族积极配合，宗族乡约化，制定规范约束族人，族人的生活被礼仪化。明代社会发生着转型，洪洞日常生活经历着重大的变化。晚明的洪洞，形成了经商的传统，属于农商社会。洪洞的日常生活，还受到来自国家、意识形态的影响。

最后我们就明代生活史研究的学术史加以梳理，指出明代生活史研究肇始于20世纪30年代吴晗对仕宦阶级生活的开创性探讨。20世纪80年代实行改革开放后，伴随文化史、社会史、社会生活史的兴起，明代生活史研究才得以正式开展，有从社会生活史到日常生活史变化的趋势。研究方法上从物质文化消费进入生活史研究，从社会性别研究进入生育医疗、婚姻家庭、消费领域、社会交往的生活史，引领风气。研究内容上主要集中在士人或文人的生活、物质生活消费、城市生活等方面。未来或许会在日常生活与经济全球化的关联特别是货币使用方面着力，还会加强借鉴并整合新文化史、历史人类学、社会史以及跨学科研究，也会用力于对于普通民众特别是农民、农村、不同地区日常生活的研究。

第一节　元明时期义门郑氏及其规范的社会影响

浦江义门郑氏，由于累世同居，受到过宋元明三朝的旌表，《宋史》《元史》《明史》三部正史的“孝义”“孝友”类传记留下了其事迹，该族的《郑氏规范》也流传后世，义门郑氏成为传统中国文化讴歌的模范大家庭。

现代学者重视对于浦江义门郑氏的研究。20世纪70年代，美国学者达尔达斯(John. W. Dardess)发表论文《义门郑氏：元及明初的社会组织与新儒学》。① 稍后，日本学者檀上宽以作为江南地主的义门郑

① 转引自樊树志：《回望义门》，载《经济观察报》，2005-07-16。

氏为中心，从社会结构方面探讨元末明初国家与社会的关系。① 中国大陆学者中，毛策就义门郑氏发表系列论文，侧重于家族文化探讨，并集成专书。② 漆侠侧重从主佃关系和阶级矛盾方面把握浦阳郑氏家族③，许怀林从宗族规范探讨了浦江郑氏义门家族④，冯尔康论述了浦江义门郑氏家族的生活⑤，李静等从人口学的角度探讨了义门郑氏家族⑥。中国台湾学者也很关注义门郑氏，许守泯由浦江郑氏家族与士人的互动关系入手，从士人网络角度对元代郑氏的经营发展进行了探讨，并从家族史角度考察了蒙元统治下的家族发展。⑦ 林欣蓉根据

---

① 檀上寬：《義門鄭氏と元末の社會》，载《東洋學報》，第 63 卷，第 3、4 期，1982；胡其德译：《义门郑氏与元末社会(上下)》，载《世界华学季刊》(台北)，第 4 卷，第 2、3 期，1983；《元明交替の理念と現實——義門鄭氏を手掛かりとして》，《〈鄭氏規範〉の世界——明朝權力と富民層》，收入檀上寬《明朝專制支配の史的構造》，东京，汲古书院，1995；又，请参见孙卫国所写该书书评，见《中国社会历史评论》第 3 卷，594～598 页，北京，中华书局，2001。

② 汪根年、毛策：《东明书院考述》，载《浙江师范大学学报》，1986(1)；毛策：《浙江浦江郑氏家族考述》，见《谱牒学研究》第 2 辑，北京，文化艺术出版社，1991；毛策：《郑氏家族藏书及其著述》，载《浙江师范大学学报》，1994(2)；毛策：《孝义传家——浦江郑氏家族研究》，杭州，浙江大学出版社，2009。

③ 漆侠：《宋元时期浦阳郑氏家族之研究》，见《刘子健博士颂寿纪念宋史研究论文集》，京都，同朋社，1989；后收入漆侠：《知困集》，石家庄，河北教育出版社，1993。

④ 许怀林：《〈郑氏规范〉剖析——兼论义门聚居的凝聚力》，见《中日宋史研讨会中方论文选编》，保定，河北大学出版社，1991。

⑤ 冯尔康：《古人社会生活琐谈》，长沙，湖南出版社，1992；冯尔康：《去古人的庭院散步》，北京，中华书局，2005。

⑥ 李静、孙昊：《家族内人口与生活：以浦江义门郑氏为例》，载《史学月刊》，2002(4)；李静：《义门家族的寿命与婚姻状况分析》，载《江淮论坛》，2004(5)。

⑦ 许守泯：《元代金华士人的宗族观——从修谱谈起》，见《元代文化研究》第 1 辑，北京，北京师范大学出版社，2001；《蒙元统治下士人的顿挫与转折——以婺州为中心》，新竹，“清华大学”历史研究所博士论文，2003；《江南第一家——元代浦江郑氏的发展及其士人网络》，见《元史论丛》第十辑，北京，中国广播电视出版社，2005。

《郑氏规范》探讨元代女性问题。[①] 何淑宜深入研究了义门郑氏的家祠祭礼以及对于元明社会的影响。[②] 此外，还有一些相关的论文。[③] 浦江义门郑氏研究的成果丰硕。

笔者在宗族史的研究中，也涉及过义门郑氏[④]，这里想集中旧日的思考，对于《郑氏规范》主要内容进一步类分，并考察《郑氏规范》与义门郑氏的社会影响。唯望先进不吝赐教。

一、义门楷模

所谓义门，是指同居共爨的大家庭。这种大家庭，有的世代较少，有的则世代较多，甚至累世同居超出五代，实际上成为宗族。义门类型的宗族组织以家庭的形式出现，家长即族长，同居共爨，不同于一般普遍存在的集合众家庭、聚族分居异爨类型的宗族组织。义门宗族具有特殊的形态。

浙江婺州浦江郑氏就是累世同居共爨的义门。同居共爨是说这种大家庭成员的经济属集体所有。《宋史·孝义传》记载旌表浦江郑绮九世同居，同居家庭的维持，一般要有一定数量的土地为其经济基础，元代的浦江郑氏有"腴田二千亩"[⑤]。为维护共财制度，义门要求家众无私蓄。《元史·孝友传》说，浦江郑文嗣"其家十世同居，凡二百四十余年，一钱尺帛无敢私"。基于财产的共有，分配制度实行平均主义。共财与同居相辅相成，是义门存在的两个必要条件。

义门的管理，是依靠家法作保证的。浦江郑氏的《郑氏规范》维护

---

① 林欣蓉：《元代家法中的女性角色：以〈郑氏规范〉为例》，新竹，"清华大学"历史研究所硕士论文，2007。

② 何淑宜：《香火：江南士人与元明时期祭祖传统的建构》第二章第三节，113～133页，台北，稻香出版社，2009。

③ 如臧健：《对宋元家族制度、家法与女性的考察》，载《山西师大学报》，2000(2)；刘晓：《试论累世同居共财在元代的发展及其特点》，见《古史文存——隋唐宋辽金元卷》，北京，社会科学文献出版社，2004。

④ 常建华：《宗族志》第三章第四节"义门宗族"、第七章第一节二"宋元时代的家法"，上海，上海人民出版社，1998；《明代宗族研究》第八章、附录三对于宋濂宗族思想的研究等处，上海，上海人民出版社，2005。

⑤ (元)黄溍：《文献集》卷九下《青椎居士郑君墓铭》。

了家族的秩序。义门郑氏“家庭中凛如公府，子弟小有过，颁白者犹鞭之。每遇岁时……子弟皆盛衣冠雁行，立左序下，次进拜跪奉觞上寿毕，皆肃容拱手，自右趋出，足武相衔，无敢参差者”①，反映的就是此种情形。

累世同居共财的义门是作为异居析产的对立物存在的，中国古代社会中，异居析产是普遍现象，相比之下，累世同居共财属于特殊情况，寻求累世同居的原因，在一定程度也就是说明不采取异居析产的理由。

累世同居共财家庭的产生和维持，往往得力于家长的成功治家。浦江郑氏第五世郑德璋主持家政时，正值宋元之际的动乱年月，他通过建立乡里武装，制订治家准则，开办家庭教育，使其家族扬名于世。第六世郑文融在前辈治家实践基础上，又制订家范58则，是为《郑氏规范》雏形。郑文融之子郑钦又续订73则，形成治家的完整规范。这是古代治家经验的总结，而同居共财是治家的实践活动。

家长的品德也是影响同居共财家庭形成和维系的重要原因。上述浦江郑氏家族的郑绮是以纯孝被《宋史》载入《孝义传》的，他以救父、孝母、出妻妾、善待族人、拒绝赈济、重操守、勤耕著称。人称其“行之一身则一身正，行之一家则一家顺”②。

自汉以后，儒家思想一直是官方正统思想，这种思想具有强烈的政治伦理色彩，强调孝悌之道，把它作为伦理思想的基点，由孝入手，移孝作忠，为国家培养顺民，这是一个修身、齐家、治国、平天下的过程。在这种政治伦理模式指导下，历代政府实行以孝治天下的方针。而大家庭的维持必须有良好的人际关系，其核心是孝悌观念，因此政府把扶持同居共财大家庭作为治国的重要内容。

政府直接倡导、支持累世同居共财，旌表累世同居共财家庭，将之树为典型，使其具有荣誉感。浦江郑氏是宋元明三朝树立的一个著

---

① （元）黄溍：《文献集》卷九下《青楗居士郑君墓铭》。

② （元）揭傒斯撰：《揭文安公集·孝友传三》，转自毛策：《浙江浦江郑氏家族考述》，见《谱牒学研究》第2辑，146～147页，北京，文化艺术出版社，1991。

名义门典型，地方志曾阐述了政府的目的："表厥里之制，以为未足也；而又蠲免赋役，又以为未足也；而复录用其子孙，所以风励之，固移风易俗之微意也。非直宠一夫而尊一家也，将以一夫一家为天下亿兆人劝也。使天下亿兆之人各勉其善，如一夫一家焉，则天下治矣。"①政府从教化着眼扶持，也是义门郑氏累世同居共财的重要原因。明代旌表的累世同居家庭主要是六世以上同居者。明天顺元年(1457)曾颁诏："民间同居共爨五世以上乡党称其孝友者，有司取勘以闻，即为旌表。"②像义门郑氏九世同居者，颇受朝廷重视。

义门郑氏的宗族制度完备。该宗族在族长之外设有宗子，宗子只管祭祖，由嫡长子担任，是宗族的象征，族长则负责宗族管理。浦江义门郑氏的《郑氏规范》中规定：世袭嫡长子为宗子，"上奉祖考，下壹宗族"，公众另推选众望所归的长辈担任家长，"总治一家大小之务，凡事令子弟分掌"。郑氏义门于宋元九世同居，族人出了五服，所谓"家长"实际上就是族长。而且像郑氏这样的大家族，仅有家长管理族务是不够的，因此该族又设了其他辅助人员，形成了完整的组织结构，其中典事、监视、掌门户与家长一样由推举产生，负责族中最重要的工作，有一定的决策权，其他辅助人员由家长指派，这套组织类似宗族的朝廷。像这样完整的组织颇具典型性。

此外，义门郑氏私塾族学也很著名。元代的宗族学校较盛，浙江是宗族学校集中的地区，浦江义门郑氏元初有东明精舍，由郑氏家族第五代祖郑德璋创办，他曾任青田县尉，重视子弟的培养，因厌家居丛纷，病子孙失学，于是在离家一里许的东明山上创建宗族学校——东明精舍。规定年满 16 岁的郑氏子弟，前往读书受业。至元中叶，郑德璋之子郑文融鉴于精舍狭隘，不敷所用，所招学生也仅限本族子弟，于是在原来的基础上扩建，成为粗具规模的一所乡里小学。关于精舍的布局，宋濂在《东明山精舍壁记》中叙述甚详："前为荣，而后为寝，

---

① 嘉靖《浦江志略》卷七《孝友》。

② 万历《大明会典》卷七九《礼·旌表》，1254 页，扬州，江苏广陵古籍刻印社，1989。

寝之东西分为四斋，斋之名，其西曰成性，曰四勿；其东曰继善，曰九思。东与西户皆相向，其问难之所曰敬轩，其鼓琴之处曰登轩，其退休之室曰游咏轩。……凡为屋二十楹间。”①郑文融还聘请元代著名浦江学者吴莱、柳贯为讲师，元末金华宋濂接替吴莱担任主讲。在元代后期，东明精舍师资甚强，闻名一时。另据《郑氏规范》记载：“子孙自八岁入小学，十二岁出就外傅，十六岁入大学，聘致明师训饬，必以孝弟忠信为主，期底于成。”族学有修业年限的规定。《郑氏规范》要求：“若年至二十一岁其业无所成就者，令习治家理财，向学有进者不拘。”可知东明精舍系两级教育的高级阶段——大学，可能族内另设小学起蒙。东明精舍聘有名师主讲，规模较大，实际上相当于书院，故至清代乾隆年间，郑氏宗族学校重建，并更名为东明书院。宗族兴办的书院是书院中的一种类型，如果说书院是中国历史上出现的重要教育制度，那么，这一教育制度也打上了宗族文化的烙印。

二、族规典范

义门类宗族规范最为完备的，当数浙江浦江郑氏的《郑氏规范》。据明初宋濂《郑氏规范序》可知，郑氏宗族自南宋建炎初至明初已同居十世，历 260 余年，六世孙郑文融于元代立族规 58 则，是为前录。元末七世孙郑钦、郑铉又补充后录 70 则，续录 92 则。明初八世孙郑涛等“同加损益，而合于一，闻诸父之训曾而未登载者，因增入之，总为一百六十八则”。这就是现存于《学海类编》的《郑氏规范》。② 可知，该规范形成于元代，又受到明初社会的一些影响。

现存《郑氏规范》依其主要内容和前后顺序，大致可以分为十类。

第一类，祠墓及祭祀制度，计 11 条。1 至 6 条讲祠堂制度。涉及祠堂的性质和任务(第 1 条)，严肃对待时祭与忌辰(第 2 条)，祠堂的保管(第 3 条)，祭祀以诚(第 4 条)，保持祭田(第 5 条)，入祠堂的仪

---

① 见汪根年、毛策：《东明书院考述》，载《浙江师范大学学报》，1986(1)。

② 见(清)曹溶辑，陶樾增订：《学海类编》第三册，453～600 页，扬州，江苏广陵古籍刻印社，1994。又，相比之下，收入《丛书集成初编》九七五卷的《郑氏规范》错误较多，并非善本。

态(第 6 条)。8 至 9 条讲坟墓，规定岁节及寒食、十月朔为展省之期，保护好近茔竹木、庵宇等坟产(第 8 条)，为年远坟茔益土作石刻标志(第 9 条)。第 10、11、12 条讲祠堂睦族活动。规定始迁祖诞辰日作明谱会，“令子弟诵谱图一过”(第 10 条)，朔望谒祠堂毕，唱训诫韵语，然后复令弟子讲一个孝悌故事。

第二类，宗子、家长制度，计 10 条。宗子制见第 7 条，规定：“宗子上壹祖考，下壹宗族，家长当极力教养，若其不孝，当遵横渠张子之说，择次贤者易之。”其次是家长任免事宜，规定家长为家族最高行政长官，须谨守礼法(第 13 条)，族众有向家长进谏和以次者佐之之类(第 14 条)，家长应以诚待下，重身教，临事毋昧，更须以量容人(第 15 条)。最后是家长与主要的宗族事务，主要是第 16 至 21 条。家长负责封藏产业文券(第 16 条)，有权禁止族人置私产(第 17 条)，惩治子孙赌博及一应违反礼法之事(第 18 条)。预筹备荒事宜(第 19 条)，朔望二日检查族务，惩责犯有不良行为者(第 20 条)。检查内外屋宇大小修造工役(第 21 条)。

第三类，子孙分管族务的组织化管理制度，第 22 至 34、36 至 65 条，计 43 条。规定每岁掌事子弟的交代事宜(第 22 条)。设典事二人，协助家长处理族务(第 23 条)，每晚商议并制定每半月公布族务日程(第 24 条)。设一人监视诸事(第 25 条)，并定有监试理事的仪式(第 26 条)，监试职在监视、纠正一家之是非，对上要力谏，对下要严责(第 27 条)，监视掌劝惩簿(第 28 条)，置劝惩牌(第 29 条)，设主记一人，掌族中财务(第 30 条)。选老成有知虑者，通掌门户之事(第 31 条)，子孙当选掌门户者轮去州里“练达世故”(第 32 条)，增拓产业必须与掌门户者商议(第 33 条)。凡置产即时书于受产簿，不可侵人利己(第 34 条)。每年中命工人掌管新事，所掌收放钱数之额，命二人掌管旧事，所掌冠婚丧祭及饮食之类(第 36 条)，新旧管轮当(第 37 条)，皆置簿管理，掌每日支出(第 38 条)，新管置总租簿，记一年置田和租谷事宜(第 39 条)，新管所管谷麦总数报于主记，置税赋簿等(第 40 条)，新管所管谷麦要保管好(第 41 条)，新管将佃户所交折租记簿(第 42 条)，新管将荒芜及坍江土地及时书簿(第 43 条)，族田之租不可增租，也不能逋租(第 44 条)，正租外不可收加租(第 45 条)。旧管安排邻族分岁之饮(除夕之宴，第 46 条)，60 岁以上者的小灶(47 条)，监督新管簿书账目(第 48 条)。监视同新旧管才干优长可留任(第 49 条)。设羞服长一人，掌男女衣资(第 50 条)，并定有男子给衣之制(第 51 条)和女子给衣之制(第 52 条)，给诸女子鞋料、油泽、脂粉、针花等(第 53 条)，负责各房染段事宜(第 54 条)，羞服长责任重大(第 55 条)。设掌膳二人，以供家众膳食之事(第 56 条)。择二人掌钱货(第 57 条)，择二人掌营运事(第 58 条)，家长有权惩治理财不善者(第 59 条)。委人启肆(第 60 条)，一人掌畜牧树艺(第 61 条)。设知宾二人负责接待宾客(第 62 条)，要汇报家长，待人以诚(63 条)。会聚之事(第 64 条)。亲姻馈送规定(第 65 条)。

第四类，人生仪礼，计 20 条。第 66 条至 70 条为冠礼，规定未冠者不许食肉(第 66 条)，未冠者不许称字(67 条)，能背诵四书或一经者可先行 16 岁冠礼，否则 21 岁行礼(第 68 条)，冠礼请有德者行之(第 69 条)，已冠而习学者，若学习不好，可以去巾等以示惩罚(第 70 条)，妇及笄礼(第 71 条)。第 72 条至 82 条为婚姻规定，婚姻之仪遵《文公家礼》(第 72 条)，择偶须选温良有家法者(第 73 条)，设嘉礼庄提供婚嫁费(第 74 条)，娶妇不得铺张，行回门礼(第 75 条)，娶妇三日行庙见礼，受《家规》和房扁(第 76 条)，子孙当娶时受深衣(第 77 条)，置妾规定(第 78 条)，女子议亲须谋于众(第 79 条)，女适人首生外孙给满月之礼(第 80 条)，甥婿初见只有公堂给礼物(第 81 条)，姻家初见之礼(第 82 条)。第 83 条至 85 条多为丧礼，丧礼遵文公《家礼》(第 83 条)，临丧不得惑于阴阳(第 84 条)，丧事不得用乐及饮酒食肉(第 85 条)。

第五类，出仕规定，计 3 条。资助出仕者，要求其勤政、谦虚(第 86 条)，为政当报国恤民，俸禄有余则交公(第 87 条)，出仕不法者，谱图削名(第 88 条)。

第六类，兴义举，分族内和乡邻里党两部分，计 13 条。第 89 至 96 条为义举，计 8 条。族人当互助(第 89 条)，兴办义学(第 90 条)，义冢葬族人(第 91 条)，义冢葬乡人委子孙者(第 92 条)，宗人无子择亲近者继嗣(第 93 条)，资助无衾与絮者(第 94 条)，建义祠奉族人无后者(第 95 条)，立春行会族礼(第 96 条)。

里党义举为第 97 至 101 条，计 5 条。出借缺食里党谷，给产子之家助粥谷(第 97 条)，向邻族施药(第 98 条)，修桥补路(第 99 条)，不受里党相赠(第 100 条)，令监试置推仁簿登载拯救宗族里党事宜(第 101 条)。

第七类，男人做人行事规范，第 101 条至 136 条，计 36 条。其中第 101 至 108 条是子孙与尊长关系方面的规定，涉及称谓、坐位、子孙听命于尊长等内容，也有尊长对子孙的态度的要求。

第 109 至 114 条是子孙的行为规范。有早起、饮食、言语、应对、仪态、观书、交结、职业等内容。

第 115 至 120 条为族内教育规定，有广储书籍、迎礼法之士、学前教育、学龄、出就外傅、为学宗旨等内容。

第 121 至 122 条为子孙衣饰和饮酒的规定。

第 123 至 124 条要求和待乡里、粜米乞食之乡邻。

第 125 至 136 条为子孙宜禁之事。涉及淫祀、异端祠宇、纤巧之物、炫奇斗胜、引进倡优、器用制造、俗乐、棋枰、双陆、词曲、虫鸟、畜养、飞鹰猎犬、私受、私造饮馔。

第八类，宗族事务，第 137 至 144 条，计 8 条。内容是：父母、舅姑生日之礼，寿辰不宴无送礼，家中燕享男女有别，公堂为各房总买用度杂物，延良医以救家众之疾，轮流看守居室，设一人防火，旱时防灌等。

第九类，对女子的要求，第 145 至 167 条，计 23 条。对诸妇总的要求安详恭敬(第 145 条)，不得说脏话予外事(第 146 条)，诸妇初来半年习郑氏家礼(第 147 条)，初来一月外许用便服(第 148 条)，服饰要雅洁，50 岁以内不许饮酒(第 149 条)，家长量给器物(第 150 条)，诸妇主馈(第 151 条)，诸妇之作，聚处为一(第 152 条)，主母必须是正室(第 153 条)，诸妇分房蓄蚕(第 154 条)，治丝绵(第 155 条)，治布(第 156 条)，育子亲乳(第 157 条)，育子不受邻礼(第 158 条)，诸妇二亲在可以归宁，二亲亡则不可(第 159 条)，除至亲外不许相见(第

160条），不许宗族与僧道往来（第161条），朔望后一日听《列女传》（第162条），不许溺女（第163条），8岁不许到外家（第164条），少母只可受自己子孙跪拜（第165条），男女不同厕，不同浴，春冬十日一浴，夏秋不拘（第166条），诸妇理发不用理发匠（第167条）。

第十类，不可纵庄奴来往（第168条）。

《郑氏规范》的指导思想来源于宋儒改造社会的理想。北宋中叶的理学家张载（1020—1077）最早提出了重建宗族制度的设想。他主张："管摄天下人心，收宗族，厚风俗，使人不忘本，须是明谱系世族与立宗子法。"①张载主张的"明谱系世族与立宗子法"两个收宗族的办法均为浦江郑氏所采纳。《郑氏规范》第7条有关宗子的规定说：宗子不肖，"当遵横渠张子之说，择次贤者易之"。说明该条吸收了张载的"立宗子法"。第10条规定始迁祖诞辰日作明谱会，"令子弟诵谱图一过"，则是张载"明谱系世族"的运用。

儒家文化的重要体现是礼制，宋以后《家礼》是其集大成的代表，反映了朱熹的理学思想，对宗族规范影响甚大。就《郑氏规范》来讲，其第1条祠堂仪制，第8条坟茔之制，第69条冠礼，第72条婚姻仪式，第83条丧礼仪式都标明"遵文公《家礼》"，可见是参酌朱熹《家礼》而定。

《郑氏规范》也参考了著名义门的家法。族规家训的形成和完善伴随着宗族制度的发展，大致来说，训、诫（戒）源远流长，在宋代以前已有相当发展，族规则主要是宋代以后特别是明清时期形成并普及的。说起家训，中国历史上最负盛名的是北齐颜之推所著《颜氏家训》，值得注意的是唐代"家训"向"家法"的演变，家法更带有强制性。唐代具有族规意味的是《陈氏家法》。南唐时代，陈氏已七世同居，内外二百口，被朝廷旌表为义门。唐昭宗大顺元年（890）陈崇制订《陈氏家法》33条。该家法至今保存在道光二十七年（1847）刊《义门陈氏大成宗谱》卷首，至为珍贵。《陈氏家法》的基本内容是：组织化管理，集体生活，

---

① （宋）张载：《经学理窟·宗法》，见《张载集》，258页，北京，中华书局，1978。

家族私法。义门陈氏主要通过不同程度的杖罚实行私法。义门陈氏自制定家法起，至北宋真宗咸平三年(1000)，人口增至2478口，仍维持同居生活，可见其“家法”是行之有效的，因而也受到朝廷的格外重视，将《陈氏家法》送至史馆缮写，分赐各王公之家。① 将《郑氏规范》与《陈氏家法》比较，有理由相信，义门郑氏制定本家族规范时，参考了义门陈氏的家法。

陆九韶家族的家法也很有名。陆氏自陆德迁由江苏吴县迁至江西抚州金溪县已十世二百年，合门三千余口，共居同炊。德迁的祖父陆希声是唐昭宗时代的宰相，陆氏在德迁的六世孙陆九渊时代成为著名义门。淳祐二年(1242)曾被朝廷旌表。陆氏家法分大纲和小纪两部分，“大纲则有正本制用，上下凡四条，其小纪则有家规，凡十八条。本末具举，大小无遗，虽下至鼓磬聚会之声，莫不各有品节，且为歌以警戒之机焉”②。陆氏家规今已无存，不过南宋罗大经留下一些记载。主要内容一是家族组织，二是吃饭问题，三是接待宾客，四是早晨的礼仪，五是子弟犯错误的惩罚，六是每天早晨朗诵陆九韶的训诫韵语。比较《郑氏规范》与《陆氏家法》有很相像的部分，如陆九韶的训诫韵语：

> 晨揖，击鼓三叠，子弟一人唱云：“听听听听听听听，劳我以生无理定。若还惰懒必饥寒，莫到饥寒方怨命。虚空自有神明听。”又唱云：“听听听听听听听，衣食生身天付定。酒肉贪多折人寿，经营太甚违天命。定定定定定定定。”又唱云：“听听听听听听听，好将孝悌酬身命。更将勤俭答天心，莫把妄思损真性。定定定定定定定，早猛省。”食后会茶，击磬三声，子弟一人唱云：“凡闻声，须有省，照自心，察前境，若方驰骛速回光，悟得昨非由一顷，昔人五观一时领。”

① 许怀林：《“江州义门”与陈氏家法》，见邓广铭、漆侠等主编：《宋史研究集》，石家庄，河北教育出版社，1989。

② (宋)罗大经：《鹤林玉露》卷五《陆氏义门》。

四段唱词的核心是强调天理主宰一切，人欲不得膨胀①。

再看《郑氏规范》第 11 条的规定：

> 朔、望家长率众参谒祠堂毕，出坐堂上，男女分坐堂下。击鼓二十四声，令子弟一人唱云："听听听，凡为子弟者，必孝其亲。为妻者，必敬其夫。为兄者，必爱其弟。为弟者，必恭其兄。听听听，毋徇私以妨大义，毋怠惰以荒厥事，毋纵奢以干天刑，毋用妇言，以间和气，毋为横非，以扰门庭，毋耽曲蘖，以乱厥性。有一于此，既损尔德，复堕尔胤。眷兹祖训，实系废兴。言之再三，尔宜深戒。听听听。"众皆一揖，分东西行而坐。复令子弟敬诵孝弟故实一过，会揖而退。

两相比较，形式何其相似乃尔。

《郑氏规范》作为士大夫实现儒家理想的社会实践，改造了社会，改变了郑氏族人的日常生活，对于后世影响深远。

三、社会影响

《郑氏规范》体现了儒家文化的价值，符合古代国家的意识形态，被官府与士大夫所倡导。《郑氏规范》受到推崇，首先与明初文臣之首的宋濂有关。元末明初时代，宋濂倡导宗族睦族。浙东金华府浦江县则是其重要的实践者。宋濂与义门郑氏过从甚密，宋濂的宗族思想也特别表现在推崇义门方面。宋濂本是金华县潜溪人，元(后)至元元年(1335)慕义门郑氏家风淳厚，追随其师吴莱至浦江，求学郑氏东明精舍，并于至正六年(1346)迁居浦江，多年主讲东明书院。宋濂与郑氏义门为邻，他学于斯，教于斯，在浦江形成并传播了他的宗族思想。郑氏义居始于南宋，元至大四年(1311)首次被政府旌表为孝义门，(后)至元年间是郑氏义门宗族制度化的重要时期，(后)至元三年(1337)郑钦首建宗祠，翌年郑文融初定家规 58 则，此后又续订为 92 则，增订为 168 则。宋濂目睹了郑氏义门宗族制度化的过程，尤其是

① 许怀林：《陆九渊家族及其家规述评》，载《江西师范大学学报》，1989(2)。

最后形成的《郑氏规范》，经过了宋濂的审订。

宋濂的宗族思想以西周宗法社会的“先王之制”为指导，把化同姓之亲即治理宗族作为美天下之俗——治国的途径，而化同姓之亲的具体办法主要是教化宗族，将族人的行为纳入儒家以孝为中心的伦理规范，其主张实际是修身、齐家、治国、平天下伦理政治理论在宗族中的运用，归根结底是要以孝治天下。在宋濂看来，义门是化同姓之亲的楷模。宋濂也非常重视宗族制度的建设，他参与宗族规范的制订就是证明。修族谱、建宗祠在化同姓之亲中也占有重要地位。《郑氏规范》中祠堂祭祖和教化方面规定，朔望参拜祠堂完毕，举行训诲子弟的仪式，强化对族中子、妻、弟行为规范的伦理要求。义门郑氏的祠堂活动与《郑氏规范》的要求和宋濂设计的方案很相似，可见宋濂与郑氏义门在族治思想方面的互动关系。①

洪武朝讨论乡治时涉及《郑氏规范》的推广问题。解缙，吉水人，洪武二十一年(1388)举进士，授中书庶吉士，受到朱元璋的器重。他曾向朱元璋建议：“古者善恶，乡邻必记。今虽有申明旌善之举，而无党庠乡学之规，互知之法虽严，训告之方未备。臣欲求古人治家之礼，睦邻之法，若古蓝田吕氏之《乡约》，今义门郑氏之《家范》，布之天下。世家大族，率先以劝，旌之复之，为民表帅，将见作新于变，至于比屋可封不难矣。”②解缙对于义门郑氏《家范》极为推崇，他的主张虽然未被直接采纳，但使朱元璋了解到士大夫的主张，甚至会对皇帝产生影响。

明初重臣杨士奇也重视义门郑氏家范，他为江西乐平《虞氏家范》作序，探讨家教之于故家的关系，认为：“夫所重乎故家者，谓世有德善其一家之间，父子兄弟夫妇长幼戚疏各敦其道，雍雍乎和也，肃肃

---

① 常建华：《试论宋濂的宗族思想》，《东洋学研究》第四辑，韩国·东洋学研究会(庆熙大学)，1998；收入常建华：《明代宗族研究》第八章，上海，上海人民出版社，2005。

② (明)张廷玉等撰：《明史》卷一四七《解缙》，4117页，北京，中华书局，1974；(明)解缙：《文毅集》卷一《大庖西封事》《太平十事》，《四库全书》第1236册，602、604页，台北，台湾“商务印书馆”，1986。

乎敬也，秩秩乎无相逾也。上历高曾，下暨曾玄，暨十数世传续不已，此可为故家。而岂徒富贵之谓哉！……二百年来世推浦江郑氏雍睦之行无异词者，盖其感化之有自，防范之有作，不然何以其能行之久而不隳欤！今观乐平《虞氏家范》，其有闻浦江郑氏之风而兴者欤！"①杨士奇推许《郑氏规范》可以感化、规诫家族成员，培养世德，保持世家，是"雍睦"即和谐的典型，并赞扬《虞氏家范》有浦江郑氏之风。

民间及地方官借鉴《郑氏规范》的事例还有，明初曹端著《家规辑略》25条内容中，有17条辑自《郑氏规范》②。山西潞安仇氏于"正德五年乃立家范，举行吕氏乡约，愿遵约得二百六十余家焉"③。仇时表与其兄是主要议行者，仇时淳身领约事三十余年。其家范斟酌司马光《家仪》、朱熹《家礼》、浦江义门郑氏《旌义编》三书而损益之。④ 并建有祠堂，"又拨常稔田一百五十亩，别蓄其租，专充祭祀之费，复戒子孙永远保守，有言质鬻者以不孝论"⑤。

徽州府祁门县奇峰郑氏在正德末年加强宗族的制度化建设，参考了浦江义门郑氏做法。奇峰郑氏旧有家庙，元季毁于兵燹。正德十二年(1517)建成新祠一本堂，祭祀始祖唐司徒公。而且"堂有规，大率视义门郑氏之旧而损益焉"⑥。该"堂规数十条，约束合族人心，推举耆德三人名为族老，公理一族巨细事情"⑦。奇峰郑氏建祠后参照义门郑

① (明)杨士奇：《东里续集》卷十五《虞氏家范序》，《四库全书》第1238册，558页。

② (明)曹端：《曹月川先生集·杂著》。

③ (明)吕柟：《泾野先生文集》卷二九《明义官仇君时淳墓志铭》，《四库全书存目丛书》集部第61册，369页，济南，齐鲁书社，1997。

④ (明)何瑭：《柏斋集》卷五《上党仇氏家范序》，《四库全书》第1266册，537页。

⑤ (明)何瑭：《柏斋集》卷七《仇氏祭田记》，《四库全书》第1266册，572～573页。

⑥ 《奇峰郑氏本宗谱》卷四《祁门奇峰郑氏祠堂记》，该谱一册，明祁门郑岳修，嘉靖四十五年歙县黄镒刊本，安徽省图书馆藏。

⑦ 《奇峰郑氏本宗谱》卷四《一本祠府县帖文》。

氏规范制定堂规，选举族老，宗族组织化。①

明嘉靖、万历之间，江苏镇江人官员姜宝曾仿浦江郑氏著《家矩》二十条。姜宝曾奏请朝廷为义田立案存照并批准家规，他说："臣初入仕时，念臣族生齿日繁，人多散处，责望其谨饬为难，曾建祠一所，置田四百亩，供办祭祀，于祠前厅事内，设圣谕牌位，上书太祖高皇帝《教民榜文》，及仿浦江郑氏著有《家矩》二十条，先正《吕氏乡约》六条，每月朔召集有众，会讲其中，今已二十余年矣。"②姜宝所著《家矩》仿照《郑氏规范》。万历初姜宝等又置义田千亩，请求国家立案给帖，奏疏称："谨将田地顷亩数目册子一样三本，并以所立家规告送户部，优望圣慈矜悯臣愚，敕下该部查议，印给二本，发去镇江、常州二府，转发所属该县当官存照，一本并家规给与臣家守执……倘有内外人侵占争夺，及子孙关支义米等项，而故有违犯者，照祠规谕处责罚，倘有不从，许告所在官司，断理禁治，庶家法之行，永赖国法。"③文中家规即祠规，用以管理义田等，得到了官府的批准。

值得注意的是，义门郑氏的祠堂祭祖制度有特色，因此被其他一些宗族仿照。休宁兖山汪氏，在弘治元年(1488)重建先祠成，"其中专奉越国公，高曾祖祢左右序列于上，诸旁亲之主左右序列于旁，限以重门，缭以周垣，凡神厨祭器库之类悉以如式"。程敏政向汪氏族人询问"立祠之义"，回答说："窃闻吾乡之先有陈定宇氏，一时巨儒，其上世本唐鬲山府君之后，陈氏祠寔中祀之。吾之所以主祀越公者，本定宇意也。又闻浙之浦江有义门郑氏累世同居，其先祠并祀伯叔群从男女之主，上之人尝旌其门，下其家范以风四方，吾之所以建祀旁亲者，用郑氏例也。其余一遵朱子《家礼》与国朝颁行之定式，并行而莫敢戾焉。"④陈定宇，即陈栎，元代徽州学者，主张祭祀始祖，影响到兖山

① 常建华：《明代宗族研究》，264页、336～338页。

② 《古今图书集成》卷一〇二《请建立义田疏》。

③ 《古今图书集成》卷一〇二《请建立义田疏》。

④ (明)程敏政：《篁墩文集》卷一六《兖山汪氏重建祠堂记》，《四库全书》第1252册，284页。

汪氏，而充山汪氏祭祀旁支祖先，则是参照义门郑氏。

地方官也推荐民间仿效义门郑氏设立祠堂。福建邵武府建宁县旧俗“祠堂不立，神主止设纸轴，书昭穆香火数字，甚至惑异端，刻观音、祖师像以祀。嘉靖二十三年，知县何孟伦深耻流俗失尚，思欲返而还之，以为古礼不复则敝俗不革，乃制谕俗文。首先申明使之敦厚伦理，次率士夫家举行冠婚礼……家堂之祭，准以文公《家礼》，参酌浦江郑氏，刊为图式，家喻户晓”①。何知县倡导的家堂，以朱子祠堂之制为主，同时也参酌了浦江郑氏。

总之，浦江义门郑氏影响了后世建祠祭祖，设立族规，对于宗族聚族而居进行宗族建设有很大的借鉴作用。

四、结论

在中国历史上，最具盛名的义门有唐宋时期的江州陈氏、宋代的抚州陆氏、元明之际的浦江郑氏等，这些义门不仅由于累世同居，更重要的是流传下来的家族法规产生了深远的历史影响。《郑氏规范》吸收了江州陈氏家法、抚州陆氏家规管理同居大家庭的经验，并加以完善，条例众多，巨细靡遗。特别是提出了祠堂族长族权的设置办法，使得义门宗族组织化，《郑氏规范》实际上演变成为族规。

明代以前家族规范多以“家训”命名，除个别义门宗族外，一般宗族制定族规者很少，而嘉靖以后订立或修订宗族规范名称中，以各种“规”为多，新名称的大量出现表明，以往主要针对家庭的劝诱性质的训语，至明代中后期演变为主要针对宗族的规约，嘉靖、万历之际族规的出现是宗族发展并组织化与制度化的产物。②

浦江郑氏义门及其《郑氏规范》在明代受到士大夫与官府的倡导，给予社会深刻的影响。在唐宋时期义门家法、家规与明代嘉靖、万历时期族规的出现之间，《郑氏规范》作为早期宗族性的规范，起到了承上启下的作用，开宋以后宗族制订族规进行宗族建设之先河，改变了宗族的日常生活。

---

① 嘉靖《建宁县志》卷一《地理·风俗》。

② 常建华：《明代宗族研究》第七章“明代族规的兴起”。

第二节 儒家文明与社会现实：明代霍韬《家训》的历史定位

在明代历史上，霍韬官至礼部尚书，以嘉靖年间“议大礼”中支持世宗而闻名，清修《明史》为其立传；在广东的历史上，南海人霍韬的宗族与地方文化建设引人注目，其所作《霍渭厓家训》流传于世。学人对于霍韬的研究也大致上分以上两个方面进行。《霍渭厓家训》作为研究明代广东社会经济史特别是宗族史的重要资料，早已引起学人的重视，不过作为“家训”的专门研究尚属薄弱环节。

霍韬制订家训及其实践，与霍韬的家族在南海西樵山的活动有关，也可以说是西樵文化的重要组成部分。

一、霍韬《家训》制订的过程与基本内容

霍韬(1487—1540)，字渭先，始号兀厓，后改渭厓，南海县石头乡(今佛山市南海区)人，生于明成化二十三年(1487)，霍韬曾在广州光孝寺读书，成绩优异。期满归里，准备科考。正德八年(1513)中举，九年联捷会元，并中进士。引例归乡成婚，读书西樵山，与在此讲学的湛若水、方献夫切磋学问，经史淹洽。世宗即位，任职方主事。嘉靖六年(1527)，为经筵日讲，撰《古今政要》《诗书直解》以进，迁詹事兼翰林学士。七年四月，进礼部右侍郎，六月“大礼”成，超拜礼部尚书，掌詹事府事，霍韬为表明非图名誉，固辞不受。① 十二年，历吏部左、右侍郎，后出为南京礼部尚书。十六年以议大礼得宠，十八年，命以太子少保、礼部尚书协掌詹事府事。霍韬于定礼制、移风俗多有建白。十九年(1540)卒于官，赠太子太保，谥文敏。有《诗经解》《象山学辨》《程朱训释》《霍氏家乘》《渭厓文集》《西汉笔评》等。霍韬卒后，葬广东省增城县。②

---

① 《明史》卷一九七《霍韬传》。

② 有关霍韬的主要事迹，可参考郑克晟：《霍韬的政治主张和经济思想》，见广东历史学会编：《明清广东社会经济形态研究》，165～169页，广州，广东人民出版社，1985。

霍韬所撰《家训》，实际上有不同的系统。一个是《霍渭厓家训》单行一卷本，嘉靖八年(1529)序，收入《涵芬楼秘笈》第二集，商务印书馆于1916年据汲古阁精钞本影印，该书开篇是“家训提纲”，有四条内容，接着是“合爨之图”，再接着是自题短序两篇，均有残，下面是正文“家训”，计有田圃、仓箱、货殖、赋役、衣布、酒醋、膳食、冠婚、丧祭、器用、子侄、蒙规、汇训上、汇训下十四篇，此后是“附录”三篇，即“祠堂事例第一”“社学事例第二”“四峰书院事例第三”，最后是嘉靖八年丹阳孙育跋与1916年无锡孙毓修跋两篇。

另一个系统是霍韬子与瑕万历四年(1576)所刊《渭厓文集》本家训，北京大学藏，收入《四库全书存目丛书》集部第68～69册。《渭厓文集》卷十收入的霍渭厓家训分为《家训前编》与《家训续编》两个部分，《家训前编》大致上是单刻《霍渭厓家训》的大纲，有序，无“家训提纲”，正文缺第十四汇训下，无附录与跋文。其中“田圃第一”下说明“只列其纲而已，目详见家训”，所指当是《霍渭厓家训》的单刻本。也不尽然，“蒙规第十二”下的说明则是“全录”，这或许是文集在节约篇幅的情况下，仍然表示对于“蒙规”的重视。《家训续编》有“序”，讲到庚寅(嘉靖九年，1530)之岁著《家训》一编，当是指刊刻的年代，霍韬认为该书“大概防检之式多，诲谕之意少也”。于是在丙申之冬(嘉靖十五年，1536)到南京后著《续训》十六篇。续训的篇目是雍睦、友爱上、友爱下、敦睦、家教、婚娶、子弟、子侄、俭德、慎德、嗣世、世载秽德、奕世儒宗、奕世清德、阴骘、先德。

因此，研究霍韬所撰《家训》①，以上两个系统缺一不可，以往的相关论述往往偏重于流行的单刻本《霍渭厓家训》，其实只相当于霍韬所撰“家训前编”，应当给予“家训续编”较多关注。

至此，我们将霍韬所撰“家训”过程做一小结。据“家训前编”序言说，“先是，正德丁卯，尝著训凡二十篇”，“今删润凡十四篇”，可知正德二年(1507)霍韬已经著有二十篇家训，嘉靖八年(1529)删改、润

① 本书以《家训》指代霍韬所作家训，包括单刻的《霍渭厓家训》与《渭厓文集》中的《家训前编》《家训续编》。

饰为十四篇。“家训”从成稿到定稿历时二十二年之久，经历了一个不断修改的过程。成稿时的正德二年，霍韬还是个21岁的生员，可见其从年轻时就致力于家族建设。而嘉靖十五年(1536)时的霍韬则已经是50岁的高级官员，所成的“家训续编”反映了他更加成熟的思想。总括起来，霍韬从20岁到50岁的大半生一直热心于制订并完善“家训”。

二、霍韬《家训》保家的核心思想

《家训前编》的“序”反映出霍韬制订家训的核心思想。该序指出：

> 先是，正德丁卯，尝著训凡二十篇，将以保家也。今删润凡十四篇，兄弟子孙世慎守焉，将永保家也。附录三篇，家之推也。於戏！立家极难，败家极易。祖考当为其难矣。兄弟子孙毋为其易也哉。念哉念哉，保尔家哉。嘉靖八年己丑仲冬朔八日韬题。

显而易见，霍韬将“保家”作为制订家训的目的，在霍韬看来，“立家极难，败家极易”，兄弟子孙世慎守家训，“将永保家”。

由于《家训前编》重在“防检之式”，对于“保家”只有个别专门论述，如“器用第十”指出：“器以利用，有家之常，上下之杀，礼所生也。昔舜为漆器，谏者二十人，纣为象箸，卒以覆败。帝王器用犹不敢侈，古之道也。况于庶民乎。欲恒保家，朴雅是宜。”即反对违礼逾制，以物质生活“朴雅”来保家。再如“蒙规第十二”说：“家之兴由子弟之贤，子弟之贤由乎蒙养。蒙养以正，岂曰保家，亦以作圣。”将教育子弟作为保家的保证。

《家训续编》则重在“诲谕之意”，关于如何保家，讲了不少的道理。霍韬以同居共爨的义门作为追求保家的目标，这自然需要治家才能实现。“雍睦第一”是霍韬这种追求最集中的体现，在引用了张公艺九世同居，北齐隋唐皆旌其门，睦族之道在于族人能忍这一故事后，霍韬议论道：“忍字固处家要道，家众相聚，是非得失，苟不相忍，乖争之祸所由起，而家之所由离析也。是故家众保家，以忍为上，若家长治家，是非曲直宜断之理，而裁之义，否则丽之法而闻之官，治之刑典，家乃齐肃，是故忍也者，为家众言也。”将家众能忍，家长治家作为保家之道。

治家需要“家法”，而家法有影响力还在于有人贯彻。霍韬引用了北宋司马光的说法：“国朝公卿能守家法久而不衰者，唯故李相家子孙数世至二百余口犹同居共爨，田园邸舍所收及有官者俸禄皆聚之一库，计口日给饷，婚姻丧葬所费皆有常数，分命子弟掌其事，其规模大抵出于翰林学士宗谔所制也。”①于是发出感想：“保家之善，在有官俸禄不入私室，又在冠婚丧葬皆有常数，又在子弟各掌其事，子弟不肯掌事虽有家法，孰与守?”有官俸用于族务，宗族礼仪有保障，子弟热心族务，执行家法，才能保好家。

司马光对家长提出了要求：“凡为家长，必谨守礼法，以御群子弟及家众，分之以职，授之以事，而责其成功，制财用之，节量入以为出，称家之有无，以给上下之衣食及吉凶之费，皆有品节，莫不均一，裁省冗费，禁止奢华，常须销存赢余，以备不虞。”②霍韬将此概括出家长治家之本、之法、之要务，他说：“此家长治家之常规，而卑幼所宜日禀命者也。守礼法以御子弟，治家之本也；量入为出，费有节制，治家之法也；裁省冗费，禁止奢华，治家之要务也。保家者不可一日不讲焉者也。”

既然以礼法御子弟为治家之本，浙江浦江义门郑氏成为霍氏的楷模。霍韬引用了《郑氏家训》③，接着作了评论：“此郑氏朔望训词也。子弟能句句省念，真可保身保家族矣。又曰古礼男女同谒祠堂，我家男女分内外不混谒，惟命子弟二人监礼。”由此可见，霍韬制订家训，在于抓住治家之本。

家训旨在教育子弟，要求子弟严格要求自己、恪守立法必不可少。“子弟第七”说：“家之兴替，由子弟贤愚。柳氏、邵氏、张氏、诸葛氏

① 按：此语出自司马光《家范》第一卷《治家》。

② 按：司马光《居家杂仪》首段文字，《居家杂仪》收入朱熹《家礼》卷一。

③ 霍韬所引即《郑氏规范》第11条。又，刊刻《涵芬楼秘笈》的孙毓修为《霍渭厓家训》所作跋语中提到：“今观其家训，敬宗收族，有象山义门之风。”看到了《霍渭厓家训》与象山先生陆九渊陆氏义门的关系。

之言近而切，子弟慎省念，可以保身。”其中柳氏之言是指柳玭戒其子弟：“坏名灾己，辱先丧家，其失尤大者五，宜深志之。”①具体是指：其一自求安逸，靡甘澹泊；其二不知儒术，不悦古道；其三胜己者厌之，佞己者悦之；其四崇好优游，耽嗜曲蘖；其五急于名宦，匿近权要。霍韬强调：“此世家宦养之子弟，恒堕斯坑而不自知，及知而悔，身已在戮矣。易曰：‘君子独立不惧，惟知道可兴。’”语此，又曰：“柳氏五戒，天下万世之通弊，逐句细玩，逐字省察，凡膏粱子弟不堕落其中者盖鲜矣，有家者之欲保家也，常念之哉。”又引邵氏曰：“吉也者，目不观非礼之色，耳不听非礼之违声，口不道非礼之言，足不践非礼之地，人非善不交，物非义不取，亲贤就芝兰，避恶如畏蛇蝎。或曰不谓之吉人，则吾不信也。凶也者，语言诡谲，动止阴险，好利饰非，贪淫乐祸，疾良善如仇隙，犯刑宪如饮食，小则殒身灭性，大则覆宗绝嗣。或曰不谓之凶人，则吾不信也。”②霍韬说：“此死生路要诀也：如上所云而吉也。吉也者，生路头也。如下所云而凶也。凶也者，死路头也。子孙欲保身保家，从其吉而已矣。否则从凶丧身丧家族而已矣。”实际上“从吉”就是走正道、做好人。霍韬认为：“儒术古道皆保身保家之格训也。”还引用了张思叔座右铭：“凡语必忠信，凡行必笃敬，饮食必慎节，字画必楷正，容貌必端庄，衣冠必肃整，步履必安详，居处必正静，作事必谋始，出言必顾行常，德必固持，然诺必重，应见善如己出，见恶如己病，凡此十四事，我皆未深省，书此当坐隅朝夕视为警。”③特别指出：“凡此十四事，上自家长下逮卑幼，皆宜记念，而语必忠信，饮食必慎节，尤养德养身之切务，保家之训矩也。”

子弟的自身修养对于保家不容忽视，笃行与实学是重要的内容。“慎德第十”强调：“保家在子弟，教子弟在实学，学无实力，子弟恃才为奸，败家覆族。”教育子弟务实学是古人治家成功的经验，如司马光

① 按：语出《旧唐书》卷一六五，列传第一一五《柳公绰传》。

② 按：此语出自北宋邵雍《戒子孙》，收入南宋吕祖谦所编北宋诗文总集《皇朝文鉴》。

③ 按：语出朱熹《小学》四。

说："吾无过人者，但平生所为，未尝有不可对人言者耳。"[①]霍韬以为："此慎独之学也。有治家之责者，内对妻子，外对兄弟，宗族乡闾，凡有所行，皆可对人言焉，虽欲不为圣贤之徒，不可得也，况于保家。"再如北宋大儒程颢，人称明道先生，他作字时甚敬，他对人说："非欲字好，即此是学。"[②]霍韬认为："此执事敬之实学也，即此充之，参前倚衡，活泼泼地。"又说："此见明道实学，无一时轻忽，无一事轻忽，充之天下可也，岂只保家。""奕世儒宗第十三"指出："笃行二字保家至训也。"

作为治家之法与要务的节俭、禁奢，自然也很重要。《家训续编》的"序"中强调"昆弟子侄之保家，莫大于俭"，说的就是这个道理。"俭德第九"更专门探讨"俭"的问题，认为："俭德始于保身，中于保家，终于保家族保子孙，至要至切。"俭与勤相连，世人每谓勤俭持家，"子侄第八"中引陶氏语："大禹圣人，乃惜寸阴，至于众人，当惜分阴，岂可逸游荒醉，生无益于时，死无闻于后，是自弃也。"[③]霍韬不无感慨："勤之一字，自卑幼至于老长，自农工至于士大夫，公卿无可不勉者也。有家者恒念勤字，虽欲不保家不可得已，否则虽欲保家不可得已。"

此外，霍韬还有行善积德得天护佑以保家的看法。"阴骘第十五"指出："岁之凶饥出粟赈贫，不幸而死，又为之埋瘗，皆修德积善之实事也。须量力为之，勿以求名，不惟可福子孙，亦可保家族；否则凶饥交迫，盗贼蜂起，虽有粟独得而食诸。"霍韬把赈灾救济作为修德积善之举，强调身为富家应主动调整社会矛盾，才能保障家族安全，阴骘才可有后。霍韬反复举例说明积德有后、积恶绝嗣这个道理。

三、霍韬《家训》的思想来源与现实应对

霍韬《家训》的思想来源于古人治家的传统文化，特别是借鉴了著名家训。北宋司马光的《家范》是霍韬首先借鉴的，霍韬《家训》的形式

---

① 按：语出《宋史》卷三三六，列传第九五《司马光传》。

② 按：语出朱熹《小学》五。

③ 按：语出《晋书》卷六六，列传第三六《陶潜传》。

即模仿《家范》。如《家范》卷首有“纲领”，《霍渭厓家训》开头便是“家训提纲”。《家范·纲领》在引用《周易》《大学》《孝经》《诗经》的名言之后说：“此皆圣人正家以正天下者也。降及后世，爰自卿士以至匹夫，亦有家行隆美可为人法者，今采集以为《家范》。”实际上是自陈体例，司马光在采集了历史上“家行隆美”的事迹后，则发表自己的见解。《家训续编》的编纂也是先引用文史名人言行，然后是霍韬的议论。《家范》卷一是“治家”，《家训续编》的第一篇为“雍睦”，实际上是在谈治家，前面引述过《家训续编》本身就重视引用司马光的言行。《家范》贯穿着儒家修齐治平的精神，而《霍渭厓家训》“足见霍氏的一套由家及乡、由乡及国以至天下的理念”①。霍韬《家训》的核心思想“保家”，也是这种思想的实践。

霍韬《家训》不仅借鉴了北宋司马光的《家范》，还参考了南宋朱熹《家礼》《小学》，元明之际郑文融、郑钦、郑铉等撰，宋濂审定的《郑氏规范》等著名家族规范。而史书如《晋书》《旧唐书》《宋史》等也在参考之列。至于儒家经典更是不在话下。霍韬《家训》旁征博引，议论横生，堪称明代著名家训。

事实上，《霍渭厓家训》更是霍韬应对家族现实的需要。《家训续编》第十六篇“祖德”，讲到霍韬祖先的事迹，从中可以了解到霍韬的家族历史。霍韬的祖先如何来到南海，有两种说法：一说宋靖康时避狄迁于广之南雄郡珠玑巷，一说秦时徙中国民五十万填实南粤，先祖从徙，遂世为南雄人。不过霍韬指出，“二说未知孰是”，没有结论。又说：“宋季年由南雄再谪南海，或曰嬉笑皇姑罪谪迁，或曰匿皇姑罪谪迁，语亦无所于稽。”由南雄迁者兄弟三人，一居石头，就是霍韬这一支石头霍氏。

一世祖讳刚可，元末时长粮运舟至白蛇漩，值漩水起舟覆溺死。奉为大宗始祖，号曰石龙府君，祖妣梁氏，系隔坑梁族。

---

① 叶汉明：《明代中后期岭南的地方社会与家族文化》，载《历史研究》，2000(3)。

二世祖讳议，生明洪武之初，业焙鸭，日得利什佰，遂起家，人称“霍鸭氏”，家文士易称“凫鹜氏”。祖妣黄氏，顺德大都黄族。黄故大族，妣归宁辄数十女妇从，时宅居南向有高屋一座，人曰“高屋霍氏”。是时霍氏从事养殖开始发家。是为霍韬高祖。

三世祖讳玄珍，性放达好酒，以酒疾早卒，祖妣梁氏，大冈梁族。是为霍韬曾祖。

四世祖厚深、厚德、厚一兄弟三人，祖讳厚一，数岁丧父，失学入乡塾，仅三个月，“操毫临砚，一染牍数行不停挥”。正统年间，黄萧养起义，厚一与兄厚深、厚德商议不可从，固召不往。祖妣徐氏，大圃徐族。徐氏曾说：“吾起家值黄贼始定，家业萧条，惟畜牝牛二，牝豕三，岁时孳生，月入牛豕之孩，遂以起家。又曰黄贼始定，我祖昼则鬻布于市，暇则作扇，市取直以起家。”可见黄萧养起义被平定后，霍氏家业萧条，靠繁殖牛豕幼仔出卖以及卖布、作扇重新起家。

五世的霍华，号西庄，资敏达，性宽，不与人校曲直，是为霍韬的父亲。母亲太淑人梁氏，嚅冈梁族。性勤俭，生五子。叔考讳富，号月窓，生活在天顺至弘治年间，据说素负大志，曾经书睦族保家之法，期行之，不幸早卒。从霍韬叔父开始，霍氏开始考虑“睦族保家之法”。霍韬制订家训，或许是继承了叔父的未竟事业。

由上可知，霍韬之前的石头霍氏，属于没有功名的庶民家族，从霍韬开始科举成功，成为大官僚。霍韬 7 个活下来的儿子，都拥有科举功名，二子霍与瑕中进士，最为出众，霍韬的 23 个侄儿中，有 11 人也拥有科举功名。① 从霍韬开始，霍氏向文化家族转变，他讴歌能传家学之族，在于保持自己家族的兴盛。

谆谆告诫子弟无忝厥祖，继承家业是霍韬面临的重要问题。当时霍家因兼并沙田积累家产，地方官龚大稔鼓励百姓揭发霍家，朝中的

① 参见科大卫：《皇帝和祖宗——华南的国家与宗族》，152 页，南京，江苏人民出版社，2009。又，该书第十章为“建设宗族：佛山霍氏”，对霍氏宗族建设多有讨论。

霍韬异常紧张，生怕惹出大的事端。他不断写信给家中，告诫停止有关活动。如他说："今后田土不许经营了，沙田不许再做了，家业不许再增了……如不守家训，子孙不守礼法，将覆败不暇。田业愈多，罪恶愈大……予观各子弟，他年皆不肖，断不能承受许多家业，不知尔兄弟尚经营何为也……今后尔兄弟如再做沙及再增别处田地，我回日俱退了。有引做田人，此处访闻，即送官一百棍打死。今后此处送人出官，尔兄弟不许私下解救，如再解救，我别处行严法处置。勿误，勿误。"①该信要求送到西樵的族学五峰书院宣示，再送到石头老家收贮，"作子孙永鉴"。在另一封信中，霍韬又以地方大族枷死人命，朝臣杨廷和、陈世杰被人揭发减价买田地的事例，告诫家人，并提出要求："我家买田凡减价者，与璞皆与访实，召原主给领原价，勿遗后患，就无后患，亦折子孙，承受不得，为补欠价，知查山中书院递年所收租银，将两年所积，就可补足。如兄弟不听我言，听尔所置之田，自利自保，我绝不肯为此无阴骘子孙，为子孙毒祸，此贴收作家训。"②这些书信中的告诫还被作为家训，可见其教育子孙的重要性。换言之，霍韬《家训》的内容是应对家族事务提出的，来源于生活，有着现实需要。尤其是霍韬要求家族不再增加田产并退还减价所买的田价，防止触犯朝廷的法规，以免覆宗之祸。《家训续编》制订的时间，大致就在写上述家书稍前，确实是为保家采取的措施。

其实霍氏的产业除了农业之外，还有手工业。"凡石湾窑冶，佛山炭铁，登州木植，可以便民同利者，司货者掌之。"③霍氏从事陶冶、铁冶、烧炭、木材等行业，是农商工兼顾的家族。对于已经致富的家族而言，保家提上议事日程，霍韬制订《家训》提倡勤俭，反对奢华，

---

① 《渭厓文集》卷七《家书》，《四库全书存目丛书》集部第69册，173页。又，傅同钦《明清时期的广东沙田》已经指出此点，文载《明清广东社会经济形态研究》，69～70页。

② 《渭厓文集》卷七《家书》，《四库全书存目丛书》集部第69册，177页。

③ 《霍渭厓家训》货殖第三，《涵芬楼秘笈》第二集。又，谭棣华、叶显恩《封建宗法势力对佛山经济的控制及其产生的影响》已经指出此点，文载《明清广东社会经济形态研究》，147页、157页。

防止违礼逾制，与家族经济的发展不无关系。①

霍韬《家训》也是作为宗族制度建设的一环出现的，属于族规家法。石头霍氏在霍韬之前，“仍处于代代分家析产的发展阶段，还没有发展成为一个完备的宗族的组织形态”②。除了家族规训，前面提到霍氏购置的沙田，成为族田的来源，嘉靖四年(1525)正月，霍韬创建了石头霍氏大宗祠。霍氏还建立了由宗子、家长以及田纲领、司货组成的宗族组织。规定：“凡立家长，惟视材贤，不拘年齿，若宗子贤即立宗子为家长，宗子不贤，别立家长。”③

霍氏还创立“考功”“会膳”制度，以增强宗族的凝聚力。为了乡族的文化再生产和培养科举人才，嘉靖年间霍韬建立了两个书院，一个是石头书院，即社学，建立在大宗祠之左，教育乡里子弟；另一个是建在西樵山的四峰书院，专收霍氏子弟，实为族学。有关霍氏宗族制度多方面的内容，霍韬《家训》都有所体现，已有学者论述，我们这里不做更具体的探讨了。

四、结语

明代中后期是中国宗族史上的重要时期，宗祠的普及以及宗族乡约化即完成于这一时期。其中嘉靖十五年(1536)礼部尚书夏言请求民间祭祀始祖与官员设立家庙祭祖获得通过，引发了兴建宗祠的热潮。④南海的士大夫因为议大礼登上了政治巅峰，在家乡倡导宗族建设，佛山地区的宗族制度就确立于此时。霍韬《家训》以及其家族的宗族建设稍早于当地宗族的制度化，霍韬的宗族建设既是该地区宗族制度化的先导，又带有过渡的性质。就霍韬《家训》而言，内容杂糅，尤其以《霍

---

① 科大卫、刘志伟《宗族与地方社会的国家认同——明清华南地区宗族发展的意识形态基础》指出：《霍渭厓家训》重点其实不在礼仪，“而是在于家族的维系，尤着重于族产的管理”。文载《历史研究》，2000(3)。

② 罗一星：《明清佛山经济发展与社会变迁》，97页，广州，广东人民出版社，1994。又，该书第三章第四节专门论述“明代佛山的宗族组织及其发展形态”，特别讨论了“霍韬重构宗族组织的模式”问题。

③ 《霍渭厓家训》“家训提纲”，《涵芬楼秘笈》第二集。

④ 常建华：《明代宗族研究》，12～22页。

渭厓家训》表现明显，体现出霍氏应对社会现实，尝试宗族组织化的痕迹，为我们了解明代中期宗族如何组织起来，如何制订规范提供了一个很好的事例。研究明代广东宗族的学者重视石头霍氏的道理，可能与此不无关系。这一事例有助于人们认识近世宗族的性质。

霍韬《家训》在中国族规家训的发展历史上也占有一席之地。大致来说，宋代以前流行说教性质的家训，著名者如北齐颜之推的《颜氏家训》，针对的还是较小的家庭成员；宋元时代则出现了家法，带有一定的强制性，针对的主要是五服之内的亲属，流行的往往是义门的家法，著名者有江西抚州《陆氏家法》、浙江浦江《郑氏规范》；明代则出现了族规，用于宗族，具有强制性。① 霍韬《家训》名为《家训》，继承了历史上《颜氏家训》《家范》的传统，但是内容杂糅了祠堂、家长等制度，除了说教的内容外，多有具体事务的规定，属于宗族事务的，但又不以族规、宗约、祠规等命名，显得不太规范，这正是从家训、家法向族规过渡的特点，也就是说霍韬《家训》接续着宋元的传统。这对于我们研究族规家训的发展史，很有价值。

霍韬《家训》孕育于中国传统文化特别是西樵文化，反映出一个受到儒家思想渗透的基层社会的家族，在经济上升期，特别是出现高官引起朝野重视的家族，如何保持不败，如何从经济富有家族转变为文化家族，或者说做望族的努力过程。霍韬怀着“作个好样子与乡邦视效”②的理想，为佛山宗族建设提供了一种模式。16 世纪以后的明代，正处于“社会转型”过程中，商品经济发展，儒学普及，人们的生活发生了很大的变化，霍韬《家训》面对转变的经济、社会与文化，做出了回应。即使在今天看来，或许对我们也有启示。霍韬《家训》的核心思想在于“保家”，如用司马光《家范·纲领》中的话说，则是“正家以正天下者也”。

---

① 常建华：《宗族志》第七章“族规”，430～471 页。

② 《渭厓文集》卷七《家书》，《四库全书存目丛书》集部第 69 册，169 页。

第三节　从“日常生活”看晚明风俗变迁
——以山西洪洞县为例

明代中后期，社会风气发生了很大变化，研究成果颇丰。① 然而，很少有人从“日常生活”的角度揭示这一历史现象。② 笔者以为，晚明社会风气的变化一定程度上是明人“日常生活”变化的反映，同时社会风气的变化会对时人的日常生活发生深刻的影响。基于这样的认识，本节试以山西洪洞县为例，说明晚明风俗的变化与日常生活的关系，以期从新的角度加深对于晚明风俗变迁的认识，并且由风俗变迁得到明人日常生活的有关信息。

一、风俗变迁下的生活史

明代中后期商品经济的发展引起社会风尚的很大变化，这种变化不仅突出地表现在经济发达的江南等地区，经济相对落后的华北也不例外③，其中由于山西商人的兴起、省内商品经济的发展等，山西民风的变化也比较明显。④ 位于山西省南部的平阳府，在山西以富饶著称。⑤ 天顺时修《大明一统志》引《平阳志》记载当地“勤于耕织，服劳商贾”⑥。万历时王士性说：“平阳、泽、潞豪商大贾甲天下，非数十万不称富。”⑦平阳府的经商风气持久，闻名于世。属于该府的洪洞也是商人聚集的地方，风俗的变化也相当明显。

---

① 学者林丽月、钞晓鸿均有介绍，最新的综述请参看常建华：《旧领域与新视野：从风俗论看明清社会史研究》，见《中国社会历史评论》第12卷。

② 常建华：《明代日常生活研究的回顾与展望》，载《史学集刊》，2014(3)。

③ 徐泓：《明代后期华北商品经济的发展与社会风气变迁》，见《第二次中国近代经济史研讨会论文集》，107～173页，台北，“中央研究院”经济研究所，1989。

④ 张正明：《明中叶以来山西民风的变化》，载《晋阳学刊》，1995(3)。

⑤ (明)张瀚：《松窗梦语》卷四《商贾纪》，82页，北京，中华书局，1985。

⑥ (明)李贤等撰：《大明一统志》卷二〇《平阳府·风俗》上册，306页，西安，三秦出版社，1990年影印本。

⑦ (明)王士性：《广志绎》卷三《江北四省》，61页，北京，中华书局，1981。

洪洞县地处临汾盆地北端，北依霍州市，南接临汾市。全境东、西、北三面环山，东部霍山，西部吕梁山系的青龙山、罗云山，中部为河谷平原，土壤肥沃。洪洞在西周为杨侯国，汉置杨县，隋义宁二年(618)改称洪洞县，沿用至今。

明代的洪洞，得开中法之便，兴起了一批商人，富有的盐商家族同时转向科举，洪洞的经济、社会、文化变化较大，发生了风俗的变迁。

万历十九年(1591)刊本《洪洞县志·风俗志》小序，由当地乡绅晋朝臣①所写。他将洪洞当时的习俗与弘治、正德前作了比较：

> 窃叹风俗淳漓，固一时好尚，然闾阎殷虚、世道污隆举系之，岂细故哉！洪风俗不必远追往古，即弘正前已不可及。稽昔风醇俗厚，忧深思远，男女率耕织，老幼多服布衣，宴会器用瓦钵，食无多品，居室仅取容身；士务实学，少知逊长，遇乡□让避，士宦非预远出不乘轿马；子弟多孝敬，妇人操井臼，臧获非宦家无有；男戴圆帽，女冠云髻，出必拥面；婚不论财，丧葬守分，家给人足，质朴忠厚，无贫富贵贱一也。如知府卫公英来邑，望城下马；尚书韩公文归里，徒步进城；知州韩公士聪严禁仆从，不令凌乡；参议许公翔凤谒拜乡衢，有舆不乘；御史南公仝接见故人，礼待优厚，知县郭公世荣衣锦尚絅；主事乔公迁居乡谨厚；巡抚刘公廷臣周睦内姻，前休允足表闾。
>
> 迩来风靡朴散，难返薄归厚，力挽前风，未必无人。其中大有可慨者存，如忠靖制冠也乃名分，不论士吏共戴；麟凤绣补妆花锦服后饰也，乃贵贱不分；庶妇悉服珠翠、金宝，五梁金髻遍

① 晋朝臣生于正德五年(1510)，死于万历二十七年(1599)，享寿89岁。他在嘉靖十九年(1540)中举，官知州，升户部员外郎。晋朝臣致仕后热心家乡建设，是著名的乡绅。晋朝臣对家乡的贡献，一是倡修洪洞城墙，用砖包裹旧城墙，洪洞县建有金城祠纪念建城有功的邑令王诏，并祀邑绅晋朝臣等人；二是在知县乔因羽主持下，纂修了著名的《洪洞县志》。他是洪洞士大夫的代表性人物，具有举足轻重的地位。

戴通衢。宴会多致品味，宫室峻宇雕梁，幼多傲长，士尚意气，机杼城市不闻，妇人井臼寡操，臧获家户通有，童子服成人之服，里巷鲜弦诵之声，殡尚浮屠，病信鬼巫，破赀招延，赌博成风，引诱荡产。甚至家无石储，身服绮縠，日事声乐，奢靡极矣！闾阎萧索，十室九空，徭赋逋负，追乎沿门，率此致之。

风俗浇漓固出于人，转移化导，则存乎上司风教者表率于上，居士夫者首倡于下，革漓还淳，非今日亟望哉！①

这一珍贵的史料，尚未引起学者的注意。在晋朝臣的笔下，洪洞的风俗在16世纪发生了从“风醇俗厚”到“风靡朴散”的变化，主要体现在日常生活方面。在生活消费上，服饰从“老幼多服布衣”，“男戴圆帽，女冠云髻”，变为士吏共戴忠靖冠、贵贱不分麟风绣补妆花锦服，“庶妇悉服珠翠、金宝”、通衢遍戴“五梁金髻”②。饮食从“宴会器用瓦钵，食无多品”，变为“多致品味”。居住则从“居室仅取容身”，变为“宫室峻宇雕梁”。出行“士宦非预远出不乘轿马”也被改变。日常生活的内容与节奏发生变化，原来的“男女率耕织”，“士务实学”，“子弟多孝敬，妇人操井臼”，改变为“机杼城市不闻，妇人井臼寡操”，“里巷鲜弦诵之声”，赌博成风，引诱荡产，日事声乐，劳动、学习所占时间缩短，

① （明）乔因羽修，晋朝臣纂：《洪洞县志》卷一《舆地志·风俗》，天津图书馆藏本。

② 关于“五梁金髻”，明徐生祥万历二十九年（1601）纂修《余姚江南徐氏宗谱》稿本附有《援古证今》一文，谈今部分讲述嘉靖时期的风俗变化，谈到发髻饰品：“想嘉靖年来奢华日渐，予髫龀时见家间有锦绣罗绮之哀服，金银珍珠器饰矣。妇女虽备金饰髻，惟皂纱为之，未尝有他者。嘉靖已亥，祖母制一银丝髻，乃初创之时仅见之物，越十年，渐有至于金丝者，丙辰丁巳间，竟以金银打造，而不尚丝矣，制样惟员。迨隆庆末有制三梁者，随有五梁、七梁矣。今易以藤胎裹金，体轻价省，至于求乞之妇、贱艺之妻、奴婢离主而居，媪妪秽行而淫者皆三五云冠，城市乡村海隅山谷，在在皆然。”可见洪洞万历时妇女头戴“五梁金髻”与南方余姚隆庆末年妇女有头戴三梁、五梁、七梁金髻的风气是相同的。参见常建华：《宗族与风俗：明代中后期社会变迁的缩影——以浙江余姚江南徐氏为例》，载《吉林大学社会科学学报》，2008(4)。

大量增加了休闲娱乐的时间。人际关系的交往，原本“少知逊长，遇乡□让避”，变为“幼多傲长”。生命礼仪上，从“婚不论财，丧葬守分”，变为“殡尚浮屠，病信鬼巫”。

总之，风俗变迁反映的生活变化的特点，一是经济消费的奢靡，所谓“甚至家无石储，身服绮縠，日事声乐，奢靡极矣”，正是这一变化的写照。二是社会身份的模糊混淆，发生不顾名分、贵贱的僭越。洪洞的这些生活变化与风俗变迁，与明代中后期的消费风俗具有追逐时髦、竞相奢侈、违礼逾制的特点是一致的①。有学者指出，16世纪数量巨大的白银从美洲和日本进口，白银进入经济生产和流通领域，带来了社会等级的大混乱②。洪洞的风俗变化折射着时代的社会变迁。

上述洪洞风俗变化体现出的生活状态，在游历过当地的外地游客笔下也有所反映。姚旅，字园客，福建莆田人，生活在万历、天启年间，好旅游，曾到过洪洞，与洪洞望族大姓有过从。在姚旅所著《露书》中，留下了有关洪洞的记载，从中可以对当时洪洞人的生活、风尚有所了解。如士人的行为，“洪洞秦秀才昵妓玉梅，既有公事，将蓝衫至其家，便脱蓝衫，为推磨以为常”③。秦秀才不顾公事，穿着秀才的服装到妓家，可见是斯文扫地。④ 洪洞宴客还有妓女相陪：“洪洞肃客必有妓。主人送酒，妓弹琵琶，酬酢皆拜。客上席，妓列叩首，起而侍立席旁。酒三行，妓捧杯置席前，只用箸矣。每上一荤、一素、一饭，先以烧卖，终以羊血汤。及撤席，妓始赐坐，用盒痛饮。然余客期间，不免破例，一两杯妓即就坐矣。”⑤洪洞请客在饭馆进行，已有餐饮业。姚旅说：“洪洞人请客，帖曰‘市餐’，则就面肆。面已，继之

---

① 常建华：《论明代社会生活性消费风俗的变迁》，载《南开学报》，1994(4)；又文中介绍了与洪洞同属平阳府的翼城县的风俗变化情况。

② 高彦颐：《闺塾师——明末清初江南的才女文化》，33页。

③ (明)姚旅：《露书》卷七《杂篇》，168页，福州，福建人民出版社，2008。

④ 明代士人的社会行为，可参考刘晓东：《明代士人生存状态研究》，长春，吉林文史出版社，2002；陈宝良：《明代儒学生员与地方社会》，北京，中国社会科学出版社，2005。

⑤ (明)姚旅：《露书》卷八《风篇上》，184页。

以小菜、酒。”①山西面食有名，面馆有一定的流行。婚俗显示出奢华的一面：“洪洞嫁女，以漳州牙轿为华观，无则多方借之，撤去门窗，女露坐其中，遍游坊市以耀人，即对门亦尔。余尝见刘大参与李孝廉对门而居，刘氏嫁女与李，迂游城中，半日始抵李居。”②新婚的上门舍近求远，在于炫耀。士商相混现象也有，如“洪洞县薄村王太学托人营利，其人荡费资本并尽，太学初不知，方与查理，其人遽投缳而死”③。此案“当事恐其富污己，竟高阁不敢措手”④。从中可以看出王太学的富有程度。妇女的服饰比较讲究，如“洪洞女人裙摺简宽如韭叶”，“洪洞妇人衣重重，卷袖道上行，露其手腕”⑤。姚旅对于洪洞作了总体的评价：“余游洪洞，谓其有五美：美城池、美宫室、美园室、美男子、美妇人。谓其有五不解：不解食饭、不解饮酒、不解赏花、不解金扇、不解石篆，则淳朴未雕矣。”⑥从中可以看出，洪洞的宫室、园林是很美的，也就是讲究，受到姚旅的好评，表现出洪洞城中妇人的经济实力与奢华生活，但是姚旅也认为洪洞的风尚“淳朴未雕”，饮食与文化生活略显不足，显示出晚明洪洞的风俗与生活的奢华和南方一些经济、文化发达地区相比还有程度的不同，稍逊一筹。

二、家族应对风俗变化折射的生活史

洪洞风俗的变化，引起了官府的注意，于是地方官开展移风易俗的教化活动，采取的主要措施是推行乡约。

洪洞地方志记载，万历元年(1573)知县熊镃推行保甲的同时也推行了乡约：

> 又城乡各立约所，约正副二，约赞二，约讲三，约直、约书、约巡、约警各一。至期会集约所，首宣圣谕，鼓动良心；次宣往

① (明)姚旅：《露书》卷八《风篇上》，184页。
② (明)姚旅：《露书》卷八《风篇上》，184页。
③ (明)姚旅：《露书》卷八《风篇上》，194页。
④ (明)姚旅：《露书》卷八《风篇上》，194页。
⑤ (明)姚旅：《露书》卷九《风篇中》，209页。
⑥ (明)姚旅：《露书》卷九《风篇中》，209页。

善者作劝，恶者作戒；终举时善者、恶者书名于册，以警之。警不悛，众斥之。不则呈县惩之。一时人心警悟，骎骎向善，风教振兴，刊刻成书，颁布城乡。①

该乡约制度的推行有约所和专职人员负责，宣讲圣谕，劝善戒恶，要求约众互相监督，并得到县级官府的保证，惩处不听从乡约者。如此以期振兴风教。

邑绅晋朝臣记载了实行乡约的情形：

我侯自下车以来……乃于政暇属邑之士大夫与耆老，而语诸庭曰：有其心无其政，是谓徒善。徒善岂所以语政哉……尔乡之教曷若尊乡约之典乎？……惟时士大夫耆老举，欣欣然而喜。……侯喜而遂行之，立之矩度，树之表仪，布之闾里，肆诸镇落……侯讳镃，字仲时，号少台，举戊辰进士，汝南光郡人。②

当地"士大夫耆老"响应知县熊镃的号召，推行了乡约。晋朝臣是积极配合知县移风易俗的人士之一，晋朝臣死后入洪洞县的名宦祠，万历四十年(1612)生员商宠等在有关呈稿中说，晋朝臣"因洪俗奢靡，白之县主熊公，严禁华丽，即令各处乡约劝谕，朔望缴报，风俗顿为移易"③。所

① 雍正《洪洞县志》卷九《武备志・保甲》，南开大学图书馆藏本。又该书卷三《官司・历官・明知县》记载："熊镃，河南光州人，进士。万历元年任，先任长治县，服阙复除洪洞，谙练世故，洞彻积弊，修羊獬桥，行保甲法，讲乡约，严禁群吏，衙门肃然，升南京兵部主事。"因下任知县于万历三年(1575)上任，推断熊镃任洪洞知县两年。

② 万历《洪洞县志》卷七《武备志・保甲》将此引作"户部员外晋朝臣序"；雍正《洪洞县志》卷九中《艺文志・记》收录于晋朝臣《保甲记》。因万历《洪洞县志》由晋朝臣纂辑，故"序"的记载较为准确。据此，可能晋朝臣为知县熊镃"刊刻成书"的保甲书作序，可见当时地方官与乡绅联手推行保甲乡约，晋朝臣对于官府的这项事情热情极高，出力甚大。

③ 雍正《洪洞晋氏族谱》卷五。该谱清雍正十三年(1735)晋德肃等修成并刊刻，以晋友谅为始祖，居住在山西洪洞，全谱5卷，活字本，16册，线装，3函，附事功图，原藏哥伦比亚大学中文图书馆，犹他家谱学会图书馆有缩微胶卷。

说“各处乡约劝谕，朔望缴报”，说明乡约普遍建立，朔望宣讲，推行教化，并向官府报告实行的情况。看来当时推行乡约移风易俗，颇有成效。前引万历《洪洞县志》中晋朝臣谈风俗变化，列举了本地乡绅“质朴忠厚”的事例，涉及的人物有知府卫英、尚书韩文、知州韩士聪、参议许翔凤、御史南仝、知县郭世荣、主事乔迁、巡抚刘廷臣等，这些人所在的望族，纷纷投身乡族建设。如韩文所在的韩氏就推行了乡约，韩氏的第十一世二支有韩炫，号奉台，冠带乡约；三支有韩熛，号鼎宙，也冠带乡约。①

洪洞县推行乡约，使得宗族乡约化。当地的一些大姓进行宗族建设，以期改变风俗，对于族人的日常生活产生了影响。晋氏宗族的事例，颇为突出。② 晋朝臣、晋应槐在万历年间建祠祭祖，在乡里进行移风易俗活动，晋应槐制订家训祠规，晋承宠制订《齐家议规范》完善族规，祖孙三代的宗族建设，致力于改变族人生活。

晋朝臣的父亲士人晋伟，早在嘉靖年间开始修谱，倡导宗族建设。晋伟嘉靖十七年(1538)修谱以定“家道”，使“宗族肃然”。他说宗族内部“若遇席宴尊卑失序，若有争辩大小相凌，骨肉摧残，自亦不知，所以失伦理、乱宗族，此皆因无谱稽，岂不痛哉”③。晋伟痛心疾首的是本族因无谱而出现的生活秩序混乱，修谱着眼于建立宗族的内部秩序。

晋朝臣在万历十九年(1591)兴建了祖祠，不过还没有摆放祖先神主就去世了。其长子晋应槐与诸弟继续完成了先父的未竟事业，立主祭祀始祖妣，增建了奏乐、宴会之所，建立起晋氏的祠祭礼仪生活。

特别是晋应槐于万历二十四年(1596)主持制订了《祠堂宗范》④，

---

① (清)韩有庆等重修《洪洞韩氏重修家谱》卷下《韩氏洪洞世系宗派图》，嘉庆二十年(1815)刻本，中国人民大学图书馆古籍部藏。关于该族的历史，请参看常建华：《明清时期的山西洪洞韩氏——以洪洞韩氏家谱为中心》，载《安徽史学》，2006(1)。

② 参见常建华：《明清時代における華北地域の宗族の組織化について——山西洪洞晉氏を例として》，《大阪市立大學東洋史論叢》第15號，2006年11月。

③ 雍正《洪洞晋氏族谱》卷一《明河东古羊晋氏族谱记》。

④ 雍正《洪洞晋氏族谱》卷二。

系应槐与兄弟共同制订祠规。《祠堂宗范》分为尊亲、仪注、馔器、教条、恭肃5条，众弟兄当着祖先牌位宣誓执行。尊亲表达的是孝思，仪注强调祭祖要恪守礼仪，馔器也强调祭祖仪式中的虔诚，教条是指建祠祭祖及对子孙的“教条”，恭肃要求祭祖活动恭敬、严肃。《祠堂宗范》的重要性在于：首先，晋应槐建祠及祭祖的礼仪建设。“尊亲”条按照明代礼制祭祀高曾祖考四代神主，采取春夏秋冬祖先的四季、诞忌祭祖。制订了永远祭祀有功于宗族的祖宗的标准，以及远族父母神主入祠的规定。此外，仪注、馔器两条也是有关祭祖的礼仪事宜。其中“仪注”条规定祭祖日新生子与新媳妇入谱登记，将婚育民俗纳入宗族制度，加强了对于族人的管理。“馔器”条设置祭田既为了祭祖，也为了赡族。

其次，将宣讲圣谕的乡约制度引入宗族制度建设，使宗族组织化。“教条”将宣讲明太祖“圣谕六言”引入宗族管理，宗族对子孙族人善、恶行为旌奖与惩罚，并记录于《善恶簿》。设立宗子引人注目，其宗子可主持对族众的奖惩，有管理权。这种管理权包括杖责族人、取消族人的祭祖与入祠权利和将不服从管理的族人报送官府。族人不得侵犯宗子，从“有犯宗子者次房举”来看，宗子由长房的嫡长充任。洪洞晋氏非常重视表彰读书与升官者，规定“读书入学增廪、乡举、进士、升官者旌”，同时要求子孙入学补增、补廪、岁贡、乡举、进士以至出仕出钱祭祖，并以分馂的形式招待族人，或修祠修墓，这样为宗族活动提供了经费，加强了绅士与族人的感情，使宗族和睦相处。

管理族人以及惩罚违犯族规者修祠墓，也是“恭肃”条的内容。惩罚违犯族规者提供砖修祠墓，是解决祠堂经费的办法。“恭肃”条的最后部分是管理祠堂的规定。《祠堂宗范》的记载表明，洪洞晋氏宗族的领导者为宗子，管理有“首事”“当季者”，可能是选出或轮换的。

事实上，晋应槐制订《祠堂宗范》，只是他致仕居乡对族人、乡亲进行教化礼仪建设的一部分。晋应槐大约于万历十一年(1583)致仕，就制订有关丧葬礼仪规范要求乡亲实践。晋应槐所作《慎终集序》说明了制订礼仪的想法，他认为士大夫之族应讲求丧礼，他依据《明会典》《家礼》制订丧葬礼仪，又因办理家族里的祔葬事宜，刊行丧葬礼仪的简易本，要求族人遵守。晋应槐同时辑有《慎终仪节》，将明朝的丧葬令作为宗族丧葬礼仪建设的指导性原则。晋应槐有关丧葬礼仪的简易本称作《慎终省繁文》，共计 15 条①，旨在改良丧“俗”。针对“丧家”而言，强调丧葬哀戚，以儒家礼仪为指导，要点体现在四个方面：

一是雅化，如第 1 条初丧夕奠丧家款待亲戚本家，荤酒易以蔬饭；第 2 条丧家停止做佛事；第 3 条停止赠送头红绸缎资费；第 5 条丧事用红布改为素布；第 7 条用队戏改为延社师，率歌童唱挽歌；第 9 条停止预送姻家礼银。

二是节省，如第 6 条用绸缎为财幡楼台易以纸为之；第 8 条停止请少妇盛装衣饰“搽孝”；第 10 条姻家室女幼婿免出送殡，丧家亦免具谢，初吊丧姻家交赠男女礼物俱免②；第 11 条俗出殡结彩楼迎父母灵柩真容，称家有无。

三是遵礼，如第 12 条遵守《家礼》服制；第 13 条择茔地不必过求风水；第 14 条“茔内献亭石碑、墓志、墓表、石人、石马、石羊、石虎自有品级，定例不容僭越”，要求茔制遵守品级定例；祀后土、题主、反宅安主于家庙，遵守定理。

四是简便，如第 4 条说：“俗七七、百日、忌辰，丧家具粉饭送亲戚邻佑，具甚粗恶，滥费滋烦。亲友送祭仪酒肉不至者，致馔答谢亦属烦苦，莫若送礼折银，不至者原礼返回。至而□□者量收五分，庶为两便。”将致送食物改为“送礼折银”。

值得注意的是，白银进入礼仪生活。除了第 4 条，第 9 条说“俗预送姻家礼银，代为典赙，以致姻家照数赔礼”。可见白银作为“礼银”存在于人们的日常生活中，为了便利，以白银代替食物，追求两便。

晋应槐还于万历十三年(1585)作《庭训子孙箴》③，对族人提出伦理道德要求，这个庭训充满了儒家孝悌思想和传统处世哲学，要求子

---

① 雍正《洪洞晋氏族谱》卷二。

② (明)姚旅《露书》卷八《风篇上》记载：“洪洞人有丧，亲邻送米面鸡鸭诸食品，曰‘送饭’。”(185 页)可证当地的丧俗。

③ 雍正《洪洞晋氏族谱》卷二。

孙做正人君子，处理好各种关系。其中对于工商的认识引人注目，如说“蜚声科第，显应秩俸；商贾党庠，俱有命名”，将科第与商贾并举，认为同样重要。又说“士农工商，众力夹成”，希望族人同等重视士农工商四业。

到了晋应槐长子十世孙承宠，他在万历三十六年(1608)制订《齐家议规范》①，共计五条，着眼于宗族的礼仪生活。第一条强调冠婚丧祭四礼由尊长主持，同宗者均要参加。第二条讲修理祖茔祠堂及补修风水，必约同宗公议定夺，特别谈到族人“交接礼仪，□内间情，止有父恩深重，叩头直受。亲伯亦受，且受第之礼。而弟之子有不受乎？亲叔受两拜，堂叔答两拜，受两拜；兄受两拜，答两拜。族人五服外者，全答。族人彼此札称‘宗生’，远族座次亦比亲叔略异”。第三条为祠堂祭祖的规定：“每年祠堂祭祖四次，须宜遵依父刊《家礼》，各更青服，以希来享。务少长偕齐，恭敬趋跄，如有他事者预启首事，违者罚。其重服者恐难对越免赴。切惟中庸，祭先亦以洽亲，此日不得争喧及指摘过失，反命祖灵不妥。即有辩白事情，惟于后堂秘室以白心事。若啧啧雌雄，丑态外闻，非同室聚群之美也。”还规定：“读书者各唤醒其子弟，每月仍宴会一次，以洽情意，殽一、汤一、面一、酒一巡即起。”第四条是族内调节方面的内容，族大人夥，生隙必多，“今后有失直，宜于公祠中约众明正其错，令其礼服，或罚米数石，服后即释，各不怀疑”。第五条同族要体谅宽容。规范最后说，以上数款要着实力行，刊刻成帙，人给一册，如经三次不遵者，除记过外已不在约，凡事本宗不与同事。如到官一次者，记《过簿》一次。

该族规旨在加强礼仪建设，维护族内秩序。规范的礼仪要求，涉及冠婚丧祭的程式、交接礼仪的叩拜、祠堂祭祖与每月宴会礼仪；礼仪建设是为了强化宗族意识，规范中频繁出现有关宗族共同体的词汇，如“同宗尊卑”“同宗公议”，族人彼此称为“宗生”“同族”“同宗”；强化了宗族管理，修理祖茔祠堂及补修风水必约同宗公议定夺，强化了祠堂管理族人的权力，公祠教育之外，还可罚米，甚至出族。这次族规

① 雍正《洪洞晋氏族谱》卷二。

建设，受到乡约模式的影响。如第五条引用“圣谕六言”中“各安生理”教育族人，规范的结语部分告诫族人“如经三次不遵者，除记过外已不在约”，族规属于族人之“约”，采取了“乡约”的形式与精神。

洪洞晋氏在应、承之后是十一世“淑”字辈，他们出生于明末，主要生活在清朝顺治、康熙年间。其中贡生晋淑京热心化民导俗与宗族事务，他于康熙四十四年(1705)所作《祠堂重修功成仍旧例举祭叙》《晋氏族谱后记》①，保留了晋氏宗族建设的情形。晋淑京等为了改变当地奢侈之风，撰著并刊行《思深格言》，其中的“禁奢条议”，被地方志采择刊行，内容包括婚礼、丧礼、服饰②，具体而翔实，足见晋氏的影响力与当地官绅对奢靡问题的重视。从中可看出，洪洞的奢靡风俗延续到康熙时代，洪洞的士绅继续移风易俗，晋氏在其中作用显著，从晋淑京等的条议中，可以看到淑京前辈祖先的类似主张与实践。

三、晚明洪洞日常生活的属性

关于日常生活，哲学学者衣俊卿提出过较为完整的概念。衣俊卿指出：“日常生活是以个人的家庭、天然共同体等直接环境为基本寓所，旨在维持个体生存和再生产的日常消费活动、日常交往活动和日常观念活动的总称，它是一个以重复性思维和重复性实践为基本存在方式，凭借传统、习惯、经验以及血缘和天然情感等文化因素而加以维系的自在的类本质对象化领域。”③并认为日常消费、交往、观念活动构成日常生活世界，属于经济基础与上层建筑构成的人类发达形态的社会结构的“潜基础结构”，对日常生活的研究有助于形成关于人类社会的总体图样。

我们通过万历《洪洞县志》、姚旅《露书》、《洪洞晋氏族谱》等资料，对晚明洪洞的日常生活有了基本印象。资料反映的生活，大体上是洪

---

① 雍正《洪洞晋氏族谱》卷二，卷五。

② 雍正《洪洞县志》卷一《舆地志・风俗》；民国六年刊本《洪洞县志》卷九《风俗》。

③ 衣俊卿：《现代化与日常生活批判——人自身现代化的文化透视》，20页、32～33页。

洞城中的生活，具有城市生活的特色，其生活质量或许高于附近的农村。这样的生活状况，与我们一般对于古代北方农业社会的印象有所不同，很难用封闭、停滞、落后来形容，说明古人的日常生活不是一个封闭的系统，不只是农业经济的产物，也和国家制度与意识形态有一定的联系，需要用广阔的视野来认识。①

晚明发生的社会变迁是明显的，无论是以往的资本主义萌芽，还是如今流行的商业社会、早期消费社会的各种理论②，不可否定的是，明代中期商品经济有较大发展，形成国内市场，海外白银大量流入国内，明代社会发生着转型③。从这种历史变迁来看，洪洞的事例是晚明社会变迁的一个缩影，洪洞日常生活经历着重大的变化。

晚明的洪洞，已经不是简单的农业社会，当地形成了经商的传统。以晋氏为例，康熙十二年(1673)晋淑召说："自始祖讳友谅沿至统祖，始经商于外，积功累仁，家业渐兴。"④开始外出经商的晋统是晋氏的五世，他的长子钟也"出外居商"，洪洞晋氏的兴起与商业分不开。从晋朝臣的事迹中，我们还可以看到晋氏的商业活动仍很兴盛。如"伯晋儒贷人母钱，贾淮扬亏本成病，不能还家。时为孝廉，携父俸抵扬代偿，搬伯归里，其病乃愈"。晋朝臣的伯父晋儒属于晋氏的七世，贷款在扬州经商，可见洪洞晋氏的五世至七世不断外出经商。再如"分俸族

① 关于开展日常生活史研究的方法以及研究现状，参见常建华：《从社会生活到日常生活——中国社会史研究再出发》，载《人民日报》，2011-03-31；常建华：《中国社会生活史上生活的意义》，载《历史教学(高教版)》，2012(2)；常建华：《日常生活与社会文化史——"新文化史"观照下的中国社会文化史研究》，载《史学理论研究》，2012(1)。

② 如傅衣凌：《明代江南市民经济试探》，上海，上海人民出版社，1957；卜正民：《纵乐的困惑：明代的商业与文化》，北京，生活·读书·新知三联书店，2004；巫仁恕：《品位奢华——晚明的消费社会与士大夫》，台北，联经出版事业股份有限公司，2007。

③ 万明主编：《晚明社会变迁问题与研究》，北京，商务印书馆，2005；张显清：《明代后期社会转型研究》，北京，中国社会科学出版社，2008；赵轶峰：《明代的变迁》，上海，上海三联书店，2008。

④ 雍正《洪洞晋氏族谱》卷五《晋氏族谱续序》。

党以及戚属，时有从侄应祯幼孤无告，苦不可言，抚养成立，又助资钟盐，卒至大富”①。从侄应祯属于九世，因经营盐业而大富。晋氏十一世晋淑玉也曾是盐商，世系小传说他“贾盐清平入籍，中山东丁酉武解元，戊戌进士”。因此，可以说，明中叶洪洞晋氏士大夫家族有着经商传统。此外，经商也是洪洞刘氏强盛的经济原因。四世存素公刘恭，兼营农商渐富。刘荣、刘廷臣、刘廷相做官改换门庭之后，下两代开始业盐，成为大商人，洪洞刘氏是比较富有的宗族。②

洪洞晋氏的兴起，借助了商业与科举，成为士大夫宗族后，并不轻视工商业。如晋应槐制订的《祠堂宗范》之“教条”规定：“读书入学增廪、乡举、进士、升官者旌，某耕商茂盛不荡费者旌。”把商业作为与农业同样重视的职业，并不轻视。晋应槐《庭训子孙箴》指出：“皇天鉴之，佑我子孙；多男多贤，渐大吾宗。蜚声科第，显应秩俸；商贾党庠，俱有命名。”希望子孙产生有名的商贾。由于万历时期白银货币流行、商品经济活跃，洪洞地方与外界的联系性较强，比较开放，洪洞社会正发生着比较大的变化，白银作为“礼银”存在于人们的日常生活中，所以洪洞晋氏宗族生活在一个农商社会③中。日常生活的研究，有助于认识社会性质与社会形态。

洪洞的日常生活，受到国家、意识形态的影响，被礼仪化。洪洞

---

① 雍正《洪洞晋氏族谱》卷三《明江南和州知州晋公入名宦由稿》。

② 参见常建华：《明清时期华北宗族的发展——以山西洪洞刘氏为例》，载《求是学刊》，2010(2)。

③ 关于“农商社会”的认识，请参见赵轶峰：《明代中国历史趋势：帝制农商社会》，载《东北师大学报》，2007(1)；葛金芳：《“农商社会”的过去、现在和未来——宋以降(11—20世纪)江南区域社会经济变迁》，载《安徽师范大学学报》，2009(5)；赵轶峰：《明清帝制农商社会论纲》，载《古代文明》，2011(3)。赵轶峰在《明清帝制农商社会论纲》第106页注释中指出：葛金芳所提出的“农商社会”说与本文所论“帝制农商社会”说都强调唐末以来中国社会中的商业经济、社会成分是否以及在何种意义上具备经济模式新质含义的问题。两者差别亦很重要。“农商社会”说着眼于“区域社会”，“帝制农商社会说”着眼于中华文明共同体；“农商社会”被看作“现代工业社会”之前的一种形态，“帝制农商社会”被看作非西方模式的一种历史形态。

的宗族明前期血缘关系比较松散，祖先观念比较淡化；由于受到官方推行乡约的影响，在士大夫根据新儒家复兴宗族思想指导下，从事宗族建设，使得宗族因乡约化而组织化。宗族通过规约改变族人的生活，使得族人的生活礼仪化。洪洞日常生活的改变受到国家权力与意识形态非日常生活的制约。

四、余论

改革开放新时期，明代的生活史研究已经取得了令人瞩目的成绩。以“社会生活”立意的著作，有陈宝良先生的《明代社会生活史》(中国社会科学出版社，2004 年)、陈江先生的《明中后期的江南社会与社会生活》(上海社会科学院出版社，2006 年)，以“社会风气”立意的，则有牛建强《明代中后期社会变迁研究：社会风尚理论拟构及运用》(台湾文津出版社，1997 年)等专著，至于论文就更多了。然而，以“日常生活”立意的论文与著作则较为缺乏，其实如从“日常生活”的视角探讨生活史、社会史，会有新的发现与新的历史书写方式。本节尝试将“日常生活”与“社会风气”“社会变迁”联系起来探讨，抛砖引玉，既是就教于同行专家，也希望更多的人投入明代日常生活的研究。

第四节　明代日常生活史研究的回顾与展望

“日常生活”这一用语大量出现在我们的生活中，一般理解为人类为维护生存反复出现的行为，如衣食住行、人际交往、信仰行为等。在明代社会史的研究中，近二十多年来生活史的探讨越来越多，但一般使用“社会生活”一词，人们对其理解似乎更加宽泛。事实上，人们一般不太强调区分“日常生活”与“社会生活”，二者的使用往往糅合在一起，讨论生活问题时不易将二者严格区分开来。作为新兴起的“日常生活史”，更强调与文化史的关系，有新的学术追求，值得倡导。本书以“日常生活史”为题的学术讨论，并不是严格学术概念理解下的分析，更多是强调一种学术理念与学术分析的方向，因此所梳理的明代生活研究的学术史，也包括了“社会生活史”的内容。

一、明代生活史研究的历程

明代生活史的研究，肇始于20世纪30年代明史学家吴晗对仕宦阶级生活的开创性研究。

1934年吴晗先生所写两篇论文论述到明代中后期的生活问题，《〈金瓶梅〉的著作时代及其社会背景》一文认为："《金瓶梅》是一部现实主义作品，所集中描写的是作者所处时代的市井社会的奢靡淫荡的生活。"这种市井社会的生活，是通过西门庆的"个人生活""市民生活"展示的，生活上"表现出两个绝对悬殊的阶级"，对于"社会上的有闲阶级"而言，"妓女、小唱、优伶、赌博、酗酒，成为日常生活"；农民则"过着饥饿困穷的生活"。他指出，地方志"所描写的'市井贩鬻''逐末营利'商业发展和社会风气的变化，及其生活，不恰就是《金瓶梅》时代的社会背景吗"①。吴晗此文旨在解决《金瓶梅》的产生时代，由于采取的方法之一是将书中描写的生活与明代文献记载生活相近时期加以比较，就呈现了明代中后期的社会与生活，从文中使用的"个人生活""市民生活""日常生活"的用词来看，从将生活区分为两个"阶级"，即上层阶级（上自皇帝，下至市侩，即有闲阶级）和农民来看，作者具有将生活进行社会分析、阶级分析、多样性分析的考虑在内。

《晚明仕宦阶级的生活》一文，更使用文集、笔记等资料，揭示晚明仕宦阶级生活的骄奢淫逸，引用弘正时人周玺《垂光集·论治化疏》所说："中外臣僚士庶之家，靡丽奢华，彼此相尚，借贷费用，习以为常。居室则一概雕画，首饰则滥用金宝，倡优下贱以绫缎为袴，市井光棍以锦绣缘袜，工匠艺之人任意制造，殊不畏惮。虽朝廷禁止之诏屡下，而奢靡僭用之习自如。"据此认为："在16世纪初期的仕宦生活已经到达这地步。风俗之侈靡，自上而下，风行草偃，渐渐地浸透了整个社会。"②并论述士大夫生活的园亭之盛、饮食衣服求精侈尚、狎

① 原载《文学季刊》第1卷第1期，1934年1月，收入《吴晗史学论著选集》第1卷，334、364、367、368页，北京，人民出版社，1984。

② 该文写于1934年1月22日，原载《大公报·史地周刊》第31期，1935年4月19日，收入《吴晗史学论著选集》第1卷，508页。

优纵博、广蓄声伎等诸多方面内容。

1943年写作、1991年作为遗作才正式发表的吴晗《明代的新仕宦阶级，社会的政治的文化的关系及其生活》一文，探讨了新仕宦阶级的产生、法律所规定的特权阶级、进入仕宦阶级的梯子——科举和学校、贪污的吏治、乡绅——举贡生员和乡宦、文化与生活六个问题，在文化与生活部分，作者列举了从正统到崇祯的史料，论证仕宦阶级骄奢淫逸的生活风气，认为：

> 这一阶级的生活趣味，全部建筑在金钱上。一生的前半期耗费在科举上，等到登科入仕以后，八股文固束之高阁，即切身的现实的如何作(做)事，如何从政，国家的、民族的、社会的问题都一概不管，却用全副精神来讲求物质的享受。一般的说，都饱食终日，无所用心，只刻意谋生活上的舒适，纳姬妾、营居室、筑园亭、侈饮食、备仆从，再进而召妓女，养优伶，事博弈。雅致一点或附庸风雅的更提倡玩古董、讲版刻、组文会、究音律。这一阶级人的生活风趣影响了文学、美术、建筑学、金石学、戏曲、版本学等部门，使之具有特殊的时代的面目。①

吴晗使用了大量笔记、文集等资料，详细说明仕宦阶级生活的腐败。值得注意的是，作者指出"生活风趣"影响了多种文化部门，构成时代特色，增强了读者对那一时代的联想。

1949年以前论述明代生活的研究极为罕见，即使中华人民共和国成立后，直到改革开放之前，也只有吴晗等在五六十年代发表过有关古人日常生活方面的普及性短文，如《谈烟草》《古人的服装及其他》《宋元以来老百姓的称呼》等中涉及明代的内容。当时历史学研究的重点是政治影响下的社会形态史，讲生活史有些另类，即使学术地位、政治地位兼具的吴晗也不无小心，他在《谈烟草》结尾时说："我想，谈一点

---

① 吴晗：《明代的新仕宦阶级，社会的政治的文化的关系及其生活》，见《明史研究论丛》第5辑，42页，南京，江苏古籍出版社，1991。

对我们日常生活有关的一些事情，了解它的发生和发展，以至对于人民生活、国家经济的影响，也不是不值得的。”①王宏钧利用图像介绍了明代北京社会生活。②

实行改革开放后，明代生活史研究才得以开始正式展开，其标志是文化史、社会史、社会生活史的兴起。从事哲学研究的王玉波将生活方式理论引入了史学研究，呼吁人们开展生活方式演变史的研究，认为社会史是以人的社会生活的历史演变过程和规律为基本内容的，就是生活方式演进史，而把社会发展史作为哲学范畴。③ 1986年10月由南开大学历史系、《历史研究》杂志社、天津人民出版社举办的首届中国社会史研讨会，把研究的视角转向人民大众的生活，把历史的内容还给历史。④ 冯尔康、宋德金等学者较早尝试进行社会生活史性质的断代社会史研究。⑤ 1987年彭卫论述了开展社会生活史研究的方法⑥，同年中国社会科学院历史所承担国家社科基金项目“中国古代社会生活史”，并进行社会生活史理论探讨⑦。该项目出版了陈宝良的《明代社会生活史》(中国社会科学出版社，2004年)，反映了中国大陆明代社会生活史研究的水平。该书论述上层与下层社会及其生活，服饰、饮食、居住、行旅交通的生活，“家礼：冠婚丧祭”，宗教信仰，节日与仪式，休闲与娱乐，社交礼仪等生活内容，在深入挖掘资料的

---

① 吴晗：《灯下集》，23页，北京，生活·读书·新知三联书店，1960。

② 王宏钧：《反映明代北京社会生活的〈皇都积胜图〉》，载《历史教学》，1962(7)。

③ 王玉波：《要重视生活方式演变史的研究——读吕思勉史著有感》，载《光明日报》，1984-05-02；王玉波：《为社会史正名》，载《光明日报》，1986-09-10；常建华：《中国社会史研究十年》第一部分，载《历史研究》，1997(1)。

④ 参见《历史研究》1987年第1期发表的有关这次会议的专栏。

⑤ 冯尔康：《清代社会史论纲》，载《中华文史论丛》，1987(1)；冯尔康、常建华：《清人社会生活》，天津，天津人民出版社，1990；宋德金：《金代的社会生活》，西安，陕西人民出版社，1988。

⑥ 彭卫：《略论社会生活史的研究方法》，载《云南社会科学》，1987(3)。

⑦ 浦斯：《中国古代社会生活史讨论会简记》，载《中国史研究动态》，1987(12)。

基础上，呈现出明代“社会生活”的面相。有关江南地区的社会生活研究也出版了专书。①

改革开放后不久，明史学者开始关注生活史内容。王春瑜先生从事包括社会生活在内的文化研究，他认为嘉靖、万历时期江南园林兴盛，属于消费性文化。他也探讨了明朝酒与皇帝、宦官、政风、妓女的关系，强调明代商业文化与消费的兴盛，所写关于吸烟、文人下海、官场吃喝风的随笔颇具生活史意趣。王春瑜本有写作“明代社会生活史”的打算。② 另一位明代文化史学者刘志琴更早一些写出了有关明代城市民变与士大夫、商人资本对社会影响、城市风尚方面的论文，将商品经济发展与城市生活的变化纳入视野。③ 还有其他学者发表了有关城市生活、造园风气、戏曲欣赏的论文，比较关注士大夫、文人的生活与动向。④

生活史研究可为文化史与社会史架起桥梁，“日常生活”更能体现

---

① 钱杭、承载：《十七世纪江南社会生活》，杭州，浙江人民出版社，1996；陈江：《明中后期的江南社会与社会生活》，上海，上海社会科学院出版社，2006。

② 王春瑜：《论明代江南园林》，载《中国史研究》，1987(3)；《说酒与明朝社会》，台北，台湾东大图书公司，1990；王春瑜：《明代商业文化初探》，载《中国史研究》，1992(4)；王春瑜：《明朝官场吃喝风考略》，载《光明日报》，1989-01-04；王春瑜：《明清之际吸烟状》，载《中国史研究》，1985(3)；王春瑜：《“海”上生明月——明朝文人下“海”一瞥》，载《北京日报》，1993-09-29。以上论文均收入王春瑜：《明清史实沉思录》，西安，陕西人民出版社，2007。又，关于王春瑜先生对于研究社会生活史的兴趣，见该书第335页自述。

③ 刘志琴：《城市民变与士大夫》，见《明清史国际学术讨论会论文集》，天津，天津人民出版社，1981；刘志琴：《商人资本与晚明社会》，载《中国史研究》，1982(2)；刘志琴：《晚明城市风尚初探》，见《中国文化研究集刊》第1辑，上海，复旦大学出版社，1984。以上论文收入刘志琴：《晚明史论——重新认识末世衰变》，南昌，江西高校出版社，2004。

④ 如王宏钧、刘如仲：《明代后期南京城市经济的繁荣和社会生活的变化——明人绘〈南都繁会图卷〉的初步研究》，载《中国历史博物馆馆刊》，1979(1)；杨嘉佑：《明代江南造园之风与士大夫生活——读明人潘允端〈玉华堂日记〉札记》，载《社会科学战线》，1981(4)；赵山林：《晚明文人戏曲生活的记录——读〈快雪堂日记〉》，载《戏剧艺术》，1987(3)。

这一特性。刘志琴提出“世俗理性”这一概念，她说：“精英文化的价值观念渗入世俗生活，从而使世俗生活理性化，这就是世俗理性。……世俗理性造成中国社会文化的显著特点是，伦理观念和文化意识渗入日常生活的各个领域。”①日常生活研究正是发现世俗理性的场所。她还强调生活包括衣食住行和休闲在内，是人类赖以生存与发展的基本形式，呼吁学术界“发现生活”。② 2008年中国社会史学会举办了“日常生活与政治变动”学术研讨会③，在加强日常生活史研究的同时，亦注意日常生活与大历史的关联性。我认为生活史应当从社会生活向日常生活转移，日常生活史应当成为社会文化史、历史人类学的出发点。④ 南开大学中国社会史研究中心将日常生活史作为重点研究方向，2011年起连续三年举行了主题为“中国日常生活史的多样性”“日常生活史视野下的生命与健康”“中国史上的日常生活与地方社会”的学术研讨会，推动了日常生活史研究的发展。⑤

近年来也有以“日常生活”为题的明代生活史专著。宋立中著《闲雅

---

① 刘志琴：《社会文化史的视野》，见周积明、宋德金主编：《中国社会史论》，104页。

② 刘志琴：《发现生活》，见薛君度、刘志琴主编：《近代中国社会生活与观念变迁》，序，北京，中国社会科学出版社，2001。

③ 罗艳春：《中国社会史学会第十二届年会综述》，见《中国社会历史评论》第11卷。

④ 常建华：《从社会生活到日常生活》，载《人民日报》，2011-03-31；常建华：《日常生活与社会文化史——“新文化史”观照下的中国社会文化史研究》，载《史学理论研究》，2012(1)；常建华：《中国社会生活史上生活的意义》，载《历史教学(高教版)》，2012(2)；常建华：《历史人类学应从日常生活史出发》，载《青海民族研究》，2013(4)。

⑤ 部分会议论文收入《中国社会历史评论》第13卷、14卷。有关会议综述，请参看张传勇：《从习以为常发现历史：“中国日常生活史的多样性”国际学术研讨会综述》，载《民俗研究》，2012(2)；许三春：《“日常生活史视野下中国的生命与健康”国际学术研讨会纪要》，载《中华医史杂志》，2012(5)；张瑞：《日常生活史视野下中国生命与健康国际学术研讨会综述》，载《中国史研究动态》，2013(2)；张传勇：《置日常生活于社会空间——“中国史上的日常生活与地方社会”学术研讨会综述》，见《中国社会历史评论》第15卷。

与浮华：明清江南日常生活与消费文化》①，不过从该书的“绪论”来看，无意从严区分“社会生活”与“日常生活”，行文中使用较多的是“社会生活”一词。该书分上中下三篇：上篇婚姻礼俗与社会变迁，探讨婚嫁论财风尚以及婚姻礼俗自明清以至民国变动过程；中篇消费文化与消费服务，分别阐述了婚礼、节日、鲜花、时尚消费文化，以及游船、旅馆、娱乐服务业的经营形态，并论述了明清的消费政策；下篇休闲生活与雅俗冲突，着眼于妇女“冶游”等休闲生活实践及其与传统礼俗文化观念的冲突。如题目所示，探讨消费文化是该书特色。宫廷生活史研究也得到开展。②

中国台湾地区的明代生活史研究，也有从社会生活史到日常生活史变化的趋势。1998 年，吴智和在台湾文化大学开设“明代社会生活史”课程，组织学生编辑了《明代社会生活史类目》，包括人口流动、阶层关系、户籍管制、里甲村社、婚姻关系、家庭结构、社会救济、社会风俗、文娱活动、文人生活、商人生活、妇女生活、城市生活、饮食生活、饮茶生活、饮酒生活、服饰衣冠、信仰生活、宗族生活、园林生活、社交生活、旅游生活共 22 个类目。③ 吴智和研究茶生活，指导学生完成了有关旅游、家居生活的研究。④ 王尔敏也是较早进行明清庶民日常生活研究的学者，他的《明清时代庶民文化生活》第三章“日

---

① 宋立中：《闲雅与浮华：明清江南日常生活与消费文化》，北京，中国社会科学出版社，2010。又，该书为 2005 年向南京大学历史学系提交博士学位论文《明清江南消费及消费服务业研究》的增补本。有关该书，可参考范莉莉：《宋中立著〈闲雅与浮华：明清江南日常生活与消费文化〉》，载《中国社会历史评论》第 14 卷。

② 李成燕：《“明代宫廷生活史学术研讨会”在京召开》，载《中国史研究动态》，2012(5)。

③ 见台湾文化大学历史研究所网页，象牙塔提供下载原网页转换为简体中文编码的文档。

④ 如吴智和：《明清时代饮茶生活》，台北，博远出版有限公司，1990；吴智和：《明人饮茶生活文化》，宜兰，明史研究小组，1996；朱倩如：《明人的家居生活》，宜兰，明史研究小组，2003；张嘉昕：《明人的旅游生活》，宜兰，明史研究小组，2004；詹怡娜：《明代的旅馆事业》，宜兰，明史研究小组，2004；林利隆：《明人的舟游生活》，宜兰，明史研究小组，2005。

常生活的节奏”就饶有趣味，第五章“日常礼仪规矩”谈朱子《家礼》广行民间的问题，也是重要的。① 世纪之交，以“中研院”为主，出现了重视“物质文化”与“日常生活”集体研究风气，1999 年 9 月熊秉真发起了“物质文化、日常生活与中国”读书会，2001 年 1 月正式开始执行王汎森与李孝悌主持的三年期“中研院”主题研究计划“明清的社会与生活”。该计划陆续举办了“中国的城市生活——十四至二十世纪”“中国日常生活的论述与实践”“过眼繁华——明清江南的生活与文化”为主题的三次国际研讨会，2005 年出版一部专书《中国的城市生活》(收录 13 篇论文)，以及《“中央研究院”近代史研究所集刊》第 50 期的“明清社会与生活”专号(收录 5 篇论文)。2006 年 1 月，李孝悌主持新的三年期“中研院”主题计划“明清城市文化与生活”，九个子计划内容包括明清江南城市中的“时尚、豪宅、情色、节庆、寺院、感官之娱、城市文学”，以及城市居民的“认同政治”与“工作习惯”变迁；同年 10 月，举办“由帝制晚期到近代初期——江南的城市生活”国际研讨会。2007 年 12 月举办了“进入中国城市：社会史与文化史的视野”国际学术研讨会。由王汎森、李孝悌先后主持的上述两项计划，一定程度上受到新文化史、日常生活史的启发。② 关于物质文化与日常生活两项研究的关系，邱澎生主张发挥二者的“辩证”效果，即“一方面讨论各项对象及其相关社会现象的物质文化演变内容，借以增进对日常生活结构演变与意义建构的理解；另一方面则同时努力‘发挥同理心’并带着批判性的现实关怀去探究日常生活的古今之变，进而凸显物质世界变动背后所黏着贴附的‘新的生活方式与社会秩序’”③。具有代表性的综合性的研究成果有两种，一是胡晓真、王鸿泰编《日常生活的论述与实践》(台湾允晨文化出版社，2011 年)，该书以生活为主题，包含天子至庶民、生活与

---

① 王尔敏：《明清时代庶民文化生活》，“中央研究院”近代史研究所，1996；又可参考衣若兰的书评，载《明代研究通讯》，第 1 期，1998。

② 李孝悌：《明清的社会生活与城市文化》，载《史学月刊》，2006(5)。

③ 邱澎生：《物质文化与日常生活的辩证》，载《新史学》，第 17 卷，第 4 期，2006。

规范、生活与知识、生活与文化四个子题，代表四个不同层次或面向的生活史探索。其中明代部分的论文有：《点名与签到——明代京官朝参、公座文化的探索》(邱仲麟)，《有资用世或福祚子孙——晚明有关法律知识的两种价值观》(邱澎生)，《万发俱齐：网巾与明代社会文化的几个面向》(林丽月)，《中国夜未眠——明清时期的元宵、夜禁与狂欢》(陈熙远)，《生活、知识与文化产品：晚明福建版"日用类书"与其书画门》(王正华)，《日常生活世界的形成与建构——〈金瓶梅词话〉与日用类书》(商伟)，《文人雅趣与商业书坊——十竹斋与胡正言的出版事业》(马孟晶)，《日常生活中的书法——以傅山为例》(白谦慎)等。台湾的明代日常生活史研究，主要表现在城市生活史、消费文化、旅游活动等方面。二是邱仲麟主编《中国史新论：生活与文化分册》(联经出版事业股份有限公司，2013年)，其中明清部分的论文有：王鸿泰《明清的士人生活与文人文化》、费丝言《明清的城市空间与城市化研究》、巫仁恕《明清的广告文化与城市消费风尚》、邱仲麟《晚明以来的西洋镜与视觉感官的开发》。代表性的研究专著，以巫仁恕对于江南消费社会的探讨引人注目。巫仁恕《品味奢华——晚明的消费社会与士大夫》提出明代江南消费社会说，还就研究消费文化的方法、女性的消费文化进行了探讨。① 需要指出的是，台湾研究明代生活史的重要学者如王鸿泰、巫仁恕、邱仲麟等系出台大，受到提倡明代社会风气研究②、城市史研究的明史专家徐泓教授的深刻影响。

在欧美学界，关注物质文化与日常生活的关系，从文化消费进入是重要的研究手法。英国学者柯律格是研究物质文化消费的重要学者，

---

① 巫仁恕：《明清消费文化研究的新取径与新问题》，载《新史学》，第17卷，第4期，2006；巫仁恕：《奢侈的女人：明清时期江南妇女的消费文化》，台北，三民书局，2005。学术界对此研究的评论有汪荣祖：《晚明消费革命之迷：巫仁恕〈品味奢华：晚明的消费社会与士大夫〉》，载《"中央研究院"近代史研究所集刊》，第58期，2007；王雨濛：《晚明消费文化研究之新思路——评巫仁恕著〈品味奢华〉》，见《中国社会历史评论》第13卷。

② 关于社会风气研究与社会史研究的关系，请参看常建华：《旧领域与新视野：从风俗论看明清社会史研究》，见《中国社会历史评论》第12卷。

他关于探讨明代士大夫艺术品趣味、时尚与“雅”“俗”社会阶层区隔意义的探讨，为人们探讨日常生活与物质文化的关系树立了楷模。① 他也研究明代的图像与视觉性，认为“要认真对待‘视觉文化’这一还在发展完善中的理论范式，研究该视觉文化的一部分，即明代社会生活中各类图像的总合，同时也研究明代社会中的‘观看’及其视觉文化”②。柯律格还借鉴人类学的礼物交换理论，探讨书画的礼物性质与社会交往，就文徵明的社交艺术深入研究，对于讨论文人的生存方式与艺术品的社会意义、生活意义，提供了一个研究范式。他注意书画作品制作时机与场合，在送礼的活动中找到其之所以产生的根源，认为“日常生活中早已存在着一套言语与姿态的陈规，以界定种种收受的时机与场合。……艺术作品视为需要解释的物品，而社交网络则成为至少可以提供部分解释的脉络及背景”③。美国学者高居翰对画家生计的探讨，也使人们进入艺术家的生活领域。④ 从书画艺术的社会史研究进入文人的生活史，是欧美学者对明代社会生活史、日常生活史研究的一大贡献。

从社会性别研究进入生育医疗、婚姻家庭、消费、社会交往的领域生活史，则是欧美明代日常生活史研究的另一大贡献。社会性别研究观照下的日常生活史研究，还涉及科技社会史、医疗社会史、身体史等学术领域。香港旅美学者高彦颐《闺塾师——明末清初江南的才女文化》一书旨在考察社会性别问题，但是日常生活史的色彩浓厚，作者考察中国妇女的生活，综和了理想化理念、生活实践、女性视角，作者从生活实践看到明末清初的妇女：“在日常的生活中，她们大多数都

---

① [英]柯律格：《长物：早期现代中国的物质文化与社会状况》(*Superfluous Things: Material Culture and Social Status in Early Modern China*，1991)，北京，生活·读书·新知三联书店，2015。

② [英]柯律格：《明代的图像与视觉性》，11页，北京，北京大学出版社，2011。

③ [英]柯律格：《雅债：文徵明的社交性艺术》，Ⅹ、ⅩⅦ页。

④ 高居翰著，杨贤宗等译：《画家生涯：传统中国画家的生活与工作》，北京，生活·读书·新知三联书店，2012。

于名义上遵从这些格言(指三从四德),在法律和社会习俗的管束下,过着以家庭为中心的生活。尽管妇女不能改写框定她们生活的这些原则,但在统治地位的社会性别体系内,她们却极有创造地开辟了一个生存空间,这是给她们意义、安慰和尊严的空间。"①就具体讨论的问题而言,如女性的"家内宗教"表现出仪式和宗教情怀,"它们嵌入闺阁的日常生活中,并构成了女性世界观和自我认识的重要组成部分。这些妇女在家内对虔诚的追求和每日生活的绝不懈怠,都是晚明中国世俗佛教运动发达的组成部分"②。高彦颐还撰文论述了妇女的生活空间。③

英美学者白馥兰著有极富原创性的《技术与性别——晚期帝制中国的权力经纬》一书,该书"导言"的副标题是"日常生活的结构:科技、妇女和文化史",可见作者决心将科技、妇女和文化史在日常生活中打通,开门见山就引用杰克·西门斯(Jack Simmons)《科技史》所说:"我认为这是相当明确的:要理解不同于我们时代的人们的生活和日常行为,对于为其服务的科技的考量是不可或缺的,因为它们本身在很多方面形塑了生活的真正结构。"④在作者看来,传统社会的日常物品这些有关过去时代的象征符号,破解的关键是身体性的,"身体的感受将把我们带回到它们所属于的那个世界——构成普通民众生活的劳作、制造和消费的日常生活世界"⑤。该书具体探讨了建筑、妇女的工作、母亲身份的意义等问题。在对母亲身份意义的研究中,采取了从生育科技与生育医学考察的路径。

美国学者费侠莉的《繁盛之阴——中国医学史中的性(960—1665)》则是专门从医学妇科入手探讨女性生活的著作,作者认为:"医学也揭示出它本身作为一种社会实践,并不受医学精英的支配,疾病的治疗

---

① [美]高彦颐:《闺塾师——明末清初江南的才女文化》,9页。

② [美]高彦颐:《闺塾师——明末清初江南的才女文化》,211页。

③ [美]高彦颐:《"空间"与"家"——论明末清初妇女的生活空间》,载《近代中国妇女史研究》,1995(3)。

④ [美]白馥兰:《技术与性别——晚期帝制中国的权力经纬》,1页。

⑤ [美]白馥兰:《技术与性别——晚期帝制中国的权力经纬》,1页。

也可以是一种家庭技能，也可以是文人的业余学问，甚至可以是一种低贱的手艺或者是一种仪式化的宗教活动。……在明代后期精英文化的特殊历史背景下，中医学体现在渗透权力的社会关系所形成的宇宙观和日常生活中，应用于人体内部功能主要通过符号和语言为公众所知的社会里。”在日常生活中把握医学，作者认为：“历史学家必须相信他们分析的文本只是过去生活不完整的痕迹。”“疾病病原学的解释——无论治病环境的‘气’、行为举止、情绪，还是体力劳动的消耗——都是关注日常生活。”①

明代生活的显著变化与商品经济的发展有着密切关系。旅美学者张春树、骆雪伦注意到晚明随着以商业经济发达为特征的经济巨变，社会文化也发生了巨变，产生了一种新的生活方式，显示出“现代性”②。加拿大学者卜正民《纵乐的困惑：明代的商业与文化》③中的文化概念不仅具有知识特性，还有行为性，即也关注生活本身，哪怕是连姓名都无从考证的平常人的日常生活，讨论的焦点则是社会的日益商业化对士绅产生的影响。④

美国学者韩书瑞的《北京寺庙与城市生活》别开生面，该书第一部分探讨明清北京宗教机构的运作情况，把捐赠者、寺庙联系起来的机制以及寺庙在城市、居民生活中所扮演的角色；第二部分探讨明代北京的帝都、社团、景观等问题，通过观察宗教活动留下的痕迹，了解在总体上构成城市生活的组织、团体以及社区，不同类型的人们创立

---

① ［美］费侠莉：《繁盛之阴——中国医学史中的性(960—1665)》，3、12、275页。

② 张春树、骆雪伦著，王湘云译：《明清时代之社会经济巨变与新文化：李渔时代的社会文化及其“现代性”》，上海，上海古籍出版社，2008；又，该书英文版初刊于1992年。

③ ［加］卜正民著，方骏、王秀丽、罗天佑译：《纵乐的困惑：明代的商业与文化》，北京，生活·读书·新知三联书店，2004；又，该书英文版初刊于1998年。

④ 罗艳春撰有书评《卜正民：〈纵乐的困惑：明代的商业与文化〉》，见《中国社会历史评论》第7卷，431～436页，天津，天津古籍出版社，2006。

了一系列组织，这种社会融合体借助寺庙团体圣会、朝圣者而扩散，特别是与寺庙发展相关的名胜古迹，在游客与北京居民之间建立了一个共识的文化背景。①

二、明代日常生活史研究的主要领域

明代生活史作为社会史的一部分，关注不同社会群体的生活状态以及群体之间的关系。明代士人的研究积累了众多成果，特别是对晚明士人的研究，主要探讨了晚明士人的组织形式及政治态度、价值观念、士人心态与士风、社会生活及生存状态、士人与地方社会等方面，研究趋势从重政治和思想层面向重社会生活层面转变，有关晚明士人社会生活状况的研究，比较一致的观点是士人的贫困化，贫困化和商业的高利润使得士人转变观念，从而改变了原有的生活方式。② 赵园较早关注明遗民的生计问题，刘晓东将明代士人的生计与世风联系起来，陈平原使用文人的概念论述生计问题。③ 刘晓东、赵毅在多种著作中研究了明代士人的生存、生计与生活，如刘晓东《明代士人生存状态研究》(吉林文史出版社，2002 年)论述了明代中下层士人群体的生存状态、治生方式，以士人人格精神的消解和生存观念的世俗化转向为归宿。赵毅、刘晓东合著《晚明基层士人社会生活谫论》(吉林人民出版社，2006 年)，深入研究了晚明基层士人群体的形成、出路、心态、风气、社会地位与角色等。刘晓东著《明代的塾师与基层社会》(商务印书馆，2010 年)展示了塾师的社会网络与生计。徐兆安注意到儒师的

---

① [美]韩书瑞著，朱修春译：《北京寺庙与城市生活》上册，165、207、242 页。

② 李竞艳：《20 世纪以来晚明士人群体研究综述》，载《史学月刊》，2011(2)。又，李竞艳：《晚明士人生活来源问题浅论》，载《商丘师范学院学报》，2012(8)。

③ 赵园：《明清之际士大夫研究》，330～345 页，北京，北京大学出版社，1999；刘晓东：《晚明士人的生计与士风》，载《东北师大学报》，2001(1)；陈平原：《文人的生计与幽韵——陈继儒的为人与为文》，载《文史知识》，2002(1、2)；刘晓东：《论明代士人的“异业治生”》，载《史学月刊》，2007(8)。

学术活动与生活的关系。① 陈宝良《明代儒学生员与地方社会》专节讨论到士人与社会生活，具体论述士人的衣食住行与社交礼仪。② 他认为明代士大夫基于生活的富足、安逸，“偷闲”观念开始风行起来，借助于竹木、花草、动物，士大夫托物寄志，最终确立了以闲情逸致为基调的生活模式，世俗与雅致并存于明代士大夫的生活中。③ 张艺曦通过分析明代的学术官僚、一般士人、理学家、文人这四类人的生活作息，了解其睡眠时间与观念的转变。作者特别提醒说，明代一批为了科举的士人熬夜苦读，他们的价值观、生活方式，以及思想的世界，很值得研究。④ 有人认为，明代吴人读书，只图生活和精神的快事，读书为生活服务。我行我素的生活方式和生活态度，使士人勇于摆脱传统生活方式的束缚，直击世俗的市井生活，寻求日常的世俗欢乐。⑤ 徐林《明代中晚期江南士人社会交往研究》(上海古籍出版社，2006 年)以社会关系研究的社会史取向，实际上探讨了士人的日常交往，进入士人的日常生活状态。何淑宜《香火：江南士人与元明时期祭祖传统的建构》(稻乡出版社，2009 年)则阐明儒家礼制与人们日常生活规范及实践之间的关系。

有的学者更喜欢使用“文人”一词探讨明代知识分子的生活形态。台湾学者陈万益、李明宗较早注意明代文人生活。⑥ 晚明文人的生活

---

① 徐兆安：《明初泰和儒师杨士奇早年的学术与生活》，见田澍等主编：《第十一届明史国际学术讨论会论文集》，天津，天津古籍出版社，2007。

② 陈宝良：《明代儒学生员与地方社会》，432～449 页，北京，中国社会科学出版社，2005。

③ 陈宝良：《雅俗兼备：明代士大夫的生活观念》，载《社会科学辑刊》，2013(2)。

④ 张艺曦：《明代士人的睡眠时间与睡眠观念——关于睡眠史的初步研究》，载《明代研究通讯》，第 5 期，2002。

⑤ 李双华：《论明中叶吴中士人的生活态度》，载《北方论丛》，2005(6)。

⑥ 陈万益：《晚明小品与明季文人生活》，台北，大安出版社，1988；李明宗：《晚明文人的休闲生活及其反映的时代意义》，载《台湾师大体育研究(复刊号)》，1997 年 4 月。又，晚明小品引人注目，吴承学《晚明小品研究》(江苏古籍出版社，1998 年)论述了晚明士人心态与晚明习气。

与行事确实引人注目，陈秀芬《养生与修身——晚明文人的身体书写与摄生技术》①借助文人编撰的养生专书和日用类书，对明代养生"文人化""商业化""物质化""世俗化""通俗化"等现象进行深入的探讨，其中第二章探讨了文人养生与日常生活。周榆华《晚明文人以文治生研究》(广东高等教育出版社，2011 年)探讨文人如何撰写各种文体的文章以谋生的问题，将著文落实到日常生活层面理解，使得人们对于士人的生计方式有了更深入的认识。② 刘明杉通过考察瓷器使用的普及，论述了晚明文人士大夫的精致生活。③

明代的文人不仅"以文治生"，其中也蕴含了审美生活。台湾学者王鸿泰认为文人文化的形成与发展是明清文化的重要特色，而文人文化和士人的生活经营密切相关。他探讨了明清文人生活中的赏玩活动，由士人的"闲隐"理念入手，考察其如何开展出"雅"的生活形式，进而探究文雅生活的实质内涵；发现闲雅生活的营造，除各种玩物陈列在生活范围内，还需有人的感官作用其间，以进行物之赏玩。在物的赏玩中，文人赋予物特定的质感，对其具有特定的情感想象，被"性情化"的物乃因此成为人的交感对象，以为个人生命之寄托。对于文人来说，生活经营不可或缺，包括城市园林的美感空间。④ 他还认为，赏玩文化自明代中叶出现走出艺术"世族门第"，由此清高境界转入世俗

---

① 陈秀芬：《养生与修身——晚明文人的身体书写与摄生技术》，台北，稻乡出版社，2009。书评有张瑞：《文人化与世俗化之间：陈秀芬笔下的晚明养生文化》，见《中国社会历史评论》第 14 卷。

② 刘佳：《"伤哉贫也"——读〈晚明文人以文治生研究〉》，见《中国社会历史评论》第 14 卷。

③ 刘明杉：《明代官窑制度与实际应用——兼谈嘉万以降文人的精致生活》，见《明史研究》第 13 辑，合肥，黄山书社，2013。

④ 王鸿泰：《美感空间的经营——明、清间的城市园林与文人文化》，见《东亚近代思想与社会》，台北，月旦出版社，1999；王鸿泰：《闲情雅致——明清间文人的生活经营与品赏文化》，载《"故宫"学术季刊》，第 22 卷，第 1 期，2004；王鸿泰：《明清士人的闲隐理念与生活情境的经营》，载《"故宫"学术季刊》，第 24 卷，第 3 期，2007。

世界，在士商相杂的社会格局下，别具意义地重新展开雅俗的辩证。① 他还认为情色文化是明清文人文化的重要内涵，也是明清社会文化的重要特色，探讨了明清文人的女色品赏与情艺生活。② 王鸿泰进一步思考明代社会风气变迁内在的意涵，讨论"商品化"机制如何与人的欲望相呼应，以至推动社会生活层面的具体变化；指出"在个人的感官之好与市场商品相联结的同时，市场商品也与整体社会生活发生联系。因为市场除了作为商品经济的聚集场域外，它同时也是个人生活领域与公众生活的中介"③。江南文人的闲居生活与鉴藏关系密切，具有"闲赏"的特性，属于赏玩文化或被认为是艺术化生活，自放生活。江南文人收藏和鉴赏古书、字画、玉器、铜器、瓷器等各类文物的风气极为兴盛，他们注重古代器物的艺术特色和文化内涵，崇尚古朴典雅、自然含蓄的审美趣味，与同道好友共赏秘藏，吟诗作跋，成为其精神生活的重要组成部分。④

士人的赏玩文化与商人赞助艺术、商人的儒化有关。明代中后期商人势力逐渐膨胀并影响了社会风气，徽商的生活情态发生了变化。⑤

---

① 王鸿泰：《雅俗的辩证——明代赏玩文化的流行与士商关系的交错》，载《新史学》，第 7 卷，第 4 期，2006。

② 王鸿泰：《明清文人的女色品赏与美人意象的塑造》，载《中国史学》(京都)，16 期，2006 年 12 月；王鸿泰：《美人相伴——明清文人的美色品赏与情艺生活的经营》，载《新史学》，第 24 卷，第 2 期，2013。

③ 王鸿泰：《明清感官世界的开发与欲望的商品化》，载《明代研究》，第 18 期，2012 年 6 月。

④ 万木春：《味水轩里的闲居者：万历末年嘉兴的书画世界》，杭州，中国美术学院出版社，2008；苏状：《"闲赏"范畴与明清文人的审美生活》，载《北方论丛》，2007(5)；吴功正：《明代赏玩及其文化、美学批判》，载《南京大学学报》，2008(3)；金萍：《明代绘画中文人的艺术化生活》，载《东南文化》，2012(1)；妥建清：《论晚明士人自放生活的颓废审美风格》，载《甘肃社会科学》，2012(5)；陈江：《明代江南文人的文物鉴藏及其审美趣味》，载《华东师范大学学报》，2012(2)。

⑤ 陈大康：《明代商贾与世风》，上海，上海文艺出版社，1996；章尚正：《徽商的生活情态与价值观念——以明清小说看徽商存在》，载《安徽大学学报》，1997(3)。

许敏关注江南区域商人与文人关系，认为明代后期江南产生了商贾及其子弟的文人化现象。① 张长虹系统研究了明末清初徽商的艺术赞助活动、艺术品收藏活动等问题。② 范金民认为通过收藏图书鼎彝，徽商的文化追求和艺术素养大有提高，收藏书画鼎彝，既是徽商提高自身文化素养的有效途径，也是徽商提高社会认同的切近之路。③

明代女性日常生活方面，李伯重关于明清江南农家妇女劳动问题的探讨具有新意，陈宝良也论述了明代妇女的劳动与家庭生活。④ 赵世瑜、林丽月、常建华、赵崔莉先后对女性的闲暇、节日等多方面的生活有所探讨。⑤ 有人利用《金瓶梅》探讨女性日常生活。⑥ 冯贤亮认为，明清涌现出了大量情色小说或言情文学，有十分丰富的关于当时城乡民众的家庭日常生活与私密行为的描述，反映了时人在两性交往和生活中的开放程度。透过文人们的若干记忆，我们可以略窥当时日常生活中青楼、闲房、内闱这三大重要的空间及其代表的生活环境，

---

① 许敏：《试析明代后期江南商贾及其子弟的文人化现象——从方用彬谈起》，载《中国史研究》，2005(3)。

② 张长虹：《品鉴与经营：明末清初徽商艺术赞助研究》，北京，北京大学出版社，2010。又，书评有张雨：《明清徽商研究的深化与细化——读〈品鉴与经营：明末清初徽商艺术赞助研究〉》，见《中国社会历史评论》第15卷。

③ 范金民：《斌斌风雅——明后期徽州商人的书画收藏》，载《中国社会经济史研究》，2013(1)。

④ 李伯重：《从"夫妇并作"到"男耕女织"——明清江南农家妇女劳动问题探讨之一》，载《中国经济史研究》，1996(3)；李伯重：《"男耕女织"到"半边天"——明清江南农家妇女劳动问题探讨之二》，载《中国经济史研究》，1997(3)；陈宝良：《明代妇女的社会经济活动及其转向》，载《中州学刊》，2011(1)。

⑤ 赵世瑜：《明清以来妇女的宗教活动、闲暇生活与女性亚文化》，《原学》第2辑，北京，中国广播电视出版社，1995年；林丽月：《从〈杜骗新书〉看晚明妇女生活的侧面》，载《近代中国妇女史研究》，1995(3)；常建华：《明代方志所见岁时节日中的女性活动》，载《中国史研究》(韩国)第20辑(中国女性史特辑号)，2002年10月；赵崔莉：《明代女性的休闲生活》，载《中国社会经济史研究》，2009(1)。

⑥ 朱星瑶：《〈金瓶梅〉对女性日常生活的描写及其意义》，载《学习与探索》，2008(3)。

粗略地观察到以文人、风尘女子为主的群体的人生情怀及心灵世界。① 衣若兰《明代的三姑六婆》(稻乡出版社，2002 年)是有特色的明代妇女史著作，关系到明人的日常生活。契约文书中留下一些妇女的身影。② 王雪萍《16—18 世纪婢女生存状态研究》(黑龙江大学出版社，2008 年)有助于了解婢女阶层的生活。目前最全面的明代妇女史著作是陈宝良《中国妇女通史·明代卷》(杭州出版社，2010 年)，67 万字的篇幅，论述到社会各阶层妇女、礼俗与妇女生活、妇女的社会活动等问题。③ 性别史离不开生育婚姻家庭的讨论，常建华论述了明代的溺婴问题④，明代家庭生活的研究有一定程度的开展。⑤

也有学者关心社会下层的生活，如奴仆、疍民等。⑥ 还有利用墓志涉略明代吉安庶民的老年生活类型与遗言问题的探讨。⑦

衣食住行消费是日常生活史的基本内容。常建华使用“生活性消费”的概念，认为明代衣食住行用消费风俗的变化，实质上反映的是生活方式的变迁，这一变迁具有追逐时髦、竞相奢侈和违礼逾制三个特点。⑧

---

① 冯贤亮：《明清中国：青楼女子、两性交往及社会变迁》，载《学术月刊》，2006(9)。

② 陈瑛珣：《明清契约文书中的妇女经济活动》，台北，台明文化事业有限公司，2001。

③ 书评有高寿仙：《明代妇女的生活及其转向》，载《博览群书》，2011(10)。

④ 常建华：《明代溺婴问题初探》，见《中国社会历史评论》第 4 卷。

⑤ 范喜茹：《近三十年明代家庭史研究述评》，载《青海民族研究》，2013(2)。

⑥ 吴振汉：《明代奴仆之生活概况——几个重要问题的探讨》，载《史原》，第 12 期，1982；叶显恩：《明清广东蛋民的生活习俗与地缘关系》，载《中国社会经济史研究》，1991(1)；胡中生：《明清徽州下层社会的非常态婚姻及其特点》，载《安徽史学》，2001(3)；胡中生：《明清徽州的人口买卖与婚配》，载《安徽史学》，2003(2)。

⑦ 杨扬、王建亮：《浅析出土墓志所记明代吉安老年庶民的遗言》，载《黑龙江史志》，2013(15)；杨扬、朱一华：《浅析明代吉安庶民的老年生活类型——基于 24 篇出土墓志的分析》，载《老区建设》，2013(22)。

⑧ 常建华：《论明代社会生活性消费风俗的变迁》，载《南开学报》，1994(4)。

这种情形在江南表现比较突出，也有学者出版了通论性的著作。① 明代服饰风尚的研究活跃②，林丽月指出，晚明风尚讲究服饰装扮，不断追求“时兴新样”，消费心态迥异于明代前期，而知识阶层感时忧道的“服妖说”亦相应而起。③ 巫仁恕指出，明代中期以后士大夫更积极地自创新风格、新形式的服饰衣冠，以重新塑造自己的身份与地位。江南妇女的消费文化也很突出。④ 邱仲麟探讨了明清时期流行穿皮衣的时尚。⑤ 张志云《明代服饰文化研究》(湖北人民出版社，2009 年)论述了物欲释放与消费革命、服饰消费时尚运动等问题。饮食方面，刘志琴认为晚明文化精英大都以贴近民众、关切民生、崇尚真情为主旨，以人为主体的饮食思想表现出新的人生情趣。士大夫以品尝美食、撰写饮食论著为盛事，宣扬“真乐”人生。饮食理论从“养生”发展到“尊生”。饮食风气由俭而奢，越礼逾制。以吃联谊，增强士大夫的凝聚力，促进了文人结社的发展。有识之士在追求人和自然的和谐中满足口腹之欲，反对虐生，产生朦胧的生态意识。“食、色性也”的生命伦理在明代得到充分的发挥。⑥ 许敏认为明中叶以后，遍布全国城乡的饮食店铺，在大众消费需求和行业竞争的双重刺激下，大小饮食店铺均有意或无意地以传统文化为底蕴，在店铺的形态、环境乃至产品包

---

① 朱绍华、王翔：《“僭礼逾制”：明清江南市民生活的潜流》，载《浙江社会科学》，2006(4)；伊永文：《明代衣食住行》，北京，中华书局，2012。

② 王熹：《明代服饰研究简述》，见《明史研究》第 11 辑，265～288 页，合肥，黄山书社，2010。

③ 林丽月：《衣裳与风教——晚明的服饰风尚与“服妖”议论》，载《新史学》，第 10 卷，第 3 期，1999；林丽月：《明代中后期的服饰文化及其消费心态》，见《经济史、都市文化与物质文化》，台北，“中研院”第三届国际汉学会议论文集历史组，2002。

④ 巫仁恕：《明代平民服饰的流行风尚与士大夫的反应》，载《新史学》，第 10 卷，第 3 期，1999；巫仁恕：《奢侈的女人：明清时期江南妇女的消费文化》，台北，三民书局，2005。

⑤ 邱仲麟：《保暖、炫耀与权势——明代珍贵毛皮的文化史》，载《“中央研究院”历史语言研究所集刊》，第 80 本，第 4 分，2009。

⑥ 刘志琴：《明代饮食思想与文化思潮》，载《史学集刊》，1999(4)。

装等方面，营造出一种适合自己特色的文化氛围。市民消费也有了很大变化，与商品经济和市民生活息息相关的饮食店铺也呈现了新的时代特征，在人们社会生活和经济活动中占据了重要的一席之地。① 徐林指出晚明士人乐于宴饮既是不甘寂寞的表现，又是内心苦闷、事功心态弱化的产物。② 邱仲麟探讨了明清北京天然冰与官员上班、百姓日常生活的关系，揭示冰如何通过政治体制、商业机制与北京的日常生活(如办公、出外、居家、饮食等)发生联系，涉及冰与国家、民生的问题。他还论述了江浙冰藏与海鲜消费的问题。③ 朱力认为明代居室生活有艺术化倾向。④ 邱仲麟研究了明代文人的鲜花陈设赏玩。⑤ 巫仁恕认为明代中叶以后城市化与奢侈风气的盛行，造成对家具的大量需求，也带动家具业的发展与家具的商品化。而不同的社会阶层对家具的需求也会不同，士人与文人就塑造了完全不同于高官富人的家具品味，成为其身份认同的标志。尤其对于支撑其文化支配权的重要象征——书房特别重视，他们尝试在书房家具上铭刻，将之特殊化与神圣化，来抵抗家具商品化的潮流。⑥ 明代居用方面，青花瓷普及，

---

① 许敏：《明清饮食店铺文化略论——着重对明中叶至清中叶的考察》，载《炎黄文化增刊》，第6期，1999年6月；许敏：《明清饮食店铺与大众社会生活》，见《庆祝杨向奎先生教研六十年论文集》，石家庄，河北教育出版社，2000。

② 徐林：《宴饮与明中后期江南士人社会交往生活》，载《社会科学战线》，2005(2)。

③ 邱仲麟：《天然冰与明清北京的社会生活》，载《"中央研究院"近代史研究所集刊》，第50期，2005；邱仲麟：《冰窖、冰船与冰鲜：明代以降江浙的冰鲜渔业与海鲜消费》，载《中国饮食文化》，2005(1、2)。

④ 朱力：《中国明代住宅室内设计思想研究》，96～128页，北京，中国建筑工业出版社，2008。

⑤ 邱仲麟：《花园子与花树店——明清江南的花卉种植与园艺市场》，载《"中央研究院"历史语言研究所集刊》，第78本，第3分，2007；邱仲麟：《明清江浙文人的看花局与访花活动》，载《淡江史学》，第18期，2007；邱仲麟：《宜目宜鼻——明清文人对于盆景与瓶花之赏玩》，载《九州学林》，第5卷，第4期，2007。

⑥ 巫仁恕：《晚明文士的消费文化——以家俱(具)为个案的考察》，载《浙江学刊》，2005(6)。

肖丰认为物质文化生活上出现器用的瓷质化倾向。① 巫仁恕以明代的乘轿风气为例，揭示轿子在政治权力、社会身份或政治文化等三方面所具有的象征意义。② 吴智和认为，明人喜好山水之游。③ 于宝航认为，晚明时期乘舆制度"崇节俭、辨等威"的制度精神遭到消解，而占有大量资源的权贵集团及其衍生群体是这一变化的根源和主体。④

明代出行方面最大的变化，则是在江南等地，旅游成为生活的一部分。明代的旅游问题较早引人注目⑤，巫仁恕讨论了晚明江南兴盛的旅游活动⑥，利用日记论述了明清士大夫日常生活中的旅游实践⑦。周振鹤认为晚明社会风气的巨大变化使旅游成为一件正经事，大批文人热衷于游览名山大川观察社会风情，旅游蔚为时尚。许多人写下描写自然环境与人文景观的文章，其中突出者遂成为著名的旅游家，个别超群者则成为杰出的地理学家。⑧ 陈建勤、魏向东分别撰写专著，

---

① 肖丰：《器型、纹饰与晚明社会生活》，武汉，华中师范大学出版社，2010。又，书评有孙雅岫：《〈器形、纹饰与晚明社会生活——以景德镇瓷器为中心的考察〉读后》，见《中国社会历史评论》第15卷。

② 巫仁恕：《明代士大夫与轿子文化》，载《"中央研究院"近代史研究所集刊》，第38期，2002。

③ 吴智和：《明人山水休闲生活》，载《汉学研究》，第20卷，第1期(总第40期)，2002年6月。

④ 于宝航：《晚明世风变迁的观察角度与解释模式——以乘舆制度为研究中心》，载《大连大学学报》，2007(1)。

⑤ 郑祖安：《徐霞客旅行方法研究》，载《史林》，1988(2)；陈宝良：《明代旅游文化初识》，载《东南文化》，1992(2)；夏咸淳：《明人山水趣尚》，载《学术月刊》，1997(4)；滕新才：《明朝中后期旅游热初探》，载《北方论丛》，1997(3)。又，明代旅游的研究状况，可参考孟顺方：《近二十年明代旅游研究综述》，载《西北工业大学学报》，2010(2)。

⑥ 巫仁恕：《晚明的旅游活动与消费文化——以江南为讨论中心》，载《"中央研究院"近代史研究所集刊》，第41期，2003年9月。

⑦ 巫仁恕、狄雅斯：《游道——明清旅游文化》，第五章，台北，三民书店，2010。

⑧ 周振鹤：《从明人文集看晚明旅游风气及其与地理学的关系》，载《复旦学报》，2005(1)。

探讨江南地区的旅游活动与旅游地理。① 李娜通过对晚明杭州西湖旅游指南书籍《湖山胜概》的分析，讨论了晚明西湖的旅游与文人艺术趣味。②

娱乐史的研究不太多，一般散见于戏曲史、曲艺史、体育史等相关研究领域之中，刘水云《明清家乐研究》(上海古籍出版社，2005 年)论述了民间戏乐的关系及家乐的形式、活动内容等。刘召明《晚明苏州剧坛研究》(齐鲁书社，2007 年)介绍了苏州职业戏班、家乐戏班、民俗演剧的兴盛。晚明文人观剧盛行。③ 刘天振《明清江南城市商业出版与文化传播》(中国社会科学出版社，2011 年)探讨了阅读这种新型娱乐方式的构建。

传统中国是农业社会，乡村生活是最为普遍的。日本学者滨岛敦俊从社与聚落角度认识乡村民间信仰与日常生活。④ 村落社区史反映社群生活，有学者探讨江西抚州地区乐安县流坑村五代以来的历史、风俗民情，徽州村落史已经着眼于民众的日常生活。⑤ 陈剩勇叙述了 14—17 世纪江南地区乡村社会的特征，描述了当时乡村地区乡民的四时农事、日常生活、岁时节日和乡民的娱乐活动，探讨了明代社会教化和乡村自治的特点。⑥ 冯贤亮讨论了明清江南乡村民众的生活与地

---

① 陈建勤：《明清旅游活动研究——以长江三角洲为中心》，北京，中国社会科学出版社，2008；魏向东：《晚明旅游地理研究——以江南地区为中心》，天津，天津古籍出版社，2011。

② 李娜：《〈湖山胜概〉与晚明文人艺术趣味研究》，杭州，中国美术学院出版社，2013。

③ 董雁：《晚明文人园林观演剧活动及其戏曲史意义》，载《西北大学学报》，2010(3)。

④ [日]滨岛敦俊著，朱海滨译：《明清江南农村社会与民间信仰》，129～166 页，厦门，厦门大学出版社，2008。

⑤ 周銮书主编：《千古一村：流坑历史文化的考察》，南昌，江西人民出版社，1997；王振忠：《明清以来徽州村落社会史研究——以新发现的民间珍稀文献为中心》，上海，上海人民出版社，2011。

⑥ 陈剩勇：《明代浙江：乡村社会、农家生活和社会教化》，载《浙江社会科学》，2000(1)。

区差异。① 周绍泉通过对徽州文书中一户胡姓农民家族从成化到崇祯150年间的36张契约文书的分析，阐明这个农民家族世系的递嬗、家族的演变以及生活状况。②

城市生活史的研究活跃。商品经济的发展与市民生活的关系、文学与城市生活形态、城市社会与市民文学、娱乐文化与市民文学的关系较早受到重视③，综合性的研究有陈宝良的《飘摇的传统：明代城市生活长卷》(湖南人民出版社，1996年)，探讨了城市的衣食住行、礼仪生活、休闲娱乐、众生百态。2009年3月，复旦大学举行了专门的“城市生活”研讨会，并出版了论文集，收录有关明代的论文7篇。④地区性和个别城市研究方面，北京市社会科学院历史研究所编的《北京城市生活史》(开明书店，1997年)涉及明代北京城区居民生活，内容包括北京城区社会结构、人口、民族、家庭、居民的物质与精神生活。张勃阐释了晚明的北京居民是如何通过过节，即对节日文化的实践作用于北京城市活动空间的发展的。牛建强指出，明代中后期，开封在经历城市经济复苏之后进入了繁盛阶段，在诸如元夕、打春等传统的节日庆典上面得到了集中展示：规模趋大，欢闹热烈。⑤

① 冯贤亮：《明清江南乡村民众的生活与地区差异》，载《中国历史地理论丛》，2003(4)。又，冯贤亮：《近世浙西的环境、水利与社会》，北京，中国社会科学出版社，2010。

② 周绍泉：《明后期祁门胡姓农民家族生活状况剖析》，载《东方学报》(京都)，第67册，1995。

③ 王翔：《明清商品经济与江南市民生活》，载《苏州大学学报》，1993(3)；孟彭兴：《明代商品经济的繁荣与市民社会生活的嬗变》，载《上海社会科学院学术季刊》，1994(2)；郑利华：《明代中期文学演进与城市生活形态》，上海，复旦大学出版社，1995；方志远：《明代城市与市民文学》，北京，中华书局，2004；戴建：《明代后期吴越城市娱乐文化与市民文学》，北京，社会科学文献出版社，2012。

④ 复旦大学文史研究院编：《都市繁华——一千五百年来的东亚城市生活史》，北京，中华书局，2010。

⑤ 张勃：《晚明北京居民的节日生活与城市空间的发展》，见《中国社会历史评论》第11卷；牛建强：《明代开封城市生活的若干侧面——源自诗意的构拟》，载《中州学刊》，2004(6)。

台湾的明代城市生活研究受到文化史研究的影响较大，着意于城市空间与日常生活的关联，重要的成果有王鸿泰《流动与互动——由明清间城市生活的特性探测公众场域的开展》、李孝悌主编《中国的城市生活》、李孝悌《昨日到城市：近世中国的逸乐与宗教》，王正华以16世纪晚期大量出现的城市图为中心，考察了城市观以及不同阶层对于城市图像这种文化商品的流行消费。① 值得注意的是巫仁恕的《优游坊厢：明清江南城市的休闲消费与空间变迁》，作者尝试将“空间”的观念带入消费研究领域，探讨明清城市内休闲消费活动如何改变了空间结构，进而分析现象背后所反映的社会关系与权力纠结。该书分成三篇：上篇从休闲与购物两方面来探讨明清城市的消费性格与消费的动力；中篇以城市休闲消费所反映的社会空间为主题，分别以苏州的园林与旅游为例；下篇是关于两性购物消费的议题。作者指出“消费”就是城市性格的重要特征，同时也以休闲消费的吸引力来解释明清乡绅逐渐城居化的原因。城市民变构成晚明城市的另一道景观，也是城市生活变动的反映，巫仁恕深入研究了明清城市民变。② 邱仲麟较早从事北京城市生活的研究。③

王鸿泰以城市生活的活跃群体士人为媒介，透过城市生活现象深入分析了城市社会，特别关注城市的社交问题。他认为城市作为一个生活场域，别具意义的地方在于个人私生活之外，另提供一个广阔且充满变量的公众生活领域。这个公众领域可能发展出新的社会关系、社会活动，乃至构成独特的社会形态，进而演化出别具意义的社会文化。他探讨士人如何在城市中展开社交活动，从而形成特定的社交网络与社会文化，以至另辟士人仕途之外的人生蹊径。明中期以后，繁荣的城市已成士人重要的社交场域，个人不断地跨越血缘与地缘关系，

① 王正华：《过眼繁华——晚明城市图、城市观与文化消费的研究》，见李孝悌主编：《中国的城市生活》，北京，新星出版社，2006。

② 巫仁恕：《激变良民——传统中国城市群众集体行动之分析》，北京，北京大学出版社，2011。

③ 邱仲麟：《明代北京都市生活与治安的转变》，载《九州学刊》(香港)，第5卷，第2期，1992。

进行人际关系的经营，以至建构成跨越地域性的社交网络，甚而凝结出非血缘的社会团体——社盟。① 他还考察明清部分读书人习诗与人生路径，认为诗其实具有很强的“社交性”，透过诗歌的写作、流通、传阅，在作者与读者之间引发共鸣，进而发展出极为繁复的社交活动，营结出密实的人际网络，凝聚对文艺写作有兴趣的文人，开展相关的艺文活动，由此在现实社会中营造出一个独特的“文艺社会”。② 他又指出，明清商业城市的发达，推动士人交游活动的盛行，士人交游活动的盛行又鼓动尚侠之风的兴起，尚侠之风的兴盛又激发“侠”之意涵的扩充。城市的发展是士人交游文化的基石，而士人的交游文化则是“侠”之概念的新土。③ 此外，王鸿泰还探讨了城市中寺庙空间与公众生活的关系及消费空间问题。④

民间信仰是日常生活的重要组成部分，将信仰与日常生活联系起来的研究在增加。赵世瑜对华北庙会体现的民间信仰活动的日常与非日常性进行了探讨。⑤ 江南的民间信仰方面，日本学者滨岛敦俊深入考察明清江南三角洲地域农村居民产生社会共同性的契机即共同祭祀问题，认为16世纪中期以来江南三角洲的经济变革，使得农民的生活空间逐渐扩大到市镇。三角洲的商业化深刻影响了信仰的内容与祭祀结构。⑥ 王健探讨了明清苏松地区的民间信仰活动，专章论述民间信

---

① 王鸿泰：《浮游群落——明清间士人的城市交游活动与文艺社交圈》，载《中华文史论丛》(上海)，总96辑，2009(4)。

② 王鸿泰：《迷路的诗——明代士人的习诗情缘与人生选择》，载《“中央研究院”近代史研究所集刊》，第50期，2005年12月。

③ 王鸿泰：《侠少之游——明清士人的城市交游与尚侠风气》，见李孝悌编：《中国的城市生活》。

④ 王鸿泰：《从消费的空间到空间的消费——明清城市中的酒楼与茶馆》，载《新史学》，第11卷，第3期，2000；王鸿泰：《世俗空间与大众广场：明清城市中的寺庙空间与公众生活》，载《明代研究》，第10期，2007年12月。

⑤ 赵世瑜：《狂欢与日常——明清以来的庙会与民间社会》，北京，生活·读书·新知三联书店，2002。

⑥ [日]滨岛敦俊：《明清江南农村社会与民间信仰》，厦门，厦门大学出版社，2008。

仰与日常活动。① 福建的民间信仰比较多样，明清时期是发展时期。②陈玉女《明代的佛教与社会》(北京大学出版社，2011 年)讨论了明代佛教与民众的日常生活，论述明代瑜伽教僧的专职化及其经忏活动，对于理解明代佛教的世俗化以及民众日常生活中的佛教，具有重要意义；明代堕胎、产亡、溺婴的社会因应，从四幅佛教堕胎产亡水陆画加以探讨；明代妇女信佛的社会禁制与自主空间，探讨明太祖时妇女奉佛不得入寺烧香、不得与僧尼往来政策最终事与愿违历史现象产生的原因。还从明代佛教医学与僧尼疾病、明代妇女的疾病治疗与佛教依赖两个视角研究了佛教医学与民众的关系。明清徽州民间最为重要的进香旅程是前往九华山和齐云山，王振忠利用田野调查收集到的一批民间文献，结合口碑资料，研究此种朝山习俗以及与之相关的民间信仰和日常生活。认为从民众的信仰生活、僧俗关系以及村落会组织的运作来看，“华云进香”习俗为我们探讨地方社会与民众日常生活提供了一个独特的观察视角。③ 小说也可提供有关佛道信仰与生活史关系的资料。④

日常生活史往往采取个体生命史研究的形式。美国著名史学家史景迁认为明朝是中国史上文化最繁荣的时期，明人的生活值得玩味，他借助明清之际张岱《陶庵梦忆》思索明人的生活与美学，由于张岱是著名文人，“目前大部分归结出来的晚明日常生活，于他定皆平淡无奇”⑤。冯贤亮对陈龙正在晚明社会生活的剖析，探讨了当时变动社会

① 王健：《利害相关：明清以来江南苏松地区民间信仰研究》，上海，上海人民出版社，2010。又，王健：《明清江南民间信仰活动的展开与日常生活：以苏松为例》，载《社会科学》(上海)，2010(2)。

② 徐晓望：《福建民间信仰源流》，福州，福建教育出版社，1993；林国平、彭文宇：《福建民间信仰》，福州，福建人民出版社，1993。

③ 王振忠：《华云进香：民间信仰、朝山习俗与明清以来徽州的日常生活》，载《地方文化研究》，2013(2)。

④ 姜良存：《从三言二拍看佛道对世俗社会生活的影响》，载《齐鲁学刊》，2009(2)。

⑤ [美]史景迁：《前朝梦忆——张岱的浮华与苍凉》，3 页，桂林，广西师范大学出版社，2010。

情势下士绅阶层的动向。[①] 晚明绍兴人祁彪佳的日记流传下来，保留其生活内容众多，朱冬芝利用《祁彪佳日记》探讨明末官员及乡绅的各种交际活动，从中寻找这些交际活动与个人身份及社会时代的转变关系，认为作为乡绅的祁彪佳，“拥有更多机会与时间营造集会活动，并加深当地士绅间的关系，对于乡里的影响力及建设性似乎远大于作为官员的角色。从这个角度来审视乡绅及地方社会的崛起，或许提供了另一个思考的方向”[②]。蒋竹山探讨了祁氏家族的医疗活动。[③] 王振忠利用绩溪民间文献《应星日记》，以粮食供应和民间信仰为主，从一些侧面描述了此一时段民众的日常生活。[④] 谢肇淛的生活史也受到注意。[⑤]

明代是日用类书流行的时代，通过日用类书研究明人日常生活自然是一个很好的视角。日本学者较早关注日用类书这类文献，从文献学的角度已有深入研究。[⑥] 近年来台湾学者吴惠芳受到社会文化史的影响，更从阅读史、生活史的角度探讨明清时期的民间日常生活。[⑦]

---

① 冯贤亮：《陈龙正：晚明士绅社会生活的一个侧面》，载《浙江学刊》，2001(6)。

② 朱冬芝：《晚明士绅的人际缩影：祁彪佳日记中的社交活动及其转变》，载《明代研究》，第9期，2006年12月。

③ 蒋竹山：《晚明江南祁彪佳家族的日常生活史——以医病关系为例的讨论》，见孙逊、杨剑龙主编：《都市、帝国与先知》，上海，上海三联书店，2006。又，明人的医疗问题，可参看邱仲麟：《医生与病人——明代的医病关系与医疗风习》，见李建民主编：《从医疗看中国史》，台北，联经出版事业股份有限公司，2008。

④ 王振忠：《从〈应星日记〉看晚明清初的徽州乡土社会》，载《社会科学》，2006(12)。

⑤ 范莉莉：《晚明宦游士人的生活世界——兼论谢肇淛〈五杂组〉的生活史研究价值》，见《中国社会历史评论》第13卷。

⑥ 参见酒井忠夫：《中國日用類書史の研究》，國書刊行會，2011年。

⑦ 吴蕙芳：《〈中国日用类书集成〉及其史料价值》，载《近代中国史研究通讯》，第30期，“中央研究院”近代史研究所，2000；吴蕙芳：《万宝全书：明清时期的民间生活实录》，台北，政治大学历史学系，2001；吴惠芳：《明清以来民间生活知识的建构与传递》，台北，学生书局，2007。

大陆学者王振忠则关注流传民间的日用类书。① 日用类书呈现的生活世界丰富多彩，王正华从生活与知识的角度，探讨晚明福建地区出版的日用类书中关于书法和绘画的章节与晚明出版文化、艺术相关活动的关系，强调艺术史、社会史、文化史、人类学与“视觉文化”息息相关。② 尤陈俊关注日用类书涉及的民间诉讼问题，认为以传授词状撰写之道为主要内容的讼学知识在明清民间的流传颇为广泛，当时的普通百姓若想获得诉讼文书范本亦非难事，晚明时期更是如此。③ 此外，顾月琴探讨了明清时期生活所用杂字在民间盛行的原因，杂字与其他蒙学教材相比的不同特点，杂字在国内外的流播情况。④

明人生活确实丰富多彩，具有多样性与时代特征。陈宝良指出，晚明出现许多新名词，反映了飞速发展与变化的社会生活。这种新生活可以概括为七点，即谈谐(即说笑话)、听曲、旅游、博弈、狎妓、收藏(包括书籍、古董、时玩)、花虫鱼鸟，生活享乐化与艺术化。他还指出明代中期以后商业化的浪潮对当时的礼教形成了很大的冲击，并导致人们的生活观念发生了很大的转向，随之而来的则是生活的商业化与世俗化，甚至出现了生活的流行时尚。⑤ 文化理论中有“日常生

---

① 王振忠：《清代前期徽州民间的日常生活——以婺源日用类书〈目录十六条〉为例》，见《明清以来徽州村落社会史研究》。

② 王正华：《生活、知识与文化商品：晚明福建版日用类书与其书画门》，载《“中央研究院”近代史研究所集刊》，第 41 期，2003；王正华：《艺术史与文化史的交界：关于视觉文化研究》，载《近代中国史研究通讯》，第 32 期，2001。

③ 尤陈俊：《明清日常生活中的讼学传播——以讼师秘本与日用类书为中心的考察》，载《法学》，2007(3)；尤陈俊：《明清法律知识的另类空间：透过日用类书的展示》，见中国法律史学会编：《法史学刊》(第一卷)，北京，社会科学文献出版社，2007；尤陈俊：《明清日用类书中的法律知识变迁》，见苏力主编：《法律和社会科学》(第二卷)，北京，法律出版社，2007；尤陈俊：《法律知识的文字传播——明清日用类书与社会日常生活》，上海，上海人民出版社，2013。

④ 顾月琴：《日常生活变迁中的教育：明清时期杂字研究》，北京，光明日报出版社，2013。

⑤ 陈宝良：《晚明社会生活的新动向》，载《福建论坛(人文社会科学版)》，2004(9)；陈宝良：《新名词与新生活：晚明社会生活的“活力”与“多样性”》，载《中国文化研究》，2004(1)。

活批判”的研究，有学者运用到明代领域，探讨明代日常生活，认为描述生活，批判生活，从日常生活中挖掘深层内涵，借助于批判日常生活来探索理想境界，这正是文学的基本功能之一。明清时期，以《金瓶梅》、“三言”、“二拍”等为代表，兴起了一股世情小说的潮流，它们直接面对广大的市民群众，描摹和揭示了当时人们的生活实际，对中国人的日常生活作了充分的批判。也有学者借助小说讨论家庭与人格问题。① 意大利学者史华罗利用文学资料探讨中国文化中“清”与“浊”的概念和融入日常生活的关系。②

三、明代日常生活史研究的前瞻

明代生活领域的重大变化与商品经济的繁荣有密切关系，而明代商品经济的繁荣与外贸又有何关系呢？当代西方著名学者贡德·弗兰克《白银资本：重视经济全球化中的东方》（中央编译出版社，2005 年）论述了 16 世纪以来世界各地之间的经济联系，他把中国置于亚洲的中心，把亚洲置于全球经济的中心，认为中国需求白银，欧洲需求中国商品，二者的结合导致了全世界的商业扩张，中国在工业革命前的经济史中占据着极其重要的地位。这种全球视野将明代与世界建立起经济联系，事实上也把明朝人的生活与外国人的生活联系在一起。我国学者万明对于明朝与经济全球化的关系非常重视，她认为明代青花瓷崛起有着白银货币化的大背景，明代白银货币化是社会变迁的重要标志之一。以成化、弘治年间为界，白银从官方非法货币向事实上的合法货币过渡，白银货币化在整个社会全面铺开。随着白银货币化步伐的加快，白银渗透到社会的每一个角落，深入人们的日常生活中，使得市场前所未有地活跃起来。这一时期，商品经济的繁荣、商帮的形成、市镇的兴起，都可以从这里找到根据，并由此带来了一系列制度

① 吴建国：《从明清小说看文人的家庭生活与人格危机》，载《华东师范大学学报》，1992(2)；金民卿：《文学对日常生活的批判——明清世情小说的文化透视》，载《求是学刊》，1996(3)。

② 史华罗：《什么是明清时代日常生活中的“清”与“浊”?》(上、下)，见《世界汉学》第 8 卷、第 9 卷，北京，中国人民大学出版社，2011、2012。

的变迁，同时也引发了社会整体的变迁。发展到嘉靖初年，这一货币化过程基本完成，白银成为流通领域主币，整个社会产生了巨大的白银需求，促使中国私人海上贸易蓬勃发展，与来到中国东南沿海的葡萄牙人一拍即合，吸收了大量外银流入，并直接或间接引发了日本与美洲白银的大开发。由此海上贸易扩大到前所未有的规模与范围，中国迅速与世界连接了起来。万历时期风尚奢华蔚为大观，白银货币化对社会经济结构变迁影响重大，将社会各阶层卷入市场之中，使得新的经济成分增长，社会各阶层的商业性行为显著。明代青花瓷的历史，是一部中外文明交融的历史，也是一部贸易改变了传统工艺品发展走向的历史，更是一部市场引领了时尚的历史。作为中国瓷器代表的青花瓷传播到世界各地，引领了全球时尚潮流，构成了新的技术与知识融通过程，展现了新的世界性文化景观。①

白银改变了明人的生活了吗？明人是如何受到经济全球化影响的？明人又怎样影响了世界其他国度与民族的生活？以研究明代士绅社会、商业与文化闻名的加拿大学者卜正民，在《维梅尔的帽子：从一幅画看全球化贸易的兴起》一书中作了相关描述：维梅尔的绘画作品中军官戴的时髦帽子是用海狸毛皮制成的，当时的欧洲探险家从土著美洲人那里用武器换取海狸毛皮。贩卖海狸毛皮的收益则为水手寻找前往中国的新航线之旅提供了资金支持。在中国，欧洲人用秘鲁银矿出产的银子，购买了数以千计的瓷器，瓷器成了这段时期荷兰画作中最亲切的常客。正是经济全球化的发展，让海狸毛皮、土耳其地毯和中国瓷碗同时出现在台夫特的客厅里。而大量白银流入中国，“催生出奢靡之风”②。

---

① 万明：《明代白银货币化：中国与世界连接的新视角》，载《河北学刊》，2004(2)；万明：《明代白银货币化与社会变迁》，见《中国社会历史评论》第5卷；万明：《明代青花瓷崛起的轨迹——从文明交融走向社会时尚》，载《故宫博物院院刊》，2008(6)；万明：《明代青花瓷的展开：以时空为视点》，载《历史研究》，2012(5)。

② [加]卜正民：《维梅尔的帽子：从一幅画看全球化贸易的兴起》，165页，北京，文汇出版社，2010。

西方耶稣会士的东来，给明朝传播了西方文化，烟草在明末进入广东、福建、东北，风靡全国，正是经济全球化的时代，明朝人既输出了文化，自身的生活也受到了外来贸易、文化的影响。特别是美国学者彭慕兰2007年提出，探讨全球史（世界史）要借助社会史，而社会史可以分成日常生活史（劳动、饮食、育儿、恋爱、退职、残疾等）、大规模社会组织史（如国家社会关系、阶级构成、种族关系）、社会运动史（或认为推动社会变化的历史）三个部分。彭慕兰认为法国年鉴学派“即对于‘总体史’——在相当程度上是一种日常生活社会史——的追求”。他强调：“早在大众消费市场——更不用说全球传播媒介了——形成前，那些惯常认为地方气息很浓的私人生活史，包括那些没有远距离旅行的人们的日常生活史，都有着重要的世界史维度。”①日常生活史与全球史有如此重要的联系，而明代恰恰是经济全球化正式展开的时代，从全球视野看明人日常生活应是需要深入研究的视角。

明代日常生活的研究视角，还应当借鉴并整合新文化史、历史人类学与社会史的理论与方法。比较传统的社会生活史研究，多为生活内容、样式的考察，重视经验与实体，好在扎实、具体，缺陷则是难以明了所述事物的意义。文化与社会的人类学强调的是揭示日常生活背后的逻辑与意义，新文化史受到人类学的深刻影响，重点研究的是社会的文化史，在日常生活层面谈文化。这样的日常生活史，与性别史、身体史、阅读史、旅游史、感觉史等新的研究领域有密切关联，建构并呈现生活样态以及与历史变化的关系。在明代生活史与新文化史结合方面，王鸿泰先生的研究特色鲜明，他指出：“台湾这一二十年来的史学发展，从社会经济史转向社会生活史，从外在性地研究社会风气的变迁到内在性地探究社会生活的内容与意涵……我的研究可以说是偏属于文化史的研究取径，不过，也可以包含在生活史层面……我希望试着在建构出一个生活史的图像后，进一步去推究背后的形成逻辑，

---

① ［美］彭慕兰：《社会史与世界史：从日常生活到变化模式》，见《全球史读本》，268、274页。

去思考它的社会文化意义。”①他也谈到物质文化消费与大众文化特别是生活关系的研究方法：“从细节上去看，具体地观察各种不同的‘物’，到底在什么范围内流传？经历过什么样的流通过程？如何进入个人的生活领域？对个人生活产生什么影响？再考察有哪些人？什么样的人？参与这个物的世界？同时，推论人与物的互动，可能构成什么样的社会文化与人际网络？”②文化史研究，也应包括科技文化、医疗文化、物质文化、生态文化等，借鉴多学科方法对于日常生活史研究非常有必要。

明代日常生活史研究弥补薄弱环节也是努力的方向，大致可以在时间、空间、群体三大方面着力。从群体来看，已有的研究集中在士大夫、文人方面，一方面是资料众多容易获取、生活变化较大、历史作用显著使然，另一方面也是观念上与方法上对普通民众探索不够的结果。研究农民应当围绕劳动进行，劳动是工作也是生活，理解了劳动才能把握农民、农村与农业这“三农”。普通民众为生存而活，生计的研究很重要，这是进入生活的门径，归结起来就是民生问题。邱仲麟先生写了一些关于北京民生问题的文章，如燃料、用水、环境卫生等，以此落到生活层面。③ 所以日常生活与民生问题的联系性是研究生活史的重要思路之一。从空间来看，已有的研究集中在江南地区，其他地区的研究较之薄弱很多，亟须弥补，无疑开展分区研究是重要的方法。特别是日常生活史与地方社会结合起来研究，才能使生活有立体感，落到实处。就城市与农村的研究比较来看，这些年城市生活的研究如火如荼，而传统的乡村生活研究则成绩平平。区分不同生态

① 王鸿泰：《从社会经济史转向社会文化史——台湾二十年来新史学的发展》，见《江南社会历史评论》第4期，344页，北京，商务印书馆，2012。

② 王鸿泰：《从社会经济史转向社会文化史——台湾二十年来新史学的发展》，见《江南社会历史评论》第4期，352页。

③ 邱仲麟：《繁华的侧面——明清北京的民生问题与环境卫生》，见《江南社会历史评论》第4期，324、332页。

条件、以村落为单位、以劳动为中心的研究或许可以改变这一状况。从时间看，现在的研究集中于晚明或明清之际，明中期也还连带于晚期、后期有所研究，而明初、明前期的生活史研究薄弱，影响了人们对于有明一代生活史的认识。

第四章　清代城市生活与笔记的价值

苏州、扬州是清代著名城市，均以经济繁荣、生活繁华著称。对这些城市的生活，清代龚炜《巢林笔谈》、李斗《扬州画舫录》都有所描述。《巢林笔谈》不仅呈现了苏州地区的历史面貌，还讲述了作者个人的生活，有助于我们认识笔记的价值。《扬州画舫录》对于扬州的市井、商人的详细记载，再现了这座城市昔日的辉煌。

第一节　盛清扬州的城市生活
——以《扬州画舫录》为中心

“扬一益二”，扬州自古就是富庶之地。隋唐以来扬州又成为东南地区的繁华都市，唐代诗人杜牧有句：“谁知竹西路，歌吹是扬州。”至清代18世纪，扬州盐业、商业发达，发财致富的徽州商人在扬州经商的同时，进行奢侈消费，加之清帝在扬州南巡，地方官与商人奢华接待，都推动了扬州的城市建设与城市生活的繁荣。18世纪之后，清朝盛极而衰，南巡停止，盐商日渐中落，扬州也失去了往日的辉煌。18世纪的扬州，是盛清的表征，也在一定程度上代表着中国古代城市的发展水平。

清代仪征人李斗，字艾塘，又字北有，喜好搜集扬州掌故，所著《扬州画舫录》成书于乾隆末期，记录了盛清扬州的繁华。学人对于该书非常重视，评价甚高。专门研究笔记的谢国桢先生认为，该书“概括而有系统地叙述了扬州都市与社会风俗的情况”①。来新夏先生指出：“画舫录本为记士大夫消闲活动之作。《扬州画舫录》虽用此书名，但所记内容已不仅限于歌场舞榭，乃记扬州地方风土人情、人文胜迹、社会风貌的地方史志。”②在扬州地方文史学者韦明铧先生看来，《扬州画舫录》“是用普通人的眼睛去看一座城市”，其所记载的日常小事，使我们“深深地感受到一个太平的世道和一切真切的生活”，“开辟了对于繁华社会生活的另类写法”③。可以说，《扬州画舫录》是认识清代城市生活最好的资料之一。

近十几年来，海内外探讨扬州城市社会文化的著述不断出现④，其中也有城市生活的论述。不过以往的研究比较缺乏“日常生活”的角度，所论问题也还有余地。虽然学者研究扬州都利用过《扬州画舫录》⑤，但是由于该书内容“杂七杂八”的丰富性，有关城市生活的诸多细节还可以深入挖掘。

一、清前期的扬州城市空间

地处长江与运河交会处的扬州，不仅是重要的交通孔道，也是盐业产地。明清时期扬州有新城、旧城之分，旧城，即宋大城之西南隅，元至正十七年(1357)朱元璋军队攻克扬州，佥院张德林始改筑之，约十里，周围一千七百七十五丈五尺，高倍之。门五：曰海宁，清改称大东；曰通泗，清改称西门；曰安江，清改称南门；曰镇淮，清改称北门；曰小东，清仍旧名。南北水关二，引市河水以通于濠。随着明

---

① 谢国桢：《明清笔记谈丛》，144页，上海，上海古籍出版社，1981。

② 来新夏：《清人笔记随录》，264页，北京，中华书局，2005。

③ 韦明铧：《扬州掌故》，92、93、94页，苏州，苏州大学出版社，2001。

④ 国内的有关论述如冯尔康等：《扬州研究：江都陈铁群百龄冥诞纪念论文集》，台北，联经出版事业股份有限公司，1996；王振忠：《明清徽商与淮扬社会变迁》，北京，生活·读书·新知三联书店，1996；刘凤云：《明清城市空间的文化探析》，北京，中央民族大学出版社，2001。国外的研究如[美]梅尔清：《清初扬州文化》，上海，复旦大学出版社，2004；[澳]安东篱：《说扬州：1550—1850年的一座中国城市》，北京，中华书局，2007。

⑤ 本书使用的《扬州画舫录》是江苏广陵古籍刻印社1984年版，由周光培点校。为从简，本书引用该书内容采取夹注，注明卷数与页数。

代中期以后盐政制度改革与商品经济的发展，大量山陕、徽州商人来到扬州，居住在旧城东面临近运河一带。

新城，即宋大城之东南隅，明嘉靖三十四年(1555)，倭寇侵掠扬州，为保护盐课收入与盐商安全，知府吴桂芳、石茂华先后筑城。自旧城东南角起，折而南，循运河而东，折而北，复折而西，极于旧城之东北角止。东与南北三面，约八里有奇，计一千五百四十二丈。门七：曰挹江，清改称钞关；曰便门，清改称徐宁；曰拱宸，清改称天宁；曰广储；曰便门，清改称便益；曰通济，清改称缺口；曰利津，清改称东关。沿旧城城濠南北水关二，东与南二面，即以运河为城濠，北面作濠，与旧城连，注于运河。(卷九，第 178 页)

增筑新城，城市空间大为扩展。新城又称东城、石城，发展迅速，至万历年间，形成处新城者尽富商大贾，居旧城多缙绅之家的社会空间格局。

清初扬州遭受清军毁坏，居民死伤惨重。随着康熙中后期社会安定与经济的恢复，扬州盐业得到发展。扬州城西北的平山堂因是宋代欧阳修任扬州知府时流连忘返的名胜之地，成为观光地。下为蜀冈，保障河流经其上。雍正十年(1732)知府尹会一募捐重浚保障河，此后乾隆十五年(1750)、二十年、二十六年巡盐御史吉庆、普福、高恒“叠经疏浚，加深广曲折，点缀园亭，栽植桃柳”①。需要指出，乾隆十六年、二十年、二十七年是皇帝前三次南巡的年份，显然乾隆时期疏浚保障河工程是为了皇帝巡视扬州。而为了疏浚工程的“募捐”则来自于盐商。乾隆二十三年(1758)又凿莲花埂，河通平山堂。此后，保障河畔成为著名的冶游之地，人称“瘦西湖”。

旧城市河连接城内外，也得到了疏浚，沟通新城，以供新城盐商富户冶游。从新城市河到西北保障河湖，游船往来，成为专为旅游设置的城内市河，有“小秦淮”之称。

为了乾隆帝南巡驻跸扬州，从城外东北的香阜寺抵达新城天宁寺

---

① (清)赵之壁：《平山堂图志》卷一《名胜上·炮山河》，11 页，扬州，广陵书社，2004。

行宫，两淮商人开设“新河”，便于乾隆帝巡游。由天宁门、天宁街、彩衣街、司前三铺、教场、辕门桥、多子街、埂子上，出钞关、花觉行，至钞关马头为新城御道。道旁或搭彩棚，或陈水嬉。

新城商业区迅速拓展。乾隆三十二年(1767)总督高晋将原新城卫教场改移西门外蜀冈之下，原有空地除供营兵操练外，余者由盐商召民领建认租，作为盐务公地。由天宁门城内东入彩衣街，左折运司街、教场、辕门桥、多子街、埂子上，出钞关门，右折花觉行，入九峰园，此小东门外新城御道。“南巡时，墁石清道，如铺沙藉路之例。”(卷九，第 185 页)御道也成为扬州商业最为繁华的地段。① 盐商多居新城内南、北河下，相近的丁家湾，凡替商家经手者，俱集于此，有些人租几间房子，名曰“公店”，“任买卖人往来交易”②。

城外扬州名胜以园林著称。“扬州园林之胜，甲于天下。由于乾隆朝六次南巡，各盐商穷极物力以供宸赏，计自北门直抵平山，两岸数十里楼台相接，无一处重复。其尤妙者在虹桥迤西一转，小金山矗其南，五顶桥锁其中，而白塔一区雄伟古朴，往往夕阳返照，箫鼓灯船，如入汉宫图画。”③盐商以重资广延名士为之创稿，一一布置，规划了城外风景区。扬州名园多为盐商所建，城外分布于保障河两岸，城内园林区主要分布新城，以南河下盐商居住区为多。“城内之园数十，最旷逸者，断推康山草堂。而尉氏之园，湖石亦最胜，闻移植时费二十余万金。其华丽缜密者，为张氏观察所居，俗所谓张大麻子是也。”④张氏之园广数十亩，中有三层楼，可瞰大江，凡赏梅、赏荷、赏桂、赏菊，皆各有专地。演剧宴客，上下数级如大内式。另有套房三十余间，回环曲折，迷不知所向。金玉锦绣，四壁皆满，禽鱼尤多。

---

① 有关扬州城区不同功能区的划分，参考了王振忠《明清徽商与淮扬社会变迁》第 74～87 页的有关论述。

② (清)林苏门：《邗江三百吟》卷一《丁家湾公店》引言，15 页，该书嘉庆十三年成书，扬州，广陵书社，2005。

③ (清)欧阳兆熊、金安清：《水窗春呓》卷下《维扬胜地》，72 页，北京，中华书局，1984。

④ (清)欧阳兆熊、金安清：《水窗春呓》卷下《维扬胜地》，72 页。

清代扬州画舫皆在城外，惟大东、小东二门码头在城中。

江都、甘泉二县同附郭，旧城西半壁，新城南半壁，为江都治；旧城东半壁，新城北半壁，为甘泉治。

关于扬州的街道，旧城，南门至北大街，三里半，近南门者谓之南门大街，近北门者谓之北门大街，中谓之院大街。大东门至西门，一里半，近大东门者谓之大东门大街，近西门者谓之西门大街。南水关抵北水关市河，东岸直街为南门、盐院、北门三大街，西岸直街为南、中、北三小街。小东门城脚至大东门城脚有九条巷，其上有两层街。

新城，东关至大东门大街，三里，近东关者谓之东关大街，近大东门者谓之彩衣街。缺口门至小东门大街，三里，近缺口门者谓之缺口大街，上为左卫街、多子街，抵小东门街。钞关至天宁门大街，三里半，近钞关者谓之埂子上，上为南柳巷、北柳巷，至天宁门，谓之天宁门大街。钞关东沿内城脚至东关，为河下街。自钞关至徐宁门，为南河下，徐宁门至缺口门，为中河下；缺口门至东关，为北河下，计四里。徐宁门至罗湾止，计二里，由徐宁门至蒋家桥，为徐宁门大街，由蒋家桥至罗湾，为皮市街。湾子上为城中斜街，自罗湾起至打铜巷止。

城河即市河，南出龙头关，有坝蓄水，与官河隔，谓之针桥；北出大东门水关至高桥，亦有坝蓄水，与官河隔，谓之黄金坝，此古市河。清龙头关淤垫，乃于小东门钓桥下筑坝，令河北徙，出大东门水关，汇镇淮门市河，入保障湖，以利东城画舫，凡小东门外城脚头敌台、二敌台、头巷、二巷，皆画舫码头。

扬州商业性街市发展明显，成为城市繁荣的重要空间。如天宁门至北门，沿河北岸建河房，仿京师长连短连、廊下房及前门荷包棚、帽子棚做法，谓之“买卖街”。“令各方商辇运贾珍异，随营为市。”（卷四，第 100 页）

二、园林与城市生活

遍游江浙的士大夫刘大观说：“杭州以湖山胜，苏州以市肆胜，扬州以园亭胜，三者鼎峙，不可轩轾。”（卷六，第 144 页）可见扬州的园林成为城市标志性景观。金安清将扬州比较南京、苏州、杭州后说："扬州则全以园林亭榭擅场，虽皆由人工，而匠心灵构，城北七八里夹岸楼舫无一同者，非乾隆六十年物力人才所萃，未易办也。"①江南人钱泳也说道："扬州之平山堂，余于乾隆五十二年秋始到，其时九峰园、倚虹园、筱园、西园曲水、小金山、尺五楼诸处，自天宁门外起直到淮南第一观，楼台掩映，朱碧鲜新，宛入赵千里仙山楼阁中。"②当时园林之盛，跃然纸上。

扬州的园林，往往也称为园亭。由香阜寺一站至塔湾，其蜀冈三峰及黄、江、程、洪、张、汪、周、王、闵、吴、徐、鲍、田、郑、巴、余、罗、尉诸园亭。李斗记载，扬州"郡城以园胜。康熙间有八家花园：王洗马园即今舍利庵，卞园、员园在今小金山后方家园田内，贺园即今莲性寺东园，冶春园即今冶春诗社，南园即今九峰园，郑御史园即今影园，筱园即今三贤祠"(卷一，第22页)。

扬州园林，种植花卉，盆景享有盛名。李斗有详细的记载，湖上园亭，皆有花园，为莳花之地，桃花庵花园在大门大殿阶下。养花人谓之花匠，莳养盆景，蓄短松、矮杨、杉、柏、梅、柳之属。海桐、黄杨、虎刺以小为最，花则月季、丛菊为最。冬于暖室烘出芍药、牡丹，以备正月园亭之用。盆以景德窑、宜兴土、高资石为上等。种树多寄生，剪丫除肄，根枝盘曲而有环抱之势。其下养苔如针，点以小石，谓之"花树点景"。"又江南石工以高资盆增土叠小山数寸，多黄石、宣石、太湖、灵璧之属。有孔有岫，有罅有杠，蓄水作小瀑布倾泻危溜。其下空处有沼，畜小鱼游泳呴濡，谓之'山水点景'。"(卷二，第34页)

园林也是聚会之所，士大夫通过诗会雅集，饮酒赏曲，丰富文化生活。李斗说，扬州诗文之会，以马氏小玲珑山馆、程氏筱园及郑氏休园为最盛。至会期，于园中各设一案，上置笔二、墨一、端砚一、

① (清)欧阳兆熊、金安清：《水窗春呓》卷下《广陵名胜》，46页。

② (清)钱泳：《履园丛话》卷二十《园林·平山堂》，533页，北京，中华书局，1979。

水注一、笺纸四、诗韵一、茶壶一、碗一、果盒茶食盒各一，诗成即发刻，三日内尚可改易重刻，出日遍送城中。每会酒肴俱极珍美，一日共诗成，请听曲。邀至一厅甚旧，有绿琉璃四。又选老乐工四人至，均没齿秃发，约八九十岁矣，各奏一曲而退。倏忽间命启屏门，门启则后二进皆楼，红灯千盏，男女乐各一部，俱十五六岁妙年。李斗还听说，诗牌以象牙为之，方半寸，每人分得数十字或百余字，凑集成诗，最难工妙。休园、筱园最盛。（卷八，第 172 页）关于马氏小玲珑山馆，有看山楼、红药阶、七峰草堂、清响阁、藤花书屋、丛书楼、觅句廊、浇药井、梅寮诸胜，马氏日琯、日璐兄弟俱能诗，好客。

扬州的园林很多。根据钱泳《履园丛话》卷二十《园林》的记载，可以举出如江园，扬州江畹香侍郎家所有，在阙口门大街，回廊曲榭，花柳池台，直可与康山争胜。静修俭养之轩，在天宁门内，鲍肯园赠公所筑。四围楼阁，通以廊庑，阶前湖石数峰，尽栽丛桂、绣球、丁香、白皮松之属。九峰园，奇石玲珑，其最高者有九，故以名园。

园林具有开放性，湖边的园林可以供人参观。虹桥附近有盐商洪氏的园林，其中的妙远堂，就是园中待游客地。李斗说："湖上每一园必作深堂，饬庖寝以供岁时宴游，如是堂之类。"（卷十，第 210 页）他还介绍，致佳楼楼后皆新辟荒地，并转角桥西口之冶春茶社围入园中。园三面临水，中筑桂花书屋，透迤连络小室数十间，"令游者惝恍弗知所之"（卷十，第 210 页）。

园林是文人的理想栖息地。江宁人熊之勋，工诗善书。其家有"小西湖"之胜，然而常居扬州江春的康山草堂。江春表甥林道源工诗，不存稿，居是园十年。

三、食衣住行

扬州人的生活消费依赖市场，颇为时尚。

1．茶酒食肆遍布，讲究饮食

(1)茶肆

扬州饮茶之所名为茶肆，著称于世。李斗说："吾乡茶肆，甲于天下，多有以此为业者。出金建造花园，或鬻故家大宅废园为之。楼台亭舍，花木竹石，杯盘匙箸，无不精美。"（卷一，第 25 页）茶肆分为荤、素两种类型，城中荤茶肆之最盛者，辕门桥有二梅轩、蕙芳轩、集芳轩，教场有腕腋生香、文兰天香，埂子上有丰乐园，小东门有品陆轩，广储门有雨莲，琼花观巷有文杏园，万家园有四宜轩，花园巷有小方壶；素茶肆之最盛者，则有天宁门之天福居，西门之绿天居。茶肆中，城外占湖山之胜，北门桥的双虹楼为最。楼五楹，东壁开牖临河，可以眺远。

茶肆的点心各具特色。双虹楼烧饼，开风气之先，有糖馅、肉馅、干菜馅、苋菜馅之分；宜兴丁四官开蕙芳、集芳，以糟窖馒头得名，二梅轩以灌汤包子得名，雨莲以春饼得名，文杏园以稍麦得名，谓之鬼蓬头，品陆轩以淮饺得名，小方壶以菜饺得名，各极其盛。“而城内外小茶肆或为油鏇饼，或为甑儿糕，或为松毛包子，茆檐荜门，每旦络绎不绝。”(卷一，第 26 页)

茶肆颇密集。史阁部墓侧的柳林，有屋十数间为茶肆，题其帘曰“柳林茶社”。(卷三，第 76 页)

岁时节日，光顾茶肆者众多，生意最好。城北的小洪园后门为旧时“且停车茶肆”，其旁为“七贤居”，也是茶肆。二肆最盛于清明节放纸鸢、端午龙船市、九月重阳九皇会，斗蟋蟀，看菊花，是“岁时记中胜地”。(卷六，第 140 页)

茶肆颇为热闹。城南的明月楼茶肆在二钓桥南，南岸外为二道沟，中皆淮水，逢潮汐则江水间之。“肆中茶取于是，饮者往来不绝，人声喧阗，杂以笼养鸟声，隔席相语，恒以眼为耳。”(卷七，第 158 页)到了“以眼为耳”的地步，可见人声鼎沸。

青莲斋在新城天宁街街西，为六安山僧茶叶馆。僧有茶田，春夏入山，秋冬居肆，东城游人，皆于此买茶供一日之用。

(2)酒肆

酒肆也很盛。北郊酒肆，自醉白园始，康熙间如野园、冶春社、七贤居、且停车之类，皆在虹桥。壶觞有限，不过游人小酌而已。后里人韩醉白于莲花埂构小山亭，游人多于其家聚饮，因呼之曰韩园。迨醉白死，北门街构食肆慕其名而书之，谓之“醉白园”。“园之后门，居小迎恩河西岸，画舫多因之饮食焉。”(卷一，第 25 页)

新城天宁街的街西，有扑缸春酒肆。李斗说："游屐入城，山色湖光，带于眉宇，烹鱼煮笋，尽饮纵谈，率在于是。"(卷四，第 78 页)

城南砚池北有秀野园酒肆，周围景色宜人，"春暖莺飞，禽声杂出，湖外黄花烂缦，千顷一色"(卷七，第 159 页)。

大仪乡蜀冈有观音街，中建过街亭，凡上山香客于此憩止。"亭外多酒肆，以郭章为最，名得胜园。"(卷十六，第 347 页)

扬州卖酒的商店，各有经营特色。李斗说："扬州市酒以戴氏为最，谓之戴蛮，次则周氏，谓之周六槽坊，皆鬻木瓜酒，若镇江府百花酒，扬州盛行之，则有郭咸泰。"(卷四，第 177 页)

小东门西城下间有星货铺，即散酒店、庵酒店之类。(卷九，第 188 页)

虹桥西岸有跨虹阁，为酒铺。阁外日揭帘，夜悬灯，帘以青白布数幅为之，下端裁为燕尾，上端夹板灯，上贴一"酒"字。土酒如通州雪酒、泰州枯、陈老枯、高邮木瓜、五加皮、宝应乔家白，皆为名品，而游人则以木瓜为重。李斗说："近年好饮绍兴，间用百花；今则大概饮高粱烧，较本地所酿为俗矣。"(卷十三，第 279 页)

李斗介绍了造酒过程与种类：造酒家以六月三伏时造曲，曲有米麦二种，受之以范，其方若砖。立冬后煮瓜米和曲，谓之起酵，酒成谓之"醅酒"。瓜米者，糯稻碾五次之称。碾九次为茶米，用以作糕粽；五六次者为瓜米，用以作酒，亦称酒米。醅酒即木瓜酒，以此米可造木瓜酒，故曰瓜米。酒用米曲则甘美，用麦曲则苦烈。烧酒以米为之，曰米烧；以麦为之，曰麦烧。又有自酵酒糟中蒸出，谓之糟烧。其高粱、荞麦、绿豆均可蒸，亦各以其谷名为名。

城外村庄中人善造酒，城内之烧酒，大抵俱来自城外，驴驼车载，络绎不绝。

新酒与旧藏烧酒按照比例相兑，或者烧酒与木瓜酒相兑，产生新的酒。即秋成新刍，为"时酒"，又曰"红梅酒"，一曰"生酒"。时酒一斤，合烧酒之半，曰"火对"。合烧酒十分之二，曰"筛儿"。合烧酒、醅酒各均，为"木三对"。烧酒还有些次生种类。如烧酒未蒸者，为"酒娘儿"，饮之鲜美。以泉水烧酒和之，则成烧蜜酒。

饮酒习俗丰富多彩。其与时令有关，八月“红梅”新熟，各肆择日贴帖，曰“开生”，人争买之，曰“尝生”。至二月惊蛰后止，谓之“剪生”。称酒有特色，酒以斤重，斤以筭计，筭以大竹为之，自一两至一斤，筭准此为大小。卖酒有业俗，铺中敛钱者为掌柜，烫酒者为酒把持。凡有沽者斤数，掌柜唱之，把持应之，遥遥赠答，自成作家，殆非局外人所能猝辨。酒铺例为人烫蒲包豆腐干，谓之“旱团鱼”。

(3)食肆

扬州的饮食著名。人称“大抵郡人以盐务为生，率习于浮华而精肴馔也”①。

城内食肆多附于面馆，面有大连、中碗、重二之分。冬用满汤，谓之“大连”；夏用半汤，谓之“过桥”。面有浇头，以长鱼、鸡、猪为三鲜。大东门有如意馆、席珍，小东门有玉麟、桥园，西门有方鲜、林店，缺口门有杏春楼，三祝庵有黄毛，教场有常楼。李斗又介绍，乾隆初年，徽人于河下街卖松毛包子，名“徽包店”，因仿岩镇街没骨鱼，以鲭鱼为面，名其店为“合鲭”。仿之者有槐叶楼火腿面。合鲭复改为“玉坡”，遂以鱼面胜。李斗还说：徐宁门问鹤楼以螃蟹胜。而接踵而至者，不惜千金买仕商大宅为之。如涌翠、碧芗泉、槐月楼、双松圃、胜春楼诸肆，楼台亭榭，水石花树，争新斗丽，实他地之所无。“其最甚者，鳇鱼、蛼螯、班鱼、羊肉诸大连，一碗费中人一日之用焉。”(卷十一，第255页)

城南头桥上有知己食，食肆中宰夫杨氏，工宰肉，得炙肉之法，谓之“熏烧”，肆额“丝竹何如”。人皆不得其解，或以虽无丝竹管弦之盛语解之，谓其意在觞咏。或以丝不如竹，竹不如肉语解之，谓其意在于肉。李斗认为：“市井屠沽，每藉联扁新异，足以致金，是皆可以不解解之也。”(卷七，第158页)可见食肆为了招徕客人，在匾额上下功夫，附庸风雅。

旧城东有小东门。“小东门街多食肆，有熟羊肉店，前屋临桥，后

① (清)林溥：《扬州西山小志》之《市肆十一首》，42页，扬州，广陵书社，2005。

为河房，其下为小东门码头。就食者鸡鸣而起，茸裘毡帽，耸肩扑鼻，雪往霜来，窥食朡，探皮阁，以金啖庖丁，迟之又久，先以羊杂碎饲客，谓之小吃；然后进羊肉羹饭，人一碗，食余重汇，谓之走锅；漉去浮油，谓之剪尾。狃以成习，亦觉此嚼不恶，惟不能与贪眠者会食。一失其时，残杯冷炙，绝无风味。”(卷九，第 188 页)小东门西外城脚无市铺，卯饮申饭，半取资于小东门街食肆，多糊炒田鸡、酒醋蹄、红白油鸡鸭、炸虾、板鸭、五香野鸭、鸡鸭杂、火腿片之属，骨董汤更一时称便。

大东门附近在钓桥外，有申申如食肆，是个素食肆。旁有羊肉店，名曰“回回馆”。(卷九，第 198 页)可见这里的商家，服务对象主要是回民与素食者。

扬州水产品丰富，扬州人饮食喜欢海鲜。府城西北的黄金坝，皆鱼市。扬州城位于江、淮之间，南则三江营，出鲥鱼，瓜洲深港出鮆刀鱼，北则艾陵、甓社、邵伯诸湖，产鱼尤多。由官河乘风而下，城肆贩户于此交易。肆中一日三市，早挑、中挑、晚挑，皆沿湖诸村镇中人为之。李斗说：“村镇设行，渔户取鱼自行交易，挑者输于城中，其行若飞。或三四十里，多至六七十里，不多时即至，以行之迟速分优劣。”(卷一，第 16 页)鳘鱼、白鱼、鲫鱼为上，鲤鱼、季花鱼、青鱼、黑鱼次之，鳊鱼、罗汉鱼为下，其苍鳊，勒鱼、红蓼鱼、鞋底鱼，则为海鱼。蟹自湖至者为湖蟹，自淮至者为淮蟹，淮蟹大而味淡，湖蟹小而味厚，品蟹者以湖蟹为胜。坝上设八鲜行，八鲜，即菱、藕、芋、柿、虾、蟹、蟑螯、萝卜。此外，城内另有鱼行，鱼市亦谓之鱼摊。

黄金坝鱼行有咸货，有腌切。扬州地居海滨，盐为特产，以盐渍鱼，鳇干载入郡城，谓之腌腊。鱼行货物种类繁多，委积尘封，黄鲞如宁波，海鲤如武昌。最大的鱼是鲨，皮有珠文，肥甘可食。小的鱼以竹贯穿，晾干，最小的为银鱼。沿海渔民拾蛏，鲜者鲍之，不能鲍者干之，其肥在鼻。还有鱼翅，割海鱼鳍制成。海蜇的吃法，已经分成蛰头与蛰皮。石首鱼春产于江，秋产于海，狼山以下人家，八月顿顿食黄鱼。加工石首鱼地方法，风干其鲴曰膘，“取魹为鲔曰腈，以盐冰之曰腌鱼子，凡此皆行货也”(卷一，第16页)。行货大半属于南货，经营南货的多镇江人，京师称为“南酒”，所贩皆大江以南之产，又署其店肆曰“海味”。

士大夫讲究饮食。天宁寺西园下院为枝上村，有弹指阁，僧人文思居之。文思工诗，一时乡贤寓公皆与之交朋友。文思善为豆腐羹、甜浆粥，有效法者，谓之“文思豆腐”。(卷四，第83页)

面馆、茶肆也是人际交往的场所。扬州风俗：“交情须会，有不必宴饮者。天明而起，亲至其家，邀往好面馆、好茶肆一餐，名曰‘过蚤’。约人议事亦然。”①另外，寻常待客是“三碗六盘”，讲究口味出奇；宴客的丰盛之席为“七簋两点”。②

2. 服饰华丽，引领时尚

迎恩河西，有“邗上农桑”“杏花村舍”二景。仿康熙帝《耕织图》做法，封限为岸，建仓房、馌饷桥、报丰祠。祠前击鼓吹豳台，左有砻房，右有浴蚕房、箔房、绿叶亭。亭外桑阴郁郁，时闻斧声。树间建大起楼，楼下长廊至染色房、练丝房。房外为练池，池外有春及堂。堂右有嫘祖祠、经丝房、听机楼。楼后有东织房、纺丝房。房外板桥二三折，至西织房、成衣房，接献功楼。这一景观浓缩了农业社会的耕织生活。

扬州的服装业发达。有染布业仅次于苏州，李斗说：“江南染房，盛于苏州。扬州染色，以小东门街戴家为最。”(卷一，第28页)

嫘祖祠，祀马头娘。祠右沼堤种竹，竹后长廊数丈，廊竟，横置小舍三间，为经丝房，经机所持丝也。屋右接听机楼。楼台疏处为纺丝房，与经丝房对，居其右。织房十余间，以东西分。“成衣房十余间，纺砖刀尺，声声相闻。”(卷一，第30页)

扬州的服装店繁多，居民穿着时尚。位于新城御道上的多子街即

---

① (清)林苏门：《邗江三百吟》卷九《过蚤》引言，119页，扬州，广陵书社，2005。

② (清)林苏门：《邗江三百吟》卷九《三碗六盘》、《七簋两点》引言，119、120页。

缎子街，两畔皆缎铺。李斗说，“扬郡着衣，尚为新样。十数年前，缎用八团，后变为大洋莲、拱璧兰；颜色在前尚三蓝、朱、墨、库灰、泥金黄，近用膏粱红、樱桃红，谓之福色。”(卷九，第 185 页)据说因大将军福康安征讨台湾时过扬州着此色，民间仿效，成为时尚。每当货至，先归绸庄缎行，然后发铺，谓之“抄号”。每年以四月二十日为例，谓之“镇江会”，相当于今天我们说的商品交易会。

扬州服饰的时尚除了颜色之外，样式别出心裁，引领潮流。翠花街，皆珠翠首饰铺。扬州鬏勒，异于他地，有蝴蝶、望月、花蓝、折项、罗汉鬏、懒梳头、双飞燕、到枕松、八面观音各种假发①，还有貂覆额、渔婆勒子诸式。穿鞋颇为讲究，女鞋以香樟木为高底，在外为外高底，有杏叶、莲子、荷花诸式；在里者为里高底，谓之道士冠，平底谓之底儿香。无论里高还是外高，都是通过增加鞋底提高女性的身高。女衫以二尺八寸为长，袖广尺二，外护袖以锦绣镶之；冬则用貂狐之类。裙式以缎裁剪作条，每条绣花两畔，镶以金线，碎逗成裙，谓之凤尾。这种凤尾穿上，想必金光闪闪，有富贵气。李斗说：“近则以整缎折以细缝，谓之百褶；其二十四折者为玉裙，恒服也。”(卷九，第 186 页)这种褶裙开始流行。② 这条街上，还有硝皮袄的“毛毛匠”，加工、制作皮衣，看来皮衣也是时尚之服。

腰间佩带三针表是扬州的时尚。这一习俗受到西洋文化的影响，“洋人一针表，售出价不过数十金；近日面上三针，校定更准，其价更昂。扬城趋时人借定时名目，亦多于腰间佩带，以为饰观。”③

3. 居室陈设讲究，具有文化气息

扬州建造房屋非常讲究。钱泳说：“造屋之工，当以扬州为第一，如作文之有变换，无雷同，虽数间小筑，必使门窗轩豁，曲折得宜，

---

① (清)林苏门：《邗江三百吟》卷六《鬏架》引言记载：“妇女以假发为架，上以真发挽之成鬏，十年前未曾见此。”(86 页)

② (清)林苏门：《邗江三百吟》卷六《百褶裙》引言记载：“裙用好绸，绉捏成百褶，颜色不拘，利其软而下垂，此新式也。”(82 页)

③ (清)林苏门：《邗江三百吟》卷七《带三针表》引言，95 页。

此苏、杭工匠断断不能也。盖厅堂要整齐如台阁气象，书房密室要参错如园亭布置，兼而有之，方称妙手。今苏、杭庸工皆不知此义，惟将砖瓦木料搭成空架子，千篇一律，既不明相题立局，亦不知随方逐圆，但以涂汰作生涯，雕花为能事，虽经主人指示，日日叫呼，而工匠自有一种老笔主意，总不能得心应手者也。”①

李斗说，民间厅事，置长几，上列二物，如铜磁器及玻璃镜、大理石插牌，两旁亦多置长几，谓之靠山摆。今各园长几，多置三物，如京式。屏间悬古人画，小室中用天香小几，画案书架。小几有方、圆、三角、六角、八角、曲尺、如意、海棠花诸式。画案长者不过三尺。书架下椟上空，多置隔间。几上多古砚、玉尺、玉如意、古人字画、卷子、聚头扇、古骨朵、剔红蔗葮、蒸饼；河西三撞两撞漆合、磁水盂，极尽窑色，体质丰厚；灵壁、太湖诸砚山、珊瑚笔格；宋蜡笺，书籍皆宋元精椠本、旧抄秘种及毛钞、钱钞。隔间多杂以铜、磁、汉玉古器。他如雉尾扇、自鸣钟②、螺甸器、银累丝、铜龟鹤、日圭、嘉量、屏风鞈匝、天然木几座、大小方圆古镜、异石奇峰、湖湘文竹、天然木拄杖、宣铜炉。大者为宫奁，皆炭色红、胡桃纹、鹧鸪色，光彩陆离；上品香顶撞、玉如意，凡此皆陈设也。（卷十七，第401～402页）

庭院的陈设也很讲究，有鱼缸养观赏鱼以及栽种鲜花。李斗说，城中富家以花事为陈设，更替以时。柳下置砂缸蓄鱼，有文鱼、蛋鱼、睡鱼、蝴蝶鱼、水晶鱼诸类。

4. 出行

轿子的使用较为普遍。李斗说，山轿二乘，即竹兜子，闲时贮一粟庵，遇官舟抵岸则出。至四城堂客，上山多步行，富贵家则自备女舆，行走若飞，谓之“飞轿”；步碎而软，谓之“溜步”。轿夫谓之“楼儿”，随轿侍儿谓之“跑楼儿”。（卷十六，第350页）

---

① （清）钱泳：《履园丛话》卷十二《艺能·营造》，326～327页。

② （清）林苏门：《邗江三百吟》卷七《厅上闹钟》引言记载：“自鸣钟以定时刻，扬城趋时之家，间亦用之。近日有用闹钟设于厅上者……厅上乃宾客往来之地，藉以骇人见闻。”（94页）说明扬州开始流行厅中摆设自鸣钟。

扬州人生活方式中引人瞩目的还有泡澡习尚。李斗说浴池之风，开始于城北邵伯镇的郭堂，后城内徐宁门外之张堂仿效，城内张氏复于兴教寺效其制以相竞尚，于是四城内外皆然。著名的城内有开明桥之小蓬莱，太平桥之白玉池，缺口门之螺丝结顶，徐宁门之陶堂，广储门之白沙泉，埂子上之小山园，北河下之清缨泉，东关之广陵涛。而城外则坛巷之顾堂，北门街之新丰泉最为著名。浴池十分讲究，以白石为池，方丈余，间为大小数格，其大者近镬水热，为大池，次者为中池，小而水不甚热者为娃娃池。贮衣之柜，环列于厅的为座箱，在两旁的为站箱。内通小室，谓之暖房。还有按摩，"茶香酒碧之余，侍者折枝按摩，备极豪侈"(卷一，第25页)。另据记载，扬州澡堂又称"混堂"，"城内外数以百计。凡堂外有立箱、有坐箱、有凉池、有暖房、有茶汤处、有剃头修脚处。堂内之池取乎洁，用白矾石界为三四池，水之温凉，各池不同"①。当地习俗，男子亲迎前一夕入浴，动费数十金。除夕浴谓之"洗邋遢"，端午谓之"百草水"。

扬州人有早上喝茶、晚上洗澡之俗，人称早上"皮包水"，晚上"水包皮"，反映了闲适、惬意的生活节奏。"这种生活只有都市人能有，农村人自然做不到。"②

四、画舫与游乐

画舫者，即游船也。李斗以画舫为书名，记录扬州，强调的是以游为特色的城市风貌。而游船所经在于河与湖，游湖最能体现扬州的城市生活。李斗指出了画舫的由来：

> 扬州画舫，始于鼓棚。鼓棚本泰州驳盐船，至朽腐不能装载，辄牵入内河，架以枋楣椽柱。大者可置三席，谓之"大三张"，小者谓之"小三张"。驳盐船之脚船，枋楣椽柱如瓜蓏架者谓之"丝瓜架"。木顶船谓之"飞仙"，制如苏州酒船，本于城内沙氏所造，今谓之"沙飞"，皆用篙戙。沙飞梢舱有灶，无灶者谓之"江船"，用

---

① (清)林苏门：《邗江三百吟》卷三《混堂》引言，42页。

② 冯尔康、常建华：《清人社会生活》，474页。

> 橹者为“摇船”，前席棚后木顶者谓之“牛舌头”，用桨者为“划子船”，双桨为“双飞燕”，亦曰“南京篷”……沙飞重橹飞舻，有小卷棚者谓之“太平船”，覆幔者为“幔顶”，以玻璃嵌窗者谓之“玻璃船”。至于四方客卿达官以及城内仕宦向有官船。皆住北门马头，非游人所得乘也。（卷十八，第 403 页）

可知画舫主要是停靠在岸边用于娱乐的船，这种船已经不再用于水运，经过改造装修，提供水上娱乐场所；画舫也可指湖上的游船。《扬州画舫录》第十一卷记载虹桥与画舫之游的内容很丰富。

扬州的游览胜地当数北郊的瘦西湖，尤以虹桥为标志。李斗说：“游人泛湖，以秋衣、蜡屐打包，茶鬴、灯遮，点心、酒盏，归之茶担，肩随以出。”（卷十一，第 240 页）若治具待客湖上，先投柬帖，上书“湖舫候玉”。相沿成俗，以此为礼，平时招携游赏，不必投柬。

画舫有市有会。春为梅花、桃花二市，夏为牡丹、芍药、荷花三市，秋为桂花、芙蓉二市；又正月财神会市，三月清明市，五月龙船市，六月观音香市，七月盂兰市，九月重阳市。李斗说，每当有市，游人众多，船价数倍。

游船中的“龙船”最为壮观。龙船长十余丈，前为龙首，中为龙腹，后为龙尾，各占一色。四角枋柱，旗帜招展。龙船自五月朔至十八日为一市。先于四月晦日试演，谓之“下水”；至十八日牵船上岸，谓之“送圣”。这时正值端午节，有水上的各种表演。如龙船尾长丈许，牵彩绳令小儿水嬉，谓之“掉梢”。有“独占鳌头”“红孩儿拜观音”“指日高升”“杨妃春睡”诸戏。再如小船载乳鸭，往来画舫间，游人鬻之掷水中，龙船执戈竞斗，谓之“抢标”。端午之后，外河徐宁、缺口诸门龙船由响水闸牵入内河，称为客船。“送圣”后奉太子（屈原）于画舫中礼拜，祈祷收灾降福，据说是“举国若狂”。（卷十一，第 240～241 页）

画舫有堂客、官客之分，堂客为妇女之称。妇女上船，四面垂帘，屏后另设小室如巷，香枣厕筹，位置洁净。船顶皆方，可载女舆。家人挨排于船首，以多为胜，称为堂客船。一年中惟龙船市堂客船最多。迨至灯船夜归，弃舟登岸，天宁寺前，拱宸门外，肩舆等候堂客回家。

(卷十一，第 241 页)

扬州夜游生活较为丰富，形成了“夜生活”。李斗说：“城内富贵家好昼眠，每自旦寝，至暮始兴，燃烛治家事，饮食燕乐，达旦而罢，复寝以终日。由是一家之人昼睡夕兴，故泛湖之事，终年不得一日领略。即有船之家，但闲泊浦屿，或偶一出游，多于申后酉初，甫至竹桥，红日落尽，习惯自然。”(卷十一，第 241 页)

不过富贵大家族一旦出游，气势非凡。他们以大船载酒，数艘并集，衔尾以进。盛至三舟并行，宾客喧阗，遥看如驾山倒海而来。

扬州城内画舫无灶，惟“沙飞”之船有之，故多以沙飞代酒船。李斗说，城中奴仆善烹饪者，为家庖；有以烹饪为佣赁者，为外庖。其自称曰厨子，称诸同辈曰厨行。游人赁以野食，乃上沙飞船，令工人肩挑，谓之厨担。厨子随其后，各带所用之物，裹之以布，谓之刀包。于是画舫在前，酒船在后，“橹篙相应，放乎中流，传餐有声，炊烟渐上”，谓之行庖。(卷十一，第 242 页)李斗还说，烹饪之技，家庖最胜，如吴一山炒豆腐，田雁门走炸鸡，江郑堂十样猪头，汪南溪拌鲟鳇，施胖子梨丝炒肉，张四回子全羊，汪银山没骨鱼，江文密鲢螯饼，管大骨董汤、鱼鲞糊涂，孔讱庵螃蟹面，文思和尚豆腐，小山和尚马鞍乔，风味皆臻绝胜。

湖中有一种歌船。歌船在座船前，歌船逆行，座船顺行，使船中人得与欣赏歌者。歌以清唱为上，十番鼓次之，还有锣鼓、马上撞、小曲、摊簧、对白、评话之类佐胜。

清唱以笙笛、鼓板、三弦为道具。每一市会，争相斗曲，以画舫停篙就听者多少为胜负。多以熙春台、关帝庙为清唱之地。李斗认为，扬州人好度曲而不佳，近时以叶广平唱口为最，著《纳书楹曲谱》，为世所宗，其余无足数。清唱以外、净、老生为大喉咙，生、旦词曲为小喉咙，丑、末词曲为小大喉咙。扬州刘鲁瞻工小喉咙，为刘派，兼工吹笛。大喉咙以蒋铁琴、沈苕湄二人为最，为蒋、沈二派。蒋本镇江人，居扬州，以北曲胜，沈以南曲胜。此外，扬州还有苏州来的大喉咙。可知清唱的流派很多。李斗还说：“扬州清唱既盛，串客乃兴，王山霭、江鹤亭二家最胜，次之府串班、司串班、引串班、邵伯串班，各占一时之胜。其中刘禄观以小唱入串班为内班老生，叶友松以小班老旦入串班，后得瓜张插花法；陆九观以十番子弟入串班，能从吴暮桥读书，皆其选也。”(卷十一，第244页)如此清唱更是百花争艳。

十番鼓者，只用笛、管、箫、弦、提琴、云锣、汤锣、木鱼、檀板、大鼓十种，故名十番鼓。番者更番之谓，有《花信风》《双鸳鸯》《风摆荷叶》《雨打梧桐》诸名。后增星钹，器辄不止十种，遂以星、汤、蒲、大、各、勺、同七字为谱。若夹用锣铙之属，则为粗细十番。

锣鼓盛于上元、中秋二节。南巡时延师演习，谓之办差锣鼓。

“马上撞”即军乐演唱乱弹戏文，城中市肆剪生、开张及画舫、财神、三圣诸会多用之。

小唱以琵琶、弦子、月琴、檀板合动而歌。李斗说，二十年前尚哀泣之声，谓之“到春来”，又谓之“木兰花”；后以下河土腔唱《剪靛花》，谓之“网调”。近来群尚《满江红》《湘江浪》，皆本调也。其京舵子、起字调、马头调、南京调之类，传自四方，间亦效之。当时有不少名家，如陈景贤善小曲，兼工琵琶，人称为“飞琵琶”；潘五道士能吹无底洞箫以和小曲，称名工；苏州牟七以小唱冠江北，后多须，人称为牟七胡子；朱三工四弦，江鹤亭招之入康山草堂。

评话盛于江南，如柳敬亭、孔云霄、韩圭湖诸人，屡为陈其年、余淡心，杜茶村、朱竹垞所赏鉴。扬州平话“称绝技者，吴天绪《三国志》，徐广如《东汉》，王德山《水浒记》，高晋公《五美图》，浦天玉《清风闸》，房山年《玉蜻蜓》，曹天衡《善恶图》，顾进章《靖难故事》，邹必显《飞驼传》，谎陈四《扬州话》，皆独步一时”(卷十一，第246页)。大鼓书始于渔鼓简板说孙猴子，佐以单皮鼓檀板，谓之“段儿书”；后增弦子，谓之“靠山调”。

湖上画舫，有不少民间艺人表演，高超技艺受到游人称赞。如大松、小松兄弟，本浙江世家子，落拓后卖歌虹桥。大松弹月琴，小松拍檀板，就画舫互唱觅食。再如井天章善学百鸟声，游人每置之画舫间与鸟斗鸣，其技与画眉杨并称。还有匡子驾小艇游湖上，以卖水烟为生。以吐烟为图案著称，时人谓之“匡烟”，遂自名其船曰“烟艇”。

画舫多作牙牌、叶格、纸牌诸戏，吸引游客，招揽酒食生意。牙牌以竹代替，四人合局，得四为上。二人对局为“扛”，有苏、扬之分。三四人合局，以点大得者为负，谓之“挤黄”。叶格以“马吊”为上，马吊四十张，自空堂至于万万贯，十万贯以下，均易被攻。纸牌始用三十张，即马吊去十子一门，谓之“斗混江”；后倍为六十，谓之“挤矮”；又倍之为一百二十张。五人斗，人得二十张。近今尽斗十壶，又增以福、禄、寿、财、喜五星，计张一百二十有五。

画舫多以弈为游者，围棋国手聚集扬州。扬州国手只韩学元一人；寓公则有樊麟书、程懒予、周东侯、盛大有、汪汉年、黄龙士、范西屏、何闇公、施定庵、姜吉士诸人。施定庵父殁，从母改适范氏，生西屏。施、范同时称国手，范著《桃花泉弈谱》，施著《弈理指归》，皆传于世。当时言棋者，动称施、范。程兰如弈棋不及施、范，而象棋称国手。

游艺活动还有博戏。古博戏跌成，亦称“纯”，时人谓之“拾博”。用三钱者为三星，六钱者为六成，八钱者为八乂。“均字均幕为成，四字四幕为天分。天分必幕与幕偶，字与字偶，长一尺，不杂不斜，以此为难。”(卷十六，第351页)李斗说，此技遍于湖上，所博之物，以茉莉、玫瑰二花最多。

湖上的花船、灯船也是重要的风景。灯船多用鼓棚，楣枋力檐，以宫灯为最丽。其次琉璃，一船连缀百余而出。或值良辰令节，诸商各于工段临水张灯，两岸中流，交辉焕采。“花船于市会插花画舫中，大者用磁缸，小则瓶洗之属，一瓶动值千金。插花多意外之态，此技瓜洲张某最优，时人称为瓜张。优者叶友松一人，亦传其法。十番教师朱五呆亦能之。”(卷十一，第250页)

湖岸长堤有人贩卖饮食。乔姥置大茶具，旁列茶盒，矮竹几杌数十。每茶一碗二钱，称为“乔姥茶桌子”。每龙船时，茶客往往不给钱而去。还有卖糖的，有一种糖叫大观楼，以紫竹作担，列糖于上，糖中裹盐脂豆馅之类，贵至十数钱一枚。又有提篮鸣锣唱卖糖官人、糖宝塔、糖龟儿者，味不甚佳，止供小儿。“或置竹钉数十于竹筒中，其端一赤而余皆黑，以钱贯之。适中赤者则得糖，否则负。口中唤唱，音节入古。”(卷十一，第250～251页)

清明前后，是出游的黄金季节。肩担卖食者多俊秀少年，竞尚妆饰。“每着蓝藕布衫，反纫钩边，缺其衽，谓之琵琶衿。裤缝错伍取窄，谓之棋盘裆。草帽插花，蒲鞋染蜡。”（卷十一，第 251 页）卖豆腐脑、茯苓糕，唤声柔雅可听。夏月则有卖洋糖豌豆，秋月有卖芋头、芋苗子的普通贩卖者。

北方人王蕙芳以卖果子为业。清晨以大柳器贮各色果子，先货于苏式小饮酒肆，次及各肆，其余则于长堤售尽。自称为“果子王”。“其子八哥儿卖槟榔，一日可得数百钱。”（卷十一，第 251 页）

堤上的休闲者，有的展示自己的爱好与特长。谢身山多奇技，会做飞鸟。李斗说他：“每和泥贯以竹篾，置数十枚于袖中。行至堤上，启袖放之，如燕雀腾飞，轧轧有声。”（卷十一，第 251 页）

每天清晨，城中养鸟者携白翎雀于堤上学黄鹂声。白翎雀本北方鸟，江南人好之，饲于笼中，一鸟动辄百金。笼之价值，贵者如金戗盆，中铺沙研石，令雀于其上鼓翅，谓之“打蓬”。李斗记载说：“若画舫中，每悬之于船楣，以此为戏。”（卷十一，第 251 页）此外，养画眉等鸟类者也很多。堤上多蝉，人们用长竿黏落，贮以竹筐，沿堤货卖，以供儿童嬉戏。

堤上也可以看到傀儡戏与猴戏的表演。凤阳人精于此道，他们蓄猴令其自为冠带演剧，谓之猴戏。“又围布作房，支以一木，以五指运三寸傀儡，金鼓喧阗，词白则用叫颡子，均一人为之，谓之肩担戏。”（卷十一，第 251 页）李斗说，此二戏正月城内极多，皆预于腊月抵郡城，寓文峰塔壶芦门客舍。至元旦进城，上元后城中表演已遍，出城在堤上表演。

其实，堤上已经形成了公共表演空间。堤上的杂技表演尤能说明此点，李斗详细记载了这一情形：

> 杂耍之技，来自四方，集于堤上。如立竿百仞，建帜于颠，一人盘空拔帜，如猱升木，谓之“竿戏”。长剑直插喉嗉，谓之“饮剑”。广筵长席，灭烛罨火，一口吹之，千碗皆明，谓之“壁上取火，席上反灯”。长绳高系两端，两人各从两端交过，谓之“走

索”。取所佩刀令人尽力刺其腹，刀摧腹皤，谓之“弄刀”。置盘竿首，以手擎之，令盘旋转；复两手及两腕、腋、两股及腰与两腿，置竿十余，其转如飞。或飞盘空际，落于原竿之上，谓之“舞盘”。戏车一轮，中坐数女子，持其两头摇之，旋转如环，谓之“风车”。一人两手执箕，踏地而行，扬米去糠，不溢一粒，谓之“簸米”。置丈许木于足下，可以超乘，谓之“踩高跷”。以巾覆地上，变化什物，谓之“撮戏法”。以大碗水覆巾下，令隐去，谓之“飞水”。置五红豆于掌上，令其自去，谓之“摘豆”。以钱十枚，呼之成五色，谓之“大变金钱”。取断臂小儿，令吹笙，工尺俱合，谓之“仙人吹笙”。癸丑秋月，诸杂耍醵资买棹，聚于熙春台，各出所长，凡数日而散。一老人年九十许，曳大竹重百余斤，长三四丈，立头上，每画舫过，与一钱。黄文旸为之立传。（卷十一，第252页）

李斗还列举了一些堤上的表演者，如：

汪某以串客倾其家，至为乞儿。遂傅粉作小丑状，以五色笺纸书其招牌，曰“太平一人班”。“有招之者，辄出戏简牌，每出价一钱。”（卷十一，第252页）

有一个叫王大的人，“置碗头上，碗中立纸绢人数寸，跪拜跳踉，至于偃仆，其碗不坠”（卷十一，第252页）。后来安庆武部习其技，置灯头上，谓之“滚灯”。

北方人宋二，“好与禽兽伍，禽兽亦乐与之狎”（卷十一，第253页）。

还有摔跤表演。两人裸体相扑，谓之“摆架子”。

江宁人造方圆木匣，中点花树、禽鱼、怪神、秘戏之类，外开圆孔，蒙以五色瑇瑁，一目窥之，谓之“西洋镜”。

这里还贩卖特色旅游纪念品。北郊多萤，土人制料丝灯，以线系之，于线孔中纳萤；其式方、圆、六角、八角及画舫、宝塔之属，谓之“火萤虫灯”。“近多以蜡丸爇之，每晚揭竿首鬻卖，游人买作土宜。”（卷十一，第253页）还有一种“西瓜灯”，取西瓜皮镂刻人物、花卉、虫鱼之戏。城内还多用料丝作大山水灯片。

配合游湖，还有餐饮服务。玉版桥王廷芳茶桌子最著，与双桥卖油糍之康大合本，各用其技。游人至此半饥，茶香饼熟，颇易得钱。

堤上还有迎候游船的“乞丐”表演民歌。李斗说：“玉版桥乞儿二，一乞剪纸为旗，揭竹竿上，作报喜之词；一乞家业素丰，以好小曲荡尽，至于丐，乃作男女相悦之词，为《小郎儿曲》。相与友善，共在堤上。每一船至，先进《小郎儿曲》，曲终继之以报喜，音节如乐之乱章，人艳听之。《小郎儿曲》即《十二月》《采茶》《养蚕》诸歌之遗，呢呢儿女语，恩怨相尔汝。词虽鄙俚，义实和平，非如市井中小唱淫靡媚亵可比。”(卷十一，第254页)李斗还说，扬州的这些民歌传播到广州，非常有名，珠江“河网船中冒作扬妓者。其唱则以是曲为土音，岭外传之，及于惠、潮，与木鱼、布刀诸曲相埒。郡中剞劂匠多刻诗词戏曲为利，近日是曲翻板数十家，远及荒村僻巷之星货铺，所在皆有，乃知声音之道，感人深也”(卷十一，第254页)。

画舫游者的饮食方法比较多元化。李斗说：“野食谓之‘饷’。画舫多食于野，有流觞、留饮、醉白园、韩园、青莲社、留步、听箫馆、苏式小饮、郭汉章馆诸肆，而四城游人又多有于城内肆中预订者，谓之‘订菜’，每晚则于堤上分送各船。”(卷十一，第254～255页)

扬州作为旅游城市，娼妓也是娱乐的一个方面。李斗说，清初官妓，谓之“乐户”。至康熙间，裁乐户，遂无官妓。官妓既革，土娼潜出，如私窠子、半开门之属，有司禁之。泰州有渔网船，“郡城呼之为网船浜，遂相沿呼苏妓为苏浜，土娼为扬浜，一逢禁令，辄生死逃亡不知所之”(卷九，第189页)。李斗介绍道：

> 自龙头关至天宁门水关，夹河两岸，除各有可记载者，则详其本末，若夫歌喉清丽、技艺共传者，则不能枚举。如白四娘者，扬州人，因县吏朱某曾拯其急难，后朱缘事几置法。伊倾家谋救，得充边远军，不至死。赵大官、赵九官、大金二官、小金二官、陈银官、巧官、麻油王二官、杨大官、杨三官、吴新官、汪大官、闵得官、闵二官、沈四官、沈大二官、赵三官、陆爱官、佟凤官、夏大官、小青青、蒋大官、蒋二官、张三官、王大官、小脚陈三

官、大脚陈三官，此皆色技俱佳，每舟游湖上，遇者皆疑为仙至。若面店王三官者，则又开扬州苏浜之鼻祖者矣。以技艺见重，不以色也。其妾五官娟好，然遇冶游询其年齿姓字，则面红潜遁，此又苏浜中之奇人焉。若高小女子，本系扬人，丰姿绝世，而才艺一时无两，徐九官与之齐名，其实则逊之甚远也。陈巫云、琼子、凤子、南门高二官、李二官、兴化李二官、蒋六子、小丁香、郭三、三扬。陈四俗呼为“盐豆子”，有女梅梅，年十四，真绝色，后为有力者购去，冀北之群空矣。（卷九，第193页）

由此可见，扬州游船所经两岸，多有“色技俱佳”的倡优，以备游湖客人所需。当时“沿着新城运河两侧发展起一个类似的青楼区域”①。李斗还说，扬州娱乐圈有品评倡优的现象，如顾姬，行四，字霞娱。工词曲，解诗文，住姜家墩天心庵旁。“会钱湘舲三元棨过扬州，于谢未堂司寇公宴席中品题诸妓，以杨小保为女状元，霞娱为女榜眼，杨高为女探花。”（卷九，第202页）扬州的这种灯红酒绿的生活，被认为是身处醉乡：“时际升平，四方安乐，故士大夫俱尚豪华，而尤喜狭邪之游。在江宁则秦淮河上，在苏州则虎丘山塘，在扬州则天宁门外之平山堂，画船箫鼓，殆无虚日。妓之工于一艺者，如琵琶、鼓板、昆曲、小调，莫不童而习之，间亦有能诗画者，能琴棋者，亦不一其人。流连竟日，传播一时，才子佳人，芳声共著。然而以此丧身破家者有之，以此败名误事者有之，而人不知醒，譬诸饮酒，常在醉乡，是诚何心哉！”②

五、戏曲欣赏

清代是戏曲发展时期。清初，明末以来盛行的昆山腔与弋阳腔处于正统地位，但是已显露出日益脱离群众的情形，特别是昆腔更为明显。内容上多是通过帝王将相、才子佳人宣传礼教；形式上不外是悲

---

① 安东篱：《说扬州：1550—1850年的一座中国城市》，161页，北京，中华书局，2007。

② （清）钱泳：《履园丛话》卷七《臆论·醉乡》，193页。

欢离合的套子，艺术僵化。不过流传到民间的昆、弋诸腔同各地的民歌、说唱以及民间小戏结合，向着地方化的方向发展，还有一些是新产生的地方戏。

扬州是地方戏演出繁盛的都市。李斗说："两淮盐务例蓄花、雅两部，以备大戏：雅部即昆山腔；花部为京腔、秦腔、弋阳腔、梆子腔、啰啰腔、二簧调，统谓之'乱弹'。昆腔之胜，始于商人徐尚志征苏州名优为老徐班；而黄元德、张大安、汪启源、程谦德各有班。洪充实为大洪班，江广达为德音班，复征花部为春台班；自是德音为内江班，春台为外江班。今内江班归洪箴远，外江班隶于罗荣泰。此皆谓之'内班'，所以备演大戏也。"(卷五，第103页)盐商的戏班子众多，除了自己平日欣赏戏曲外，皇帝南巡时的迎驾演出是重要的事情。

两淮盐商凭着自己强大的经济力量和与官府的关系，自养戏班，为皇家服务，亦称作"内班"。也有相当多的戏班属于民间经营，农村有不少艺人组织戏班在本地演出，如扬州"城外邵伯、宜陵、马家桥、僧道桥、月来集、陈家集人，自集成班"(卷五，125页)，属于扬州郊区的土班。艺人的报酬有所不同，一般演员收入不多，仅可糊口，但名角收入颇丰。扬州的苏州艺人在乾隆末年角色优劣，以戏钱多寡为差，有七两三钱、六两四钱、五两二钱、四两八钱、三两六钱之分，内班角色皆七两三钱。人数之多，至百数十人，"此一时之胜也"(卷五，117页)。

扬州城内苏唱街老郎堂，是梨园总局。每一班入城，先于老郎堂祷祀，谓之"挂牌"；次于司徒庙演唱，谓之"挂衣"。每团班在中元节，散班在竹醉日。梨园以副末开场，为领班；副末以下老生、正生、老外、大面、二面、三面七人，谓之"男脚色"；老旦、正旦、小旦、贴旦四人，谓之"女脚色"；打诨一人，谓之"杂"。李斗说："此江湖十二脚色，元院本旧制也。"(卷五，第117页)

著名戏班派头大，但是有时遇到懂戏者也会吃到苦头。李斗讲了老徐班的两个故事，一则是：

纳山胡翁尝入城订老徐班下乡演关神戏，班头以其村人也，给之曰："吾此班每日必食火腿及松萝茶，戏价每本非三百金不可。"胡公一一允之。班人无已。随之入山，翁故善词曲，尤精于琵琶。于是每日以三百金置戏台上，火腿松萝茶之外，无他物。日演《琵琶记》全部，错一工尺，则翁拍界尺叱之，班人乃大惭。（卷五，第 130 页）

另一则是：

西乡陈集尝演戏，班人始亦轻之，既而笙中簧坏，吹不能声，甚窘。詹政者，山中隐君子也，闻而笑之，取笙为点之，音响如故，班人乃大骇。詹徐徐言数日所唱曲，某字错，某调乱，群优皆汗下无地。（卷五，第 130 页）

这两个故事表明，扬州民间戏曲文化深厚，有戏曲欣赏的行家里手。

戏剧繁荣发展，必定会出现从临时场所演出到固定场所演出，从不定时演出到定时演出，从集资（凑份子）请演员演出到在营业性场所看戏过渡的趋势，这就带来了戏园的出现和发展。清代扬州就有营业性的戏园，是演出方式变化的结果。李斗说："天宁寺，本官商士民祝厘之地。殿上敬设经坛，殿前盖松棚为戏台，演仙佛、麟凤、太平击壤之剧，谓之大戏。事竣拆卸。迨重宁寺盖大戏台，遂移大戏于此。"（卷五，103 页）说明由于演出活动的频繁，已有固定的大戏台取代了临时性的木棚戏台，这个变化发生在乾隆末年。嘉庆十三年（1808），又仿照北京连续设置了三个专门的戏馆，三月新城有总商余晟瑞家闲园出赁为固乐园，闰五月旧城大东门内的胜春园酒肆改为阳春茶社，六月新城兴教寺后岑姓废园改为丰乐园，这些戏馆"踵事增华，聊以待腰缠之集"①。

扬州的戏剧演出种类繁多。李斗说道：

---

① （清）林苏门：《邗江三百吟》卷八《戏馆》引言，108 页。

> 郡城花部，皆系土人，谓之“本地乱弹”，此土班也。至城外邵伯、宜陵、马家桥、僧道桥、月来集、陈家集人，自集成班，戏文亦间用元人百种，而音节服饰极俚，谓之“草台戏”。此又土班之甚者也。若郡城演唱，皆重昆腔，谓之“堂戏”。本地乱弹只行之祷祀，谓之“台戏”。迨五月昆腔散班，乱弹不散，谓之“火班”。后句容有以梆子腔来者，安庆有以二簧调来者，弋阳有以高腔来者，湖广有以罗罗腔来者，始行之城外四乡，继或于暑月入城，谓之“赶火班”。而安庆色艺最优，盖于本地乱弹，故本地乱弹间有聘之入班者。京腔用汤锣不用金锣，秦腔用月琴不用琵琶，京腔本以宜庆、萃庆、集庆为上。（卷五，第125页）

当地演出的“本地乱弹”使用元人戏文，音节服饰土气，被称为“草台戏”，城里重视的是作为“堂戏”的昆腔，即当时士大夫以及富商喜欢的剧种。同时各地的剧种来到扬州，先在城外四乡，继之入城演出，尤以安庆二簧调、京腔受人欢迎。

扬州的“本地乱弹”在与其他地方戏的交流中发生变化。李斗说：“郡城自江鹤亭征本地乱弹，名春台，为外江班。不能自立门户，乃征聘四方名旦，如苏州杨八官、安庆郝天秀之类；而杨、郝复采长生之秦腔，并京腔中之尤者，如《滚楼》《抱孩子》《卖饽饽》《送枕头》之类，于是春台班合京秦二腔矣。熊肥子演《大夫小妻打门吃醋》，曲尽闺房儿女之态。”（卷五，第125页）扬州为地方戏的发展提供了舞台。其实，扬州的戏曲演出还为京剧的形成做出了贡献，李斗指出：“自四川魏长生以秦腔入京师，色艺盖于宜庆、萃庆、集庆之上，于是京腔效之，京秦不分。迨长生还四川，高朗亭入京师，以安庆花部，合京秦两腔，名其班曰三庆，而曩之宜庆、萃庆、集庆遂湮没不彰。”（卷五，第125页）三庆、春台，即属于四大徽班，其融合了安庆花部与京、秦两腔，而所谓徽班正是扬州盐商支持下的戏班子，扬州地方戏之间的交流，成就了艺人的戏曲艺术。如樊大演《思凡》一出，始则昆腔，继则梆子、罗罗、弋阳、二簧，无腔不备，人称“戏妖”。“陆三官花鼓得传，而熟于京秦两腔。”（卷五，第126页）京师萃庆班谢瑞卿，工《水浒记》之阎婆惜。“关大保演阎婆惜效之，自是扬州有谢氏一派。”（卷五，第 126 页）四川魏长生以演出秦腔出名，曾来扬州“投江鹤亭，演戏一出，赠以千金。”（卷五，第 126 页）地方戏曲艺术的相互吸收，还具体表现在：

> 凡花部脚色，以旦丑、跳虫为重，武小生，大花面次之。若外末不分门，统谓之“男脚色”。老旦、正旦不分门，统谓之“女脚色”。丑以科诨见长，所扮备极局骗俗态，拙妇骙男，商贾刁赖，楚咻齐语，闻者绝倒。然各囿于土音乡谈，故乱弹致远不及昆腔。惟京师科诨皆官话，故丑以京腔为最。如凌云浦本世家子，工诗善书，而一经傅粉登场，喝采不绝。广东刘八，工文词，好驰马，因赴京兆试，流落京腔，成小丑绝技。此皆余亲见其极盛，而非土班花面之流亚也。吾乡本地乱弹小丑，始于吴朝、万打岔，其后张破头、张三网、痘张二、郑士伦辈皆效之。然终止于土音乡谈，取悦于乡人而已，终不能通官话。近今春台聘刘八入班，本班小丑效之，风气渐改。（卷五，第 126～127 页）

可知扬州本地乱弹春台班吸收京腔小丑念白，改为官话。戏曲服装也发生了交融改变。戏具谓之“行头”，行头分衣、盔、杂、把四箱。衣箱中有大衣箱、布衣箱之分。大衣箱、盔箱又细分文扮、武扮、女扮三种类型。“盐务自制戏具，谓之‘内班行头’，自老徐班全本《琵琶记》请郎花烛，则用红全堂，风木余恨则用白全堂，备极其盛。他如大张班，《长生殿》用黄全堂，小程班《三国志》用绿虫全堂。小张班十二月花神衣，价至万金；百福班一出北饯，十一条通天犀玉带；小洪班灯戏，点三层牌楼，二十四灯，戏箱各极其盛。若今之大洪、春台两班，则聚众美而大备矣。”（卷五，第 129～130 页）在扬州地方戏交流中日渐成熟的戏曲艺术，终于在进京后大放异彩，促进了京剧的形成。

清代以花部为标志的地方戏十分兴盛，清廷担心戏文有不利于统治的内容。乾隆四十二年（1777）“巡盐御史伊龄阿奉旨于扬州设局改曲剧，历经图思阿并伊公两任，凡四年事竣。总校黄文旸、李经，分校凌廷堪、程枚、陈治、荆汝为，委员淮北分司张辅、经历查建珮、板浦场大使汤惟镜”(卷五，第 103 页)。在扬州设局检查剧本，也说明扬州戏曲兴盛。乾隆帝指示，剧本中“如明季国初之事，有关涉本朝字句……至南宋与金朝关涉词曲，外间剧本往往有扮演过当以致失实者，流传久远，无识之徒或至转以剧本为真，殊有关系，亦当一体饬查”①。看来对剧本的检查，主要出于民族关系，即把汉人斥责女真、满族的地方加以修改，以免民人对清朝的正统地位产生怀疑。剧本修改既成，黄文旸著有《曲海》二十卷，其序云：“乾隆辛丑间，奉旨修改古今词曲。予受盐使者聘，得与修改之列，兼总校苏州织造进呈词曲。因得尽阅古今杂剧传奇，阅一年事竣。”(卷五，第 107 页)当时南方的另一个戏曲演出中心苏州呈交了收到的剧本。

李斗推崇著名戏剧家：“程志辂，字载勋，家巨富，好词曲。所录工尺曲谱十数橱，大半为世上不传之本。凡名优至扬，无不争欲识。有生曲不谙工尺者，就而问之。子泽，字丽文，工于诗，而工尺四声之学，尤习其家传。”(卷五，第 130 页)不过到了李斗生活的时代，“胡翁久没，詹亦下世，惟程载勋尚存，然亦老且贫，曲本亦渐散失。德音班诸工尺，汪损之尝求得录之，不传之调，往往而有也”(卷五，第 130 页)。似乎扬州的戏剧演出风华已过，不再辉煌。

六、文人雅集与文物鉴赏

繁华的扬州成为文人雅士聚集之地。李斗说：“扬州为南北之冲，四方贤士大夫无不至此。予见闻所囿，未能遍记。有游迹数至而无专主之家，以虹桥为文酒聚会之地。”(卷十，第 230～231 页)李斗列举了记忆所及到过扬州的学者文人，有梅文鼎、朱彝尊、阎若璩、朱筠、钱大昕、王昶、沈初、袁枚、王鸣盛、金榜、李汪度、卢文弨、邵晋涵、陆师、张书勋、钮玉、周大纶、汪启淑、顾文煊、谈泰、蒋莘、尤荫、陈实孙、程世淳、曹文埴、胡先声、耿蕙、奇丰额、江绍莘、赵廷枢、薛廷吉、阮承裕、江嘉理、董洵、文元星、汪坤、巴源绶、洪锡恒等人。

来到扬州的文人，往往以文会友，举行雅集。如汪坤，字元至，

---

① 《清高宗圣训》卷二六四，乾隆四十五年十一月乙酉条。

号玉屏，旌德人。作诗上佳，广交游，尝于扬州集诗人为会，刻有《吟香馆合稿》。“会中李天澂，字九渊，号疲仙，穷而工诗；汪俊，字杰士，号碧峰，工诗画；汤振家，字绍先，号绣谷；萧炳，字永著，号晴岩；吴仁煜，字春陵；李澍，字澍千，号渔庄；张镠，字子贞，号老姜，工诗画；秦昱，字德明，号岑楳；李桐，字于汤，号琴轩；许善，字松圃；胡保泰，字东山，山阴人；叶建侯，字冠伯，号春屏，丹徒人；查善，字楚珍，号大其，海昌人。”(卷十，第239页)

扬州文人的诗会不少。城南古渡桥旁，歙县汪氏得九莲庵地，建别墅曰南园。汪玉枢，字辰垣，号恬斋，歙县人。早岁能诗，山林性成。南园之盛，由恬斋开始。康熙间，王躬符曾于是园征《城南宴集诗》，计三十六人，各赋七言古诗一首，一时称为胜游。玉枢年七十，尝于易松滋抱山堂中作重九会，子五俱工诗。

三月上巳文人有修禊的传统，地方官往往组织地方文人雅集。曾燠为两淮盐运使，修禊南园，古用上巳，燠行始秋。与会者绘于图，凡八人。李斗说曾燠莅扬州，旦接宾客，夕诵文史，觞咏多暇，“至于北郊诸名胜，转运燕游唱和”(卷七，第165页)。卢见曾，字抱孙，号雅雨山人，山东德州人。为两淮转运使时，“爱古好事，延接文士，风流文采”①。他“筑苏亭于使署，日与诗人相酬咏，一时文宴盛于江南”(卷十，第218页)。卢见曾也曾修禊虹桥，其时和禊韵者七千余人，编次得三百余卷。乾隆三十年(1765)，扬州北郊建拳石洞天、西园曲水、虹桥揽胜、冶春诗社、长堤春柳、荷浦熏风、碧玉交流、四桥烟雨、春台明月、白塔晴云、三过留踪、蜀冈晚照、万松叠翠、花屿双泉、双峰云栈、山亭野眺、临水红霞、绿稻香来、竹楼小市、平冈艳雪二十景。此后，湖上复增绿杨城郭、香海慈云、梅岭春深、水云胜概四景。署中文宴，尝书之于牙牌，以为侑觞之具，谓之“牙牌二十四景”。据李斗说：“座中皆天下士，而贫而工诗者，无不折节下交。”(卷十，第219～220页)如同学者指出的，地方官的上述行为，在于“努力塑造他的社会身份”，而扬州“是一个盐业贸易能带来巨大商业财富，

---

①《清史稿》卷一二八，11107页，北京，中华书局，1977。

通过资助就能够买来有声望的作品或是与学者和画家的友谊的地方”①。

文人到扬州，往往为商人家中塾师、清客，儒与商沟通。徽州人业盐扬州，成为富商。著名徽商门下，多有文人。如徽商徐氏门下的文人，据《扬州画舫录》卷十四记载有：

齐召南，字次风，号琼台，晚号思园，天台人。幼称神童，年二十三拔贡，馆于徐氏。雍正举博学鸿词，授庶吉士，纂修《大清一统志》。官检讨，校勘经史，纂修《明鉴纲目》《大清会典》《文献通考》，勘定《通礼》，称经学儒臣。

程瑶田，字易田，歙县人。孝廉，官太仓州嘉定县教谕。能诗文，与戴东原、方希园穷经数十年，著《通艺录辨》《九谷沟洫》诸考，皆能发古人所未发。往来扬州主徐氏。子培，字伯厚，能读父书。今业鹾，寓于扬。

叶敬，字义方，扬州人。工书，馆徐氏，著有《日华堂诗集》。

金农，字寿门，号冬心，浙江仁和人。好古力学，工诗文，精鉴赏，善别古书画，书法汉隶。年五十，妻亡，侨居扬州，从事于画，涉古即古，脱尽画家之习。与徐氏往来，以其学圃改名“交翠林”。

方辅，字密庵，徽州人。工诗，书法苏、米，能擘窠大书。善制墨，来扬州主徐氏，著有诗文集，刻以行世。洪尔鉴，字照堂，歙县人。徐氏姻娅，工诗。

黄占济，字槎山，歙县人。主徐氏，工诗，书法各体备具，为人慷爽。

韩奕，字仙李，扬州人。买园湖上，名曰“韩园”。工诗，善鼓板。蓄砂壶，为徐氏客。

韩姓，逸其名，扬州人。性古直，为徐氏客。晚年居园后鬼神坛旁，草屋三楹而已，年九十余乃卒。

文人借助富商谋生，从事文化事业，富商在资助文人与文化事业

① [美]梅尔清：《清初扬州文化》，82、83 页，上海，复旦大学出版社，2004。

中提升社会地位。

商人致富，不少人收藏书画古玩，形成风气，文人则是鉴赏家。李斗说“扬州书画家极多，兼之过客往来，代不乏人”(卷二，第36页)。他认为考之志乘，而清朝画家不过十四人，皆扬州土著，书家不过三人，则志乘遗失甚多。扬州的书画家，不少曾馆于各工商家。黄其林，字仰岑，歙县人，寓居江都。子二，长德煦，字次和，“善鉴别古物，所蓄宋元人书画最多”(卷十二，第277页)。到过扬州的钱泳说：“吴杜村先生名绍浣，安徽歙县人。世以盐策为业，寓扬州已百余年，家道殷富。乾隆乙未、戊戌两科，先生与其兄绍烁同中进士，入翰林。先生精于赏鉴，所藏法书名画甚多。当时如彭南昌、董富阳、王韩城、刘长沙诸相国所贡图籍书画，必经先生品题而后奏进。家有颜鲁公《竹山联句》，徐季海、朱巨川告，怀素小草《千文》，王摩诘《辋川图》，贯休《十八应真像》，皆世间希有之宝。至宋、元、明人，其次焉者也。”①这是大盐商收藏书画的突出例证。钱泳《履园丛话》卷二《阅古》还列举了众多扬州所藏文物，如周散邑铜盘，旧藏扬州徐氏，后归洪氏；汉陶陵鼎，为扬州阮云台宫保所藏，阮氏还有汉五凤砖；扬州罗两峰有一汉亭长砖。扬州西山是收藏家喜欢居住的地方，据说“雍正、乾隆间，镇中号全盛。收藏书画名迹极富，名流多往来于此”②。

不少人艺术上有特长，又精通文物，善于鉴赏。丁敬，字敬身，号钝丁，浙江钱塘人；布衣，酿酒为生；好金石文，穷岩绝壁，手自摹拓，著《武林金石录》；秦汉铜器，宋元名迹，入手即辨；收古泉，多异品；长于诗。“其铁笔有求之者，白镪十金，为镌一字。”(卷四，第89页)钱苍佩，湖州乌程人，精别宋椠元板。褚竣，字千峰，陕西郃阳人。“以鬻碑版为业，天下金石，搜罗殆尽。”(卷四，第91页)黄德煦，字次禾，博学善识古器。“于古人书画，尤精鉴别。”(卷六，第144页)童岳荐，字砚北，绍兴人，精于盐策，善谋画，多奇中。童

① (清)钱泳：《履园丛话》卷六《耆旧·杜邨观察》，157页。

② (清)林溥：《扬州西山小志》之《轶事十二首》，22页，扬州，广陵书社，2005。

珏，字二树，来扬州时，主其家。“珏邃学工诗，善画梅，所藏古今人诗文集殆备。能精别古画、铜、磁、玉器、金石、钱刀，足迹遍天下，以所蓄玩好自随。”（卷九，第186页）武生吴仕柏善鼓琴，“日与徐锦堂、沈江门、吴重光、僧宝月游，夜则操缦，三更弗辍。”（卷九，第198页）扬州琴学，以徐炜为最，刊《澄鉴堂琴谱》。次之徐锦堂，著有《五知斋琴谱》，谓之二徐。扬州收藏家多古琴，其最古者，唯罗半查家雷琴，内斫“开元二年雷霄斫”。程邃，字穆倩，号江东布衣，又号垢道人，歙县人；“博学，工诗文，精金石、篆刻、鉴别古书画及铜玉器，家藏亦伙”（卷十，第214页）；善画山水，纯用枯笔，写巨然法，别具神味；工隶书，晚年侨居江都。顾廉，字又简，苏州人，精鉴识古器。

扬州的能工巧匠很多，有关工艺品著名。如漆器，“夏漆工娶梨园姚二官之妹为妇，家于头巷，结河房三间。漆工善古漆器，有剔红、填漆两种。以金银铁木为胎，朱漆三十六次，镂以细锦。盒有蔗段、蒸饼、河西、三撞、两撞诸式；盘有方、圆、八角、绦环、四角牡丹花瓣诸式；匣有长方两三撞诸式，呼为雕漆器。以此至富，故河房中器皿半剔红，并饰之楯槛，为小秦淮第一朱栏”（卷九，第189页）。

如装潢，吴县叶御夫开设装潢店，“御夫得唐熟纸法，旧画绢地虽极损至千百片，一入叶手，遂为完物。然性孤直，慎结纳，不以技轻许人”（卷九，第198页）。

如刻印琢砚，太仓州人吴献可“通经史，究名法之学，方伯延于家二十年。子完夫，工镌印，琢砚，极奇巧之技”（卷十二，第265页）。

如装修，谷丽成精宫室之制，凡内府装修由两淮制造者，图样尺寸，皆出其手。潘承烈，字蔚谷，亦精宫室装修之制。文起，字鸿举，江都人，“精于工程做法，所见古器极多，称赏鉴家”（卷十二，第269页）。

七、结语

综上所述，《扬州画舫录》为我们呈现了盛清扬州繁华的城市生活。我们看到的历史，也是《扬州画舫录》的作者李斗想要告诉我们的历史。

《扬州画舫录》属于什么体裁，著名文人袁枚的序将其比之于昔年的李格非《洛阳名园记》、孟元老《东京梦华录》，属于“标举名胜”之书。而著名官僚兼学者的阮元序说“杨、孟追述往事，此录则目睹升平”。又认为该书仿《水经注》之例，分其地而载之，补郡县志所未载。虽然采及琐事俗谈，属于史家与小说家相通，深合古书体例。

李斗的《自序》则说此书在补充志书所略，所以该书“以地为经，以人物记事为纬，按扬州郡城之地……依此次叙之为卷帙，其工段营造之制及画舫之名附于卷末”。李斗说他“幼失学，疏于经史，而好游山水”。自乾隆二十九年至六十年(1764—1795)三十年间，“退而家居，则时泛舟湖上，往来诸工段间”。阅历既熟，以目之所见、耳之所闻加以记录，删而成帙。所以，该书兼备游记与琐闻笔记的性质。因该书具有游记的属性，难怪人们会认为它是旅游指南一类的书。

由于李斗“目睹升平”，该书的政治倾向性也是明显的，阮元序就自称“序其略，俾知吾乡承国家重熙累洽之恩，始能臻此盛也”。

交通之便、鱼盐之利，为 18 世纪盛清城市扬州的繁荣提供了基础，而康熙、乾隆两位皇帝的南巡驻跸，则为其提供了特殊的历史机缘。乾隆五十八年(1793)袁枚为《扬州画舫录》所作序言称：“自辛未岁(按：乾隆十六年，1751 年)天子南巡，官吏因商民子来之意，赋工属役，增荣饰观，由来久矣。”即乾隆时期，扬州地方官为了皇帝的巡游，进行以园林为标志的城市建设，使得扬州城市面貌大为改观。阮元序也有类似的表达，说扬州土沃风淳，乾隆帝六次南巡“恩泽稠叠”，于是“士日以文，民日以富”。民富士文成为扬州的新貌。阮元的跋语也说：“扬州全盛，在乾隆四五十年间……方翠华南幸，楼台画舫，十里不断。”他还说到了嘉庆八年(1803)，“此后渐衰，楼台倾毁，花木凋零”。而道光年间“闻荒芜更盛。且扬州以盐为业，而造园旧商家多歇业贫散，书馆寒士亦多清苦，吏仆佣贩皆不能糊其口……李艾塘斗撰《画舫录》在乾隆六十年，备载当年景物之盛”。就是说李斗记载了乾隆帝南巡时扬州最为繁华时的盛清城市风貌，嘉道时期扬州逐渐失去昔日的辉煌，走向衰落。

因此，盛清扬州的城市繁华，使得我们在传统中国自然经济下农村、农民的原始封闭的纯朴生活图景之外，看到了商品经济下城市、市民特别是富商、绅士奢华生活的画卷。尽管扬州的繁荣有其商品经济大发展作为支持，然而更重要的是乾隆时期皇帝喜欢在扬州驻跸，留恋这里的山水园亭、戏剧文物，于是官员与富商拨款、投资，改造城市，带来扬州景观的美化，商贸的繁荣，文士的聚集，消费的炫耀。一旦随着清朝盛极而衰，扬州也风华难再。从一定程度上来说，《扬州画舫录》笔下的城市影像，多少因渲染而显得有些虚幻。

第二节 盛清吴中社会生活的图景

——清人笔记龚炜《巢林笔谈》的社会史资料价值

笔记作为文献种类之一，特点鲜明，早为学者重视，多有言其资料价值者。清代笔记存世甚多，可提供多方面的历史资料，冯尔康教授将其概括为社会生产与经济资料，典章制度的资料，政事及吏治资料，人物传记资料，物质、文化生活与社会风气资料五项。[①] 如果我们从地域的角度看笔记，有不少笔记记载作者生活地方的见闻以及自己的人生，反映该地社会面貌，具有地域社会史的资料价值，清代昆山人龚炜撰《巢林笔谈》就是一种这样的笔记。笔者依据龚炜《巢林笔谈》的记载，认识清康熙后期到乾隆中叶这一时期的吴中社会生活，并论述有关笔记的地域社会史资料价值。

龚炜《巢林笔谈》，有今人钱炳寰点校乾隆三十年(1765)刊《巢林笔谈》六卷、乾隆三十四年(1769)梓《续编》二卷本，由中华书局1981年列入“清代史料笔记丛刊”出版。钱炳寰先生在点校本“前言”介绍了经他考证得出的作者与该书情况。据此可知：炜字巢林，自称巢林散人，晚号际熙老民，江苏昆山人。生于康熙四十三年(1704)，至乾隆三十四年(1769)六十六岁时，犹在世。曾祖号西圃，仕于明。父号蓼村，进士出身，分校江右。母葛氏颇知诗书，诸姑姊妹皆通文义。妻王氏，为娄东望族。至作者时家道已由富裕而中落。炜喜经史，工诗文，善丝竹，兼习武艺。其诗文颇为师友赞赏。复因疾病时作，不得已而绝

① 冯尔康：《清史史料学》，362～368页，台北，台湾“商务印书馆”，1993。

意仕途。龚炜的其他著述尚有《屑金集》若干卷，《虫灾志》《续虫灾志》各一卷，《湖山记游》一卷，《阮途志历》二卷，《翰薮探奇》数卷，可能均已遗佚。《巢林笔谈》编排按时间为序，起康熙末年，迄乾隆二十八年(1763)左右。所记内容相当广泛，既记社会民情，风俗掌故，天灾人祸，官吏贪诈，并有读书心得，戚友交往。

由于《巢林笔谈》具有较高的史料价值，也受到其他学者的重视，谢国桢先生曾专门介绍该书，认为："此书记清初史实及吴中掌故，及山水园林之胜，也说到自己的身世，由富厚而中落，晚年因丧偶而枯寂的情况，颇流露出本阶级没落的气氛，文字写得也还生动。"①来新夏先生也对该书作了提要。② 谢国桢先生点出的"吴中掌故"与龚炜"自己的身世"，我认为是书中的主要内容，具有重要的社会史资料价值，随着学术的发展，我们也可以从新的角度认识书中的记载。

下面就从多方面的吴中社会生活来认识《巢林笔谈》的价值。

一、吴中社会

昆山县地当吴中，隶属苏州府。这里是清代经济最为发达的地区，社会安定，文化繁荣，对于全国都有一定的影响力。《巢林笔谈》记载的康熙后期到乾隆中叶，正是清朝的康乾盛世，龚炜的笔下展示了苏州地区社会生活的景象。

(一)科举社会风习

吴中是清代科举最盛地区，所出进士、状元数量领先全国，这里也形成了科举社会的风习。龚炜《巢林笔谈》③记载了多方面有关科举的内容，首先是吴中科举状况，如苏郡状元甚多：

> 我郡旧属七县一州，国朝状元，自顺治戊戌常熟孙承恩，至今乾隆丙戌吴县张书勋，已十有六人。前人谓状元是苏州土宜，

---

① 谢国桢：《明清笔记谈丛》，73页。

② 来新夏：《清人笔记随录》，193～197页。

③ 龚炜：《巢林笔谈》，北京，中华书局，1981。又，本书引整条笔记注释随文注出，引部分笔记内容则页下注释。《巢林笔谈续编》简称为《续编》。

> 信然。张状元与我昆孙解元登标，同为都宪雷公癸酉拔贡；元和顾声雷、吴县陈嘉琰，皆癸酉进学，四人同登会榜，雷公所拔士中者多矣，今科尤盛云。顾与陈又同举庚辰乡试，顾乡、会并魁。(《续编》卷下，236 页)

“状元是苏州土宜”的谚语，充分说明了当地科举之盛。昆山也可谓地灵人杰，龚炜骄傲地写道：

> 顺治己亥廷试，我邑徐立斋状元、叶文敏探花，二公皆著清望，为名臣。可谓地灵人杰。(卷二，40 页)

昆山出了这位徐状元，印证了明代昆山人的一个梦想：

> 明弘治十一年，顾文康大魁，尝梦人谓曰：“汝后昆山状元姓陆。”至本朝顺治己亥，徐公立斋榜姓始验。(卷三，59 页)

比较来说昆山比不上太仓的科举兴盛，“昆太科第荣枯”条说：

> 昆新乡榜，自丁卯至今连恩科四脱矣，而荐卷往往倍于他邑，亦可怪也。太仓辛酉七人，已四成进士，一会元，一会魁，一探花，皆选入词林。今五魁内一、二、四皆在太仓之镇洋，南北共隽九人。三十里之隔，荣枯至此。(卷五，135 页)

龚炜认为昆山科第不盛的原因是盛极而衰加上“士贫难为工”：

> 我邑风俗颇醇，但愿士多自好，便是于皇舆增长气色。科名稀少，要亦地运所驱。斗大昆城，状元六见，盛极而衰，即是剥而必复，正未可量。最可虑者，赤紧占住一贫字，贫则难为工矣。(卷五，135 页)

龚炜进一步描绘了太仓的科名极盛情况："近来科名之盛，莫盛于太属，三鼎甲、解会元齐备，而两科中状元迭出，地亦灵矣哉。"①龚炜总结"科第以人重"：

昆山六状元，多以名位显，惟沈修撰坤，名位不昌，今亦无有知之者。盖科第以人重，人不必以科第重也。（卷五，136 页）

科举之盛也体现在一些家族上。龚炜的诸内侄"十余年间，小试连进五人，乡闱一正两副，皆恂恂不染浮习，充此何可涯量"②。其他家族如王奉常子孙科举也很可观：

王奉常公九子，发者五分。自崇祯乙卯至今乾隆壬午，甲榜八人，乙榜十五人，副榜五人，而芝廛先生后居其大半。康熙丙子科，中丞公兄弟同登，先生惊忧不已，若过分者。然天道亏盈而益谦，宜其久而未艾也。（卷六，164 页）

最可观的是苏州彭氏，"我吴老彭"条说：

我吴彭氏，兄弟鼎甲，祖孙会、状，世所罕觏。今大司马官位又远过其祖，诸公子并登科第，入词林，溯其本源，老彭固贤大夫也。（卷六，172 页）

如是，吴中出现了不少科举家族，吴中可以说是一个科举社会。

在崇尚科举的风气下，人们重视日常的考试成绩，"岁科考绩领案最多者"记载：

名士所争，尤在岁科考绩，所知领案最多者，太仓唐吏部东

① 龚炜：《巢林笔谈》卷六，"太属科名极盛"条，169 页。

② 龚炜：《巢林笔谈》卷六，"诸内侄连进五人"条，169 页。

> 江九次，我邑刘司训湘洲六次，长洲沈宗伯归愚七次，宝山朱贡士觐扆八次。吏部与宗伯皆晚遇，吏部寿过九十，宗伯今将百岁，未艾也，其孙方应童子试，推恩钦赐举人。(《续编》卷下，233页)

太仓唐氏、长洲沈氏科举后继有人，也是科举家族。

崇尚科举亦对民众心理产生影响。[①] 吴中人考试前往往到庙中祈求神灵的保佑，龚炜家族就是如此，他的姐姐为龚炜的侄子昭儿院试求签：

> 前岁，予姊为昭儿院试，求签于土山庙，签云："王路宜迁改，前途事业新。故园花渐发，先折一枝春。"昭儿本名福基，以昆山分入府学，皆迁改也。故园二字，切求签之人，春字切时令，渐字先字，并为今岁薾侄兆矣。卜公签，灵应如此。(卷五，137页)

龚炜的高祖应岁试到关帝庙求过签：

> 高王父应岁试，祈签于帝君庙，有前三三与后三三之句，不得其解。案发，乃一等第六；而高叔祖非占公，亦遂以第六名入泮。(卷二，35页)

龚炜认为上述求签很灵验。

一旦科举成功，人们往往认为这是神仙保佑或德行因果所致。尊师种德的事例有：

> 二李先生之封翁陶庵公，宦族之极贫者，为其子延师，必丰

---

① 王德昭先生指出，功名的得失高下难测，于是中与不中，便一切委之于命运。种种迷信的风气由此而生，可概括为命相、风水、感应和因果报应等四类。王先生举出大量清人笔记说明这四类风气，但并未引用《巢林笔谈》一书。参见王德昭：《清代科举制研究》，146～155页，北京，中华书局，1984。

其修脯，督课甚严。康熙乙未科会试，兄弟同登，长会元，次传胪，时号天池双凤。会元仕终侍讲，传胪仕终洗马。近来我邑朱杏占，待先生亦忠敬，三子皆能文，两科已连隽其二。种德之家，定获美报，尊师亦其大端也。（卷六，165～166 页）

结尾处是龚炜的总结，代表了那个时代人们普遍的认识。神仙保佑的有“梦魁得魁”的事例：

练川王修撰未遇时，祈梦于京师吕祖庙，梦神导至一处，无门可出。神曰：“吾为汝特辟一门。”门辟，突遇一青面神如世所画魁星者，觉而异之。后以癸巳岁恩科竟得大魁。（卷一，11 页）

梦兆的故事还有：

康熙壬子科，邑人有梦徐王夏中式者，下注妻顾氏。而王夏之妻实姓顾。或以语徐，徐自喜必得。及发榜，则南闱中者，为徐世濂、王缉基、夏乾御，分应三姓；北闱则中顾洪善，字达夫，并妻字亦映带，梦亦巧矣哉。（卷二，39 页）

中第者出仕也祈梦，龚炜的外舅就是：

外舅王律庵先生歌鹿鸣时，祈梦于吕祖庙，引入一库中，按匮封识皆州县名。详之者俱谓他日必任藩宪。后宰丰城，以委盘库，卒于南昌邸舍。（卷四，95 页）

还有“闱中神助”的故事：

有一生以麟经应试，题落“赵武”二字，忽见一朱袍博带者俨立于前，生惊问为谁？自称：“我晋大夫赵武是也。”其人恍悟，为添注，遂得隽。又有在闱中梦欧文忠与语：“汝写我《醉翁亭记》，

必售也。”觉而详之，殊不解。已得题，锐意冥搜，竟日不成局法，忽忆梦中语，遂袭记中句调，得魁其经。（卷二，37 页）

面相也被看成决定科举成功与否的因素，有薄相者好梦成真，变形使者改变了他的命运：

宜兴周启隽立五，其始颧削颐逼，面槁色，盖薄相也。年逾三十，犹困小试。一夜，偶宿南城外，梦一雉冠绛衣者，易其头，去其庞，顿改旧观。又梦一白须老人，命一金甲神剖周腹；涤其脏腑，而复纳之，祝曰：“清虚似镜。”自是文思日进，寻登第入词林。尝见笠翁著《奈何天》有变形使者，戏文耳；世竟有符此者，大奇。（卷四，86～87 页）

李渔的戏文《奈何天》创作了变形使者，龚炜认为上述梦境证实了其存在。神的启示故事还有，“邵嗣宗中会元”条记载：

太仓有乡民入城，问学中有邵嗣宗其人乎，且状元及第矣。问何以知之？曰神告之。是岁，邵下第；今壬申恩科，邵中会元。神言自不谬，彼民不知，误会作状耳。（卷五，130 页）

看来龚炜是一个有神论者。

此外，龚炜也记载了一些现实生活中的科举情形。他回忆了其父以身作则遵守场规的慎重态度，认为“谨慎非迂”：

先君诸事谨慎，于场事尤小心，考具必亲检点，犹恐有戏之者遗以片纸，必搜括再三，然后入。去岁在金陵与友辈谈及怀挟者，为述先人谨慎状，众颇笑之。寻闻北闱以此获罪者甚多，须信过慎之非迂。（卷四，86 页）

还记载了其父监考的事情，“张文杜卷”条说：

先君分校江右，得张君文杜卷，荐之主司；及阅二场卷，失一判，业已甄拔，主司不忍弃置，遂录之。夫一字错误，外帘犹必帖出，累累数行，阅几人而不及检，场中洵有神乎？张登进士，任蒙阴令。（卷四，95 页）

该条指出了考官的严谨态度。考场也有混乱的情形，“戊午南闱”条记载：

锁院按牌点名，不得越次。戊午南闱，乍点官籍，次已大乱，诸生堕冠遗履，考具狼籍，甚则颠仆践踏，以致哗声雷动，监临因有士习之奏；其实不过因送考者夹挤耳。辛酉，添栅阑之，遂无此患。（卷上，177～178 页）

龚炜记载了如此多有关科举的事情，一方面是因为作者的重视，同时也是吴中科举社会现实的反映。

（二）身份出现混淆

吴中出科举人才，士大夫众多，也可以说是一个绅士的社会。吴中绅士为了维护崇高的社会地位，重视等级关系，强调身份间的区别。龚炜的笔下，看不起胥隶之人，“士隶往来”条记载：

邑有一跛隶，家甚裕，尝邀一乡宦赏菊，士林犹作诗讽之。迩来胥势益张，宦族日贫，屈节相往来者比比矣。盖始见则怪，久习不异，非独其人恬之，即旁观亦以为固然矣。方奉常云：“士大夫固不可以富贵骄其乡里，亦不得以名器混于市井。”市井且不可，况胥隶乎！（卷三，82 页）

不与胥隶交往是士大夫清高的表现。

保持主仆关系也是龚炜强调的。他指出：

贾子云：履虽鲜，不加于枕；冠虽敝，不以苴履。名分严，国法重焉。而我邑之狼仆叛奴，无惮日甚，其故何也？一在主之不振，一在官之不明。处尾大之势，而无欲以持之，令即不行于仆，顾名而犹有虑焉；一利其资，则予取予求，受其笼络矣。此冠之所以苴履也。遇告主之案，而按律以治之，法先严于未审，闻风而知所惧焉；一居为货，则抗讦抗辨，惟所颠倒矣。此履之所以加枕也。嗟乎，冠苴履，义已荡然，履加枕，祸可胜道哉！（卷四，94页）

看来当时“狼仆叛奴”出现于昆山，冲击着传统的名分秩序，龚炜对此忧心忡忡。他举出“朱氏奴”的事例：

朱氏有世奴赀饶跋扈，幸前令公明，讼决数年矣。今岁奴子捐监，主复鸣官，奴不服，贿翻前案。传闻有大绅从中转嘱，不知谓谁？吾愿在籍诸公益加慎焉！（卷五，130页）

朱氏世奴因赀饶而为子捐监，主人告官，世奴不服，贿翻前案。龚炜提醒乡绅警惕此类事情的发生。他同情“不嫁人奴”的当地女子：

邑有一女子，既受聘矣，以夫家系人奴，誓不嫁，将娶之夕，截发投尼庵。夫家既失婚费，力诎于再娶，夫之父遂以愤死。今年秋，梦女而吓之曰：“我将厉汝。”女惊觉，犹意梦为尔耳，不足异也。是日向午，果有大蛇螽其股，女负痛狂走，蛇亦昂首尾之，若待其毙然。一尼以耜斫其头，头落，犹蜿蜿不止，火之亦不爇。噫，怨毒之于人，甚矣哉！我不知其出家果不过耻为人奴否？何其舅之痛恨若斯也？岂前世已有夙愆，又加以今生之负聘，遂固结而不解欤？（卷四，109页）

不仅胥隶、奴仆不遵名分，优伶也不守本分，出现“优伶乘轩”的现象：

肩舆之作，古人有以人代畜之感，然卿大夫居乡，位望既尊，

固当崇以体统。不谓僭滥之极，至优伶之贱，竟有乘轩赴演者。(卷四，104 页)

优人还使用士人称谓“相公”，他说：相公二字，宰辅之称，以之称士人，岂以士人读书谈道，有可以为相之具，不妨过为期许吗？近来郡中至以相公称优人，是吴人取笑天下。① 身为士人的龚炜对将优伶比拟士大夫耿耿于怀。

实际上士人的生活处境并不佳，龚炜认为比起农工商，士人“舌耕笔畦”更苦，他说：

国有四民：农、工、贾皆自食其力，士则取给于三者，得食较逸。然舌耕笔畦，裋褐不完，往往视三者为更苦。(卷四，88 页)

士气还往往受到地方官的压抑，龚炜抨击虐士行为：

江阴令治漕虐士，教官阿令治之。时学宪雷公闻之大怒，即亲诣明伦堂开读《学政全书》，申饬教官。令惶悚谢罪。制台鄂公廉知令不法，奏夺其职，江南人士交口颂公。闻梦公交代亦极称是举，士气为之益奋。(卷五，136 页)

龚炜对于绅士贤与不贤者爱憎分明，他表彰贤绅：

我吴故多贤绅，而娄东光禄卿沈公清正，尤不可及。公自词林出守大郡至方伯，外任十余年内升，家无余储。致政后，屡主讲席，一以敦行励多士，一时士多自好；而州中诸缙绅亦因此养望者多。可贵哉，名贤之化也！(卷六，144 页)

他认为贤绅榜样影响风尚的作用是很大的。他还赞扬纯儒：

① 龚炜：《巢林笔谈》卷五，“优人称相公”，116 页。

> 葛孺初先生在吴郡，饮一士夫家，席间有女妓行酒，每至前，正襟危坐，如对大宾，不知其为妓也。史称许散愁为纯儒，先生殆过之。（卷三，61～62 页）

他批评绅士攀附富人的行为，他说：

> 庆贺吊之施于年亲世契，礼也。匪其俦类，瞰富者而仆仆往拜，国人皆贱之，有寿狗、喜虫、丧鬼之目，始于无藉子，浸假而至绅士，猥极矣！然昔之富人，犹厚礼以招绅士，而引以为荣；今之绅士，或轻身以希微利，而反以取厌。呜呼，尚忍言哉！（《续编》卷下，231 页）

在龚炜看来，绅士为富人祝寿、贺喜、吊丧，落得寿狗、喜虫、丧鬼名目，是希图微利，自取其辱，“国人皆贱之”。

尽管龚炜以传统观念看不惯吴中等级名分混淆的社会现实，但通过他的笔触，还是描绘出了一幅江南社会生活的图景，这是一块身份秩序出现松动的土地。①

二、吴中风尚

清初的战争造成吴中经济衰退，加上当地士大夫受到政治上的打压，吴中出现过萧条景象。但是康熙后期江南经济全面恢复，一派繁荣，社会风气也发生了变化。

(一)社会风尚奢靡

龚炜记载了“吴俗奢靡日甚”的情形。他说：

> 吴俗奢靡为天下最，日甚一日而不知反，安望家给人足乎？

---

① 男女的身份秩序也有所松动，女性看戏观灯龛赛会出现撤帘下帷现象：“内室之施帘帷尚矣，移之厅事看戏，移之户前看张灯赛会，久已成俗，然犹不失障蔽之义。近闻吴趋有并此撤之者。”(《续编》卷下，211 页)人们还以族望相附：“近时同姓往来，即非其族，亦称宗不书姓。”(《续编》卷上，186～187 页)

予少时，见士人仅仅穿裘，今则里巷妇孺皆裘矣；大红线顶十得一二，今则十八九矣；家无担石之储，耻穿布素矣；团龙立龙之饰，泥金剪金之衣，编户僭之矣。饮馔，则席费千钱而不为丰，长夜流湎而不知醉矣。物愈贵，力愈艰，增华者愈无厌心，其何以堪？我家故贫，一丝一粟皆先曾祖勤苦所贻，先君每念前劳，自奉极薄，释褐时，始有真青皮套，留以贻后人如新也。先夫人挫针治繲，没后几无裳衣之设，思之有余痛焉。今薄产无几，不节若，则嗟若，何如《贲》之六五犹得终吉乎？（卷五，113～114 页）

龚炜叙述了康熙后期"少时"到乾隆中叶服饰、饮食消费的变化，指出"吴俗奢靡为天下最"。他还痛心疾首这种"暴殄日甚"的风气：

天之生财，未尝靳之，而亦未尝不惜；受之以节，斯益耳。吴俗奢靡为天下最，暴殄日甚而不知返。譬如人授物于人，见其郑重爱护则喜，否则施者倦矣。天心宁有异乎？（卷五，141 页）

龚炜的说法不只是他个人的感受而已，还有具体的资料可以说明，他举出顺治三年(1646)席费：

清河与太原联姻，两家皆贵而赡，其记顺治三年婚费：会亲端席十六色，付庖银五钱七分。盖其时兑钱一千，只须银四钱一分耳。而猪羊鸡鸭甚贱，准以今之钱价，斤不过一二分有奇，他物称是，席之所以易办也。今士大家窘况者多，较前宦相去悬绝，而物价又四五倍于前，勉措而不知节，乌得不日贫？（卷六，148 页）

不仅饮食，服饰的快速变化使老者不能适应，姑娘的衣饰则依据市场变化。"叶寿承至老冠服一式"条记载：

吴市日骛新异，趋时者竭蹶勉应，此伤财大蠹也。我邑叶太

> 翁寿承，自少至老，冠服一式。一日，易冠郡肆，索旧制高边者，市人都笑曰："久不见此式矣。"因令其另制。使士夫尽尔，创新者自止。（卷六，149 页）

由于市场变化，老年人叶寿承想换一顶旧式样的新帽子，因市场上"久不见此式"，为市人所笑。看不惯社会风气变化的龚炜认为士大夫应当向叶寿承学习，则可以抑制服饰的变化。他还为了防止家中姑娘赶时髦，特作家训《闺饰篇》，告诫家人："闺中衣饰，尤不可为市门转移。"①其实，受社会风气的影响，龚炜家族也难彻底避免，如他的亲戚祝寿连旬：

> 癸亥秋八月初二日，为继外姑陆夫人五十设帨之辰，孝廉君述裕预修绮彩灯屏之饰，工糜数月。至是，盛供帐，设宴乐，为夫人舞班进祝。于时州大夫及缙绅士，相继称觞，欢宴连旬，工歌不绝，诚盛举也，且尽孝道也。虽然，物力维艰，若稍从俭约，未必非夫人意。（卷三，64 页）

陆夫人五十寿辰，花费数月制造"绮彩灯屏之饰"，祝寿"欢宴连旬"，其费用可想而知，破费不少。

在龚炜看来，社会风尚不好，还表现在赌风日甚上：

> 赌博之风，莫甚于今日。闾巷小人无论已；衣冠之族，以之破产失业，其甚至于丧身者，指不胜屈。近有诸生犯赌一案，教官坐赃落职，以下褫革拟罪者数人，似亦可以少惩矣。而沉溺游场者，卒无悛心。愚谓聋虫尚可通以意气，人为物灵，冥顽一至此耶！且盗贼，饥寒迫之也，此更何所迫欤？数年前，陇西有仆马遵者，身受赌害，抽刀断一指自誓，于时观者失色，尽谓其能痛改矣；乃左创未愈，而右执叶子如初。（卷四，107～108 页）

① 龚炜：《巢林笔谈》卷六，"作《闺饰篇》"条，149 页。

衣冠之族也加入赌博的行列，为之破产失业。

（二）婚姻、丧葬的习尚

婚姻方面，论财风气严重，“礼书竟同文券”条指出：

> 将以继祖宗之嗣，合二姓之好，婚姻之典，不綦重乎！门楣求其称，婿妇惟其贤，财帛抑末矣。吴俗风气日下，男计奁资，女索聘财，甚有写定草帖，然后缔姻者，于是礼书竟同文券，亵甚矣！且一重利。则良贱不及计，配偶不及择，不亦羞族党而坏礼节乎？（卷三，56 页）

将奁资、聘财写定草帖，然后缔姻，婚姻沦落到明码标价的地步，龚炜哀叹吴俗风气日下。他则坚持“婚嫁不计聘奁”的观点：

> 予素持婚嫁不计聘奁之论。一夜，与朱仲升谈次，渠述一旧主家，起家湖商，妇孀而子夭，其季女所从受书者，奁资可得数千金，欲为予子作伐；予时被酒，应之。明旦酒醒，不觉怃然，即诣仲升，仲升已归，急写书辞之。会步东书来，遂定平原姻事。后仲升至，极重予不违素论。（卷五，122 页）

事实上，像他这样传统的人是少数，难以改变风尚。无论怎样，资财在婚配中居于重要地位，有一个“同夕误娶”故事也可证明：

> 嘉民有同夕迎娶者，从人醉，争道，撇轿于路旁，哄急灯灭，仓皇误舁。既成礼，人众辞去，彼此不知也。翌日，两家探信，相视漠然，乃大惊。鸣县，县尹以婚已成，虽误因之；便杖责轿役而解之。已，按其人物奁资，亦两不相下云。（卷三，60 页）

这起新婚抬错轿子的事件，因“婚已成”被县官判为维持现状，实际上也因婚姻当事人“人物奁资”即人才与婚资不相上下而被各方面所认可。

同姓不婚的古老信条也发生了动摇，出现“同姓嫁娶”现象：

朱韫斯误娶同姓，欲去其妇，名流多劝止之；欲取证于古之娶同姓而无伤者，一时莫之应。吴志伊独曰：“王沈与王基联姻，刘畴与刘嘏为婚，缘非同原也。”前辈博洽如此。（卷二，54 页）

“名流”认为娶同姓为婚无妨。

当时江南也出现了“闹房”婚俗，被龚炜认为是“嫁娶恶习”。他说：

《汉书·地理志》载燕俗嫁娶之夕，男女无别。今江浙间有礲亲之俗，亦何以异此。又闻山左州郡有所谓讨喜者，秽亵益复不堪。士大夫生圣人之世，处礼义之乡，有此恶习而不知革，亦可怪矣！（《续编》卷下，232 页）

“礲亲”“讨喜”这些闹房习俗被龚炜深恶痛绝，他希望士大夫革除这些恶习。

吴中还有收养女子卖出为妾的习尚，养家谓之“瘦马家”，介绍之人被称为“白蚂蚁”：

郡人有收取妇女，涂饰卖人作婢妾者，谓之瘦马家，盖以娇养得名。居间谓之白蚂蚁，言其无缝不栖也。此辈相为表里，于是买妾者辄往拣择，中意则昂其价，否则犒以零星，谓之看钱。遂有浮浪者，但办看钱，故作拣择，以恣调趣。而瘦马家往往驱使蚂蚁百端诳驱，呈样者以丑易美，隐年者指妇作女，甚有鼓乐送至舟中，喜嫔诡言新人害羞，且莫相接，而又以遗忘箱笼为辞，登岸脱去。受诳者方施施自得，揭巾谛视，乃一冠带泥神；回顾从人多散，急往其家理论，邻舍皆云昨宵暂赁，不知所往。欲鸣官，又无指名，吞声忍气而已。刁俗幻变如此。（卷四，96 页）

此俗实际上反映出吴地女子受人欢迎和婚姻市场上买卖妾频繁的现实。

丧葬方面，风俗不古，丧家对于吊丧者以地位取人，如：

槎溪一富宦治丧，绅士毕集，有一老者自远来唁，寒素若儒生。既入门，莫有迎者，徘徊厅事，众宾佯不见；及视其柬，乃一八座乡宦也。乃大惊，争先媚承，有拥挤不前者，卒卒自咎眼钝。

风俗薄恶，莫甚于今治丧家，而邻邑中太仓尤甚。吊者有贵贱，孝子不得贵贱其人。当道之所以异于众宾者，有受治之义也。余则非亲即友，同一拜其父母，何分轩轾？彼则乡宦至，匍匐出谢；否则，齿德虽尊，弗动也。孝子如此，何怪接宾者之谄人慢人乎？娄士有诋昆俗卑贫薄陋者，予谓太之富，诚足骄昆，若卑薄陋，则何地不然！因举此以证之。（卷二，46 页）

邻邑太仓的上述风气，恐怕习俗“卑贫薄陋”的昆山也不能免。还有其他“治丧中之非礼”风俗：

今人治丧，大书祗领二拜及更衣等字，愚以为皆非礼也。夫礼：自卑尊人。岂有示人更衣而拜，且以概之尊且贵者乎？即上香献爵，亦无自设唱赞之体。（卷三，66 页）

士大夫并非都非礼治丧，也有依古礼行事，极尽孝道之能事的，如：

娄东顾行人之执亲丧也，衰麻不去身，膏粱不沾口，读礼家祠，终制如一日。予表兄葛绵祖之丧，其子五载亦蔬食三年。五载，顾之甥也(五载，榜名寅)。（卷五，129 页）

这样依制守孝、三年素食的事例，可谓古风犹存。

(三)赛会之风盛行

吴地巫风、淫祀的传统深厚，表现为盛行赛会。龚炜刻画了赛会奇观：

吴俗信巫祝，崇鬼神。每当报赛之期，必极巡游之盛：整齐执事，对对成行；装束官弁，翩翩连骑。金鼓管弦之迭奏，响遏行云；旌旗幢盖之飞扬，辉生皎日。执戈扬盾，还存大傩之风；走狗臂鹰，或寓田猎之意。集金珠以饰阁，结绮彩而为亭。执香者拜稽于途，带杻者匍匐于道。虽或因俗而各异，莫不穷侈而极观。偶至槎溪，适逢胜会，创新奇于台阁，采故典于诗章。金华山上，现出富贵神仙；柳市南头，变作繁华世界。陶彭泽之黄花满径，都属宝株；裴晋公之绿野开筵，尽倾珠箧。分两社以争胜，致一国之若狂。队仗之鲜华，乃其余事；宝珠之点缀，实是奇观。（卷二，34～35 页）

赛会以社为单位组织，有巡游之举，其中有驱傩作法、戴枷赎罪和抬阁表演，甚为热闹。迎神赛会过分铺张，龚炜认为是“以神为戏”：

鬼神可敬不可亵，世俗则以亵为敬焉。往时见神庙有参谒迎送之仪，以为失事神之体，今更有摄篆入帘之事矣。设柜收钱，神庙旧规，今更有舁神联会者矣。赛会只有旗牌等官，今更设中军。里中有有兴者，整顿仪仗，顶带彩服，先期公坐，扬扬自得，直是以神为戏耳。（卷三，69 页）

赛会中尤数祭祀泰山神诞赛会于龚炜记忆深刻：

三月二十八日，俗称岱诞，各乡之神朝于岱庙。庙有数处，石牌，介昆山、常熟间，赛会尤盛。届期水陆毕集，加以鼓枻游拳，飞艎竞渡，玉箫金管，蜚逸响于清波；翠袖红妆，流采葩于涟漪。洵贡俗之所不废，亦有兴者所乐观也。王父晚岁，颇赖丝竹陶写，尝于是日延客奏技，倾动知音。予时尚幼，游兴正狂，今当其时，况味迥殊，追惟往事，何可复几！（卷四，93 页）

不过幼时与今日的兴趣发生了变化，今非昔比了。有时龚炜还会梦到赛会的情形，如一次梦到绿袍神：

我昆清和里社为最盛。望前后三日，乡城之神都赴山王庙，舁神者飞步竞前，谓之朝山王。今春梦至其处，喧阗如其时；众拥一绿袍神至，美少，炜如也，见予俯躬作迎状。觉而异之，令奴周视各庙，见一庙有绿袍少年神，如梦所遇。因以瓣香，附一绝云："云山渺渺隔青城，梦里惊疑绛节迎。岂是朝回金阙后，为传绿字又分明。"(《续编》卷上，190页)

迎神赛会表达人们的信仰，既是文化活动，也是举办庙会从事经济活动的机会，吴中赛会风俗表现了当地的特色。

三、灾疫下的吴中

富庶的吴中地区也受灾疫的侵扰，它给人民的生活带来困扰，社会对灾疫做出各种应对，龚炜笔下描绘了灾疫下的吴中生活。

雍正十年(壬子，1732)江南沿海发生风灾，继之瘟疫发作，流民至昆，民间施赈，而官僚疾赈：

雍正十年秋，大风拔木，沿海居民，漂没无算。荒民之流于昆者，或聚于书院门外，枕藉而死者十八九，臭腐之气，蒸为疾疫。我乡好义之士，稍稍赈施，辄拂长官意。其意以为：即死，亦与官无累；得食，则久羁我土。呜呼，此其为父母斯民者欤！赖天子仁圣，屡诏兴发，沟瘠重苏，民间一糕一饼之施，并邀旌异。我不知向之禁民勿施者，亦复讹然汗下否也？(卷一，20页)

官员的嘴脸与民间的好义形成鲜明对照，跃然纸上。

乾隆十二年(丁卯，1747)，飓风成灾，龚炜记载了闻见的各种事情：

七月十四日晚，飓风大作，庭树怒号，窗户如裂，夜更数起。昆治障墙，百余年来从未倾圮，至是塌尽。沿海漂没，甚于壬子。当事大开仓实，船粟往哺，而民情刁恶，反傲天灾凌官长，镇洋冷侯几被侵，崇川亦屡哄，及抚宪至乃止。疏闻，上为恻然，以崇川被灾最，悉蠲其赋；余命相国高公同督抚两台，以灾之轻重议蠲，勿拘常格。于是灾黎并沐更生之德矣。

远族有侨居茜泾者云，水大至，老幼互絙，同乘一富者之屋，三日不得举火。被灾前，无夜不闻哀号迁徙之声，此其兆也。

刘河有一人乘茅屋，吹至海中，见一大艘，灯光荧荧，中有一袍带者，俨坐如大官，作检簿状，顾此人不在数中，急放回。其人如醉梦，顺流得达陒曲。

一闽贾橐千金生理，尽散于灾民，豪举也。（卷四，109～120页）

这次风灾吹倒了障风墙，百年不遇，超过了雍正十年那次。面对灾害，官府开仓赈济，蠲免钱粮，民间还发生了逼官和哄抢现象。贫者居于富者之屋，有灾民漂流如醉梦，有福建商人散尽千金救恤灾民。

乾隆二十年(乙亥，1755)岁朝遇春，立春遇雨，不知何占？龚炜有些担心。接着春来日冰雪坚凝，遇到春寒。① 灾难还在后面，秋老虎作怪，发生虫灾：

交白露节，蒸水如沸，稻根易腐，腐则虫生，理有固然，然不意若此之甚也。月初入郡，闻府三县间有虫灾，而我邑禾苗芃芃，谓西成可望。中秋，虫亦冥冥起，不数日，蔓延无既，向之所谓芃芃者，一望尽赤。积贫之邑，罹此奇灾，伊谁堪之！（卷五，140页）

结果“岁大饥，民无所恃”②。米石价至银五两以外，比起顺治四年大饥米石价四两，顺治大水米石价四两二钱又贵了不少。③ 年末，龚炜

① 龚炜：《巢林笔谈》卷五，“立春遇雨”“春寒”条，131页。

② 龚炜：《巢林笔谈》卷五，“岁饥筵占”条，141页。

③ 龚炜：《巢林笔谈》卷六，“灾年米价”条，145页。

写作《虫灾志》，记载下这次罕见的灾害。[①] 这年除夕，龚炜心情沉重，描绘了一幅灾景图："星回节改，正蚕凫纷集之时；岁饥民贫，增鸠鹄可怜之色。等粟米于珠玉，驾藜藿于膏粱。田以养民，今则视田若浼；典以质物，兹则有典空开。檀榆之雕刻精良，只充薪价；卷轴之缥缃璀璨，不值纸钱。雨粟侈谈，点金无术。士人尽西华东郭，兼索米之奚？乞儿遍北里南邻，更填沟之不少。索逋者不敢复权子母，总属空还；荷担者无以给其妻孥，几寻短见。"[②]盛世下的灾荒图，呈现出不和谐的景象。

虫灾过后是瘟疫：

> 疫气缠联，触之即病，病即死，死亡无算。衣冠中得祸最惨者，无如周鲲庄，一家七口俱毙，存一孱弱子，甥继，非其出也。（卷六，145 页）

人们在门首贴符咒驱邪避疫。[③] 身染疫病者惧怕死亡，常做有关阴间的噩梦，死后噩梦故事被宣扬，将死亡视为因果报应：

> 有市牙赵某者，病疫，为鬼卒摄至冥司。一绯衣者坐堂皇上，先有二人参差伏阶下，视之，则素熟诸生诸某，后则其子也。绯衣者拍案大怒，数其刀笔构讼，喝卒以戈舂之，肠出于腹，其子为乞哀，曰："尔助恶，亦无生理，差几日耳。"次及赵，卒亦捽而殴之，伤其目及臂。赵惺，眚一目，不觉臂忽短。即侦诸消息，日前已腹痛死，越数日其子亦毙。（卷六，145 页）

诸生刀笔构讼、市牙助恶都被报应致死，还殃及子辈。对于刀笔健讼的惩处甚至严于骨肉相残者：

---

① 龚炜：《巢林笔谈》卷五，"缀《虫灾志》"条，143 页。

② 龚炜：《巢林笔谈续编》卷上，"乙亥除夜"条，195 页。

③ 龚炜：《巢林笔谈续编》卷上，196 页。

诸生吴师圣，病七日不惺，一绿衣吏导之去，殿庑如城隍庙，俾写册籍。写几日，手腕欲脱，询其旁，曰："他日当来莅事，今且听归。"吴惺，一一可记忆，语予曰："冥中定罪，莫严于刀笔，而骨肉相残者即次之。吾后当为冥官，大约判官录事类耳。"（卷六，146 页）

这些梦故事会使龚炜对阴间的存在深信不疑，另一个记载可证明此点：

有孙某者，病中恍惚见周鲲庄父子在冥中，衣冠如平生，壹似有所事者。（卷六，146 页）

龚炜将别人亲口告诉的经历作为真实的事实记载下来。①

四年后，虫灾再次袭击了吴中。龚炜记载说："乙亥虫灾，百年未有，今才四年耳，虫又啮禾，亩收不过一二斗烂米。了粮不足，数口嗷嗷，方忧莫措，而劣户奸胥，又将以蠲缓之皇恩为买卖计矣，奈之何哉？"②灾疫侵袭之下，贫民饥寒交迫，胥吏劣户又将侵吞赈济钱粮，百姓何以生存。官员赈灾有坏也有好，形成对照：

弭灾平憾，皇仁已极靡加，而我新阳独在胡涂帐里，吃昏闷苦，何也？盖县主某，悉以其事委之三吏，三吏用事，而新政不可复问矣。予作伤鹿城诗，有"广收金粟治田园，回头笑指街前骨"句，书其实也。昆邑许侯较慈惠，而太翁又能道之以善，故治荒迥别，吏亦视新阳末减。（卷六，147 页）

龚炜抨击了新阳官员贪墨不管人民死活，赞扬了昆山治荒得力。然而

---

① 这场瘟疫遍及江南，地方志中的祥异志多有简略记载，而《巢林笔谈》则提供了具体而生动的细节。有关这次瘟疫可参考余新忠：《大疫探论：以乾隆丙子江南大疫为例》，载《江海学刊》，2005(4)。

② 龚炜：《巢林笔谈》卷六，"岁尽境恶"条，155～156 页。

灾荒造成“田荒地白”，民生何堪：

> 荒札相仍，人稀力尽，虽曰“力田不如逢年”，年岂能为不艺者熟乎？起视四野，田荒地白者多矣，如何如何！（卷六，147 页）

在靠天吃饭的条件下，虫之为祸，后果惨烈。龚炜完成《续虫灾志》一卷，择其耳目所经的可骇真实情景，记录下来。①

乾隆蠲免钱粮划定主佃比例，佃户有拒绝交租现象，乾隆中期吴中地方官强调“荒年业主仍收租”：

> 乾隆二十四年，今相国陈公抚吴，严谕各属粮从租办，勿令顽佃藉荒全吞（时又虫灾，较二十年稍轻），致业户赔粮，各业因得稍取粮资。二十六年亦如之（时遭水灾）。不然，佃且引二十年例不起租矣。君子所以贵平其政也。（卷下，238 页）

看来救荒中出现主佃关系日趋复杂化状况。②

四、结语：笔记的社会史资料价值

《巢林笔谈·自序》中说：该书略其琐屑无谓之处，其间颂圣称先，道人著书风俗，或蠡测经史，辩诬证误，亦间有近道者。即该书主要内容有四项。

《巢林笔谈》中颂圣称先、蠡测经史（包括著书）、辩诬证误的不少内容同作者的经历有关，可以从个人生活史的角度考察。剩下的风俗一项其实是《巢林笔谈》也是笔记的主要内容。笔记随笔记录闻见的风土民情，内容有关习俗与信仰，记载具体详细者类似民俗志。我们借助《巢林笔谈》了解到 18 世纪前六十多年的社会状况、风俗习尚、灾疫

---

① 龚炜：《巢林笔谈》卷六，“《续虫灾志》”条，147 页。

② 参见常建华：《清代的国家与社会研究》，第二章“乾隆朝蠲免钱粮问题试探”，130～135 页，北京，人民出版社，2006；又该文初载《南开史学》1984 年第 2 期。

下的生活，作者的这些描述多是从民俗入手的。因此，记载闻见的笔记具有社会史的资料价值。

身为士人的龚炜，生活在基层社会，他的活动基本上在家乡吴中进行。因此《巢林笔谈》记载的事情多具有地域性，也只有将这些事放在吴中地域场合才能深入理解。书中描述的社会风俗、生活样态，典型反映了吴中的历史与现实。实际上，在农业社会里，人们的生活圈有限，一般闻见类笔记也具有如同《巢林笔谈》一样的地域性。所谓笔记的社会史资料价值，应强调其体现在地域社会史的特性上。

通过《巢林笔谈》的记载，我们认识到吴中社会科举发达，流行科举文化，是一个绅士数量庞大、世家望族众多的社会。盛清吴中社会出现身份混淆的现象，士大夫则试图维护传统的社会等级秩序。盛清吴中繁华，奢靡之风日盛，衣食消费的扩大导致风气的变化与物价的上涨。灾疫也不断袭击吴中这一盛世下的土地，政府的赈济比较得力，社会下层的生活仍然有些艰难。吴中社会孕育了科举民俗信仰，命相、风水、感应、因果报应的风气是在社会文化氛围下形成的，将其放在特定的地域社会，会对这些文化现象有更深入的理解。吴俗好奢尚祀以及灾疫下民间的应对信仰民俗，也应放在特定地域场合来理解。

第三节　盛清吴中士人生活的写照
——清人笔记龚炜《巢林笔谈》的生活史资料价值

即使是传统时代，人民的生活也难有世外桃源，特别是士人生活与政治的关系更为密切。笔记由于记载作者生活地方社会的见闻以及自己的人生，具有重要的日常生活史资料价值，我们从中也可以透视到普通人与政治的关系，清代昆山人龚炜撰《巢林笔谈》就属于这一类笔记。笔者想依据该书继续探讨清康熙后期到乾隆中叶这一时期的吴中士人龚炜的个人生活，并论述有关笔记的生活史资料价值。

谢国桢先生认为："此书记清初史实及吴中掌故，及山水园林之胜，也说到自己的身世，由富厚而中落，晚年因丧偶而枯寂的情况，颇流露出本阶级没落的气氛，文字写得也还生动。”①我认为是书具有重要的生活史资料价值，随着学术的发展，我们也可以从新的角度认识书中的记载。如关于“本阶级没落的气氛”实际上是一个屡试不第士人的生活，“山水园林之胜”的记载可以理解为反映了龚炜喜欢自然与旅游。

下面就从家族关系、文化生活、绝意科举、政治态度几方面论述龚炜的士人生活以及《巢林笔谈》的价值。

一、政治态度

清初江南士大夫对于清朝统治多有抵触甚至是反抗情绪，随着时间的推移，清朝统治的成功，江南士人接受了清朝的统治，在龚炜生活的康熙后期到乾隆中叶，江南士人基本完成了对清朝认识的转变。龚炜在《巢林笔谈·自序》中说自己“际极盛之世”，书中有颂圣文字，表达了他对清朝统治的颂扬。《巢林笔谈续编·自序》落款为际熙老民，更证实了他的这种政治立场。所以书中的内容多有盛世赞歌。

龚炜书中突出地表现出他对于清朝统治的认同。他说：“数十年来，国家深仁厚泽，休养生息，安耕凿而不扰，忘帝力于何有？村中气色日新，视昔日之卉木池台仅夸美丽者，不大相悬绝哉！”②他赋予家乡自然景观变化以政治含义。

龚炜称赞清的开创之主顺治帝，认同清朝统治的合法性。他读《御制明怀宗碑文》后说：

> 顺治十四年，御制《明怀宗碑文》，驾过思陵，为之出涕。圣仁如此，所以开亿万世无疆之治也。（《续编》卷上，174 页）

龚炜认为清朝对待明朝的态度可取，奠定了清朝的长久治安。他赞扬顺治帝对陈名夏案的处理：“三代以后开创之主，多果于诛戮。惟我世祖皇帝，克宽克仁，培本深厚。如陈名夏败后，朝右犹攻击不已，上

---

① 谢国桢：《明清笔记谈丛》，73 页。

② 龚炜：《巢林笔谈》卷三，“白鱼巨补志”条，84 页。

以名夏既伏辜，不得复事株连，续奏者多奉严旨，自此罗织之风遂绝，所全不知凡几。”①在龚炜看来，清朝的开国皇帝不似历朝诸多开创之主喜欢诛戮，有宽仁气象。其实这也是龚炜比较了“明初冤狱”后得出的看法：

> 明初，芥视臣僚，以非罪冤杀者无算。予于魏苏州观之狱，尤痛恨焉。魏公治郡有声，即其浚河道，修府治，亦政中所应有事。一经诬奏，致贤守才士，株连蔓抄，虽极暗之世不至此。明朝之谓何？（卷五，117页）

龚炜比较的结果是明朝不明而清朝是清的。

清朝的制度得到龚炜的肯定，他以“训导得官少滥厕”为例：

> 训导一官，由增附而廪；积考三十年无误，得贡；贡又数年，得官，较他途独少滥厕。圣朝敬老尊贤，尤当念之。（卷五，139页）

清朝在龚炜看来是为“圣朝”。

龚炜歌颂康雍乾三帝关照吴地人民。他说：

> “晋民富而吴民贫”，圣祖皇帝谕中语也。吴中繁华气象迥胜于晋，其实多藉外方生色。圣主身在九重，洞悉其艰，明目达聪，虽重华无以加矣。世宗丕承，今上绳武，泽及吴民视他省有加，一言而为万世利，猗欤休哉！（《续编》卷上，197页）

康熙帝洞悉民生，还创作《捕蛇说》，龚炜读后感慨良多，希望官吏跪诵：

---

① 龚炜：《巢林笔谈》卷一，“陈名夏案”条，26页。

读御批《捕蛇说》，知圣主无念不切民瘼。敢告司牧，日跪诵之。（《续编》卷上，200 页）

他认为康熙君臣契合为传世佳话：

康熙三十二年十二月，特旨："江南学政，著陆陇其去。"阁臣王熙回奏，陆某已身故，上嗟惋久之，曰："本朝如陆陇其者，亦何可多得？"呜呼，先生理学经济，无日不在圣明眷注之中，将起废而畀以文衡，复叹逝而思其懿德。圣贤相遭，君臣契合，足令千载下感激欲涕也。（《续编》卷上，201～202 页）

龚炜通过庆祝康熙帝六十岁诞辰，歌颂皇帝，描绘出臣民服从清朝统治的盛世图景：

康熙辛丑，上御极六十年矣，深仁厚泽，浃髓沦肌，海内乂安，人民和乐，自唐虞以来，未有若斯之盛者。而万寿圣诞，正值天气清和，卉物条畅之际，民间之颂升恒、祝炽昌者，溢乎中外。我吴尤称繁华之地，巡抚吴公暨诸僚属，并铺张美丽，仙宫梵宇，普建祝圣道场；舞榭歌台，尽演蟠桃乐府。华灯绮彩，绵亘长衢；火树星球，光明彻夜。文武官舞蹈嵩呼，都人士欢声雷动。煌煌哉太平之盛观，图绘弗能殚已。（卷一，1 页）

这种极尽歌颂之能事的叙述，流露出何种政治动机，值得考虑。

他认为雍正帝用人之道可为万世效法：

日来披览书史，历观用人之道，至我世宗皇帝极矣。登进不拘一格，则怀才者兴；迁官不以年资，则宣力者奋。假以便宜，然后责其效，任事无掣肘之患；予以养廉，然后责其清，外官无亏空之忧。以民社为不可轻，政必先于试可；以官方为不可忽，法不贷夫贪残。故政举刑清，民安吏戢，真可为万世法也。（卷

五，118 页）

龚炜赞扬雍正帝仁明，千古难寻：

> 伏读世宗皇帝遗诏，不胜感泣。上临御十三年，法立而不苛，政举而不扰，宾天之日，犹谆谆以宽大训后，此真尧舜之用心哉！自古人君，英察者流为惨刻，仁厚者难于刚断。仁明如帝，无间然矣。（卷二，30～31 页）

他认为雍正帝、乾隆帝一脉相承尧舜之治。具体的事例政治上如“诛贾磔静”：

> 人妖物怪，不可一日容于盛世，如贾士方、曾静是已。贾既伏诛，天下称快。今上即位，磔静然后大赦。天威独断，诛不逾时，能哲而惠，虽尧舜何加焉？（卷二，31 页）

龚炜认为曾静是如同道士贾士芳一样人物，为盛世所不容。经济上如“续捐苏松浮粮”：

> 苏松浮粮，世宗皇帝已捐四十余万，今奉恩旨，又捐二十余万。天佑我国，圣圣相承，万年有道，于斯卜之。（卷二，31～32 页）

面对蠲免之恩，龚炜自然流露出视清朝为“我国”的政治认同。乾隆帝将清朝蠲免钱粮推向顶点，龚炜还有讴歌“乾隆十年全蠲丁粮”的记载：

> 乾隆十年上谕，本年各省地丁钱粮，按次全蠲，与民休息。诏下之日，万方忭舞。自上嗣服以来，大赦积逋，再减浮赋；岁收稍薄，辄费天庾；水患偶乘，动支国帑，天地犹有憾，皇仁蔑以加矣！我侪小人，惟是祝丰年、急公税，稍申媚兹之忱，乃更

沐非常溥博之泽于望外，苍生何福以当之！自惟草茅，无以报效，衢歌不足颂扬，只有清香一炷，祷祝上苍，惟皇子子孙孙永保民。（卷四，85 页）

皇恩浩荡，龚炜感到无以为报。这种心情持续着：

皇帝事事法祖，于黎元尤轸念不置，老民望七之年，所奉恩诏多矣，含鼓之余，辄为感泣。今岁又沐天恩，轮蠲漕米，幸须臾无死。及此旷典，万姓欢腾之象，万年无疆之祝，夫岂笔墨所能罄哉。（《续编》卷下，238 页）

清朝的旷世恩典让他感激涕零，笔墨难以表达对于清朝“法祖”仁政的赞美。

龚炜歌颂乾隆帝，盛赞其对前朝忠义的褒扬：

上谕词臣：“隆武诸藩，皆前朝支属，不得加以伪字。史可法、黄道周诸臣，正当褒其忠义。”圣人至公无我之思，教孝教忠，万世瞻仰。（《续编》卷下，234 页）

歌颂乾隆帝简用举人之举：

国家体士至矣，今奉恩旨，又疏通举人，一时简用者至二千人，自古无此旷典，士之报礼宜何如也？（《续编》卷下，234 页）

龚炜赞誉乾隆十六年（辛未，1751）的首次南巡尤为值得注意：

大巡诏下，一时供职者，如抚宪雅公、郡尊邵公，真能善体圣心，不扰而事办。

圣驾幸姑苏，万民竞瞻天颜，充塞御道，皇上撤舆卫，简侍从，御龙驹，犹恐蹄蹴跪者，温旨令起。君民如父子，忭舞溢街

> 衢。是时晴天倍朗，丽日增辉，极似金粟界中放大光明，欢喜作礼之象。
>
> 有一官造一戏台，转轮可御。绮彩华灯，使不风而摇曳；清歌妙舞，若驾雾以飞腾。以之娱目，诚属新异。一随驾大臣恶其技巧，禁止痛惩，或传即金吾舒公。公固贤者，宜其得大体如是。
>
> 去冬，恭赋《圣德神功诗百韵》及《南巡赋》一篇，郡尊邵公称吴士第一，学宪庄公亦蒙批"饶有古泽，非苟作者，可进"。督抚两台校勘合格，因敢于接驾时恭进。奉旨交学臣，而拙册竟未上达，此中殆有数焉！诸公一言之誉，终亦铭勒不忘。（卷五，123～124页）

在他的笔下，乾隆南巡构成了臣民同心办事、君臣欢洽的盛世图景。龚炜创作诗赋受到乡绅与地方官的赞许并进呈皇帝，可惜的是乾隆帝并未看到就转交学臣处理。龚炜的做法，既可以理解为对于皇帝的崇拜，也令人联想到他擅长写作而又屡试不第的窘况，不免猜测他想通过进呈诗赋得到皇帝恩赏的心态。

《巢林笔谈》前言认为："本书刊于文字狱盛行之际，歌颂皇恩圣德者，随处可见。"我想此固然是实情，如本书开卷第一条《康熙诞辰》于清帝尤颂其圣德，"此开宗明义之旨"。① 但这只是事情的一个方面。事实上，龚炜不是因害怕文字致祸歌颂政治的，而是发自内心对清朝政治认同，虽然其文近谀，无非想借此得到执政者的垂青。

龚炜对于地方政治也有批评的记载。雍正、乾隆时期推行社仓制度，龚炜指出社仓厉民问题：

> 事有名为利民，而其实厉民者，今之社仓是已。周制，县都各有委质，以待凶荒。自汉至隋唐，常平义仓迭举，其犹有古之遗意欤！日久弊生，朱夫子已极言之矣。今上乾隆七年，江苏徐中丞倡立社仓，勒写两邑谷数千石，归县勾稽；而以粮户之有家

---

① 来新夏：《清人笔记随录》，196页。

> 者点充社长，轮转交代，以致出纳弊生。惧累者多不愿任，承办吏益复多开户名，索钱免点。于是任社长者靡有不空，空则扳连亲族，贻累无穷。比年岁不登，试问社谷有一粒在民间否？为法不善，可为太息！《金华社仓记》云："王氏青苗，本意未尝不善，弊在以县不以乡，以官吏而不以乡人士君子也。"我乡旧有同善会，建立社仓，其始付托得人，贫民颇沾实惠；以后交代日非，此举遂废。世情多伪，即所谓乡人士君子，亦似难信，在官在乡，均无善术。迂愚之见，不如以社仓谷附贮官仓，备民间旱潦浚筑之费，是或一道。空名滋累无为也。(《续编》卷下，215～216页)

他批评社仓制度不切合实际，建议将社仓附于官仓管理。他的这种批评也还是有些勇气的，因为他知道有人批评漕政而倒霉，他说："康熙末年，吾邑有衣冠数辈攻其弊于上官者，卒以贾祸。"①不过龚炜批评时政的话很少见。

二、绝意科举

龚炜绝意科举，可能与他的性情爱好有关，他比较有闲情逸致，生活丰富。

龚炜自幼学习经史。他年少时读过礼经，怀疑《仪礼》议节太碎，《周礼》设官太冗②；也喜欢读历史，他说：

> 予于丙午夏秋间，钞录《晋书》毕，复事《南史》，阅一载讫功。今年春，复纂《北史》，方完《帝纪》，会学使者将至，稍稍理时艺，遂未卒业，钝资不能兼及，可叹也！(卷一，8页)

雍正四年(丙午，1726)与五年他读了南北史，因"学使者将至，稍稍理时艺"，可见对于八股文不太感兴趣。他从小读古文，自《左传》始，继以《史记》，一生熟读《史记》。他总结读书经验："人不从少时读古，以

---

① 龚炜：《巢林笔谈》卷四，"尹继善振饬漕政"条，89页。

② 龚炜：《巢林笔谈》卷一，"读礼"条，3页。

时文余力旁及，定不相入。”①为了得到一部名人手批的《史记》，因价昂一时困难，与妻子商量，妻子“卸金簪一枝，质以与之”②，于是得到这部书。他感情丰富，幼读《孟子》常有一种凄恻难过处，后读《史》《汉》等书，情文相感，不知倾多少眼泪。③ 对于经史的兴趣持续到晚年，经常温习经史，甚至想编书：

> 日长无所事，俯首温经，夜热不能寝，乘凉背史。因思古人经史之学，原期实用，不揣固陋，欲经以经，纬以史，作《裨政》一编。构思月余，方握管，不觉气渐升，知旧疾又将发矣，遂辍去。乃知穷愁著书，亦终属有福人！（卷五，125页）

出于身体健康的原因，只好放弃写作计划。

龚炜从小也喜欢诗文，少时曾赋雪景，有“收纶渔父归舟晚，迷径樵人行路斜”句，其二舅诧为仙才，其他人亦极嗟赏，遂萌学诗意。当时勤课举业的业师也称许他日后可以与老师讨论诗学，于是他“稍事涂抹”，后来“得钱宗伯手批《诗统》读之”，“因叹此事大不易，强作无益也”④。他的诗为友人所重。有人向他请教如何作诗，他认为论诗只有三字：情、理、景。一言以蔽之：“真写得”三字。“真，即村歌亦成绝调，不观古来谣谚，有载之史传，垂之后世者乎！然则学可废乎？曰否。真，是诗之根，非学无以殖之。须于吟诵时，得其真气味，然后下笔时可以发我真性情。何谓真气味？神在句外。何谓真性情？言出心坎。若意浅、神竭、韵粘、字呆，都不是真气味。热中人作高尚，富贵性谈场圃，伪君子讲节义，都不是真性情。知此，始可与言

① 龚炜：《巢林笔谈续编》卷上，“读古文”条，204页；“作李节妇传”条，205页。

② 龚炜：《巢林笔谈》卷二，“归批史记”条，31页。

③ 龚炜：《巢林笔谈续编》卷上，“读书倾泪”条，197页。

④ 龚炜：《巢林笔谈》卷一，“学诗大不易”条，22页。

诗。”①他认为：“诗到自然极难，自然到极处，反觉平易。”②看来他颇有作诗心得，对于时文，他也有看法，认为老诸生时文成熟，可是为人所轻，可以看作自己的写照：

> 时文要细腻，端在老诸生内。终年帖括，浸入骨髓，四书讲义，毕竟多看几句，成宏正嘉之文，毕竟多读几篇，粗看似觉蒙晦，细按终有条理。然而场屋弗尚也，选家弗收也。不知费多少精神岁月，聚成一堆不值斤两故纸，亦是可叹！（卷五，121 页）

可见他对学业有自己的认识。喜欢历史文学的龚炜，在当地小有名气，却与科举无缘。

龚炜善丝竹。他擅长吹笛子，自称：“予于声歌无所谙，独喜笛音寥亮，每当抑郁无聊，趣起一弄，往往多悲感之声，泪与俱垂，审音者知其为恨人矣。”③他也能弹琵琶，“每当月白风清，更阑人静，手拨琵琶而切响，曲分南北兮迭赓，且唱且弹，半醒半醉，恍若一片孤帆飞渡行春桥矣”④。

龚炜兼习武艺。他幼时与朋辈挟弹角技，还习刀自豪，他回忆说：

> 予少好武备，尝窃前人刀法，静观而私演之，大要用避为击，手眼快，身脚轻耳。因系铅于足，久之解去，超逾颇便。然法不指授，终是死法。丙午冬，有客从北来，与予讲论刀术，与旧说无以异也。遂习之，略知腾踪闪赚斜提直刺之法，而功疏力诎，技卒不成。然当酒酣兴高，迭跃挥霍，光铓霜落，手臂风生，遣豁不平之怀，洗涤酸腐之胃，卫身虽拙，而吐气自豪。（卷一，

---

① 龚炜：《巢林笔谈》卷四，“如何作诗”条，95～96 页。

② 龚炜：《巢林笔谈续编》卷上，“诗到极处反觉平易”条，208 页。

③ 龚炜：《巢林笔谈》卷四，“笛音何呜咽”，96～97 页；参见卷三，“燕子矶夜泊”条，80 页。

④ 龚炜：《巢林笔谈续编》卷上，“泛湖一出”条，209 页。

15～16页）

练武增强了他的自信心。当时无锡秦生能武，被他记载下来①，看来即使如吴中文化之区，人们也还是有尚武之风的。

龚炜的科举之途颇为不顺，曾于乾隆六年（辛酉，1741）②参加乡试。乾隆九年（甲子，1744）第四次考举人失败，落卷后心灰意冷，是年龚炜整四十岁，他认为科考"抛却半生有用工夫"，于是写道："廿年制义，抛却半生有用工夫；三黜乡闱，落得九册无名败纸……精气消磨，予亦不能复事帖括矣。"③年过四十，仍未一第，龚炜决定放弃参加科举考试。然而他却没有彻底放弃功名之心，乾隆十六年（辛未，1751）试图以诗赋进呈蒙恩就说明问题，只是未能成功而已，他认为命该如此，因而对于功名也就彻底失望了。

不顺心的事情接踵而至，他病情加重，感到了生命的脆弱，认为身后事"那顾得许多"：

> 病大剧，负痛不止，昼夜不合眼者数日矣，看来不克支持。些小家事，内胜任有余，且媳甚能，无虑；特以子未冠，虽娶，浑如赤子，欲预书数语示之。忽又豁然开悟，今生已多此一身，脱不济，一点灵台，只向东华问消息，那顾得许多？气稍平，起而书之。（卷五，126）

龚炜终于把生活看开了，他自嘲"名利两穷"：

> 凡物不贵重之，则不至。如求名者把心思智巧都倾入八股中，自然得名；求利者把精神命脉都钻入孔方里，自然得利。樵朽一生，名利两穷，只缘看得时文轻，便是上渎文星，看得守钱鄙，

① 龚炜：《巢林笔谈》卷三，"秦生能武"条，62页。

② 龚炜：《巢林笔谈》卷三，"辛酉乡试"条，57页。

③ 龚炜：《巢林笔谈》卷三，"抛却半生有用工夫"条，81页。

便是获罪财神。太甲曰："自作孽，不可逭。"（卷五，127 页）

可见他的两穷是不重科举不受钱财造成的，也说明了他对于生活的达观态度。

晚年的龚炜疾病时作，科举之心已冷，人生观念发生较大的变化，乾隆十七年（壬申，1752）他概括了自己的生活方式：

> 始衰之年已至，多病之身尚存，惟是闭户就闲，却医勿药，蠹书不蠹物，无所忮求；捉管不捉钱，何来烦恼？四纪之司花可友，一枝之达士堪模。博弈则无为弗为，管弦虽独乐亦乐。胸藏丘壑，迩室若具遐观；枕傲羲轩，世味都成古淡。白衣无位，合加我风月平章；青简方名，或似彼烟霞痼癖。壬申除夕笔。（卷五，131 页）

尽管龚炜身体患病，但是他却医勿药，以读书写字为生，喜欢花卉，爱好乐器，与世无争。

龚炜对待医药持慎重态度。他珍视生命，担心庸医误人：

> 两月前，内力劝予延医，予曰："时医看此病必用参，参贵，用度甚艰，勉措必增忧。忧来药不效，何如静养以俟。"日来痛渐减，颇涉轩岐书，益知此事大不易，断不容以躯命试庸手。（卷五，127 页）

可见当时吴中看病流行使用补药人参，龚炜既怀疑用参是否对症下药，加上人参太贵，不愿破费。然而，当他的姐姐"久痢积虚"病入膏肓时，他"不得已而进参补之说"，可是未被采纳，其姐"竟以痢虚莫补，陨其身命"①。所以龚炜认为人参是珍贵的大补之药，不能轻易使用。其实这种温补的观念未必对病情奏效，清代著名医家吴县人徐大椿（1693—

① 龚炜：《巢林笔谈》卷六，"姊病故"条，166 页。

1771)反对滥用峻补辛热药剂，他在乾隆二十二年(1757)所作《人参论》翔实地反映了当时社会好用人参的风气：民间即使是服人参而死，病家都会认为医者已经尽职，人子已经尽孝，这已是命中注定，所以不会有遗憾。因为人参相当昂贵，一般民众普遍都认为它是药中之王，有特殊的救命疗效。从康熙到乾隆，人参的价格涨了数十倍。康熙年间所使用的人参的费用不过是每两人参用银一二两，多的不过需费三四两而已，到了乾隆年间，人参的价格飙涨，病家服用人参的数量已经不是以往的一二钱而已，连小康之家，服用个人参二三两，就已经耗尽家产。他呼吁千万不要过于相信人参是起死回生之药，一有病就服用。① 龚炜对人参的观念反映了当时的社会风气。

龚炜对于“吴中时医”不以为然：

> 吴中时医某，始以痘科得名，渐及大方，名益噪；负技而骄，不多与金钱，虽当道或不赴，时亦以此受辱。服其药者辄见杀，而名不少损，盖小效归其功，大害委于命，一任其轻心躁气，不惜以身命尝者，踵相接也。既死，哄传其堕落狗胎，有文在腹。其子以五十金买养之，岂以其奚落穷民，妄投药剂，致有斯报耶?然而郡人之言不足信，群聚而诋之，一如其群聚而奉之也。(卷四，100页)

不过龚炜也佩服“良医诊脉”：

> 得疾二十余年，旋发旋止，迩来发必大困，困必经年，至今日而几几不可为矣。闻上海王翁协中，擅名国手，力疾就之，诊脉曰：“无事，以用心太过耳。心火旺，气即升矣。只须二物治

① 收入徐大椿：《医学源流论》，华夏出版社1997年“医案医话医论名著集成”本，133页；参见蒋竹山：《非参不治，服必万全——清代江南的人参药用与补药文化初探》，见《中国社会历史评论》第8卷，119～120页，天津，天津古籍出版社，2007。

之：用金华香附一斤，云苔八两。"服之亦不甚效，想久疾无近功耳。然以岌岌不可终日之势，而毅然以无事断，非良医不能。（卷六，151～152 页）

龚炜对于医药的认识，反映了吴中士人的医疗文化。

三、文化生活

龚炜对于时令节日敏感，痴迷鲜花，爱好游览。

龚炜喜欢旅游。"昆山紫云岩"条记载了他少时的旅游经历：

> 循鹿城而北，绕马鞍而南，秀野霏金，晴岚滴翠，处处春色，步步花香。道遇客周姓者，因相与登山，从东岩取径，直抵上方，入华藏寺，历浮屠四五级，四望百里，眼界一空。复自文笔峰委折而西，登紫云岩，叠嶂千层，翘翘秀绝。穿石壁中，隐隐见天，所谓一线天是也。侧首危峦，如有落势，径稍滑，周扶行数步，遂缘仙人桥而下。（卷一，3 页）

龚炜对于旅游兴趣盎然，上述文字华美，读来使人有身临其境之感。

昆山县的马鞍山，是龚炜喜欢去的地方，他年轻时的游记说："春气暄和，梅花正放，约同人游马鞍山，道逢梦航大舅氏。舅氏素简出，得追陪游屐，尤可喜。因饮于山馆，寒香扑酒，山色迎人，景既绝佳，而舅氏抚今追昔，引入禅理，更超然入妙。"①

雍正七年(己酉，1729)中秋前二日，他游览其家附近的濂溪，留下了记录："今夜棹一野艇，随湾荡漾，秋清月朗，风淡波澄，渔唱灯微，犬嗥村静，佳境也。疏其可名者得半，而尧仁、齐可、鹤颈、鹳嘴、荷花、花瓶，其最著云。"②他游苏州天平山，谒范仲淹墓，感叹天平山之白云泉为西山幽丽奇处。泉声潺潺，与千尺雪竞爽。"行游渴甚，取泉水连啜数瓯，喉吻润而肌骨清矣。登兼山阁，启绮窗以临山，

---

① 龚炜：《巢林笔谈》卷一，"舅氏春游诗"条，6 页。

② 龚炜：《巢林笔谈》卷一，"濂溪"条，13 页。

披霜林而如绣，挹其景，不能名其状。”①认为范氏子孙构辟精舍，使拜其祖墓者，得尽游息之乐。他于康熙五十六年(丁酉，1717)始游西山，时年十三岁，得尽馆娃、邓尉、花山诸胜。康熙五十八年(己亥，1719)春仲，母亲为他建醮于紫石山女真道院，又得游小赤壁，戏作记文，被人誉为“童年老笔”。他“登尧峰，倚峭壁，卧石床，远吞湖光，近挹山爽，朗吟诗句，旁若无人，有轻世肆志之思焉”。二十年后，复来西山，回忆少年时光，感叹“老大无成”②。他游览西湖，“泛舟湖上，红花绣堤，绿水浮山，倚棹哦诗，呼僮沽酒，又若身在图中。往返半月，随所得多少，书之成《湖山记游》一卷，此二十年来出神入化之境也”③。龚炜从小到老，不断游览吴中的名胜古迹、名山大川，吴中士人生活可见一斑。

龚炜也到吴中以外的地方出游。雍正十年(壬子，1732)七月十六日龚炜过澄江，追忆昔游君山，登松风亭，士子云集。翌日，复策蹇游黄山，“始则缘江而行，继登大阜，江远浮天，黄田弥望，巨观也；但无林木荫翳、亭台结构之胜耳。及至鹅鼻渚，则峰峦奔突，势若饮江，波浪之阔，更为无际。憩坐其下，可以盥洗，可以投竿”④。他利用吊丧游历了海宁海神庙与海塘：

> 吊海宁相国之丧，因便游海神庙，神像如生，庙貌赫奕，金碧丹雘之饰，雕镂磨砌之工，俨然帝室王居也。寻至海塘，烙口有浮屠，凭而望洋，不觉身在海中。(卷二，32页)

龚炜曾在康熙六十年(辛丑，1721)随父亲游镇江金山，过了17年，乾隆三年(戊午，1738)七月他重游金山，今昔对比，感慨系之：

---

① 龚炜：《巢林笔谈》卷二，“白云泉”条，40页。

② 龚炜：《巢林笔谈》卷二，“重游西山”条，40～41页。

③ 龚炜：《巢林笔谈》卷五，“湖山记游”条，119页。

④ 龚炜：《巢林笔谈》卷一，“少游黄山”条，11页。

> 辛丑之秋，从先君自淮上返，泊舟瓜步，阻风不得行。遥望金山，如蓬壶之浮碧澥。先君顿发游兴，驾小舟溯流而上，遂登妙高台，历浮屠四五级，俯瞰大江，水天一色。中有一石洞，窅然而深，意裴头陀开山得金，即其处也。山门外，长廊萦绕，石槛临流，僧人设茶铛，小坐啜茗。已，登舟，风转急，浪涌漱天，衣衫为之沾濡。今日复过金山，风和日丽，欲一登览，为事所牵，追维昔游，感慨系之矣。时戊午七月下旬也。(卷二，33页)

他也曾谒明孝陵，过明故宫，感到一片苍凉。①

龚炜喜欢花卉园林。雍正七年(己酉，1729)上巳节，他游东园：

> 耳东园名久，今日始探其胜。辟地旷，取径幽，树老云深，去城市而入山林矣。已而，门临流水，藤架石桥，因徘徊池上，睇盼山光，随萦纡而陟磴道，破隐翳而历亭台，游屐且尽，转境无穷。客有惜其漫漶不鲜者，予曰："林麓大观，不在雕饰。"因叹奉常先生之泽，波及游人者多矣。园有庵曰"杂花林"，亦幽静可憩。已酉上巳，书于光大堂之西斋。(卷一，11页)

是年他二十五岁，已对园林审美有了自己的看法。北园在马鞍之阴，因山为屏，疏泉为沼，有卉木亭台之胜，康熙帝南巡常驻跸于此，御书"天光云影"颜其堂，为昆山盛事。龚炜"自少至壮，每至山间，辄往游焉"②。

龚炜有爱花的嗜好。他赞赏葬花之雅："朱学熙以古窑器葬落花于南禺，黎太仆为作《花阡表》……有清致。"③雍正十一年(癸丑，1733)三十初度，妹夫陈篁屿以竹刻仙人暨盆树四种为寿：一桧尖，一迎春，

① 龚炜：《巢林笔谈》卷二，"过明故宫"条，33页。

② 龚炜：《巢林笔谈》卷四，"北园"条，91页。

③ 龚炜：《巢林笔谈》卷一，"瘗鹤葬花"条，15页。

一山桃，一黄杨。三十年后仅存黄杨、桧尖二种，以表雅贶。① 可见妹夫送花是投其所好，他对此确实念念不忘。

有几种花是龚炜特别喜欢的，如梅花，遇到春寒望梅心切，他写道：

> 春来，寒威不减，梅信甚迟，辄吟“花匠碍寒应束手”句，盖望梅甚切矣。今早有折一枝来者，急洗瓶清供，如梦中遇仙，如久阔遇友。（卷五，127页）

见到梅花“如梦中遇仙，如久阔遇友”，对花卉特别是梅花不是一般的喜好，达到痴迷的程度。他自称：“生负花癖，而心性尤与梅近，思得余地种植而不可得。读周三瓢恭自撰《梅花主人传》，而神为往矣。”② 神往梅花主人，可谓知音，“花癖”的雅号名副其实。

龚炜也很喜欢桂花。他家庭前植有双桂，为其父手植，历四十年，“高出楼头丈余，盛夏则绿阴蔽日，深秋则金粟飘香”③。因双桂颇高，担心被风刮倒，购买孙氏废园有六角花台石四块，滕合如两大盆，每块重二千余斤。运输过程中，舟覆石落，用三十余人，好几天才捞上来④。这株桂树五月含苞欲放，香气进入北窗，带来新奇的感觉。⑤ 当桂花盛开，他“以蔬酌祀花神于树下”，还让儿子作《祀庭桂文》。⑥

菊花也是龚炜喜欢的品种。他的姑姑徐氏“待字最久，其在家时颇近风雅，尝栽菊数本列西斋，洁酒治肴，觞王父于花前”⑦，给他留下了很深的印象。他爱菊花，晚年还回忆一生赏花的几次重要经历：

---

① 龚炜：《巢林笔谈续编》卷下，“三十年前雅贶”条，15页。
② 龚炜：《巢林笔谈续编》卷上，“梅花主人传”条，176页。
③ 龚炜：《巢林笔谈》卷六，“庭前双桂”条，163页。
④ 龚炜：《巢林笔谈续编》卷下，“巨石落水”条，223页。
⑤ 龚炜：《巢林笔谈续编》卷下，“五月桂花”条，228页。
⑥ 龚炜：《巢林笔谈》卷六，“《祀庭桂文》”条，172页。
⑦ 龚炜：《巢林笔谈》卷三，“有姑风雅”条，57页。

> 花中最耐久者，无如菊花，极爱之，而苦于不善培植。犹忆少时有仆嘉定人，知艺菊，先君令栽数十本，中有松子、鹤翎等种。花时陈列，由粗及细，可得一二月赏玩。草堂胜事，已成陈迹久矣。戊午秋杪，过槎溪，适神庙赛会，时有维扬富宦，大陈供具于庙中，旁列菊花甚盛，多细种，惜置之热闹之地，幽赏不足耳。甲申初冬至甫里，与一友谈及菊谱，云邻舍尚有松子，拉与俱往，所见一二株已残，不足观矣。前年，錡侄曾有此兴，小艺数种，颇可观，寻亦兴阑。秋来，辄问亲友家有菊花否？自笑生负花癖，但思看现成花，亦太自适意。(《续编》卷下，236 页)

嘉定盛产菊花，他前往访菊佳种，欣赏大德寺的菊花，看到："净室中分列百余株，高低层叠，浓淡参差。清韵纷霏，五彩不沾脂粉；幽芳静穆，三秋谙尽烟霞。香阜位置于地宜，逸老相对与人合。啜茗欣赏之余，顿使神情开涤，积疴欲瘳。"①还记录下优良品种黄薇等 20 种。

龚炜爱花，对于家乡的赏花处所了如指掌：

> 邑中花卉之盛，今惟观庙矣。太乙殿之老梅、碧梧，道院之绣球、牡丹，昆庙四美亭之桂花，皆可观。马鞍胜迹久湮，四美亭遂为山间最佳处。(《续编》卷下，218 页)

龚炜还认为："平乐村山茶树，顾仲瑛先生遗植也，干老枝繁，开时朵大色鲜，丹砂鹤顶，未足尽其形容，品花者不得专美滇、蜀。"②叹惜俗主厌苦游人，不加爱护，日就衰落。他自己保护花则不遗余力：

> 莲初透水，遇雨辄夭，因剪荷叶，线缝之作兜鍪状，雨则覆之，名莲笠。(卷二，37 页)

---

① 龚炜：《巢林笔谈续编》卷下，"访菊佳种"条，240 页。

② 龚炜：《巢林笔谈》卷六，"顾仲瑛遗植山茶花"条，152 页。

缝制荷叶斗笠遮挡刚绽放的荷花，堪称护花使者。

晚年龚炜将赏花伴随生命走向尽头，他的多次独白，显示出花痴的本色：

生从何来不必问，不知死从何去？一生以花月为命，脱不得仙，化作花间蝶、月中蟾，亦不恶。(《续编》卷下，218 页)

他以鲜花、月亮为命。在他看来吃饭、穿衣也属于多事，唯有读书、清谈与花前月下、饱览山水有兴趣：

年来懒入骨，几几着衣吃饭，亦觉多事；惟与书卷有缘，清谈有兴，花月山水有情。(《续编》卷下，225 页)

晚年的龚炜“四纪之司花可友，一枝之达士堪模”①。儿子省试远出，他前往送行，中途阻风停留在河畔，与朋友“看荷花，夕阳反照，荷净花明，萧疏四五人，科头握蕉扇，委影池塘，若绘江上阻风图。二景绝佳”②。可见龚炜不仅喜欢花月山水，也具有出众的感悟与欣赏能力。

龚炜注意年节，多愁善感。上元灯节十分热闹，雍正三年(乙巳，1725)二十一岁龚炜结婚，由于两家多故，四年后上元节才回亲。当夜“愁云罩星月之光，寒风散鳌灯之焰”。骨透阴寒之气，十分败兴。③败兴的心情说明他对上元节的重视，直到晚年他都看重上元节：

上元灯彩，春社梨园盛象也。升平化日，不可无此点缀，老民近患炮掉，有必鼓兴往观。(《续编》卷下，233 页)

---

① 龚炜：《巢林笔谈》卷五，“风月平章”条，131 页。

② 龚炜：《巢林笔谈》卷五，“景佳如画”条，134 页。

③ 龚炜：《巢林笔谈》卷一，“双回夜泊”条，9 页。

龚炜把上元灯彩与春社梨园盛事看作歌舞升平的点缀，表示不顾年迈也要前往观赏。

由于喜欢春游，三月三日的上巳节龚炜自然重视。雍正七年(己酉，1729)二十五岁的龚炜上巳节游东园。乾隆十三年(戊辰，1748)上巳前一日："里中延名优演剧，乡城毕赴，予时恶境横生，兴致都尽，兀坐小斋，风送欢声入座，亦冷冷楚绝。因思乐极之时，脱闻壮士悲歌，未有不酸鼻流涕。"①触景生情，这个上巳节他的心情不好。

春游的雅兴也体现在清明闲步上，他写道：

> 数时报节，已届清明，闲步郊原，枝间柳桃，花铺菜麦。春林渐盛，黄莺紫燕，何树不啼；春水方生，黛甲素鳞，何波不跃。一切卉木禽鱼之胜，多是文章朋友之资。独惜少年一去不回，为欢常如不及。(《续编》卷上，187 页)

龚炜感叹晚年春游的兴致不及年轻之时。

春去秋来，中秋节出游、赏月必不可少。龚炜青年、中年、老年中秋心境颇为不同，青少年时他游兴正浓。康熙五十九年(庚子，1720)十六岁的他"与客三四辈，挟弹角技，燃烛为的，飞丸落煤，拍叫欢呼，与拓弦之声相应"②。后来回忆起这些往事来还沾沾自喜。雍正七年(己酉，1729)中秋前二日，他"夜棹一野艇，随湾荡漾，秋清月朗，风淡波澄，渔唱灯微，犬嗥村静，佳境也"③。步入中年后，最难忘的乃是乾隆七年(壬戌，1742)中秋节与妻子同在娄东亲家，"时秋香盈座，明月方高，与诸内弟闲步空庭，谈谐欢畅，复赋诗有云：'广寒许我清辉共，却被帘旌隔几重'。"④将妻子比喻为嫦娥，亲友说他中年伉俪犹如此钟情，他回答：这时不用我情，何时用我情呢？真是才子

① 龚炜：《巢林笔谈》卷五，"乐与愁耳与目"条，114 页。

② 龚炜：《巢林笔谈》卷一，"中秋角技"条，16 页。

③ 龚炜：《巢林笔谈》卷一，"濾溪"条，13 页。

④ 龚炜：《巢林笔谈》卷三，"寄内诗"条，65 页。

多情。而晚年，他则认为中秋无佳境：

> 今夕是中秋节矣，病侵强岁，闲过清时，功名之士，所为短气。不佞缘以藏拙，亦自不恶。但檐溜泠泠，月光隐翳，绝无佳景。一生不知几度此节？似此便可扣除。（卷四，107页）

节无佳境有不如无。

秋季的重阳佳节，自然不会放过。乾隆十八年（癸酉，1753）龚炜登临槜李烟雨楼，得领彪湖春色。五年后，“重阳在望，桂香犹复袭人，龙楼涌翠，悬以秋日，别具晶莹，再得芙蓉冒绿池，则全美矣。登眺之余，卖茶者采菱饷客，色味迥殊。因思荷香雪景，又不知何年得备览此胜？”①

除夕之夜，最是人们年终回忆往事、总结人生的节日。龚炜除夜写下来的感触最多，不过多是心情不爽的写照。康熙五十一年（壬辰，1712）他只有八岁，“至除夜，正料理岁事，传言寇至矣。先夫人挈炜等迁入旧宅，大父张弓矢以备，村人多耰锄自卫，究亦寂然”②。有人说看到火光，最终没有发现盗寇，最后被猜测为鬼兵、神火，幼年经历的这个除夜，或许成为他对除夜的恐怖印象。乾隆十四年（己巳，1749）除夕之夜写道：

> 初秋气疾复发，小愈即染时症，缠绵累月；今届除矣，神气犹不能当风。昨梦中得句云：“逍遥湖上三春暮，潦倒床头半岁余。”予频年患病，败意不一，今春稍开颜，秋来又复如此。乃知清福，造化所吝，诗书管弦之岁月，湖山花草之情怀，不使人轻易尝也。己巳除夜书。（卷五，120页）

疾病与世事的不顺，使他珍视现实生活中诗书管弦与湖山花草。乾隆

---

① 龚炜：《巢林笔谈续编》卷上，“槜李烟雨楼”条，192页。

② 龚炜：《巢林笔谈》卷五，“鬼兵神火”条，136页。

十七年(壬申，1752)除夕，他感到始衰之年已至，多病之身尚存，决定放弃科举，过一种闲适的生活。①

乾隆二十年(乙亥，1755)因虫灾为荒年，年终“幸甘露零而瑞雪降，为我后兆其丰年”。除夜龚炜祈求“神畀以炎火”以去害虫。② 乾隆二十七年(壬午，1762)结婚三十七年的爱妻年终去世，死后二十天便是除夜，他写道：

> 今夕是除夕耶？内亡且二十日矣，含泪濡毫，粗述其生平大略，三十七年夫妇之情与一切病亡惨境，不忍一二道也。往年度岁，纵极艰难，内必勉措齐整；今夕但闻幕内哭声。孙男女麻衣绕膝，泪霪霪不止，何心更问度岁事？哀哉！壬午除夜泪笔。(卷六，166 页)

泪水伴随龚炜度过了一个漫漫除夕之夜。

四、家族关系

龚炜的母亲喜欢文史，他自幼受母亲的影响较大。母亲经常在孩子请安时讲论历史，龚炜晚年每读史传，回忆起母亲还为之落泪。母亲也同他一起讨论历史评价问题，对他有一定的影响。其母亲认为功臣居功实难，并预测当时树功青海者“侈汰日甚，不能免于罪”③。

龚炜其父自励俭节，进士出身，分校江右，去世于雍正十一年(癸丑，1733)。④ 乾隆十年(乙丑，1745)腊月初八日葬考妣于祖茔，兄炳建祠堂于附近节母祠后，便于祭祀。⑤

---

① 龚炜：《巢林笔谈》卷五，“风月平章”条，131 页。

② 龚炜：《巢林笔谈续编》卷上，“乙亥除夜”条，195 页。

③ 龚炜：《巢林笔谈》卷二，“先母论史”条，43 页；卷一，“居功实难”条，12 页。按：此人当为抚远大将军年羹尧。

④ 龚炜：《巢林笔谈续编》卷上，“先君慕方奉常”条，204 页；《巢林笔谈》卷五，“李芦洲”条，129 页；卷四，“张文杜卷”条，95 页；卷五，“笃于年谊”条，128 页。

⑤ 龚炜：《巢林笔谈》卷四，“葬亲建祠”条，89～90 页。

龚炜成亲之时，家境一般。他说："我家故贫，一丝一粟皆先曾祖勤苦所贻，先君每念前劳，自奉极薄，释褐时，始有真青皮套，留以贻后人如新也。先夫人挫针治𦈡，没后几无裳衣之设，思之有余痛焉。今薄产无几……"①

龚炜二十一岁结婚，婚后夫妻琴瑟和谐，感情笃深。妻子回娘家久归而未即返，他常寄赠诗文，表达思念之情。如乾隆五年(庚申，1740)三月寄内诗云："小楼连夜雨霏微，寒食清明且过矣。"乾隆七年之春，则有"轻破罗浮梦，缓归陌上花"之句。② 夫妻同在岳家时，还公开写诗表达感情。夫妻都会弹琴，音乐沟通了彼此的感情，晚年病与贫俱，一次"夜坐小斋，郁结不解，忽琴声自内出，不觉跃起，妇能忘境，我乃为境滞耶？因取琵琶酌两三弹，作黄连树下唱酬，其声泠泠，终不能啴以缓，发以散也"③。妻子曾带来娘家授产 50 亩地，后因娘家人贫困，夫妻商量后归还其产。④ 妻子一生虔奉佛道，六十一岁去世⑤，龚炜悲痛万分。读《悼亡诗札》情不自禁回忆起晚年的夫妻生活："予与内聚首几四十年，中间欢愁各半，十余年来独处斗室，朝夕或一二见，相对如老友，而饮食寒暖之节，犹无一不相关也。"⑥龚炜对妻道刚柔有自己的看法，不赞同一味要求妻柔的观点。⑦

妻家王氏为娄东望族。龚炜介绍说："妇祖王中宪公，善作家，置

① 龚炜：《巢林笔谈》卷五，"吴俗奢靡日甚"条，113～114 页。

② 龚炜：《巢林笔谈》卷三，"寄内诗"条，65 页。

③ 龚炜：《巢林笔谈》卷六，"琴声忽自内出"条，146 页。

④ 龚炜：《巢林笔谈》卷一，"归还授产"条，23 页。

⑤ 龚炜：《巢林笔谈续编》卷上，"妻死记异"条，218 页。

⑥ 龚炜：《巢林笔谈》卷六，"读悼亡诗札忆内"条，169 页。

⑦ 他说："或谓妇道尚柔，刚则必凶，愚以为不然。刚有善恶。恶则为猛为隘，妇人得之而嫉悍生焉，疾之诚是也。善则为义为断，节操因之，夫何不可？且柔亦未尽善也，或慈顺之不足，而流为暗昧，入于阴邪，其害更甚。即如《易》之《归妹》六三与上六，不得与于初二四九之吉，而谓妇道之专尚夫柔哉。"(卷四，97 页)

田儿及万亩，子孙都仕宦，今亦清况可掬。”①娄东王氏多出人才。②大舅高简淡素，杜门三十年，念佛读书外无余事。二舅积学有行。③外家讲究礼法，他回忆幼时随母亲看望外婆徐氏④，“及见故家礼法。每日晨夕，子孙循定省之礼，炜等虽幼，亦必候问起居然后退。清晨梳洗毕，母即端坐堂中，余各以次坐，侍儿屏息，僮仆禀事不过户限，非其家人不得历阶而升，门内肃然。终母之年不少懈”⑤。龚炜与内兄王廓如的关系很好。⑥

龚炜中年得子昭，本图早婚，聘“禁廷侍从”涵斋女为媳，不料聘媳未娶身死。资料记载乾隆二十年(乙亥，1755)得孙关锡，当是续聘儿媳所生。关锡于始祖侍御遇仙公为二十六世孙。⑦

龚炜兄弟姐妹关系很好。他听到五妹患重病的消息，肠胃寸断，五妹归家气色不好，于是邀请四妹回家，大家一起游山。五妹病亡悲痛万分，吊丧毕作《挽诗》一首。⑧ 同母六人，自丧五妹后，在龚炜五十六岁时，长其四岁从小到大在一起的兄长、姐姐不到5个月相继去世，令其悲痛万分。⑨ 胞姊妹四人皆识字，晓文义，是母亲敦诗悦礼遗教的结果。⑩

龚炜出身望族。始迁祖为北宋时代的殿中侍御史龚猗，宋人龚明之《中吴纪闻》曾记载了始祖遇仙手植银杏树定居吴中的故事，人称遇

---

① 龚炜：《巢林笔谈》卷六，“妇肩子任”条，155页。

② 龚炜：《巢林笔谈》卷一，“王元天才”条，27～28页。

③ 龚炜：《巢林笔谈》卷三，“梦航与瓶庵孰优”条，60页。

④ 为昆山人刑部尚书徐乾学从兄女，参见龚炜：《巢林笔谈》卷三，“喜附贵人”条，78页。

⑤ 龚炜：《巢林笔谈》卷二，“外家礼法”条，47页。

⑥ 龚炜：《巢林笔谈》卷三，“王廓如”条，57页。

⑦ 龚炜：《巢林笔谈》卷五，“得聘媳凶问”条，120页；卷五，“添丁”条，142页。

⑧ 龚炜：《巢林笔谈》卷二，“道闻五妹凶问”条，41～45页。

⑨ 龚炜：《巢林笔谈》卷六，“伯氏云亡”条，154页；“姊病故”条，155页。

⑩ 龚炜：《巢林笔谈续编》卷上，“姊妹皆晓文义”条，184页。

仙公。① 高祖以下七世祭于社，人称七世为神：

> 予先世多潜德，自侍御公以下凡七世皆为神，迄今犹祭于社。其旁支之列于神牒者，不下数十位，故世传龚氏多神。有邑子以细故，与先曾祖西圃公争论者，公理直，彼不能屈，自负宦族，诟公曰："尔祖宗不过多几个雕塑者耳。"公曰："乡先生没而可祭于社，以视当时则荣者何如?"(卷四，87 页)

龚炜高祖、高叔祖都是读书人②，高祖号忍庵，向他人赞扬龚炜能文，晚年"颇赖丝竹陶写，尝于是日延客奏技，倾动知音"③。龚炜对于曾祖西圃公的记载较多，如："先曾祖有德有行，勤苦造家，正气滋之候，故身及子女，下而僮仆皆寿。曾祖七十八岁，祖父八十四岁，大祖姑八十岁，二祖姑今八十六岁，犹无恙也。家僮二人，皆逾八十。"④曾祖有德行修养，龚炜说："先曾祖西圃公幼孤，为叔某所凌，某通衙蠹，诬告数四，公尽礼而多智，某虽暴无以困也。后某以事系狱，公不宿怨，仍往探之。"⑤曾祖有勤俭之风，他偶见一系蹄绳，手洗之，龚炜的母亲问何用，回答说：用来缚豆棚可以吧？不久又告诉人说："吾岂一绳之惜哉，新妇初做家，使知天下无弃物耳。"⑥曾祖信

---

① 龚炜：《巢林笔谈》卷四，"遇仙树"条，87 页。检《中吴纪闻》卷四"信义县"条记载："今县之西二十里许，有村曰信义，如娄县之存旧名也，俗遂讹为镇义。汴人龚猗，仕至殿中侍御史，居于是村之南，因插银杏枝活，时人异之目为遇仙云。"(上海古籍出版社，1986 年点校本，94～95 页)今存清修上海崇明《龚氏家乘》记载初祖猗先徙苏州，再迁昆山，元代迁至昆明。见上海图书馆编：《上海图书馆馆藏家谱提要》，1166 页，上海，上海古籍出版社，2000。

② 龚炜：《巢林笔谈》卷二，"高祖应岁试"条，35 页。

③ 龚炜：《巢林笔谈》卷四，"岱诞赛会"条，93 页。参见卷六，"诗人钟淳崖"条，152 页；卷四，"曹鸿仪过奖"条，99 页。

④ 龚炜：《巢林笔谈》卷五，"寿"条，154 页；"姊病故"条，113 页。

⑤ 龚炜：《巢林笔谈》卷一，"曾祖侍叔"条，18 页。

⑥ 龚炜：《巢林笔谈》卷三，"使知天下无弃物"条，77 页。又，龚炜也节约，"每见家中补缀旧衣，喜逾新制"。《巢林笔谈续编》卷上，"喜补旧衣"条，200 页。

仰佛教，晚岁建大悲阁于书屋之左，平旦，即起盥漱，礼大士，诵《金刚经》及佛号，日以为常。① 据龚炜说其族多出清廉官吏，昆山人有“欲为清，视龚卿”之语，张元长作《昆山人物传》，龚氏独多。② 龚氏亲族多大族，如祖姑家业田千亩。③ 龚炜晚年诸内侄科举成绩颇丰，“十余年间，小试连进五人，乡闱一正两副，皆恂恂不染浮习，充此何可涯量”④。晚岁因有同室操戈之事，龚炜“以房长苦心调解”，可见是家族中的长辈族尊，不过“累千万言不从，只得置身事外”⑤，看来其权威性有限。

龚炜记载了不少外家的情况。外家是名门望族，外高祖葛太常公八子，各授宅一所，惟外祖之后尚世守其业。⑥ 外曾祖葛芝山有才华，但是大家子弟习气浓厚，不得善终。龚炜说：“外曾祖芝山公为乱民所逼，奔外家，其家恐祸及，拒不纳，遂及于难。公，太常卿中恬公子，少能文工画，风流豪迈，有贵游习，卒以致祸。”⑦

龚炜亲族中多有信佛者。母亲同曾祖姐妹以未婚守节，在紫石山为尼，其母曾在紫石山小桃源女真观建醮。⑧ 三叔母朱孺人“自少知佛，弥留之际，犹强起栉沐，辞父母，谆谆以念佛为嘱”⑨。龚炜有两位方外朋友：“一安禅庵汉和尚，一清真观孙正凝，并有行，通文墨。”⑩他认为学儒与学佛同功：

> 先儒目佛氏为异端，以予观之，正是不异。慈悲全乎仁，戒

① 龚炜：《巢林笔谈》卷四，“曾王父有表圣风”条，102 页。

② 龚炜：《巢林笔谈》卷四，“欲为清视龚卿”条，88 页。

③ 龚炜：《巢林笔谈》卷二，“朱仪九兄弟”条，39 页。

④ 龚炜：《巢林笔谈》卷六，“内侄连进五人”条，136 页。

⑤ 龚炜：《巢林笔谈》卷六，“调解讼事”条，159 页。

⑥ 龚炜：《巢林笔谈》卷三，“守业”条，72 页。

⑦ 龚炜：《巢林笔谈》卷一，“外曾祖葛芝山之死”条，18 页。又，外曾祖兄弟善画马，参见《续编》卷上，178 页。

⑧ 龚炜：《巢林笔谈续编》卷上，“女真观”条，194 页。

⑨ 龚炜：《巢林笔谈》卷四，“三叔母”条，105 页。

⑩ 龚炜：《巢林笔谈》卷六，“方外二人”条，154 页；“姊病故”条，171 页。

> 律存乎义，庄严以崇礼，定慧而生智。功先诚正，治心律意马之驰；道在治平，现身为法象之设。斩魔有慧剑，克之勇；护戒如明珠，守之固。报彰因果，赏罚之义昭焉；誓度众生，胞与之心切矣。推本于无生，同源于太极。总之，务为过深之论，谈性与谈禅皆妄。得其不远之则，学儒与学佛同功。（卷五，118～119页）

因此，龚炜亲近佛教。

五、结语：笔记的生活史料价值

明清易代，江南士人有过反对异族统治的浴血抗争，随着康熙后期政治稳定、经济恢复发展、社会安定，江南士人的政治观念发生了转变，拥护清朝统治，认同清朝政治，沉浸在科举入仕与富裕恬静的日常生活。龚炜的人生，展示了一位江南士人盛清时代的日常生活。《巢林笔谈》的记述，使我们从基层社会看到了清朝国家统治的成功与士人的政治观念。

《巢林笔谈续编·自序》中说：该书略其琐屑无谓之处，其间颂圣称先，道人著书风俗，或蠡测经史，辩诬证误，亦间有近道者。即该书主要内容有四项。《巢林笔谈续编·自序》又说四十余年来视履所及，暨胸中所欲吐，稍稍见于此书，指出了《巢林笔谈》所谈内容来源于龚炜所思所想与耳闻目睹。

《巢林笔谈》的确记载了作者所到之处的见闻，由于是亲身经历，属于写实，生活气息浓厚，记载真切，富有细节描写。对于了解社会生活来说，笔记属于第一手的资料。又由于作者的记载直接谈出对于事物的态度与生活的感受，反映出作者的观念与思想，故所述内容蕴含了灵性，从中看到了人的活动，了解到生活的文化。这比起文集来要生动活泼得多，比起奏疏来自由得多，有些类似日记的风格。事实上，《巢林笔谈》多有即时所记心得，类似日记，甚至不少条目下标出记载日期，只是不每日记载而已。这种情形使得这本笔记又多少具有了传记的性质。

《巢林笔谈》接近自传的性质，对于了解作者的人生极具参考价值。

我们正是依据《巢林笔谈》的这一特色，考察了龚炜的个人生活史，了解了他的政治立场、人生经历、生活态度、家庭生活以及家族关系，看到他的性情爱好、文化品位、治学情况，特别是绝意科举的人生转折。一个鲜活的士人形象呈现在我们的面前，这是利用其他资料很难做到的。通过个人生活史认识群体日常生活史，笔记可以提供最丰富的资料。

《巢林笔谈》中颂圣称先、蠡测经史(包括著书)、辩诬证误的不少内容同作者的经历有关，可以从个人生活史的角度考察，我们在考察龚炜人生的时候涉及了不少这方面的内容。身为士人的龚炜，生活在基层社会，他的活动基本上在家乡吴中进行。因此《巢林笔谈》记载的事情多具有地域性，也只有将这些事放在吴中地域场合才能深入理解。书中描述的社会风俗、生活样态，典型反映了吴中的历史与现实。实际上，在农业社会里，人们的生活圈有限，一般闻见类笔记也具有如同《巢林笔谈》一样的地域性。所谓笔记的社会史资料价值，主要体现在地域社会史上。龚炜的个人生活史，只有放在吴中地域社会中才能被理解。

笔者在学生时代曾经阅读过《巢林笔谈》，并做了 22 张资料卡片。现在来看这些卡片选取的内容，主要是社会方面的，也有一些有关赈济、漕政的，关心的是资料反映的具体内容，不太关心资料之间的联系性与书的作者，有些关心也主要体现在社会事项的分类与资料的时代性上。但是笔者现在具有了更加明确的地域史与日常生活史的观念后，才理解到书中资料的内在联系性与整体性，即应当将书中的记载放在吴中特定地域、放在作者生命史中才能把握。于是我谈出了对于笔记资料价值的新认识，借助笔记呈现了盛清吴中社会与龚炜的士人生活史。

第五章　清代乡村生活与刑科题本的价值

清代内阁大库档案是中国近代四大发现的古文献之一，其中的刑科题本由于保存了丰富的社会经济内容而受到重视。20世纪以来，以强调借鉴社会科学，讨论国民、群体、社会为主的新史学，替代帝王家谱的传统史学，蔚为大观。新史学随时代前进，不断推陈出新。在清代社会历史研究方面，从社会经济史到社会史，再到生活史，以资本主义萌芽、阶级关系、下层社会、婚姻家庭、诉讼司法、性别研究、日常生活(生命、生计与生态)的不断探索，推动着学术研究，而这些学术发展与利用清朝刑科题本有密切关系。

社会史、生活史研究的难度，在文献方面就是缺乏普通人的资料，而清朝刑科题本土地债务类档案中的供词，记载了事主的生命史资料与亲属关系，保留了大量有关借贷、租赁、典卖、雇佣等经济社会的内容，涉及生计与生活诸多侧面。还有案件发生的场景，这一场景有意无意留下了时空、社会、生态的记载，是难得的社会史、生活史资料。虽然这些资料对于深入了解某个个案不够丰富，但是借助综合资料，可以建构集体群像与生活状态。本章利用已经出版的清乾隆、嘉庆两朝刑科题本资料集，就河南、山西、江西、江苏四省的乡村社会与经济，从生命、生计、生态的日常生活视角予以论述，所选省份中，南北方各二省，希望对于清中叶南北方的社会与生活有所认识。

我们从《清嘉庆朝刑科题本社会史料辑刊》(简称《辑刊》)辑录出的59件河南档案，尤以开封府、河南府、南阳府、汝宁府、光州直隶州五个府州资料较为集中。《辑刊》所载的档案资料，有案件事主交代的家庭亲属年龄及基本情况的记载，对我们了解当时社会的人口、婚姻、家庭等状况很有用处，我们获得不少有关的信息。嘉庆时期河南农村的生计活动比较多样化，农与商工结合，兼业较为突出，人们有较高的生活水准。生产生活中的借贷与雇佣活动较多，经济关系也是社会关系，经济互助与放贷牟利并存。一般认为清代乾隆朝中期开始政治上渐趋腐败，走向了中衰之路，嘉庆朝全面衰落。然而，嘉庆朝的河南农村，社会经济并无明显衰退，仍然呈现的是比较繁荣的景象。

由《辑刊》所载的山西档案资料 118 件，可知民间纠纷常经当事者互相谩骂导致升级，出现命案，骂人的话语体现了社会生活特色与文化的价值观。山西人主要到邻近的蒙古、陕西、甘肃、河南、直隶与京师经商、佣工，也有远赴关东的。经营的店铺反映了日常生活的需要与特色。到省内其他府县租佃土地谋生者较多，佣工还有组合的形式。

108 件刑科题本提供了有关清中叶江西民众生命史的资料，可知当时的人口、婚姻、家庭等情况，如生子数量一般在二子以上，或者可以说有 2 至 5 人之多。特别是提供了丰富的宗族资料，宗族为族人带来便利，也产生各种矛盾。清中叶江西人仍是以务农劳作为基本的谋生手段，但兼做雇工，养猪较为普遍。到外省谋生较为广泛，迁入福建最多，赣东部临近浙闽的山区，是开发山区的棚民活动频繁的地区，棚民与山主结成租佃关系，往往因为租税问题产生纠纷。江西的山地与丘陵密布，水利发达，生态环境影响着人们的日常生活。山中多种植竹木，柴作为农业社会的主要燃料与建筑材料，日常生活离不开取柴于山。从事造纸者较多，纸张又依靠发达的水上交通贩卖到各地，抚州府金溪县纸张买卖兴盛。不时发生争水事件，出现在家庭、宗族内部以及家庭与宗族之间。

清中叶江苏的土地债务、民众生计、人口社会的情况，借助 61 件刑科题本可以了解到一些特色。江苏的婚姻与继嗣问题有助于认识江苏社会，值得注意。江苏人职业与生活的水乡特点较为明显，从事与水有关的职业很多，从事与漕运有关工作的就不少，还存在纤夫人力市场。江苏还开设较多的专门行铺。土地债务、借贷、租赁、典卖、雇佣经济行为较多出现在人们的交往关系中。

第一节 河 南

清廷档案的刑科题本具有重要的社会经济史料价值，近年出版的《清嘉庆朝刑科题本社会史料辑刊》①为研究者提供了丰富而宝贵的资料。关于清嘉庆朝(1796—1820)刑科题本，冯尔康教授已有先行研究②，近年也有学人利用《清嘉庆朝刑科题本社会史料辑刊》进行研究和发表论文。不过无论是这部史料辑刊的编辑还是学者的研究，都不是从区域角度出发的，也不太强调“乡村社会”，为我们研究区域乡村社会留下了空间。笔者尝试利用《清嘉庆朝刑科题本社会史料辑刊》并结合乾隆朝刑科题本③，就河南的乡村社会作一探讨。

一、资料说明与人口、婚姻、家庭分析

《清嘉庆朝刑科题本社会史料辑刊》一书辑录1665件档案，笔者从中辑录出河南档案59件，可见该书中河南档案所占数量较少。我将《清嘉庆朝刑科题本社会史料辑刊》中的河南档案列表如下：

---

① 南开大学中国社会史研究中心暨历史学院、中国第一历史档案馆编，杜家骥主编，冯尔康、朱金甫、宋秀元副主编：《清嘉庆朝刑科题本社会史料辑刊》(全三册，列入“国家清史编纂委员会·档案丛刊”)，天津，天津古籍出版社，2008。

② 冯尔康《乾嘉之际下层社会面貌——以嘉庆朝刑科题本档案史料为例》作为“2004萧公权学术讲座”报告由台湾中正大学历史系刊行；《论“一史馆”土地债务类档案的史料价值》，载《南开学报》，1999(4)；《18世纪末19世纪初中国的流动人口——以嘉庆朝刑科题本档案资料为范围》，载《天津师范大学学报》，2005(2)；《十八、十九世纪之际的宗族社会状态——以嘉庆朝刑科题本资料为范围》，载《中国史研究》2005年增刊；《乾嘉之际小业主的经济状况和社会生活——兼述嘉庆朝刑科题本档案史料的价值》，见《中国社会历史评论》第7卷，13～32页。

③ 笔者利用将乾隆朝刑科题本编成的资料集，有中国第一历史档案馆、中国社会科学院历史研究所编《清代地租剥削形态》(中华书局，1982年)、《清代土地占有关系与佃农抗租斗争》(中华书局，1988年)两种，我从两书中各收集了13个、总计26个河南的事例，即《清代地租剥削形态》第5、51、57、88、93、113、115、144、303、353、374、378、380号资料，《清代土地占有关系与佃农抗租斗争》第6、11、60、61、65、73、105、113、122、123、219、267、268号资料。我利用乾隆朝刑科题本资料，在本章注释中补充证明正文中所论嘉庆朝的相关内容。

表 5.1　《清嘉庆朝刑科题本社会史料辑刊》河南资料一览表

序号	年月	府州县	标题	页数
1	4/9	光州息县	民吴丰因处理族内纠纷打死无服族侄案	7
2	12/4	陕州	民姚进宝挟嫌帮殴致死无服族叔姚喜先案	127
3	15/2	河南登封	张锁殴伤无服族叔张海全身死案	163
4	15/4	南阳南阳	民妇杨刘氏误把巴豆入锅致祖姑杨苏氏身死案	167
5	16/4	南阳邓州	民林大元等因索找地价纠纷殴伤无服族叔林朗身死案	197
6	16/4	彰德内黄	民张黑风因割麦纠纷殴毙无服族侄张五喜案	198
7	17/12	开封通许	民陈明因口角殴伤无服叔祖致死案	238
8	19/7	南阳淅川	民武献汶理斥妻子周氏偷面伤其身死案	271
9	20/2	河南嵩县	民刘汉臣勒死妻子王氏图赖王忝成案	284
10	21/8	河南嵩县	李幅枪伤小功叔祖李泳范身死案	312
11	24/4	南阳内乡	民汪士杰救父心切推跌缌麻服兄汪登第毙命案	389
12	15/11	河南永宁	民樊胡闹因债务纠纷殴毙李发财私埋匿报案	448
13	19/10	彰德武安	民白良与子将闹事之表侄郭义殴伤致死案	462
14	22/9	开封鄢陵	民殷法武因索讨旧欠租课殴毙岳父陈功汉案	477
15	4/9	开封尉氏	民魏九因索欠被侃二打死案	502
16	5/5	河南洛阳	民马寅因欠钱纠纷殴伤杨振甲身死案	510
17	5/8	汝州伊阳	民李方文因出钱纠纷伤张湛身死案	515
18	7/3	陕州卢氏	民张建月因索欠被邻村人吴小保殴伤致死案	528
19	7/9	彰德安阳	民杨玉掷伤同村人刘添保身死案	540
20	9/5	光州光山	民缪志因索房屋当价打死李三省案	561
21	9/12	河南宜阳	民陈根银因羊入雇主田内事将邻人白七娃致死案	568
22	11/10	河南洛阳	民李有谋毒邻人杨保子女幅姐等一家三命案	598
23	15/3	汝州鲁山	民刘贵因劝架纠纷砍伤张用幅身死案	609
24	15/9	光州固始	民杨秉栋因租屋纠纷戳伤李汝美身死案	621
25	19/8	光州光山	民刘银因秽骂杨蔡氏致其气忿服毒身死案	679

续表

序号	年月	府州县	标题	页数
26	21/3	汝州	民王泳受扎伤李云生身死案	700
27	20/闰6	光州息县	民瓮维梓因索找当价枪击无服族侄瓮圣泽身死案	707
28	8/12	陈州商水	民栾白因被索欠打死内乡县民谢法案	832
29	9/2	开封禹州	客民王六等因口角打死赵五头案	834
30	16/5	汝州鲁山	封得林因债务纠纷殴伤山西凤台县来学仪身死案	888
31	16/5	开封永城	薛会畛因工钱纠纷被客民王住扎伤身死案	911
32	17/7	汝宁罗山	客民霍隆漳等谋杀湖北黄冈县民张怡顺案	951
33	18/1	开封祥符	客民韵之亮因争闹踢伤于三致死案	957
34	18/7	南阳南阳	客民李兴成因口角砍伤徐宗汉致死案	969
35	21/4	南阳邓州	客民范守宇因债务伤王振录身死案	999
36	22/11	光州光山	民张甫因索讨压租钱被客民陈兴殴毙案	1011
37	8/9	汝宁上蔡	民妇史赵氏因索欠被史合辱骂自缢身死案	1049
38	15/6	许州襄城	韦凤成因卖房纠纷踢死梁王氏案	1075
39	21/11	陈州淮宁	民朱妮子将已改嫁亲姑艾朱氏扎伤身死案	1097
40	27/7	汝宁罗山	王魏氏因拦阻夫兄王士幅转当房屋被殴毙案	1106
41	4/10	河南嵩县	二龙庙道人赵仁秀因争寺产打死孙义贵案	1124
42	9/11	卫辉滑县	民李俊在亳州因口角砍死僧通润案	1135
43	4/3	汝宁正阳	民刘荒因退佃纠纷打死田主邢建功案	1240
44	16/4	归德夏邑	王谦禄等因退佃纠纷殴伤秦元身死案	1302
45	24/1	陕州卢氏	民武振帼因强行撤佃被佃户尤法才殴毙案	1358
46	7/7	开封祥符	陈添良因被辞谋杀东家蒋大有案	1373
47	10/6	南阳裕州	客民宋发金因口角打死铺伙周和案	1392
48	16/5	开封商丘	民王有章疯发砍伤雇工吕贵身死案	1426
49	18/3	汝宁上蔡	雇工邵金山因索欠谋杀王陇章致死案	1437
50	20/6	开封禹州	民史闺女因索欠伤雇主史庆安身死案	1453
51	22/6	南阳叶县	民孙柏松因索欠伤同宗族雇主孙合身死案	1473

续表

序号	年月	府州县	标题	页数
52	24/2	归德宁陵	民黄克信殴毙邻庄人王大根案	1480
53	24/6	汝州宝丰	民李重因拖欠工钱被雇工陈玉殴毙案	1483
54	15/10	南阳镇平	回民牧二等共殴汉人陈帼法身死案	1573
55	5/4	汝宁遂平	遣犯梁亚树因财物纠纷伤遣犯徐亚执身死案	1674
56	8/10	怀庆孟县	民段青山因口角打死杜金德案	1697
57	15/6	开封祥符	戏子李进才因债务纠纷砍伤戏班管事范百旺身死案	1773
58	16/6	光州	民张同盛等因被强拉牛只事致伤施文礼等身死案	1817
59	16/8	汝宁新蔡	孙孟因中人纠纷扎伤张魁身死案	1824

说明：表中的“年月”栏目中符号“/”前面的数字为嘉庆朝的年份，后面的数字为月份，为节省表格地方和查阅之便，均采用阿拉伯数字形式表示，如“4/9”即表示“四年九月”，以下不再一一注明；“府州县”栏目中前面为府或直隶州，后面为府州所属的县；“标题”栏目中的内容为《辑刊》原标题去掉所属开头省县地名后的部分；“序号”栏目中序号 1～14 为《辑刊》第一册，序号 15～40 为《辑刊》第二册，序号 41～59 为《辑刊》第三册。

清嘉庆朝共 25 年，表 5.1 中的档案在嘉庆朝的年份分布大致呈均匀状态。

据《清史稿》地理志，嘉庆时期河南省领府九，直隶州五，县九十多个。府州包括：开封府，领州一，县十一；归德府，领州一，县八；陈州府，领县七；许州直隶州，领县四；郑州直隶州，领县三；河南府，领州一，县十五；陕州直隶州，领县三；汝州直隶州，领县四；彰德府，领县七；卫辉府，领县九；怀庆府，领县八；南阳府，领州二，县十；汝宁府，领州一，县八；光州直隶州，领县四。

上述表 5.1 中的 59 件档案，如按照府州分布，可知开封府 10 件，归德府 2 件，陈州府 2 件，河南府 8 件，彰德府 3 件，卫辉府 1 件，怀庆府 1 件，南阳府 9 件，汝宁府 7 件，许州直隶州 1 件，陕州直隶州 3 件，汝州直隶州 5 件，光州直隶州 7 件，除了郑州直隶州无记载，其他各府与直隶州均有资料，基本覆盖了河南全省，资料具有普遍性；尤以开封府、河南府、南阳府、汝宁府、光州直隶州五个府州资料较为集中。

《辑刊》所载的档案资料，有案件事主交代的家庭亲属年龄及基本情况的记载，对于了解当时人口、婚姻、家庭等状况很有用处，是我们认识社会的基本内容。我将档案中的这些情况辑为一表，然后进行初步的分析。

表 5.2 《清嘉庆朝刑科题本社会史料辑刊》河南事例中的人口数据表

序号	当事人	父亲	母亲	备注	页数
1	张锁二十三岁	张士超七十五岁	赵氏六十二岁		163
2	杨刘氏二十一岁			过门三年	167
3	陈明四十七岁	陈庭甫六十一岁	郭氏六十一岁	有妻、二子	238
4	汪士杰三十二岁	汪魁元六十六岁	张氏年六十七岁		389
5	樊胡闹二十八岁	已故	改嫁	有妻	448
6	白良四十六岁	已故	已故	有妻、二子一女	463
7	侃二，二十七岁	侃进宝六十二岁	陇氏六十三岁	兄弟二，妻，子	502
8	缪志年五十九岁	已故	已故	无妻	561
9	杨秉栋四十六岁	已故	已故	有妻、四子	621
10	王泳二十九岁	王湛森七十一岁	已故	有妻、二子	700
11	瓮维梓二十九岁	瓮浩然六十二岁	郑氏五十五岁	有妻、一子	707
12	栾白三十五岁	栾喜七十一岁	已故	无兄弟、妻、子	832
13	封得林五十六岁	已故	马氏九十岁	有妻李氏	888
14	王住三十岁	已故	任氏七十五岁	有哥王年	911
15	韵之亮山西徐沟县人，二十三岁	韵凤来七十二岁	病故	无兄弟、妻、子	957
16	李兴成三十六岁	已故	侯氏七十一岁	无兄弟、妻、子	969
17	范守宇三十九岁	已故	陈氏七十八岁	无妻、子，兄弟四人	999
18	陈兴三十七岁	陈学七十七岁	郭氏七十一岁	无兄弟、妻、子	1011
19	史合二十三岁	史正恺五十八岁	刘氏五十六岁	有妻、兄、弟二	1049
20	韦凤成二十九岁	韦添一	黄氏	无妻，有兄	1075

续表

序号	当事人	父亲	母亲	备注	页数
21	朱妮子三十岁	已故	已故	无兄弟、妻、子	1098
22	王士幅五十一岁	已故	已故		1106
23	李俊四十四岁	已故	已故	无兄弟、妻、子	1135
24	刘荒二十九	已故	李氏七十七岁	有兄刘冉	1240
25	王谦禄二十一岁	王佐六十一岁	张氏五十岁	有兄一，弟二	1302
26	尤法才二十八岁	已故	已故	没弟兄，有妻	1358
27	陈添良五十二岁	已故	已故	没兄弟、妻、子	1373
28	宋发金山西介休县人，年四十六岁	宋丙年七十六岁	王氏七十一岁	兄弟二，有妻	1393
29	邵金山三十五岁	邵转邦	刘氏	与兄分居	1437
30	史闰女十九岁	史毛翼六十岁	已故	没兄弟，有妻、子	1453
31	孙柏松四十一岁	已故	已故	有弟、妻，子死	1473
32	黄克信四十四岁	已故	已故	妻死，子二	1481
33	陈玉甘肃河州人，年三十二岁	已故	已故	弟兄四人，无妻、子	1483
34	牧二，二十六岁	已故	已故	有妻，一女	1573
35	段青山二十八岁	段敬年五十一岁	已故	没兄弟，有妻、子一	1697
36	李进才四十三岁	已故	已故	没兄弟、妻、子	1773
37	张春二十二岁			兄二，分居	1817
38	王应二十二岁	已故	已故	祖母王氏年九十一岁，胞叔王自成四十六岁，没兄弟、妻、子	1818
39	张同盛四十八岁	已故	已故		1818
40	孙孟五十九岁	已故	已故	有妻、子一	1824

说明：表中的年龄数字，按照古代中国的传统是虚岁，比实际年龄大一岁。

表 5.2 的 40 例个案中，有序号第 15 韵之亮山西徐沟县人、第 28 宋发金山西介休县人、第 33 陈玉甘肃河州人，均系外地到河南者，也一并列入，增加一些比较的数字。序号第 2 者是女性，其余是 39 例男性事例。

阅读案例与表格，给笔者印象深刻的是，不少人年纪较大超过三十岁未婚独身，如汪士杰三十二岁、缪志年五十九岁、王住三十岁、李兴成三十六岁、范守宇三十九岁、陈兴三十七岁、朱妮子三十岁、王士幅五十一岁、李俊四十四岁、陈添良五十二岁、邵金山三十五岁、陈玉三十二岁(甘肃河州人)、李进才四十三岁、张同盛四十八岁。39 个男性事例中，14 人未婚独身，比例较高。这 14 人中三十年龄段有 9 人，四十年龄段 2 人、五十年龄段 3 人。三十岁以下未婚者有：张锁二十三岁、韦凤成二十九岁、刘荒二十九岁、王谦禄二十一岁、张春二十二岁、王应二十二岁 6 例，其中韦凤成、刘荒均为二十九岁，年龄较大，其余则二十岁出头，年龄较小。我也不排除上述事例中可能有题本记载未出现妻子而实际有或者离过婚的情况，但相信这样的事例不会太多。

笔者印象深刻的还有就是案子事主的父母长辈有很多高寿者。事主父亲年龄在七十年龄段的 6 人，六十年龄段的 6 人，五十年龄段的 2 人，22 例已故，3 例未提到，以在世有年龄记载的 14 人来看，12 人是六七十岁，其中 2 人超过七十五岁①；事主母亲年龄在九十年龄段的 1 人，七十年龄段的 6 人，六十年龄段的 4 人，五十年龄段的 2 人，22 例已故，4 例未提到，五十岁以上 13 人，六七十岁者 10 人，还有 1 位高寿九十岁，加上身为祖母的另一位王氏年九十一岁，则九十岁以上的女性老者有 2 位。上述事例表明，清中叶河南女性活到六七十岁是普遍现象，甚至出现高达九十岁的女性。当时人的健康状况可能并不是像人们想象的那样糟糕。

表 5.2 还透露出其他信息，如已婚者当中，由于出现父母的年龄，

---

① 《清代土地占有关系与佃农抗租斗争》记载，乾隆十七年，河南鹿邑县有刘九围八十三岁、孔兴铎七十八岁，均为较为富裕农民，见上册第 19、20 页。

我们可以获得父母年龄差的资料。这样的事例中，父亲大母亲十三岁1例、大十一岁1例、大七岁1例、大六岁1例、大五岁1例、大三岁的1例、大二岁1例，同龄的1例，父亲小母亲一岁的2例，婚龄差很不均衡，婚龄差较大者如5岁以上多达5例，有2例超过十岁。① 婚龄差较大，可能说明婚姻的选择性较大。

在有父母子女年龄的数据中，我们可以推算出生子的年龄。张锁是母亲三十九岁时出生的，陈明是母亲十四岁时出生的，汪士杰是母亲三十五岁时出生的，侃二是母亲三十六岁时出生的，瓮维梓是母亲二十六岁时出生的，封得林是母亲三十四岁时出生的，王住是母亲四十五岁时出生的，李兴成是母亲三十五岁时出生的，范守宇是母亲三十九岁时出生的，陈兴是母亲三十四岁时出生的，史合是母亲三十三岁时出生的，王谦禄是母亲二十九岁时出生的，宋发金(山西介休县人)是母亲二十五岁时出生的，共计13例。这其中极端的例子是陈明是母亲十四岁时出生的，绝对属于早育；二十岁年龄段生育的3例；三十岁年龄段生育的8例；四十岁年龄段生育的1例。多数事主是母亲三十多岁生育的，可能说明女性晚婚、生育期长、生育子女存活率较低等，而当时三十多岁已婚女性生子现象普遍当是不争的事实。在只有事主父亲年龄资料的场合，栾白是父亲三十六岁时出生的、韵之亮是父亲四十九岁时出生的、史闺女是父亲四十一岁时出生的、段青山是父亲二十三岁时出生的，可见三十多岁的父亲得子也是普遍现象。

关于陈明是母亲十四岁时出生的问题，另有童养媳的资料或许可以说明早婚早育的存在。河南洛阳人李有娶妻张氏，有三个女儿，都已许人过门童养。② 如果是童养媳，早婚且有可能早育。

---

① 郭松义先生指出，清代平均婚龄"男子一般要大于女子2岁到3岁多"，见郭松义：《伦理与生活——清代的婚姻关系》，221页，北京，商务印书馆，2000；该书第五章第六节讨论夫妻年龄差，见第221～232页。

② 《辑刊》第2册，598页。关于清代的童养媳，可参考郭松义《伦理与生活——清代的婚姻关系》第六章，251～313页。

女性的婚姻不仅有童养，还有卖婚与改嫁的存在。嘉庆十八、十九年彰德武安白良因贫陆续向郭义借用钱米，合钱五十五千，郭义要聘其女儿为妻，把借项作为聘礼，白良因他年纪已大，不允，郭义就常来索欠，白良把女儿卖了。① “把女儿卖了”是白良所说，而郭义的说法是“白良把女儿另嫁”，可见这一嫁女因是买卖婚姻，视为卖女。河南永宁樊胡闹年二十八岁，父亲已故，母亲陈氏改嫁于李发财为妻。② 陈州府淮宁县人朱妮子的亲姑母，先嫁汝阳县人张文彩为妻。嘉庆二十年三月间张文彩病故。姑母孤苦无依，到朱妮子家同居过活，带有钱十二千，陆续用完。二十一年，淮宁艾中兴前妻病故，经人说合，娶朱妮子的寡居姑母朱氏为妻，财礼钱七千文。出外佣工的朱妮子回家，查知姑母已改嫁，因姑母私自嫁人向她理论。朱妮子说不该私嫁，姑母回说小朱妮子把她的钱文花完，在外游荡，她没有吃用，只得改嫁。双方争执，酿成命案。③ 嘉庆十六年五月初一日光州人张兆、张春分居胞兄张潮病故，遗妻王氏一人。张兆等并不管顾孀嫂，张同盛收留到家养活。王氏有桌椅、板凳、锅碗等零星物件携带使用。六月初五日王氏被其兄王有和接回，初十日张同盛查知张兆与王有和把王氏嫁卖。十一日早张兆同张春等到张同盛家搬取王氏的桌椅物件，张同盛原要留算王氏房饭钱文，不许他们搬取。张兆不依嚷骂，同张春把张家门外拴的牛两只牵走作抵，张同盛等追夺，酿成命案。④ 可见一般人家女性丧夫后，生活较为艰难，就要改嫁，有时寡妻的亲属则强迫其改嫁，有所谓“嫁卖”的存在，改嫁涉及财产等经济问题，往往引起争端。

兄弟分家另过是普遍存在的。光州息县人吴玉南兄弟三人，久已

---

① 《辑刊》第 1 册，463 页。

② 《辑刊》第 1 册，448 页。

③ 《辑刊》第 2 册，1098 页。

④ 《辑刊》第 3 册，1818 页。按：冯尔康先生从嘉庆朝刑科题本中发现：“寡妇再嫁要比鳏夫再娶的现象为多”，见冯尔康：《乾嘉之际下层社会面貌——以嘉庆朝刑科题本档案史料为例》（“2004 萧公权学术讲座”，由台湾中正大学历史系刊行），46 页。

分居。① 光州张春年二十二岁，大哥张潮、二哥张兆，都已分居。② 汝宁府罗山县人王士幅，年五十一岁，父母俱故。王魏氏是其已故胞弟王士英的女人，分居过活。③ 该府上蔡县人邵金山，年三十五岁，与兄邵玉还已经分居。④

家庭规模较大，内部结构呈多样性。河南府嵩县李泳范之兄李廷献已故，生子李文魁，同居无嫌。家有祖遗公共房屋五所，地二百八十三亩零，祭田七亩。向来李泳范经管，李泳范又续买房屋二所，田五十八亩零，祭田三亩。嘉庆二十一年七月二十三日，李泳范要与李文魁分家，续置房田自己独得，李文魁不依，导致争端命案。李文魁有儿子李幅，这是兄弟两门至少三代人同居的大家庭。⑤ 开封府洧川县人侃二年二十七岁，父亲侃进宝年六十二岁，母亲陇氏年六十三岁，两个兄弟，女人吴氏，一个儿子。⑥ 可能当时未分家，一家七口人。

光州府固始县杨秉栋年四十六岁，父母俱故，并没弟兄，女人万氏，四个儿子⑦，是一个六口之家。河南府洛阳县人李陈氏男人已故，李有是其儿子，他娶妻张氏，没有生子，只有三个女儿，都已许人过门童养。李有也是五口之家，如果算上寡母则是六人。同县人杨保，女人雷氏，有女儿幅姐、文姐，杨锁是其儿子，可知有儿女三人，是五口之家。⑧ 汝州王泳年二十九岁，父亲王湛森年七十一岁，母亲已故，女人杨氏，长子王黑年六岁，次子王妮年一岁。⑨ 可见王泳夫妻小家庭四口，算上鳏父属于五口之家。光州息县人瓮维梓年二十九岁，父母健全，女人孙氏，生子保住。⑩ 这个家庭三代人五口。彰德武安

---

① 《辑刊》第1册，7～8页。
② 《辑刊》第3册，1817～1818页。
③ 《辑刊》第2册，1106页。
④ 《辑刊》第3册，1437页。
⑤ 《辑刊》第1册，312页。
⑥ 《辑刊》第2册，502页。
⑦ 《辑刊》第2册，621页。
⑧ 《辑刊》第2册，598页。
⑨ 《辑刊》第2册，700页。
⑩ 《辑刊》第2册，707页。

白良年四十六岁，父母俱故，女人季氏，两个儿子，一个女儿，系五口之家。① 给我们的印象是，五口之家普遍存在，但五口以上的家庭也不少，这些家庭内部的关系有多种情况。

值得注意的是，案例中反映出人口的移动现象较多。省内移动的，有封得林年五十六岁，原籍洛阳县，迁居汝州府鲁山县种地度日。② 商丘县人霍隆漳年五十六岁，父母俱故，并没兄弟、妻子，寄居汝宁府罗山县，开设杂货铺。③ 嘉庆六年闰三月十八日在河南叶县发生了23人合伙打劫樊曰恭家的大案，这些人并非职业盗匪，而基本上是离叶县不远的异地找工的人，其中有汝州人方添佑、董狗、陈铁匠、陈有牙、赵第二、王兰、宁有幅、赵悦惠、郭骆、张撇，裕州人刘和、倪群，宝丰人煤黑儿，鲁山人王第二、郭来成，不明籍贯的汪金八等四人，也有叶县当地人裴四、李忝成、李传玉、胡六玉。他们多系离家外出找工的人。如鲁山人郭来成，母亲以外没有亲属，到汝州瓦店茔觅工；汝州人董狗，有父亲，佣工度日，也是到瓦店茔找工的，与郭来成、方添佑、陈铁匠等相识，大家说起穷苦，起意打劫。他们不是一个府县的人，而互相熟识，显然是觅工、打工中结识的，可知在外地打工必是多年了。④

外省来河南的情形，以山西人最多。如山西介休县人宋发金年四十六岁，父亲宋丙年七十六岁，母亲王氏七十一岁，兄弟宋发宁、宋发禄都已成丁，女人李氏没生子女，原借领李彭年本钱来南阳府裕州增福里开设杂货铺面。⑤ 汝州府鲁山县袁际瀶开杂货铺生理，来学仪是山西凤台县人，在其铺内做伙计，他有胞兄来学礼在淮宁县周家口

---

① 《辑刊》第1册，463页。

② 《辑刊》第2册，888页。

③ 《辑刊》第2册，951页。

④ 中国第一历史档案馆藏档，“内阁全宗·土地债务类·刑科题本·嘉庆朝”，第4584包(以下简称“第×包”)。转引自冯尔康：《18世纪末19世纪初中国的流动人口——以嘉庆朝刑科题本档案资料为范围》，载《天津师范大学学报》，2005(2)。

⑤ 《辑刊》第3册，1393页。

做生意。① 山西太谷县人杜金和、杜金德是弟兄，赶有骡马四十匹往河南府售卖。② 山西徐沟县人韵之亮年二十三岁，来祥符县朱仙镇吴德义铺内帮工。③ 这四例中，前三例都是经商做生意，后一例是打工。北方的事例还有直隶长垣县人陈添良，年五十二岁，父母俱故，并没兄弟妻子，向在河南省城做工度日。④ 甘肃河州人陈玉年三十二岁，父母俱故，弟兄四人，行二，并没妻子，二十三年十一月间雇与陕西客人赶车，到鲁山县境因病住下，二十四年正月病好，缺乏盘费不能回家，雇给李重，来汝州宝丰县境煤窑帮工。⑤ 也有南方的事例，如安徽省，开封永城薛会畛"开铁匠铺生理，雇王住在铺帮工"，王住乃安徽亳州人，年三十岁，父亲已故，母亲任氏年七十五岁，有哥王年。⑥ 湖北黄冈县人张怡顺年四十二岁，在汝宁罗山县赁住董森房屋贩卖竹货。⑦ 安庆农民流入河南趁工。⑧ 此外，还有河南人到外省的事例。如汝州人范守宇年三十九岁，父亲已故，母亲陈氏年七十八岁，并无妻子，兄弟四人，与兄弟范四在湖北均州种地度日。⑨ 河南人任宗尧到江苏铜山开烟店，雇有伙计沈九秩。⑩ 人口流动到外地务农种地者很少，多数是开店铺经商，也有一些是打工谋生。人口流动表明社会的流动性较大，人们为谋生寻找机会，而社会也提供了这样的就

---

① 《辑刊》第 2 册，888 页。

② 《辑刊》第 3 册，1697 页。

③ 《辑刊》第 2 册，957 页。

④ 《辑刊》第 3 册，1373 页。

⑤ 《辑刊》第 3 册，1483 页。

⑥ 《辑刊》第 2 册，911 页。

⑦ 《辑刊》第 2 册，951 页。

⑧ 刘永成：《清代前期农业资本主义萌芽初探》，75 页，福州，福建人民出版社，1982。

⑨ 《辑刊》第 2 册，999 页。

⑩ 中国第一历史档案馆藏档，"内阁全宗·土地债务类·刑科题本·嘉庆朝"，第 4535 包。又，河南淇县人郭林江迁移到湖北房县，在乾隆五十九年(1794 年)当得一块山地，见第 4586 包。均转引自冯尔康：《18 世纪末 19 世纪初中国的流动人口——以嘉庆朝刑科题本档案资料为范围》，载《天津师范大学学报》，2005(2)，均见第 27 页。

业机会。

二、农商生计与日常生活诸侧面

河南是农业大省，主要作物是小麦，农民的劳动是围绕旱地耕种、锄地、割麦进行的，生产也是生活，社会关系产生于这样的生活之中，题本档案的许多案件就发生在生产劳动当中。如割麦，陕州人姚喜嘉庆十二年四月二十八日赴地割麦被杀。① 十六年四月十二日早，南阳府邓州人林朗“携带镰刀出外割麦”，后来出事。② 十六年四月初十日彰德府内黄民县人“张五喜与张黑风因割麦争骂，被张黑风殴伤身死”③。这些案件都发生在四月份，正是冬小麦收割之时。再如锄地，归德府夏邑县秦元同他妻父马其顺佃种王谦禄家地亩。十六年三月里，王谦禄父亲因秦元吃酒闹事，把地收回另佃。秦元不服，常向王谦禄父亲吵骂。四月二十一日午后，王谦禄同哥子王盈香到庄外锄地，父亲在旁照看。秦元走过混骂，导致案件发生。④ 二十二年三月间，南阳府叶县孙合雇孙柏松锄地，欠工钱三百文，屡讨没给。六月二十三日，孙柏松携带镰刀在地割草，见孙合走过，又向他索讨，孙合回复没有，发生冲突。⑤ 割草也是重要的农活。此外，还有拾粪，河南登封县人张锁十五年二月初八日下午出去拾粪。⑥

赶集是农工商民出卖产品，购买所需，进行交换的重要活动，许多案件中谈到赶集。如河南府洛阳县民马寅年二十二岁，屠宰营生，嘉庆五年四月十五日酉刻，从集上宰猪回家。⑦ 汝州伊阳县李方文与张湛同村居住，五年八月二十八日午间，李方文在集上撞遇张湛。⑧

---

① 《辑刊》第 1 册，127 页。
② 《辑刊》第 1 册，197 页。
③ 《辑刊》第 1 册，198 页。
④ 《辑刊》第 3 册，1302 页。
⑤ 《辑刊》第 3 册，1473 页。
⑥ 《辑刊》第 1 册，163 页。
⑦ 《辑刊》第 2 册，510 页。
⑧ 《辑刊》第 2 册，515 页。按：原书误为“八年”，改之。

七年十一月初九日，陕州卢氏县“张建月赶猪赴集”。① 九年十二月十二日早，南阳府宜阳县陈根银同赵起子、陈丑子赶集回来。② 十九年七月初八日早，该府淅川县人武献汶“赶集买了一把屠刀回家”。③ 同府内乡县民人汪普然，二十四年闰四月二十三日下午赶集回归。④ 该府镇平县回民牧二年二十六岁，推车度日，嘉庆十九年十月初十日傍晚，赴集买了一个修车铁锤，适庄邻李虎在集装修锄柄，一同回来。⑤ 以上七个事例中，在集上的活动有宰猪、卖猪、买屠刀、买修车铁锤、装修锄柄，可见购买、修理工具与卖猪、买肉是集市的重要活动。

日用百货为生活所需，开杂货铺方便百姓，容易谋生。汝州鲁山袁际瀸开杂货铺生理，来学仪是山西凤台县人，在其铺内做伙计。他有胞兄来学礼在淮宁县周家口做生意⑥。汝宁商丘县人霍隆漳年五十六岁，父母俱故，并没兄弟、妻子，寄居罗山县，开设杂货铺，常向张怡顺借本做生意，张怡顺索取重利，硬拿铺内货物短价勒抵，霍隆漳屡次忍受。嘉庆十七年三月里，霍隆漳折本歇业做工度日，穷苦难过。⑦ 山西介休县人宋发金年四十六岁，借领李彭年本钱来南阳裕州增福里开设杂货铺面，周和是李彭年的相好，荐到铺内做伙计。⑧ 广东顺德县人梁亚树年三十八岁，因抢窃讹诈犯案，问了军罪。乾隆五十七年，单身发遣到汝宁遂平案下，交马号当差。梁亚树与同配遣犯徐亚执是同乡，平日并没仇隙。嘉庆元年，梁亚树和徐亚执合伙摆摊收卖旧货生理，当押衣物，二分取息。到四年六月里，徐亚执因没有资本，结账分伙，梁亚树就独做买卖。⑨ 以上四例都是外地寄居者，

---

① 《辑刊》第 2 册，528 页。
② 《辑刊》第 2 册，568 页。
③ 《辑刊》第 1 册，271 页。
④ 《辑刊》第 1 册，389 页。
⑤ 《辑刊》第 3 册，1573 页。
⑥ 《辑刊》第 2 册，888 页。
⑦ 《辑刊》第 2 册，951 页。
⑧ 《辑刊》第 3 册，1393 页。
⑨ 《辑刊》第 3 册，1674 页。

三例是外省人，除了最后一例摆摊收卖旧货，其他三例尚有铺面，两例说铺内雇有伙计。看来开杂货铺是比较容易谋生的职业，但是不太稳定，经营好不容易，故往往向人借钱，于是发生事件。

与饮食相关的酒铺、酒坊、饭铺需求量较大。河南洛阳杨振甲向在庞村镇开饭铺生理，与马添锡对门居住，素相交好。马添锡陆续赊欠杨振甲四千一百饭钱，总没归还，于是发生矛盾。① 南阳内乡民人汪登第"向开酒铺生理"②。嘉庆六年十一月内，开封省城的蒋大有雇直隶长垣县人陈添良在酒坊做工，七年六月内，蒋大有作坊歇业算给工钱，蒋大有说七日内还要开张，叫陈添良、张义、耿得顺不要另寻生意，三人应允，仍在他作坊住宿。③ 酒坊是做酒的，酒铺是卖酒的。卖面卖糖既为百姓所需，也易谋生。卫辉滑县人李俊年四十四岁，嘉庆五年，僧人通润雇其在庙里帮他种地，后来通润又出本钱与李俊合伙卖面，说明赚钱均分。做了两年，赚有三十多千钱，没有分账。八年，通润患病，给了李俊两千钱，李俊独自挑担卖糖度日，仍在庙里住歇。九年十一月初五日，李俊卖糖回来见通润等在庙吃酒，叫李俊同饮。大家都吃醉了，通润对李俊说，你若不是我收留不知饿死在哪里了，李俊回说你不是我挣钱养活也早已饿死。通润不依争闹，彼此吵骂起来。④

穿衣为消费的重要事项，经营衣铺也是谋生手段。光州光山县缪志年五十九岁，父母俱故，并没妻子，织布生理，与李三省平日交好

---

① 《辑刊》第 2 册，510 页。冯尔康先生指出，乾嘉时期"开店，尤其是饭店、布店、杂货店向来允许常客记账赊购"，见冯尔康：《18 世纪末 19 世纪初中国的流动人口——以嘉庆朝刑科题本档案资料为范围》，载《天津师范大学学报》，2005(2)，29 页。

② 《辑刊》第 1 册，389 页。按：《清代土地占有关系与佃农抗租斗争》记载，乾隆四十二年，河南商丘县人孙克武三十九岁，"开酒铺生理"，见上册第 194 页。冯尔康先生指出，乾嘉时期"开酒店、豆腐店的不乏其人"，见冯尔康：《18 世纪末 19 世纪初中国的流动人口——以嘉庆朝刑科题本档案资料为范围》，载《天津师范大学学报》，2005(2)，27 页。

③ 《辑刊》第 3 册，1373 页。

④ 《辑刊》第 3 册，1135 页。

并没嫌隙。嘉庆八年十月间，缪志当了李三省房屋开设布铺，当价钱十九千文，立有约据。九年四月间，李三省又把房屋卖与曾成为业，缪志去讨当价，李三省外出没见。五月初二日午前，缪志坐在布机上用刀刮布，适值李三省走来闲谈，缪志说起他卖屋先不通知，又不交还当价有误生意，斥他不是。双方发生争执。① 需要补充说明的是，棉花在河南种植较多，是主要的经济作物，依据学者对于乾隆朝刑科题本土地债务类的统计，在8件记载经济作物的档案中，有6件为棉花种植的档案，与其他省区相比数量较多。②

竹货柴草既是生产资料也是生活用品，也有贩卖者。湖北黄冈县人张怡顺年四十二岁，在汝宁罗山县赁住董森房屋贩卖竹货。③ 镇平县人李兴成，与徐宗汉各出本钱在南阳县伙贩柴草，获有利息，都是徐宗汉经管。④

赶车、推车也是谋生手段。前面提到南阳府镇平县回民牧二年二十六岁，推车度日。甘肃河州人陈玉，年三十二岁，二十三年十一月间，雇与陕西客人赶车，到河南鲁山县境。⑤

还有打猎谋生的事例。河南府嵩县李幅曾入本县武庠，先因不守学规，蒙学详革。嘉庆二十一年八月初三日，革生李幅“携带旧存鸟枪装放火药枪子赴山打雀”，因其打死人犯法，官员调查“这鸟枪是经官编号留存、防备虎狼使用”⑥。

铁匠、木工等手艺人是乡村中不可缺少的。前文提到的开封府永城县人薛会畛开铁匠铺，雇安徽省亳州人王住在铺帮工。⑦ 嘉庆八年

① 《辑刊》第2册，561页。

② 刘永成：《清代前期农业资本主义萌芽初探》，21～22页。

③ 《辑刊》第2册，951页。

④ 《辑刊》第2册，969页。

⑤ 《辑刊》第3册，1483页。

⑥ 《辑刊》第1册，313页。

⑦ 此外，河南卢氏县铁匠郑兴，活计忙时就雇用王秀帮工，乾隆五十年五月因铁货堆积，又去找王秀，后者因农忙，不能应承。（第10包）转引自冯尔康：《乾嘉之际小业主的经济状况和社会生活——兼述嘉庆朝刑科题本档案史料的价值》，见《中国社会历史评论》第7卷，24页。

十月初三日，陈州商水县人栾白拿了木匠器具在外工作。①

有开设煤窑者。如前文提到的汝州宝丰县境有煤窑。此外，开封府禹州郭维新山地上产有煤斤，嘉庆八年九月间，郭维新雇赵五头、王六、席全贵等做工开采。发生案件后，审判结果："窑户郭维新私开煤窑，应照不应重律，杖八十，折责三十板，煤窑封禁。"②民间试图开采小煤窑谋生，因系私开，被官府封禁。

冯尔康先生指出："乾嘉时期，小业主经营商业、手工业，最主要的是饮食业，其次是杂货业、布业，再次是铁业等日用品加工业，有开矿业而不发达。"③本章的论述与此论述基本符合。

河南乡村的食衣住似乎还比较可观。从饮食来看，乡村中有酒铺、酒坊、饭铺，有卖面卖糖者存在，食糖可能有一定的普及。嘉庆十五年四月十九日，河南府南阳县民妇杨刘氏婆婆患病，"祖姑就叫做午饭，包匾食吃"④。一户普通人家有病人，于是午饭吃饺子(匾食)，似乎生活水准还相对较高。服饰方面，内乡县人谢法寄居陈州府商水县佣工，嘉庆八年十月初三日，有栾白借欠谢法钱五百文没还。二十七日傍晚，谢法去向栾白讨要，被杀身死。刑仵验得谢法"身穿蓝布小棉袄、蓝布夹袄、白布小衫、蓝布棉裤、白布夹袜、青布鞋、腰系白布带，红皮瓶内盛钱八十九文，旁遗毡帽一顶"⑤。佣工谢法的冬装有棉袄、棉裤与夹袄、小衫、夹袜，还有布鞋、毡帽，服饰整齐体面，也保暖，还带着零花钱。女性则有河南南阳县民妇杨刘氏，嘉庆十五年四月十九日"从娘家回来，只穿一层单衫。平常妇女们遇有零星物件总

---

① 《辑刊》第 2 册，832 页。

② 《辑刊》第 2 册，832 页。又，河南禹州人田高举没有报官，私开煤窑，雇工密县人梁遂、偃师人郭粪。(第 4584 包)转引自冯尔康：《乾嘉之际小业主的经济状况和社会生活——兼述嘉庆朝刑科题本档案史料的价值》，见《中国社会历史评论》第 7 卷，23 页。

③ 冯尔康：《乾嘉之际小业主的经济状况和社会生活——兼述嘉庆朝刑科题本档案史料的价值》，见《中国社会历史评论》第 7 卷，20 页。

④ 《辑刊》第 1 册，167 页。

⑤ 《辑刊》第 2 册，832 页。

纳放衣衫卷袖夹层里面”①，应当也是比较体面的着装。住房的情形，汝宁府上蔡县史朝聘有南向住宅一所，大门进内堂屋三间，西间系史朝聘夫妇卧室。② 史家房屋宽敞，夫妻有单独卧室。河南府洛阳县人李有娶妻张氏，有三个女儿已许人过门童养，还有寡母，家只有窑房一所。③ 居住条件较差，不过三个女儿在家住，房子也算过得去。

乡民生病会自制或购买药物治病。如嘉庆十五年四月初五日，河南府南阳县民妇杨刘氏“探望父母，在母家染患疟疾，父亲刘宽买给巴豆丸十二粒，说是可以治疟，叫小妇人用凉水吞送，每服一丸。那丸药有梧桐子大小”④，祖姑误食，“用甘草绿豆汤解救”。

演戏酬神既是民间信仰也是百姓娱乐的形式，这主要通过社祭活动体现出来。汝州伊阳县李方文与张湛同村居住，嘉庆五年八月初一日，本村社会酬神，张湛充当会首，派李方文出钱二百文，当时给过一百。八月二十八日午间，张湛在集上撞遇李方文。他向李方文索讨，李方文说酬神出钱多寡，听人乐助，不该硬派催讨。张湛不依，说李方文要赖。彼此争吵，各散。⑤ 这是一个村社集资酬神的事例，这种酬神往往要请戏班子演戏。如陕州某地嘉庆十二年四月十一日“村内演戏酬神”，管戏班的饭食。⑥ 与戏班有关的案件，往往能反映出戏班的情形，如叶县人李进才向在开封府祥符县王进潮班内唱戏度日，掌班范百旺时常吃酒花钱，王进潮更换李进才掌管班事，范百旺心怀不平。嘉庆十四年四月间，范百旺向李进才借了六两银子、一千二百五十文钱，屡次催讨总没清还，李进才与他吵过几次。十五年四月间，范百旺乘李进才回家，又把李进才存放的被褥、布单、棉袍、布衫等件私

---

① 《辑刊》第1册，167页。

② 《辑刊》第2册，1049页。

③ 《辑刊》第2册，598页。

④ 《辑刊》第1册，167页。按，乾隆朝刑科题本中河南汝阳县佃农李尚悦，乾隆十年三月二十日，因儿子出疹沉重，“到集上取了一剂药，买了一壶黄酒，拿着急要回家，调治儿子疹子”。见《清代地租剥削形态》下册，613页。

⑤ 《辑刊》第2册，515页。按：原书误为“八年”，改之。

⑥ 《辑刊》第1册，127页。

自当钱使用。李进才碍着同班情面，也没计较。六月初十日晚上，范百旺又向李进才借钱。李进才回复没钱，范百旺不依嚷骂，被王进潮等劝散。十一日早上，李进才走到范百旺屋里村斥他不该如此逞强，并向其索讨旧欠。范百旺争辩，就向李进才撞头拼命。李进才想起范百旺屡次强借银钱衣物不还，反被打骂，实在恨极，一时起意把他杀死泄忿。①

赌博也是民间娱乐的形式。嘉庆十五年二月初八日上午，河南府登封县人张士超、张海全、梁毛僧三人跌钱赌博，张士超输给张海全钱四十五文，张海全逼讨起衅。张士超子张锁殴伤无服族叔张海全身死，审判结果，张士超、梁毛僧均合依赌博不分兵民，枷号两个月、杖一百例，对二人枷号两个月，杖一百。梁毛僧枷满折责发落。张士超年逾七十，照例收赎。失察赌博之地保张权照例发落，系公罪免其革役。张锁依拟应斩，著监候，秋后处决。② 所谓“跌钱”，就是置铜钱以猜正反面赌输赢的形式。

上述案件中，地保张权因失察赌博被照例发落，我们看到的50多例案件中，案件事发后绝大多数是由“地保”、个别是由“地方”③向官府报告的，显然“地保”在河南乡村普及，负责治安等事务，是官府依赖的乡村责任者。事实上，河南还有“乡约”存在，如汝州乡约王湛森七十一岁，地方上产生问题，官府人为涉案的“乡约王湛森以理村斥，应毋庸议”④。该乡约发挥着相当于地保的作用。

乡村社会中，也能看到族长的身影。光州息县人吴丰五十三岁，身为族长，无服族侄吴辉南占种孀婶邓氏地亩，不分粮食，邓氏不依，投知族长吴丰理论，吴辉南躲避出去。嘉庆四年九月初八日夜吴辉南回家，随后吴丰拿着火把，同了吴三、吴学圣前来，村斥吴辉南不应

---

① 《辑刊》第3册，1773页。

② 《辑刊》第1册，163～164页。

③ 《辑刊》第1册，1075页。按：阅读乾隆朝刑科题本，我注意到当时报案者“地保”“地方”均有，而且“地方”较多。

④ 《辑刊》第2册，701页。按：乾隆朝刑科题本中河南彰德府四十二年九月有“冈阳所乡长李维汉”，见《清代地租剥削形态》上册，183页。

占种地亩。吴辉南说他多管，彼此争吵，最终酿成命案。① 从此案我们看到族长存在，并在宗族中发挥调停族中矛盾的作用。

乡村生活涉及僧道人士。偃师县人孙义贵，年五十七岁。自幼在朝元观充当道士，俗家并无亲属。师父苗性已故，赵仁秀是其师叔，师父死后，师叔叫他搬往黑峪二龙庙住持。嘉庆四年十月十一日午后，孙义贵因穷苦不过，要分师叔观里的产业，师叔不依嚷骂，孙义贵回骂。师叔用拐拄向打，孙义贵夺弃地上，师叔拾起铁斧砍伤孙义贵右额角。朝元观道士赵仁秀，嵩县人，年七十四岁。向在朝元观充当道士，俗家并无亲属。② 由此可见，朝元观道士的生活较为艰难。卫辉府滑县魏家岗村有高家庙一座，招僧通润住持，该僧留李俊在庙住下卖糖度日。十一月初五日夜，通润与李俊口角被李俊砍伤身死。③ 寺庙也是买卖人谋生居住的地方。

三、生产生活中的借贷与雇佣

日常生活中人们难免遇到各种困难，经济上的借贷事情频发。

民间的社会关系中经济上的借贷占据重要内容，借贷的发生以信用担保，但是涉及经济利益，又是产生矛盾的原因。借贷容易在亲戚之间发生，如汝宁府罗山县人王士幅，父母俱故，与已故胞弟王士英的女人王魏氏分居无嫌。嘉庆十五年间，兄弟借欠王士幅的钱十二千文没还，后来把房屋三间，凭王魁元作中抵给王士幅管业，约内注明钱到放赎。二十年兄弟病故。二十三年六月，王士幅乏用，屡催王魏氏赎屋，王魏氏回复无钱。七月初一日，王士幅要把房屋转当，王魏氏走来拦阻，彼此争骂，酿成案件。④ 本来是兄弟互助，生活中演变成矛盾。

异姓朋友之间的借贷关系普遍存在。嘉庆八年十月初三日，陈州商水县人栾白借欠谢法钱五百文，说明一月清还，加给利钱五十文。

---

① 《辑刊》第 1 册，7～8 页。

② 《辑刊》第 3 册，1124 页。

③ 《辑刊》第 3 册，1135 页。

④ 《辑刊》第 2 册，1106 页。

二十七日傍晚，栾白拿了木匠器具在外工作，回家和谢法在路上遇见。谢法说栾白欠钱每日应给利钱五十文，向栾白讨要。栾白先还给本钱三百文，央恳情让利钱。谢法不依，发生冲突。① 借钱人生活困难，往往还本钱希望免掉利钱，心存凭交情而豁免的侥幸心态，如此同借钱者产生矛盾，甚至酿成案件。封得林年五十六岁，原籍洛阳县，迁居汝州鲁山县种地度日。他与来学仪认识，并无嫌隙。来学仪是封得林交好的袁际瀍店伙。嘉庆九年四月间，封得林在袁际瀍店内代侯林借钱十千文，二分起利。五月间又代雷诰借钱三千文，并没利息，后来把侯林先借十千钱归还，尚欠利钱两千八百文，连代雷诰欠的本钱三千，共钱五千八百文。袁际瀍屡讨没还。十五年十月初三日，封得林在门外吃饭，袁际瀍差来学仪走来讨钱，发生冲突，酿成案件。② 封得林代人两次向开店的袁际瀍借钱，袁际瀍店可能经营借钱，封得林为人借钱可能会有好处费发生。嘉庆十年二月间，汝州人范守宇央王振录保借夏三找子钱二千文，言明按月三分起息，没写借约。王振录连年索讨，范守宇原没清还。二十一年四月间，王振录说范守宇欠夏三找子的钱，他已垫还，如今利上盘利，该还钱十二千五百文。范守宇斥王振录讹诈，王振录要拉牛只，双方争执，发生命案。③ 许州襄城县人韦凤成与梁王氏同庄居住，素无嫌隙。嘉庆十五年四月间，梁王氏央韦凤成作中向王振杰借钱三千七百文，未还。六月初间，梁王氏把房屋两间央韦凤成作中，卖与韦白郎管业，议定价钱四十千文。六月十九日，韦白郎把房价交与韦凤成转交，韦凤成就在房价内扣钱三千七百文，还了王振杰。余钱三十六千三百文交与梁王氏查收。并把扣还王振杰的话对梁王氏说了。梁王氏疑心韦凤成侵用，发生矛盾。④ 汝宁商丘县人霍隆漳常向张怡顺借钱做生意，张怡顺索取重利。嘉庆十七年三月里，霍隆漳折本歇业做工度日，穷苦难过，向张怡顺

① 《辑刊》第2册，832页。

② 《辑刊》第2册，888页。

③ 《辑刊》第2册，999页。

④ 《辑刊》第2册，1075页。

借用钱五十文。四月十二日，霍隆漳拿钱交还，张怡顺又要利钱，霍隆漳不肯，酿成命案。①

清代法律规定民间借贷利息不得超过三分②，超过为高利贷，实际生活中高利贷是存在的。如开封府尉氏县魏九父母死故，别无亲属，平素放重利债度日。嘉庆四年正月十三日，侃二因有急用，向魏九借了二百钱，讲定每日给四个钱的利，到八月二十日侃二陆续给过魏九八百五十利钱，有二十多天的利钱没给。九月十三日晚上，侃二因在高魁林场地里堆放庄稼搭铺看守，一更多时候魏九来讨钱，侃二央缓，魏九不依，发生争端。此案最后判定：魏九违禁取利，业已身死，应毋庸议，其所得余利并免追还，侃二所还之利已过原本数倍，毋庸再偿。③

农民因生活所迫，不得不典当田地获得款项，当地过程中往往因利益发生矛盾。陕州某地，嘉庆十一年秋间，姚学汤当得已故姚铁苓地亩要收回耕种，姚喜因与姚铁苓从前相好，叫姚铁苓的母亲占地不交。姚学汤与姚喜吵闹，是村众劝处，才把地亩退还。姚学汤是姚喜族兄，没服制，同村居住。④ 十三年间，汝州李泳禄把地十亩零当与陈许氏的男人陈克振为业，价钱八十二千。⑤ 光州光山县刘银与杨允、张应祥邻庄居住。张应祥先将水田一亩五分当与杨允管业。彰德府内

---

① 《辑刊》第2册，951页。

② 《大清律·户律·钱债·违禁取利》："凡私放钱债及典当财物，每月取利，并不得过三分。年月虽多，不过一本一利。违者，笞四十。以余利计赃重（于笞四十）者，坐赃论。罪止杖一百。"（沈之奇：《大清律辑注》，上册，364页，北京，法律出版社，2000）可参见柏桦：《论清代的"违禁取利"罪》，载《政法论丛》，2007(4)。

③ 《辑刊》第2册，502～503页。按：《清代土地占有关系与佃农抗租斗争》记载，乾隆四十一年五月十四日，河南商丘县人张性显央孙克武"保借朱大来钱十四千，言明六分起息，八月十四日还清。约内即扣定本利数目，直写借钱十六千五百二十文。"（上册，194页）又鹿邑县黄二瞎子"一向放债营生"，乾隆四十六年二月间，田铁向黄二瞎子借了一千三百钱。说明每月加利钱二百文。（上册，297页）

④ 《辑刊》第1册，127页。

⑤ 《辑刊》第2册，700页。

黄县张养存年六十四岁，自幼继给同姓不宗的张家幅做义子。十四年六月内，张养存的本宗胞侄张喜儿病故，无子，因张喜儿患病时及死后棺殓都是张养存出钱使用，把张喜儿遗下的空屋一所、地六亩归张养存管业。十六年二月内，张养存把遗地内一亩四分地典给张黑风为业，立有契据，得钱七千八百五十文。后来，族人说张养存已继给张家幅做义子，不应承受本宗遗产。三月内，张养存就把张喜儿地屋交本宗堂弟张玉魁管业。当时忘记把典给张黑风一亩四分地向张玉魁说明，后引起纠纷。① 十九年七月十二日，张应祥因贫，复央罗敦、汪顺、何凤林、李升作中将田重当与刘银，价钱五千文，立约交价。②

人多地少，土地买卖之后，地价上升，卖地者往往要求买地者补钱，是为找价，找价既是习俗，反映出农民对于土地的眷恋，也是为生活所迫，不得已而为之。前面提到的汝州李泳禄，嘉庆二十年与陈克振先后病故。十二月内，李云武将地亩绝卖与陈许氏，找钱十八千。二十一年三月十六日，李云武想起这地粮银向是父亲完纳去，向陈许氏讨还，陈许氏说历年是他男人交给李泳禄代完的。李云武不信，彼此争骂，发生案子。③ 南阳邓州林朗与林克有是共高祖兄弟。嘉庆十五年冬间，林朗以地二亩卖给林克有管业，契价都已交清。后来林朗因没有用度，要林克有找价。林克有起初不肯，因林朗屡次吵闹，才许找钱五百文，约定次年四月交钱。④

租佃土地比较流行。汝宁府正阳县人刘荒年二十九岁，父亲已故，母亲李氏年七十七岁，有哥刘冉，佃种邢建功地亩，平日平等称呼。

---

① 《辑刊》第 1 册，198 页。

② 《辑刊》第 2 册，679 页。此外，河南商丘县韩四、韩五兄弟分家已久，在分家以前有七亩地出当，嘉庆六年四月韩四独自用钱赎回，贫困的韩五要求分给他二亩，以便出卖维生，韩四自然不同意。(第 4605 包)韩四的父亲时代，家庭经济不稳定，到韩四赎地，家业回归稳定状态。转引自冯尔康：《乾嘉之际小业主的经济状况和社会生活——兼述嘉庆朝刑科题本档案史料的价值》，见《中国社会历史评论》第 7 卷，18 页。

③ 《辑刊》第 2 册，700 页。

④ 《辑刊》第 1 册，197 页。

嘉庆四年正月十四日下午，刘荒从地里回家，邢建功的妾王氏叫他送她到亲戚周邢氏家去，邢建功村斥刘荒不该擅送邢王氏，就叫刘荒退佃。邻人邓灿章算明，刘荒已耕种的牛具工本，邢建功该认还钱五千二百文。后来刘荒屡向邢建功讨要，总不给还，双方发生争执。① 汝州鲁山张用和有佃户刘贵，还有雇工余兴，嘉庆十五年刘贵与余兴发生冲突。② 归德府夏邑县人王谦禄，有田出租给秦元同他妻父马其顺。嘉庆十六年三月里，王谦禄父亲因秦元吃酒闹事，把地收回另佃。秦元不服，常向王谦禄父亲吵骂。四月二十一日午后，王谦禄同哥王盈香到庄外锄地，父亲在旁照看，秦元走过又向王父混骂。③ 开封府鄢陵县殷法武有地十六亩，向是邻村妻父陈功汉佃种，陆续拖欠租课二十余石，屡讨不还，嘉庆二十三年九月殷法武因索讨旧欠租课殴毙岳父陈功汉。④ 陕州卢氏县人尤法才年二十八岁，佃种邻村武振幗地亩，租课按年清交。嘉庆二十四年正月初四日，尤法才到妻母武曲氏家拜年，武振幗走来说要把地亩另招佃户加租，叫尤法才退还。尤法才因地内种有麦苗，央他宽缓。武振幗不依，彼此争骂。⑤ 这些事例中特别是开封府鄢陵县殷法武的田地十六亩出租给邻村妻父陈功汉，并因索讨旧欠租课殴毙岳父，显示出租佃关系超越亲戚关系，这应当与当时经济生活的艰难有密切关系。河南田主对佃户的约束是有限的，乾隆时期裕州佃户向不听田主役使，不替主人家做活，如果地主要佃户做活，佃户就索取午饭钱。⑥

雇工经营也是常见的。上述事例中，汝州鲁山张用和有雇工余兴。此外，彰德府安阳县刘得富与杨玉同街居住，嘉庆七年九月初八日刘得富家雇工胡二，替柴蕴玉雇张二小帮工，言明每月工钱五百文。十一日柴蕴玉说张二小懒惰，把张二小辞出，并没算给工钱。胡二向柴

① 《辑刊》第3册，1240页。
② 《辑刊》第2册，609页。
③ 《辑刊》第3册，1302页。
④ 《辑刊》第1册，477页。
⑤ 《辑刊》第3册，1358页。
⑥ 刘永成：《清代前期农业资本主义萌芽初探》，40页。

蕴玉讨要，柴蕴玉不给，彼此吵骂，经杨玉劝散。① 河南府宜阳县人陈根银，年二十七岁，有寡母亲王氏与兄弟陈仁娃年十三岁，单身，雇给卫廷元家佣工。② 值得注意的是，早在乾隆三十八年，“河南舞阳县出现了雇佣较多工人‘种桑养蚕’，从事商业性农业的经营主”③。河南林县所属有集 11 处，凡无职业者都在早晨赴集受雇，谓之“人市”，“主者得工，雇者受值”，习俗称便，由来已久。④

关于雇佣劳动的工钱问题，上述嘉庆七年彰德府安阳县刘得富家雇工胡二，替柴蕴玉雇张二小帮工，言明每月工钱五百文。此外，山西介休县人宋发金借领李彭年本钱来南阳府裕州增福里开设杂货铺面，周和是李彭年的相好，荐到铺内做伙计，每年工钱十三千文。⑤ 汝宁府上蔡县人邵金山嘉庆十四年十月里，雇给王陇章做帮工，每月工钱四百五十文。⑥ 甘肃河州人陈玉嘉庆二十四年正月，雇给李重，来汝州宝丰县境煤窑帮工，每月工钱八百文。⑦ 以上四例当中，有一般性的帮工上蔡县邵金山、安阳县张二小，每月工钱分别为四百五十文、五百文；还有两例为煤窑帮工、铺内做伙计，每月工钱分别为八百文、一千零八十文，远高于前两例，推测是由于工作较为繁重。乾隆年间河南雇工工钱的资料也有，按年计算者如卢氏县有每年工钱三千六百文事例，灵宝县有每年四千五百文的事例；按日则有永宁县农忙时“雇短工都是三十文钱”⑧。

租地困难加上为了保证收租，租地需要交纳押租。如光州固始县杨秉栋嘉庆五年间，用押佃钱六十千佃种沈应试田地并住庄屋，历年

① 《辑刊》第 2 册，541 页。

② 《辑刊》第 2 册，568 页。

③ 刘永成：《清代前期农业资本主义萌芽初探》，5 页。

④ 乾隆《林县志》，转引自刘永成：《清代前期农业资本主义萌芽初探》，91、112 页。

⑤ 《辑刊》第 3 册，1393 页。

⑥ 《辑刊》第 3 册，1437 页。

⑦ 《辑刊》第 3 册，1483 页。

⑧ 刘永成：《清代前期农业资本主义萌芽初探》，82、83 页。

租稞并不短少。十五年秋收后，拖欠沈应试稻稞二十石，沈应试因欠稞不依，把田另佃李汝美耕种。杨秉栋押佃钱文说明除去所欠稻稞二十石作钱三十千，下剩三十千，等李汝美押佃钱交足归还。杨秉栋因此还没腾交庄屋。九月二十日午后，李汝美走来向杨秉栋催腾庄房，杨秉栋央他宽缓。李汝美不依，发生冲突，杨秉栋殴伤李汝美身死。审判结果：杨秉栋合依斗殴杀人者，不问手足、他物、金刃并绞监候律，拟绞监候，秋后处决。沈应试既因杨秉栋欠稞将田另佃，其原收押佃钱文不即清还，以致酿成人命，亦有不合，应照不应重律，杖八十，折责三十板。沈应试未还杨秉栋及收李汝美押佃钱文照追，分别给还。庄田听沈应试另行招佃。① 息县人陈兴寄居光州光山县，年三十七岁。嘉庆二十二年四月间，陈兴佃种吕赓扬田地，言明压租钱十一千文，陆续付过，尚欠钱三百五十文。后发生争执，出现命案，官府判定吕赓扬田地饬令另行招佃，所得压租钱文，照追给还陈学(陈兴的父亲)收领，以杜争端。② 发生在光州的这两例押租案例，说明当地流行租地交纳押租的风俗，当地称之为押佃钱、压租钱，在押租钱缴纳、扣押、退还问题上容易发生纠纷，案件发生后，官府要求按照实现所定押租协议执行，承认押租制度合法。

引人注目的是，河南在乾隆时期就已出现为包买商造纸的经济形态。乾隆三十九年，包买商人江南纸商魏吉常来河南商城县，向租山种竹做纸的陈瑞芝与陈文学定买纸张，“每家先交银一百七十五两，次年陆续取纸清偿”。陈瑞芝雇工经营。③ 在土地买卖中，淮宁、登封等地有“产行”作为中间人介绍方能成交。④

四、结语

清代在18世纪的康雍乾时期走向全盛，同时从政治史的角度看，

---

① 《辑刊》第2册，621～622页。

② 《辑刊》第2册，1011页。又，关于押租制可参考冯尔康：《清代的押租制与租佃关系的局部变化》，载《南开学报》，1980(1)。

③ 刘永成：《清代前期农业资本主义萌芽初探》，5、100页。

④ 刘永成：《清代前期农业资本主义萌芽初探》，58页。

乾隆朝中期开始政治渐趋腐败，走向了中衰之路。嘉庆朝从 18 世纪末年开始，历经了 19 世纪的头两个十年，政治上进一步衰落，当时的五省教军起事，给予清朝沉重打击，清朝的全面衰落毋庸置疑。然而，从社会经济来看，我们所考察的嘉庆朝的河南农村，并无明显衰落，仍然呈现的是比较繁荣的景象。

从人口看社会，河南农村不少人年纪较大超过三十岁未婚独身，案子事主的父母长辈有很多高寿者。婚龄差较大，可能说明婚姻的选择性较大。多数事主是父母亲三十多岁生育的，同时童养媳的资料或许可以说明存在早婚早育。还有卖婚与改嫁的现象。兄弟分家另过是普遍存在的，一般来说家庭规模较大，内部结构呈多样性。案例中反映出人口的移动性较大，有省内移动的，外省来河南以山西人最多，人们为谋生寻找机会，而社会也提供了这样的就业机会。

河南农村的生计活动比较多样化，农与商工结合，兼业比较突出，生活水平较有保证。作为农业大省，河南主要作物是小麦，农民的劳动是围绕旱地耕种、锄地、割麦进行的，生产也是生活，社会关系产生于这样的生活之中，题本档案的许多案件就发生在生产劳动当中。赶集是农工商民出卖产品，购买所需，进行交换的重要活动，许多案件中谈到赶集。日用百货为生活所需，开杂货铺方便百姓，容易谋生。与饮食相关的酒铺、酒坊、饭铺需求量较大，穿衣为消费的重要事项，经营衣铺也是谋生手段，河南乡村的食衣住似乎还比较可观。

生产生活中的借贷与雇佣活动较多。日常生活中人们难免遇到各种困难，经济上的借贷事情频发。民间的社会关系中经济上的借贷占据重要内容，借贷的发生以信用担保，但是涉及经济利益，又是产生矛盾的原因。经济关系也是社会关系，经济互助与放贷牟利并存。借贷容易在亲戚之间发生，异姓朋友之间的借贷关系普遍存在。清代法律规定民间借贷利息不得超过三分，超过为高利贷，实际生活中高利贷是存在的。农民因生活所迫，不得不典当田地获得款项，当地过程中往往因利益发生矛盾。人多地少，土地买卖之后，地价上升，卖地者往往要求买地者补钱，是为找价，找价既是习俗，反映出农民对于土地的眷恋，也是为生活所迫，不得已而为之。租佃土地比较流行，雇工经营也是常见的，雇佣劳动的工钱因劳动强度不同有较大差别。租地困难加上为了保证收租，租地需要交纳押租。

第二节　山　西

我们利用《辑刊》并结合乾隆朝刑科题本①，探讨山西的日常生活。

一、资料说明与人口、婚姻、家庭分析

《辑刊》一书辑录1665件档案，笔者从中辑录出山西档案87件。我将《辑刊》中的山西档案列表如下：

表5.3　《清嘉庆朝刑科题本社会史料辑刊》山西资料一览表

序号	年月	府州县	标题	页数
1	5/11	汾州汾阳	民马如洪挟恨谋杀大功服兄案	18
2	6/5	霍州	民张兴太因粜麦还欠致继母张邢氏跳窑身死案	23
3	7/6	代州五台	民安保小子因地租打死无服族祖案	31
4	8/9	太原兴县	民裴万唤因酒醉口角打死无服族侄案	52
5	9/1	代州崞县	民刘银贵子因索还房地事致死大功堂弟案	58
6	9/8	隰州	民苏士纯因口角致伊婶身死案	75
7	10/11	潞安壶关	民牛壮则因口角将妻牛高氏致死案	110
8	10/12	蒲州万泉	民李清连挟恨图产商同子侄谋勒兄妾身死案	114
9	11/2	汾州平遥	民闫光有因被催赎窑房将无服族叔殴伤致死案	117

---

①　笔者利用将乾隆朝刑科题本编成的资料集，有中国第一历史档案馆、中国社会科学院历史研究所编《清代地租剥削形态》《清代土地占有关系与佃农抗租斗争》两种，我从两书中分别收集了18、12个，总计30个山西的事例，即《清代地租剥削形态》第6、15、21、41、59、63、102、118、120、129、136、137、139、150、159、342、367、384号资料，《清代土地占有关系与佃农抗租斗争》第8、39、49、50、70、76、146、155、190、230、249、270号资料。此外，还参考了郑秦、赵雄主编：《清代“服制”命案——刑科题本档案选编》，北京，中国政法大学出版社，1999。

续表

序号	年月	府州县	标题	页数
10	11/4	隰州	民张月宝因被追讨钱文砍伤胞兄身死案	123
11	12/5	太原徐沟	民武有兰因伊妻私回娘家将其扎伤致死案	128
12	14/10	太原交城	民马尚祥砍死妻马曹氏案	152
13	15/12	绛州闻喜	民张光智因债务纠纷谋杀小功服兄张光德并误伤妻叔张业儒案	186
14	16/7	解州夏县	民妇武裴氏因闻其夫之堂弟武振库秽语投井身死案	208
15	16/8	绛州稷山	民赵活儿因其兄不孝听从母命扎伤胞兄身死案	210
16	16/12	太原榆次	民王自名殴伤小功堂叔王兰身死案	220
17	16/12	平定盂县	民王满预谋勒死胞兄王全伤而未死案	221
18	18/4	解州夏县	民师四娃因当衣未还谋杀小功服兄师佐致死案	240
19	20/3	平阳临汾	民王滚子未给养赡米扎伤祖父王克义案	285
20	20/3	汾州孝义	民郭涌千因索钱扎伤胞兄郭涌万身死案	286
21	21/6	太原榆次	民妇王石氏因子王建帮违教气愤投井身死案	308
22	21/6	隰州	民张圪者因合租纠纷故杀胞弟张明则身死案	309
23	22/8	代州崞县	民石同同因借住房屋殴毙胞弟石补补案	332
24	23/2	平定盂县	民韩泳渌因卖地银殴毙堂弟媳韩氏案	355
25	23/7	霍州灵石	民杨九玉因索还皮袄扎死李三牛并杀已妻案	370
26	23/12	汾州汾阳	民马添赐因救母心切扎伤胞叔马登士案	384
27	24/4	汾州汾阳	民任清枢因斥无服族叔任士喜不赎取公地被砍伤致死案	391
28	25/1	霍州	民张灵山因口角而杀妻案	407
29	6/2	大同大同	民赵德成因口角扎伤表兄赵诚身死案	420
30	17/3	保德州	民王履亨因索欠扎伤外姻缌麻服弟致死案	455
31	19/11	归化城厅	客民王万全伤妹夫武六仔身死案	464

续表

序号	年月	府州县	标题	页数
32	24/9	霍州	民杨庭潍因私花嫂子钱文被嫂子之弟武致语等共殴毙命案	491
33	5/5	朔平朔州	民任三贵因讨欠纠纷伤张荣身死案	511
34	5/12	汾州永宁	民高旭因欠钱纠纷伤吴敏身死案	520
35	9/7	汾州临县	民张荣宗等因占种土地打死邻村人郭玉璞案	537
36	9/2	潞安长治	民王五则因口角打死同村人王月则案	560
37	9/11	霍州灵石	民赵明惠因收敛戏钱事将邻人殴伤致死案	567
38	9/12	潞安长治	李疤则挟嫌谋杀邻人秦文富身死案	570
39	10/8	太原太谷	民杜从幅子因垫钱事致死邻人孙黑喜儿案	588
40	11/1	潞安长治	民牛招第因索讨工钱事殴伤村人牛魁身死案	592
41	11/1	太原阳曲	民高清明因讨要社庙彩衣事致死邻人王世喜案	594
42	16/2	汾州永宁	民裴甫因垫纳粮银纠纷殴伤刘喜发身死案	631
43	16/2	朔平左云	民崔进征因索要瓜钱事扎伤邻里高义身死案	632
44	17/5	沁州武乡	民石现成因救护继父致伤同村李荣时身死案	649
45	19/5	太原阳曲	民白幅祥子因索钱纠纷伤白三子身死案	673
46	19/6	泽州高平	民闫三驴欠钱殴伤闫节方身死案	675
47	20/2	泽州阳城	民刘进旺因索钱纠纷伤乔柏身死案	682
48	20/3	霍州赵城	民张添锁索欠踢伤张拾所身死案	685
49	23/5	代州崞县	民石虎虎因重利盘剥被贺举举等殴伤身死案	741
50	4/4	清水河厅	民侯旺因土地纠纷被偏关县民乔玉书打死案	786
51	5/11	汾州石楼	客民武三周用石掷伤张应进身死案	803
52	6/2	汾州孝义	客民任士保因工钱纠纷扎伤张红兴身死案	805
53	15/3	丰镇厅	客民王开业因利钱纠纷殴毙张金身死案	872
54	15/10	朔平左云	安马银因索欠被客民高顺义砍伤身死案	890

续表

序号	年月	府州县	标题	页数
55	16/1	宁远厅	客民李保山因租地纠纷扎伤高英身死案	897
56	16/7	托克托城厅	客民马有财因索欠起衅砍伤任昌泰身死案	924
57	17/1	朔平左云	客民李海因债务纠纷殴伤马玉案	935
58	18/1	汾州介休	客民吕根娃因图财砍伤无服族兄吕承元致死案	956
59	18/11	汾州平遥	客民贺攀杰因索借钱扎伤阮兴杰致死案	978
60	19/6	归化城厅	客民贾万瀧索欠砍伤张成章身死案	983
61	19/12	归化城厅	客民张淋因钱伤王观仔身死案	989
62	6/9	太原榆次	民段梅喜因索欠辱骂韩杜氏致自缢身死案	1039
63	5/8	代州	民姚礼因欠钱纠纷伤喇嘛卜颜大赖身死案	1129
64	8/3	代州崞县	清凉寺僧人智明因借钱打死僧人真慧案	1132
65	15/10	太原太谷	僧人五和尚因做工纠纷被短工贾士河砍死案	1150
66	18/11	代州五台	僧然岂殴伤刘士杰身死案	1167
67	21/4	汾州汾阳	民张其幅因拒奸伤僧开亮身死案	1181
68	23/7	霍州灵石	监生秦志真喝令雇工张兴玉殴毙曹添理案	1234
69	9/12	汾州永宁	客民向之青因索讨典地钱打死高岐案	1257
70	15/4	朔平朔州	王雨汉因租地纠纷致伤张有德身死案	1288
71	15/9	太原阳曲	周良小子因地租纠纷扎伤周起有身死案	1300
72	17/2	汾州永宁	蓝辉山因被逼租推跌田主史传远致死案	1310
73	20/4	平定盂县	民李美因继种典地事推跌李运倡身死案	1331
74	10/10	宁武神池	民汤鸣玉因堆草事将雇工殴伤致死案	1398
75	15/5	太原岢岚州	郝维太因支工钱纠纷殴伤雇主谭二身死案	1417
76	17/7	宁武神池	民李幗银因工人吴显拔麦偷懒殴伤其身死案	1434
77	19/6	平阳乡宁	民郭逢春将栗张氏殴伤身死案	1448
78	20/9	太原徐沟	客民李稳子因索讨工钱踢伤雇主刘荣身死案	1484

续表

序号	年月	府州县	标题	页数
79	9/11	归化城厅	客民董复曹因索欠将蒙古人袄尔圪呼打死案	1537
80	16/6	萨拉齐厅	住民郝治因牛践食禾苗殴伤蒙古人儿克儿忒身死案	1564
81	5/闰4	汾州孝义	民张士信因纳粮纠纷伤甲头张发祥身死案	1677
82	15/11	平定寿阳	史守德听从母亲主使扎伤其兄史守谦身死案	1781
83	16/1	太原榆次	郝进宝因财产纠纷砍死义父无服族兄智文炳案	1789
84	16/4	泽州阳城	赵小四殴伤李有安身死并厅役刘满城诈赃畏罪自缢案	1808
85	17/1	太原榆次	陈元亨等因赎地纠纷殴伤温幅起身死案	1827
86	17/7	霍州赵城	孟万银因回赎房地事致死刘吉陇案	1830
87	17/10	太原阳曲	民靳富玉因分钱不均殴伤梁万畛致死案	1836

说明：表中第60例客民贾万瀣，《辑刊》说他是盂县人。孟县在河南省，嘉庆朝刑科题本涉及外省人一定标出所在省份，而本资料讲到贾万瀣直言县籍，是作为本省之人处理的，故疑“孟县”为山西平定州“盂县”之误。

清嘉庆朝共25年，表中的档案在嘉庆朝的年份分布大致呈均匀状态。

据《清史稿》地理志，嘉庆时期山西省领府九，直隶州十，厅七，州六，县八十五个。府州厅包括：太原府，领州一，县十；汾州府，领州一，县七；潞安府，领县七；泽州府，领县五；辽州直隶州，领县二；沁州直隶州，领县二；平定直隶州，领县二；平阳府，领州一，县十；蒲州府，领县六；解州直隶州，领县四；绛州直隶州，领县五；隰州直隶州，领县三；霍州直隶州，领县二；大同府，领州二，县七；朔平府，领州一，县三；宁武府，领县四；忻州直隶州，领县二；代州直隶州，领县三；保德州直隶州，领县一；归化城直隶厅；萨拉齐直隶厅；清水河直隶厅；丰镇直隶厅；托克托直隶厅；宁远直隶厅；

和林格尔直隶厅。①

表5.3中的87件档案，如按照府州分布，可知太原府16件，汾州府16件，潞安府4件，泽州府3件，沁州直隶州1件，平定直隶州4件，平阳府2件，蒲州府1件，解州直隶州2件，绛州直隶州2件，隰州直隶州3件，霍州直隶州8件，大同府1件，朔平府5件，宁武府2件，代州7件，保德州1件，归化城直隶厅4件，萨拉齐直隶厅1件，清水河直隶厅1件，丰镇直隶厅1件，托克托直隶厅1件，宁远直隶厅1件，除了辽州直隶州、忻州直隶州、和林格尔直隶厅无记载，其他各府与直隶州、厅均有资料，基本覆盖了山西全省，资料具有普遍性；尤以太原府、汾州府、霍州直隶州、朔平府、代州直隶州五个府州资料较为集中。

《辑刊》所载的档案资料，有案件事主交代的家庭亲属年龄及基本情况的记载，对于了解当时的人口、婚姻、家庭等状况很有用处，是我们认识当时社会的基本内容。我将档案中的这些情况辑为一表，然后进行初步的分析。

表5.4 《清嘉庆朝刑科题本社会史料辑刊》山西事例中的人口数据表

序号	当事人	父亲	母亲	备注	页数
1	马如洪三十六岁				18
2	张兴太四十一岁	已故	已故	有妻秦氏	23
3	安保小子二十八岁	父存	母故	弟兄两个	31
4	裴万唤七十一岁	已故	已故		53
5	刘银贵子二十四岁	从幼父故	随母改嫁王姓		58
6	苏士纯三十岁	已故	已故	有妻曹氏、弟兄二人	76

① 详见《清史稿》卷六十《志三十五·地理七》，2021～2044页，北京，中华书局，1976。

续表

序号	当事人	父亲	母亲	备注	页数
7	牛壮则二十二岁	已故	有母马氏	有妻，弟一出继，过门七年没生子女	110
8	李英平十八岁	父亲李清太已死十二年	母亲贾氏，年五十三岁	无妻，无弟兄，父辈弟兄三人，分居各爨	114
9	闫正旺三十五岁	已故	已故	没弟兄妻子	117
10	闫光有三十一岁	已故	母亲闫成氏在世	无妻子	117
11	张月宝五十六岁	已故	已故	弟兄四个，分居；有妻康氏，生一子，十岁	123
12	武有苎二十六岁	在世	有继母	三个兄弟，都已成立；妻武李氏，过门七年，生有一子	128
13	马尚祥四十八岁	已故	已故	弟兄三个；妻马曹氏，过门多年，生有子女	152
14	张光智三十二岁	已故	已故	女人张氏，两个兄弟	186
15	武振库二十八岁	已故	母亲崔氏年五十一岁	女人崔氏，生有三子	208
16	赵刘氏六十二岁	丈夫已故		有二子，小子三十三岁	211
17	王自名三十五岁	已故	有母王孙氏	没弟兄、妻子	220
18	王满四十三岁	已故	已故	有分居胞兄	221
19	师四娃三十八岁	已故	已故	女人王氏，三个儿子	240
20	王滚子二十三岁	祖父王克义，父亲王则香久已出外贸易	母亲赵氏	并没弟兄、妻子	285
21	郭涌千五十五岁	已故	已故	女人俱故，一个儿子已死，有胞兄分居同院居住	286

续表

序号	当事人	父亲	母亲	备注	页数
22	王建帮五十四岁	早故	母王石氏	没兄弟，妻赵氏，两子	308
23	张圪者三十八岁	已故	父故母嫁	女人王氏，一个儿子	309
24	石同同四十四岁	已故	已故	娶妻元氏，生有两子	332
25	韩泳渌七十岁	已故	已故	有子	356
26	杨九玉五十三岁	已故	已故	有妻，兄弟在外佣工	370
27	马添赐四十六岁	已故	朱氏六十八岁	两个兄弟，妻张氏，一子	384
28	任士喜六十二岁	已故	已故	没兄弟，妻任氏，无子	391
29	张灵山四十四岁	已故	已故	哥子张开山。女人张张氏，过门多年，没生子女	393
30	赵德成三十岁	父乾隆五十一年病故	母亲蒿氏年六十五岁	没兄弟、妻子	420
31	王履亨四十四岁	已故	母亲董氏年六十七岁	三个兄弟，妻翟氏，一子已死	456
32	王万全四十二岁	父亲王添才年七十岁	已故	女人侯氏，并没儿女	464
33	武致语三十三岁	已故	母在	弟兄三人，无妻子	492
34	任三贵二十七岁	在世	在世	一个哥子，久已分居	511
35	郭玉璞三十九岁				537
36	王五则二十九岁	在世	在世	两个哥子，妻田氏，没子	560
37	李疤则五十四岁	已故	已故	并没弟兄、妻子	570
38	杜从幅子四十一岁	已故	母亲赵氏	一个兄弟，妻王氏，一儿一女	588
39	牛招第三十三岁	义父已故	义母乔氏年六十四岁	没娶妻	592

续表

序号	当事人	父亲	母亲	备注	页数
40	高清明四十六岁	已故	已故	没弟兄，妻刘氏没生儿子	594
41	裴甫三十一岁	已故	母亲冯氏七十三岁	弟兄三个，妻冯氏，一子	631
42	崔进征二十一岁	父亲崔顺乾隆五十一年病故	母亲邓氏，现年六十四岁	兄弟三个，妻王氏，没生子	632
43	李逊仁六十七岁			石现成是女人陈氏带来的前夫的儿子	650
44	白幅祥子三十二岁	父亲白万云年六十六岁	母亲武氏年六十二岁	弟兄四个；没娶女人	674
45	闫三驴二十岁	父故	母嫁	没娶女人，弟兄两个	675
46	刘进旺五十五岁	已故	已故	没弟兄。女人宋氏，一子	682
47	张添锁三十八岁	父亲张存先死过三十五年	母亲章氏年七十二岁	没弟兄；妻李氏生有两子，大儿十岁，小儿四岁	685
48	贺举举二十七岁	生父已故	继母贾氏五十二岁	妻冯氏生有一子，四岁	741
49	乔玉书四十三岁	父在	母在	三个儿子	787
50	张泽宇三十一岁	父张进业乾隆四十年死	母白氏六十三岁	没弟兄、妻子	791
51	吴金玉三十八岁	父亲吴炳潭六十一岁	母亲陈氏六十岁	无弟兄，妻张氏，一子小	793
52	杨尚春四十岁	父亲杨作栋已故	母亲李氏七十四岁	没兄弟，妻吕氏，没子女	794
53	任士保三十四岁	已故	已故	没兄弟、妻子	805
54	贾进玉四十一岁	已故	已故	女人李氏，生有一子	806
55	赵大供三十岁	父亲赵琚七十岁	母亲任氏六十八岁	没弟兄，妻金氏，有一女	814

续表

序号	当事人	父亲	母亲	备注	页数
56	罗年三十九岁	已故	已故	兄弟三人	842
57	田瑞三十岁	父亲田自发年六十八岁	母亲成氏五十九岁	没弟兄	859
58	王开业五十一岁	已故	已故	没弟兄、妻子	872
59	高顺义四十三岁	父故	母嫁	没弟兄、妻子	890
60	李保山三十七岁	已故	已故	没弟兄、妻子	897
61	文兆基三十四岁	已故	已故	弟兄三人，妻刘氏，一子	913
62	马有财五十七岁	已故	已故	没弟兄、妻子	924
63	李海三十九岁	已故	已故	没妻子，一个兄弟	935
64	吕根娃二十一岁	父在	母故	没妻子	956
65	韵之亮二十三岁	父亲韵凤来年七十二岁	母亲已故	哥出继，也没妻子	957
66	冯长元五十二岁	已故	已故	没有弟兄、妻子	958
67	贺攀杰二十五岁	已故	已故	一个哥子，没妻子	978
68	贾万瀡四十四岁	已故	母亲周氏七十九岁	没弟兄，妻贾张氏，一子	983
69	赵金三十四岁	已故	已故	哥子赵彩，女人季氏	987
70	张淋三十九岁	已故	已故	没弟兄、妻子	989
71	宋大发三十六岁	父亲宋奇仓已故	母亲张氏六十八岁	无兄弟，妻任氏，子四岁	992
72	王高科三十九岁	父亲王合七十三岁	母亲已故	弟兄二人；妻王氏，一子一女	1015
73	韩杜氏四十六岁			男人已故，三个儿子	1039
74	段梅喜三十七岁	父亲段幅旺八十七岁	母亲王氏七十七岁	没兄弟。妻武氏，长子十八岁，次子十岁	1040
75	姚礼六十二岁	已故	已故	没弟兄、妻子	1129

续表

序号	当事人	父亲	母亲	备注	页数
76	智明三十九岁			十七岁在本村清凉寺出家为僧	1132
77	贾士河四十七岁	已故	已故	没妻子	1151
78	然岂五十二岁	父在	母故	弟兄三个，九岁出家	1167
79	张其幅十九岁	已故	母亲张氏五十八岁	没弟兄、妻子	1181
80	秦志真三十三岁	已故	母亲孙氏七十一岁	没弟兄。妻王氏没生儿子	1234
81	向之青六十岁	已故	已故		1257
82	张王氏五十二岁			一子。一孙尚未周岁	1288
83	王雨汉二十九岁	父亲王富六十岁，失明	已故	没兄弟。妻李氏，无子	1288
84	周良小子二十七岁	已故	已故	女人苗氏，一个儿子	1300
85	蓝辉山三十三岁	父亲蓝福隆	母亲王氏	弟兄四个，没妻子	1310
86	李美三十四岁	父亲李继亨六十六岁	母亲郭氏	弟兄三个，妻傅氏，二儿	1332
87	郝增先三十四岁	父亲郝兴业五十八岁	母亲已故。继母宿氏三十五岁	兄弟郝小保子三十一岁，妻张氏没生子女	1380
88	宋发金四十六岁	父亲宋丙七十六岁	母亲王氏七十一岁	兄弟宋发宁、宋发禄都已成丁。妻李氏没生子女	1393
89	汤鸣玉五十四岁	已故	已故	妻杜氏，生有两个儿子	1398
90	郝维太五十五岁	已故	已故	女人故，两个儿子	1417
91	李幗银三十九岁	已故	母亲李氏六十岁	四个兄弟，妻杨氏，三子	1434

续表

序号	当事人	父亲	母亲	备注	页数
92	郭逢春四十岁	已故	母刘氏七月初八日病故	妻死，一子十二岁	1448
93	魏逢青五十二岁	已故	母亲段氏八十四岁	没弟兄。妻白氏，儿子魏六年十九岁	1452
94	李稳子二十六岁	已故	已故	没弟兄、妻子	1485
95	杜沅潮五十四岁				1487
96	董复曹四十三岁	已故	已故	没兄弟、妻子	1538
97	郝治三十三岁	父亲郝大鹏	母亲白氏	兄郝芳，妻杨氏没生子女	1565
98	米如玉四十六岁	已故	已故	祖母高氏八十九岁，妻死，无子女	1658
99	张士信五十岁	已故	已故		1677
100	侯思可五十五岁	父亲侯玘正死于乾隆六十年五月	母亲张氏八十岁	兄弟侯思敬四十三岁，过继与叔，妻许氏生有一子五岁	1678
101	蔡成其六十一岁				1763
102	史守德三十六岁	已故	母亲王氏	有兄。与母亲、三弟同居	1782
103	郝进宝三十九岁	已故	已故	没娶女人	1789
104	赵小四三十九岁	父故	母在	弟兄四个，妻祁氏，生有两子	1808
105	陈元亨二十七岁	父亲陈发杰	继母秦氏	有兄，妻张氏没生儿女	1827
106	孟万银三十六岁	已故	已故	没妻子	1831
107	靳富玉六十四岁	已故	已故	有哥，妻桑氏没生儿女	1837

说明：表中第 8、9 号资料出自同一题本。

表 5.4 的资料除了出自表 5.3 所引档案之外，新增了山西人在外省的相关记载，计有序号第 50、51、52、54、55、56、57、61、65、

66、69、71、72、87、88、93、98、100、101 共 19 个事例，这些事例出自 31 件题本。① 本文所引用的题本，共计 118 件。表 5.4 中序号第 16、73、82 各例是女性，其余是男性事例。

阅读案例与表 5.4，我们看到不少人年纪较大超过三十岁未婚独身。如 9 号闫正旺三十五岁、10 号闫光有三十一岁、17 号王自名三十五岁、18 号王满四十三岁、30 号赵德成三十岁、33 号武致语三十三岁、37 号李疤则五十四岁、39 号牛招第三十三岁、44 号白幅祥子三十二岁、50 号张泽宇三十一岁、53 号任士保三十四岁、56 号罗年三

---

① 这些题本的标题与所在《辑刊》的页数如下：陕西盩厔县民高改生因索欠并被辱伊妻致死邻村段六案，第 600 页；直隶蓟州客民张泽宇因欠钱纠纷致伤杭奇身死案，第 790 页；陕西商州客民吴金玉因索欠打死湖北孝感县民杨添禄案，第 793 页；奉天辽阳州客民杨尚春因索欠打死罗万金案，第 794 页；甘肃西宁县客民贾进玉因欠钱纠纷伤蔡希玉身死案，第 806 页；北京客居山西人赵大因索欠打死北京南城人曹八案，第 814 页；直隶房山县客民煤窑工王五因索欠踢死县民田玉达案，第 822 页；直隶多伦诺尔厅高有因搬房事致死罗平案，第 842 页；陕西雒南县客民茹添得因稞种地亩纠纷砍死山西虞乡县邢养得案，第 848 页；直隶宛平县客民田瑞因租金纠纷殴死沈添明案，第 858 页；河南鲁山县封得林因债务纠纷殴伤山西凤台县来学仪身死案，第 888 页；直隶赤城县客民贾从喜为索欠扎伤雇主赵生全身死案，第 892 页；甘肃平番县客民文兆基因借欠钱文事致伤土著民李成明身死案，第 913 页；奉天海城县民赵德宽因债务戳伤客民崔得官身死案，第 955 页；河南祥符县客民韵之亮因争闹踢伤于三致死案，第 957 页；陕西甘泉县客民冯长元因还房钱事砍伤李敬儿致死案，第 958 页；山东潍县客民赵金因争揽染布活计殴伤董朴身死案，第 987 页；江西南昌县宋大发因索欠纠纷伤金学易身死案，第 992 页；奉天新民屯厅客民王观因索欠戳伤张四海身死案，第 1002 页；陕西甘泉县客民王高科因被追讨工钱殴毙同乡阮五十子案，第 1015 页；陕西府谷县客民郝增先因被疑侵吞事扎伤雇主身死案，第 1380 页；河南裕州客民宋发金因口角打死铺伙周和案，第 1392 页；直隶平泉州客民魏逢青谋扎铺主邓英儒身死案，第 1452 页；陕西岐山县客民阮元斗因工钱纠纷致伤客民秦芳身死案，第 1463 页；京城武连芳因克扣工钱被佣工田帼泰谋杀案，第 1486 页；奉天辽阳州客民李朝望将旗人庄守得戳伤致死案，第 1600 页；奉天兴京厅客民米如玉索讨借钱砍伤旗人池亮身死案，第 1658 页；京城客居民侯思可因索欠踢死满洲镶黄旗护军佟德案，第 1677 页；奉天承德县戴有德因索钱纠纷伤郭琴身死案，第 1679 页；河南孟县民段青山因口角打死杜金德案，第 1697 页；甘肃肃州伊兴因工钱纠纷殴伤雇主李真身死案，第 1763 页。

十九岁、57 号田瑞三十岁、58 号王开业五十一岁、59 号高顺义四十三岁、60 号李保山三十七岁、62 号马有财五十七岁、63 号李海三十九岁、66 号冯长元五十二岁、70 号张淋三十九岁、75 号姚礼六十二岁、77 号贾士河四十七岁、85 号蓝辉山三十三岁、103 号郝进宝三十九岁、106 号孟万银三十六岁，计有 25 例，比例较大。① 这 25 人中，三十年龄段有 17 人、四十年龄段 3 人、五十年龄段 4 人、六十年龄段 1 人。我们不排除上述事例中可能有题本记载未出现妻子而实际有或者离过婚的情况，但相信这样的事例只是个别现象。还应当注意的是，也存在较早结婚现象，如 7 号牛壮则二十二岁，女人过门七年，则牛壮则十五岁结婚。12 号武有兰二十六岁，结婚七年，则武氏结婚时十九岁。

我们还看到事主的父母长辈有很多高寿者。事主父亲年龄在八十年龄段的 1 人，即 74 号八十七岁；七十年龄段的 5 人，即 32 号七十岁、55 号七十岁、65 号七十二岁、72 号七十三岁、88 号七十六岁；六十年龄段的 5 人，即 44 号六十六岁、51 号六十一岁、57 号六十八岁、83 号六十岁、86 号六十六岁；五十年龄段的 1 人，即 87 号五十八岁。以在世有年龄记载的这 12 人来看，11 人是六十岁以上，其中 1 人七十六岁、1 人八十七岁，属于高寿。② 事主母亲年龄在八十年龄段的 3 人，即 93 号八十四岁、98 号八十九岁（系祖母）、100 号八十岁；七十年龄段的 7 人，即 41 号七十三岁、47 号七十二岁、52 号七十四岁、68 号七十九岁、74 号七十七岁、80 号七十一岁、88 号七十一岁；六十年龄段的 10 人，即 30 号六十五岁、31 号六十七岁、39 号六十四岁、42 号六十四岁、44 号六十二岁、50 号六十三岁、51 号六十岁、55 号六十八岁、71 号六十八岁、91 号六十岁；五十年龄段的 5

---

① 王跃生先生利用乾隆刑科题本制有“男性婚姻状态个案概览”一表，可知有配偶一类中，山西等北方省区处于较高水平，超过全国平均值，未婚率明显低于全国平均水平。见王跃生：《十八世纪中国婚姻家庭研究》，55～56 页，北京，法律出版社，2000。

② 《清代土地占有关系与佃农抗租斗争》上册第 224 页记载，乾隆三年山西代州人高成凤年逾八旬。

人，即 8 号五十三岁、15 号五十一岁、48 号五十二岁、57 号五十九岁、79 号五十八岁。五十岁以上 25 人，集中在六七十岁者，计有 17 人，八十岁以上的女性老者有 3 位，引人注目。上述事例表明，清中叶山西女性活到六七十岁是普遍现象，甚至活到年届九十岁，女性高寿者多于男性，且最长寿者也属于女性。人们往往认为古代人短寿，其实未必尽然，这与对于欧洲历史上人的寿命的看法颇为相似："人们经常以为中世纪的人死的年纪和平均寿命几乎不超过 40 岁或更短。但正是由于混淆了生命真正的期限，即每个人死时的年纪和平均寿命，这才虚假地缩短了年数。实际上，如果当时的人逃过了出生、幼年的危险，逃过了疾病、流行病、战争危险、工作事故或分娩之险，就可以活得和今天一样长了。"①

表 5.4 还透露出其他信息，如已婚者当中，由于出现父母的年龄，我们可以获得父母年龄差的资料。这些均为父亲年龄大于母亲的事例，共计 6 例，其中 74 号大十岁、57 号大九岁、88 号大五岁、44 号大四岁、55 号大两岁、51 号大一岁，婚龄差很不均衡，婚龄差较大者如五岁以上占了半数，有 2 例相差八九岁。山西所在的黄土高原区婚龄差较大，说明男性在婚姻市场上处于不利地位。②

在有父母子女年龄的数据中，我们可以推算出生子的年龄。42 号是母亲四十三岁所生，41 号四十二岁所生，74 号四十岁所生，79 号三十九岁所生，55 号、80 号都是三十八岁所生，8 号、30 号、68 号都是三十五岁所生，47 号、52 号均为三十四岁所生，50 号、71 号、93 号都是三十二岁所生，44 号三十岁所生，57 号二十九岁所生，88 号、100 号都是二十五岁所生，15 号、31 号均为二十三岁所生，27 号、51 号都是二十二岁所生，91 号二十一岁所生，共计 23 例。这其

---

① [法]达尼埃尔·亚历山大-比东著，陈劼译：《中世纪有关死亡的生活(13—16 世纪)》，51 页。

② 王跃生从乾隆刑科题本发现，丈夫大于妻子 5 岁以上者占有较高的比例，黄土高原区男性年龄大于女性比例和男女差 10 岁以上比例在全国处于高水平，说明该地区男性在婚姻市场上处于不利地位。参见王跃生：《十八世纪中国婚姻家庭研究》，44～47 页。

中二十岁年龄段生育的 8 例，其中 7 例在二十五岁以下，应是婚后不久生育；30 岁年龄段生育的 12 例，占到总数的一半强，其中 9 例是三十五岁以下，年育不算太大；40 岁年龄段生育的 3 例，育龄偏大。多数事主是母亲三十多岁生育的。

在有事主父亲年龄资料的场合，74 号、100 号是父亲五十岁所生，65 号四十九岁所生，11 号张月宝四十六岁生子，55 号四十岁所生，57 号三十八岁所生，44 号、72 号都是三十四岁所生，71 号、86 号、93 号三十二岁所生，83 号三十一岁所生，88 号三十岁所生，32 号、47 号、92 号二十八岁所生，87 号二十四岁所生，48 号、51 号二十三岁所生，74 号十九岁时生，以上共计 20 例，五十岁 2 例，四十岁以上 3 例，三十岁以上 8 例，二十岁以上 6 例，二十岁以下 1 例，可见当时二三十岁的父亲得子属于普遍现象。

根据对乾隆时期儿子与父母年龄差异的研究，“多子类型下，儿子与父亲的平均年龄差为 28.28 岁，与母亲平均年龄差为 24.85 岁。独子类型下，儿子与父亲的平均年龄差为 35.23 岁，与母亲平均年龄差为 33.59 岁”①。我们对嘉庆朝的上述统计，大致与此相合。

1. 生育情况。有的婚后无生育，如 7 号牛壮则二十二岁，女人过门七年没生子女。29 号张灵山四十四岁，妻过门多年，未生子女。32 号王万全四十二岁，并没子女。36 号王五则二十九岁，无子女。40 号高清明四十六岁，没生儿子。42 号崔进征二十一岁，无子。52 号杨尚春四十岁，无子女。69 号赵金山西平定州人，年三十四岁，父母俱故，有兄赵彩，女人季氏，向在潍县与同乡胡世元伙开染铺。资料未提到其子女情况，推测或无子女，或子女在原籍。80 号秦志真三十三岁，没生儿子。83 号王雨汉二十九岁，没生儿子。87 号郝增先三十四岁，未生子女。88 号宋发金四十六岁，未生子女。97 号郝治三十三岁，没生子女。98 号米如玉四十六岁，无子女。105 号陈元亨二十七岁，没生子女。107 号靳富玉六十四岁，没生儿女。以上无生育的 16 例中，二十岁年龄段的有 5 例，三十岁年龄段的有 4 例，四十岁年龄

① 王跃生：《十八世纪中国婚姻家庭研究》，220～221 页。

段的有 6 例，六十岁年龄段的有 1 例。推测当时婚后未生子女现象比较普遍。根据乾隆朝档案供词，当事人婚后 1 年或 1 年左右的时间内有生育行为者为极少数，婚后 5 年左右或 5 年以上生育与未生育者也占一定数量，而婚后 10 年以上未生育者则与夫妇生理障碍有一定关系。① 嘉庆朝婚后无生育现象可以结合这一研究结论来认识。

2. 婚后生育子女的情况。11 号张月宝五十六岁，生一子，十岁。12 号武有苎二十六岁，结婚七年，生有一子。15 号武振库二十八岁，生有三子。19 号师四娃三十八岁，生有三子。22 号王建帮五十四岁，生有二子。23 号张圪者三十八岁，生有一子。24 号石同同四十四岁，生有二子。27 号马添赐四十六岁，有一子。31 号王履亨四十四岁，生一子已死。38 号杜从幅子四十一岁，一儿一女。41 号裴甫三十一岁，一子。46 号刘进旺五十五岁，一子。47 号张添锁三十八岁，妻李氏生有两子，大儿十岁，小儿四岁。48 号贺举举二十七岁，一子，四岁。49 号乔玉书四十三岁，三子。51 号吴金玉三十八岁，一子小。54 号贾进玉四十一岁，有一子。55 号赵大供三十岁，有一女。61 号文兆基三十四岁，有一女。68 号贾万瀡四十四岁，有一子。71 号宋大发三十六岁，子四岁。72 号王高科三十九岁，一子一女。73 号韩杜氏四十六岁，三个儿子。74 号段梅喜三十七岁，长子十八岁，次子十岁。82 号张王氏五十二岁，只生一子。84 号周良小子二十七岁，一子。86 号李美三十四岁，两个儿子。89 号汤鸣玉五十四岁，有两个儿子。90 号郝维太五十五岁，有两个儿子。91 号李帼银三十九岁，三子。92 号郭逢春四十岁，一子十二岁。93 号魏逢青五十二岁，一子十九岁。100 号侯思可五十五岁，生一子，五岁。104 号赵小四三十九岁，生有二子。以上 34 例中，资料记载的方式有所不同，多言有儿子，一般似可理解为儿子，不说女儿，或也有理解为子女数，有的情况下讲子女数，但也有谈到有女无儿的情形。生育子女数量上，生有 3 子的有 15、19、49、73、91 号，共计 5 例；生有 2 子的有 22、24、47、74、86、89、104 号，共计 7 例；生有一子一女的有 38、72 号，共计 2 例；生有一

① 王跃生：《十八世纪中国婚姻家庭研究》，210～217 页。

子的有11、12、23、27、31、41、46、48、51、54、68、71、82、84、90、92、93、100号，共计18例；生有一女的有55、61号，共计2例。由于不能断定生有一子或一女是终生生育数，故生育一子数量虽多，不可以将生一子作为生育的普遍选择。不过，如果一子不包括女儿，则在生育有女儿的情况下，生一子可能会成为一些家庭选择生儿子数量的考虑。生二子、三子，在清中叶的山西应当也是较多的生育行为。根据对于乾隆刑科题本的研究，男性当事人兄弟数量个案中，弟兄数量特征是独子和两个兄弟家庭占绝大多数。全国水平的家庭平均成年男性子女数量为2.11个。① 我们的看法与此结论也比较接近。

3. 过继问题。有的家庭没有子女或没有儿子，就需要过继，这样的事例较多。如1号案例中，田贵元原姓马，给他姨母田氏做养子，名叫田贵元，属于异姓义子。32号右玉县人王万全，胞弟王世全继给胞伯王添宝做儿子。42号崔进征兄弟三个，大哥崔进财早故无子，二哥崔进禄从幼出继与胞伯崔俊为子。48号贺举举自幼过继与小功服叔贺博为子。65号韵之亮二十三岁，其兄鼠娃子出继与胞叔韵凤山为子。100号侯思可之弟侯思敬过继与胞叔侯玘威为子。上述6例中，除了第1例异姓亲戚家过继外，其余有4例均属将侄子过继给亲叔伯，有1例小功亲之间过继。过继问题有时会引起矛盾，甚至造成案件，如山西万泉县民李清连挟恨图产商同子侄谋勒兄妾身死案，其原委是：

> 李清连同胞弟兄三人，分居各爨。长李清选、次李清太、三李清连。李清太久故，遗子李英平。李清连生子二人，李刚林即其次子。李清选夫妇早故，遗妾李杨氏，止生一女，李清选无后。李杨氏因素爱李英平欲继为子，李英平之母贾氏以李英平系属独子，不愿出继。李清连欲将李刚林出继李清选承祧，李杨氏不允，买安邑县人段姓为子，改名李守达，将名字刻入李清选墓碑。李清连闻知磨去，改填李刚林名字，李杨氏阻止。迨后李清连时向

① 王跃生：《十八世纪中国婚姻家庭研究》，235～238页。

李杨氏借贷，李杨氏不肯。嘉庆六年间，李杨氏卖地，李清连阻搅，李杨氏控县断卖，李清连从此挟恨。十年十月李杨氏因李守达花费银钱，将李守达逐出。李清连复向李杨氏议继，李杨氏坚执不依，李清连恨极，蓄意谋害，图得绝产。①

此案中兄弟之间的过继因涉及独子、遗妾而造成家庭矛盾，说明中国传统家庭制度的复杂性。

4. 关于再婚问题。女性改嫁的事例，有 5 号从幼父故随母改嫁，23 号、45 号、59 号都是父故母嫁。男性续娶的事例如 12 号、48 号、87 号、105 号均有继母。男女再婚的事例相当。

5. 兄弟同居与分家问题。资料中有一些兄弟分家另过的事例，如 8 号李平英的父亲李清太同胞弟兄三人，分居各爨。11 号张月宝同胞弟兄四个，都已分居；18 号王满有分居胞兄；20 号王则香、王则佐兄弟分爨各居；21 号郭涌千五十五岁，父母、妻、子已死，与胞兄分居同院居住；34 号任三贵父母都在，与哥哥久已分居。这 5 例之外，更多的情况下是只讲兄弟几人，未言是否分居。这些未说是否同居的事例中婚姻情况如何呢？推测是未婚者有 2 例，如 3 号安保小子二十八岁，兄弟二人，应当未婚；56 号罗年三十九岁，父母早故，兄弟三人，大哥在原籍，与二哥佣工度日，应是未婚。明确是未婚者有 6 例，如 33 号武致语三十三岁，父故母存，弟兄三个；44 号白幅祥子三十二岁，弟兄四个；45 号闫三驴二十岁，父故母嫁，弟兄两个，种地度日；63 号李海三十九岁，父母俱故，一个兄弟；67 号贺攀杰二十五岁，父母俱故，一个哥子；85 号蓝辉山三十三岁，双亲在世，弟兄四个。上述未婚者，兄弟一般并未分居，这可能是由于普通男性婚姻比较困难，晚婚或不婚，所以不分居。前面提到的不少人年纪较大超过三十岁未婚独身的事例，可以证明这种推测。

已婚的事例有 22 例，即 6 号苏士纯三十岁，有妻曹氏，兄弟二人；12 号武有芸二十六岁，三个兄弟都已成家；13 号马尚祥四十八

① 《辑刊》第 1 册，115 页。

岁，弟兄三个；14 号张光智三十二岁，两个兄弟；27 号马添赐四十六岁，两个兄弟；29 号张灵山四十四岁，父母俱故，有兄；31 号王履亨四十四岁，父亲已故，母亲董氏年六十七岁，三个兄弟；36 号王五则二十九岁，父母俱在，两个哥哥；38 号杜从幅子四十一岁，父故母在，一个兄弟；41 号裴甫三十一岁，父故母在，弟兄三个；42 号崔进征二十一岁，兄弟三个，大哥早故无子，二哥从幼出继；61 号文兆基三十四岁，在外地开铺，父母俱故，弟兄三人；69 号赵金三十四岁，父母俱故，有哥；72 号王高科三十九岁，父在母故，弟兄二人；86 号李美三十四岁，双亲在世，弟兄三个；87 号郝增先三十四岁，父存母故，有兄弟郝小保子，年三十一岁；88 号宋发金四十六岁，双亲在世，兄弟宋发宁、宋发禄都已成丁；91 号李幅银三十九岁，父故母在，四个兄弟；97 号郝治三十三岁，在外地种地，双亲在世，有兄郝芳；104 号赵小四三十九岁，父故母存，弟兄四个；105 号陈元亨二十七岁，有哥；107 号靳富玉六十四岁，父母俱故，有哥子。这些已婚事例，揆情度理，有未分居的，也有同居的，应当是民间比较普遍的现象。

有的叙述较详，帮助我们理解同居的事例，如 45 号闫三驴年二十岁，父故母嫁，未婚，弟兄两个种地度日。年轻未婚的闫氏兄弟自然无分家的必要。而 102 号史守德年三十六岁，有兄守谦已婚、弟守法，父亲已故，母亲王氏因守谦吃酒闹事不听管教，令其分开另住，守德与母亲、三弟同居生活。母亲王氏让长子分居主因是儿子的品德问题，而不是已婚。这两例同居的当事人都较年轻，而分居的事例中当事人年纪较大者多，如 11 号五十六岁，18 号四十三岁，20 号王则香的儿子王滚子二十三岁，则香当是四五十岁的人。不过 34 号二十七岁，则分居时年龄较轻。根据目前掌握的资料，我们判断，清中叶山西兄弟成人或成家分居与同居可能都占有相当大的比例。

分居同院居住的情况也存在。如 21 号孝义县郭涌万、郭涌千兄弟，分居同院居住。27 号汾阳县马添赐四十六岁，父亲已故，母亲六十八岁，两个兄弟，女人张氏，一个儿子。与胞叔马登士已经分爨，同院居住。

父母的赡养由诸子分担。有的置办养老地，兄弟轮流照顾老人吃饭，如霍州退沙村人张兴太，年四十一岁，父亲和生母已故，与继母张邢氏生活，张兴顺是继母生的兄弟，向来同居。六年正月，母亲把他们弟兄分开，母亲在兄弟两家按月轮流吃饭。仍留母亲养老水地一亩，言明兄弟分年承种，收下粮食给母亲一半。春间母亲先叫张兴太种麦子，后来收麦九斗，张兴太因欠债被人逼讨，原把这麦子先粜钱一千九百八十文还账。原想把自己场里割下的麦子三两日碾打补还。五月初八日下午，张兴太从地里回家，母亲在院子里要他给分麦子，他隐瞒不过，把粜麦还债、停日就补还的话告知。母亲不依，嚷骂，跳窑碰伤左额角致死。① 还有的父母与一个儿子居住，其他儿子送米养赡，如平阳府临汾县王克义有子王则香、王则佐，兄弟分爨各居，父母跟王则佐过活，王则香久在外边生理，每月是侄子王滚子送米养赡父母。② 如系独子，自然有赡养父母的责任，如山西太原府祁县人杨尚春，年四十岁，出关多年，在辽阳州刘儿堡开铺生理，原籍有母亲李氏，年七十四岁，并没兄弟，常寄银钱养赡母亲。③

二、从骂人看生活特性

称谓反映人际关系，日常生活中人们为了改善人际关系，称呼他人采取互相尊敬的形式，礼貌待人；但当发生冲突时，则采取取消尊称、破坏尊严、侮辱对方所尊敬者等方式。因此冲突中的骂人话语，可以映射出人们所重视的人际关系、隐私与价值观。

许多刑案往往从纠纷开始，经当事者互相骂人导致升级，出现命案。刑科题本中的供词对这种骂人有一般性的叙述。如山西朔州民任

---

① 《辑刊》第1册，23页。按：乾隆十八年山西宁武府五寨县陆应魁将地五百二十四垧，自除养老地四十垧，余俱四子按股均分，应魁与继妻、继妻所生长子等同居。参见《清代土地占有关系与佃农抗租斗争》上册，23页。又，乾隆时期平遥县武德喜、武德顺、武德章兄弟分居另灶，轮流赡养母亲，母有未分的养老地一段，种了南瓜，大家浇灌。参见王跃生：《十八世纪中国婚姻家庭研究》，383页。

② 《辑刊》第1册，285页。

③ 《辑刊》第2册，794页。

三贵因讨欠纠纷伤张荣身死案，据任三贵供，他曾借欠同村张荣麦子、谷、钱，立有借约。嘉庆五年五月十二日上午，他从外村宰羊回来，赚得二百文钱。走到村外撞遇张荣，向他讨要前欠，他把二百文钱拿出，叫他收了再算。张荣不依，说他延挨，不顾脸面，立逼本利全还。他生气争论，张荣叫骂，他回骂，张荣扑打，他顺用宰羊刀抵扎两下，伤他左肋倒地。张荣越发辱骂，说要告官把任三贵问罪。任三贵一时气极，起意把他致死。① 叫骂、回骂，进一步辱骂，不断升级。一般情况下供词并无骂的内容②，然而有些供词则说出了骂人的对象，强调自己忍无可忍，借此我们可以了解到当时最伤人的骂语是哪一方面的事情。

不同的性别对于骂人伤害的感觉不同，女性最不能忍受的是涉及贞节的骂语。③ 如夏县民妇武裴氏因闻其夫之堂弟武振库秽语投井身死案，据武振库供：武裴氏是已故小功堂兄武振仓的女人，他合堂伯母武阳氏婆媳两人孀居过日，雇族兄武居文耕种地亩，嘉庆十六年七月二十四日，去向伯母武阳氏借用粪桶。伯母还没答应，堂嫂在旁说

---

① 《辑刊》第2册，511～512页。

② 个别资料很难得，如乾隆朝刑科题本中山西托克托城三盖村有吴廷臣与郭兴泰伙种蒙古人地，二人发生纠纷，郭兴泰骂吴廷臣“小忘八蛋”，参见《清代地租剥削形态》上册，270页。“忘八蛋”，即谓“王八蛋”，清中叶考证学者赵翼释为“俗骂人曰杂种”之语，又指出“王八”“明人小说又谓之‘忘八’，谓忘礼、义、廉、耻、孝、悌、忠、信八字也”。参见(清)赵翼著，栾保群、吕宗力校点：《陔余丛考》卷三八“杂种、畜生、王八”条，811～812页，石家庄，河北人民出版社，1990。

又如泽州沁水县许共保不允地主王蛮娃重扬租谷逼索全租一案中，王蛮娃一定要量足租谷，据王蛮娃供词，“许共保就骂说，老子今日偏不量，看你这水蛋把老子怎样呢？……小的又向他讨要，说你今日若不全还，老子也就不走了。许共保越发叫骂起来。牵及小的父母，小的也回骂了两句。”参见《清代土地占有关系与佃农抗租斗争》下册，680页。“水蛋”，河北北部方言近似山西，亦流行骂人语言“水蛋壳”，或释为王八生的孩子。

③ 大约同时代的欧洲“最普通的侮辱形式是质疑女人的贞操。这种侮辱特别普遍，而且效果非常明显”。这说明人类社会的相似性。引文见[法]菲利浦·阿利埃斯、乔治·杜比主编：《私人生活史》第3册，519页。

明日自己要用。"小的村他小气，堂嫂说方才武居文已来说过，明日要浇地亩，实在自己要用，村斥小的不该硬要借。小的生气，原说'武居文又不是你的男人，为什么该由他做主'。堂嫂听了就不依，哭嚷。伯母也把小的村骂。小的自知失言，当时走回。后来听得堂嫂因被小的村辱常要寻死，小的害怕。二十六日央了堂嫂的哥子裴凌汉去给堂嫂赔礼，堂嫂不肯见面，小的无奈走回。不想到二十八日早堂嫂竟投井死了。"①

再如榆次县民段梅喜因索欠辱骂韩杜氏致自缢身死案，据韩杜氏供：她四十六岁，男人已故，三个儿子，因违反村规没有挑渠而使水被罚款，其男人的表弟段梅喜垫钱完案。"九月二十五日黄昏时，小妇人合儿子韩宗并儿媳都在房里闲坐，段梅喜酒醉进来，声嚷讨钱。小妇人因他讨得紧急，原说我家本不认罚，谁叫你垫钱。段梅喜合小妇人争吵，骂小妇人'这样混赖，不如养汉当娼赚钱'。小妇人气极，拿桌放磁碗砸碎，用磁片在头上划了两下，要合段梅喜拼命，儿子劝住。……小妇人守节二十来年，被段梅喜这样辱骂，还有何颜做人。"这是一段难得的女性供词。后据韩杜氏的儿子说："母亲哭了一夜，小的劝慰报案，验讯。不想二十七日晚间、二十九日早上，母亲两次乘空上吊，都是小的合女人看见解救。以后日夜防范解劝，母亲总不言语不肯吃饭，到十月初八日早上死了。母亲实是段梅喜辱骂气极绝食身死的。"②

以上两案均系寡妇不堪忍受将其比作偷汉、当娼而自杀，法律在这方面保护妇女的名誉，维护贞节观念，这两起案件都依据"因他事与妇女口角、詈骂，妇女一闻秽语，气忿轻生，杖一百流三千里例，应杖一百流三千里，至配所折责四十板"处理。清中叶的国家极力维护女性的贞洁观念，民间则显示出女性对贞节观念的重视。

男性最不堪忍受的是辱骂父母与祖先。辱骂祖先的事例较多，如盂县民韩泳渌因卖地银殴毙堂弟媳韩氏案，韩泳渌供：嘉庆二十三年

① 《辑刊》第 1 册，208 页。

② 《辑刊》第 2 册，1039～1040 页。

二月十六日早，他同儿子韩有喜到河滩地内做活，韩氏从地旁走过，说要进城告状。“小的拦阻，韩氏混骂，小的拾起地上木柴打伤他右手腕、两腿。韩氏撒赖，躺地乱骂，儿子上前扶劝，韩氏不理，还牵及祖宗嚷骂。小的生气，要索性打他一顿，把韩氏上身按住，叫儿子殴打。”①韩泳渌不能忍受韩氏混骂、乱骂，“还牵及祖宗嚷骂”。再如高平县民闫三驴欠钱殴伤闫节方身死案，据闫三驴供：他与闫节方打斗中，“闫节方仍复躺倒，牵着小的祖宗越发辱骂，小的又因石块打了他右胯、右脚踩上两下”②。又如崞县民石虎虎因重利盘剥被贺举举等殴伤身死案，据贺涌涌供：在贺举举、贺涌涌与石虎虎争殴中，“那时贺邵、贺泳盛，走到查问劝解，因石虎虎牵及贺姓祖先辱骂，贺邵用木拐杖打了他右胳膊上两下。贺泳盛拾起断木棍，也打了他右胯上三四下。石虎虎住口，贺举举又抓起一把石灰擦他两眼，歇手直散”③。还有榆次县郝进宝因财产纠纷砍死义父无服族兄智文炳案，据郝进宝供称：“智文炳说小的是异种，牵骂郝姓祖先。小的因他骂得刻薄，一时起意致死。”④以上四例的供词中都说骂人者牵连对方祖宗、祖先，最后一例还说对方是异种，可见辱骂对方祖宗是最伤人的话，祖先崇拜是人们最重要的价值观。

辱骂父母的有三例。妻子骂公婆的情形，一是潞安府壶关县南河村牛壮则因口角将妻牛高氏致死案，牛壮则二十二岁，向在直隶长垣县妻父高勇忠铺内作伙。嘉庆十年十月内，牛壮则托妻叔高勇孝寄回纹银十两交给女人转交母亲收存。十一月初五日傍晚，他回家查问银两，女人说没有交给母亲，自己要做衣服，藏在柜内。牛壮则生气把女人村骂，一面开柜找取银两，另行收藏，就到母亲房内喝酒说话。起更时牛壮则酒醉回房，女人已经脱衣睡下，牛壮则上炕要合女人同睡。女人说他不肯给银做衣，并没夫妻情分，把他推开，不叫同睡。

---

① 《辑刊》第1册，356页。
② 《辑刊》第2册，676页。
③ 《辑刊》第2册，741页。
④ 《辑刊》第3册，1789页。

牛壮则打她臀上一拳，没有成伤。“女人牵着小的父母哭骂，小的生气摸取炕壁上挂的小刀向他腿上吓扎一下，女人两脚乱蹬，小的又扎他一下，不料黑暗中伤着女人产门、左腿，女人喊叫……到七日早女人因伤死了。”①据牛壮则说老婆哭骂他的父母，他才动刀的。我们看到牛壮则在岳父店铺挣到纹银十两，对于一般家庭而言是一笔不错的收入，可能这也是得到了岳父的关照，但是他不善处理婆媳关系、夫妻关系，还动手打人，酿成惨案。此案也反映出该家庭关系中，母子关系重于夫妻关系，母亲具有家长的地位。

二是太原府交城县马尚祥砍死妻马曹氏案，马尚祥四十八岁，父母俱故，妻马曹氏过门多年，生有子女，向来和睦。近因马尚祥把家产陆续卖完，缺少衣食，就常吵闹。十四年十月初十日，马尚祥因家无用度，往邻村找相好借贷，没遇到。傍晚回家，妻见夫空手回来，又吵闹。马尚祥劝慰，女人不依，说不能常受冻饿，叫马尚祥把她或休或卖，不愿与他过日。马尚祥生气嚷骂，女人就拿菜刀要拼命。马尚祥夺获菜刀，致把左手中指划伤。女人夺刀，他用刀砍伤她右手背、右臂膊。马尚祥说“女人坐地撒泼，牵着小的父母辱骂。小的一时气忿，要杀死他”②。此案因家庭贫穷，夫妻关系恶化，妻子希望离婚脱离困境，纠纷中丈夫杀死老婆，酿成人间悲剧。丈夫也说不能容忍老婆骂他的父母。

三是男性之间的辱骂父母事例，如陕西府谷县客民郝增先因被疑侵吞事扎伤雇主身死案，郝增先供：他是山西忻州人，嘉庆九年四月里孙名升邀郝增先在他铺内帮做生意，十二月二十一日早，郝增先在柜房里查对账目，孙名升走进斥说他侵吞账粟，将账簿拿去，立逼其

---

① 《辑刊》第1册，110～111页。

② 《辑刊》第1册，153页。按：祁县人王狗子卖柴营生，与董氏结婚八年，生有一男一女，家贫夫妻经常争吵。乾隆四十七年三月，丈夫因赚不出钱买米，妻子咒骂丈夫不如早死，她好另嫁人，免得受穷。归化城葛凌云佣工，乾隆五十四年因穷困难过，与妻子商量把她嫁卖，妻子允从。这些事例说明贫穷导致婚姻难以为继，争吵不在话下，嫁卖也有一定的普遍性。转引自王跃生：《十八世纪中国婚姻家庭研究》，15、104页。

出铺。“小的向他分辨，孙名升不依，混骂，并提起柜边布靴向打，小的将身闪过，顺取桌上小刀抵格，伤着他左太阳穴。孙名升复拿靴扑打，小的用左手把靴格落在地，孙名升弯身拾靴，小的见他拾靴，怕他又打，随用刀扎伤他左后胁跌地。他更加辱骂，伤及父母，小的一时气忿，起意把他扎死。”①辱骂父母在此案中起到火上浇油的作用。

男女都不能容忍辱骂家里的女性被其他男子占有。如夏县民师四娃因当衣未还谋杀小功服兄师佐致死案，据师四娃供：嘉庆十七年三月间，他向师佐借了两件衣服，当银二两五钱使用，没有赎还。“十八年四月初七日，师佐又去催讨，还嚷说小的没钱赎衣，有钱娶媳，该把媳妇给他睡觉的话。小的因他屡次凌逼，复又出言刻薄，心里忿恨，起意把他致死的。”②这是不能容忍辱骂媳妇。此外，归化城厅客民贾万瀣索欠砍伤张成章致其身死一案中，据贾万瀣供：“嘉庆十九年三月里，张成章说他有三十亩地还没籽种，叫小的给他麦子，将来成熟均分，小的应允。当给他二斗麦子。六月初十日晌午，知张成章麦子收割，过去分麦，张成章翻悔不给。小的不依争闹，张成章把小的踢打，小的打他不过逃回。心里气得慌，向女人告诉，女人劝慰。小的出街喝一会酒回家，见女人啼哭，向说被张成章走去叫骂，说叫小的把女人给他睡觉，就分给麦子的话哭的。小的因张成章先不分麦，把小的踢打，还上门糟蹋，实在气极，起意把他杀死泄忿。”③这是妻子、丈夫均不堪受辱，丈夫于是起意杀死骂人者。夫妻关系要求女性贞节，从一而终，对于男性来说，其具有独占性的权利与保护女性贞节的责任，辱骂家里的女性被其他男子占有侮辱性极强。

此外，还有一些称谓用语被认为是不礼貌的，容易引起争吵的升

---

① 《辑刊》第3册，1381页。按：乾隆十九年山西忻州静乐县孙勤与孙日启是无服弟兄，因佃种土地发生纠纷，争斗中孙日启牵着孙勤父母辱骂，孙勤用石块又打了他头一下，后孙日启身死。参见《清代土地占有关系与佃农抗租斗争》上册，237页。

② 《辑刊》第1册，240页。

③ 《辑刊》第2册，983页。

级。如自称“老子”，某种程度上等于骂对方“儿子”。① 直接称呼对方的名字，被认为不尊敬。②

供词中，还往往提到村骂、混骂、跳骂等，都是加剧冲突的诱因。《大清律例》的刑律中有骂詈罪，下设骂人、骂制使及本管长官、佐职统属骂长官、奴婢骂家长、骂尊长、骂祖父母父母、妻妾骂夫期亲尊长、妻妾骂故夫父母8项，下面讨论一下与上述事例有关的内容。

骂人项规定：“凡骂人者，笞一十。互相骂者各笞一十。”骂祖父母父母项规定：“凡骂祖父母、父母及妻妾骂夫之祖父母、父母者，并绞。须亲告乃坐。”妻妾骂夫期亲尊长项规定：“凡妻、妾骂夫之期亲以下缌麻以上(内外)尊长，与夫骂罪同。妾骂夫者，杖八十。妾骂妻者，罪亦如。若骂妻之父母者，杖六十。并须亲告乃坐(律无妻骂夫之条者，以闺门敌体之义恕之也。若犯，拟不应笞罪可也)。”③我们前面论述的案例涉及这些刑律，但是法官在处理案件时，并未就有关骂人的问题究责。这可能是案件涉及的骂人都不是“亲告”，而且案件本身的严重程度至死人，远远超过了骂人，故未将骂人作为刑事案件处理。不过，辱骂女性致死，则受到刑罚。从供词可以看出，当事人显然知道骂人特别是骂对方的祖宗、祖父母、父母是极其错误的事情，强调对方的违反人伦以及自己的忍无可忍，以此获得法官的同情。

三、移民外省谋生

山西人有经商的传统，外出经商与佣工者很多。刑科题本反映出小商小贩和佣工者的谋生手段与活动地区，反映出山西人的生活特色，

---

① 乾隆朝刑科题本中，山西归化城布塔齐村蒙古人那速图租地给褚万禹，褚万禹为那速图代赊酒油，二人产生纠纷，褚万禹说，“怎么老子替你还了油酒钱”，那速图回复，“你靠老子地亩养活哩”，参见《清代地租剥削形态》下册，728页。

② 《清代土地占有关系与佃农抗租斗争》上册第223页记载，乾隆三年山西代州人赵元卿与人争嚷，高天育从旁解劝，呼唤赵元卿姓名，赵元卿嗔怪，亦直呼高天育之名，彼此角口，“高成凤以伊子高天育系赵元卿无服长亲，且因劝被辱，心怀不平。”

③ 乾隆《大清律例》卷二九《刑律·骂詈》，《文渊阁四库全书》本，第973册，28、31页，台北，“商务印书馆”影印本，1986。

表 5.4 的案例以及山西人在外省的题本数量较多充分说明此点。

山西省界临蒙古、陕西、甘肃、河南、直隶与京师，山西人主要到邻近的这些地方经商、佣工。到京师的有 4 例，如 55 号太原府榆次县人赵大，年三十岁，父母妻女俱在原籍贤惠村居住。他于嘉庆五年十月间来京，在正阳门外三里河大街元贞寺胡同口外，与郭大伙开煤铺生理，赚得钱文寄回养赡父母。再如 57 号太原府太谷县人田瑞三十岁，家有双亲，并无弟兄，自幼在京佣工度日。又如平定州寿阳县人杜沅潮五十四岁，来京种菜园生理。① 还有 100 号汾州府平遥县北家庄人侯思可五十五岁，家有老母，妻、子俱在原籍居住。他于嘉庆三年十月来京，在东直门内四眼井地方开茶铺生理。来京师的平遥、太谷、榆次、寿阳人属于山西中部地区，在京师经营煤铺、茶铺，种菜、佣工。②

到直隶的有 6 例，即 1 号汾州府汾阳县人马如洪，三十六岁，佣工度日。叔兄田贵元、马如彪合伙在伊噜格河地方贸易，雇他随同，他们往多伦诺尔卖了牲口置买物件。马如彪还去了张家口，又到库伦，还要往恰克图。田贵元之子田登科与马如洪到了喀拉河地方，因雪大牛毙，将茶砖二十块寄放在彼居住之民人曹玉恭家。此项茶砖内有田登科铺子里的砖茶十块，有马如洪的十块。多伦诺尔厅位于直隶北部，是蒙古族居住区，往北可达俄国的恰克图，山西人在这一带经营茶叶贸易。③ 50 号太原府太谷县人张泽宇，三十一岁。父亲已故，原籍有母亲白氏，六十三岁。他并没弟兄、妻子，一向在直隶蓟州桑梓庄开酒店生理。再有王五籍隶山西，与同县民人陈九龄子、王士得、陈三并伊弟王七均流寓房山县，在李子树、陈科煤窑佣工。④ 还有 56 号大

① 《辑刊》第 3 册，1487 页。

② 有关清代乾隆以后档案揭示的山西人在北京经商的情况，可参阅郭松义：《清代北京的山西商人》，载《中国经济史研究》，2008(1)。

③ 有关山西商人在多伦诺尔、张家口、库伦、恰克图经商，从事茶叶贸易的情况，可参考黄鉴晖：《明清山西商人研究》，115～121 页，太原，山西经济出版社，2002。

④ 《辑刊》第 2 册，823 页。

同府天镇县人罗年三十九岁，父母早故，兄弟三人，大哥罗太现在原籍，二哥罗平与他同在直隶多伦诺尔厅他尔归佣工度日。又有太谷县人赵生智、赵生全兄弟，同在直隶赤城县松树堡居住，开设豆腐铺生理。① 更有93号太原府榆次县人魏逢青五十二岁，向在承德府平泉州邓英儒、张朝沅、侯万仓、康生汉、魏礼们杂货铺里做伙计。到直隶佣工、经商的山西人也以太原府以及以北地区为多，主要从事贩茶、开酒铺、煤窑佣工、开豆腐铺、杂货铺伙计等工作。

到陕西的有6例。如51号山西虞县(疑为“虞乡县”之误)人吴金玉，三十八岁，家有父亲六十一岁，母亲六十岁，没有弟兄，女人张氏，一个儿子年纪还小。他一人来陕西商州开杂货铺生理。再如蒲州府虞乡县人邢养得、邢养孝兄弟，寄居陕西雒南县种地度日。② 又如66号汾州府临县人冯长元五十二岁，父母俱故，没有弟兄、妻子，来延安府甘泉县佣工度日。还有72号蒲州府荣河县人王高科三十九岁，父亲七十三岁，母亲已故，弟兄二人，其兄、妻与一子一女都在原籍。嘉庆二十三年二月里，他到延安府甘泉县牌庙儿沟租种山地度日，雇同乡阮五十子帮做短工。又如，87号忻州人孙名节与从堂兄孙名升在榆林府府谷县石板儿滩各开货铺生理，忻州人郝增先三十四岁，父亲五十八岁，继母三十五岁，兄弟郝小保子三十一岁，娶妻张氏，携家在府谷县十四年了，平日帮伙度活，嘉庆九年四月里孙名升邀他到铺内帮做生意。此外，山西客民秦芳在凤翔府岐山县桃川里开纸铺，雇湖北兴国州人阮元斗到他铺里帮做生意。③ 这些事例除了开设杂货铺、纸铺外，两例种地的引人注意。陕西比山西地广人稀，故山西人来陕种地谋生。居陕的晋人主要来自毗邻的蒲州府、汾州府。

到甘肃的有3例。如54号平阳府曲沃县人贾进玉四十一岁，父母俱故，女人李氏，生有一子。向在西宁府西宁县田家庄地方寄居，卖布营生。再如61号绛州人文兆基三十四岁，父母俱故，弟兄三人，妻

① 《辑刊》第2册，892页。

② 《辑刊》第2册，848页。

③ 《辑刊》第3册，1463页。

刘氏，生有一子。一向在凉州府平番县红城堡开杂货铺生理。又如101号汾州府汾阳县人蔡成其六十一岁，于嘉庆十三年从归化城前来三音诺彦部落额尔德尼班第达呼图克图旗下贸易。有山西太原府徐沟县的民人李真亦在该旗地方居住，来甘肃省肃州天仓坝地方驮买米面与蒙古人交易。李真雇天仓坝人伊兴、裴应玉拉驼佣工，到蒙古三音诺彦部落地方插账居住贸易。① 到甘肃的山西人事例比较分散，从事的工作有卖布、开杂货铺、贩卖米面、拉驼佣工等。

到河南的有4例，如泽州府凤台县人来学仪，在河南鲁山县袁某的杂货铺内做伙计。他的胞兄来学礼在淮宁县周家口做生意。② 还有65号太原府徐沟县人韵之亮二十三岁，父亲七十二岁，母亲已故，哥子鼠娃子出继与胞叔韵凤山为子，别无弟兄，也没妻子，来祥符县朱仙镇吴德义铺内帮工，与于三素识，并无嫌隙。吴德义铺内发卖货物，向雇于三小车推送。又有65号徐沟县人韵之亮二十三岁，父亲七十二岁，母亲已故，来河南开封府祥符县朱仙镇吴德义铺内帮工。再有88号汾州府介休县人宋发金四十六岁，双亲俱已七十多岁，兄弟宋发宁、宋发禄都已成丁，女人李氏没生子女。他借领李彭年本钱来南阳府裕州增福里开设杂货铺面。更有太谷县人杜金德、杜金和兄弟，赶有骒马四十匹，往河南府售卖。③ 赴豫的晋人以山西南部人为多，主要在杂货铺里帮工，也有开杂货铺的。

除了上述省份，山西人也到较远的地方谋生。闯关东的多达6例。如52号太原府祁县人杨尚春四十岁，出关多年，在辽阳州刘儿堡开铺生理。其父已故，原籍有母亲七十四岁，没有兄弟，他娶妻但没有子女。再如太原人崔宗范，出关多年，在奉天海城县牛庄西关永德碾房吃劳金为生。④ 又如王观原籍山西，其高祖就到奉天新民屯厅大树屯

---

① 《清高宗实录》卷五〇二，乾隆二十年十二月庚戌记载："晋省归化城、朔平府一带，商贩驼只甚多。"(中华书局，1986年)其中应包括拉驼佣者。

② 《辑刊》第2册，888页。

③ 《辑刊》第3册，1697页。

④ 劳金，旧时地主给长工或老板给店员的工钱。参见《辑刊》第2册，955页。

居住种地度日。① 还有李朝望籍隶山西，嘉庆十年四月来至奉省辽阳界八卦头堡，其胞弟李朝章在彼开设酒铺生理，将伊荐至城外烧锅佣工。② 更有 98 号太原府太原县民米如玉四十六岁，原籍在城里北街居住，家有祖母八十九岁，父母早故，胞叔米灿、米粹。妻死并无子女。嘉庆六年出关，来到奉天府兴京厅汪清河屯开酒铺生理。此外，太原府太原县民武成有年四十岁，原籍在三贤村居住，父母早故，家有女人、儿子。嘉庆五年三月，他在沈阳德盛门外与同县老乡张秉贵伙开饭铺。十月、十二月先后雇山东东昌府堂邑县民郭琴、承德县戴有德进铺做劳金伙计。③ 以上事例多是太原府人到奉天谋生，有 4 例为开铺经营酒、饭等，此外是佣工。

有到山东谋生的山西人。69 号平定州人董兆在寿光县染布生理，胞兄董朴与服弟董寿在昌邑县开设染铺。同是平定州人的赵金一向在潍县与同乡胡世元伙开染铺。

还有到江西谋生的山西人。71 号汾州府介休县人宋大发三十六岁，父亲已故，母亲六十八岁，并无兄弟，娶妻任氏，生有一子年四岁。他的表兄王晋丰向在鄱阳县地方开张钱店，宋大发在该店工作。

到外地谋生者，会寄居他人房屋，与主人或其他寄居者同院杂居。如 54 号山西曲沃县贾进玉四十一岁，甘肃西宁西安田家庄地方寄居，卖布营生，与蔡希玉同院邻居。55 号山西榆次县人赵大来京开煤铺生理，他见到有曹八与陈大同院住。

概言之，普通山西商贩与佣工者主要活动在华北、东北、西北三北地区的直隶北部、辽沈地区、陕甘地区，这些地方相对地广人稀，还在开发。冯尔康先生在嘉庆朝刑科题本中的流动人口资料中，发现闯关东的一些预兆，我们的探讨进一步证明这一事实的存在，且得知山西人是其中的一部分。冯先生还指出，18 世纪末 19 世纪初山西人流向内蒙古南部是当时人口流动的特点之一，所谓内蒙古南部，确切

---

① 《辑刊》第 2 册，1002 页。

② 《辑刊》第 3 册，1601 页。

③ 《辑刊》第 3 册，1679 页。

地说是指现在内蒙古与河北、山西连接部的一些地方。① 情况确实如此，关于山西省管辖的北部汉蒙杂居地区，如归化城直隶厅、萨拉齐直隶厅、清水河直隶厅、托克托直隶厅、宁远直隶厅等的山西人活动事例，下面的论述中会多次出现。到外省谋生的山西人以开设店铺与佣工为多。

四、店铺生计与日常生活

清中叶山西人经营的店铺反映了日常生活的的需要，换言之，如欲了解当时的生活，可以从商业流通与人们从事的工作方面获得信息。这自然应从物质生活的消费方面考察。

1. 餐饮方面

山西人开设肉铺、酒铺、饭铺及饼铺者较多，饮食质量较高。山西生产小麦，面食有名，有人开设饼铺或走街串巷卖饼。如平遥县人曹添理在霍州灵石县旌介村开设饼铺生理②，忻州人董复曹在归化城沙尔沁村卖面饼生理。③

更多的事例是经营饭铺。隰州张月星、张月宝兄弟在一处开饭铺生理，嘉庆九年张月星因张月宝把饭铺本钱用光，关了铺子。④ 太原府太谷县范村杜从幅子到和顺县椒红寺庙会开铺卖饭，雇范合魁帮工。⑤ 太原府阳曲县向阳镇有刘璠饭铺，文中将该铺也称作饭店。⑥ 祁县任昌泰在托克托城厅开饭铺生理。⑦ 这些饭铺(饭店)应当主要经营面食。潞安府长治县西池村王月则做厨工手艺⑧，有可能受雇于饭铺。

---

① 冯尔康：《18世纪末19世纪初中国的流动人口——以嘉庆朝刑科题本档案资料为范围》，载《天津师范大学学报》，2005(2)。

② 《辑刊》第3册，1234页。

③ 《辑刊》第3册，1538页。

④ 《辑刊》第1册，123页。

⑤ 《辑刊》第2册，538页。

⑥ 《辑刊》第2册，594页。

⑦ 《辑刊》第2册，924页。

⑧ 《辑刊》第2册，560页。

经营酒铺者也较多。太原府兴县裴家全村裴文槐在本村开酒铺生理。① 太谷县人张泽宇向在直隶蓟州桑梓庄开酒店生理，蓟州马房庄住民杭奇也开酒铺生理，时常到张泽宇的铺里取酒转卖。张泽宇也将自己的酒铺称为酒店，称杭奇的酒铺为小酒店，可见酒铺与酒店通用，张泽宇的酒铺较大，杭奇的酒铺较小，杭奇从张泽宇处取酒转卖，张泽宇类似批发商。② 山西李朝章在奉天辽阳州八卦头堡开设酒铺生理。③ 太原府太原县米如玉嘉庆六年出关，来到奉天兴京厅汪清河屯开酒铺生理。④ 办喜事更离不开烧酒、麻油。⑤

引人注目的是开设肉铺者不少。太原府阳曲县大盂镇白幅祥子先同父亲白万云在镇上开铺卖肉。嘉庆十四年，白万云打发白幅祥子到口外开肉铺生理，十九年三月白幅祥子因折本回家，仍在父亲铺里同做买卖。⑥ 汾州府介休县义安村吕承元在村开设肉铺，祁县人吕根娃嘉庆十七年到大盂镇寻工，因没有雇主，无服族兄吕承元收留吕根娃在他铺内挑担卖肉，吕承元儿子吕玉小、吕黄毛都挑担出外卖肉。⑦ 与肉铺密切相关的是饲养与屠宰业，相应也比较普遍，大同府大同县河东窑村人赵诚，嘉庆六年正月雇前母赵氏的侄儿即表弟赵德成牧羊，讲定每月工钱九百文。⑧ 朔平府朔州张家堡村人任三贵，嘉庆五年五月十二日上午，他从外村宰羊回来，赚得二百文钱。⑨ 潞安府长治县桑梓镇秦二孩开宰杀铺。⑩ 从上述资料来看，当时山西养羊、出售羊

① 《辑刊》第1册，53页。

② 《辑刊》第2册，791页。

③ 《辑刊》第3册，1601页。

④ 《辑刊》第3册，1658页。

⑤ 乾隆朝刑科题本中，山西归化城布塔齐村蒙古人那速图因要娶亲，褚万禹为那速图代赊四壶烧酒、二斤麻油，参见《清代地租剥削形态》下册，727页。

⑥ 《辑刊》第2册，674页。

⑦ 《辑刊》第2册，956页。

⑧ 《辑刊》第1册，420页。按：乾隆二十四年，贺纪年受雇于山西平阳府岳阳县半沟庄徐世荣家放羊，参见《清代土地占有关系与佃农抗租斗争》下册，617页。

⑨ 《辑刊》第2册，511页。

⑩ 《辑刊》第2册，570页。

肉较为普遍，换言之，人们较多地吃到羊肉等肉食，因为上述记载多发生在乡村，说明肉食具有一定的普及性。

食用油方面，猗氏人王崇亮和弟弟王崇奇及荆泳谷到汾阳，于嘉庆元年合伙开油坊，王氏兄弟出钱 30 千文，获利王氏兄弟得一分六厘，荆泳谷得一分。①

山西人也喝茶汤。②

山西人一般食麦。如太原府榆次县王石氏知出嫁徐沟县晋仪村的女儿患病，欲往探望住歇几日，向儿子王建帮取一斗五升麦，带往食用。③ 当然，贫穷者野菜度日也有。代州五台县湾子村安保小子寄居直隶灵寿县，与湾子村相近。嘉庆七年六月初四日，安保小子回家因没吃用，拿了菜刀去地里掘野菜，顺便摘了一斤多黄花菜，同布鞋一双来湾子村变卖，得钱籴了五升莜麦。④ 莜麦是山西北部的重要食物。人们千方百计获取食物，如汾州府汾阳县马添赐年四十六岁，拿小刀在门前蜂窝收取蜂蜜。⑤

托克托城厅客民马有财因索欠起衅砍伤任昌泰身死案中，祁县任昌泰在托克托城厅开饭铺、临县人马有财开杂货铺，任昌泰央马有财代赊荞面四十斤。⑥ 荞面是山西人的杂粮之一。

代州马站村人姚礼，向在山西北部蒙汉居住区乌拉特西公旗达赖贝子巴拉亥托亥地方卖烟酒营生，与喇嘛卜颜大赖素识没仇。卜颜大赖欠姚礼酒钱五百八十文，屡讨没还。五年八月十六日，姚礼去讨，卜颜大赖给糜子一斗七升抵欠，姚礼不收。十八日午后，姚礼又去讨

① 转引自冯尔康：《18 世纪末 19 世纪初中国的流动人口——以嘉庆朝刑科题本档案资料为范围》，载《天津师范大学学报》，2005(2)。

② 乾隆朝刑科题本中山西太原府阳曲县光社村人张天文“向卖茶汤生理”，参见《清代地租剥削形态》上册，313 页。

③ 《辑刊》，第 1 册，308 页。

④ 《辑刊》，第 1 册，31 页。

⑤ 《辑刊》，第 1 册，384 页。

⑥ 《辑刊》第 2 册，924 页。按：乾隆朝刑科题本中山西朔平府左云县人武法四十五六年种植莜麦，见《清代地租剥削形态》上册，9 页。

要，卜颜大赖没钱给还。彼此争闹，发生人命案。[①] 这一资料说明糜子也是山西人的食物。还有就是当时吸烟也在流行，所以有了专卖烟酒的商贩。在左云县安马银因索欠被客民高顺义砍伤身死案里，安马银用烟袋戳伤高顺义的左胯，可知安马银是吸烟的。[②] 此外，甘肃西宁县客民贾进玉因欠钱纠纷伤蔡希玉身死案里，曲沃县人贾进玉"手拿小刀正在院里修削菸袋"[③]，"菸"是烟的异体字，应是旱烟。

2. 衣用方面

山西位于华北，冬天较冷，穿羊皮袄过冬者较多，皮袄是将皮熟制后毛朝里穿用的。潞安府长治县西池村王均全与王月则同姓不宗，嘉庆八年十一月十四日，王月则借当王均全皮袄一件，说明二十日内赎还。到二十日起更时，王均全向王月则催赎皮袄，王月则嗔讨发生纠纷。[④] 霍州灵石县杨九玉与李三牛同村居住，二十一年八月，李三牛借了杨九玉一件蓝布衣羊皮袄，当了一千文钱使用，说明冬间赎还。到了那时，向他讨要过几次，总没取赎。[⑤] 这两起当皮袄的事例说明，当时比较普通的人家也有皮袄御寒，其中蓝布衣羊皮袄属于有布面的羊皮，比较讲究。冬天也戴毡帽。[⑥] 当然也有冬天仍穿破布衣服的人，如临县人冯长元来陕西延安府甘泉县佣工度日，十八年正月初八日，因没雇主投宿李敬儿店内，讲定每日房钱十文。初九日，李敬儿讨要房钱，冯长元没钱，将身穿破布马褂向李敬儿押钱三十文，除过房钱

---

① 《辑刊》第 3 册，1129 页。

② 《辑刊》第 2 册，890 页。按：乾隆朝刑科题本中山西岚县蒲虎村人李京十七年五月二十三日"手里拿着一根铁烟袋吸烟"。见《清代地租剥削形态》下册，756 页。又，乾隆三年七月二十二日，山西人王云"至高崖坐地吃烟"；乾隆十六年四月二十九日，"天培至氏房吃烟"。见《清代"服制"命案——刑科题本档案选编》，29、79 页。

③ 《辑刊》第 2 册，806 页。

④ 《辑刊》第 2 册，560 页。

⑤ 《辑刊》第 1 册，371 页。

⑥ 乾隆朝刑科题本中山西朔平府左云县人武法四十六年十一月戴毡帽，参见《清代地租剥削形态》上册，10 页。

十文外，李敬儿找给钱二十文，冯长元就买饭吃了。① 有的人身上戴有饰物，如太谷县人张泽宇向在直隶蓟州桑梓庄开酒店生理，左手戴铜镯。②

山西人也以卖布谋生。曲沃县人贾进玉向在甘肃西宁县田家庄地方寄居，卖布营生。③ 这是商人卖布，另一刑科题本披露出民人借助庙会卖布以及家中妇女纺棉花的情形，十年十二月二十日，万泉县石堂凹村人李英平到四望村赶庙会买布，第二天到大伯李清的妾李杨氏家中，见到杨氏坐在炕上纺花。④ 可见棉布是山西等北方地区主要的衣料。⑤

3. 居住方面

山西的住房有窑房、砖房与瓦房等。一般人住窑房，万泉县石堂凹村寡妇李杨氏家，据李英平说他“爬墙进院，轻轻开了街门，三叔合李刚林进院见窑门未关，小的走进窑内。杨氏坐在炕上纺花”。可知李杨氏住在窑房，窑内有炕，窑房前为院子，临街开门。⑥ 有的住瓦房，如霍州退沙村张兴太因粜麦还欠致继母张邢氏跳窑身死案，张兴太住院内南首瓦房三间，东一间开门出入，西二间院邻赵何氏居住。又东西各瓦房三间，张兴太夫妇并弟弟张兴顺居住。又北砖窑三孔，系母亲张邢氏住居。⑦ 张氏房子较多，住数间瓦房，母亲住砖窑。文水县

---

① 《辑刊》第 2 册，958 页。

② 《辑刊》第 2 册，791 页。

③ 《辑刊》第 2 册，806 页。

④ 《辑刊》第 1 册，115 页。按：平阳府赵城县永乐村梁环租种李玉娃水地二亩，同时“弹棉花生理”，梁环欠租，李玉娃就把梁环弹棉花的弓拿去。看来当地用棉花做棉被应是比较普遍的。参见《清代土地占有关系与佃农抗租斗争》下册，742 页。又，乾隆五十二年，榆次人张纪从口外回家，带了两匹梭布，给继母做衣服。参见王跃生：《清代中期婚姻冲突透析》，88 页，北京，社会科学文献出版社，2003。

⑤ 关于山西农户所织棉布并出售的情形，可参见郑昌淦：《明清农村商品经济》，115～118 页，北京，中国人民大学出版社，1989。

⑥ 《辑刊》第 1 册，115 页。

⑦ 《辑刊》第 1 册，23 页。

人贺攀杰寄居汾州府平遥县，十七年十二月，借用阮兴杰钱三千文质当西房三间，十八年十一月，因没钱使用，把一院住房连当给阮兴杰的西房在内都卖给王子富管业，议定价银六十两。① 贺攀杰、阮兴杰的住房较多。也有人以盖房子谋生，汾州府汾阳县张家堡人张其幅，平日泥匠手艺②，就是盖房子的泥瓦匠。

4. 出行方面

出行有歇店可以居住。早在乾隆时期，朔州北邵庄人樊大禄的父亲在本村开住车歇店。③ 平遥县人温其有与介休县人王观仔在归化城本城伙开歇店。④ 山西临县人冯长元来陕西延安府甘泉县佣工度日，十八年正月初八日，因没雇主投宿李敬儿店内，讲定每日房钱十文。⑤独自外出，有可能遇到野兽，比较危险。如代州五台县中庄寺住持僧人然岂外出，返回时“因天时已晚，恐路上有狼，见村外空场边一根木椽，顺手拿上防身”⑥。看来当地狼较多，行人路上要防止狼的袭击。人们也雇驴外出。⑦

此外，山西自古以来煤炭资源丰富，得到长期开发，煤炭、木炭的燃料生产与使用的事例较多。乾隆初年民用煤炭在大同、朔平就很普及，乾隆六年山西巡抚喀尔吉善就说“煤炭一项为居民日用所急需”，大同、朔平二府属之丰川卫、宁朔卫、镇宁所、怀远所地方，“居民垦种日盛，生聚日繁，风气早寒，煤炭之用不惟炊爨兼以御冬”⑧。当地做饭御冬都用到购买的煤炭。嘉庆时期煤炭的使用更盛，潞安府长治

① 《辑刊》第2册，978页。

② 《辑刊》第3册，1181页。

③ 《清代地租剥削形态》上册，90页。

④ 《辑刊》第2册，989页。

⑤ 《辑刊》第2册，958页。

⑥ 《辑刊》第3册，1167页。按：清代山西老虎也较多，如刘怀保赴山砍柴被虎咬死。(《清仁宗实录》卷二一四，嘉庆十四年六月戊申，总第30册，869页)

⑦ 乾隆四十八年，祁县王狗子雇一头驴去接在岳父家的妻子，其妻抱着女儿骑驴回家。参见王跃生：《清代中期婚姻冲突透析》，72～73页。

⑧ 转引自中国人民大学清史研究所、档案系中国政治制度史教研室合编：《清代的矿业》下册，445页，北京，中华书局，1983。

县东火村李维其经营煤窑一座，窑旁设有坐北向南小房一间，内有土炕一盘，炕炉一座，同村牛魁向在李维其煤窑作伙。① 右玉县人李海，年三十九岁，向在朔平府左云县瓦陇窑村挖煤度日。② 从其使用铁橇往煤窑挖煤以及挖煤者人数较少来看，可能是较小的煤窑。这些是煤的生产，也有卖煤的，五台县人高顺义在朔平府左云县卖煤度日。③煤的使用上，托克托城厅客民马有财因索欠起衅砍伤任昌泰身死案中，祁县任昌泰在托克托城厅开饭铺生理，从马有财供词"任昌泰把小的扭跌煤堆按住不放，小的被煤块垫着疼痛，挣扎不起。一时情急摸取打煤铁斧向他头上砍了几下"④，可知任昌泰饭铺使用煤块作为燃料。

当时也使用木炭。汾州府永宁州黄背塌村吴敏与高旭相好，五年十月合伙烧卖木炭，烧炭的窑是高旭修的，吴敏应承贴他修窑工本。⑤此外，使用柴火应是比较普遍的。⑥

五、结语

清中叶的山西省是比较富庶的省份，随着蒙古南部地区的开发，西部地区与中原有效联系的加强，东北地区封禁的松弛，山西的区位优势彰显出来，具有与北方开发地区交通的便利，晋省佣工、经商、外出贸易者增多，贩运、开矿更加活跃，民生机会增加，生活呈现出丰富性。清中叶山西经商者众多，富者也较多。乾隆皇帝就说过："晋省地狭民稠，人多服贾。"⑦又说："晋省殷实之户多于他省。"⑧

刑科题本提供了有关清中叶山西民众婚姻、家庭日常生活的资料。我们了解到三十多岁未婚独身者较多，有不少高寿的案例事主的父母

---

① 《辑刊》第 2 册，592 页。

② 《辑刊》第 2 册，935 页。

③ 《辑刊》第 2 册，890 页。

④ 《辑刊》第 2 册，924 页。

⑤ 《辑刊》第 2 册，520 页。

⑥ 乾隆二十七年，贺生正在山西平阳府岳阳县半沟庄"每日砍柴过度"，参见《清代土地占有关系与佃农抗租斗争》下册，617 页。

⑦ 《清高宗实录》卷五六，乾隆二年十一月乙丑，总第 9 册，923 页。

⑧ 《清高宗实录》卷四〇八，乾隆十七年二月甲辰，总第 14 册，359 页。

长辈，婚龄差较大，多数事主是母亲三十多岁生育的，三十多岁已婚女性生子普遍，婚后未生子女现象也较多，过继事例较多，男女再婚比较普遍。兄弟成人或成家分居与同居可能都占有相当大的比例。父母的赡养由诸子分担，有的会置办养老地。

许多刑案往往从纠纷开始，经当事者互相骂人导致升级，出现命案。女性最不能忍受的是涉及贞节的骂语，寡妇不堪忍受将其比作偷汉、当娼而自杀，法律在这方面保护妇女的名誉，维护贞节观念。男性最不堪忍受的是辱骂父母与祖先。男女都不能容忍家里的女性被其他男子占有的辱骂。供词中往往提到叫骂、回骂，进一步辱骂，致使矛盾不断升级，村骂、混骂、跳骂等，都是加剧冲突的诱因。从供词可以看出，当事人显然知道骂人特别是骂对方的祖宗、祖父母、父母是极其错误的事情，强调对方的违反人伦以及自己的忍无可忍，以此获得法官的同情。

山西省界临蒙古、陕西、甘肃、河南、直隶与京师，山西人主要到邻近的这些地方经商、佣工。来京师的平遥、太谷、榆次、寿阳人均属山西中部地区，在京师经营煤铺、茶铺，种菜、佣工。到直隶佣工、经商的山西人也以太原府及以北地区为多，主要从事贩茶、开酒铺、煤窑佣工、开豆腐铺、杂货铺伙计等工作。山西人到陕西种地谋生，居陕的晋人主要来自毗邻的蒲州府、汾州府。到甘肃的山西人从事的工作有卖布、开杂货铺、贩卖米面、拉驼佣工等。赴豫的晋人以山西南部人为多，主要在杂货铺里帮工，也有开杂货铺的。山西人也到较远的地方谋生，闯关东的引人注目，多是太原府人到奉天谋生，开铺经营酒、饭以及佣工。还有到山东从事染布生理，到江西开张钱店的。华北北部、东北、西北地区相对地广人稀，还在开发中，到此谋生的山西人较多。

山西人经营的店铺反映了日常生活的需要。饮食方面，开设肉铺、酒铺、饭铺及饼铺者较多，更多的事例是经营饭铺。山西养羊、出售羊肉较为普遍，换言之人们较多地吃到羊肉等肉食。山西人一般食麦，有小麦、莜麦、糜子、荞面等。服饰方面，穿羊皮袄过冬者较多，其他季节普通人多穿棉布衣服。居住方面，住房有窑房、砖房与瓦房等。

出行方面，有歇店可以居住。燃料上，除了柴火，煤炭、木炭的生产与使用较多。

第三节　江　西

日常生活史以人为中心，尤其关注人的生存与再生产，人的生命被置于研究基础的地位，生命维持离不开谋生之计，而生命、生计与生态密切相关，在一定程度上可以说，这三者是把握日常生活史的关键。

我们尝试将《辑刊》与乾隆朝刑科题本相结合①，论述清中叶江西的日常生活，从而综合把握清人生活与清代社会。

一、生命：人口、婚姻、家庭与宗族

《辑刊》一书辑录1665件档案，笔者从中辑录出江西档案89件。我将《辑刊》中的江西档案列表如下：

表5.5 《清嘉庆朝刑科题本社会史料辑刊》江西资料一览表

序号	年月	府州县	标题	页数
1	7/6	饶州鄱阳	民彭子林因用水灌田打死无服族侄孙案	32
2	7/12	广信上饶	民童旺棕因索分山价银打死无服族侄案	41
3	8/5	赣州会昌	民张邦耀因迁葬杀死小功堂叔案	47
4	8/6	临江峡江	民曾接友误伤其嫂案	48
5	8/8	南康都昌	民李余三因口角打死无服族兄案	50

① 笔者利用将乾隆朝刑科题本编成的资料集，有中国第一历史档案馆、中国社会科学院历史研究所编《清代地租剥削形态》《清代土地占有关系与佃农抗租斗争》两种，我分别从两书中收集了31、25个，总计56个江西的事例，即《清代地租剥削形态》上册第18、24、25、33、37、43、50、76、84、169号，下册第197、200、201、219、226、234、247、248、262、265、269、292、299、310、314、321、343、364、386、392、393号资料，《清代土地占有关系与佃农抗租斗争》上册第42、46、47、53、58、71、85、89、115、116、129号，下册第151、153、175、181、183、187、194、205、226、257、260、263、275、278号资料。

续表

序号	年月	府州县	标题	页数
6	10/闰6	吉安庐陵	民刘萧氏触忤伊姑刘易氏自缢身死案	101
7	11/2	建昌南丰	民曾汉林因索讨归公钱文致伤无服族叔祖身死案	116
8	14/10	抚州崇仁	民艾老致死小功服侄艾简移尸图赖艾辂南案	150
9	15/1	宁都瑞金	民赖方鸡致伤曾承学身死案	156
10	15/2	南安崇义	民吴学富欲赎回公共地亩自种致伤胞兄吴学才身死案	162
11	15/4	广信玉山	民詹狗崽因债务纠纷致死詹帼兴案	166
12	16/6	饶州余干	民李育章因地租纠纷致死同父异母胞兄李才章案	203
13	16/7	饶州浮梁	民郑六旺误伤弟媳周氏身死案	207
14	17/2	吉安泰和	民匡道相因争闹致伤无服族侄身死案	228
15	17/12	赣州安远	民陈六贵扭结无服族伯落河致死案	237
16	17/6	袁州宜春	民王宣一因合伙挖煤事致死无服族兄案	230
17	18/8	南安大庾	民刘明昌因葬祖致无服族叔刘晴岚身死案	246
18	18/8	吉安龙泉	民彭道洁因索欠伤彭均信致死案	247
19	19/8	吉安永丰	民何泷礼因殓葬母亲纠纷致死异父同母之兄案	272
20	20/7	临江新喻	民曾沅六因私卖布匹致母汤氏服毒身死案	293
21	20/10	抚州金溪	民杨汉生因财物纠纷推跌胞兄杨奏生身死案	298
22	22/6	瑞州高安	民姚方因争水灌溉砍伤三哥姚唱身死案	326
23	22/8	南康都昌	民王华章因入嗣承继争殴被小功服弟王添习殴毙案	334
24	22/9	南安崇义	民方崇汲因房租之争殴毙无服族兄方万成案	340
25	22/9	南安上犹	民罗杨相因赎取山场事被郭汝和刀伤身死案	341
26	23/4	南昌奉新	民蔡宁才因索押契银砍杀无服族侄孙蔡澍沅案	365
27	23/9	赣州长宁	民曹振嗣因与小功堂弟曹燕泷争收祀田租谷被戳伤身死案	376
28	23/10	饶州德兴	民王赏因争夺山地殴毙族兄王有发案	377
29	23/11	赣州龙南	民钟四妹因盗卖公田被缌麻服兄钟运德砍死案	382

续表

序号	年月	府州县	标题	页数
30	24/4	饶州鄱阳	民杨惟善因起田自种被汪涌旺殴毙案	488
31	5/8	临江峡江	民陈新保因借钱纠纷伤曾欢保身死案	513
32	5/11	南昌武宁	民洪大衍因讨押山利钱被周逢云打死案	518
33	7/4	宁都宁都	民崔兴扬等因用水致伤郭以侜身死案	529
34	7/5	南昌靖安	民谢其幅因口角打死陈致达案	534
35	7/11	赣州信丰	民钟禄照因修坟打死李臣万案	541
36	8/7	抚州金溪	民封万生因争载客货打死邹学俚案	552
37	9/7	吉安安福	民彭芬远因土谷庙田租事踢伤邻人身死案	564
38	15/12	抚州乐安	民曾均十因卖地纠纷致伤陈成四身死案	627
39	17/7	饶州德兴	民丁闻远因转佃事致江汪氏身死案	652
40	19/3	建昌泸溪	民石左棕踢伤李定生并李华生踢伤李明生各身死案	669
41	19/7	南安上犹	民黄田牯因赎地戳伤赖远扬身死案	677
42	20/3	南安南康	民黄文程等索欠致伤胡道全身死案	684
43	20/5	宁都瑞金	民曾科为索欠致伤王清俫身死案	687
44	21/3	抚州崇仁	民徐遗元讨要肥田工本被杨鼎致伤身死案	699
45	21/闰6	南安上犹	民朱雨沧因取赎山场事致黎盛庭被殴身死案	706
46	23/11	南昌义宁	义宁州民莫遵浩因坟地之争殴伤刘畛林身死案	757
47	24/2	赣州赣县	民胡觐光因平毁越界窨坟被黄茂堂殴毙案	761
48	24/6	九江彭泽	民阳大章因争水被冯锡如殴伤身死案	772
49	8/6	饶州浮梁	犯人魏和尚因被索欠打死江三得案	827
50	17/6	南康建昌	客民陈幅秦因取货纠纷致死张盛波案	948
51	20/10	南昌南昌	宋大发因索欠纠纷伤金学易身死案	992
52	23/5	赣州赣县	民毛源海因索讨房租殴毙寓居该地之卢陵县民曾文氏案	1012
53	9/11	赣州长宁	民凌牛头四因索欠谷打死无服族嫂凌萧氏案	1052
54	14/12	抚州金溪	民江四生拘押期间致死县捕役妻李姜氏案	1067

续表

序号	年月	府州县	标题	页数
55	22/12	南昌靖安	民漆棕拨因堂嫂改嫁带走押租钱致酿人命案	1103
56	24/9	袁州万载	民宋连云因被索要质钱田契殴毙大功服兄妻李氏案	1114
57	25/4	宁都宁都	民妇宁叶氏因索要房租踢伤陈佩玉身死案	1117
58	13/闰5	南昌义宁	吴普明为索欠钱致死道士吴品高胞兄吴鸣谷案	1140
59	18/6	建昌南城	陈香因被索钱致伤邱美贵身死案	1162
60	14/12	饶州鄱阳	徐庭辉致死王三连并徐帼伦致伤王三达成废案	1208
61	19/5	吉安泰和	监生熊光俊因田亩之争殴毙刘六仔案	1214
62	4/9	南安上犹	民伍毓万因收佃打死黄绍梁案	1241
63	9/6	宁都瑞金	民钟章河戳死黄远柱并黄昌瑚伤钟章河等三人身死案	1251
64	9/11	袁州万载	民李师胜因催促退佃事将佃户张开生致死案	1255
65	9/11	南康都昌	民石王乞因拖欠豆租事将佃户谢万恒致死案	1256
66	10/7	南昌义宁	罗用华因砍桐树事致伤山主萧先告身死案	1263
67	14/9	南昌南昌	熊克伟致伤熊衾波身死案	1276
68	15/5	吉安泰和	肖希智等因逼讨地租致伤林正晨身死案	1292
69	15/7	抚州乐安	陈掌仔因谋佃土地纠纷致伤朱的仔身死案	1296
70	19/8	建昌广昌	民罗庭俊砍伤罗子来身死案	1321
71	19/8	南昌义宁	民张梦华因欠租伤佃户赖红杰身死案	1322
72	21/9	袁州宜春	民余浒三因欠钱纠纷伤易舒华身死案	1337
73	21/10	赣州赣县	民程政梅索取欠租致伤刘见汉身死案	1338
74	23/2	南昌武宁	客民卓尔贤因不允加收山租被王祥庭殴毙案	1348
75	24/闰4	广信玉山	民郑凤麒因起田自耕被佃户毛德裕殴毙案	1359
76	21/1	吉安泰和	客民杨受成致伤索租之胡磬栋身死案	1366
77	8/8	南康都昌	民邵百明在休宁县因索讨工钱打死雇主刘文信案	1375
78	10/2	宁都石城	民刘和元因索讨耕牛事误伤雇工身死案	1381

续表

序号	年月	府州县	标题	页数
79	10/7	饶州乐平	民黎甘子因索讨工钱事将雇主踢伤身死案	1393
80	22/7	饶州乐平	民宁西富因预支工钱纠纷被雇主戴庭兆殴毙案	1476
81	10/闰6	吉安永宁	仆人温发俚因索讨欠钱事致伤良人段闰俚身死案	1495
82	5/4	南昌南昌	民胡仁贵因欠钱纠纷伤胡仁发身死案	1675
83	14/11	南昌新建	拿获船户赖祥青等盗卖林乔英纸块案	1751
84	15/1	南昌义宁	帅直壂殴伤无服族兄帅直旬身死贿和未成案	1754
85	15/5	南昌奉新	潘文芳因合伙经营本钱纠纷致伤黄万中身死案	1769
86	15/8	南昌进贤	帮工周达仁因索讨牙钱踢死李帼明案	1776
87	15/12	赣州赣县	案犯钟兆贵因卖妻财礼纠纷致伤黄添贵身死案	1786
88	19/12	赣州会昌	革役曾辉因帮人索欠踢伤郑弦薰身死案	1850
89	21/1	饶州乐平	民吴正发将胞弟吴正起勒死私埋匿报案	1858

说明：表中第69，乐安，原书目录、正文误为东安。

表中第73，赣县，原书目录、正文误为卢赣。

表中第79，乐平，原书目录、正文误为东平。

清嘉庆朝共25年，表中的档案在嘉庆朝的年份分布大致呈均匀状态。

据《清史稿》地理志，嘉庆时期江西省领府十三，直隶州一，厅一，州一，县七十五个。府州厅包括：南昌府，领州一，县七；饶州府，领县七；广信府，领县七；南康府，领县四；九江府，领县五；建昌府，领县五；抚州府，领县六；临江府，领县四；瑞州府，领县三；袁州府，领县四；吉安府，领县九，厅一；赣州府，领县八；宁都直隶州，领县二；南安府，领县四。

表5.5中的89件档案，如按照府州分布，可知南昌府16件，饶州府11件，广信府3件，南康府5件，九江府1件，建昌府4件，抚州府7件，临江府3件，瑞州府1件，袁州府4件，吉安府9件，赣州府11件，宁都直隶州6件，南安府8件。各府、直隶州均有事例，基本覆盖了江西全省，资料具有普遍性；尤以南昌府、饶州府、赣州

府、吉安府、南安府、抚州府、宁都直隶州 7 个府州资料较为集中。

《辑刊》所载的档案资料，有案件事主的口供，交代了家庭亲属年龄及基本情况，借此可以了解当时的人口、婚姻、家庭等状况，是我们认识民众生命史的基本内容。我将档案中的情况列表如下：

表 5.6　《清嘉庆朝刑科题本社会史料辑刊》江西事例中的人口数据表

序号	当事人	父亲	母亲	备注	页数
1	童旺棕三十六岁	在世	在世	兄弟七人，居长，没娶妻	41
2	张邦耀四十五岁	已故	已故	兄弟两人，居长，娶妻刘氏，生有四子	47
3	曾接友四十六岁	已故	已故	兄弟四人，第三，分居各爨，娶妻萧氏，无子女	48
4	李余三三十八岁	已故	王氏现年八十岁	没兄弟妻子	51
5	刘萧氏二十三岁			自幼抱养与刘忠秀为妻，已经成婚尚未生育	101
6	曾汉林三十五岁	已故	已故	兄弟三人。大哥已故，第三，娶妻崔氏，未生子女	116
7	艾老四十五岁	已故	已故	并没兄弟	150
8	赖方鸡四十一岁	已故	已故	兄弟二人，居长，没妻子	157
9	吴学富五十七岁	已故	已故	兄弟四人，同居各爨。第三，娶妻明氏，一子已死	162
10	詹狗崽四十九岁	已故	已故	弟兄四人，居长，并没妻子。本姓沈	166
11	李育章三十岁	在世	在世	兄弟三人，第二，娶妻曹氏，生有一子	203
12	郑六旺三十一岁	郑富	江氏	兄弟七人，第四，娶妻汪氏，未生子女	207
13	王宣一三十三岁	已故	刘氏，现年七十四岁	兄弟四人，第四，未娶妻	230
14	陈六贵三十七岁	已故	已故	兄弟二人，居长，没娶妻	237
15	刘明昌三十六岁	已故	已故	没兄弟，娶妻谢氏，一子	247

续表

序号	当事人	父亲	母亲	备注	页数
16	彭道洁三十岁	已故	杨氏	本姓肖，为义子。娶康氏，生有一女已死	248
17	何泷礼三十八岁	已故	已故	无兄弟，娶妻谢氏，生有一子	272
18	曾沅六四十四岁	已故	改嫁	没兄弟、妻子	293
19	杨汉生三十一岁	已故	已故	兄弟三人，大哥外出。居幼，并没娶妻。与二哥同居各过	298
20	姚方三十九岁	已故	在世	兄弟五人，第四。娶妻杨氏，尚未生子	327
21	王添习二十八岁	已故	陈氏	兄弟三人，居幼，无妻子	334
22	方崇汲二十九岁	已故	已故	无兄弟，娶妻吴氏，生有两子一女	340
23	郭汝和三十六岁	已故	母亲李氏改嫁	无兄弟妻子	341
24	蔡宁才五十七岁	已故	已故	娶妻曾氏，没生子女	365
25	曹燕泷四十二岁	已故	已故	兄弟三人，第三，娶妻陈氏，已故，没有生子	377
26	王赏三十四岁	已故	在世	兄弟三人，第三，没娶妻	378
27	钟运德三十一岁	已故	已故	无兄弟，娶妻缪氏，未生子女	382
28	汪涌旺三十七岁	已故	在世	兄弟三人，居长，娶妻周氏，生有三子	489
29	周逢云二十三岁	继父七十二岁	继母王氏五十三岁	兄弟三人，居幼，以幼出继，娶妻洪氏，尚未生子	518
30	谢其幅二十六岁	已故	在世	兄弟二人，居长，娶妻刘氏，未生子女	535
31	封万生三十岁	已故	在世	兄弟八人，第六，娶妻王氏，没生子女	552

续表

序号	当事人	父亲	母亲	备注	页数
32	彭芬远二十八岁	在世	在世	兄弟二人，第二，娶妻刘氏，没生子女	564
33	曾均十六十一岁	已故	已故	兄弟二人，居长，娶妻已故，生有三子	627
34	丁闻远四十五岁	在世	在世	兄弟四人，第二，娶妻侯氏，没生子女	653
35	李华生三十六岁	已故	曾氏	兄弟三人，居次，三弟李春生与已死李明生同姓不宗	669
36	石左棕三十八岁	石会林	已故	兄弟二人，第二，久已分居，并无妻子	670
37	黄田秥三十一岁	黄振珊	胡氏	兄弟四人，居长，娶妻胡氏，生有二子	678
38	黄文程二十二岁	已故	已故	兄弟二人。居幼，没娶妻	684
39	曾科为二十八岁	已故	已故	兄弟二人，居幼，未娶妻	687
40	杨鼎三十七岁	已故	已故	没兄弟。娶妻黄氏已故，生有两子	699
41	朱雨沧四十五岁	朱荣光	已故	兄弟五人，居长	706
42	莫遵浩二十二岁	莫允其现年五十七岁	石氏现年五十二岁	兄弟二人，弟过继胞伯为嗣。娶妻袁氏，未生子女	758
43	黄茂堂二十九岁	在世	在世	兄弟四人，居长。娶妻吴氏，未生子女	761
44	冯锡如三十八岁	已故	费氏，现年七十五岁	兄弟五人，第二，娶妻李氏，生有二子	772
45	魏和尚四十二岁	父故	母存	兄弟二人，第二，娶妻王氏，只生一女	827
46	陈幅秦四十二岁	在世	已故	兄弟五人，居幼，娶妻章氏，生有一女	948
47	宋大发三十六岁	已故	张氏现年六十八岁	无兄弟，娶妻任氏，生有一子年四岁	992
48	毛源海四十二岁	已故	已故	兄弟三人。娶妻赖氏，没生子女	1012

续表

序号	当事人	父亲	母亲	备注	页数
49	凌牛头四三十五岁	在世	在世	兄弟五人，第四。娶妻刘氏，生有两子	1052
50	漆棕拨四十八岁	已故	已故	没有兄弟。娶妻舒氏，生有一子	1103
51	宁叶氏四十三岁			嫁宁明发为妻，生有两子	1117
52	吴普明四十岁	在世	在世	兄弟五人，第四，没娶妻	1141
53	陈香二十四岁	已故	李氏	兄弟二人，第二。娶妻刘氏，未生子女	1162
54	徐帼伦四十二岁	在世	在世	兄弟两人，居幼。妻子已故，生有一子	1208
55	熊光俊五十岁	已故	肖氏，现年七十八岁	兄弟二人，居长，二弟年四十一岁。娶妻肖氏，生子熊斌	1214
56	黄昌振三十三岁	已故	已故	娶妻夏氏，生有一子	1252
57	李师胜三十六岁	李维成，现年六十四岁	卢氏，现年六十二岁	兄弟两人，居长。娶妻卢氏，生有两子	1256
58	罗用华二十六岁	已故	已故	弟兄五人，第五。娶妻钟氏，生有一女	1264
59	熊克伟三十四岁	在世	在世	兄弟三人，第三。娶妻吴氏，生有两子	1276
60	肖希智四十四岁	已故	已故	兄弟二人，第二，没妻子	1292
61	罗庭俊二十九岁	已故	在世	兄弟三人，居幼，无妻子	1321
62	张梦华二十八岁	张化杨年七十岁	曾氏六十九岁	兄弟三人，第二。娶妻杜氏，尚未生子	1322
63	余浒三六十一岁	已故	已故	没弟兄，娶妻易氏，生有四子	1338
64	程政梅四十岁	程德连，年七十二岁	康氏，年六十七岁	兄弟二人，第二，娶妻傅氏，生有两子	1338
65	王祥庭二十五岁	已故	徐氏现年六十五岁	兄弟二人，哥子出继胞伯为子，居幼，没娶妻	1348

续表

序号	当事人	父亲	母亲	备注	页数
66	毛德裕四十二岁	已故	母廖氏，现年六十五岁	兄弟三人，居长，娶妻已故，生有三子	1359
67	杨受成三十四岁	已故	已故	无兄弟，娶妻李氏，未生子女	1366
68	刘和元三十九岁	刘有三现年七十二岁	杨氏	弟兄五人，长、三、四已故。第二，五弟身死。娶妻赖氏，生有两子，长子九岁，次子二岁	1382
69	黎甘子三十九岁	黎兆中，现年七十二岁	已故	兄弟二人。居长，未娶妻。弟三十五岁	1394
70	戴庭兆二十九岁	在世	在世	兄弟四人，居长。娶妻江氏，生有一子	1476
71	温发俚四十三岁	已故	已故	兄弟三人，为仆，有妻	1495
72	胡仁贵二十七岁	已故	改嫁	本姓熊，为义子，没娶妻	1675
73	赖祥青三十一岁	已故	杨氏，现年五十五岁	兄弟三人，居长。娶妻谢氏，已故，没生子女	1751
74	帅直壂二十一岁	帅信秋	袁氏	兄弟八人，第二，娶妻袁氏，生有一女	1755
75	潘文芳三十岁	在世	在世	兄弟六人，居幼。娶妻邹氏，生有子女	1769
76	周达仁五十九岁	已故	已故	没兄弟，娶妻已故，生有一子	1777
77	钟兆连二十五岁	已故	已故	兄弟六人	1787
78	曾辉四十一岁	在世	在世	兄弟三人，第二，无妻子	1851
79	吴正发五十七岁	已故	已故	同母兄弟四人，居长。娶妻已故，生有两子，俱出外佣工。次弟、三弟、四弟都没娶妻，久已分爨，同屋居住	1858
80	(石城)张廷裕三十九岁	已故	在世	兄弟五人，第三，未娶妻	812

续表

序号	当事人	父亲	母亲	备注	页数
81	(万载)林发兴三十八岁	已故	已故	没兄弟妻子	813
82	(广昌)邱老三三十五岁	已故	在世	兄弟四人，第三，娶妻张氏，生有一子	920
83	(宜黄)吴汝坤四十岁	已故	已故	弟兄三人分居，行三，已婚	925
84	(广丰)叶老二三十六岁	已故	曾氏六十一岁	弟兄三人，第二，无妻子	998
85	(丰城)陈景瀧五十二岁	已故	已故	无弟兄、妻子	1154

说明：表中的年龄数字，按照古代中国的传统是虚岁，比实际年龄多一岁。

表5.6的资料1～79号出自表5.5所引档案，80～85号6个事例为新增在外省的江西人资料①，此外，还有江西人在外省的13件档案可供我们进行研究②。这19件外省的江西人题本，加上表5.5的89件题本，共计108件刑科题本构成本节的主要依据档案史料。表5.6

① 这6例的标题分别是：福建顺昌县寄居民张廷裕因租种山地打死谢世本案，广西平乐县客民林发兴为财谋杀罗庭行案，福建建阳县客民邱老三殴伤客民谢飞英身死案，湖北监利县客民吴汝坤误伤吴汝霖身死案，浙江江山县客民叶老二因争佃纠纷故杀徐添平案，贵州兴义府僧人广云等图财谋杀肖发麟身死案。

② 这些题本的标题与所在《辑刊》的页数如下：广东南雄州民魏苟古因房屋出租殴伤小功堂兄魏观土生致死案，第329页；福建邵武县民林添荣因欠粮事致死曾添贵案，第597页；四川珙县客民李恒立因索欠打死罗文升案，第820页；广东南雄州民刘武太郎因争闹致伤胡良士身死案，第845页；四川犍为县客民煤厂帮工邓大富等索欠斗殴案，第852页；四川邛州杨顶林因资产纠纷殴毙客民胡金荣案，第883页；福建建阳县客民邱老三殴伤客民谢飞英身死案，920页；四川汶川县陈三杰因工价纠纷被帮工江西奉新县民甘立爵谋杀身死案，第940页；江西都昌县民邵百明在休宁县因索讨工钱打死雇主刘文信案，第1375页；贵州兴义府客民郑松庭因佣工牟老大索讨工钱将其殴伤致死案，第1384页；福建建安县客民胡缺仔因讨要工钱被陈观德殴伤身死案，第1415页；福建崇安县民陈肸怀殴伤雇主席子华身死案，第1466页；云南镇雄州杨二把因通奸打死太和县民康崇禄案，第1512页。

序号第 5、51 各例是女性，其余是男性事例。

阅读案例与表 5.6，我们看到不少人年纪较大超过三十岁未婚独身。如 1 号童旺棕三十六岁、4 号李余三三十八岁、8 号赖方鸡四十一岁、10 号詹狗崽四十九岁、13 号王宣一三十三岁、14 号陈六贵三十七岁、18 号曾沅六四十四岁、19 号杨汉生三十一岁、23 号郭汝和三十六岁、26 号王赏三十四岁、36 号石左棕三十八岁、52 号吴普明四十岁、60 号肖希智四十四岁、69 号黎甘子三十九岁、78 号曾辉四十一岁、80 号张廷裕三十九岁、81 号林发兴三十八岁、84 号叶老二三十六岁、85 号陈景瀥五十二岁，计有 19 例，比例较大。① 这 19 人中，三十年龄段有 12 人、四十年龄段 6 人、五十年龄段 1 人。

我们还看到事主的父母长辈有很多高寿者。事主父亲年龄在七十年龄段的 4 人，即 62 号七十岁、64 号七十二岁、68 号七十二岁、69 号七十二岁；六十年龄段的 1 人，即 57 号六十四岁；五十年龄段的 1 人，即 42 号五十七岁。以在世有年龄记载的这 6 人来看，5 人是六七十岁，寿命较长。事主母亲年龄在八十年龄段的 1 人，即 4 号八十岁；七十年龄段的 3 人，即 13 号七十四岁、44 号七十五岁、55 号七十八岁；六十年龄段的 6 人，即 47 号六十八岁、62 号六十九岁、64 号六十七岁、65 号六十五岁、66 号六十五岁、84 号六十一岁；五十年龄段的 2 人，即 42 号五十二岁、73 号五十五岁。五十岁以上 12 人，集中在六七十岁者，计有 9 人，八十岁以上的女性老者有 1 位。上述事例表明，清中叶江西女性活到六七十岁是普遍现象，女性高寿者多于男性，且最长寿者也属于女性。

表 5.6 还透露出其他信息，如已婚者当中，由于出现父母的年龄，我们可以获得父母年龄差的资料。这些均为父亲年龄大于母亲的事例，共计 5 例，其中 29 号大十九岁、42 号大五岁、57 号大二岁、62 号大一岁、64 号大五岁，婚龄差很不均衡，婚龄差较大者如 5 岁以上占了

---

① 王跃生先生收集到乾隆刑科题本 95 个江西个案，未婚 27 个，占到 28.42%，高于全国平均水平的 18.59%，见王跃生：《十八世纪中国婚姻家庭研究》，55～56 页。

3 例，有 1 例相差竟有十九岁。

童养媳的事例则说明婚姻差一定较大。如吉安府庐陵县人刘萧氏，年二十三岁，自幼抱养与刘忠秀为妻，已经成婚尚未生育。① 另外，黄斗愚子强奸案中，谌周氏有年仅十三养媳廖女。②

在有父母子女年龄的数据中，我们可以推算出母亲生子的年龄。4 号是母亲四十二岁时所生，13 号、62 号是四十一岁时所生，42 号是三十岁时所生，44 号是三十七岁时所生，47 号是三十二岁时所生，55 号是二十八岁时所生，57 号为二十六岁时所生，64 号是二十七岁时所生，65 号是四十岁时所生，66 号是二十三岁时所生，73 号是二十四岁时所生，84 号为二十五岁时所生，共计 13 例。这其中二十岁年龄段生育的 6 例，30 岁年龄段生育的 3 例，40 岁年龄段生育的 3 例，育龄偏大。三十岁以下生育与三四十岁生育各占一半，母亲生育年龄从二十多岁到四十多岁呈现出时间上的均衡分布。

在有事主父亲年龄的资料中，42 号是父亲三十五岁时所生，57 号是二十八岁时所生，62 号是四十二岁时所生，64 号是三十二岁时所生，68 号、69 号都是三十三岁时所生，以上共计 6 例，四十岁以上 1 例，三十岁以上 4 例，二十岁以上 1 例，可见当时三十多岁的父亲得子属于普遍现象。

资料中透露出的生育情况，有的人婚后无生育，如 3 号四十六岁无子女，6 号三十五岁未生子女，12 号三十一岁未生子女，20 号三十九岁未生子，27 号三十一岁未生子女，29 号二十三岁尚未生子，30 号二十六岁未生子女，31 号三十岁未生子女，32 号二十八岁未生子女，34 号四十五岁未生子女，42 号二十二岁未生子女，43 号二十九岁未生子女，48 号四十二岁未生子女，53 号二十四岁未生子女，62 号二十八岁尚未生子，67 号三十四岁未生子女，73 号三十一岁未生子女。以上无生育的 16 例中，二十岁年龄段的有 7 例，三十岁年龄段的有 7 例，四十岁年龄段的有 2 例。推测当时婚后未生子女或晚生子女

① 《辑刊》第 1 册，101 页。

② 《辑刊》第 2 册，1047 页。

现象比较普遍。

资料未提到其子女情况，推测或无子女，或子女在原籍。71 号四十三岁，未提到子女情况，83 号四十岁已婚，未提子女。

婚后生育子女的情况：2 号四十五岁生有四子，9 号五十七岁生一子已死，11 号三十岁生一子，15 号三十六岁生一子，16 号三十一岁生一女已死，17 号三十八岁生一子，28 号三十七岁生三子，33 号六十一岁生有三子，37 号三十一岁生有二子，40 号三十七岁生有二子，44 号三十八岁生有二子，45 号四十二岁只生一女，46 号四十二岁生有一女，47 号三十六岁生有一子四岁，49 号三十五岁生有二子，50 号四十八岁生有一子，51 号四十三岁生有二子，54 号四十二岁生有一子，55 号五十岁生有一子，56 号三十三岁生有一子，57 号三十六岁生有二子，58 号二十六岁生有一女，59 号三十四岁生有二子，63 号六十一岁生有四子，64 号四十岁生有二子，66 号四十二岁生有三子，68 号三十九岁生有二子(长子九岁，次子二岁)，70 号二十九岁生有一子，74 号二十一岁生有一女，75 号三十岁生有子女(数量不详)，76 号五十九岁生有一子，79 号五十七岁生有二子，82 号三十五岁生有一子。以上 33 例中，资料记载的方式有所不同，多言有几子，一般似可理解为儿子，不说女儿，或也有理解为子女数，有的情况下讲子女数，但也有谈到有女无儿的情形。生育子女数量上，生有 4 子的有 2、63 各号，共计 2 例；生有 3 子的有 28、33、66 各号，共计 3 例；生有 2 子的有 37、40、44、49、51、57、59、64、68、79 各号，共计 10 例；生有 1 子的有 9、11、17、50、54、55、56、70、76、82 各号，共计 10 例；生有 1 女的有 16、45、46、58、74 各号，共计 5 例。江西生 1 子与生 2 子的人数量相等，生 3～4 子及以上者数量明显少于生1～2 子者，但生育 2 子以上者明显超过了生育 1 子，平均数在 2 子以上则是无疑的，构成了江西嘉庆时期生子的特色。① 统计各个年龄段得子者，

① 王跃生指出，乾隆时期全国水平的家庭平均成年男性子女数量为 2.11 个，江西 2.48 个，数量位于第二位，仅次于四川的 2.51 个，见王跃生：《十八世纪中国婚姻家庭研究》，238 页。

共计 29 例，其中 20 岁年龄段有 2 人，30 岁年龄段有 15 人，40 岁年龄段有 7 人，50 岁年龄段有 3 人，60 岁年龄段有 2 人。

关于过继与义子情况，抱养或改嫁产生义子，主要的原因是为了继承。如 10 号詹狗崽本姓沈，曾祖沈芳秋被抱养为子，改从詹姓，子孙都没归宗。16 号彭道洁本姓肖，父亲肖腊梨已故，母亲杨氏改嫁彭均仕为妻，他自幼一同过门，被彭均仕养为义子。29 号周逢云，本生父周恭赐，兄弟三人，居幼，以幼出继胞伯周恭沫为子。42 号莫遵浩兄弟二人，弟过继胞伯为嗣。65 号王祥庭兄弟二人，哥子出继胞伯为子。72 号胡仁贵本姓熊，是族人胡元浩抱养的义子。上述 6 例中，有 2 例因抱养或改嫁为异子，属于异姓为子，有 3 例均属将侄子过继给伯父，过继者有幼子也有长子。1 例是族人抱养。

关于再婚问题，女性改嫁的事例有，7 号艾老的小功堂侄艾简，他父亲艾六已故，母亲聂氏改嫁邹富为妻，随母带养。16 号彭道洁父亲已故，母亲杨氏改嫁彭均仕为妻。17 号何泷礼的母亲改嫁过。18 号曾沅六父亲曾晴株久故，母亲汤氏改嫁王才六为妻，因后夫身故，曾沅六将汤氏接回同居。23 号郭汝和父故，母亲李氏转嫁与罗杨清为妻。表 5.5 的 31 号曾欢保父亲已故，随母改嫁邹姓。表 5.6 中，50 号漆棕拨的堂兄漆棕青身故，其妻孙氏改嫁，遗有幼子经漆棕拨带养。72 号胡仁贵生父熊宣行已故，生母王氏转嫁。以上多达 8 例。男性续娶的事例，如 3 号曾接友的胞兄曾仲友续娶妻子。

江西的嘉庆朝刑科题本记载当事人兄弟数量的比较普遍，少量记载兄弟是否同居共爨，绝大多数不说明兄弟的居住形态与是否分家。其中可以分成若干种类型。

首先看记载婚姻、居住、分家与否的事例。有 1 例是未婚而分居的，即 19 号杨汉生三十一岁，兄弟三人，大哥外出，他居幼，并没娶妻，与二哥同居各过。有 1 例未记载婚姻状况而只说是分居的，即 36 号石左棕三十八岁，父存母故，兄弟二人，行二，久已分居。有 2 例记载已婚分居各爨，如 3 号曾接友四十六岁，父母已故，兄弟四人，行三，分居各爨，娶妻萧氏，无子女。83 号吴汝坤四十岁，父母已故，弟兄三人分居，行三。也有 2 例记载已婚同居各爨，如 9 号吴学富五十七岁，父母已故，兄弟四人，同居各爨。79 号吴正发五十七岁，父母已故，同母兄弟四人，居长，娶妻已故，生有两子，俱出外佣工；次弟、三弟、四弟都没娶妻，久已分爨，同屋居住。由上可知，分居各爨者未婚、已婚皆有，同居各爨也较多。

分居与同居涉及家庭结构。关于乾隆时期江西的家庭结构问题，王跃生先生列举了一些事例，说明分家的普遍性与家庭结构的多样性。他指出父母将一个已婚儿子分出，而与未婚儿子生活在一起，构成两个核心家庭。如乐平县何士青的妻董氏与三哥何士定素不和睦，父亲将其兄弟分开各爨。又指出有的分居是在兄弟并非均已婚配情况下进行的，如雩都县张秀魁，四十七岁，父母俱故，兄弟三人，行三，未娶，大哥故后与嫂子曾氏分居各爨。还指出父母在世或父母一方在世兄弟分异。如南康县陈范氏，夫亡多年，生七个儿子，久已分居。①比较乾嘉两朝，乾隆朝的这些情况也存在于嘉庆朝。

有 16 例记载未婚但未记载是否同居与分家，我们难以判断兄弟同居或分家与否。这些事例二十、三十、四十年龄段都有，分别介绍如下：二十岁年龄段的有 4 例，如表 5.6 中，21 号王添习二十八岁，父故母在，兄弟三人，居幼。38 号黄文程二十二岁，父母故世，兄弟二人，居幼。39 号曾科为二十八岁，父母故世，兄弟二人，居幼。61 号罗庭俊二十九岁，父故母在，兄弟三人，居幼。三十岁年龄段的有 7 例，如 1 号童旺棕三十六岁，父母在世，兄弟七人，居长，没娶妻。13 号王宣一三十三岁，父故母在，兄弟四人，行四。14 号陈六贵三十七岁，父母已故，兄弟二人，居长。26 号王赏三十四岁，父故母在，兄弟三人，行三。69 号黎甘子三十九岁，父在母故，兄弟二人，居长，未娶妻，弟三十五岁。80 号张廷裕三十九岁，父故母在，兄弟五人，行三。84 号叶老二三十六岁，父故母在，弟兄三人，行二。四十年龄段的有 5 例，如 8 号赖方鸿四十一岁，父母已故，兄弟二人，居长，似乎同居。10 号詹狗崽四十九岁，父母已故，弟兄四人，居长。

---

① 王跃生：《十八世纪中国婚姻家庭研究》，289～290、292～293、326～327 页。

52 号吴普明四十岁，父母在世，兄弟五人，行四。60 号肖希智四十四岁，父母已故，兄弟二人，行二。78 号曾辉四十一岁，父母在世，兄弟三人，行二。以上事例中，二十岁年龄段 4 例，三十岁年龄段 7 例，四十年龄段 5 例，当事人以三十、四十岁为主。

有 34 例记载已婚但未记载是否同居或分家，我们难以判断兄弟同居或分家与否。这些事例二十、三十、四十年龄段都有，分别介绍如下：二十岁年龄段的有 8 例，如 30 号谢其幅二十六岁，父故母在，兄弟二人，居长。32 号彭芬远二十八岁，父母在世，兄弟二人，行二。43 号黄茂堂二十九岁，父母在世，兄弟四人，居长。53 号陈香二十四岁，父故母在，兄弟二人，行二。58 号罗用华二十六岁，父母已故，弟兄五人，行五。62 号张梦华二十八岁，父母在世，兄弟三人，行二。70 号戴庭兆二十九岁，父母在世，兄弟四人，居长。74 号帅直壂二十一岁，父母在世，兄弟八人，行二。三十岁年龄段的有 14 例，如 6 号曾汉林三十五岁，父母已故，兄弟三人，大哥已故，行三，娶妻崔氏，未生子女。11 号李育章三十岁，父母在世，兄弟三人，行二。12 号郑六旺三十一岁，父母在世，兄弟七人，行四。20 号姚方三十九岁，父故母在，兄弟五人，行四。28 号汪涌旺三十七岁，父故母存，兄弟三人，居长。31 号封万生三十岁，父故母在，兄弟八人，行六。37 号黄田牯三十一岁，父母在世，兄弟四人，居长。44 号冯锡如三十八岁，父故母在，兄弟五人，行二。49 号凌牛头四三十五岁，父母在世，兄弟五人，行四。57 号李师胜三十六岁，父母在世，兄弟两人，居长。59 号熊克伟三十四岁，父母在世，兄弟三人，行三。73 号赖祥青三十一岁，父故母在，兄弟三人，居长，娶妻谢氏，已故。75 号潘文芳三十岁，父母在世，兄弟六人，居幼。82 号邱老三三十五岁，父故母在，兄弟四人，行三。四十年龄段的有 10 例，如 2 号张邦耀四十五岁，父母已故，兄弟两人，居长，娶妻刘氏，生有四子。25 号曹燕泷四十二岁，父母已故，兄弟三人，行三，娶妻陈氏，已故，没有生子。34 号丁闻远四十五岁，父母在世，兄弟四人，行二。45 号魏和尚四十二岁，父故母在，兄弟二人，行二。46 号陈幅秦四十二岁，父在母故，兄弟五人，居幼。48 号毛源海四十二岁，父母已故，兄弟三人。54 号徐幗伦四十二岁，父母在世，兄弟两人，居幼。64 号程政梅四十岁，父母在世，兄弟二人，行二。66 号毛德裕四十二岁，父故母在，兄弟三人，居长，娶妻已故。71 号温发俚四十三岁，父母已故，兄弟三人。五十年龄段的有 1 例，即 55 号熊光俊五十岁，父故母在，兄弟二人，居长，二弟年四十一岁。六十年龄段的有 1 例，即 33 号曾均十六十一岁，父母已故，兄弟二人，居长，娶妻已故，生有三子。以上事例中，二十岁年龄段 8 例，三十岁年龄段 14 例，四十年龄段 10 例，五十岁年龄段 1 例，六十年龄段 1 例，当事人也以三十、四十岁为主。

未记载婚否的有 3 例。如 35 号李华生三十六岁，父故母在，兄弟三人，居次。41 号朱雨沧四十五岁，父在母故，兄弟五人，居长。77 号钟兆连二十五岁，父母已故，兄弟六人。

以上不同类型记载兄弟数量的事例，共计 56 例，得知兄弟二人的有 16 例，三人 17 例，四人 10 例，五人 8 例，六人 2 例，七人 1 例，八人 2 例。看来兄弟二到五人是相当普遍的，由于这一统计总数 56 例，比起生子数的总数 29 例多出近一倍，更为可靠，我们可以说江西家庭生子数较多。

宗族可以被视为生命共同体，拥有宗谱，记载宗族事务。如嘉庆八年六月，官府审理临江府峡江县民曾接友误伤其嫂案，“查曾姓宗谱，已死曾汤氏系曾接友已故胞兄曾仲友续娶妻子，服属小功，照绘宗图，即提犯复讯”①。族人世系关系是宗族最重要的内容。南昌府义宁州莫正学等呈出老谱所载远祖周氏之坟，系葬庙背塘虎形，另有支山一处莫姓葬有多坟，其碑记均镌庙背塘虎形是山名。② 祖坟也是宗谱记载的重要内容。

宗族拥有公产，为族人服务。宗族拥有水塘灌田，如饶州府鄱阳县彭姓宗族有公共土名大沙塘，塘内东边又有小塘一口，中有低埂也

---

① 《辑刊》第 1 册，48 页。

② 《辑刊》第 3 册，757 页。

是公管。春夏水涨两塘并为一塘，合族都在塘内车水灌田。① 有祠堂、祠田进行祭祖活动，饶州府浮梁县吴姓祠田曾租给郑姓耕种，吴姓祠堂祭祖，郑姓原充当吹手，可见吴姓祠堂祭祖是颇为隆重的。② 有坟地为族人提供下葬地，南安府大庾县刘氏宗族有土名大杉岑公山。各房葬坟，先向族众告知，因刘明昌葬祖，未经通知，并挖有远年无主枯骨，经刘慕桃控告在案。嘉庆十八年七月三十日，刘晴岚路遇刘明昌，斥其不应瞒族葬坟，致相争殴。③ 赣州府赣县黄氏族内有公共土名李屋前山场一嶂，葬有祖坟一冢，坟旁周围向有水沟。嘉庆二十三年十二月内，族长黄时敏等因修祖祠需用，“把沟外山地立契卖与胡觐光胞叔胡万滋为业”④。可见黄氏有公共山场、祖祠、族长。

宗族组织节庆活动，祀神祈求丰年。如吉安府泰和县匡氏宗族分新老二居，正月元宵祀神祈求丰年，从前置有田产，后来族众因田产售卖，议明新老二居按年轮值，各于本村派奉祀奉。由此推测，匡氏新老二居，实际上是两个村庄的分派。宗族有元宵祀神的公共事务，曾置有田产，后来售卖，改为新老二居按年轮值。清廷审理认为：“该族新老两居祀神祈求丰年，应饬各村各自祭祀，毋许较值派费，以杜后衅。”⑤

祭田往往由族内各支轮管办祭，赣州府长宁县人曹燕泷，年四十二岁，家有祖遗祀田，租谷六石，向是各支子孙轮流经管，收租办祭。后因争管产生矛盾，清廷审理认为：“该姓祀田，仍听照旧公共轮管，毋许争收，以杜衅端。”⑥赣州府龙南县钟氏也有合族公共祭田。⑦ 宗族的祭田或由族人耕种或佃于外姓。宁都州瑞金县钟氏宗族有公共祭

① 《辑刊》第1册，32页。

② 《辑刊》第1册，207页。

③ 《辑刊》第1册，247页。

④ 《辑刊》第3册，761页。

⑤ 《辑刊》第1册，228页。

⑥ 《辑刊》第1册，377页。

⑦ 《辑刊》第1册，382页。

田十一丘，佃给黄昌振等耕种，每年交纳租谷七十石。① 宁都州石城县人刘和元年三十九岁，堂兄刘汉垂同堂弟刘著员有公共祭田一处向系刘和元佃种交租。②

宗族拥有公田、祖祠甚至钱会，清廷保护宗族祀产。宁都州瑞金县曾氏、赖氏宗族均有祖祠，赖氏还有祖祠钱会。嘉庆五年正月内，曾氏族众修理祖祠之用，经曾云万出名立票，向赖德瑸借用钱二百零八千，言明每月二分五厘起息，那钱原是赖德瑸向他祖祠钱会转借。到十一年二月，计算利息该钱三百六十多千文，赖德瑸屡次索讨。曾云万同族众商议把公田四十二亩，凭中宋殿升立契作价三百三十八千抵还本利，余利情让。后赖德瑸族众因利钱不敷，要赖德瑸赔还。赖德瑸私自给与曾云万田十亩，把曾氏公共祠产黄荆坪石山立契抵给赖德瑸作利。十二年二月，经族人曾元焰查知，不依控告，又经宋殿升劝处，石山归两姓公管，卖契涂销。此案的最终审理认为，“革生曾云万图得谢礼，将祖遗公山立契私卖，丈计一十九亩零。曾云万合依子孙盗卖祖遗祀产，不及五十亩照盗卖官田律治罪例，盗卖他人田一亩以下，笞五十，每五亩加一等，十六亩，杖八十，系官者加二等杖一百律，杖一百，折责四十板”③。

二、生计：农、工、商与多种经营

首先，务农劳作是最基本的谋生手段。

江西是稻作为主的地区。如抚州府乐安县陈掌仔佃与元瑾六田亩种植稻谷。④ 吉安府泰和县人熊光俊，年五十岁，族内有公共祖遗荒田一片坐落门首，嘉庆四年，熊汇川等批与蒋士登垦种，议定每种一斗还租钱一百四十文，立有批字，后来族众把田分管。十九年闰二月他把田收回自种，蒋士登见田稻成熟，于五月二十三日纠同刘六仔等

---

① 《辑刊》第 3 册，1251 页。

② 《辑刊》第 3 册，1382 页。

③ 《辑刊》第 1 册，157 页。

④ 《辑刊》第 3 册，1296 页。

人各带刀担在田内割取稻谷。① 宁都州瑞金县人钟章遐宗族有公共池口隘祭田佃与黄昌振等耕种，每年交租谷七十石。嘉庆七、八两年黄昌振等欠租未还。九年五月二十九日上午，其堂弟钟章河见黄昌振等佃种田内早稻成熟，邀同族人前往割禾抵欠，黄昌振等拦阻争闹。②刑科题本出现的江西的“禾”，一般概指水稻。

江西也种植麦子与杂粮。吉安府泰和县人肖希智，年四十四岁。与吴本淳等有公共角锣坑陆地两块，佃给郭春荣耕种，种植了杂粮。③饶州府鄱阳县人汪涌旺则种植麦子。④

此外，种植经济作物的也有。如义宁州人陈幅秦，年四十二岁，在建昌县种靛营生。⑤ 还有种植、贩卖芋头的事例。⑥

江西种烟与吸烟较盛。宁都州瑞金县是盛产烟叶的地区，福建漳州、泉州商人“遂麇至骈集，开设烟厂”⑦。建昌府新城县也是烟叶产地，“雇工则种稻轻其值。种烟重其值。于是佣工者竞趋烟地而弃禾田”⑧。类似者如宁都州，乾隆三十九年谢有宜租赁廖绍澄田亩，栽种烟芋，议定秋收交租四石。⑨ 交租需用的稻谷应是用卖“烟芋”的钱另买。乾隆五十五年的事例更说明烟成为日常用品以及给日常生活带来的冲击，该年十月二十七日，“黎洪义买烟叶回家，自用小刀在房切烟，梅氏瞥见，声称有钱不买柴米，只顾自己吃烟，既不顾养何不将其休弃另嫁。黎洪义斥责，梅氏回詈，向夺烟叶。黎洪义用手拦抵，

① 《辑刊》第3册，1214～1215页。

② 《辑刊》第3册，1251页。

③ 《辑刊》第3册，1292页。

④ 《辑刊》第1册，488页。

⑤ 《辑刊》第2册，948页。

⑥ 乾隆时期瑞金县李士仁种植芋头，《清代地租剥削形态》下册，537页。

⑦ 乾隆《瑞金县志》卷二《物产》，转引自刘永成：《清代前期农业资本主义萌芽初探》，37页。

⑧ 同治《新城县志》卷一《风俗》，转引自刘永成：《清代前期农业资本主义萌芽初探》，64页。

⑨ 《清代地租剥削形态》上册，175页。

致手中小刀戳伤梅氏左腋肷……殒命”①。丈夫用钱购烟吸食，妻子不愿接受，引起家庭纠纷，甚至闹出人命。

嘉庆时期，种、食烟已很普遍。陈掌仔籍隶南昌丰城，寄居抚州府乐安县，承佃元瑾六家社园坑山田十二丘，嘉庆十四年十二月内，陈掌仔私抽田一丘转租与朱的仔栽种烟叶，引起元瑾六与陈掌仔之间的纠纷，案中元瑾六用手作势指点烟袋上所吃之烟。② 江西人杨明周进屋吃烟。③ 烟袋在纠纷案中多次出现，说明日常生活中吸烟的普遍，如南康府建昌县张盛波开张油榨生理，与陈幅秦产生纠纷，张盛波用烟袋乱戳。④ 建昌府南丰县人曾汉林，年三十五岁，在社庙调节纠纷时，用小刀斗镶烟袋。⑤ 赣州府长宁县人曹燕泷，年四十二岁，嘉庆二十三年九月初二日下午，他在族兄曹愈幅家闲坐，因烟袋头断落，顺取破篾小刀修整。⑥

山中多有开山种植的棚民居住，其房屋自然称作山棚、棚屋，棚民与山主结成租佃关系，往往因为租税问题产生纠纷。建昌府泸溪县人李华生，年三十六岁。嘉庆十九年闰二月十九日，母亲听说斗转湾山内有一已烂死尸，与哥哥相似，叫他访查，李华生就到斗转湾各处山棚查问。⑦ 吉安府泰和县人肖希智，年四十四岁，与吴本淳等有公共角锣坑陆地两块，佃给郭春荣耕种，每年租钱三十八千文。嘉庆十四年，郭春荣欠租钱五千四百文，屡讨未还。十五年五月初八日，肖希智携带木柄铁锹赴田工作，顺便同吴本淳等到郭春荣棚内索讨前欠。⑧ 赣州府兴国县人杨受成，年三十四岁。泰和县胡磬栋家有祖遗公共山场向召杨受成的父亲照管，给住棚屋，并给山下园土一块垦种，

---

① 郑秦、赵雄主编：《清代“服制”命案——刑科题本档案选编》，399 页。

② 《辑刊》第 3 册，1296 页。

③ 《辑刊》第 2 册，1047 页。

④ 《辑刊》第 2 册，948 页。

⑤ 《辑刊》第 1 册，116 页。

⑥ 《辑刊》第 1 册，377 页。

⑦ 《辑刊》第 2 册，670 页。

⑧ 《辑刊》第 3 册，1292 页。

议明没有租钱，也不给工资。其父死后即葬山内，杨受成照旧管种。嘉庆二十年十二月间，胡磬栋见园土成熟，要杨受成写票承租，不允。胡磬栋要另召肖日发管种，杨受成闻知即行退业，另租邱彩霞对门房屋居住，将自己添盖棚屋杉皮拆回。① 这一记载说明，棚屋覆盖着杉树皮。

其次，雇佣与打工是务农之外易行的谋生出路。

家族经营或是农业劳动中特别是农忙时需要帮手，雇用帮工是常事。帮工有长工，也有短雇，饶州府乐平县的事例集中，长工如黎甘子，年三十九岁，没有娶妻，一向佣工度日，与温忠秀邻村素识。嘉庆十年正月内温忠秀雇他帮工，议明长年工银八两，若仅做数月照短雇例，每日给银四分。与他平等称呼，并无主仆名分。黎甘子陆续收过银四两。七月初五日温忠秀说他不善工作，将其辞出，只肯长年摊算长给工银七钱八分。黎甘子因议明在先，既做半年辞工，要依短雇每日给银四分算找，温忠秀不允，彼此口角。十六日下午黎甘子赤脚路过杨家坂地方，见温忠秀在田工作，复向索找。② 宁都州石城县人王幸希向在刘和元家帮工，平等称呼，并无主仆名分。③

短工则有宁西富向在戴庭兆家帮工，平日共坐共食，平等称呼，并无主仆名分，工资按月支给。嘉庆二十二年七月间，宁西富向戴庭兆借钱四百文未还。二十二年七月间，宁西富又向戴庭兆预支八月份工钱，戴庭兆因无钱，不允。宁西富说要辞工，戴庭兆回说如果辞工就须把借项清还。宁西富斥骂戴庭兆刻薄，两下争闹。④ 宁都州瑞金县人赖方鸡，年四十一岁。父母俱故，兄弟二人，他居长，并没妻子，向在族叔赖德琛家短雇佣工。⑤

以上诸多事例都说主雇是平等关系，这也正是嘉庆时期主雇关系

---

① 《辑刊》第 3 册，1366 页。

② 《辑刊》第 3 册，1394 页。

③ 《辑刊》第 3 册，1381 页。

④ 《辑刊》第 3 册，1476 页。

⑤ 《辑刊》第 1 册，157 页。

的普遍情形。

收割稻谷需要人手，南昌府南昌县人熊克伟，年三十四岁，与熊衾波同姓不宗。熊衾波家有田二丘，佃与杨亨仁耕种。嘉庆十四年九月十五日，杨亨仁雇熊克伟帮同割禾。中午时候，杨亨仁挑禾先回，熊克伟在田捆禾，正要挑走，适熊衾波走来说杨亨仁欠他租谷，这田禾要公同分收，不应私割，阻止熊克伟挑回。熊克伟原说是受雇帮工，自应挑回杨亨仁家，叫他自向分取。熊衾波不依，就举拳打来。熊克伟闪避，顺用挑禾竹棍回打，致伤熊衾波囟门右，伤重致死。①

犁田也请人帮助，吉安府龙泉县人彭道洁，年三十岁，有己田，嘉庆十八年八月十八日，彭均信雇他帮犁田亩，平等称呼，并无主仆名分。那晚，他工毕回家，把犁遗忘田内，被人拾去。彭均信要其赔偿，他恳缓迟日赔还。二十二日，两下争闹，彭道洁用锄伤彭均信颈项倒地身亡。②

当地的雇工不仅务农也有各种工作。曾欢保，十七岁，向在邹饶九剃头店内帮工剃头，店内还有店伙陈新保。③

冯尔康先生指出清代佃户也雇工经营，佃农雇用工人，或偶尔雇短工。列举了南丰人汪显凡到福建建阳天壶庵看守香火，承佃寺院耕地，雇用黄连生耕作。冯先生也注意到雇工中的经济作物、农副业经营者，举出了崇义人黎林养种茶，嘉庆五年七月雇叶秀兴、叶贱狗、李仕才帮摘茶梓，各人月工钱1500文，九月二十四日因叶秀兴懒惰辞退，欠工钱一千文，约定卖油后找给，几天后的二十八号就来讨钱，被叶贱狗等害死。冯先生还强调商业、手工业小店主，有的江西人经营餐饮业的饭店、茶馆。大庾县刘克昌开酒店，嘉庆五年七月初一日晚上，有两个客人吃饭，无钱付账，吃住在酒店的刘行元帮助店家刘克昌要钱，从而打死一位客人。有手艺人，万载人李参牙会织布手艺，串巷走街，为人织布，嘉庆六年三月给卢李氏织布四丈，欠工钱，再

---

① 《辑刊》第3册，1276页。

② 《辑刊》第1册，247页。

③ 《辑刊》第2册，513页。

找他，就不应承活计了。有雇工店主，万安县喻汉源出本钱千文，于嘉庆六年正月和刘幗顺合伙开设杂货店，雇用郭茂发为掌柜，后来患病，陆续支用本金，八年正月刘幗顺因亏本，遂拆伙，与郭茂发另做，并清账，要喻汉源归还亏欠千文。南丰人饶子周到浙江江山县开炭厂，雇用同乡李双得砍柴作燃料烧炭，欠工钱被打死。①

到省内其他地佣工的情况较普遍。饶州府乐平县的吴正发，年五十七岁，妻故，生有两子，俱出外佣工。② 南昌府奉新县人王三连、王三达向在鄱阳县佣工。③ 佣工的工作多样。有挑脚夫，南康府都昌县人王添习，年二十八岁，父亲已故，母亲陈氏，兄弟三人，他居幼，并无妻子。嘉庆二十二年二月，他到饶州府浮梁县景德镇挑脚佣趁。④ 有纸厂帮工，抚州府金溪县民江匹生即江弼生，于嘉庆十三年十二月往饶州府上饶县张聚锦纸厂帮工。⑤

再次，经商为谋生提供了新的途径。

江西民人往往赶墟从事买卖。这样的事例如：嘉庆八年六月十八日午后，四十六岁的临江府峡江县民曾接友赶墟回家。⑥ 临江府新喻县人曾沅六，年四十四岁，嘉庆二十年七月十八日，因赊欠张姓食谷一石，要把母亲织棉布一匹卖钱偿欠，以便再行赊食。私把布匹拿到墟上卖与不知姓名人，得钱四百五十文。⑦ 建昌府南城县人陈香，年二十四岁，向做道士营生，嘉庆十八年二月十六日，他携钱二千四百文赴墟，应当是去墟上购物。⑧ 南安府上犹县人朱雨沧，年四十五岁，嘉庆二十一年闰六月十八日，他从墟上挑担回家，挑担说明他是去墟

---

① 冯尔康：《乾嘉之际小业主的经济状况和社会生活——兼述嘉庆朝刑科题本档案史料的价值》，见《中国社会历史评论》第7卷，17、20、21、22、24页。

② 《辑刊》第3册，1859页。

③ 《辑刊》第3册，1208页。

④ 《辑刊》第1册，335页。

⑤ 《辑刊》第2册，1067页。

⑥ 《辑刊》第1册，48页。

⑦ 《辑刊》第1册，293页。

⑧ 《辑刊》第3册，1162页。

上买卖。① 以上事例分布在三个不同的府，买卖的商品是家织的棉布。

另外三个府有乾隆时期的事例。南康府安义县，乾隆五十五年二月，戴贤俊欲赴墟买牛。② 赣州府会昌县，乾隆四十二年八月二十日，“值中村墟期”，只离金克修的家一里路，那天午后，金克修与叔父都在中村赶墟。③ 吉安府龙泉县的雩溪墟可能有名，乾隆时期两件题本都提到它，乾隆二十一年闰九月十二日，龙泉县人袁棕昌“在雩溪墟撞遇景章”；乾隆二十七年五月初三日，“萧继赓往雩溪墟买肉”④。

有专门的手工作坊，从事多种工作。有经营油榨的，如南康府建昌县张盛波开张油榨生理，有陈幅秦向其买定油枯三百四十斤，议价二千六百文交讫，约定嘉庆十七年六月下旬交给。六月二十七日早，陈幅秦前来挑取，尚无油枯，约缓不允，致相争闹。⑤ 抚州府乐平县吴世一生四子，业已分爨。仅留油榨房屋一所存公，为生养死葬之费。三子吴正起懒务正业，欲将榨屋变卖分银。⑥ 这也证明当地有经营油榨者。

日常生活用具特别是农具需要铁匠，宁都州人宁叶氏，年四十三岁，嫁与宁明发为妻，生有两子。丈夫有房屋七间，向来租与陈佩玉开张铁匠铺，每年租钱十五千文。⑦ 赣州府长宁县冶铁业兴盛，乾隆时商人严永胜和钟常丰各自经营冶铁工场四座，嘉庆十七年商人赖赵兴经营冶铁工场一座。⑧

经商的人也较多。南昌府南昌县人胡仁贵，年二十七岁，削卖甘

---

① 《辑刊》第 2 册，706 页。乾隆时期，上犹县的仓粮由仓书“差人赴墟市零星籴买”，见《清代地租剥削形态》下册，783 页。

② 郑秦、赵雄主编：《清代“服制”命案——刑科题本档案选编》，375 页。

③ 《清代地租剥削形态》下册，688 页。

④ 《清代土地占有关系与佃农抗租斗争》下册，420、497 页。

⑤ 《辑刊》第 2 册，948 页。

⑥ 《辑刊》第 3 册，1858 页。

⑦ 《辑刊》第 2 册，1117 页。

⑧ 道光《赣州志》卷三三《杂建置》，转引自刘永成：《清代前期农业资本主义萌芽初探》，34～35 页。

蔗生理。① 或到外地经商，建昌府泸溪县人李定生时常在外小本生理。② 吉安府泰和县黄沅初、贺庭爵，嘉庆十九年五月前往四川、湖广贸易。③ 南康府都昌县人王华章嘉庆二十二年八月十六日雇詹弼翰船只装芋来景德镇售卖，二十日早，王华章携芋头一篮往里村售卖。④ 詹弼翰则系船户，从事运输。

有的人开店经商。抚州府乐安县人曾均十，年六十一岁。父母俱故，兄弟二人，妻故，生有三子，向开酒腐店生理。有店伙王贱保，客人或闲坐或饮酒。⑤ 刑科题本所载案件中一些事情发生在“店”的附近，如南安府上犹县的黎棕照店、义宁州古赞庭店。⑥

又次，江西养猪较为普遍，为多种经营办法之一。

民间欠债常用猪作抵押，如嘉庆十二年八月内，南昌府义宁州紫竹庵道士吴品高向吴普明买谷四石，谷价除付过外，尚欠钱一千文，屡讨没还。十三年闰五月初三日早，吴普明往庵催索。吴品高外出，其兄吴鸣谷仍央宽缓。吴普明不依，见庵内养有猪，要牵回作抵。吴鸣谷拦阻，致相争闹。⑦ 吉安府泰和县胡磬探祖遗山场向召杨受成之父照管，给住棚屋并园土垦种。其父故后，杨受成照旧种管。嘉庆二十年十二月间，胡磬探堂兄胡磬栋见园土成熟，欲令写票承租，杨受成不允，即退业另住，将棚屋内添盖杉皮拆回。堂兄投论欲罚杨受成补给租钱，不依。二十七日，堂兄邀他与胡磬林、胡善速复往索租，并欲牵取猪牛作抵，以致争闹。⑧ 养猪比较普遍，生活中出现猪的场合较多，如嘉庆十五年七月，抚州府乐安县陈掌仔因谋佃土地纠纷致伤朱的仔身死案，元瑾六因陈掌仔两耳聋废，用手作势将在旁猪只及

---

① 《辑刊》第 3 册，1675 页。

② 《辑刊》第 2 册，669 页。

③ 《辑刊》第 3 册，1214 页。

④ 《辑刊》第 1 册，335 页。

⑤ 《辑刊》第 2 册，627～628 页。

⑥ 《辑刊》第 2 册，706 页；第 3 册，1754 页。

⑦ 《辑刊》第 3 册，1141 页。

⑧ 《辑刊》第 3 册，1366 页。

烟袋上所吃之烟向其指点，陈掌仔会意，知系朱的仔将他租给田亩种烟缘由通知挑唆，欲谋佃其田。①

围绕猪的职业也较多。有宰猪的，如广信府玉山县人毛德裕，年四十二岁，宰猪生理，曾携带尖刀赴邻村宰猪，同时租地耕种。② 还有买卖猪的牙行，如南昌府进贤县人周达仁，年五十九岁，族人周帼俊领贴充当猪牙行生理，雇他在行内帮工。嘉庆十五年六月内，李帼明凭周帼俊卖猪四只，欠周帼俊牙钱二百文，屡讨未还，发生争执。③ 周帼俊一次卖猪四只，规模较大。从题本记载中可推测当时猪的价格，嘉庆十九年三月，建昌府泸溪县民石左棕踢伤李定生案中，石左棕畏惧报官，捏称工忙不能到官，许给钱十千文求免开名。因无现钱，议定先行交猪一只，抵钱二千三百文。余钱卖去牛只归还。后官府也将"其牵猪一只估银二两三钱"④。

以上有关猪的 6 个事例，分布在 5 个府，说明养猪的广泛性。其中建昌府泸溪县、吉安府泰和县的两个事例，出现以牛只作抵、还债情况，养牛在江西农家也应是普遍的。如石城县王幸希向在刘和元家帮工，因刘和元欠族中祀租，被刘著员将刘和元牧放耕牛一只牵藏刘汉垂家内，刘和元又叫王幸希把刘汉垂栏内的牛只牵回作抵。⑤ 故事的双方均有耕牛。

此外，值得注意的是江西人到外省谋生。

冯尔康先生探讨嘉庆时期的人口流动问题，注意到江西的情况。

---

① 《辑刊》第 3 册，1296 页。

② 《辑刊》第 3 册，1359 页。乾隆时期，瑞金县人曾继鸾所居与会昌县交界，宰猪度日，乾隆三十六年三月十二日"带了屠刀，与兄弟曾继鸣自墟宰猪，一同回家"。见《清代地租剥削形态》上册，159 页。

③ 《辑刊》第 3 册，1776 页。乾隆时期，抚州府临川县王栢太"讨取卖猪钱二千文"，见《清代土地占有关系与佃农抗租斗争》上册，225 页。

④ 《辑刊》第 2 册，671 页。

⑤ 《辑刊》第 3 册，1381 页。按：南康县邓叔旺家于乾隆十九年四月十七日新产小牛一只自毙，叔旺开剥。邓玉光与兄邓美石买牛肉一斤，邓上吉亦买牛肉半斤，携至玉光家欲同炒食。郑秦、赵雄主编：《清代"服制"命案——刑科题本档案选编》，113 页。

指出跨省范围的人口流动，如江西瑞金人古奕祖、古喜奇堂叔侄和冯起中均到福建长汀当挑夫，另一位江西石城人邹细丰也到长汀谋生。冯先生也注意到流动人口的职业，举出江西人到湖南浏阳的泻银店做佣工。还有从事小商贩的，江西临川人吴明珍到贵州威宁开设酒店，因脚伤不能挑水，雇用四川兴文县来的宋老大临时帮工，每月工钱七钱五分。① 我在此专门就江西人到外省谋生加以探讨，详见表 5.7：

表 5.7 《清嘉庆朝刑科题本社会史料辑刊》江西人在外地谋生事例一览表

序号	姓名	年龄	家庭情况	迁出地	迁入地	生计	页数
1	林老三			赣州龙南	广东南雄州	盗窃	329
2	曾添贵				福建邵武	看管香火、收租完粮	597
3	张廷裕	39	父故母在，兄弟五人，行三，未娶妻	宁都石城	福建延平顺昌	种山度日	812
4	林发兴	38	父母俱故，并没兄弟、妻子	袁州万载	广西桂林平乐	种山度日	813
5	李恒立	56		抚州临川	四川叙州珙县	开染房	820
6	胡良士			吉安泰和	广东南雄保昌	开估衣铺	845
7	严鲁栋			吉安泰和	四川嘉定犍为	佣工挖煤	852
8	胡金荣				四川邛州	开钱铺	883
9	郭兴陇	48		吉安永丰	福建建宁建阳	搭厂烧炭	920
10	邱老三	35		赣州广昌	福建建宁建阳	种山度日	920
11	吴汝坤			抚州宜黄	湖北监利	开杂货铺	925
12	叶老二	36	父亲已故，母亲六十一岁，弟兄三人，并无妻子	广信广丰	浙江衢州江山	种山度日	998
13	陈景瀜	52	父母俱故，并无弟兄、妻子	南昌丰城	贵州兴义	庙里挑水	1154

① 冯尔康：《18 世纪末 19 世纪初中国的流动人口——以嘉庆朝刑科题本档案资料为范围》，载《天津师范大学学报》，2005(2)。

续表

序号	姓名	年龄	家庭情况	迁出地	迁入地	生计	页数
14	甘立爵	40		南昌奉新	四川汶川	摘茶	940
15	郑松庭			抚州金溪	贵州兴义	开饭店	1384
16	胡缺仔			抚州崇仁	福建建宁建安	木匠	1415
17	席子华				福建建宁崇安	开豆腐酒店	1466
18	康崇禄			吉安泰和	云南镇雄	贸易卖货	1512
19	刘文信		兄刘文明	南康都昌	安徽休宁	开窑烧瓦	1375
20	邵百明		兄邵梦生	南康都昌	安徽休宁	烧瓦帮工	1375

说明：表中第 5 例，原文作江西宁川县，清代江西无此县，疑为临川县，故改。表中第 7、18 例，原文作江西太和县，江西只有吉安府泰和县，故改。

表中共计 18 件档案的 20 例江西人到外省谋生。迁出地只知为江西省籍的有 3 例，吉安府 4 例(其中泰和县 3 例)，抚州府 4 例，南康府 2 例，赣州府 2 例，南昌府 2 例，袁州府、广信府、宁都直隶州各 1 例，分布在 7 府 1 州，占全省府州的一半，占据全省的东南西北，较为广泛。

迁入地分布在福建的有 6 例(其中建宁府 4 例)，四川 4 例，安徽 2 例，广东 2 例，贵州 2 例，浙江、湖北、广西、云南各 1 例，福建最多，这与邻省以及山区开发有关，次多的是四川，这里相对来说地广人稀。

外出者有 8 例知道其年龄，三十岁以上 4 例，四十岁以上 2 例，五十岁以上 2 例，三四十岁为主体，其中有 6 例谈到家庭情况，2 例父母双亡，2 例父故母在，4 例有兄弟，2 例无兄弟，4 例均无妻，可见外出者多是未成家的青壮年。

关于谋生手段，有 4 例是种山度日，分布在福建、浙江、广西，应是棚民生活，如序号 3、4、10、12 诸例；或在山中挖煤烧炭，如序号 7、9 即是；经营店铺有 6 例，如染坊、估衣铺、钱铺、杂货铺、饭店、豆腐酒店；在寺庙谋生，如 2 号曾添贵在重兴寺看管香火、收租完粮，13 号陈景瀣，嘉庆十四年来贵州兴义府觅工，梓潼阁庙僧心存雇他在庙里挑水；此外，还有摘茶、木工、卖货等；也有无以为生而盗窃的。

值得注意的是，赣东部临近浙闽的山区，是开发山区的棚民活动频繁的地区。如序号 9 与 10 中，江西永丰县人郭兴陇，与同乡谢飞英合伙在福建建宁府建阳县地方搭厂烧炭生理。当地还有原籍江西广昌县人邱老三，向在建阳县地方种山度日。① 序号 12 的江西广丰县人叶老二(叶新发)，在浙江衢州府江山县度日。嘉庆十年间，向王梦九租山四十多亩开种靛青，议定每年插种杉苗以工代租。叶老二在山脚近水地方陆续垦成田二十多亩，每年还租谷五石。后来，管山的徐添平晓得山田出息，每年可得谷二三十石，向王梦九揽种。二十一年正月二十一日，徐添平邀王梦九看明山田，每年还谷二十石，在傅在民厂内定立佃票。王梦九叫叶老二退佃交徐添平承种，叶老二照旧种山。叶老二怀恨，遂发生命案。②

外出谋生要投亲靠友，即使如此也困难重重。如序号 11 的江西宜黄县人吴汝霖、吴汝才、吴汝坤同胞弟兄三人，久已分居。吴汝坤向在湖北监利县开杂货铺生理，吴汝才在他铺内帮忙。吴汝霖先在本籍佃种地亩，因地被业主收去，穷苦难过。嘉庆十四年春间，吴汝坤寄信叫吴汝霖出来找寻生意，吴汝坤帮给本钱，另有贸易。吴汝霖总没银钱寄回，妻子吴邹氏无可依靠。十六年三月吴邹氏带了两个幼子，寻到吴汝坤铺里，吴汝霖已因折本歇贸闲住在铺。吴汝坤就留吴邹氏母子也在他店里同住。过了些时，吴汝坤正要替吴汝霖另寻伙贸地方，吴汝霖说他不愿住在外面，要吴汝坤帮给钱五十千文回家佃种度日。吴汝坤应允说俟从缓设措，后吴汝霖屡次催逼，发生争执，导致命案。③

有人从事烧瓦与砖瓦业。邵百明与刘文信均籍隶江西都昌县，邵百明与兄邵梦生做砖瓦艺业，刘文信偕兄刘文明向在休宁开窖烧瓦。嘉庆八年二月间，刘文信雇邵百明、邵梦生帮工，议定做瓦一百给工钱二分。邵百明做至八月间，计工钱二百余两，陆续支用外，尚给十

① 《辑刊》第 2 册，920 页。
② 《辑刊》第 2 册，998 页。
③ 《辑刊》第 2 册，925 页。

余两。迨至八月三十日，邵百明因知父病，急欲旋里，是夜往向刘文信算账。刘文信以夜深明日来算并向斥詈，邵百明回骂。刘文信掌批其颊，邵百明随拾铁凿向戳，以致戳伤刘文信心坎左肋身死。①

三、生态：生活山水间

江西省位于长江中游南岸，三面环山，北部为鄱阳湖平原，中部丘陵广布，盆地、河谷相间，省境边缘山地有茂密的森林与毛竹。赣江由南向北纵贯全省，赣江在赣州由章江、贡水汇合而成，北流经万安、泰和、吉安、吉水、峡江、新干、清江、丰城到南昌，注入上饶鄱阳湖。江西的山地与丘陵密布，水利发达，与人们的日常生活密切关联。

我们试以乾隆朝的两份刑科题本呈现这种山水间的日常生活。一件说抚州府金溪县乾隆三十年二月，唐有万将原租傅四能鱼塘一口，转租傅朋九栽种菱角，当付租钱三百文。他又把塘内小鱼一并拌与(意为转让)傅朋九，议钱一百文。到九月初五日，傅朋九收完菱角，雇人到塘网鱼，唐有万在后边塝上空园内剥苎麻看见了。这幅乡间生活图画呈现了水乡鱼塘栽种菱角与网鱼多种经营，及加工苎麻的生活情境。② 另一件讲赣州府安远县乾隆五十五年二月，魏老八向魏定省租田一丘，栽种番薯，因所收番薯价贱不能获利，将田退还。魏老八旋即外趁，五十六年二月回家，十一日携带铁锥在河边捕戳甲鱼。适魏定省挑柴路过。③ 这幅乡间生活图画呈现了新的农作物番薯已经普及，人们从山水获利的情形。这里涉及了两种农作物番薯、苎麻。明清时期江西夏布业兴盛，苎麻种植与织造夏布互相为用，普遍发展起来。明末传入的番薯，乾隆时期在江西普遍种植。④ 这些作物为江西人的衣食带来变化，维系着他们的生活，两个个案中的村民都是农副结合多种经营。

---

① 《辑刊》第3册，1375页。

② 《清代地租剥削形态》下册，647页。

③ 《清代地租剥削形态》上册，331页。

④ 许怀林：《江西史稿》，542、549～550页，南昌，江西高教出版社，1998。

（一）取柴（煤）于山

俗语说，“开门七件事：柴、米、油、盐、酱、醋、茶”。这柴是第一位的，柴作为农业社会的主要燃料与建筑材料，其重要性充分反映在清中叶江西人的日常生活中。嘉庆朝刑科题本中记载了不少江西人拥有山场、柴山或某某名称的山“一嶂”，字典里一般解释“嶂”为高耸险峻如同屏障一般的山峰，但是在这里“嶂”是作为山的单位出现的，“一嶂”应是一座的意思。

嘉庆朝江西涉及山场砍柴的刑科题本有16件之多，分布于江西的八府一州，我们从北向南、由西向东依次分府说明。

南康府都昌县有2例。都昌县人李添亮，嘉庆七年十二月，出钱五百四十文，拚定无服族弟李余三山柴一段，议至八年十月内砍取。八年八月二十九日，李添亮见山柴稀少，要李余三退还拚价钱文，李余三斥其不应翻悔，致相争闹，李添亮被李余三以柴刀戳伤身死。① 该县王添习的祖父兄弟六人，王华章的祖父世兴居长，王添习的祖父世行居四，五房世谨已故无嗣。嘉庆十九年，五房叔祖母沈氏身故，遗有田四亩，柴山一片，族众公议作为祀产。② 这两例都发生在宗族内部，前一例是山柴买卖，后一例为家庭柴山充为宗族祀产。

南昌府事例最多，有5例。其中武宁县占2例，有关山场出租、抵押。卓宏耀原籍湖北通山县，寄居南昌府武宁县。乾隆二十三年，其家祖承租王姓土名香炉脑荒山一嶂，每年租钱五百文，有王姓拨约为据。嘉庆年间因山树茂盛，王帼迪要加倍还租，卓宏耀父亲卓尔贤不允。嘉庆二十三年二月初八日，王帼迪主使族人各带柴刀到香炉脑山上砍树抵作加租钱文。卓尔贤闻知往阻，被王祥庭用柴刀殴伤致死。③ 武宁县周氏族内有土名眠羊山一嶂。嘉庆二年三月，族众因乏公用，把山内树木向洪大衍押钱五十千文，二分起息，立有契据。五年把本利付还，尚欠利钱二千文，押契取回，所欠利钱约俟迟日交清。

---

① 《辑刊》第1册，50页。

② 《辑刊》第1册，334页。

③ 《辑刊》第3册，1348页。

十一月初八日周氏族人周逢云、周逢衍等各带木担柴刀在眠羊山砍树，适洪大衍携带柴斧路过，看见说周氏族内欠他押山利钱没有交清，不应砍树，走来阻止，周逢信不依，两相争闹。① 此外，义宁州萧秉耀家有契买土名奉文埚山场一处，租给来此种山度日的雩都县人罗用华管种收花，山上茅草原许众人樵采。嘉庆十年七月十九日萧秉耀儿子先告往山砍草，误将罗用华栽蓄桐茶树秧砍坏几株。② 这也是山场出租的事例。

山场不限于宗族经营，也有异姓合伙经营事例。乾隆四十二年，南昌府靖安县人谢文金与刘善长、刘其中、张邦仁合买舒姓土名下坑山三亩，公共管业。山上树木卖钱四股均分，山粮收在刘善长户内，完纳后，张邦仁又把一股山场并卖与谢文金同刘善长等管业，契据都交刘善长家收存。后来谢文金与刘善长等先后身故。嘉庆七年二月内，谢文金之孙谢其幅与刘善长的儿子刘奇组，并刘其中的儿子刘景组因公山无人专管，凭地邻唐学荣公议，把山分作上下截三股均分，各管。谢其幅分得下截山一股，刘奇组等分得上截山两股，写立合约三纸。因刘奇组查寻原契并历年粮串不见，无从分拨山粮，写入约内，当把合约交唐学荣暂存，议俟寻出契串填明分执。哪知刘奇组等就把上截山木卖与陈致达砍伐。五月二十三日，谢其幅带了竹梢往别山挑柴，路过下坑山，见陈致达同弟陈致信在上截山内砍树。谢其幅因山粮尚未分定，上前向阻，陈致达用砍树铁斧砍来，谢其幅用竹梢戳伤陈致达胸膛致死。③

我们也看到日常生活中人们的砍柴活动。南昌府奉新县人蔡宁才，年五十七岁，嘉庆二十三年四月十九日，他携带柴刀往山砍柴。④ 事实上，江西人家多有柴刀，如同前述多起案件揭示的，人们持柴刀砍柴，家中用柴刀修治柴薪，柴刀是江西人的日常生活工具，但争斗中柴刀变成了凶器。如乾隆三十一年间，黄明也欠租未清，胡中凡遂令

---

① 《辑刊》第 2 册，518 页。

② 《辑刊》第 3 册，1264 页。

③ 《辑刊》第 2 册，535 页。

④ 《辑刊》第 1 册，365 页。

退佃，黄明也不允，胡中凡另召佃种。黄明也心怀不甘，往田争闹，又恐不能抵敌，携取柴刀防身。①

饶州府的两例增加了日常生活中砍柴的事例。鄱阳县人徐帼伦，年四十二岁，嘉庆十四年十二月十六日，他同徐庭辉、徐彩各携木担赴山挑柴。② 饶州府德兴县王秋梅家有祖遗山场，嘉庆二十三年九月初三日，有另支族人王赏同王烈等赴山砍柴，其侄王有发同王秋郎等往阻争闹。③ 砍柴、挑柴应是为了得到柴薪，该府乐平县乾隆年间的事例可以证明。康熙五十年间，张佐巴祖上等“租祝胜们橡树坞山场取柴”，付有押租银一两，每年另交租七百文，到乾隆二十年间，因柴贵，每年加租钱三百文。三十九年冬，“祝胜们族众需柴退佃”，张佐巴等要求“再砍一年柴薪，抵还押租银”④。此外，柯祥举有柴山一障，乾隆四年十一月初三日，柯龙贵至祥举山内砍伐柴薪。⑤

广信府的事例涉及山场买卖。上饶县民童旺棕因索分山价银打死无服族侄案中，童世镗将土名狐狸园私山归入族众户内，卖与徐广幅。嘉庆七年十二月二十日往徐广幅家收价，有族人童三棕借山归公卖，向他索分山价，经众劝散。其弟童友松闻知气忿，即携禾枪寻殴，路遇童三棕之兄童旺棕拦阻争殴，被童旺棕用柴斧致伤额颅身死。⑥ 文中提到的“禾枪”在有关江西的刑科题本中多次出现，顾名思义，应是一种保护庄稼的长杆枪，依据叙述的环境，“禾枪”用于路上防身、山中防兽、家中防盗等，是江西人重要的日常用具。如前述乐平县张佐巴，乾隆四十年八月十三日，同张和生携带柴刀扁担，往山砍柴，因路过都是深山，怕有野兽，他们各带防兽禾枪一杆。⑦

袁州府的事例展示了山区开发培育山林，竹木用于搭建房屋，也

---

① 郑秦、赵雄主编：《清代“服制”命案——刑科题本档案选编》，151 页。

② 《辑刊》第 3 册，1208 页。

③ 《辑刊》第 1 册，378 页。

④ 《清代地租剥削形态》下册，453 页。

⑤ 郑秦、赵雄主编：《清代“服制”命案——刑科题本档案选编》，72 页。

⑥ 《辑刊》第 1 册，41 页。

⑦ 《清代地租剥削形态》下册，453 页。

可“扒柴”作为燃料。万载县人李师胜族内有祖遗公山一嶂，田四亩八分，庄屋三间，于乾隆四十七年与张开生佃种，当得押租钱四千文，每年还租谷十二石，并未立约。山内原有竹木，经张开生培蓄成林，仍是李师胜家管业。嘉庆九年八月内张开生在山私砍竹木搭盖茅厕，经叔祖李泰迪查知，要起佃自种，就赴县控告，县官令李泰迪缴出工本钱二十千文给张开生具领退庄完案。嘉庆九年十一月十二日张开生的儿子在山上扒柴，李师胜等来家催促退佃，适张开生买有新砍的树木一株放在门首，李师胜看见疑心是在他家公山上砍的，两相争闹。①

抚州府金溪县民江四生，于嘉庆十三年十二月初十日独窃江泳山家柴薪、菜蔬，查知投族逐出。② 这一事例说明，柴薪是江泳山家的燃料。

宁都州的事例说明当地山场松树成林，民间进山砍柴属于日常活动。瑞金县人赖方鸡，年四十一岁，向在族叔赖德瑸家短雇佣工。嘉庆十四年十二月十八日，曾复轩因曾云万私自将他族办公共黄荆坪石山立契抵给借欠赖德瑸钱文利息，被曾元焰查知控告。经宋殿升处令石山归两姓公管，呈息销案。赖德瑸反悔不肯把契销毁。曾复轩主令曾姓人到赖德瑸家山内，砍毁大小松树三百三十六株搬去。赖德瑸控蒙差拘，曾复轩等躲避。十五年正月初九日，赖方鸡带刀赴山砍柴，路遇曾学承挑担走过，向曾学承说曾姓不该砍毁赖德瑸山树，斥骂强横。曾承学不服，致相争闹。③

南安府有民众培育山林的事例。④ 嘉庆二年，上犹县罗杨清把木

① 《辑刊》第3册，1256页。

② 《辑刊》第2册，1067页。

③ 《辑刊》第1册，157页。又，瑞金县郭衍栢家有社公岭山场，康熙五十七年批与骆悦五栽种松树，乾隆十二年骆悦五的儿子骆尊三将山上的松树卖与朱永千做柴，引起纠纷。见《清代地租剥削形态》上册，52页。

④ 乾隆时期南安府崇义县的一个事例，反映了山林木材经营：刘佐廷家有苦竹坑山场，由何乾州佃管，蓄有杉木，乾隆十年何乾州私将杉木二十株出卖与黄达上，得钱一百四十文。刘佐廷是山主，应照乡例，原议二八抽分，该交他山租钱二百八十文。佐廷嫌少，不肯收。又，十一年二月黄达上因河水内发，雇人放木下河，把十根杉木扎成一簰。见《清代地租剥削形态》上册，48页。

梓山场一嶂典与罗杨相，二十二年八月，罗杨清备价取赎，罗杨相因山上梓桃未收，不肯放赎。九月初二日，罗杨清同继子郭汝和赴别山修削树枝，路过木梓山。① 嘉庆二十二年九月十二日，崇义县方万成携带长柄尖刀赴山修树。② 无独有偶，两例修树都发生在九月，当时乃树枝生长成熟之时，修削树枝，可使树木主干更好生长成材，修削下来的树枝可以作为柴薪燃料。

赣州府的事例再次说明柴为生活日用品。赣县人黄茂堂，年二十九岁，族内有公共山场一嶂，葬有祖坟一冢，坟旁周围向有水沟。嘉庆二十三年十二月内，族长黄时敏等因修祖祠需用，把沟外山地立契卖与胡觐光胞叔胡万滋为业，黄茂堂先不知道。二十四年正月十二日，黄茂堂因父亲病重，前往山上沟外用土预筑窨坟一穴。二十四日胡万滋赴山查见，同胡觐光把窨坟锄毁。黄茂堂挑柴路过，看见喝阻，致相争闹。③

煤炭也是重要燃料，煤炭矿藏多在山区，挖煤是重要谋生手段，官府、宗族为保护坟山而反对挖煤。袁州府宜春县人王宣一，年三十三岁。族内有公共蛇形山一嶂，历葬祖坟。嘉庆十七年五月内，他见山内露出煤炭，起意商同王奇招合伙挖煤，卖钱分用。初十日在小蛇形山内挖井取煤，因出产有限，连挖数洞，止得煤十余石，尚未变卖，就被族房王扳桂等查知，控县差拘。清廷审理此案，判定："该山王姓既历葬祖坟，应令永禁挖煤，以资保护。"④奉新县人王绪通与堂叔王三连、王三达，向在饶州府鄱阳县佣工，嘉庆十四年十二月间，王三连与冯巄均、余琏合伙租赁史二坐落于横山会二坞山下田亩开挖煤炭，雇王绪通与王三达、彭吉长帮挖。因那里先经冯巄均一人租挖煤炭，搭有篷厂。十六日，他们正在原洞挖煤，有徐庭辉、徐帼伦、徐彩各

---

① 《辑刊》第 1 册，341 页。

② 《辑刊》第 1 册，340 页。

③ 《辑刊》第 2 册，761 页。

④ 《辑刊》第 1 册，231 页。按：乾隆三十九年，吴穆容、刘卓茂在宜春山里挖煤，参见郑秦、赵雄主编：《清代"服制"命案——刑科题本档案选编》，196 页。

拿木担走来，看见向阻。据徐帼伦供：他们三人系鄱阳县人，当日各携木担赴山挑柴，见王三连、王三达、王绪通、彭吉长又在封禁的史二田内挖煤，他们向阻。王三连不依，致相争闹。清廷审理认为："生员冯巄均租田挖煤，因已费工本，于经官断禁之后复行邀伙开挖，致酿人命，实属不合，应照不应重律，杖八十。监生余琏并不查明，混行合伙，应照为从减一等律，杖七十。冯巄均系生员，余琏系监生，应得杖罪，均照例纳赎。王三达等受雇挖煤，并不知官禁缘由，应与救阻不及之彭吉长等均毋庸议。该处山场田亩附近，均系村居坟墓，所产煤炭严禁开挖，以杜后衅。史二获日另结。"①官府保护村居坟墓附近山场田亩不许挖煤，保护了人民的居住环境与生态。

江西山区生产竹木，从事造纸者较多②，纸张又依靠发达的水上交通贩卖到各地，成为山水之间的生态与生活结合的特色。

（二）纸与山水

抚州府金溪县以出版书籍著名，赣东俗谚"临川才子金溪书"，称赞浒湾出书之盛。③ 金溪从事运载纸张生意的事例较多，如封万生，年三十岁，驾船度日。嘉庆八年六月二十八日，他与邹学俚泊船破港河下，揽载孙姓客人纸货，每担水脚钱六十文。邹学俚船上装纸二十担，他的船上装纸二十五担，邹学俚说其多装五担，占了他的生意，要其分二担给他装，封万生不依致相争闹。经邻船陈大早走来劝散，那孙姓客人纸货即另雇船只剥载去了。④ 可见，陈大早、邹学俚、封万生均为船户，靠运载纸张谋生。金溪人也到外地从事造纸，如江匹生嘉庆十三年十二月，往广信府上饶县张聚锦纸厂帮工。⑤

外地人则到金溪贩卖纸张。金溪县西部的许湾（今浒湾镇）木刻印书遐迩闻名，这里水运发达，也是著名的纸张集散地。建昌府泸溪县

① 《辑刊》第 3 册，1209 页。

② 乾隆时期，宁州胡班五计划"开山做纸"。见《清代土地占有关系与佃农抗租斗争》上册，185 页。

③ 吴定安：《金溪刻书》，载《中国文物科学研究》，2009(4)。

④ 《辑刊》第 2 册，564 页。

⑤ 《辑刊》第 2 册，1067 页。

人石左棕，年三十八岁，嘉庆十八年十一月二十八日，他遇见李定生，邀他合伙贩纸，李定生应允。到十二月初三日，李定生带了钱二千四百文来到他的棚内，他也出钱二千四百文交李定生贩纸，赴金溪县许湾地方售卖，每担赚钱四百文，分用。二十一日他又邀李定生贩纸，李定生说他本钱已经用去。他就一人拿出钱四千八百文交李定生贩纸，议明利钱对分。二十八日傍晚李定生回来说此次许湾纸多，照本发卖，并无利钱。石左棕疑他欺隐，因未折本，也未与争论。李定生反向他索取工钱，他说原本未议及工钱，不允，两下争闹。①

船户还有在省内长途运贩纸张的事例。赣州府安远县人赖祥青，年三十一岁，与杨潮英向在宁都州瑞金县地方合伙驾船。嘉庆十四年九月二十二日，有素识的林乔英把纸一百块并书信一封托他们装送吴城后泰行，交他兄弟林乔茂接收，议定船价，俟卸货付给。不料，开到赣州搁浅坏船，只得把纸卖钱另雇船只装送。十一月内，到庐陵县地方。有素识的陈本搭船下省。初十日，到樟树镇。他们因船坏折本，起意盗卖客纸得钱。向杨潮英同陈本商允，把纸二十块卖与周恒接行伙萧升荣，得九折钱五十四千文，按股均分。赖祥青复向杨潮英借钱五千文，凑买衣物，约俟回籍找给。杨潮英因有事起早回家。十五日，到省。赖祥青又起意把剩纸卖钱分用，与陈本商允，遂把纸块卖与尹协盛，得洋钱二百七十六元。二十日，赖祥青与陈本把余剩洋钱携到城外，正想换钱使用，不料被差获案。② 这一事例中，事主计划从宁都州的瑞金县将纸张经赣江水运到南昌府北边的吴城交与商行，沿途多次盗卖，行至吴城之南的省城南昌事发。此一事例证明了水运纸张的兴盛。

贩纸的事例还有。南昌府奉新县人潘文芳，年三十岁，小卖营生。黄万中贩布生理，嘉庆十五年五月二十五日，潘文芳路遇黄万中，黄万中说建昌地方纸价昂贵，起意贩卖获利，邀其合伙，议明除本分利，

---

① 《辑刊》第 2 册，670 页。

② 《辑刊》第 3 册，1751 页。

并问他有无银两。潘文芳想起亲戚李兴高有银，可以那借作本，回说可以借凑银四十两。潘文芳就即往借，适李兴高外出未遇。二十六日，邀黄万中同去看纸。二人发生争执，潘文芳用磨纸铁锉打伤黄万中致死。①

（三）命系于水

在水利资源丰富的江西，仍然不时发生争水事件。

争水出现在家庭、宗族内部以及家庭与宗族之间。家庭内部的争水事例：高安县人姚方，年三十九岁，兄弟五人，他行四。兄弟各爨无嫌。他有田与三哥姚唱田亩毗连，他的田势较低，向由三哥田内开缺引放圳水灌溉。嘉庆二十二年六月初二日，他往田灌水，三哥把田缺堵塞，回家央求开放。三哥说圳水无多，不允，致相争闹。② 江西宁都州刘潮铭、刘捷贤堂兄弟的耕田上下毗连，同用圳水，嘉庆二十二年八月十四日刘捷贤堵塞刘潮铭水道自用，结果就出现了刘潮铭被打身亡的事故。③

家庭之间的争水，如彭泽县人冯锡如，年三十八岁，家里佃种王允孝田亩，与阳大章佃种洪鹏举田亩毗连，那田上首向有公共荫田水圳一道，又附近阳大章田边有土名红梅塘一口，也是两家公共。嘉庆二十四年六月初九日，阳大章把圳水放入塘内，他路过看见。因圳水无多，他的佃田离塘较远，车荫费力，斥骂阳大章不该混行掘放。阳大章分辩，致相争闹。④

宗族内部争水。鄱阳县彭姓宗族有公共土名大沙塘，塘内东边又有小塘一口，中有低埂也是公管。春夏水涨两塘并为一塘，合族都在塘内车水灌田，秋冬水涸，塘中露出低埂，仍分两塘。因秋冬田禾不

---

① 《辑刊》第3册，1769页。

② 《辑刊》第1册，326页。

③ 转引自冯尔康：《十八、十九世纪之际的宗族社会状态——以嘉庆朝刑科题本资料为范围》，载《中国史研究》，2005年增刊。

④ 《辑刊》第2册，772页。

用车水，小塘鱼利向是彭德丹支内就近网取，从无争竞。嘉庆七年六月内天时干旱，塘埂露出。十九日族人彭子林在东边小塘内车水灌田，堂侄孙彭明显看见混说小塘是他家已业，向彭子林阻骂，彭子林不依致相争闹。官府认为："塘水应听族众随田车灌，塘鱼饬令公取，以杜衅端。"①尊重宗族车水灌田的旧例，对于塘鱼之取改为"公取"。

宗族之间水的使用容易引起纠纷。宁都州平阳乡地方有高陂塘水，发源黄坑磜岭头嵊，两山筑陂引水入圳，灌溉中塘、洲塘、江口三村田亩。不知始自何年，郭姓之田坐落中塘村地高在上，崔张两姓之田坐落洲塘、江口二村地低在下，各在田旁用车引灌，有前明万历年间老志及顺治十五年、乾隆十九年间公修分灌官断批谕为据。嘉庆四年六月内，崔姓见续修新志内载有高陂系张、崔两姓兴筑字样，误为郭姓无分，控经前署宁都州以水系自然之利，谕令照旧公灌。崔怡怀等不遵上控，前抚臣张诚基批行赣南道转，委署会昌县知县刘夔和会同宁都州知州黄永纶勘讯，以郭姓未据有老志呈验，只呈有私存远年官断批谕，并无州卷可稽，不足为凭。崔张两姓所呈康熙年间及乾隆初年续修新志内既载有高陂塘，止灌洲塘、江口三村田亩，并有张汉宸、崔彬等兴筑字样，较为确凿，并查郭姓田亩另有塘水可灌，遂将高陂塘水断归崔、张两姓管业。崔姓随令崔兴扬将该处陂水常年照料，合族拨给田租十五石，以作工资。七年四月十五日崔兴扬邀同族众修筑陂坝，将沙土堆壅郭以甯田塍间，有毁损。郭以甯向阻不理，因水被独占，又被毁损田塍，心生气忿，乘崔兴扬等散回，用铁锹将坝口挖毁，放水流入溪河，使彼此不得灌溉。适崔兴扬与崔兴全、崔启台约定是夜相帮巡水，崔兴全、崔启台携带防夜夹刀，傍晚先往，遇见郭以甯挖坝，两相争闹。②

冯尔康先生指出："族人的田产有一部分是祖先遗留下来的，这种田地的灌溉用水，在祖宗时代由于是自家的，不会有什么争竞。可是

① 《辑刊》第1册，32页。

② 《辑刊》第2册，530页。

留传后代，每家分得的地块越来越小，用水的秩序就要重新安排，否则就会出现乱子。事实上，不仅同一宗族内部，而且不同宗族之间都需要进行水资源的管理，然而纠纷还是不时地发生。……无水不能种田，水和地一样关系着农民的生产和生活，因水利灌溉而产生的争端，就毫不足怪了。不过以上利用水利资源的纠纷多发生在南方的湖南、湖北、江西等水田地区，而北方则比较少见这种现象。”①

四、结语

唐人王勃《滕王阁序》有谓，“云销雨霁，彩彻区明。落霞与孤鹜齐飞，秋水共长天一色”，道出了南昌赣江自然之美！套用此句式，我尝试概括清中叶江西人日常生活的特色：子众族聚，谋生有道。互助与争讼相处，水利共山柴一享。

刑科题本提供了有关清中叶江西民众生命史的资料。从中获知，赣民较多三十多岁未婚独身者，事主的父母长辈有很多高寿者，女性活到六七十岁是普遍现象，女性高寿者多于男性，且最长寿者也属于女性。母亲生育年龄从二十多岁到四十多岁呈现出时间上的均衡分布。婚后未生子女或晚生子女现象比较普遍，生子数量一般在二子以上，或者可以说有 2 至 5 人之多。夫死改嫁的事例较多。江西的嘉庆刑科题本记载当事人兄弟的数量比较普遍，但是绝大多数不说明兄弟的居住形态与是否分家。

作为生命共同体的宗族，有宗谱记载宗族世系与事务，宗族拥有公产为族人服务。诸如水塘灌田、山场取材、坟地为族人提供下葬地，祠堂、祠田祭祖，祭田往往由族内各支轮管办祭，祭田或由族人耕种或佃于外姓。宗族祖祠甚至有钱会运营，族长负责宗族事务。宗族的集体生活为族人带来便利，宗族事务也产生各种矛盾。

清中叶江西人的生计模式，仍以务农劳作为基本的谋生手段，但兼做其他。江西是稻作为主的地区，也种植麦子与杂粮，种植的经济

---

① 冯尔康：《十八、十九世纪之际的宗族社会状态——以嘉庆朝刑科题本资料为范围》，载《中国史研究》，2005 年增刊。

作物有靛，种烟与吸烟较盛。雇佣与打工也流行，农业诸多环节需要帮手，雇用帮工是常事。帮工有长工，也有短雇，收割、犁田等都需要人手帮助。主雇一般是平等关系。到省内外地佣工的情况较普遍。还有经商谋生，赣民往往赶墟从事买卖。江西人开设手工作坊，从事油榨、打铁等，经商者也较多开店铺。江西人养猪较为普遍。

江西人到外省谋生值得注意。迁出地较为广泛，迁入地分布福建最多，这与邻省以及山区开发有关，次多的是四川，延续“湖广填四川”。外出者多是未成家的青壮年，多以种山度日谋生，分布在福建、浙江、广西，应是棚民生活。特别是赣东部临近浙闽的山区，是开发山区的棚民活动频繁的地区。山中多有开山种植的棚民居住，棚民与山主结成租佃关系，往往因为租税问题产生纠纷。

江西人的日常生活存在于山水间。江西境内山地与丘陵密布，水利发达，生态环境影响着人们的日常生活。江西山中多种植竹木，常称为柴山，柴作为农业社会的主要燃料与建筑材料，与人们的日常生活紧密相关。嘉庆朝江西涉及山场砍柴的刑科题本有 16 件之多，分布于江西的八府一州，山场不限于宗族经营，也有异姓合伙经营事例。日常生活中，柴为生活必用品，人们砍柴、挑柴是为了得到柴薪，山区开发培育山林，竹木也用于搭建房屋。煤炭也是重要燃料，山区挖煤也是重要谋生手段。江西出产竹木，从事造纸者较多，纸张又依靠发达的水上交通贩卖到各地，成为山水之间的生态与生活结合的特色。抚州府金溪县以出版书籍著名，金溪从事运载纸张的事例较多，外地人则到金溪贩卖纸张。还有船户在省内长途运贩纸张的事例。水利资源丰富的江西，不时发生争水事件，争水出现在家庭、宗族内部以及家庭与宗族之间。

第四节 江 苏

王跃生先生利用刑科题本就扬州进行过探讨。① 笔者在此则尝试利用《辑刊》并结合乾隆朝刑科题本②，就江苏的一些社会经济与生活问题进行论述。

一、人口、婚姻与家庭分析

笔者从《辑刊》中辑录出江苏档案58件，将其列表如下：

表5.8 《清嘉庆朝刑科题本社会史料辑刊》江苏资料一览表

序号	年月	府州县	标题	页数
1	5/5	徐州邳州	民金颖异因口角打死小功堂弟案	13
2	12/7	镇江溧阳	民狄绍德因索讨废票钱文起衅致死无服族侄狄麟案	129
3	14/10	江宁句容	民陈茂毕因债务纠纷勒死义侄陈陇沅移尸图害案	148
4	19/11	徐州铜山	民李玉庭殴伤小功服弟李玉升身死案	279
5	19/12	徐州萧县	民刘知因索物刃伤父亲刘志玉案	281
6	20/12	苏州太湖厅	民唐亮揲殴伤胞兄唐秀文致令自缢身死案	298
7	21/1	江宁溧水	民张启均因索欠故杀无服族兄张启和身死案	300
8	21/5	扬州江都县	民严春源因欠钱勒死小功堂弟严春荣案	306

① 王跃生：《清代中期扬州市镇经济水平和民众生活初探——以刑科题本档案资料为基础》，载《清史研究》，2011(2)。

② 笔者利用将乾隆朝刑科题本编成的资料集，有中国第一历史档案馆、中国社会科学院历史研究所编《清代地租剥削形态》《清代土地占有关系与佃农抗租斗争》两种，我分别从两书中收集了28、21个，总计49个江苏的事例，即《清代地租剥削形态》第4、9、32、66、67、82、83、127、157、162、166、178、183、208、229、253、256、293、307、331、340、347、357、369、373、375、376、391号资料，《清代土地占有关系与佃农抗租斗争》第9、35、56、94、104、109、131、137、141、145、171、173、182、216、233、238、240、243、246、254、272号资料。此外，还参考了郑秦、赵雄主编：《清代“服制”命案——刑科题本档案选编》。

续表

序号	年月	府州县	标题	页数
9	23/1	松江上海	民徐小小因找补田价砍死徐泳金案	350
10	23/6	常州江阴	民葛大顺因调处财产纠纷误伤胞兄葛大华致死案	367
11	23/9	通州	民薛泳盛救父心切殴伤大功堂兄薛文学身死案	375
12	24/2	太仓崇明	民姚印方因贫苦搭死嗣妹图赖债务案	387
13	24/7	扬州泰州	民周瑞凤因口角踢伤妻子周纪氏身死案	400
14	24/8	松江上海	民顾潮沅因被勒索钱物将胞叔顾苍名殴毙案	403
15	25/3	镇江溧阳	民陈幅三因索欠被无服族弟陈良孙等殴毙案	410
16	10/6	苏州吴江	民殷仁安因被讨钱文事扎伤母舅身死案	427
17	14/5	扬州高邮	民殷茂林故杀缌麻表弟张桂林身死案	436
18	23/1	徐州铜山	民梁全因向表兄席世德索欠被砍伤身死案	479
19	5/8	海州	民王可有因欠钱纠纷伤董太和身死案	514
20	15/6	常州荆溪	民张兴二因口角起衅殴伤许宝奎身死案	613
21	17/8	常州武进	民樊受海因找价事殴伤乡邻焦阿大身死案	653
22	22/6	徐州睢宁	民余自平因索讨豆种启衅殴毙岳佐魁案	726
23	23/8	扬州江都	民李宏因索还押租钱文被烫伤毙命案	749
24	24/2	常州靖江	民刘允年因债务纠纷被翟大沅殴毙案	762
25	8/6	扬州宝应	民王全因索欠打死六合县民张珍远案	825
26	9/11	常州宜兴	民史富生因索房租打死客民冯春喜案	840
27	21/5	淮安清河	客民张二因工钱纠纷伤蔡幅安身死案	1001
28	7/1	海州	民妇刘葛氏因被强迫改嫁打死故夫无服族弟刘广沅案	1040
29	7/1	徐州睢宁	军犯吴猫七因被索欠打死苏梁氏案	1042
30	19/闰2	淮安清河	民张得成借钱不遂杀死张汪氏案	1087
31	22/3	太仓嘉定	客民周二为泄愤戳伤改嫁的童养媳杨氏并误伤卢大观身死案	1098
32	24/6	海州赣榆	妇人王葛氏因口角将与之奸宿的王奎踢伤致死案	1111
33	19/9	徐州沛县	僧照幅不守清规被师傅宝明殴伤身死案	1170

续表

序号	年月	府州县	标题	页数
34	20/3	扬州兴化	道士舒青达因欠钱纠纷伤民袁得贵身死案	1172
35	20/11	扬州泰州	民夏希碧因讨更钱伤僧广增身死案	1177
36	21/8	徐州邳州	监生张令方因韩元强借钱文将其殴伤身死案	1224
37	23/4	镇江丹阳	民杨芬沅因拖欠田租被监生张鹤受家之雇工殷腊生殴毙案	1232
38	4/12	松江青浦	民何纪坤因被催租打死田主陆绍庭案	1242
39	10/闰6	扬州江都	客民宋长发因欠租事将田主阮从鹤致死案	1261
40	14/9	常州荆溪	任和大踹伤佃户俞方名落河溺死案	1274
41	15/4	太仓嘉定	陈玉因租地纠纷故杀朱应千身死案	1291
42	22/4	常州荆溪	民陈恒顺因不允许升沅佃种田地被伤身死案	1341
43	9/10	徐州丰县	客民姜思慎因失钱之事致死雇工案	1379
44	10/5	海州沭阳	客民宋学校因被雇主之妾朱氏斥骂逐赶故杀其身死案	1389
45	14/4	镇江仪征	陈起万因工钱纠纷殴毙雇工六合县民米回九案	1409
46	15/4	扬州甘泉	客民工头冯广生因承挑河工纠纷殴毙田有凤案	1416
47	16/5	徐州萧县	民李魁因多得工钱事将同主佣工赵黑殴伤致死案	1424
48	17/3	常州金匮	民华受生因索讨工钱纠纷踢伤雇工许五观身死案	1433
49	5/闰4	苏州元和	民沈关观与渔民冯兆巘扭殴致冯兆巘淹死案	1676
50	8/2	扬州江都	乞丐王六等挟忿谋杀丐头宦贵案	1691
51	11/3	扬州高邮	民金士英因找价将典地之王贵才致死案	1707
52	14/1	常州武进	典史衙门差役毛顺吓逼军犯吴太之女吴二娃致其自缢案	1727
53	14/3	松江南汇	壮役周斌执行公事致厉和观跌落河身死案	1729
54	14/12	苏州元和	漕工韩世科因借钱纠纷打死王五案	1753
55	15/3	松江金山	赵炳咸等因乞丐盛二强讨将其致死弃尸案	1756
56	16/7	常州无锡	华阿三因救父情切殴伤过时山身死案	1820
57	17/10	海州	民李万举因地界纠纷枪伤王建德身死案	1838
58	18/9	太仓宝山	民申奉求等共殴申众身死贿和匿报案	1844

清嘉庆朝共25年，表中的档案在嘉庆朝的年份分布大致呈均匀状态。

据《清史稿》地理志，嘉庆时期江苏省领府八，直隶州三，直隶厅一，厅四，州三，县六十个。府州厅包括：江宁府，领县七；淮安府，领县六；扬州府，领州二，县六；徐州府，领州一，县七；通州直隶州，领县二；海州直隶州，领县二；海门直隶厅；苏州府，领厅二，县九；松江府，领厅一，县七；太仓直隶州，领县四；常州府，领县八；镇江府，领厅一，县四。

表5.8中的58件档案，如按照府州分布，可知江宁府2件，淮安府2件，扬州府12件，徐州府10件，通州直隶州1件，海州直隶州5件，苏州府4件，松江府4件，太仓直隶州4件，常州府10件，镇江府4件，除了海门直隶厅之外，各府州均有题本资料。其中扬州、徐州、常州三府题本均在10件以上，数量较多，海州、苏州、松江、太仓、镇江五府州均在四或五件，数量次之，江宁、淮安、通州三府州题本各为两件或一件，数量较少。

《辑刊》所载的档案资料，有案件事主交代的家庭亲属年龄及基本情况的记载，对于了解当时人口、婚姻、家庭等状况很有用处，是我们认识当时社会的基本内容。我将档案中的这些情况辑为一表，然后进行初步的分析。

表5.9 《清嘉庆朝刑科题本社会史料辑刊》江苏事例中的人口数据表

序号	当事人	父亲	母亲	备注	页数
1	金颖异二十二岁	金峘吉	韩氏	兄金颖宽分居各爨，妻汤氏，生一子	14
2	狄史氏七十岁			丈夫已故，只生狄麟一子	129
3	狄绍德四十一岁	已故	蒋氏七十八岁	无弟兄、妻子	129
4	陈茂毕三十九岁	已故	已故	妻子段氏，一女，兄病故	149
5	李玉庭五十二岁	已故	已故	无妻子	279

续表

序号	当事人	父亲	母亲	备注	页数
6	刘知三十一岁	父亲刘志玉五十五岁	母亲已故，继母丁氏	长兄早故，居次，继母生两个兄弟。妻孟氏，两女	281
7	唐亮揆六十一岁	已故	已故	妻子故，两子。胞兄唐秀文分居	299
8	严春源二十六岁	已故	刘氏五十二岁	没弟兄，聘妻韩氏，尚未成婚	307
9	徐小小二十三岁	已故	已故	未娶	351
10	葛大顺四十九岁	已故	已故	妻子顾氏，没子女。已死葛大华是哥子，葛大兴是兄弟，久已分居	367
11	薛泳盛三十岁	父亲薛遂荣，年六十一岁	已故	没弟兄。妻陈氏，没生子女	376
12	姚印方二十八岁	本生父姚德兴六十二岁	已故	胞兄姚鸿仁，胞弟姚顺方。嘉庆六年上嗣与缌麻族叔姚绍穆为子，妻祁氏，生一子	387
13	周瑞凤五十二岁	已故	已故	无弟兄。妻子纪氏，三个女儿	400
14	顾潮沅二十八岁	已故	父故母嫁，并无弟兄、妻子	自幼出继胞叔顾添如为子，承祧两房	403
15	陈良孙三十八岁	已故	母亲虞氏	兄弟陈培孙、陈九孙、陈芽孙，没妻子	410
16	殷仁安二十九岁	已故十五年	母亲杨氏五十五岁	兄弟殷仁复年二十五岁。女人茅氏，没儿子	428
17	殷茂林五十岁	已故	已故	无弟兄，三次结婚无子	436
18	席世德四十七岁	已故	母亲梁氏八十岁	无弟兄，娶妻张氏，生有一子席喜林十五岁	480
19	王可有二十六岁	已故	母亲赵氏六十三岁	没弟兄。妻李氏没生子女	514

续表

序号	当事人	父亲	母亲	备注	页数
20	张兴二年四十二岁	父亲张潮七十岁	已故	哥子张兴，大兄弟张兴三。并无妻子	614
21	樊受海三十五岁	已故	母亲万氏五十九岁	兄弟樊受禄、樊受德。妻王氏生一子	653
22	余自平二十四岁	父亲余在江	母亲高氏六十一岁	无妻子	726
23	蔡五年三十三岁	已故	母亲吴氏七十一岁	弟兄三人，长兄已故；次兄蔡魁，外出多年。妻子赵氏，没生子女	749
24	翟大沅六十一岁	已故	已故	没妻子，兄弟翟二沅，弟媳肖氏	762
25	王全二十二岁	于嘉庆四年病故	母潘氏四十六岁	胞弟王兆承继王甲为子	825
26	陆六德二十七岁	父亲陆渭若	已故	弟兄三人	847
27	陶七幅三十六岁	已故	母亲吴氏七十四岁	没娶妻。胞兄陶应陇、陶开泰	912
28	顾富之三十八岁	父亲顾镶	母亲李氏	弟兄三人，女人已故，没生儿子	981
29	刘葛氏四十三岁			丈夫刘广寒已故六年，儿子刘原年十六岁，在外帮工，还有两个女儿，大女儿已嫁，小女儿年七岁。同小女儿在家过活	1041
30	张得成五十岁	已故	已故	妻陈氏，两子	1087
31	周二年四十五岁	已故	已故	妻子已故	1099
32	毛哥子二十岁	已故	母亲杨氏改嫁	随母过门	1172
33	舒青达三十岁	早故	祖母张氏年八十六岁，母亲王氏年六十岁	哥子舒文锦，并无弟子。自幼出家为道士	1172
34	夏希碧三十三岁	已故	已故	无兄弟、妻子	1177

续表

序号	当事人	父亲	母亲	备注	页数
35	张令方四十八岁	父亲张元梅八十四岁	已故	兄弟张鹤伦已经成丁。妻子王氏，儿子张来吉	1224
36	殷腊生二十一岁	父亲殷缠受五十岁	母亲陈氏四十五岁	兄弟殷茂沅。并没妻子	1233
37	何纪坤三十一岁	已故	母亲张氏六十一岁	兄何物希，妻子邓氏，并无儿女	1242
38	宋长发二十岁	已故	母亲吴氏六十三岁	哥子宋春广。没妻子	1262
39	任和大十九岁	父亲任济洺五十三岁	母亲陶氏五十二岁	没弟兄，娶妻周氏。	1274
40	陈玉四十五岁	已故	已故	无弟兄、妻子	1291
41	许升沅三十四岁	父亲许奕佐	已故	妻子吴氏，两个儿子	1341
42	宋学枚三十九岁	已故	已故	无弟兄、妻子	1389
43	陈起万二十七岁	已故	母亲王氏五十二岁	哥子陈起沅。没妻子	1410
44	冯广生三十四岁	父亲冯添祥七十三岁	母亲王氏七十一岁	无弟兄。娶妻朱氏，只生一女	1416
45	李魁二十四岁	父亲李三年六十五岁	母亲黄氏四十七岁	弟兄三个；一个十九岁，两个还年幼。没娶女人	1424
46	华受生二十七岁	父亲华载扬六十一岁	母亲钱氏五十九岁	哥子华绍伦。娶妻金氏，一子华大宝	1433
47	王六年三十九岁	已故	母亲陆氏七十八岁	哥子王三、王五，兄弟王七，久已分居	1691
48	金士英三十八岁	已故	母亲尹氏改嫁	妻子陈氏，一个儿子	1707
49	周斌三十四岁	已故二十五年	母亲陈氏六十四岁	没弟兄、妻子	1730
50	韩世科十九岁	父亲韩湘臣七十六岁	母亲柳氏六十岁	弟兄五个	1753
51	赵炳咸四十二岁	已故	已故	兄弟赵四倌，年二十岁。娶妻毛氏，生有一子	1756

续表

序号	当事人	父亲	母亲	备注	页数
52	华阿三年二十岁	父亲华子文	母亲陈氏	弟兄四人，居三。娶妻唐氏	1821
53	申奉求三十四岁	已故	母亲郭氏六十岁	兄弟申宝和已经成丁。娶妻金氏，生两子	1844

说明：表中第 2、3 号，32、33 号资料出自同一题本。

表 5.9 的资料除了出自表 5.8 所引档案之外，新增了江苏人在外省的相关记载，计有序号第 26、27、28 共 3 个事例，这些事例出自 3 件题本。① 本节所引用的题本，共计 61 件。表 5.9 序号第 28 例是女性，其余是男性事例。

阅读案例与表 5.9，我们看到不少人年纪较大超过三十岁未婚独身。如 3 号狄绍德四十一岁、5 号李玉庭五十二岁宰猪度日、15 号陈良孙三十八岁牛行帮伙、20 号张兴二年四十二岁帮工、27 号陶七幅三十六岁开店、34 号夏希碧三十三岁支更、40 号陈玉四十五岁佃农、42 号宋学校三十九岁雇工、49 号周斌三十四岁壮役，共计 9 例。这些未婚者五十多岁的一位，三十多岁的五位，四十多岁的三位。就职业而言，得知八位的具体工作，呈多样性，似无明显的职业偏差。

我们还看到事主的父母长辈有很多高寿者。事主父亲年龄在八十年龄段的 1 人，即 35 号八十四岁；七十年龄段的 3 人，即 20 号七十岁、44 号七十三岁、50 号七十六岁；六十年龄段的 4 人，即 11 号六十一岁、12 号六十二岁、45 号六十五岁、46 号六十一岁；五十年龄段的 3 人，即 6 号五十五岁、36 号五十岁、39 号五十三岁。以在世有年龄记载的这 11 人来看，五十、六十、七十三个年龄段分布均匀，六

① 这些题本的标题与所在《辑刊》的页数如下：安徽广德州客民陆六德等因找价不遂共殴陆金庚身死案，第 846 页；浙江乌程县客民陶七幅因债务争斗致使胡在兴落河身死案，第 912 页；湖北汉阳县客民顾富之因泄愤杀死张琳案，第 981 页。

七十岁者 7 人，1 人八十四岁，属于高寿。① 事主母亲年龄在八十年龄段的 2 人，即 18 号八十岁、33 号八十六岁(祖母)；七十年龄段的 6 人，即 2 号狄史氏七十岁(案中涉及人员)、3 号七十八岁、23 号七十一岁、27 号七十四岁、44 号七十一岁、47 号七十八岁；六十年龄段的 8 人，即 19 号六十三岁、22 号六十一岁、33 号六十岁、37 号六十一岁、38 号六十三岁、49 号六十四岁、50 号六十岁、53 号六十岁；五十年龄段的 6 人，即 8 号五十二岁、16 号五十五岁、21 号五十九岁、39 号五十二岁、43 号五十二岁、46 号五十九岁；四十年龄段 3 人，即 25 号四十六岁、36 号四十五岁、45 号四十七岁。四十岁以上 24 人，集中在六七十岁者，计有 13 人，八十岁以上的女性老者有两位，引人注目。上述事例表明，清中叶江苏人活到六七十岁是普遍现象，甚至活到八十岁以上，女性高寿者多于男性，且最长寿者也属于女性。②

表 5.9 还透露出其他信息，如已婚者当中，由于出现父母的年龄，我们可以获得父母年龄差的资料。这些均为父亲年龄大于母亲的事例，共计 6 例，其中 36 号大五岁、39 号大一岁、44 号大二岁、45 号大十八岁、46 号大两岁、50 号大十六岁，婚龄差很不均衡，婚龄差较大者如十多岁以上有 2 例，五岁占 1 例，其余 3 例大一二岁。

在有父母子女年龄的数据中，我们可以推算出生子的年龄。38 号是母亲四十三岁时所生，50 号是四十一岁时所生，47 号是三十九岁时所生，23 号、27 号都是三十八岁时所生，3 号、19 号、22 号、44 号都是母亲三十七岁时所生，16 号是三十六岁时所生，18 号、39 号都是三十三岁时所生，46 号是三十二岁所生，37 号、33 号、49 号、53 号都是三十岁时所生，8 号是二十六岁时所生，43 号是二十五岁时所生，21 号、25 号、36 号都是二十四岁时所生，45 号是二十三岁时所

① 《清代土地占有关系与佃农抗租斗争》记载，乾隆三年山西代州人高成凤年逾八旬，见上册第 224 页。

② 乾隆朝刑科题本也可证明，据《清代地租剥削形态》发现江苏有 4 位七十岁以上老年女性，即徐州府铜山县陈氏七十九岁、海门厅陆氏七十五岁、太仓州沈氏七十二岁、常州府靖江县许氏七十岁，分别见于该书上册第 140、320 页，下册第 361、618 页。

生，共计 23 例。绝大多数事主是长子或独子，属于母亲头胎所生。这其中二十岁年龄段生育的 6 例，其中 5 例在二十五岁以下，应是婚后不久生育；三十岁年龄段生育的 15 例，占到总数的一半强，其中 7 例是三十五岁以下，育龄不算太大；四十岁年龄段生育的 2 例，育龄偏大。多数事主是母亲三十多岁时生育的。

在有事主父亲年龄资料的场合，50 号是父亲五十七岁时所生，45 号是四十一岁时所生，44 号是三十九岁时所生，35 号是三十六岁时所生，12 号、39 号、46 号都是三十四岁时所生，11 号是三十一岁时所生，36 号是二十九岁时所生，20 号是二十八岁时所生，6 号是二十四岁时所生，以上共计 11 例，五十岁以上 1 例，四十岁以上 2 例，三十岁以上 5 例，二十岁以上 3 例，可见当时三十多岁的父亲得子属于普遍现象。

关于生育情况，有的记载婚后无生育，有 5 例，如 11 号薛泳盛三十岁，没生子女；17 号殷茂林五十岁，三次结婚无子女；19 号王可有二十六岁，没生子女；23 号舒青达三十三岁，没生子女；37 号何纪坤三十一岁，妻子邓氏，并无儿女。有 2 例的记载没有儿子，或许是说没孩子，也有可能另有女儿，如 16 号殷仁安二十九岁，女人茅氏，没儿子；28 号顾富之三十八岁，女人已故，没生儿子。也有资料未提到其子女情况，推测或无子女，如 39 号任和大十九岁，娶妻周氏，52 号华阿三年二十岁，娶妻唐氏，这二例没提到子女情况，鉴于十九、二十岁已婚，应当均是新婚未生。以上无生育的 11 例中，二十岁年龄段的有 4 例，三十岁年龄段的有 4 例，五十岁年龄段的有 1 例。推测当时婚后未生子女现象比较普遍。

婚后生育子女的情况如下：1 号金颖异二十二岁，生一子。2 号狄史氏七十岁，只生狄麟一子。4 号陈茂毕三十九岁，生一女。6 号刘知三十一岁。生两女。7 号唐亮揆六十一岁，生两子。12 号姚印方二十八岁，生一子。13 号周瑞凤五十二岁，有三女。18 号席世德四十七岁，生有一子席喜林十五岁。21 号樊受海三十五岁，有一子。29 号刘葛氏四十三岁，有一子二女。30 号张得成五十岁，有二子。35 号张令方四十八岁，有一子。41 号许升沅三十四岁，有二子。44 号冯广生三十四岁，只生一女。46 号华受生二十七岁，生一子。48 号金士英三十八岁，生一子。51 号赵炳咸四十二岁，生有一子。53 号申奉求三十四岁，生二子。

以上 18 例中，资料记载的方式有所不同，多言有儿子，一般似可理解为儿子，不说女儿，或也可理解为子女数，有的情况下讲子女数，但也有谈到有女无儿的情形。生育子女数量上，生有 2 子的有 7、30、41、53 号，共计 4 例；生有一子二女的有 29 号，共计 1 例；生有一子的有 1、2、12、18、21、35、46、48、51 号，共计 9 例；生有一女的有 4、44 号，共计 2 例。生有二女的有 6 号 1 例、三女的有 13 号 1 例。

由于不能断定生有一子或一女是终生生育数，故生育一子数量虽多，不可以将生一子视为生育的普遍选择。不过，如果一子不包括女儿，则在生育有女儿的情况下，生一子可能会成为一些家庭选择生儿子数量的考虑。生二子在清中叶的江苏应当也是较多的生育行为。①

关于过继问题，没有子女或没有儿子的家庭，就需要过继。有的过继同姓，25 号宝应县人王全父亲病故，母亲潘氏，年四十六岁，胞弟王兆承继王甲为子。有的过继本族，12 号崇明县人姚印方兄弟三人，他于嘉庆六年嗣与缌麻族叔姚绍穆为子。还有的过继近亲，14 号上海县人顾潮沅，自幼出继胞叔顾添如为子，承祧两房。②

关于再婚问题，当时女性改嫁现象比较普遍。③ 一些事例是父故

---

① 按：多子的情形也存在，乾隆时杭维恭忤逆致继母杭石氏自缢身死案，杭维恭的亲母江氏生有维恭等 5 子。郑秦、赵雄主编：《清代"服制"命案——刑科题本档案选编》，357 页。

② 按：江苏出继的事例，乾隆五年傅宗四戳死堂兄傅宗三案，傅宗四自幼出继堂伯傅朝二为子。郑秦、赵雄主编：《清代"服制"命案——刑科题本档案选编》，61 页。《清代土地占有关系与佃农抗租斗争》载有 3 例：睢宁县吴洪基贱价买地后每年许给卖主钱文，吴洪基供："小的儿子吴克咸，原是异姓，领养大的。后来小的有了亲生儿子，把他分开另住了。"（上册，312 页）武进县陈德山有二子，长子陈五章"自幼出嗣胞兄陈福山为子"。（下册，470 页）太仓州人艾昌兄弟二人，弟弟艾宝从幼出继叔叔为嗣，各自居住。（下册，746 页）

③ 按：乾隆朝江苏改嫁的事例，刘华文戳伤胞兄刘明文身死案，刘明文为寡居堂妹说合，转醮为妻。郑秦、赵雄主编：《清代"服制"命案——刑科题本档案选编》，261 页。

随母改嫁，14 号顾潮沅二十八岁，父故母嫁。48 号案例中高邮州人金士英年三十八岁，父亲已故，母亲尹氏已经改嫁。改嫁的妇女往往带有原夫的子女，其中情况又不尽一致。① 29 号案例中毛哥子年二十岁，父亲毛三已故，母亲杨氏改嫁袁得贵为妻，他随母过门。21 号樊朱氏先嫁焦会沅，乾隆四十六年焦会沅故后，改嫁樊受海的族人樊文淋为妻。樊文淋又于乾隆五十一年病故，儿子焦阿大因本宗并没近房依靠，跟随樊朱氏居住。此外，改嫁的还有童养媳，3 号案例中就有改嫁的童养媳杨氏。男性续娶的事例，如 6 号刘知三十一岁，母亲已故，继母丁氏。17 号殷茂林五十岁结婚三次。

女性守寡有相当的难度。② 29 号的江苏海州民妇刘葛氏因被强迫改嫁打死故夫无服族弟刘广沅案，海州人刘葛氏，年四十三岁。丈夫刘广寒已故六年，儿子刘原年十六岁，在外帮工，还有两个女儿，大女儿已嫁，小女儿年七岁，她同小女儿在家过活。故夫的无服族弟刘广沅，常劝刘葛氏改嫁遭拒。嘉庆六年十二月初六日黄昏时分，刘广沅同他侄子刘学牵了一头驴到刘葛氏家门首，叫她上驴，说今晚送她到一处好地方去，可以终身依靠，刘葛氏不肯。刘广沅就用带在身边的铁尺打了她胳膊一下，强把刘葛氏抱上驴背，同刘学架住她并搀幼女一同行走。娶主郑明魁前来迎娶，刘葛氏就把不愿改嫁，被刘广沅强抢打伤的话向郑明魁告知，郑明魁方知受骗。他说刘葛氏既不愿改嫁不便到他家里，就送到附近颜如锦家与老母暂住。刘广沅恃强抢醮，险些成功。

---

① 郑秦、赵雄主编《清代"服制"命案——刑科题本档案选编》记载江苏携子女改嫁的 3 个事例，如乾隆时顾滔殴死伊妻徐氏案，顾滔娶孀妇徐氏为妻，徐氏与前夫所生二女随母过门抚养。(104 页)王锦山奸占继女王大姑复行谋杀案，"李氏带女大姑再醮王锦山为妻"。(309 页)六合县叶士凤杀死伊妻潘氏并其前夫之子拳仔案，潘氏因贫携幼子拳仔改嫁叶士凤。(356 页)此外，邳州李氏带儿子嫁于刘姓。(《清代地租剥削形态》上册，172 页)靖江县周永茂本姓朱，随母改嫁到周家。(《清代土地占有关系与佃农抗租斗争》，下册，625 页)

② [日]夫马进：《明清时期寡妇的地位及逼嫁习俗》，见张国刚、余新忠主编：《新近海外中国社会史论文选译》，46～68 页，天津，天津古籍出版社，2010。

关于兄弟同居与分家问题，资料中有一些兄弟分家另过的事例。如1号金颖异二十二岁，兄金颖宽分居各爨；7号唐亮揆六十一岁，胞兄唐秀文分居；10号葛大顺四十九岁，葛大兴是兄弟，久已分居；47号王六年三十九岁，哥子王三、王五，兄弟王七，久已分居。这4例之外，更多的情况下是只讲兄弟几人，未言是否分居。这些未说是否同居的事例中婚姻情况如何呢？依据当事者年纪较轻，都是二十多岁，推测未婚者有3例，16号殷仁安二十九岁，兄弟殷仁复年二十五岁；26号陆六德二十七岁，弟兄三人；50号韩世科十九岁，弟兄五个。

明确是未婚者有8例。15号陈良孙三十八岁，没妻子，兄弟陈培孙、陈九孙、陈芽孙。20号张兴二年四十二岁，并无妻子，哥子张兴，大兄弟张兴三。24号翟大沅六十一岁，没妻子，兄弟翟二沅，弟媳肖氏。27号陶七幅三十六岁，没娶妻，胞兄陶应陇、陶开泰。36号殷腊生二十一岁，并没妻子，兄弟殷茂沅。38号宋长发二十岁，没妻子，哥子宋春广。43号陈起万二十七岁，没妻子，哥子陈起沅。45号李魁二十四岁，没娶女人，弟兄三个，一个十九岁，两个还年幼。上述未婚者，兄弟一般并未分居，这可能是因为普通男性婚姻比较困难，晚婚或不婚，导致不分居。前面提到的不少人年纪较大超过三十岁未婚独身的事例，可以证明这种推测。

已婚的事例有8例。21号樊受海三十五岁，兄弟樊受禄、樊受德；妻王氏生一子。28号顾富之三十八岁，弟兄三人；女人已故，没生儿子。35号张令方四十八岁，兄弟张鹤伦已经成丁；妻子王氏，儿子张来吉。37号何纪坤三十一岁，兄何物希；妻子邓氏，并无儿女。46号华受生二十七岁，哥子华绍伦；娶妻金氏，一子华大宝。51号赵炳咸四十二岁，兄弟赵四倌，年二十岁；娶妻毛氏，生有一子。52号华阿三年二十岁，弟兄四人，居三；娶妻唐氏。53号申奉求三十四岁，兄弟申宝和已经成丁；娶妻金氏，生两子。这些已婚事例，揆情度理，有未分居的，也有同居的，应当是民间比较普遍的现象。

有的案例叙述较详，帮助我们理解同居的事例。如1号案例中金自然生有四子，乾隆十八年析居，各分地六顷，外余地一顷四十亩，祖父分给三子金文光为庆吊人情之费，公单为凭。这是正常分家的事例。6号案例中萧县人刘知三十一岁，父亲刘志玉年五十五岁，母亲已故，继母丁氏，长兄早故，他居次，还有两个兄弟是继母所生。他娶妻孟氏，生有两女。父亲因其不务正业，把他同妻女分居另爨，每月给米三斗。此例视为本欲同居不得已而分家的事例。清中叶江苏兄弟成人或成家分居与同居可能都占有相当大的比例。①

纳妾与童养媳的事例都有。海州人郁球的家务是他的妾郁朱氏在掌管。② 宝山县人周二住在嘉定，年四十五岁。父母妻子俱故。他的儿子周阿虎在日，自幼聘妻杨氏过门童养媳，并没成婚。儿子故后，因没儿女，杨氏母家无人，仍把杨氏抚养了几年。嘉庆二十一年十二月，凭陈和尚、陈四做媒说合，嫁于陈大庆的儿子陈小狗为继妻。③

二、多样性的生计

江苏地形以平原为主，地跨长江、淮河南北，京杭大运河穿省而过，临海控湖，气候、植被具有南方和北方的特征。苏北为北方平原，苏南是江南水乡。生态水旱兼具，而以江南水乡特色突出。

江苏水田种水稻，旱地种小麦、大麦、豆子、荞麦等。常州府江阴县人葛大兴租地准备在田内插秧，种植水稻。常州府荆溪县俞方名租田种稻。海州程钟英有田卖给黄洵，在田内种稻。通州人薛文学租

---

① 按：兄弟结婚仍共爨同居的江苏事例，如雍正十二年顾鉴与弟妇王氏通奸案，“鉴与弟顾珍各娶妻室，共爨同居”。郑秦、赵雄主编：《清代“服制”命案——刑科题本档案选编》，19页。

② 郑秦、赵雄主编《清代“服制”命案——刑科题本档案选编》记载了江苏纳妾的两个事例，如小大等帮同家长吴肇墀谋死正妻徐氏案，肇墀与徐氏结婚二十余年，生有子女，雍正十二年“肇墀价买小大为妾”。（21页）朱常女砍死继祖之妻刘姜氏案，朱吴氏“再醮为妾”。（179页）

③ 郑秦、赵雄主编：《清代“服制”命案——刑科题本档案选编》记载乾隆时江苏童养媳的4个事例，如顾滔殴死伊妻徐氏案，顾滔后妻徐氏带来的女儿周二姐嫁出“为养媳”。（104页）唐龙海戳死陈生案，唐龙海家“领刘氏为养媳”。（115页）朱常女砍死继祖之妻刘姜氏案，朱常女被“过门童养”。（179页）王锦山奸占继女王大姑复行谋杀案，大姑被童养。（309页）施永全殴伤姻亲陈秀珑身死案，“陈秀珑童养尚未成婚”。（362页）

地种有黄豆，还准备种麦。扬州府泰州人周瑞凤，向邻庄借得牛只耕种荞麦。徐州睢宁县岳佐臣向余在江索讨借欠豆种，可能也在种豆。荆溪县陆胜行向在屠村种田，雇工陆赛春同陆胜行子陆金庚在田看麦，并带刀去砍竹。镇江府丹阳县杨芬沅佃种张鹤受田亩，种植大麦。

刑科题本揭示出江苏人职业与生活的水乡特点。① 生活当中经常使用到船只，在扬州府高邮州民金士英因找价将典地之王贵才致死一案中，嘉庆十一年三月初四日，金士英向王贵才加找田价未允，借船撑去。王贵才凫水往追，登船争殴，被金士英打伤落水淹毙。常州府荆溪县任和大踹伤佃户俞方名落河溺死案中，俞方名租种任文楷拨给余文大田亩。余文大将田卖给任济洺。经任文楷控蒙断赎缴价，任文楷并不交还田价。嘉庆十四年九月初六日，俞方名同俞坤大等到田割稻。任济洺邀同陶连溪等将稻搬运船内，伊子赶上扳住船边，被任济洺之子任和大用钉鞋踹伤脑后，落水溺死。

与水有关的职业很多。江苏是漕运重要省份，从事与漕运有关工作的江苏人也就不少。苏北邳州人王希瀍是兴武帮卫正公漕船米夫，堂弟王五向在漕船帮工，后流落在苏州。嘉庆十四年十二月十八日，王五雇坐夏二船只，往向兴武陆帮漕船舵工韩湘臣之子韩世科借钱，未允，争闹各散。后被韩世科殴伤囟门身死。

米回九是江宁府六合县人，只身在扬州府仪征县拉纤度日。仪征人陈起沅，向来代人雇觅人夫度日，与纤夫米回九素识无嫌。嘉庆十四年四月初三日，代木簰雇米回九拉纤，言定拉到扬州当给工钱一百文。可知有纤夫市场的存在。

扬州府仪征县境运盐河道浅阻，船只难行，雇夫以挑。仪征人冯广生充当夫头，领了夫钱，转雇人夫挑挖。扬州府甘泉县田潮元在冯

---

① 王跃生指出："扬州人从事的职业有两大主要类别，一是与运河有关的'船运'之业，一是以住宿、饮食、杂货、生活用品修理等为主的商业服务业。它显示出扬州作为运河沿线商业消费城市和区域居民的职业特征。非农行业是扬州居民的主要从业领域。扬州城镇人口的吃、穿、住、行、用与市场建立起紧密关系，说明清代中期扬州城市生活的品质是比较高的。"王跃生：《清代中期扬州市镇经济水平和民众生活初探》，114 页。

广生处领得工钱承挑盐河，私自回家。嘉庆十五年三月初二日，冯广生往唤田潮元赴河工帮挑，每日每名工钱一百文。

苏州府吴县人冯兆祥的胞弟冯兆㠊，捕鱼度日。嘉庆五年闰四月十八日，其弟与沈关观合伙租沈二渔船在苏州府太湖厅请领船照，雇水手顾泰瑞从福山贩买鳇鱼到顾泰发行内。那时冯兆祥也用船载鱼在那里卖。俗例鱼鲜卖完，行户折给船户酒钱二百文。沈关观因向冯兆㠊索分酒钱，在船扭结，同跌落河。这一事例揭示了渔业的一些情形，可知捕鱼者冯氏贩卖鱼类，租船需要在官府领船照经营，雇人贩运，有鱼行买卖鱼，行户、船户是不同的专项经营者，领照经营说明官府进行有效管理。这些“商业活动形成规模，管理比较规范”①。

松江府上海县民顾潮沅年二十八岁，父故母嫁，并无弟兄妻子。撑摇海船度日，有田四分零，并竹园池塘，托叔子顾苍名经管，所收花息除完粮外，听叔子收用。

沿海可以晒盐。海州人王可有，年二十六岁，娶妻李氏，没生子女。一向晒盐池度日。嘉庆五年八月十三日早，他带了一条木扁担往盐池做工。

江苏人经营店铺谋生较多，店铺类型众多。

有开钱店的。据镇江府溧阳县捐纳从九品职衔狄麟呈称，他于乾隆六十年开张义亨号钱店，有素识的马奎标借去吉字六十七号钱票一张，计钱十千文，是年因歇店，向马奎标索票据，称遗失，他于簿内注明。

有开酒店的。扬州府江都县有吴忝贵酒店。

有开肉店的。吴江县人殷仁安，年二十九岁，父亲殷进明已故十五年。父亲在日开张肉店，父亲故后母亲把店顶与母舅接开。扬州府高邮州人的殷茂林是监生张蔚若嫡亲外甥，住在张蔚若家，另开肉店生理。

有开饼店的。海州民人董文方同长子董太和在新坝镇卖饼生理，

① 参见王跃生有关“领帖”的论述，《清代中期扬州市镇经济水平和民众生活初探》，111页。

王可有路过进店借火吃烟。可见这是家饼店。

有开杂货店的。常州府荆溪县民许宝奎向开杂货店生理。扬州府宝应县民王全年二十二岁，开杂货店生理，向在宝应贩卖杂货的张珍远陆续收买货物。

还有开银匠、铁匠店铺的。松江府上海县陈泰林开铁匠店，多半是做人家订的活儿，如纺棉纱铁锭、农具，不合格的可以退换，生意比较忙。扬州府泰兴县王春明开银匠铺，雇伙计石长。①

也有外省人来江苏开店、经商，有烟店、木匠店。安徽绩溪县人冯春喜于嘉庆九年正月里，租赁常州府宜兴县史富生房屋开张木匠店，讲定每年租钱二千五百文，按季支取。山东济宁州人姜思慎，年二十五岁。嘉庆九年正月里到江苏徐州府丰县开张烟店，雇王七在店内帮伙。经商的事例有，浙江乌程县人陆长卿以投卖细缎来江苏通州，寓汪大成饭店，沿乡货卖。浙江仙居县人周英生与侄子同在苏州贩牛。②

江苏人在外省也开店。常州府无锡县人胡在升，同弟胡在兴向在浙江乌程县西门开张钉店。与陶七幅、陶应陇、陶开泰弟兄同乡相好，陶氏兄弟也在乌程各自开张钉店。

有人充当师爷在外地工作。常州府金匮县人顾富之，年三十八岁。父母亲与弟兄俱在原籍，女人已故，没生儿子。他到湖北，在武昌县署内帮办杂务，原议年薪俸银二百四十两。张琳在署经管银钱，以事简只给银一百两，他只得忍受。嘉庆十九年闰二月初，张琳又说顾富之事多不谙，把他辞出。顾富之正欲料理回籍，适张琳也要回苏，因与他同乡搭伴。初九日，张琳随带张春同他在武昌起身，十一日到汉，在许万隆店落寓。与张琳同房居住，张春另住在楼上歇息。十四日晚，张琳上床先睡，顾富之说起到家后无事可做，只得仍旧出外觅馆，张琳耻笑他不谙衙门事务，何能觅得馆地。顾富之因他为人刻薄，当向

① 转引自冯尔康：《乾嘉之际小业主的经济状况和社会生活——兼述嘉庆朝刑科题本档案史料的价值》，见《中国社会历史评论》第7卷，22、24页。

② 刘铮云：《城乡的过客：档案中所见的清代商贩》，见李孝悌编：《中国的城市生活》，428、437页，台北，联经出版事业股份有限公司，2005。

斥骂，张琳回骂，并辱及顾富之父母。一时顾富之忿恨，又想起前嫌，顿起杀机，随拿桌上裁纸尖刀走到他床前将他头戳伤致死。可见张氏、顾氏都在外地衙门做师爷。

有人开设专门的行铺，如牛行的存在。镇江府溧阳县人陈良孙，年三十八岁，父亲已故，母亲虞氏，兄弟陈培孙、陈九孙、陈芽孙，并没妻子，向在牛行帮伙生理。还有粮行存在。扬州府江都县萧晋泰行内有人买卖豆子，是一家粮行。苏州府昆山县人朱文元雇人载米六石五斗，摇船到嘉定县南翔沈德咸行内粜出。棉花也是江苏的重要经济作物，江苏人贩卖棉花，还开有棉花行。松江府崇明县人施文典常到常熟卖棉花，上海县人曹源章等在上海乘袁新崇字号商船，欲往官河镇投行收买棉花。还可以看到乾隆年间萝卜行的事例，松江府奉贤县人顾生观做萝卜牙行生理，有震泽县人陈记美同其子陈受载了萝卜到行里来卖，顾生观同陈记美摇船沿乡去卖。①

人们依靠各种专门技艺谋生。如箍桶，扬州府江都县人严春源，年二十六岁，有箍桶手艺。嘉庆二十一年五月十二日傍晚，他挑箍桶担在外做生意。

再如剃头，扬州府兴化县毛哥子年二十岁，父亲毛三已故，母亲杨氏改嫁，他随母过门，剃头生理。

又如杀猪，徐州府铜山县人李玉庭，年五十二岁，父母俱故，并无妻子，宰猪度日。

还有烧木炭，徐州府萧县李横德，烧炭生理。②

有一些工作可能属于临时性的。如金颖异年二十二岁，原籍淮安卫，寄居徐州府邳州，娶妻汤氏，生有一子，种地度日，嘉庆五年有挑送纸锭的活计。

有充当雇工者，如海州人宋学校，年三十九岁。父母俱故，并没

---

① 刘铮云：《城乡的过客：档案中所见的清代商贩》，见李孝悌编：《中国的城市生活》，427、428、435页。

② 转引自冯尔康：《乾嘉之际小业主的经济状况和社会生活——兼述嘉庆朝刑科题本档案史料的价值》，见《中国社会历史评论》第7卷，22页。

弟兄、妻子。雇在郁球家做工，已有九年。

有以乞讨谋生者，形成团伙。如扬州府江都县乞丐王六等挟忿谋杀丐头宦贵案，据江都县人王六供：年三十九岁，父亲已故，母亲陆氏年七十八岁，哥子王三、王五，兄弟王七，久已分居。他与张大筛子、袁文儿、吴大、陈元珍、张乔山同在万寿州一带求乞度日。丐头宦贵每遇居民婚丧得钱，包揽看门，不容他们求乞，平时见他们讨得钱文，又要索诈酒食，稍不遂意就要打骂驱逐，王六等心里忿恨。嘉庆八年二月十二日，王六会遇张大筛子等说起宦贵凶恶，难以求乞，起意把宦贵灌醉致死，叫张大筛子等相帮，他们应允，约定十三日晚上到王六家下手。十三日傍晚，王六去约宦贵吃酒，顺买烧酒四斤回家等候，张大筛子、袁文儿先到，宦贵也随后走来。因吴大、陈元珍、张乔山不到，王六与张大筛子等先同宦贵吃酒，把宦贵灌醉，扎缚身死。

再如松江府金山县赵炳咸等因乞丐盛二强讨将其致死弃尸案，盛二前曾犯窃刺字，业已改过，求乞度日。嘉庆十五年三月初九日，在认识的沈世良家强讨钱米。沈世良先已给钱十文，盛二嫌少争闹。沈世良亲戚赵炳咸劝沈世良添钱十文，共给钱二十文，并叫盛二不可强讨。盛二仍复嫌少，将钱抛地混骂。后被赵炳咸殴死，沈世良弃尸柳河。

逃荒行乞最苦。山东郯城人王葛氏二十六岁，嫁与王潮柱为妻，没生子女。嘉庆二十一年，丈夫王潮柱逃荒外出，不知去向，她也出来乞讨到海州赣榆。被王奎收留在家，就在一处过活，并没有嫁他。二十四年六月二十四日，王奎向张锦借钱一千文。二十七日傍晚，张锦来家索讨。王奎取钱一千文交还，张锦接过钱文。王葛氏因家无余钱，要留五百文用度，迟日找还。张锦不肯，王葛氏把钱串拉断，张锦把妇人詈骂，拾钱走出。妇人要追赶张锦讲理。王奎拉住门口不容出去，王葛氏把王奎詈骂向推，王奎揪住妇人头发要打，妇人情急，用脚踢伤他致死。

刑科题本无意中披露出江苏民众的洗澡卫生习俗。江宁府溧水县发生一件雇工之间的斗殴命案，雇主刘子毅是一个生产商品粮食的经营地主，占有大量的土地，雇用的人也多，每天晚上歇工时，都要为众雇工准备热水洗澡。刘子毅向派雇工张邦组为雇工们“烧水浴身”。“乾隆三十九年(1774)七月二十三日晚，张邦组因在田帮同车水，归家稍迟，因众人催促浴水，以致烧水未热”，雇工王玉华“洗浴嫌水不热，责骂，张邦组争辩，以致相殴”，张邦组打伤王玉华身死。① 可见雇工晚上有洗热水澡的习惯，雇主专门派人负责此事。扬州府江都县人蔡五，年三十三岁，已婚。嘉庆二十三年三月十二日，那夜一更多天，他“因要洗澡，提了木桶到茶炉上买得热水”②。有专门的茶炉售卖热水，除了供喝水外，可能提供洗澡用水也是主要用途。扬州人爱洗澡名不虚传。

三、借贷、租赁、典卖土地与雇佣

(一)借贷

1. 拒借

人们遇到困难需要借钱时，一般首先想到的是亲近之人，认为理所当然应借给自己，但是出于各种原因未能如愿，借钱者往往会迁怒于对方，甚至引发纠纷乃至命案。

叔嫂之间发生纠纷，如淮安府清河县民张得成借钱不遂杀死张汪氏案。张得成年五十岁，父母俱故。娶妻陈氏，生有两子。张得成佣工度日。张汪氏是张得成的嫂子，胞兄张得赶已故，并没子嗣，只生侄女，已经出嫁。张得成与嫂子分居各爨。嘉庆十八年，张得成因失业穷苦，知道嫂子有钱放债，向她借贷，嫂子不允。十九年二月，张

---

① 转引自刘永成：《乾隆刑科题本与清代前期农村社会经济研究》，载《历史档案》，1981(2)。

② 《辑刊》第2册，749页。王跃生指出：“蔡伍在所欠押租未还之际仍从茶房买热水洗澡，表明洗热水澡已成为他的生活方式，是生活比较讲究的体现。更重要的是，茶炉在供应茶水的同时，还兼卖洗澡用热水。可谓有需求就有供给。当然，我们相信，热水的价格也不会很高，否则居民宁愿自己烧水。一般来说，茶水店烧开水具有规模优势，其成本将低于家庭自己烧水费用。这件小事反映出清代中期扬州城市商业服务的细致。”王跃生：《清代中期扬州市镇经济水平和民众生活初探》，110页。

得成要典卖二亩半公地，嫂子又不允从。闰二月初八日晚上，张得成闻知嫂子曾向吴庭芳讨回欠项，又去向她恳借，仍复不肯，并被辱骂，张得成生气回骂。嫂子不依，上前拼命。张得成因嫂子平日相待刻薄，今又借钱被辱，一时忿恨，起意把她掐死。又想堂外甥魏添如家道殷实，起意移尸图诈，就把尸身背到魏添如门首。此案张得成嫂子有钱放债，向嫂子借贷不允。要典卖二亩半公地嫂子又不允从。张得成不仅致死嫂子，还移尸图诈家道殷实的堂外甥。失业穷苦的张得成与富有的嫂子、堂外甥产生了贫富矛盾。

小功亲堂兄弟之间发生纠纷。徐州府铜山县人李玉升向来强横，屡向共曾祖堂兄李玉华借钱不还。嘉庆十九年十一月二十一日二更时分，李玉升吃醉了酒，来向李玉华借钱十千文，不允，刀戳李玉华之子李留鸭，并用棍殴伤李玉华之弟李玉庭。李玉庭帮护将李玉升殴伤，延至二十三日身死。李玉升有借钱不还的历史，再借遭拒则打人，可见其强横。

外姻缌麻服弟兄之间发生纠纷，如扬州府高邮州民殷茂林故杀缌麻表弟张桂林身死案。殷茂林年五十岁，父母俱故，并无弟兄，也没儿子。张桂林是大母舅张蔚若的儿子，与他是外姻缌麻服弟兄。他十五岁时父亲故后，随同母亲到大母舅张蔚若家中相依度日，大母舅把女儿张氏配与为妻。张氏故后又代他续娶陈氏，不久又故。再娶赵氏为妻，仍与大母舅同居。他自开肉店生理，陆续借过大母舅钱文，嗣又借钱二百千，均未偿还。嘉庆十四年五月二十七日，他顺欠了猪客钱文无偿，去央表母舅盖廷如向大母舅再借钱四十千，未允。二十九日傍晚，他因客人催讨欠钱紧迫，走到后屋，正值表弟张桂林在那里吃饭。他向前央恳借钱，张桂林说他屡借无还，现在无钱借给，并说他终属外人不能包管一世的话。他不服争论，张桂林站起来把他推逐。他那时已在酒后，拔出身佩小刀向张桂林胸前狠戳一下，张桂林气断身死。

普通关系的异姓人之间发生纠纷，如徐州府邳州监生张令方因韩元强借钱文将其殴伤身死案。嘉庆二十一年八月二十七日上午，韩元来向张令方借钱，张令方以无钱回复，韩元就把张令方家绵紬一匹拿去，说当钱使用，张令方应允。随后韩元把䌷送还，说要现钱，张令方因无钱借给，当即走开。韩元不依，跟走詈骂，张令方回骂。韩元就上前要殴打，监生顺便脱下鞋子，用鞋底殴伤韩元身死。韩元强借钱文，欺负到监生头上，够强横的。

2. 借贷未还而索欠引发的纠纷

俗话说借钱的是爷爷，被借的是孙子。追索欠款往往引发纠纷，也常发生在亲友之间。

亲兄弟之间的案例有，常州府江阴县民葛大顺因调处财产纠纷误伤胞兄葛大华致死案。父亲葛尚珍在日，用七折银①七两五钱租种钱物材田二亩二分。父亲故后，母亲陆氏因兄弟葛大兴未经娶妻，把这田拨给他承种，以抵婚娶使用。嘉庆二十二年十二月，葛大华因田是父遗公产，也要承种。葛大顺同族人葛大德、葛潮滨调处。因葛大华十九年上，曾央葛大顺作中借用兄弟钱十七千文未还，议把葛大华所欠本利一概免还，佃仍兄弟承种。葛大华不允。二十三年四月二十八日，葛大华硬在田内插秧。三十日午后，葛大顺遇见葛大华向劝，并说兄弟不要归还借欠，已是便宜，何必再要种他田亩。葛大华斥骂葛大顺袒护，拿了木扁担连打葛大顺左耳、左肩甲两下。葛大顺负痛逃走，撩锄误伤追赶的葛大华身死。

小功亲堂兄弟之间的案例有，扬州府江都县人严春源，年二十六

① 七折银，一般称"七折钱"，即一两银折七百文比值的以两为单位的铜钱，流行于乾隆中叶以后的常州、苏州、松江的江南地区。有关研究参看岸本美绪著，刘迪瑞译：《清代中国的物价与经济波动》，第九章"关于清代的'七折钱'惯例"，295～328页，北京，社会科学文献出版社，2010。本节除了此处常州府江阴县用"七折银"租田之外，以下还有松江府青浦县用"七折钱"交租，常州府武进县樊受海求情送人七折钱三十千文以买备衣服棺木把尸殓埋用两个事例。此外，《辑刊》还有涉及江苏的两个"七折钱"事例，一是常州府荆溪县人陆胜行在安徽广德州种田度日，无服族弟陆五德把这地活卖与他，契价七折钱四十五千文。（2册，846页）一例是常州府武进县外地军犯之间用七折钱还钱。（3册，1728页）岸本美绪指出："'七折钱'的使用，不是在货币由于其顺畅的流通性受到重视的领域，而是货币的授受起到把人与人结合起来的黏性作用的领域。"（《清代中国的物价与经济波动》，317页）

岁，严春荣是其小功堂弟。父亲在日曾借严春荣钱八千文，严春源还过二千文，下欠未还。嘉庆二十一年五月十二日傍晚，严春源挑箍桶担在外做生意，严春荣路遇严春源向索前欠。严春源回复没钱，严春荣不依，就把严春源担上放的棉袄拿去，说到吴忝贵店里押酒吃。严春源把担子寄在族侄严广幅家，赶到吴忝贵店里替他还了酒钱，把棉袄取回。向他斥说不还欠钱不应拿衣服作抵，严春荣不服，彼此争闹各散。严春源走到严广幅家正要把担挑回时，严春荣吃醉了酒赶来复向严春源逼索欠钱。严春源又给钱二百文，严春荣嫌少，把严春源担内铁斧拿走。严春源追赶，适严广幅从外回家撞见，查问，严春源告知前情由，央允帮同追夺。严春源等勒死严春荣。

特殊事例，如太仓州崇明县民姚印方因贫苦搭死嗣妹图赖债务案。姚印方年二十八岁，于嘉庆六年嗣与缌麻族叔姚绍穆为子，娶妻祁氏，生有一子。后来嗣父母病故，遗有妹子姚贤郎，自幼病废，不能行走。嗣父在日，欠蒋宾黄银三十三两，未立借票。姚印方陆续还过银二十两，尚欠十三两，屡讨未还。二十四年二月十五日，蒋宾黄叫他妻叔张耀宗到姚印方家讨银，姚印方恳缓，叫他在外等候，一时气忿，把嗣妹搭死图赖欠项。

朋友之间的案例有，徐州府睢宁县军犯吴猫七因被索欠打死苏梁氏案。吴猫七籍隶广东南海县，因抢窃凶诈犯案，审照棍徒扰害拟遣例改发极边，足四千里充当苦差，佥发睢宁县安置，于乾隆五十九年二月二十九日到配交保管束，与同配军犯苏喜文之妻苏梁氏素无嫌隙。嘉庆七年正月间，吴猫七向苏喜文借钱一千文未还。五月二十八日，吴猫七路过苏喜文门首，苏梁氏瞥见向索前欠，吴猫七恳缓，苏梁氏不允，互相争詈。苏梁氏即向扑殴，吴猫七顺拔身佩小刀致伤苏梁氏殒命。如皋孙万益于嘉庆三年向监生戴宝贤借钱，不给利息，未还，四年除夕又去借钱，戴宝贤不答应，孙万益就将他家茶碗摔碎，住在间壁的戴宝贤侄孙戴伯成闻声赶来，祖孙二人遂把孙万益打伤致死。①

① 转引自冯尔康：《十八、十九世纪之际的宗族社会状态——以嘉庆朝刑科题本资料为范围》，载《中国史研究》，2005年增刊。

以上都是借钱和借物的事例，如徐州府睢宁县民余自平因索讨豆种启衅殴毙岳佐魁一案。嘉庆二十一年九月里，余在江把地四亩六分凭胡自生卖与岳永康为业，尚未过户。那年钱粮仍是余在江完纳。二十二年二月里，余在江向岳永康借去豆种三斗，原说迟日送还，屡讨未给。五月二十九日，岳永康的儿子岳佐臣、岳佐魁遇见余在江索豆种，余在江要把代纳钱粮抵算。岳佐臣不依，致相揪扭，是胡自生劝散。

3. 还本欠利引发纠纷

借贷者归还了借本还欠利息，由此引发纠纷。

如镇江府溧阳县民陈幅三因索欠被无服族弟陈良孙等殴毙案，嘉庆二十四年十月里，陈良孙向无服族兄陈幅三借钱二千文，说到十二月还他本利二千四百文。到十二月二十四、二十九等日先后还他本钱二千文，下欠利钱四百文，许他开年正月交还。陈幅三不依，陈良孙再三恳请才得允许。后来见面就讨还，要殴打剥衣。陈良孙怀恨。二十五年三月十七日遇见素好的吴丫头说起十六日陈幅三找寻陈良孙要钱，恳求吴丫头帮殴，于是杀死陈幅三。

常州府无锡县人胡在兴向在浙江乌程县西门开张钉店。与陶七幅、陶应陇、陶开泰弟兄同乡相好。陶开泰等人也在乌程开张钉店。嘉庆十六年五月二十四日，陶开泰从无锡回店。胡在兴因曾借陶应陇钱三千文，本已清还，利尚未清。陶应陇向他索讨利钱，争闹，陶七幅帮讨争打，将其殴跌落河淹死。

4. 抵借

用土地、庄稼、牲畜抵还借贷往往引发纠纷。

如江宁府句容县民陈茂毕因债务纠纷勒死义侄陈陇沅移尸图害案，陈衍富与陈茂毕同姓不宗。嘉庆八年间，陈茂毕的胞兄陈茂意把田九分托陈应盛并陈陇光故父陈茂合作中，抵借陈衍富的钱十千文，即于次年还清。十一年二月内，陈茂意又把田二亩二分托陈茂合、陈茂凤、陈茂坤、陈茂兴作中，抵借陈衍富的钱三十千文，立有借票。十三年正月里，陈茂意病故，他义子陈陇沅年幼，所遗田产是陈茂毕经管。陈衍富屡邀陈茂凤等向陈茂毕索讨欠钱。陈茂毕混说陈茂意所借钱文已经还清，反说陈衍富同陈茂凤等串通捏欠重索，不肯认还。陈衍富就于四月初二日到陈茂意抵押田内割取麦子二石零，准算利息。陈茂毕赴县呈控，陈衍富也赴县具诉。因陈茂毕不敢到案，没有审讯。十一月二十五日，陈茂凤、陈陇光查知陈茂毕有钱，往向逼讨，并硬取他钱十二千文，要交陈衍富抵欠。不料陈茂毕怀恨，勒死陈陇沅图害陈茂凤等。

表兄弟之间发生纠纷，如徐州府铜山县民梁全因向表兄席世德索欠被砍伤身死案。席世德与梁全邻村居住，欠梁全地价钱六千文未还。嘉庆二十二年十二月十二日，梁全来向他索讨，他无钱恳缓。梁全不依，把他家牛只牵去作抵。十三日，他邀同李二、薛二到梁全家要牛，梁全不肯，两下争闹，梁全被砍伤身死。

5. 赊欠

消费者因日常生活所需向店铺赊欠或商家之间赊欠，因还欠问题常引发纠纷。

首先谈消费者赊欠商家。

海州民王可有因欠钱纠纷伤董太和身死案，王可有一向晒盐池度日，董太和同他父亲董文方在新坝镇卖饼生理。王可有陆续赊欠董家干面钱三百文，讨过几次，实因乏钱，没有清还。嘉庆五年八月十三日早，王可有带了一条木扁担往盐池做工。路过董文方店前，王可有把木扁担放在门首，进内借火吃烟。董太和向王可有讨要前欠，王可有回复他再迟几日措还。董太和拿扁担赶殴，王可有夺过扁担回打，致伤董太和而死。此案的“陆续赊欠”说明民人多次赊欠干面，赊欠可能是被认可的常事。①

扬州府兴化县毛哥子二十岁，剃头生理。道士舒青达赊他的剃头钱一百文。嘉庆二十年三月二十五日，路遇舒青达，向其索讨。

---

①　江苏海州赣榆县嘉庆四年四月初间，王自江开面店生理，朱克渊向王自江赊面三十斤，所欠钱数四百二十文。可见小麦面粉赊销在海州不是孤例。转引自谢秀丽、韩瑞军：《清代前期民间商业信用问题研究》，66 页，北京，人民出版社，2012。

常州府荆溪县人许宝奎向开杂货店生理，汪蒋氏向他赊欠店账钱一千八百文未还。嘉庆十五年五月二十九日黄昏时分，许宝奎同店伙钱凡余路过汪蒋氏门首，进内向汪蒋氏索讨欠钱。汪蒋氏家工人张兴二斥责他们不该黉夜讨账，两相争闹，许宝奎被张兴二殴伤致死。

苏州府吴江县民殷仁安因被讨钱文事扎伤母舅身死案中，杨绍祥供词说，杨士元是他的父亲，父亲前在姑夫殷进明肉店帮伙。姑夫故后，姑母杨氏把店顶与父亲接开，言定房租顶价，每日支钱一百七十五文。表弟殷仁安赊欠父亲肉钱八百三十六文没还。嘉庆十年六月初九日晚上，父亲向殷仁安索讨欠钱，殷仁安恳在每日房租价内扣算，父亲不依嚷骂、扭打，殷仁安拿桌上小刀扎伤父亲倒地致死。赊欠肉钱而用房租顶替遭拒引发了这起案件。

生活资料的赊销除了以上的食物外，还有日用杂货。常州府阳湖县，嘉庆三年八月，苏文巄向郑顺德赊柴两担，共钱二百八十文。①

其次，商家之间赊欠。

如扬州府宝应县民王全因索欠打死六合县民张珍远案，王全开杂货店生理，张珍远向在宝应贩卖杂货。嘉庆八年，王全陆续向张珍远收买货物，共欠钱五千一百八十四文，约俟夏间归还。六月十四日，张珍远路遇王全索讨前欠。王全恳他宽缓，张珍远不依詈骂，王全回骂，张珍远扑殴。王全推张珍远扑跌地垫伤身死。这是杂货店主赊欠供货商，约期还欠案例。

此外，还有预买与违约造成的纠纷。这里有两个乾隆时期苏州的事例，其一王在贤借银二两一钱，与孔章“定买”桑叶，孔章仅付桑叶两担，计算余银九钱四分，孔章未经交还。其二王铁头于乾隆十一年九月内两次取用王沛宜买秫秫（黏性高粱）银四十六两四钱，许交秫秫二十二石，后因秫秫腾贵，将秫另卖。② 两例都是预买作物产品，卖方违约案例。

冯尔康先生指出，清代赊销这种经营方式的普遍存在，原因有二：

---

① 转引自谢秀丽、韩瑞军：《清代前期民间商业信用问题研究》，85～86页。

② 两例均转引自谢秀丽、韩瑞军：《清代前期民间商业信用问题研究》，151页。

一是为促销，吸引顾客来采购、消费，这样买卖灵活，生意就好做。二是适应传统社会的人际关系的需要，雇主一时没有现钱，先取走物品或消费掉如吃饭，颇有人情味，会取得顾客好感，回头再来光顾。并指出："赊销、赊购，反映商品经济发展程度不高，人们普遍不富裕，缺少货币，很难现钱交易。"①

（二）租赁

1. 欠田租纠纷

佃户多由于贫困未能及时完纳地租，业主催追田租引发纠纷。

（1）欠租索讨。如松江府青浦县民何纪坤因被催租打死田主陆绍庭案，何纪坤与陆绍庭邻近居住，嘉庆元年春间，陆绍庭有地一亩，租给何纪坤佃种，议定每年地租七折钱一两。因是邻佑，故未经中立票。原是历年清还，并无拖欠。四年分地租，何纪坤因不凑手，只还过七钱，还欠三钱。十二月初九日，何纪坤在俞俞氏家做工，陆绍庭走来索讨，被何纪坤用碗掼伤左太阳穴等处，即于是夜身死。

此外，太仓州宝山县人申奉求有地一亩，租给无服族兄申众耕种，每年租钱八百文，因是同族，未立租票。嘉庆十八年，申众应还租钱，屡索无偿。九月初六日，申奉求又向索讨，申众恳缓，申奉求不允。申众斥骂申奉求薄情，申奉求不服回骂，申众拾砖打伤申奉求胸膛，被劝散。申奉求因索租被殴，心里生气，起意纠殴泄忿，随邀族兄申学成并素好的杨幅相帮，一同到申众门首喊骂，申众拿断木扁担赶出，被打伤致死。

（2）欠租退田与阻种。通州薛邵氏丈夫已故，有子薛文学，与夫侄薛泳盛素好无嫌。嘉庆二十年上，夫弟薛遂荣出名向李姓租田四千步与她分种，后因她穷苦，欠租不还，夫弟嘱令退田。二十三年九月十四日，她同儿子薛文学仍到租田硬要种麦，薛遂荣看见，同好友张其淋走来阻止。儿子混骂，并斥张其淋不应多管。薛泳盛顺拾挑豆木棍戳了薛文学脐肚，伤重身死。薛文学与薛遂荣争种李姓租田，造成

① 冯尔康：《乾嘉之际小业主的经济状况和社会生活——兼述嘉庆朝刑科题本档案史料的价值》，见《中国社会历史评论》第7卷，26页。

悲剧。

(3)欠租割麦作抵。如镇江府丹阳县民杨芬沅因拖欠田租被监生张鹤受家雇工殷腊生殴毙案，杨芬沅佃种监生张鹤受田一亩二分，每年租钱九百文。上年应还租钱，屡讨没还。嘉庆二十三年四月十七日，张鹤受想割他田内麦子作抵，雇张大滏、张发千、张添幅，并唤同工人殷腊生、张六观、张毛头去割麦子。他们推了三辆小车，张鹤受先到田内，张大滏等人随后走来，把小车放在田旁，下田割麦。杨芬沅起来吵骂，把车子推下水沟。张鹤受看见不依，叫殷腊生等人把他捆缚送官。杨芬沅被殷腊生顺拾木车角回殴，致伤左后肋殒命。

(4)欠租扣抵。如扬州府江都县客民宋长发因欠租事将田主阮从鹤致死案，宋长发原籍泰州，寄居江都，年二十岁，佃种阮从鹤家四亩五分田，议定每年夏秋两次交租，素日平等相待。嘉庆十年分，夏租因收成歉薄，欠少麦租一石没有交还。闰六月十九日宋长发挑了一石五斗多豆，到萧晋泰行里粜卖，讲定价钱二千七百文。适阮从鹤同他哥阮从陇在行买豆，阮从鹤将宋长发豆价扣住，要抵租欠。宋长发央恳缓扣，未允，当即走散。二十一日阮从鹤在行买豆，宋长发又来索还，致相争骂。阮从鹤拿伞柄赶打，被宋长发用刀戳伤右乳倒地，不多一会儿就因伤身死。

2. 押租与退佃

押租是租用土地、房屋或其他财物所付的保证金，在退租时应归还租用者。清代租佃制下，押租制既用来防止佃农欠租，也限制地主不能随意换佃。佃农如果转佃，上首佃农将他用押金租来之田，向下首佃农索取顶首银钱转租出去，顶首也是押租。

顶首的事例，见于常州府荆溪县民陈恒顺因不允许升沅佃种田地被伤身死案。嘉庆十八年四月，许奕佐央许焕文作中，将恃字号田六亩五分契卖与陈恒顺管业，得价钱一百二十一千文。田给许升沅租种。陈恒顺在原价内当扣去顶首钱十四千文，租契注明：倘有挂欠，租米扣算。二十一年冬间，因田稻歉收，未曾交还租米。二十二年三月里，陈恒顺赴案，禀追押退。四月十九日下午时候许升沅出外，适遇陈恒顺，向他恳请仍行给田耕种，陈恒顺不允。许升沅说有顶首钱十四千文可以扣算，他不依，扭住许升沅发辫要入城禀究。许升沅用右手扭住陈恒顺胸前衣服，彼此扭结，滚跌田内，误把陈恒顺咽喉叉伤身死。此案中许升沅租种陈恒顺田地承担顶首钱十四千文，许升沅欠租要用顶首钱扣算，陈恒顺不依。①

常州府荆溪县还有押租的事例。嘉庆十二年十二月间，任济洺买得任文楷家仆人余文大田三亩三分，议价一百十二千文，内除划过佃户押租钱文并写给期票外，交过见钱二十四千七百文，已经拨户完粮，仍是原佃俞方名租种。十三年七月，任文楷查知，说这田是他祖上拨给余文大养赡，立据不许变卖，控案断赎，任文楷情愿认还原价，外加利钱三千文，田归余文大收租，仍是俞方名租种。

不仅土地，房屋也有押租。如扬州府江都县民李宏因索还押租钱文被烫伤毙命案，嘉庆二十三年二月十二日，李宏租住蔡五房屋两间，每月租钱三百文，当付押租钱八千文。七月十五日，李宏因要另租住房，向蔡五讨还押租，蔡五约期八月十一日措交，至期并没给还。后蔡五烫伤李宏身死。

退佃自种，见于太仓州嘉定县陈玉因租地纠纷故杀朱应千身死案。陈玉向佃朱应千田亩，嘉庆十一年三月，朱应千因陈玉还租迟延，将田自种。陈玉曾经央恳，仍旧将田给种，朱应千未允。十五年四月二十三日早，陈玉路遇朱应千要租田耕种，朱应千不肯，致相争殴，朱应千被陈玉戳死在侯季生田头。

3. 欠店租纠纷

如常州府宜兴县民史富生因索房租打死客民冯春喜一案，安徽绩溪县人冯春喜于嘉庆九年正月里，租赁宜兴史富生房屋开张木匠店，讲定每年租钱二千五百文，按季支取。冯春喜因手头乏钱，秋季房钱

---

① 《清代地租剥削形态》下册载有江苏顶首的 5 个事例，计松江府奉贤县金秀章因陆尚玉欠租将“顶首银两”折抵租价(249 页)，太仓州陈八与张二互换佃地后因索取顶首银致酿人命(360 页)，松江府上海县地主朱凤租地收取顶首银两(413 页)，镇江府丹阳县张潮阳将地出典不退佃户“顶首银”(458 页)，常州府荆溪县潘继正得顶首银将租田顶与潘畏三耕种(710 页)。

没有付给。十一月十三日傍晚，史富生向冯春喜索讨争闹，打伤哥子冯春喜右耳根、两胳膊，延至十五日早身死。

（三）典卖土地

1. 典地活卖

典地后再找价增加典钱，即加找田价，这种活卖往往引起纠纷。

如扬州府高邮州民金士英因找价将典地之王贵才致死案，嘉庆七年九月里，金士英把田十四亩凭中金士彦典给王贵才家，价钱四十八千文。九年二月里加典钱五千文。十一年三月初二日，他因要置买船只，又向王贵才加找田价，王贵才不允。初四日傍晚，金士英央仰兆梅同到王贵才家恳找，未允，借船撑去。王贵才不依，登船争殴，被金士英打伤落水淹毙。金士英将田典出后，找价一次，第二次又以需要钱找价，但第二次被拒。这一典地案有中人，还有典契。

2. 典地活卖转为绝卖

此即将典地可以加找田价改为不许加找田价。

如常州府靖江县民刘允年因债务纠纷被翟大沅殴毙案，高书林原典高效升田六亩三分，嘉庆十二年上，活卖与母舅翟大沅执业，后来他又陆续向翟大沅借钱九千文，并该利钱七千文，没有票据，母舅屡讨未还。二十三年十一月里，有陆大富来说翟大沅听闻原业高效升要找田价，叫他把田亩改立绝契，欠钱算明立票，应找高效升田价钱文，翟大沅自行付给。高书林允从，陆大富邀了刘允年代写绝契，并欠票二张。画押高书林交收，翟大沅当把七千钱票一纸给与陆大富，说作笔资饭食中金。随后听得高效升没向翟大沅找价，翟大沅也没来向高书林讨要欠钱。后来陆大富屡来索讨，高书林无钱没付。陆大富向翟大沅讨要，引起争端。代笔者刘允年被殴伤身死。该案中典地者与活卖者听说原业要找价，认可并改立绝契。

3. 绝卖与找价

将土地绝卖后加找价钱常引起纠纷。

常州府武进县民樊受海因找价事殴伤乡邻焦阿大身死案中，尸母樊朱氏年六十九岁，已死焦阿大是她与前夫焦会沅生的儿子。乾隆四十六年焦会沅故后，她改嫁樊受海的族人樊文淋为妻。樊文淋又于乾隆五十一年病故，儿子焦阿大因本宗并没近房，随她居住。乾隆四十四年上，前夫在日把田三亩零、住房二间绝卖与樊受海的故父樊公赞管业，得价银六十两，立有杜绝契据。嘉庆十七年七月内焦阿大向樊受海回赎田屋，樊受海不允。二十七日焦阿大说当日田屋价银较轻，樊受海既不放赎，也须酌找银两，又去寻樊受海理论。樊受海斥他讹诈，彼此争吵，焦阿大被樊受海用木棒槌先后殴伤致死。妇人当要报验，樊受海向她哀求，情愿出钱棺殓，并求邻佑樊胜德等代为容隐。她因家里穷苦，当即应允。次日樊受海送给她七折钱三十千文，她就买备衣服棺木把尸殓埋。此案将绝卖田屋回赎和找价，均被拒绝。

再如苏州府太湖厅民唐亮揆殴伤胞兄唐秀文致令自缢身死案，嘉庆十八年间，唐秀文用价钱四千六百文，凭弟唐亮揆作中，绝买已故徐济美桑地一块。徐济美的儿子徐留观屡说地内曾种桑树费过工本，向唐秀文加找钱文，自数十文至百余文不等。二十年十二月初四日，徐留观又来加找，唐秀文不允。初五日，唐亮揆约来唐秀文之子唐鼎沅同到地内看估议找。唐亮揆见地内实有添种桑树，劝令唐鼎沅找给钱五百文，讲明永不加找。大家同回。路遇唐秀文问知情由，说其弟不应许钱，上前扭打。后唐秀文气忿莫释自缢。

还有松江府上海县民徐小小因找补田价砍死徐泳金案，徐小小年二十三岁，与无服族叔徐明山对门居住。故父徐昭观在日把田五分卖给徐明山管业。后经胞叔徐德观等说合找价，立有绝契。嘉庆二十二年十二月十三日，徐小小因贫病难度，去向徐明山借钱四百文，要想仍算找价，徐明山不肯。随后，徐明山抱养异姓义子徐泳金，走到徐小小家踢球玩耍，不料徐小小挟嫌迁怒，把徐泳金用刀砍伤致死。此案因徐小小将久经找绝之产复图找价造成。

(四)雇佣

农业经营需要雇工，雇工有长年的还有季节性的。除了田里工作外，家务也需要人手。店铺雇人帮忙也是普遍的。雇主与雇工在工作中及报酬问题上产生矛盾，常引发纠纷。

店伙擅自做主引发纠纷。山东济宁州人姜思慎，与王七同庄居住，嘉庆九年正月里到徐州府丰县开张烟店，雇王七在店内帮伙。姜思慎的朋友潘允红住在店内。十月初四日姜思慎出外讨账，叫王七看柜。傍晚时姜思慎回店，见柜内少钱一百五十文，向王七查问。王七已经酒醉，说钱系借给潘允红，并不是他私用，出言混骂，姜思慎回骂。王七顺拿桌上小刀向姜思慎戳来，姜思慎把刀夺下。王七复扑殴，姜思慎顺用手中小刀吓抵伤他脐肚倒地，延医调治不效，初六日身死。王七擅自将雇主也是老乡的钱借给雇主的朋友，引发矛盾。

雇主刻薄或雇工怠惰引发纠纷。海州人宋学校雇在郁球家做工，已有九年。郁球家务是由他的妾掌管，相待工人向来刻薄。嘉庆十年五月十三日郁朱氏叫宋学校把黄豆一石一斗挑赴集上粜卖，每斗得一百七十文。十四日郁朱氏对他说黄豆时价每斗值钱一百八十文，斥责不应赚她钱文。宋学校说豆有高低，价值就有贵贱，向她剖辩。十六日早，郁朱氏见碾上横木损坏，宋学校未即修理，复又村斥。宋学校就拿了铁斧往屋后修碾。宋学校听得郁朱氏在后园向邻人刘吕氏说他近来只知赚钱不知做活，又贪又懒，逐渐用不得了。宋学校因实未赚钱，不甘受屈，走出辩论，并说他靠做工营生的，人都有短处，不该播扬。不料郁朱氏愈加辱骂，还说要逢人告诉，使他无处寻工。宋学校想平日在郁朱氏家出力多年，并无过犯，忽遭赶逐，又枉说赚钱贪懒，逢人告诉，欲使无吃饭地方，居心刻薄太甚。一时忿恨不过，起意把郁朱氏杀死泄忿。看来九年的长工与雇主发生冲突，似乎双方都有责任，雇主的确有些刻薄，特别散布坏话很伤人，雇工也存在怠惰的情形。

嘉庆时期江苏雇佣劳动的工钱怎样呢?

先看从事辛苦繁重体力劳动的苦工，如拉纤夫。米回九是江宁府六合县人，只身在镇江府仪征拉纤度日，仪征县人陈起沅，向来代人雇觅人夫度日。嘉庆十四年四月初三日，弟弟陈起万代木簰雇米回九拉纤，言定拉到扬州当给工钱一百文。再如挑河工，见于扬州府甘泉县客民工头冯广生因承挑河工纠纷殴毙田有凤案。甘泉县田有凤子田潮元，嘉庆十五年二月内，凭庄邻周惟有引荐，在仪征县夫头冯广生处挑挖盐河，领得工钱一千一百文，说明每日工钱一百文，帮挑十一日。以上挑河工、拉纤夫每日工钱都是一百文。

再看农业雇工。江苏的农业雇工比较盛行。依据学者统计，乾隆朝刑科题本涉及农业雇工的有 6100 件档案，江苏有 351 件，位列 18 行省的第六位。① 徐州府萧县民李魁因多得工钱事将同主佣工赵黑殴伤致死案中，山东滕县人赵黑是监生董昭家雇的长工，每年工钱十二千文。嘉庆十六年四月里，赵黑因农忙又雇李魁帮做短工，每日工钱一百文。四月二十九日赵黑与李魁赴地工作，因李魁多得工钱不依争殴，李魁打伤赵黑身死。董昭同时雇佣长工与短工，资料记载了他们不同的工钱。②

常州府金匮县民华受生因索讨工钱纠纷踢伤雇工许五观身死案中，华受生与已死许五观邻近居住，嘉庆十七年二月里，邻人史大宝说荐许五观到华家帮种田亩，言明每日工钱三十五文，并无雇契，尔我相称。三月初十日下午，许五观欲歇工回去，向华受生讨取欠少工钱一百七十五文。华受生适值无钱恳缓。许五观不允，说他图赖。华受生不服向他理论，互相争骂。许五观赶拢揪住华受生胸衣举拳打来，被华受生致伤他右肋。许五观仍不放手，用头向撞，又被华受生踢伤脐肚下小腹，跌倒垫伤右后肋致死。③

以上两例短工每日工钱一例 100 文，一例 35 文，相差很大，原因可能是农忙与农闲时劳动强度的不同。乾隆时期江苏短工工价，最低为 20 文，最高为 50 文。各省一般工价都在 30 文到 50 文之间，并以

---

① 刘永成：《清代前期农业资本主义萌芽初探》，65～66 页。

② 乾隆初年江苏丹阳县丁玉国雇蔡七做工，每年是二两银子的工钱。刘永成：《清代前期农业资本主义萌芽初探》，82 页。

③ 刘永成先生依据乾隆朝江苏刑科题本指出日工的价格与制订依据：其一是依据雇主根据雇工劳动力的强弱给定，崇明县乾隆四十八年范新雇顾锁林等四人在田锄花，每人日给工钱四十文。如系年轻，乡间大例止给工钱三十文。黄瑞年甫十五，止给钱三十文。其二是雇主按照雇工所付出的劳动量的大小和劳动质量的好坏给定，嘉定县“犁田每工五分，锄花每工三分”。(《清代前期农业资本主义萌芽初探》，84～85 页)我注意到另外的事例：乾隆十九年六月二十四日，泰州人申裕书为了草荡砍草，雇了 5 个工人，每人四十文工钱。(《清代土地占有关系与佃农抗租斗争》上册，402 页)砍草与锄花(棉花)的工钱都是四十文，可见是一般行情。

此为中心而上下浮动着。①

四、结语

综上所述，我们对于清中叶江苏的土地债务、民众生计、人口社会得出一些看法。

人口、婚姻与家庭方面，清中叶江苏人不少人年纪较大超过三十岁未婚独身。江苏人活到六七十岁是普遍现象，甚至活到八十岁以上，女性高寿者多于男性，且最长寿者也属于女性。当时父母亲三十多岁得子较为普遍，生二子的较多。没有子女的家庭一般要过继，有过继同姓、过继本族、过继近亲等类型。女性改嫁现象比较普遍。兄弟成人或成家后分居与同居可能都占有相当大的比例。纳妾与童养媳现象普遍存在。婚姻与继嗣的这些情形有助于认识江苏的社会，值得注意。

江苏人从事多样性的生计。江苏水田种水稻，旱地种小麦、大麦、豆子、荞麦等。江苏人职业与生活的水乡特点较为明显，从事与水有关的职业很多，从事与漕运有关工作的人就不少，还存在有纤夫人力市场。挑挖河道、捕鱼、贩鱼、摇船、晒盐都是度日途径。江苏人经营店铺谋生的也较多，店铺类型有钱店、肉店、酒店、饼店、杂货店、银匠及铁匠店铺，有外省人来江苏开设烟店、木匠店，也有江苏人在外省开设钉店。有江苏人充当师爷到外地工作。江苏人还开设较多的专门行铺，如鱼行、牛行、粮行。人们以各种专门技艺谋生，如箍桶、剃头、杀猪、烧木炭。临时性的工作或时间较长的工作，都会有雇工。有从事乞讨谋生者，形成团伙。

土地债务比较常见。借贷、租赁、典卖、雇佣经济行为较多出现在人们的交往关系中。借贷方面，人们遇到困难需要借钱时，一般首先想到的是亲近之人，拒借或借而未还，都容易导致纠纷乃至命案的发生，这些案例发生在亲兄弟、叔嫂、小功亲堂兄弟、外姻缌麻服弟兄之间，也发生在异姓朋友之间。借贷者归还了借本还欠利息，用土地、庄稼、牲畜抵还借贷，也易引发纠纷。赊欠店钱引发的案件也不

① 吴量恺：《清代经济史研究》，204～205页，武汉，华中师范大学出版社，1991。

少。租赁方面，欠田租纠纷多由于佃户贫困未能及时完纳地租，业主催追田租引发纠纷。欠租索讨、欠租退田与阻种、欠租割麦作抵、欠租扣抵、押租与退佃、欠店租也会引发纠纷。典卖土地方面，典地活卖、活卖转为绝卖以及找价，经常埋下纠纷的伏笔。雇佣方面，店伙擅自做主、雇主刻薄或雇工怠惰，往往是主雇矛盾的导火线。此外，嘉庆时期江苏雇佣劳动的工钱方面，从事辛苦繁重体力劳动的苦工工钱较高，挑河工、拉纤夫每日工钱都是一百文。两例农业短工每日工钱一例 100 文，一例 35 文，相差很大，原因可能是农忙与农闲时劳动强度的不同。

第五节　清朝刑科题本与新史学

明清内阁大库档案与甲骨文献、敦煌藏经洞遗书、居延汉简，被认为是中国近代古文献的四大发现，新史料的发现极大地推进了历史学研究。清代档案中，题本的数量巨大，反映多种门类问题与地方情况，学术价值重大。其中的刑科题本由于更多地保存了社会经济的内容，与近代以来的新史学要求一致，而备受关注。

清朝雍正以后设都察院刑科，职责是将皇帝有关刑事方面批示过的题本抄与刑部等衙门执行，谓之“科抄”。经刑部科抄过的通本(地方官上交给通政司的题本)、部本(中央机构直接上交内阁的题本)，在中国第一历史档案馆的分类中，称为“内阁题本刑科”，俗称“刑科题本”，刑科题本之下的命案类又细分为土地债务类、婚姻奸情类等。从乾隆到光绪，此类档案被大量保存下来。这些档案保存了丰富的经济、社会资料，又由于这类刑科题本属于司法过程中形成的文件，亦属于法制史资料，受到学术界的重视。从 20 世纪 30 年代起至今 80 多年间，随着学术思想的变迁，人们对刑科题本的利用也发生了不少变化。本节尝试从史学求新与利用刑科题本的变化关系出发，介绍分析以往利用刑科题本的研究成果以及经历的学术历程。

一、经济社会史研究的成绩

清光绪年间清宫贮藏档案的内阁大库墙倾，因修缮移出档案，大库的贮藏情况遂为外界所知。宣统二年(1910)库房修齐，但档案未送还，先后保存于国子监、午门。1921年教育部与历史博物馆将这批档案中的八千麻袋出售，罗振玉购入部分并整理，于1924年出版了《史料丛刊初编》，1928年后中研院史语所购得部分档案，于1930年起印行《明清史料》，1934年北京大学研究所国学门呈请当时政府拨归没有卖掉的部分档案，并进行整理。整理档案的重要内容是在分类的基础上编号摘由，档案的大宗是题本、报销册，其中题本以事实性质归纳出总类，如命案、盗案、钱粮、俸饷、财政等，总类之下又分细目，如命案中分因奸谋杀、因仇谋杀、因戏误杀等，以后又从重视形式的分类向重视内容的分类调整。① 可以说，这些工作是对包括刑科题本在内的清代档案进行整理的滥觞。

史语所整理档案的程序中，"先将红本中关于刑科之部本，通本，即三法司案卷，与礼工户吏兵各科缴进部本及各省通本，分别庋置，然后再与揭帖等，各按时代分类，即顺治、康熙、雍正、乾隆、嘉庆以下至光绪朝，各为一类"②。史语所的红本以乾隆朝为最多，嘉道次之，对于其学术价值，徐中舒认为："这些红本，记载当时社会种种形相，我们固然不能不认为是社会史上贵重的史料，但其中重复之件，如满文原为汉文译本，通本例有部本复奏，其他种种琐细叙述，不关军国大典，除非费极大劳力，作大量统计以外，实不能有所收获。所以这些档案，虽不失为一种贵重史料，但是我们现在还不能够充分地利用它。"③徐先生既看到题本反映社会形相的社会史价值，又对"不关

---

① 此段依据郑天挺：《〈明末农民起义史料〉序》，见《清史探微》，696～705页，北京，商务印书馆，2014。

② 徐中舒：《中央研究院历史语言研究所所藏档案的分析——再述内阁大库档案之由来及其整理》，见中国第一历史档案馆编：《明清档案论文选编》，19页，北京，档案出版社，1985。

③ 徐中舒：《中央研究院历史语言研究所所藏档案的分析——再述内阁大库档案之由来及其整理》，见中国第一历史档案馆编：《明清档案论文选编》，27页。

军国大典”感到困惑，也为了克服题本“种种琐细叙述”，强调“作大量统计”的重要性。

晚清民初，也是新史学传播的时期。梁启超倡导的新史学，强调利用社会科学，将人类社会各种活动进行专门化、综合化研究。社会科学与西方历史学传入并影响了中国学术界。①

民国时期，清宫档案逐渐为外界所认识，不断有学者强调利用清宫档案研究历史。这其中，有关清代经济问题的清宫档案利用，具有社会科学的旨趣。如清华大学校长罗家伦倡导开展中国近代史研究要利用档案：“如《内阁大库档案》《军机处档案》等等，都分藏在故宫博物院、历史语言研究所和北京大学等处，可以自由参考。从总理衙门、外务部、外交部一贯下来的档案，都有钞档可以调阅。”②罗家伦的学生汤象龙，则是发掘和利用清朝档案资料研究中国近代经济史的重要学者。③

20 世纪 30 年代前后，“当时正在北京求学的汤象龙、罗玉东、梁方仲等一批青年，出于使中国史能在世界史中占居应有地位的爱国心，在进步的史观支配下，决心以经济史为突破口，撰写出一部新的中国史。中国近代经济史，就是他们着力研究的第一个领域”④。他们选抄整理有关近代财政经济史料，在社会调查所所长陶孟和的支持下，从 1930 年至 1937 年倾力抄录故宫博物院明清档案馆及北京大学文科研究所所藏档案 12 万件。这是中国史学界的第一次大规模清代档案整理研究工作，抄录和整理了包括钱粮、粮价、关税、厘金、盐税、漕粮、耗羡、参票以及题本、黄册等财经档案，这些成果多藏于中国社会科

① 常建华：《社会科学与中国社会史研究历程》，见《中国社会历史评论》第 10 卷，366～368 页。

② 罗家伦：《研究中国近代史的意义和方法》，原载《武汉大学社会科学季刊》，第 2 卷，第 1 期，收入汪朝光主编：《20 世纪中华学术经典文库·历史学·中国近代史卷》，44～60 页，兰州，兰州大学出版社，2000。

③ 赵彦昌、陈聪：《汤象龙与明清档案》，载《山东档案》，2011(6)。

④ 梁义群：《清代档案与三十年代的经济史研究》，载《史学史研究》，1996(1)。

学院经济研究所图书馆。①

中华人民共和国成立后，中国社科院经济研究所物色一批刚从大学毕业的年轻学生，在严中平先生的领导组织下，继续收集整理档案与文献资料，在“文化大革命”前先后编辑出版了农业、手工业、工业、铁路等专题资料。

《中国近代农业史资料》第1辑由李文治先生编辑，充分利用了清朝刑科题本档案。李文治(1909—2000)1937年毕业于北平师范大学史学系，1940年7月到中央研究院社会科学研究所工作，1949年之后该所先后改为中国科学院、中国社会科学院经济研究所，李文治一直在该所工作，直至退休。李先生1952年参加《中国近代经济史统计资料选辑》的编写工作，负责“农业”中的地租部分。从1954年开始编辑《中国近代农业史资料》第1辑，1956年完成，1957年北京生活·读书·新知三联书店出版。② 该书第一章“清代鸦片战争前的土地关系与农民生活”中第二节“民田占有情况与地租剥削”，第三节“商业资本和高利贷在农村”，第四节“农民经济状况和农村阶级分化”，均使用了清朝刑部档案，即各省有关各项诉讼事项呈报至中央政府的案件，特别是据刑部档案整理出有关地租、高利贷及农业雇工各表，如第一组实物地租《嘉庆朝刑部案件中各省实物地租及货币地租件数统计》《嘉庆朝各省实物地租每亩租额和件数统计》《嘉庆朝各省实物地租租率和件数统计》三个表格，第二组货币地租《嘉庆朝刑部案件中各省货币地租每亩租额和件数统计》《嘉庆朝浙江各县租佃押租示例》《嘉庆朝各省租佃预租示例》三个表格，第三组高利贷《嘉庆朝各省各类借贷贷额分组件数统计》《嘉庆朝各省借贷季节件数统计》《嘉庆朝钱文借贷贷款额、件数和借贷利率与贷款额的关系表》三个表格。此外，农业雇工部分还有《雍、乾、嘉三朝刑部案件中有关各省农业雇工件数统计》表格。除了表格，在各部分的论述中，还用刑部档案例示实物租(9件)、货币租(11件)、押

① 王砚峰：《陶孟和先生对社会科学事业的开拓和守护》，中国社会科学网，2017年1月19日。

② 经君健：《李文治传略》，载《晋阳学刊》，1991(6)。

租和预租(6 件)、各种附加租(4 件)、农村一般借贷形式(10 件)、小土地所有者向佃农转化(8 件)及“无主仆名分”的普遍存在(16 件)。

由上可知，李文治先生依据的是雍正、乾隆、嘉庆三朝的刑部档案，其中以嘉庆朝为主。这些档案抄自故宫博物院原明清档案部，中国社会科学院经济研究所图书馆收藏至今，人们通常称之为“清代钞档”，简称“钞档”。根据所引资料内容来看，应该主要出自刑科题本土地债务类。

李文治先生对刑部档案的利用和研究做出了重要贡献。这主要体现在两个方面，一是对于明清时期土地关系的研究，所著《明清时代封建土地关系的松解》收录八篇论文，特别是《明清时代封建土地关系的松解》《明清时代的地租形态》《明清时代的地租剥削》三篇论文大量引用刑科题本，列有众多统计表格，非常见功力，如明清时期各省州县实物定额平均租额的 14 个表格，各省地价表的 16 个表格、各省粮价的 18 个表格。李文治先生依据刑科题本资料提出许多看法，如同族之间案件的多发说明长幼尊卑宗法关系的松弛，永佃农对地面权的转让顶耕，官绅地主和佃农间发生的刑事案件在法权关系上是平等的，地主利用押租保证地租、扣抵欠租等。① 二是他根据马克思主义原理，着重将自由劳动出现和形成作为论证资本主义萌芽的标志。他把自由雇工的出现作为论证资本主义产生的一个关键性问题，认为部分长工身份义务的解放应在万历十六年以前，明代中叶可以找到大量雇工经营的事例。到清乾隆年间，“立有文契”的长工也逐渐解除了法律上的身份义务关系。他在《明清时代中国农业资本主义萌芽》②一文中，特别依据刑科题本等资料，论证了农业资本主义萌芽的主要指标——封建雇佣向自由雇佣的过渡。

中国社会科学院历史研究所对于清代刑科题本亦加以利用，取得

---

① 李文治：《明清时代封建土地关系的松解》，31～33、96、105、110～112 页，北京，中国社会科学出版社，1993。

② 收入李文治、魏金玉、经君健：《明清时代的农业资本主义萌芽问题》，北京，中国社会科学出版社，2007。

了一系列研究成果。1963年至1965年间，中国科学院历史研究所与中国第一历史档案馆合作，编辑该馆所藏清代乾隆朝刑科题本土地债务类(共分十三类)内有关清代农村社会经济和阶级斗争方面的史料。参加档案整理的人员有刘永成、周远廉、曹贵林、许曾重、韩恒煜、宋秀元、朱金甫、傅克东、胡明诚、张德泽等，还有华中师院历史系的吴量恺。① 刘永成回忆说："在一年多的时间里，我们从刑科题本(土地债务类)尚存的五万八千余件档案中，挑选了三千八百七十余件，其中包括土地占有关系、租佃关系、佃农抗租斗争和雇佣关系方面的史料，内容相当丰富。特别是对于清代农业租佃制和地租形态的发展变化、农村阶级斗争的新形势和农业资本主义萌芽等方面的研究，都具有非常重要的史料价值。"②他们整理编辑的刑科题本为"乾隆刑科题本租佃关系史料"，出版了两种史料汇编。其中之一是《清代地租剥削形态》(中华书局，1982年)，该书所辑清乾隆朝刑科题本399件，内容分为地租、押租制、永佃制、转租、额外剥削及其他六类，对于地价、典田价、利率、租额、银钱比价、粮谷价，以及清代刑法和刑事诉讼的特点，也有一定的反映。之二为《清代土地占有关系与佃农抗租斗争》(中华书局，1988年)，该书所辑清乾隆朝刑科题本279件，内容分为土地买卖、土地典当、土地强占、高利贷兼并土地、大土地占有情况、佃农要求减租和反抗地主增租的斗争、佃农反抗地主逼租的斗争、佃农反抗地主夺佃的斗争等。

参加整理乾隆朝刑科题本工作的部分学者也发表了研究成果。刘永成先生长期致力于农业经济史研究，围绕着农业资本主义萌芽问题从不同的侧面做探讨，完成专著《清代前期农业资本主义萌芽初探》。该书分四章，讨论了清代前期农业资本主义萌芽的历史前提、农业雇佣劳动的发展、农业经营新方式的出现、农业经营新方式发展缓慢的原因。此外，他还发表了研究清代抗租斗争、租佃关系、粮食亩产量、

---

① 吴量恺：《清代经济史研究》，358页。

② 刘永成：《乾隆刑科题本与清代前期农村社会经济研究》，载《历史档案》，1981(2)。

永佃制、农业雇工工资的论文。①

周远廉与谢肇华出版了《清代租佃制研究》(辽宁人民出版社，1986年)一书，依据乾隆朝刑科题本土地债务类等资料，论述了清代土地占有关系、土地买卖、实物分成租制、实物定额租制、货币租制、押租制及其他剥削、永佃权、封建人身依附关系，从生产关系探讨封建社会发展的制约因素。他们也发表了一些相关的论文。②

吴量恺出版了《清代经济史研究》(华中师范大学出版社，1991年)一书，论述了清代社会的生产能力、农村封建租佃结构的变化、商品经济与城市的发展、清代雇佣关系的发展及其特征、新的农业经营方式、农业雇工的工价、国内市场的发展趋向、封建经济结构对资本主义萌芽的束缚。该书附录《本书引用有关〈刑科题本〉的部分档案资料摘录》，分为农业劳动力市场、农业劳动力的买卖、农业经营方式的变异、农业雇工的法律地位四部分，摘录刑科题本17件。吴量恺也发表了一些相关的论文。③

参加整理乾隆朝刑科题本工作的其他人如韩恒煜、宋秀元、许曾

① 刘永成：《清代前期佃农抗租斗争的新发展》，见《清史论丛》第1辑，北京，中华书局，1979；刘永成：《清代前期的农业租佃关系》，见《清史论丛》第2辑，北京，中华书局，1980；刘永成：《从租册、刑档看清代江苏地区的粮食亩产量》，载《中国史研究》，1994(4)；刘永成：《明清时期永佃制的发展及其演变》，见《清史论丛1994》，沈阳，辽宁古籍出版社，1994；刘永成、[美]赵冈：《十八、十九世纪中国农业雇工的实质工资变动趋势》，见中国第一历史档案馆编：《明清档案与历史研究：中国第一历史档案馆六十周年纪念论文集》，北京，中华书局，1988。

② 周远廉：《清代前期的土地买卖》，载《社会科学辑刊》，1984(6)；周远廉、谢肇华：《清代前期的实物分租制》，见《清史论丛》第5辑，北京，中华书局，1984；谢肇华：《清代实物定额租制的发展变化》，载《文史哲》，1984(3)；谢肇华：《清代实物定额租制的特点及其影响》，载《青海社会科学》，1985(3)；何溥滢、谢肇华：《从乾隆刑科题本看东北旗地的经营方式》，载《中国社会经济史研究》，1985(1)；谢肇华、何溥滢：《清代的佃农》，载《社会科学辑刊》，1991(1)。

③ 吴量恺：《清代乾隆时期农业经济关系的演变和发展》，见《清史论丛》第1辑；吴量恺：《清前期农业雇工的工价》，载《中国社会经济史研究》，1983(2)。

重等也发表了相关论文。①

中国人民大学清史研究所、档案系中国政治制度史教研室合编《康雍乾时期城乡人民反抗斗争资料》(中华书局，1979 年)，实际上是档案专家韦庆远先生主编的。该书以清代档案为主，涉及文种有朱批奏折、军机处录副奏折、刑科题本等。如该书第一章农民的反抗斗争，第一节抗租和争田，其下的“一　民地”大量引用刑科题本，计有乾隆朝的 109 件，第二节反克扣工钱，引用乾隆朝刑科题本 46 件，其他部分也间或引用刑科题本。从民地、工钱问题来看，引用的刑科题本应当是土地债务类的，从经济入手，旨在论述阶级斗争问题。韦庆远先生也使用刑科题本研究清代高利贷等问题。②

山东大学研究明清史、经济史的学者黄冕堂、官美蝶、景甦、周祚绍在 20 世纪 70 年代末也开始阅读第一历史档案馆刑科题本土地债务类档案，阅读了乾嘉道三朝的近七千卷内容，摘录各类资料三百万字，尤以道光朝资料为主。黄冕堂先生强调“刑案发生绝大多数都与当地的商业交换、借贷等有密切关系，因此，刑档在叙录办案原委和有关证词时，几乎到处都有物价的记载”③。黄冕堂先生利用刑科题本的研究成果集中在所著《清史治要》一书，该书探讨了清代前期的农业租佃关系、清代的实物分租制、清代前期的货币地租、清代“雇工人”问题、清代“无主仆名分”雇工、清代农业雇工的性质与农业资本主义萌芽、清代物价、清代私人高利贷资本叙议等。其中的部分成果以论文

① 黎民：《乾隆刑科题本中有关农业资本主义萌芽的材料》，载《文物》，1975(9)；韩恒煜：《试论清代前期佃农永佃权的由来及其性质》，见《清史论丛》第 1 辑；韩恒煜：《略论清代前期的佃仆制》，见《清史论丛》第 2 辑；宋秀元：《清代前期地租形态的发展变化》，载《社会科学辑刊》，1980(6)；宋秀元：《从〈乾隆刑科题本〉看清代押租制》，载《故宫博物院院刊》，1983(4)；许曾重：《乾隆刑科题本中佃农抗租斗争部分情况简述》，见《明清档案与历史研究》。

② 韦庆远：《康、雍、乾时期高利贷的恶性发展》，见《档房论史文编》，福州，福建人民出版社，1984。

③ 黄冕堂：《清史治要》前言，3 页，济南，齐鲁书社，1990。

形式发表。①

二、社会史转向

南开大学历史系的冯尔康先生在 20 世纪 70 年代末也开始阅读第一历史档案馆刑科题本土地债务类档案，1983 年至 1987 年间，他带领学生从嘉庆朝的三万两千余件刑科题本中抄录清代各类人资料，特别是冯先生也阅读了其中的一些婚姻奸情类题本。冯先生最初也关注清代的土地占有、阶级关系，发表了关于清代押租制与租佃关系、货币地租与农民身份地位、清代地主层级结构及经营方式、自耕农与地主对土地的占有等论文②，这些论文后收入集中清代社会史研究的文集《顾真斋文丛》(中华书局，2003 年)。其发表于 20 世纪 80 年代初的这些论文，接续了社会形态史学下经济社会史研究的传统，但是在改革开放的背景下，研究理念发生了一些变化，侧重于不同的社会群体，如地主、自耕农、佃农等。

冯尔康先生于 1986 年发起并主持了全国首届中国社会史研讨会，倡导开展社会史研究。他还提出了清代社会史研究的设想，以清代人们的等级、宗族、家庭的社会群体生活，衣食住行等物质生活的习尚，人口流动与社会救济，戏曲、节日等娱乐生活，缠足、停丧等社会风气作为研究对象，关注诸种社会生活。③ 随着学术思想的转变与研究的深入，冯先生利用刑科题本关注不同的人群，兴趣扩大到下层社会。

---

① 黄冕堂：《略论清代农业雇工的性质与农业资本主义的萌芽》，见《清史论丛》第 5 辑；黄冕堂：《清代“雇工人”问题考释》，载《社会科学战线》，1988(1)；黄冕堂：《论清代的货币地租》，载《山东大学学报》，1990(2)；黄冕堂：《清代粮食价格问题探轨》，见《清史论丛 1994》，沈阳，辽宁古籍出版社，1994。

② 冯尔康：《清代的押租制与租佃关系的局部变化》，载《南开学报》，1980(1)；冯尔康：《清代的货币地租与农民的身份地位初探》，载《南开史学》，1980(1)；冯尔康：《清代地主层级结构及经营方式述论》，见南开大学历史系中国古代史教研室编：《中国古代地主阶级研究论集》，天津，南开大学出版社，1984；冯尔康：《清代自耕农与地主对土地的占有》，见吴廷璆等编：《郑天挺纪念论文集》，北京，中华书局，1990。

③ 冯尔康：《清代社会史论纲》，载《中华文史论丛》，1987(1)，收入《顾真斋文丛》首篇。

冯先生发表第一批利用刑科题本的论文约 20 年后，2004 年冯先生应汪荣祖教授邀请，为“萧公权学术讲座”作第二讲讲座(第一讲由何炳棣演讲)，演讲题目为“乾嘉之际下层社会面貌——以嘉庆朝刑科题本档案史料为例”。演讲内容主要有五部分：小业主的经济状况和社会生活、家庭生活与婚姻生育、宗族社会状态、流动人口、社会不稳定状态下人们的生活。在此基础上，冯先生将涉及清代流动人口、宗族状态、小业主生活的部分修改成论文发表。① 冯先生研究的这些问题，是以往利用刑科题本的研究中很少涉及的。

在此期间，冯先生整理编纂嘉庆朝刑科题本史料的理念也发生了变化，他的视线从阶级关系扩展到全社会。冯先生长期关注嘉庆朝刑科题本，探讨其史料价值，他认为：“记录命案而形成的土地债务类档案，往往把涉及诉讼双方以及见证人的身份(功名、官职、平民、佃户、雇工、贱民、旗民、僧道等)，土地占有状况(数量、买卖、典当、找赎、田价)，土地经营方式和租佃关系(自营或出租、租佃双方身份、地租形态及地租量、平常关系)，雇佣关系(东伙双方身份、雇工类型、工价、日常关系)，主奴关系(家主身份、奴婢类型、身价、来源)，借贷关系，官民关系，被压迫、被剥削者的反抗意识、活动和结局，交代得比较清楚，给后人留下了关于清人社会经济生活和社会结构的资料。”②并指出尤以租佃关系、东伙关系、主仆关系和宗族、家庭成员间相互关系四方面的内容更多些，还认为它的史料价值可以归纳为提供清代生产关系史、社会等级史、下层民众社会生活史、司法史几个方面的资料及助力清代研究取得突破性成就，特别是其中的下层民众社会生活史资料价值是指：“土地买卖、典当、找赎、租佃和银钱借贷

---

① 冯尔康：《18 世纪末 19 世纪初中国的流动人口——以嘉庆朝刑科题本档案资料为范围》，载《天津师范大学学报》，2005(2)；《十八、十九世纪之际的宗族社会状态——以嘉庆朝刑科题本资料为范围》，载《中国史研究》，2005 年增刊；《乾嘉之际小业主的经济状况和社会生活——兼述嘉庆朝刑科题本档案史料的价值》，见《中国社会历史评论》第 7 卷，13～32 页。

② 冯尔康：《论“一史馆”土地债务类档案的史料价值》，载《南开学报》，1999(4)。

运行过程，雇工的生产劳动和生活，人们的宗族、家庭生活，移民的迁徙和创业过程，奴婢听受主人支配的生活，在土地债务类档案中均有不少的记载。这些社会下层民众的生活，不像达官贵人有较多的文字记录，赖有这类档案史料，使史家可以采集耙梳，去描述下层民众的社会生活和他们的历史。”①以上经验之谈，为我们利用土地债务类刑科题本提供了指导。

杜家骥教授在冯先生的基础上，于 2008 年主编出版了《清嘉庆朝刑科题本社会史料辑刊》(选编 1647 件，全 3 册，1889 页，天津古籍出版社，2008 年)，所辑档案嘉庆朝刑科题本，按其案件内容所反映的社会生活，分为以下 13 类：宗族家庭关系，亲戚关系，乡里关系，土著、移民、流寓民关系，男女社会关系，宗教徒、非宗教徒关系，有身份者和无身份者关系，主佃关系，主雇关系，良贱、主仆关系，民族成员关系，旗人关系，其他(未能归入前 12 类的某些内容，入“其他”类)。将这套资料同 20 多年前出版的“乾隆刑科题本租佃关系史料”比较，虽然选编的都是刑科题本，却发生了从经济社会史到社会史的转向。南开大学所藏抄录的嘉庆朝刑科题本，还有 1122 件未刊，杜家骥以清代刑科题本为主要资料，主编了《清代社会基层关系研究》(岳麓书社，2015 年)一书，全书分编 19 章。这是一部系统全面考察清代基层民众各种人际关系的研究著作，包括对清代宗族、家庭关系，亲戚关系，乡里关系，流寓民社会关系，男女社会关系，主佃关系，主雇关系，旗民关系以及民众与官方统治的关系等的研究，探讨民众日常生活或交往之道等。在此基础上，总结时代特点，进一步探究出现这些特点的原因。杜家骥教授著文探讨清代刑科题本的史料价值，分析刑科题本的意义在于详细记录诉讼方的供词与判决结果，并说明人们之间的各种社会关系与生活情况。这些内容是一般文献所缺少的，可资了解当时各种人的法律身份及社会关系的复杂性。他特别就刑科题

① 冯尔康：《论“一史馆”土地债务类档案的史料价值》，载《南开学报》，1999(4)。

本所反映的家族成员间的经济关系及矛盾冲突作了说明。① 他还认为，清代不少关系很近的姻亲成员，都被排除在五服之外，在法律上是以“凡”对待，清代刑事档案中有大量的具体反映，它与姻亲间的实际亲情情况不符，还造成姻亲中某些伦理关系的矛盾与错乱。② 杜家骥指导了数篇利用刑科题本写成的博士论文。③

关于刑科题本史料的整理出版，还应提到郑秦、赵雄主编《清代“服制”命案——刑科题本档案选编》(中国政法大学出版社，1999 年)，这是一部法制社会史的资料集。所谓“服制”命案，是亲属相犯酿成的人命案件。清代沿袭古制以五服制度来规范亲属关系。涉及服制的命案，其原因多是围绕财产、婚姻、奸情、继承、斗殴以及伦理观念等，因而能深刻揭示当时社会人与人之间(特别是亲属间)的各方面的法律关系，不仅是刑事法律关系，更反映出其间的民事、经济法律关系。该书所选 527 件案例时间多在雍正末至嘉庆初，以乾隆朝为多，系档案的贴黄(提要)原件，对于研究清代法律史、社会史、经济史均有参考价值。

在利用刑科题本研究清代社会史方面，郭松义、王跃生两位先生做出了突出的成绩。郭松义先生在中国社会科学院历史研究所工作，熟悉刑科题本及其研究，本来也是以研究清代经济史为主，曾利用刑科题本探讨过清代牛租剥削、“伙种”关系等问题。④ 1990 年郭先生负责该所社会史研究室的筹建，自然发生研究方向的“转向”。他选择清

① 杜家骥：《清代档案刑科题本的史料价值——以〈清嘉庆朝刑科题本〉所反映的清代基层社会关系为例》，见《覆案的历史：档案考掘与清史研究》(第四届国际汉学会议论文集)，台北，“中研院”，2013。

② 杜家骥、万银红：《清代法律中的姻亲服制关系分析》，载《历史教学》，2014(10)。

③ 王妍：《清代乡里关系研究——以顺天府宝坻县为中心》，南开大学博士学位论文，2013；万银红：《清代妇女社会活动研究》，南开大学博士学位论文，2014；李君：《清代基层社会亲戚关系——以档案为主的考察》，南开大学博士学位论文，2016。

④ 郭松义：《清代牛租剥削试探》，载《中华文史论丛》，1987(1)；《清代农村“伙种”关系试探》，载《中国社会经济史研究》，1989(2)。

代的婚姻和家庭作为专题，到中国第一历史档案馆查阅刑科题本中的婚姻奸情类档案与其他有关档案，完成《伦理与生活——清代的婚姻关系》(商务印书馆，2000 年)一书，该书内容涉及婚姻社会圈、婚姻地域圈、婚龄、童养媳、入赘婚、妾、节烈妇女、寡妇再嫁、出妻、婚外性关系等。此外，郭先生利用刑科题本对于社会史诸多问题予以探讨，如在乾隆朝刑科题本中发现 23 例妇女参与田间劳动的情况①，还研究了清代北京的山西商人②、农民进城、清代北京的山东移民、清乾隆朝妇女奔逃案件、清代男女生育行为、清代小农家庭规模、清代北京的自杀与社会等问题③，研究领域广阔。

王跃生系南开大学历史系硕士毕业，从冯尔康先生学习清史、社会史，曾参与中国第一历史档案馆抄录嘉庆朝刑科题本工作，毕业后到中国社会科学院人口研究所工作，后从田雪原教授在职攻读人口学博士。他于 1998 年到中国第一历史档案馆收集乾隆朝刑科题本婚姻家庭类档案，获得乾隆四十六年至五十六年(1781—1791)11 年间的个案资料二千余件，他认为这些资料不仅生动、准确地反映了清乾隆时期的婚姻家庭状况，还包含大量可被量化的信息。主要依据这批刑科题本资料，他出版了《十八世纪中国婚姻家庭研究——建立在 1781—

---

① 郭松义：《清代的“男女并作”》，见《中国社会科学院历史研究所学刊》第 6 集，北京，商务印书馆，2010；收入郭松义：《民命所系：清代的农业和农民》，326～327 页，北京，中国农业出版社，2010。

② 郭松义：《清代北京的山西商人——根据 136 宗个人样本所作的分析》，载《中国经济史研究》，2008(1)；收入郭松义：《清代赋役、商贸及其他》，天津，天津古籍出版社，2011。

③ 郭松义：《农民进城和我国早期城市化——历史的追索与思考》，载《浙江学刊》，2011(3)；《清代北京的山东移民》，载《中国史研究》，2010(2)；《情理法的矛盾：清乾隆朝妇女奔逃案件中的情欲因素》，见《情欲明清·达情篇》，台北，麦田出版社，2004；《清代男女生育行为的考察》，载《中国史研究》，2006(2)；《清代小农家庭规模的考察》，见《中国社会经济史论丛——吴承明教授九十华诞纪念文集》，北京，中国社会科学出版社，2006；《自杀与社会：以清代北京为例》，见《中国社会历史评论》第 8 卷。以上论文收入郭松义：《清代社会环境和人口行为》，天津，天津古籍出版社，2012。

1791年个案基础上的分析》(法律出版社，2000年)一书。18世纪是中国传统社会晚期重要的历史阶段，该书的研究将有助于我们对这一历史时期的婚姻家庭有所认识，了解现代之前中国婚姻家庭的种种特征。同时也可看到，即使在当代中国，仍能感受到传统因素对婚姻家庭的影响和作用。作者通过对所收集的大量个案资料进行深入的研究，提出诸多新观点。如在对婚姻行为的分析中，作者指出18世纪中国的婚姻行为具有多样化的特征，即既有比较普遍的早婚女性，又有大量存在的男性晚婚现象。此后，王跃生教授自感所收集的档案资料中许多东西没有加以利用，对于档案的开发还不够，因而继续从事婚姻行为社会表现的研究，集中论述传统时代婚姻矛盾和冲突，于是出版了专著《清代中期婚姻冲突透析》(社会科学文献出版社，2003年)。该书对18世纪中后期中国婚姻家庭的冲突形式、冲突原因和冲突特征等做了多角度的分析，内容涉及包办婚、早婚引起的冲突、夫妻冲突、休妻的规定与实践、妇女婚外孕、婚外性行为、丧偶妇女的生存环境、男女交往等。作者运用了定性与定量相结合的方法，结论颇具说服力。在二书出版前后，作者也发表了一系列利用刑科题本的研究论文。①

① 王跃生：《清代中期妇女再婚的个案分析》，载《中国社会经济史研究》，1999(1)；《清代中期童养婚的个案分析》，载《清史研究》，1999(3)；《1750—1791年中国家庭成年子女数量的考察》，载《中国人口科学》，1999(5)；《清代中期家庭规模分析》，载《中国史研究》，1999(4)；《十八世纪中国家庭结构分析——立足于1782—1791年的考察》，见李中清、郭松义主编：《婚姻、家庭与人口行为》，北京，北京大学出版社，2000；《十八世纪中后期的中国家庭结构》，载《中国社会科学》，2000(2)；《十八世纪中国生育行为及其特征分析》，载《中国社会经济史研究》，2000(1)；《清代中期婚姻行为分析——立足于1781—1791年的考察》，载《历史研究》，2000(6)；《清代中期分爨、分产与立嗣继产的方式与冲突》，见《清史论丛》，北京，中国广播电视出版社，2001；《18世纪中国婚姻论财中的买卖性质及其对婚姻的作用》，载《中国经济史研究》，2001(1)；《十八世纪后期中国男性晚婚及不婚群体的考察》，载《中国社会经济史研究》，2001(2)；《清代中期婚姻缔结及其冲突》，载《史学月刊》，2001(5)；《休妻的规定与实践——以十八世纪中后期的个案考察为中心》，见《明清论丛》第3辑，北京，紫禁城出版社，2002。

除了婚姻家庭，王跃生还研究了其他清代社会问题。[①]

三、生活史以及多元研究的探索

我也从冯尔康先生学习清史、社会史，曾参与中国第一历史档案馆抄录嘉庆朝刑科题本工作，多年来对于刑科题本反映下层社会生活的丰富性不能忘怀。近年来我从事日常生活史研究[②]，就想尝试利用刑科题本开展研究。鉴于日常生活对于生态的高度依赖性，以及以往较少利用刑科题本进行区域社会研究的状况，我采取按照省域综合研究的途径。近年来我已经尝试进行河南、山西、奉天、江西、江苏区域生活史研究，从综合的视野，重视“三生”即生命、生计、生态下的日常生活，写出了一些论文[③]，力图通过不同区域研究显示出日常生活的多样性。此外，我也尝试从日常生活的角度理解“土地债务”，发挥刑科题本土地债务类档案的核心价值。[④] 我从刑事案件发生后地方社会的职役报案情况入手，集中统计分析报案者的身份，探讨地方社会职役

---

① 王跃生：《清代中期扬州市镇经济水平和民众生活初探——以刑科题本档案资料为基础》，载《清史研究》，2011(2)。

② 常建华：《从社会生活到日常生活——中国社会史研究再出发》，载《人民日报》，2011-03-31。

③ 常建华：《档案呈现的清中叶河南乡村社会——以59件嘉庆朝刑科题本为例》，见苗长虹主编：《黄河文明与可持续发展》第5辑，郑州，河南大学出版社，2013；《清中叶山西的日常生活——以118件嘉庆朝刑科题本为基本资料》，载《史学集刊》，2016(4)；《生命·生计·生态：清代中叶江西的日常生活——以108件嘉庆朝刑科题本为基本资料》，载《上海师范大学学报》，2016(5)；《清中叶江苏的社会经济与生活——以61件嘉庆朝刑科题本为基本资料》，见《明清江南经济发展与社会变迁》(《复旦史学集刊》第六辑)，上海，复旦大学出版社，2018；《生活与制度：清中叶奉天地区的移民与日常生活》(上下)，载《河北学刊》，2019(6)、2020(1)。

④ 常建华：《清中叶山西的借贷、典卖土地与雇佣——以嘉庆朝州科题本为基本资料》，载《史志学刊》，2015(5)；《清代乾嘉时期的四川赶场——以刑科题本、巴县档案为基本资料》，载《四川大学学报》，2016(5)。

的存在形态。①

可喜的是，近年来一批利用《嘉庆朝刑科题本社会史资料辑刊》的论著诞生，多是年轻学者的求新作品。主要有周蓓《清代基层社会聚众案件研究》(大象出版社，2013 年)以清代刑科题本等档案资料为中心，对清代基层社会的聚众冲突作宏观的、基础性的梳理，并结合案件特点将其分为三大类，从案件中选取具有典型性的类型进行分析，运用宏观与微观相结合的手段考察清代基层社会聚众案件的基本形态。作者也发表了相关论文。②

下层社会的同性恋问题也有研究。董笑寒利用第一历史档案馆所藏清内阁刑科题本，撰写了博士论文，他认为清代男性之间情欲表现为阶段性、流动性与兼容性三个特点。③

关于女性史的探讨方面，阚玮玥从女性的生活空间、女性改嫁和法律在女性生活中的角色三方面，努力还原清中期普通女性的日常生活状态，不仅希望能够揭示清代女性的生活实况，更希望能够借此观察到精英话语和国家法律在女性真实生活中的影响以及在不同阶层女

---

① 常建华：《清中叶盛京地区地方行政职役试探——以 73 件嘉庆朝刑科题本为例》，见白文煜主编：《清前历史与盛京文化》下卷，沈阳，辽宁民族出版社，2015；《清中叶山西村社生活与管理——以嘉庆朝刑科题本为基本资料》，载《经济社会史评论》，2015(4)；《清乾嘉时期四川地方行政职役考述——以刑科题本、巴县档案为基本资料》，见《清史论丛》2016 年第 1 辑(总第 31 辑)，北京，社会科学文献出版社；《清乾嘉时期的江苏地方行政职役考述——以刑科题本为基本资料》，见《江南社会历史评论》第 11 期，北京，商务印书馆，2017；《清乾嘉时期的浙江地方社会职役——以刑科题本为基本资料》，见《中国区域文化研究》第 1 辑，北京，社会科学文献出版社，2019。

② 周蓓：《清代中期以经济为诱因的自杀与社会防范——以〈清嘉庆朝刑科题本社会史料辑刊〉为例》，载《兰州学刊》，2011(1)。

③ 董笑寒：《19 世纪中国下层社会的同性恋研究——基于内阁刑科题本的分析》，中国人民大学博士学位论文，2013；董笑寒：《清代男性之间的情欲研究》，载《清史研究》，2017(1)。

性生活中扮演的不同角色。① 此外，李然论述了土地债务类档案中揭示的妇女史的史料价值。②

关于家庭与不同社群的研究有，周祖文、金敏探讨了小农家庭、生监群体等问题。③ 姚春敏探讨了底层僧侣在清代的基本生活状况、社会地位以及时人对他们的普遍态度。④

关于人口流动问题，刘小萌以流民问题为切入点，重点就民人出关与清廷“封禁”、民人流动与旗民关系（主要是满汉关系）、民人流入与旗地流失、旗民杂居与“理事官”设置、商业发展与文化陶融五个相关问题作考察，以期就清代东北地区满汉关系变化，理出一条更为清晰的线索。⑤ 王妍也论述了东北移民的一些基本情况。⑥ 何秋月对清中期鲁籍流寓民的人际关系，包括与土著民之间的关系和流寓民内部之间的关系进行探讨，认为具有临时性、流动性、结交关系的主动性等特点。⑦

涉及司法问题的研究较多。史志强探讨了清代立嗣问题，多涉及

---

① 阚玮玥：《清中期女性的日常生活——以嘉庆朝刑科题本为中心的探讨》，见《中国社会历史评论》第 17 卷上，天津，天津古籍出版社，2016。

② 李然：《试论刑科题本在清代妇女史研究中的史料价值——以嘉庆朝土地债务类档案为中心的考察》，见《中国社会科学院近代史研究所第七届青年学术研讨会论文集》，2005 年 11 月。

③ 周祖文、金敏：《清代刑科题本中的小农家庭经济——以 527 件服制命案为中心的考察》，载《中国社会经济史研究》，2008(1)；周祖文：《论十八世纪小农家庭的生存经济——以清中期 527 件服制命案为中心》，载《浙江社会科学》，2008(2)；金敏、周祖文：《国家权力视角下的生监群体——以清嘉庆刑科题本为中心》，载《浙江社会科学》，2009(7)；周祖文：《清代存留养亲与农村家庭养老》，载《近代史研究》，2012(2)。

④ 姚春敏：《不平静的寺庙——从嘉庆朝〈刑科题本〉的僧案看清代草根僧侣》，载《晋城职业技术学院学报》，2011(1)。

⑤ 刘小萌：《清代东北流民与满汉关系》，载《清史研究》，2015(4)。

⑥ 王妍：《清代边疆地区乡里居民概况——以辽宁地区为例》，载《昆明学院学报》，2015(4)。

⑦ 何秋月：《清中期鲁籍流寓民的生活实态与人际关系——基于嘉庆刑科题本档案资料的考察》，载《枣庄学院学报》，2014(3)。

法律问题。① 程泽时从争水案件入手讨论民间“向例”问题②，属于对习惯法的论述。曹洪关注清代地保的设置，指出地保法律职责主要表现为接受报案、验证案况、上报案件、配合调查、充当质证等。③

此外，还有一些利用其他时段刑科题本进行的研究。王华锋以乾隆时期刑科题本和上谕档中的福建海盗案件为主要材料，对福建海盗的构成、成因以及清政府的应对措施等问题进行了探讨。④ 周荣通过刑科题本中有关永佃权的案例以及契约文书和方志的记载，再现了清代农民生活的状况。⑤ 王妍论述了清代的乡里关系。⑥

对晚清刑科题本涉及的法制问题关注者较多。俞江通过刑科题本中所载之九卿定议题本，分析“九卿会审”与“九卿定议”的区别，指出九卿定议为清代命案审转具题中的特别司法程序，适用于有法外量刑情节的服制命案。因九卿定议之案可能上升为条例，故九卿定议有准立法性质。清代的三法司核拟、九卿定议和皇帝钦定构成完整的司法体系。⑦ 董陆璐以《刑案汇览》与《清代“服制”命案——刑科题本档案选编》中的“杀死奸夫”案件为研究对象，考察了刑事司法裁判中法官的常规推理与特殊推理、事实推理与法律推理，认为清代刑事司法裁判是在依法判决的基础上参酌情理的过程。⑧ 清代刑科题本婚姻家庭类案

---

① 史志强：《伏惟尚飨：清代中期立嗣继承研究》，见《中国社会历史评论》第12卷。

② 程泽时：《清代刑科题本中的民间“向例”及其成长逻辑——以清嘉庆朝7个争水灌溉纠纷命案为中心》，载《甘肃政法学院学报》，2013(4)。

③ 曹洪：《清代乡村社会中地保的法律职责和地位》，载《铜仁学院学报》，2013(4)。

④ 王华锋：《乾隆后期(1786—1795)福建海盗问题初探》，载《兰州学刊》，2007(11)。

⑤ 周荣：《永佃权与清代农民生活》，载《史学月刊》，2002(4)。

⑥ 王妍：《清代乡里居民的日常生活》，载《兰台世界》，2015(11)。

⑦ 俞江：《论清代九卿定议——以光绪十二年崔霍氏因疯砍死本夫案为例》，载《法学》，2009(1)。

⑧ 董陆璐：《清代刑事司法裁判的微观考察——以“杀死奸夫”案为中心》，见徐昕主编：《司法的历史之维(专号)》，厦门，厦门大学出版社，2009。

件因奸杀夫案中妻子十之八九要被凌迟处死，颜丽媛研究的是剩下的十之一二的案件，即妻不被凌迟处死而是根据相关法律规定与具体案情给予减刑的案件。这类减刑案件主要可以分为三类：第一类本夫知情纵奸，第二类本夫伤而不死，第三类奸夫自杀本夫。清代法律试图通过绝对法定刑严惩这类犯罪的同时，也保证了在合理张力内隐性的个案公平。相较于明显的维护夫权的积极的法律保护传统，可以将其视为一种消极法律保护方式。作者指出这些案例在僵化的法律条文范畴内，也给予了妻子一定的法律主体地位。① 值得注意的是，徐忠明提出，中国法律史研究者对清代司法档案信崇有加，部分学者甚至对司法档案进行形式主义的表层解读，但事实上，司法档案中存在制作乃至虚构的成分。以清代同治十三年广东罗定州发生的“梁宽杀妻案”为例，通过对照分析以广东巡抚张兆栋和刑部尚书崇实名义所作的刑科题本与案件初审官员杜凤治所写的相关日记，可以发现，与日记相比，刑科题本中存在比较明显的虚构。这一发现旨在提醒中国法律史研究者，在研究司法档案时，必须保持应有的批判态度，留意其中可能存在的制作或虚构。② 李典蓉提出，“刑科题本”是学界对中国第一历史档案馆“内阁题本刑科”卷宗名的俗称，但这一名称并不精准，容易造成对题本来源的误解。建议研究者应尊重征引档案原名，避免以俗害义。③ 此外还有其他论文，对刑科题本档案进行了评述。④

值得注意的是，刑科题本提供大量信息，一定程度上也属于“大数据”，对其进行统计分析十分重要。陈志武、林展、彭凯翔利用清代1732—1895年刑科题本中的近5000件命案记录，对民间借贷双方的关系进行了定量分析。研究表明，在借贷纠纷引发的命案中，一旦借

① 颜丽媛：《对清代因与人通奸后杀死本夫案中妻子的量刑例外的考察》，载《中国刑事法杂志》，2015(1)。

② 徐忠明：《台前与幕后：一起清代命案的真相》，载《法学家》，2013(1)。

③ 李典蓉：《满文与清代司法制度研究——以“刑科史书”为例》，载《政法论坛》，2011(3)。

④ 陈大中：《苛法下的柔性反拨——晚清内阁刑科题本试析》，载《华夏文化》，2009(3)。

贷利率高于零，被打死方为贷方的概率超过借方，而且利率越高，贷方死亡的可能性也随之增加。这说明一旦发生债务违约，贷方承担的包括生命风险在内的违约成本是不对称地更高的。这一发现不仅与传统“高利贷剥削”论和放贷者“超经济强制”论的推断相反，而且从人命风险等交易违约成本的角度说明传统高利贷的成因。如果忽视契约执行时可能的暴力冲突所要求的风险溢价，人们可能难以完整解释民间借贷的高额利率。作者也发现，对高利贷的道义批判可能加剧了借贷纠纷中的极端冲突。① 他们还对债务命案进行统计分析，利用1766—1775年、1836—1845年这20年间的12163件刑科题本债务命案，考察以命案结束的借贷交易在契约订立和执行方面的特征，发现在契约订立方面，这些借贷交易以口头约定为主，大部分借贷的款额小，零利率多，很少有抵押或担保，借期短且常常不明确；而在契约执行方面，则以贷方自己执行债权为主，保人参与调解或通过诉讼解决的交易很少。这些借贷交易表现出明显的模糊性特征，通过列举若干案例，发现这一特征是引发命案的重要诱因。②

刑科题本的“土地债务”研究，也取得重要成果。龙登高的论文基于原始契约与刑科题本，揭示了清代地权交易的三大类型：一是债权型融通，二是产权转让，三是股权交易出现。借助于土地但不发生产权最终转移的融通性债权交易的各种形式常被混淆，该文考辨、厘清了押、典、当、抵的分别。清代出现的这些交易手段使农户在保有地权的同时实现其融通性需求，它们与现代金融工具相似，其名称与方式延续并沿用至今。地权转让与收益补偿等交易形式则包括活卖、绝卖、佃权顶退、找价、回赎等，其规则取向是为了最大限度地保障地权所有者的权益。土地经营的合伙制与股权交易亦开始出现。凡此多样化的交易形式，不仅在金融工具缺失的时代充当了资金融通工具的

① 陈志武、林展、彭凯翔：《民间借贷中的暴力冲突：清代债务命案研究》，载《经济研究》，2014(9)。

② 林展、陈志武、彭凯翔：《乾隆中期和道光中后期债务命案研究》，载《清史研究》，2016(2)。

替代物，使农户赖以济危解困，更促进了土地流转，使生产要素组合与资源配置通过地权市场得以活跃和发展。① 谢秀丽、韩瑞军《清代前期民间商业信用问题研究》(人民出版社，2012 年)利用刑科题本对清前期与消费者有关的商业信用问题做了探讨。

特别值得指出的是，台湾"中研院"近史所赖惠敏研究员大力倡导在台开展刑科题本的研究。她将在台的部分刑科题本做成资料库，挂在互联网上，免费供人使用。该数据库以"中研院"所藏的清代内阁刑科题本中命案类婚姻奸情专题为研读对象，提供刑科婚姻类提要(贴黄)。数据库所收录的档案年代自乾隆元年至宣统三年(1736—1911)，包括一千多件案件的提要，可作为研究清代家庭婚姻问题的参考；此外，还有疾病与医疗以及监狱管理等问题的数据，是医疗文化研究的素材。提要数据库收录内容为案件类型及审判的结果，如果想进一步了解审判的过程包括罪犯的口供、证据等，则须查阅完整的案件。赖惠敏教授为数据库所作简介反映出她对刑科题本的认识，很有参考价值，我们转录如下，供参考：

> 《内阁汉文题本专题档案：刑科婚姻类》自乾隆元年至宣统三年(1736—1911)，共有 73936 件，目前分别藏于本院近代史、台史所、社科所图书馆的档案是乾隆元年至六十年，约有两万件之多。依照清代题本的规格，首页有"题"字，以及皇帝的朱批，题本内容分为满文和汉文，最后是给皇帝看的汉文提要，清朝称为(贴黄)，目前置于网页上的即是提要部分。
>
> 依照清代的司法审判程序，"户婚田土"属于州县衙门审理的范围，如何才能成为皇帝御览的"题本"？简单地说，普通婚姻案件是由州县官审理，若有拐骗、家庭失和如夫妻相殴致死、犯奸包括调戏致死、强奸致死、强奸幼童、鸡奸等案件，罪犯经过地方衙门至中央三法司审判后，官员向皇帝奏题案情经过及会审结果，最后由皇帝朱批处斩或缓刑等。

---

① 龙登高：《清代地权交易形式的多样化发展》，载《清史研究》，2008(3)。

从官员审讯犯案者的口供得知他的籍贯、岁数、职业、婚姻和家庭状况等。同样地，被害人也有履历资料，可作为研究清代家庭婚姻问题。在西方工业革命以前的社会男女晚婚，而且家户规模以夫妻儿女的核心家庭比例最高。中国社会常被认为是三代同堂、四代同堂。不过，档案中显示下层社会仍以小家庭居多，因为儿子结婚后即分家。其次，在口供中也透露老年人的奉养问题，若父母与儿子住在一起称为“折中家庭”；亦有兄弟“轮流管饭”由诸子轮流奉养父母；或者父母收取“养赡田”地租维生。清代究竟是“折中家庭”多，或者“核心家庭”多，我们可以从实际案例来计算其比例。另外《内阁汉文题本专题档案：刑科婚姻类》也提供移民现象的讯息，清代人口快速滋增、移徙频繁，究竟他们迁徙的方式为单身或携家带眷，从乡村到城市，还是从平地到山林，这些问题也可从资料中统计出结果。

传统观念中要求妇女遵守三从四德，而下层社会的妇女出于现实生活的需求，是不是都能谨守妇德？经初步的观察，有些妇女与人发生婚外情，理由可能是丈夫长期外出，受诱惑而意乱情迷，她们违反社会舆论和道德束缚的结果，往往发生许多悲剧，要不是被丈夫杀了，就是与情夫联手杀了丈夫，受到刑法凌迟处分。这说明男女贪恋情欲系发自“情”，“欲”成罪魁祸首。然而，有些妇女与人发生婚外情的理由是值得同情的，譬如家境困窘丈夫养不起，丈夫“纵容”妻子与人通奸，等于将她当摇钱树，夫妻没什么情义，若发生刑案妇女也只受杖刑而已。

从清代的地方志和家谱列女传看到的是种种的节烈妇女，《内阁汉文题本专题档案：刑科婚姻类》档案则有正反两面的数据。有些妇女被语言或肢体调戏后，即自杀身亡，并获得皇帝的旌表；有些寡妇则一再出嫁，不但再婚，乃至三婚、四婚的。俗语有“初嫁从亲，再嫁由身”，或者“先嫁由爹娘，后嫁由自己”的说法。我们从实际档案看来，妇女再嫁由公婆、伯叔，或娘家的父母兄弟做主，甚至有族人要求银子，称为“堂礼银”。主婚人和代笔人在婚书上写明聘嫁的财礼银、媒婆谢银等，寡妇像商品一样被嫁卖却无法置喙。《内阁汉文题本专题档案：刑科婚姻类》上的婚书是目前仅存的清代婚姻契约，资料相当珍贵。

《内阁汉文题本专题档案：刑科婚姻类》中不乏疾病与医疗的资料，根据犯罪者的口供讲述杀人过程，或者罪犯入狱后生病和治疗情形。罪犯杀人时施用药物有砒霜、断肠草，用牛膝堕胎。当官员问明为何私藏砒霜时，有人提及砒霜的作用是田间灭鼠，或者铸银锭时必须使用砒霜当作催化剂。至于杀伤的医疗过程则相当简陋，譬如有人受刀伤，家属拿着针线把伤口缝起来，又撕鸡皮糊在伤口上，用手帕包住，结果病人不到一天就去世了。有些案件还提到地方上的传染病伤寒、痢疾等，可作为医疗文化的研究素材。尤其在监狱中患病的机会相当大，可了解清代监狱管理不善，常为西方人所诟病。

目前放在近史所制作的《内阁汉文题本专题档案：刑科婚姻类》提要数据库只有一千多件刑科题本，读者可就案件类型、审判的结果进行搜寻，如果想进一步了解审判的过程包括罪犯的口供、证据等，可以到三所图书馆查阅完整的案件。

赖惠敏

2003 年 10 月 17 日

赖教授指出了刑科题本在研究性犯罪、家庭婚姻、女性史、疾病与医疗史上的价值。

赖惠敏教授也身体力行，使用刑科题本从事研究。她所使用的题本，包括出自北京中国第一历史档案馆的“内阁题本刑科”和“中研院”史语所藏“清代内阁大库原藏明清史料”中的题本。赖惠敏《但问旗民：清代的法律与社会》（五南图书出版股份有限公司，2007 年）讨论清代统治下的旗人与汉人、法律对待族群与性别上的差异，从满汉的行政组织、族群与性别三方面，来比较两者之不同。该书分为上下篇。上篇五章探讨旗人皇族妇女的家庭地位、内务府旗妇的法律地位、旗人妇女的财产权、旗人的家庭纠纷、内务府官庄的情形等；下篇三章则从汉人的命案、妇女拐逃案件、犯奸案件等来了解汉人社会在清代统治下的真实生活面貌。利用刑科题本的研究集中在第三章“从清代档案看旗人的家庭纠纷(1644—1795)”，第六章“从命案看清前期的国家与社会(1644—1795)”，第七章“妇女、家庭与社会——雍乾时期拐逃案的分析”，第八章“情欲与刑罚——清前期犯奸案件的历史解读(1644—1795)”。她也发表了相关的论文。①

刘铮云教授是中国台湾地区另一位利用刑科题本等档案进行研究的学者。他长期负责“中研院”所藏明清档案的整理工作，也是研究社会史的学者，在认识清代档案方面，有新的理解。刘铮云主要利用档案探讨了清代基层社会的问题，他的基层社会研究从会党与教门开始，先后探讨了啯噜、哥老会、金钱会与老理会。近十年来，他由于负责整理内阁大库档案的关系，尝试利用档案中的刑案资料探讨社会底层民众的生活问题。他说：“然而，在试过几个题目，如夫妻关系、小贩、旅店之后，我发现档案中的案例固然吸引人，但要能够利用这些例子说故事，还要先找到能串起这些例子的主题，就像散落一地的珠子，需要一条绳子才能串成一条亮丽的珠链。不过，这条贯珠之绳一时之间还不容易找到。在找到之前，我决定暂时从管理基层社会的制度面入手，希望还有机会把档案中的案例串成一篇篇故事。”②在对清代档案史料价值的理解方面，刘铮云将其作为“新材料”，强调“口供里

---

① 赖惠敏、徐思泠：《情欲与刑罚：清前期犯奸案件的历史解读(1644—1795)》，载《近代中国妇女史研究》，1998(6)；赖惠敏：《档案介绍：清代〈内阁题本刑科婚姻命案类〉》，载《近代中国妇女史研究》，1999(7)；赖惠敏、朱庆薇：《妇女、家庭与社会：雍乾时期拐逃案的分析》，载《近代中国妇女史研究》，2000(8)；赖惠敏：《从命案看清前期的国家与社会(1644—1795)》，见王成勉编：《明清文化新论》，台北，文津出版社，2000；赖惠敏、朱庆薇：《从清代档案看旗人的家庭纠纷(1644—1795)》，见游鉴明主编：《无声之声(II)：近代中国的妇女与社会(1600—1950)》，台北，“中央研究院”近代史研究所，2003；赖惠敏：《从档案看性别——清代法律中的妇女》，见李贞德编：《中国史新论：性别史分册》，台北，联经出版事业股份有限公司，2009；赖惠敏：《法律与社会：论清代的犯奸案》，见邱澎生、陈熙远编：《明清法律运作中的权力与文化》，台北，联经出版事业股份有限公司，2009。

② 《刘铮云介绍“研究旨趣”》，“中研院”史语所官网。

的故事”，挖掘其中的疾病与医疗史料。① 他对清代商贩的深入研究，对乡地保甲的细致探讨②，展示出刑科题本等档案的独特价值。

美国学者也利用刑科题本开展研究。步德茂(Thomas Buoye)《过失杀人、市场与道德经济：18 世纪中国财产权的暴力纠纷》(社会科学文献出版社，2008 年)以清朝刑科题本素材为基础，从人口增长、商业化、财产权、交易成本以及文化意识形态等方面入手，论述 18 世纪广东、四川、山东等地农村受市场经济冲击而出现的社会变动，梳理 18 世纪中国经济与社会结构变迁中普通百姓的日常冲突，并运用诺斯理论等经济学原理研究法律问题，丰富了法律经济学思想，是经济史与法制史研究相结合的一种新尝试。③ 步德茂还分析了四件因为“护亲情切”而杀死人的案例，充分显示县长如何运用娴熟的技巧，把明确及不明确的案情片段结合起来，做出既符合清代法律规定也顾及当时道德标准的判决。官僚体制为求效率，在执行律法时似乎会和儒家的仁义道德产生矛盾，但作者认为，清代处理命案的法律制度，已足以解决该项问题。④ 步德茂的论文《18 世纪山东的杀害亲人案件：贫穷、

---

① 刘铮云：《旧档案、新材料——“中研院”史语所藏内阁大库档案现况》，载《新史学》，第 9 卷，第 3 期，1998；《口供中的故事》，载《古今论衡》，第 3 期，1999；《“中央研究院”历史语言研究所藏内阁大库档案中的疾病与医疗史料》，载《古今论衡》，第 4 期，2000。

② 刘铮云：《城乡的过客——档案中所见的清代商贩》，见李孝悌、王汎森编：《中国的城市生活：十四至二十世纪》，台北，联经出版事业股份有限公司，2005；《乡地保甲与州县科派——清代的基层社会治理》，见黄宽重主编：《中国史新论：基层社会分册》，台北，“中央研究院”、联经出版事业股份有限公司，2009。又，刘铮云先生的论文结集为《档案中的历史：清代政治与社会》，由北京师范大学出版社 2017 年出版。

③ 参阅潘敏德《刑科题本和清代社会经济史研究：评步德茂〈命案，市场，和道德经济：十八世纪中国与产权有关的暴力纠纷〉》，载《法制史研究》(台北)，2005(7)。

④ ［美］步德茂：《死刑与儒家的公平正义——中国传统法律有关宽宥的限度》，载《清史研究》，2006(4)。

绝望与讼案审理中的政治操作》①，利用刑科题本土地债务类资料与美国学者苏成捷、戴真兰讨论。

斯坦福大学历史系苏成捷（Matthew H. Sommer）教授致力于研究中国古代有关性犯罪领域的问题。他的专著《中华帝国晚期的性、法律与社会》（斯坦福大学出版社，2000 年），侧重从法史和社会史的角度，研究中国古代性犯罪问题，讨论了中国古代性规范、中国古代有关强奸法律的发展、清代的同性恋法律与性别角色、清代寡妇的性与财产、娼妓的法律变迁。② 该书不仅聚焦游离于家庭生活之外找不到媳妇的城乡流民，讲述他们的需求和威胁，也从法制史的角度分析了 18 世纪中国关于性犯罪的法律发生的巨大变化。为了应对社会和人口的巨变，清政府不得不实行严格的法律，处置强奸、通奸、卖淫等罪行，保护家庭和社会的稳定。性道德和法律从松散走向严厉，上层社会不再有特权。这实际上开启了现代意义上的性规范，了解这段历史对现代社会具有重要意义。苏成捷的著作多半以清代留下来的诉讼档案为基础，辅以地方志、民俗调查报告等多种文献，勾画出底层平民生活的众生相，探讨大清律例、社会法律制度、妇女低下的社会地位和命运等问题。他说他的研究多半属于社会史的范畴，是非常古典和传统的社会经济史。他的老师黄宗智（Philip C. C. Huang），还有裴宜理（Elizabeth J. Perry）、周锡瑞（Joseph Esherick）、韩书瑞等汉学家都是这一治学方向。他还说："相对于特权精英阶层，我更关心的是历史中的普通人和小人物，去了解他们的生活、境遇和想法，以及他们对历史的推动力。在法律案件中能找到很多关于这些普通人的资料，在别的地方都没有，这也是我多年来钟爱法律案件的一个原因。"③苏成捷教授的论

---

① 收入邱澎生、陈熙远编：《明清法律运作中的权力与文化》，台北，联经出版事业股份有限公司，2009。

② 书评有李硕：《评苏成捷〈中华帝国晚期的性、法律与社会〉》，载《中国史研究动态》，2012(1)。

③ 邱颀：《汉学家眼里的底层人物——美国斯坦福大学历史系教授苏成捷访谈》，载《南方周末》，2015-03-27。

文有的已经翻译成中文出版。①

在苏成捷提到的汉学家当中，黄宗智利用清代档案讨论法制与社会的问题很有开创性。② 我们再以韩书瑞教授为例说明美国学者对清代档案利用的重视。韩书瑞认为“由审讯官详细记录的罪犯口供也保存了个体的声音”③，通过构成日常生活经纬的个人活动，了解过去的民众，有助于重建日常状态下普通百姓的生活。

20 世纪 80 年代公布的档案，使得意大利的清史研究视野发生了转变，受到意大利史学界流行的“微观历史”的影响，巴德妮(Paola Daderni)是最早使用中国第一历史档案馆收藏的刑科题本的学者之一，她和其他国家的学者一起，进行清朝社会史和性别史方面的研究。诉讼方面的资料，不仅能够用于系统历史的研究，而且还可以通过“显微镜”的方式解读一些社会事件，其他材料则对此并未涉及。她在一些国际性的杂志上发表了主要涉及妇女历史(自杀、荣誉、机构)，情感研究(男性的嫉妒)以及法律史的文章。④

---

① [美]苏成捷：《性工作：作为生存策略的清代一妻多夫现象》，见黄宗智、尤成俊主编：《从诉讼档案出发——中国的法律、社会与文化》，北京，法律出版社，2009。

② [美]黄宗智：《民事审判与民间调解：清代的表达与实践》，北京，中国社会科学出版社，1998；黄宗智：《清代的法律、社会与文化：民法的表达与实践》，上海，上海书店出版社，2001。

③ [美]韩书瑞：《山东叛乱：1774 年王伦起义》，导言，1 页，南京，江苏人民出版社，2008。

④ [意]巴德妮：《我想我渴望一些幸福时光：18 世纪中国妇女的私奔》，见《帝制中国的晚期》第 16 卷第 1 期，1～32 页，1995；《官方与非官方的正义：18 世纪中国售妻案一例》，见《明清研究》，那不勒斯-罗马：TUO-ISIAO，139～156 页，1996；《约束与机遇：18 世纪中国的寡妇、女巫和泼妇》，见宋汉理主编：《帝制中国的妇女》，莱顿，布里尔出版社，1999；《为爱而战：18 世纪中国的男性嫉妒》，选自《男女》，第 4 卷，I，1～35 页，2002。按：正文的此段叙述以及巴德妮的论文，转引自意大利那不勒斯东方大学教授巴德妮《意大利汉学对清朝的研究》一文，收入中国人民大学清史研究所：《“清史研究百年学术史”国际研讨会论文集》上，28 页，2014 年 12 月 12—14 日，北京。

四、结语

概言之，20世纪中叶以来，清宫档案刑科题本受到重视，不断被学者开发利用来研究清代历史以及学术问题，清刑科题本的利用与时俱进，成为新史学观念在清代历史研究中的重要实践。受到马克思主义社会形态学说的影响，早期的刑科题本主要用于经济社会史研究，探讨土地制度、租佃关系、地租形态、地主剥削形式、农民反抗斗争，主要集中在资本主义萌芽研究方面。20世纪80年代中叶以后，随着社会史研究的兴起，刑科题本的利用发生了社会史研究的转向，从探讨经济现象向研究社会群体、婚姻家庭、人口等问题转变。最近对于刑科题本的利用则转向生活史以及法学、经济学、社会学等方面，这些学科成为跨学科研究的重要领域。重视大数据的计量分析也渐露头角。

有学者指出："数十年前，当中国法律史研究者们和西方绝大部分的同行一样，还几乎都只会依靠律例、会典等传统文献之时，从事中国社会史、经济史研究的学者们，如李文治、刘永成、冯尔康、周远廉，就早已经开始注意利用刑科题本这一珍贵档案，自此在本学科内形成相延至今的使用刑科题本的学术传统。"①如今海外学术界对刑科题本也有很好的利用，在社会史、法制史，特别是性别研究方面着力甚多。受微观史、日常生活史学术理念的影响，他们往往喜欢采取个案研究的方法，同时也重视量化统计分析。对于刑科题本的利用、研究，已经是国际学术界关心的领域。目前剑桥大学人口史与社会结构史研究所进行的核心课题"国际人口职业结构史比较研究"中名为"中国18—19世纪人口职业结构研究"的重点项目，利用的就是中国第一历史档案馆的刑科题本。

对于如何利用清朝刑科题本，早年徐中舒先生对于如何兼顾"军国大典"与社会、"琐细叙述"与大量统计，有所思考。后来刘铮云先生又为如何串联题本档案中的案例，寻找贯珠之绳。大概利用过刑科题本

---

① 尤陈俊：《"新法律史"如何可能——美国的中国法律史研究新动向及其启示》，载《开放时代》，2008(6)。

的学者会感同身受，因为遇到过类似的问题。这需要学者继续探讨方法论，当务之急或许是进行学术交流，理解不同的问题意识，进行比较研究，综合性地考虑一些更具整体性的问题。

阅读刑科题本，除了土地债务类、婚姻奸情类，还应当有效地利用其他类。如以往对清代土司地区司法问题的研究甚少，盖因相关文献资料缺失。中国第一历史档案馆所藏清代刑科题本土债贪禁类档案中，有土司地区的刑事案件档案及各级官府的审理记录，这对研究雍正朝改土归流后的司法处置有重要意义。129份档案证明，改土归流之后，土司地区的司法制度已由原来的习惯法向成文法过渡，土司地区的社会经济获得广阔发展的空间，保持土司地区的社会稳定一直是清朝的工作重心。①

如上所述，刑科题本特色鲜明，具有很高的学术价值。近年来，中国第一历史档案馆开放刑科题本的阅览胶片、数字化档案，内阁档案有刑科题本命案类婚姻奸情专题(乾隆朝至光绪朝)，刑科题本土地债务、贪污、违禁专题(乾隆朝至光绪朝)，特别是数字化档案，极大地便利了人们的利用。寄希望于更多的人走进档案馆，更希望未来在家里即可上互联网查阅清代刑科题本。

---

① 方悦萌：《研究清代土司地区司法制度的重要档案——内阁刑科题本土债贪禁类档案评述》，见《清史论丛》总第29辑，北京，社会科学文献出版社，2016。

后　记

这是继《社会生活的历史学》《观念、史料与视野》之后，我的第三部有关中国社会史研究的文集，故书名《日常生活的历史学》以“中国社会史研究三探”为副标题。

本书内容为近八九年来陆续写成，旨在探讨如何从生活的视野认识社会。全书五章实际上可以分为两大部分：前两章为第一部分，主要进行学术评述，总结了2007—2016年中国社会史研究理论与实践上取得的进展，对于如何开展日常生活史研究，从多角度加以探索。后三章为第二大部分，论述明清时期的日常生活，其中关于明代的研究主要使用族规家训，讨论宗族制度对于族人生活的影响，折射出社会发生的变化；关于清代的研究则利用笔记与刑科题本呈现城市生活、乡村生活。

本书的部分内容直接产生于有关讨论日常生活的学术研讨会，也一定程度上反映了自己探讨日常生活史的过程。《盛清吴中士人生活的写照——清人笔记龚炜〈巢林笔谈〉的生活史资料价值》曾提交2008年11月14—17日在珠海举行的第12届中国社会史学会年会暨“政治变动与日常生活”国际学术研讨会，正是由于思考江南人龚炜在清初的政治态度、人生际遇，感觉到个人生命历程、生活态度与时代的关联，于是思考政治史、社会史与日常生活的关系。

《中国社会生活史上生活的意义》一文曾提交2010年7月1—5日在韩国大邱市由庆北大学岭南文化研究院主办的“从历史看东亚的物质文明和日常生活”国际学术研讨会，该文本来是会议主办方的命题作文，但促使我思考“生活的意义”，更加坚定了社会史研究应从社会生活向日常生活转变的想法。自翌年起，南开大学中国社会史研究中心连续五年举办了以日常生活为主题的学术研讨会。

《从“日常生活”看晚明风俗变迁——以山西洪洞县为例》系 2012 年 5 月 24—27 日参加在澳大利亚布里斯班昆士兰大学举办的“明清以来日常生活史国际学术研讨会”提交的论文，从会议上感受到日常生活史研究的学术影响正在进一步扩大。

事实上，我研究社会史、生活史，受到恩师冯尔康教授的深刻影响。冯老师强调社会史主要由社会结构与生活构成，不断开发社会史资料，特别重视族谱、刑科题本的开发利用。尤其是冯老师对刑科题本的利用，从重视经济史向社会史、生活史转变，以揭示基层社会与民众生活状况，促成了我对于日常生活史的研究探索。今天我以本书向读者汇报近期的研究成果，由衷感谢老师的学术指引。

同时，我也由衷感谢北京师范大学出版社谭徐锋先生促成了本书的出版。

常建华

2017 年 9 月 10 日教师节于津门

图书在版编目（CIP）数据

日常生活的历史学：中国社会史研究三探／常建华著. —北京：北京师范大学出版社，2020.9

（中华学人丛书）

ISBN 978-7-303-26545-9

Ⅰ. ①日… Ⅱ. ①常… Ⅲ. ①社会生活—生活史—研究—中国 Ⅳ. ①D693.93

中国版本图书馆 CIP 数据核字（2020）第 232880 号

营销中心电话 010-58808006
北京师范大学出版社谭徐锋工作室微信公众号 新史学1902

RICHANG SHENGHUO DE LISHIXUE：ZHONGGUO SHEHUISHI YANJIU SANTAN

出版发行：北京师范大学出版社 www.bnup.com
北京市西城区新街口外大街 12-3 号
邮政编码：100088

印　刷：北京京师印务有限公司
经　销：全国新华书店
开　本：730 mm ×980 mm　1/16
印　张：36.75
字　数：547 千字
版　次：2021 年 6 月第 1 版
印　次：2021 年 6 月第 1 次印刷
定　价：108.00 元

策划编辑：谭徐锋　　责任编辑：王艳平
美术编辑：王齐云　　装帧设计：王齐云
责任校对：段立超　　责任印制：马　洁